编 委 会

全美最新工商管理权威教材译丛

Excellence in Business Communication

卓越的商务沟通

第7版

〔美〕 约翰·V.希尔（John V. Thill）
考特兰·L.博韦（Courtland L. Bovée） 著
张莉 杨洋 译

北京大学出版社
PEKING UNIVERSITY PRESS

北京市版权局著作权合同登记　图字:01－2007－3325 号
图书在版编目(CIP)数据

卓越的商务沟通:第 7 版/(美)希尔,(美)博韦著;张莉,杨洋译. —北京:北京大学出版社,2010.7
(全美最新工商管理权威教材译丛)
ISBN 978－7－301－13813－7

Ⅰ.卓…　Ⅱ.①希…②博…③张…④杨…　Ⅲ.商业管理－公共关系学－研究生－教材　Ⅳ.F715

中国版本图书馆 CIP 数据核字(2008)第 066529 号

书　　　名:卓越的商务沟通(第 7 版)
著作责任者:〔美〕约翰·V.希尔　考特兰·L.博韦　著　张　莉　杨　洋　译
责 任 编 辑:郝小楠
标 准 书 号:ISBN 978－7－301－13813－7/F·1932
出 版 发 行:北京大学出版社
地　　　址:北京市海淀区成府路 205 号　100871
网　　　址:http://www.pup.cn
电　　　话:邮购部 62752015　发行部 62750672　编辑部 62752926　出版部 62754962
电 子 邮 箱:em@pup.pku.edu.cn
印　刷　者:三河市欣欣印刷有限公司
经　销　者:新华书店
　　　　　850 毫米×1168 毫米　16 开本　39.25 印张　963 千字
　　　　　2010 年 7 月第 1 版　2010 年 7 月第 1 次印刷
印　　　数:0001—4000 册
定　　　价:78.00 元

译者序

商务沟通是企业组织管理中的基础性工作。在各类商务活动中，沟通在各方当事人之间起着重要的桥梁和纽带作用。可以说没有良好的沟通，就没有成功的商务活动。

在日常的管理活动中有两个“70%”引起管理者的注意：管理者70%的时间花在沟通上；管理中70%的问题来源于沟通。那么，什么是有效的沟通呢？如何与上级、同事、下属进行有效的沟通？如何与顾客、合作伙伴建立沟通的基础？如何在商务环境中确定恰当的沟通方式？如何在沟通中恰当地运用信息表达技巧？而所有这些解决方案都围绕着加强沟通、理解和合作而展开，通过沟通协调组织成员的共同目标和行动方向，通过沟通在商务环境中建立起各方的有效联系和互动。

约翰·希尔(John V. Thill)是美国著名的沟通艺术专家，其著作《卓越的商务沟通》自问世以来一直居同类图书销售排行榜的前列，是当代全美MBA经典教材，为学生实践提供了大量的、多种多样的文档，让学生通过实例进行学习。

《卓越的商务沟通》(第7版)主要讲述了以下内容：商务沟通的基础；商务信息计划、写作、完成的三步写作法；信函、备忘录、电子邮件以及即时通信工具的写作；商务报告和口头演讲的计划、写作和完成过程；简历及求职信的写作；等等。本书强调教学与实际应用相结合，突出实用与培养技能的原则，内容体系上全面、最新地涵盖了商务沟通的重要主题，同时强调团队合作、倾听、礼仪、伦理等主题，以更富逻辑性的顺序提炼了三步写作法贯穿全书，指导学生将其应用到广泛的商务写作中；结构安排上以真实企业的小短文和模拟案例贯穿始终，每章开头都以“工作进行时”的小短文提出一个沟通困境，每章结尾的模拟则是让学生扮演公司职员，面对挑战并解决复杂的沟通问题，结合每章学习目标帮助学生应用所学知识，通过丰富、灵活的体例，使本书具有很强的可读性。

《卓越的商务沟通》是一本既强调教学又紧密结合实际应用的教材，非常适合为大学本科生、研究生和MBA学生所开设的商务沟通课程。

本书的翻译和出版凝聚了许多人的心血，这其中包括我的家人、同事、朋友还有学生们，在此向他们表达真挚的谢意。本书由我和杨洋负责主要的翻译工作和组织协调工作，我的同事李萍老师、程巧莲老师、刘宝巍老师组织并参与了相关章节的翻译工作，哈尔滨工业大学管理学院的研究生肖开珍、裴学亮、贾琼、王丹、姚潇、满晓莉、丁润涛、苏靖淇等同学进行了初译工作，全书的校译和修改以及最后的统稿和定稿工作由我负责，肖开珍、侍水生、张林同学为本书的校对、修改作了大量的工作。同时，在本书的翻译过程中，我得到哈尔滨工业大学管理学院于渤教授、齐中英教授、田也壮教授、陆力斌教授的鼎立相助，得到北京大学出版社张迎新、郝小楠女士的热情支持，他们以各自在管理理论上的专业知识和外文翻译上的丰富经验提出了有益而重要的建议。

本书最后的统稿工作是在病房中完成的，陪伴着婆母度过了一个个战胜病魔的日夜，仅以此书献给那些关爱子女、为子女成长和发展倾注毕生心血的父母，祝他们健康快乐！

由于本书涉及的范围广、观念新，加上译者水平、时间有限，在翻译、校对和审核的过程中难免会出现理解上的偏差和文法上的错误，希望读者在阅读中发现问题及时与我们进行沟通，通过共同探讨和持续改进，追求更好的质量。

译者联系方式

单位：哈尔滨工业大学管理学院

地址：哈尔滨市南岗区法院街 13 号 1222 信箱　150001

电话：0451－86414042　传真：0451－86414042

电子信箱：zhanglihit@ hit. edu. cn

张　莉

2009 年 4 月 30 日于哈工大管理学院

前　言

希尔和博韦的《卓越的商务沟通》(第 7 版),为您提供最理想的模型文档,让学生通过实例进行学习。

成功的沟通模型用于参考、分析和实践学习

多年来,教师和学生对本书给予了积极的反馈,证实了《卓越的商务沟通》提供的很多模型文档的重要性。第 7 版依然继承了这种成功的传统,并包含了更新的文档和在线计算机评分文件。

模型文档中加入简明注释

学生可以验证,这些模板均由作者在知名公司的咨询工作中收集而来。很多文件的编写都遵循特定的三步写作法,并且所有的文件都有标记在页边的注释,进而帮助学生理解如何应用这些原则。作者听取了评审的意见,在第 7 版中对模型文档和注释进行了全面修订和改进。

文档修改:用于分析的在线互动式文件

在每一章,学生都有机会点评和修订大量可选择的文件,包括电子邮件、信件、备忘录、报告节选和简历。通过直接体验成功制作一个文档所需的要素,学生可获取一定的见解以分析和改进自己的商务信息。

文档修改

改进这份备忘录

练习实际修改文档的草稿,请登录在线课程或密码保护网站"辅助网站"(Companion Website)。点击"文档修改"(Document Makeovers),然后点击第 8 章。你会看到一份备忘录,包括了与本章所学"处理负面信息"相关的问题和错误。使用"最终稿"选项修改这份备忘录。检查信息,确保使用了缓冲、道歉、解释、从属、插入、正面行为、条件短语和乐观看法。

全面、最新地涵盖重要主题

即使技术不断地改变着商务沟通，商业领导仍然强调人的因素：团队合作、倾听、礼仪、伦理和其他重要的主题。第7版全面、最新地涵盖了所有重要主题。

沟通技术的整合

技术和沟通技能在文中互相融合，反映了当今工作岗位中的期望和机会。

- 计算机动画
- 企业博客
- 数字版权
- 电子文件
- 电子表格
- 电子展示
- 电子简历制作
- 电子邮件
- 电子公文包
- 外联网
- 图形设计软件
- 组件和共享在线工作区
- 创意和文件计划软件
- 图像处理工具
- 即时消息和在线聊天系统
- 互动媒体
- 互联网协议语音电话（VoIP）
- 面试模拟
- 内联网
- 最新在线研究技术
- 链接和嵌入文件
- 多媒体文件
- 多媒体演示
- 在线调查工具
- 播客
- 简历浏览系统
- RSS 聚合新闻资讯
- 搜索和元搜索引擎
- 电子媒介的安全和隐私考虑（包括电子邮件保护）
- 社会网络应用
- 流媒体
- 正文信息
- 模板和样式表
- 翻译软件
- 视频会议和远程演示
- 虚拟代理和机器人
- 虚拟的私人网络（VPN）
- 网络导航
- 网络出版系统
- 基于网络的虚拟会议
- 网络视频直播
- 网站接入
- 无线网络

倾听和团队的涵盖

为了帮助学生增强他们的沟通技能，本书扩展并更新了倾听的材料和关于团队中有效工作的材料。改进的内容为学生提供了在当今工作场所获得成功优势所需要的技能，包括克服偏见的倾向、跨文化倾听障碍和语言障碍，并使用短期记忆技术来增强记忆力以减少误解。

商务礼仪的扩展

雇主们的反馈继续强调了新员工需要学习适当的商务礼仪。《卓越的商务沟通》在以下这些方面给学生提供了建议：个人形象、面对面互动、写作通信（包括在正负面信息中都保持礼仪）、研究（比如尊重会面者的隐私）、IM（即时通信工具）和电子邮件、电话交流（包括减少手机干扰并使用语音邮件）、跨文化沟通、找工作和面试。而且，第7版结合了最新的关于**企业致歉（corporate a-**

pologies)这一备受争议的主题。

最佳语法和结构

这一特色帮助学生改进在演讲结构和特定部分上的技能。每章的模块都预备有一个测试来检查学生是否有任何弱项。然后,学生可以在各模块的复习课程中复习这些弱项,并且用随后的测验题检验学习效果。还有提高测试给学生提供额外挑战和附加练习。

全面更新内容、特征和活动

在当今动态环境中,无论一本商业书有多成功,它都不可能保持静止不变。第7版从每章起始的学习目标到帮助学生应用所学知识的练习、活动和案例都进行了全面的更新(可以在教师指南上参看章和章之间变化与改进的完整列表)。

真实企业的短文、模拟和案例

每章都以一个“工作进行时”(on the job)的短文提出一个最近的沟通困境,短文中公司职员通过运用学生将要学到的概念来对其加以解决。每章结尾的模拟则是让学生扮演公司职员,面对四个复杂沟通困境的挑战并加以解决。在第7版中,总共有15对这样的短文和模拟,比如博客创新者Six Apart、马克·伯内特制片集团(《幸存者》和《学徒》的制片商)、Scion(丰田的年轻品牌)和《滚石》杂志等企业。

精练的三步写作法

本书以一种更加富有逻辑性的顺序提炼了核心的三步写作法,进一步把每个流程精练到子步骤。和之前一样,这个流程被定制化,并且贯穿全书指导学生该如何将其应用到更加广泛的写作任务中。

为师生提供丰富资源

《卓越的商务沟通》的多媒体教学包帮助教师和学生充分利用新技术促进学习。本书结合印刷版和在线材料,是您能找到的最有效的商务沟通课程教学工具。

教师资源中心

在www.prenhall.com/irc网站上,教师可以通过从网上下载获得本书自带的多种印刷文本、数字媒体和演示资源。注册简单而且给您直接提供了新标题和新版本。作为注册会员,您可以下载资源文件并在把课程管理内容安装到您的校园服务器上获得直接指导。

如果您需要协助,我们的专业技术支持团队会用伴随正文的媒体补充材料对您进行协助。访问www.247.prenhall.com可以查询常见问题的答案和免费拨打的客户服务电话号码。

下列补充材料可供教师选择使用(详情请访问www.prenhall.com/irc):

- CD-ROM 的教师资源中心(Instructor's Resource Center(IRC)),ISBN:0-13-187082-3
- 印刷的教师指南(Instructor's Manual),ISBN:0-13-187083-1
- 印刷的测验项目文件(Test Item File),ISBN: 0-13-187085-8
- TestGen 文本生成软件,可以在 IRC 获取(在线或 CD-ROM)
- 幻灯片,可在 IRC 获取基础和改进版本(在线或 CD-ROM)
- 课堂反馈系统(Classroom Response Systems(CRS)),可在 IRC 获取(在线或 CD-ROM)。要了解更多内容可访问 www. prenhall. com/crs
- 图片库(Image Bank),访问 IRC(CD-ROM)获取本资源
- 定制 DVD 视频,ISBN:0-13-187088-2
- 定制录像带视频,ISBN:0-13-187087-4
- 投影片包,ISBN:0-13-187086-6

OneKey 在线课程:便利、简单和成功

OneKey 在一个地方提供了所有完整的教学在线资源。OneKey 是教师计划及管理课程全部所需要的,而且 OneKey 使学生在任何时候任何地方获取在线课程材料。课本的各个章节很方便地把这些资源组织起来,节省了时间并且帮助学生巩固并应用他们学过的内容。OneKey 可以在三个课程管理平台上使用:Blackboard、CourseCompass 和 WebCT。

OneKey 资源包括:

- 学习模块(每章的每节都提供了 5 个问题的课前测验、复习总结、在线学习活动、10 个问题的课后测验)
- “最佳语法和结构”
- “文档修改”的两个版本(一个版本用做教师评分,一个版本用做学生练习)
- 接入 Mydropbox. com
- 同行评审软件
- 电子讲座学生幻灯片

OneKey 要求一个进入码,可以在 www. prenhall. com/management 单独购买该进入码。

密码保护互动媒体

第 7 版开发了新的进入密码保护式的网站。这个网站兼容“最佳语法和结构”及“文档修改”特色。这个网站是为那些希望使用这种资源但又不想要其他 OneKey 的内容或不需要这些信息来输入分数的教师设计的。

Prentice Hall 的商务沟通网站需要一个进入码,可以在 www. prenhall. com/management 单独购买该进入码。

学习向导

这个手册(ISBN:0-13-187081-5)帮助学生们接触、钻研并提高他们期望通过课程掌握的每项技能。

合作网站

本书的合作网站是 www. prenhall. com/thill,包含了对学生和教师都有价值的资源,包括幻灯片包的学生版本,在线学习向导,英语-西班牙语的商务术语发声词汇表,语法、结构和表达手册和商务沟通学习课堂,这些资源能让学生加强商务沟通的多个方面,比如语法、写作技能、关键点思考、报告写作、简历和幻灯片制作。

SafariX 在线电子教材

SafariX 在线电子课本是为那些想在必买和推荐使用的教材上省钱的学生开发的。学生只要通过题目或者作者来选择电子教材,在课程持续期间,用信用卡购买就能直接连接到电子教材的内容。使用 SafariX 电子教材,学生可以寻找具体的关键词和页码,在线记笔记,结合课程笔记打印出阅读作业,并在重要的段落放置书签来方便以后复习。欲知详情或购买 SafariX 电子教材,可以访问 www. safarix. com。

MP3 格式的 VangoNotes

可以使用 VangoNotes 协助学习——使用可下载的 MP3 格式对课文进行章节复习。无论现在您在哪里,无论您正在做什么事情,您都可以听教材中每章的以下内容来进行学习。

- 学习目的:每章中你"需要知道的"
- 练习测验:检查学习目标的内容,告诉你是否需要继续学习
- 关键术语:音频的教学抽认卡帮助您复习概念和术语
- 快速复习:一个快速练习部分——在测验前使用

VangoNotes 的使用很灵活;直接把所有资料下载到播放器中,或者只下载您需要的章节即可。VangoNotes 的使用也很高效。可以在汽车上、在体育馆里、在去上课的路上等任何地方使用。所以现在就获取您的 VangoNotes,并开始学习。详情请访问 www. VangoNotes. com。

作者对教师的电子邮件热线

诚信、卓越、责任是作者的特点。作者将会向您提供最具学术性、创造性、及时性的教材,并体贴教师和学生需要。作为《卓越的商务沟通》的使用者,如果您有与教材或者补充材料相关的任何问题,您将被邀请使用作者的电子邮件热线(hotline@ leadingtexts. com)。您也可以访问作者的网站:www. leadingtext. com。

反馈

作者和产品团队将很乐于收到您的来信! 你可以发邮件到 college_marketing@ prenhall. com,让我们了解您对本书的看法。请在主题上注明"Feedback about Thill/Bovee 7e"。

如果您还有与本书相关的疑问,请在 www. 247. prenhall. com 网站上联系我们的在线客服。

评审

感谢很多人给我们提出了宝贵建议和建设性意见,对本书的成功做出了重要的贡献。作者十分感谢 Minnesota State University-Mankato 的 Janet Adams,Florida International University 的 Gus Amaya,Central State University 的 Anita S. Bednar,Monroe Community College 的 Donna Cox,California Polytechnic State University-San Luis Obispo 的 Sauny Dills,Emporia State University 的 Ruthann Dirks,Western State College 的 Cynthia Drexel,DeVry Institute of Technology-Dallas 的 Mary Duboise,University of Akron 的 J. Thomas Dukes,University of Tennessee 的 Karen Eickhoff,Ursuline College 的 Lindsay S. English,Wichita State University 的 Mike Flores,Northwestern Michigan College 的 Charlene A. Gierkey,Jacksonville State University 的 Sue Granger,Western Michigan University 的 Bradley S. Hayden,Valparaiso University 的 Joyce Hicks,Southwest Missouri State 的 Michael Hignite,Lyndon State College 的 Mark Hilton,University of Wisconsin-Eau Claire 的 Cynthia Hofacker,Gainesville College 的 Louise C. Holcomb,University of Wisconsin-Eau Claire 的 Larry Honl,Utah State University 的 Kenneth Hunsaker,University of Texas 的 Sandie Idziak,Central Michigan University 的 Robert O. Joy,University of North Carolina-Greensboro 的 Paula R. Kaiser,Portland Community College 的 Paul Killorin,University of Massachusetts-Amherst 的 Linda M. LaDuc,Portland State University 的 Jennifer Loney,East Tennessee State University 的 Al Lucero,Adelphi University 的 Rachel Mather,Westark Community College 的 Linda McAdams,Gordon College 的 Melinda McCannon,Midwestern State University 的 Bronna McNeely,Indiana University of Pennsylvania 的 William McPherson,Tidewater Community College 的 Russ Meade,Abraham Baldwin College 的 Betty Mealor,Ashland University 的 Mary Miller,Faulkner University 的 Joe Newman,Texas A&M University 的 Barbara Oates,Prince George's Community College 的 Richard Profozich,Western Carolina University 的 Brian Railsback,California State University-Sacramento 的 John Rehfuss,Southwest Texas State University 的 Joan C. Roderick,University of Wisconsin 的 Salvatore Safina,Fort Hays State University 的 Jean Anna Sellers,Siena College 的 Andrea Smith-Hunter, Georgia State University 的 Carol Smith White,Northwestern Oklahoma State University 的 Karen Sneary,Johnson County Community College 的 Jeanne Stannard, Florida International University 的 Terisa Tennison,Brigham Young University 的 Michael Thompson,Ferris State University 的 Robert von der Osten,Baylor University 的 Betsy Vardaman, Marshall University 的 Karl V. Winton,Troy State University 的 Billy Walters,Emporia State University 的 George Walter,Eastern Michigan University 的 John L. Waltman,Southwest Missouri State 的 F. Stanford Wayne,Troy State University 的 Robert Wheatley,Washtenaw Community College 的 Rosemary B. Wilson,SUNY-Morrisville 的 Beverly C. Wise,New York University 的 Aline Wolff,University of North Carolina-Greensboro 的 Bonnie Yarbrough。

我们也感谢以下各位的优秀才能和显著贡献:Emory University 的 Deborah Valentine, University of Colorado-Boulder 的 Anne Bliss,University of Akron 的 Carolyn A. Embree, Liberty University 的 Carla L. Sloan,California State University-Los Angeles 的 Doris A. Van Horn Christopher,Southern Illinois University 的 Susan S. Rehwaldt。

“文档修改”评审

真诚地感谢下列评审在“文档修改”特色上提供的支持：Eastern Michigan University 的 Lisa Barley，Gallaudet University 的 Marcia Bordman，Eastern Michigan University 的 Jean Bush-Bacelis，Southern Louisiana University 的 Bobbye Davis，Western State College 的 Cynthia Drexel，Worcester State College 的 Kenneth Gibbs，Bradley University 的 Ellen Leathers，Indiana University 的 Diana McKowen，Mars Hill College 的 Bobbie Nicholson，Holyoke Community College 的 Andrew Smith，North Carolina Wesleyan College 的 Jay Stubblefield，South Eastern Louisiana University 的 Dawn Wallace。

模型文档的评审

本书中很多模型文档及注释得到了以下评审的宝贵意见：Robert Morris University 的 Dacia Charlesworth，Robert Morris University 的 Diane Todd Bucci，Suffolk County Community College 的 Estelle Kochis，Arizona State University 的 Sherry Robertson，Monterey Peninsula College 的 Nancy Goehring，Florida Community College at Jacksonville 的 James Hatfield，Indiana University 的 Avon Crismore。

致谢

《卓越的商务沟通》(第7版)是很多人共同努力的成果。衷心地感谢我们所有的朋友、熟人以及商业合作者，他们给我们提供了材料或者接受了访谈，让我们有机会把现实世界带入课堂。

特别感谢 George Dovel，他具有非凡的编辑技能、显著的背景、丰富的商业经验，从而保证了本书的清楚和完整。而且，赞扬并感谢 Jackie Estrada，她具有杰出的技能和对细节极好的关注。她创造的“最佳语法和结构”材料非常引人注目。

我们还要感谢商务沟通协会(Association for Business Communication)，他们的会议和出版物为交流观点和职业成长提供了很有价值的论坛。

《卓越的商务沟通》的多媒体教学包主要得益于多个人的贡献。在此感谢他们制作了该领域中最佳的教学辅助资料。辅助资料的作者包括：San Jose State University 的 Rolanda Pollard 编写了学习向导；Prince Georges Community College 的 William Peirce 开发了互联网学习向导和 OneKey 学习模块；University of New Orleans 的 Myles Hassell 制作了幻灯片包；North Carolina Wesleyan College 的 Jay Stubblefield 编写了测试题库；Robert Morris University 的 Dacia Charlesworth 创作了在线课程材料中的可评分“文档修改”部分；以及 Santa Monica College 的 Steve Soucy 写作并记录了新的电子课程音频幻灯片系列。

我们想把最热切的感谢送给 Prentice Hall 敬业的专家们。他们包括：主席 Jerome Grant，副主席兼主编 Jeff Shelstad，高级组稿编辑 David Parker，市场营销执行经理 Annze Howard，产品开发经理 Ashley Santora，助理编辑 Stephanie Kamens，Prentice Hall Business Publishing 的全体人员，以及

Prentice Hall 出版公司的杰出销售代表。最后,我们感谢产品总编 Renata Butera 和产品编辑 Marcela Boos 的贡献;感谢 Carlisle Publishing Services 的项目经理 Lynn Steines;图片搜索 Melinda Alexander 以及设计师 Steve Frim 的杰出工作。

约翰 · V. 希尔(John V. Thill)

考特兰 · L. 博韦(Courtland L. Bovée)

目　　录

第一部分　理解商务沟通的基础

第二部分　应用三步写作法

第三部分 撰写信函、备忘录、电子邮件和即时通信

第四部分 准备报告和口头演讲

第一部分

理解商务沟通的基础

第1章　通过有效的商务沟通获取成功

学习目标

学完本章后,你将能够:

1. 解释为什么在当代商业环境中有效沟通是成功的关键
2. 识别成功雇主期望雇员拥有的七种沟通技能
3. 描述有效商务沟通的五个特征
4. 列出独特商务沟通的六个因素
5. 描述工作中更有效沟通的五种策略
6. 解释成功运用沟通技术的三种策略
7. 讨论道德规范在商务沟通中的重要性,并且区分道德困境和道德丧失

工作进行时

Six Apart 的沟通

弥娜·特洛特(Mena Trott)对沟通本质的重新定义

很多人把他们的个人爱好变成了成功的企业,用他们的爱好开创了各种各样的企业。弥娜·特洛特用她的爱好开创了一场革命。

2001年,特洛特是互联网用户拥有网络日志,或称博客(一种可以包罗从政治到宠物的任何话题的在线日记)第一次浪潮中的一员。随着她博客声望的持续增长,她发现当时还不成熟的博客工具落后了。特洛特和丈夫本(Ben)决定创作自己的可以支持高容量博客的软件,并使它可以轻松地被任何人使用。

特洛特夫妇的首件作品 Movable Type,因全世界网络用户都拥有成为即时在线出版者的机会而迅速流行起来。不久,本和弥娜成为"博客世界"中的名人,而这个从一种爱好延伸出的尝试很快成长为一个跨国企业(为纪念他们的出生日期仅相差六天,特洛特夫妇将他们的新公司命名为 Six Apart)。

当然,有着伟大产品计划的企业成千上万,但 Six Apart 却是其中少有的改变了人们生活方

式的企业。Six Apart 带来的改变全部是关于沟通的，尤其是满足了网络可以创造一个“天涯若比邻”的地球村的期望。借助 Six Apart 提供的软件和在线服务，博客开始影响政界、新闻界以及商界。例如，当一个自行车专业博客登出了一段视频短片，演示用一支圆珠笔撬开到处都在使用的自行车锁的过程时，制锁商 Kryptonite 痛苦地发现了博客的力量。几天之内，世界各地的消费者都听说了这个问题，Kryptonite 经历了一次严重的公关危机，并面临着价值 1 000 万美元的产品退换问题。

在积极的方面，商业人士也开始用博客与现实和潜在的客户进行沟通。一些优秀的商务博客除去了曾经使这些企业显得不人性化和不负责任的障碍，从波音到通用汽车再到微软，现在都在用博客给其庞大的组织赋予人性化的面孔，千百万的消费者阅读这些博客以及时了解他们感兴趣的产品和企业的最新信息。

博客的发展之快使得 Six Apart 的未来难以预测，但在总结博客带来的巨大影响时，特洛特说：“我无法想象一年以后我们会在哪里，更不必说五年，不过我可以肯定的是博客将会存在下去。”①

www. sixapart. com

1.1 在当代竞争环境中获取成功

弥娜·特洛特这样的专业成功人士会告诉你，当今社会要在商业上取得成功，你需要具备与组织内外人员沟通的能力，无论是去竞争你想要的那份工作还是去赢得企业需要的客户。事实上，如果你正在寻找一种在职场上从竞争者中脱颖而出的可靠方法，提高沟通技能可能是你能采取的最重要的措施。面对很多雇员拙劣的沟通技能，雇主们经常表现得很无奈——尤其是那些刚参加工作的大学生，他们还没有学会怎样改进他们随便的沟通方式以适应商业环境。如果你掌握了良好的听说读写技巧，以及在各种不同的商务状态下最适当的沟通方法，你就获得了一个可以贯穿整个职业生涯的核心竞争优势。②

无论你是在收发邮件、做一场正式的报告还是在咖啡机旁与同事聊天，你都在进行**沟通（communication）**：发送和接收信息的过程。但是，沟通只有在他人正确理解了信息并按你所期望的方式做出反应时才是有效的。有效沟通帮助你管理工作流程、改善商务关系、提升职业形象，并提供各种其他重要的帮助（见图 1-1）。所有这些活动都包含了成功沟通的精髓——相互提供数据、信

---

① Six Apart website [accessed 21 June 2005] www. sixapart. com; David Kirkpatrick and Daniel Roth, "Why There's No Escaping the Blog," *Fortune*, 10 January 2005, 44—50; "People of the Year," *PC Magazine*, 12 December 2004 [accessed 21 June 2005] www. pcmag. com; Thomas Mucha, "A Motor City Marketing Lesson," *Business 2. 0*, 10 March 2005 [accessed 13 March 2005] www. business2. com; Lee Gomes, "How the Next Big Thing in Technology Morphed into a Really Big Thing," *Wall Street Journal*, 4 October 2004, B1; David Kirkpatrick, "It's Hard to Manage If You Don't Blog," *Fortune*, 4 October 2004, 46.

② Julie Connelly, "Youthful Attitudes, Sobering Realities," *New York Times*, 28 October 2003, E1, E6; Nigel Andrews and Laura D'Andrea Tyson, "The Upwardly Global MBA," *Strategy + Business*, Issue 36, 6069; Jim McKay, "Communication Skills Found Lacking," *Pittsburgh Post-Gazette*, 28 February 2005 [accessed 28 February 2005] www. delawareonline. com.

息和见解使你和与你沟通的人获益。[3]

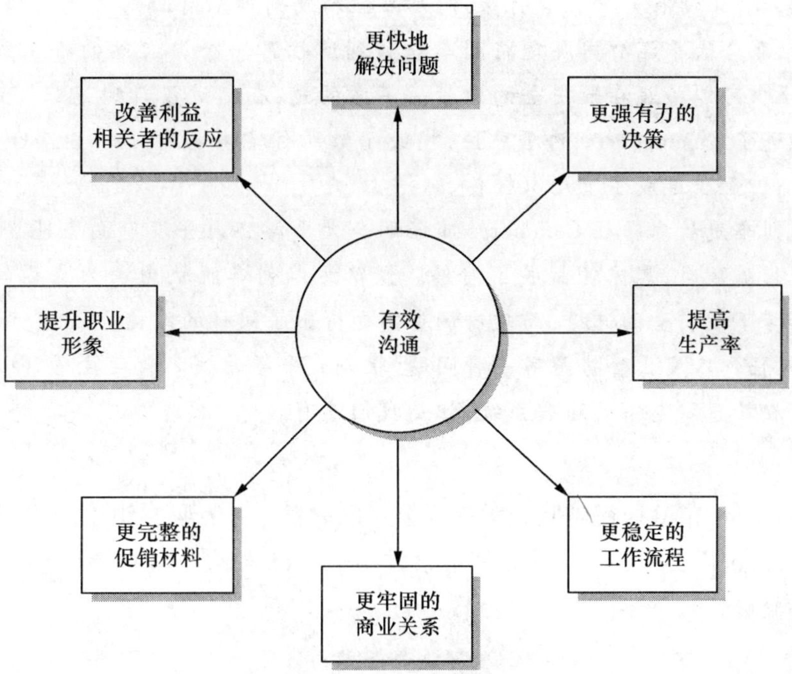

图 1-1　有效沟通的益处

有效沟通事实上是商务活动各个方面的中心，因为它将企业和所有的**利益相关者（stakeholders）**联系起来，在某种程度上企业活动所影响的群体有客户、员工、股东、供应商、邻居、社区和国家。[4] 改善效率、质量、反应或创新都需要强有力的沟通技能。相反的，沟通失败的结果轻则浪费时间，重则引发悲剧（参见“道德沟通实践：失败的高昂代价”）。在职业生涯的每个阶段，沟通是获得成功的一般方法，而你在组织中的地位越高，它就变得越重要。事实上，顶级经理人将多达 85% 的时间花在了沟通上。[5]

道德沟通实践

失败的高昂代价

“没有警告。什么警告都没有。火车飞驶而来想要轧死我们。”Ana Rose Cabrera 在描述 2003 年夏天联合太平洋公司的一辆货车 11 节车厢脱轨并飞快地穿过她所在的东洛杉矶所带来的震惊时这样说道。

在一系列的差错和不良沟通之后，6 月 20 日上午，一辆 31 节的货车在 Montclair 市重新编组时

③ Richard L. Daft, *Management*, 6th ed. (Cincinnati: Thomson SouthWestern, 2003), 580.

④ Daft, *Management*, 147.

⑤ Gareth R. Jones and Jennifer M. George, *Contemporary Management*, 3rd ed. (New York: McGraw-Hill Irwin, 2003), 512, 517.

失去控制。当列车在向下行驶的过程中速度不断增加,最后达到了每小时 86 英里时,铁路管理员面对着艰难抉择。由于没有火车头牵引,他们无法控制或刹车。前面是其他的列车和洛杉矶的闹市区。正午时分,联合太平洋公司决定将列车转移到通往另一个编组站的备用线路上,希望可以使它开远一些,至少可以撞毁在较安全的地带。不幸的是,在超过设计时速三倍的情况下列车 11 节车厢脱轨并撞进了 Commerce 市的居民区,撞毁了数所住宅并撞坏了一些房子。让人惊讶的是并没有人员死亡,但至少造成了十几人轻伤。

当市民听说列车是故意转往 Commerce 市而联合太平洋公司并没有向当地警局发出警告以使其对沿途人们进行疏散时,震惊转变成了愤怒。铁路方以列车脱轨为由为自己的决策辩护,称其是在当时困难形势下最安全的选择,而政府调查团也得出了同样的结论。

当然,没有对任何人发出警告是另一种问题,联合太平洋的铁路营运主管 Ted Lewis 承认:"我们原以为我们有在紧急状态下的通告系统,但是我们没有。"

职业应用

1. 加州 Commerce 市的居民是联合太平洋公司的利益相关者吗?请说明原因。

2. 一个像铁路这样复杂的企业能否实际设计出一个覆盖诸如 Commerce 事件等各种可能情况的沟通系统?请解释你的答案。

1.1.1 雇主的期望

无论你在会计、法律、科研或是你所从事的任何专业领域有多么擅长,大多数公司都期望你能胜任各种类型的沟通任务。雇主们每年要在沟通培训上花费几百万美元,但是他们希望你已经具备基本沟通技能以充分利用他们提供的学习机会。

事实上,雇主们甚至在第一次面试前就开始评价你的沟通能力了,并且这种评价的过程从来没有真正停止过。提高沟通技能有助于确保别人认可你的能力和贡献,并给予相应的报酬。幸运的是,雇主们期望你具有的技巧正是能帮助你在职场上获得提升的那种技能。

- **完整且条理分明地组织信息和观点。**你会经常被要求去寻找、处理和组织大量的原始数据及随机信息以使他人可以容易地掌握其含义。

- **连贯且有说服力地表述信息和观点。**无论何时你被要求发表观点或建议,都应该有充足的证据支持。可是,组织好证据仅仅是成功的一半,还需要用雄辩来说服受众。

- **有效倾听他人。**有效倾听可不像想的那么简单。你需要使用特定的技巧,从工作中各种使人分心的事物里面,找出人们真正想要告诉你的信息(对倾听的更多讨论见第 2 章)。

- **与有不同背景和经历的人有效沟通。**你会经常被要求与不同性别、种族、年龄、职业等的人沟通。

- **有效地运用通信技术。**前提是你已经熟悉了电子邮件、即时通信(电子邮件的一种替代品,可以使两人或多人即时传送文本信息)和在线搜索。雇主会越来越希望你能运用网络会议、电子图像和各种其他的技术工具。

- **遵循高质量的写作和演讲在语法、拼写及其他方面的公认标准。**你和你的朋友很可能会对不重视精确度和准确性的非正式沟通感到更舒适一些。然而,要在商业上取得成功,你需要聚焦于沟通的质量,特别是对那些不了解你的受众,粗心的写作和对公认标准的忽视,会使你和你的公司蒙羞。许多人不是对你的失误做出善意的理解,而是认为你不是不懂得如何沟通,就是对能否良好沟通不够重视。

- **以符合当代商务礼仪期望的有教养的方式沟通。**即使在有压力时,人们也期望你用一种符合当时情况的方式,以尊敬和谦恭的态度来进行沟通。

- **即使选择不是十分明确,沟通也要符合道德规范。**无论你是报告一个项目的进展,还是对一场复杂的、大规模的危机做出回应,你都可能遇到需要做出慎重伦理选择的情况。

在整个课程中你将有机会练习所有这些技巧——但不要浅尝辄止。成功的职业人士会继续在他们的整个职业生涯中磨炼沟通技能。

1.1.2　有效沟通的特点

你可能有世界上最伟大的想法,但如果你不能将它们清晰且有说服力地表述出来,它们对你的公司和你的职业生涯就没有帮助。正如美国国家航空航天局(NASA)马歇尔空间中心一个项目经理所言:"也许知识就是力量,但沟通技能是良好客户关系基本的原材料。"这位经理手下所有新岗位的职务描述上都有下面这条:"要求:有效的组织技巧并精通书面和口头形式的英语。"⑥

为使你的消息有效,要求它们实用、有事实依据、简明、有明确愿景和有说服力。⑦

- **提供实用信息。**给接收者有用的信息,无论是帮助他们执行想采取的行动,还是理解一项新的公司政策。例如,观察弥娜·特洛特的博客(www.sixapart.com/corner),你会发现每个帖子都在某方面帮助提升了博主的意图。

- **给予事实而不是印象。**使用条理清晰、令人信服、精确无误和符合道德规范的具体语言、事实和信息。即使被要求给出看法,也要提出极有说服力的证据支持你的结论。

- **阐述并精简信息。**将最重要的信息置于最显著的地方,而不是像倒垃圾一样将所有信息都倾倒给读者。大多数商业人士会发现自己费力地跋涉在数据和信息的洪流中。明确和精简的信息比其他信息更有效。

- **陈述严格的职责。**写作消息是为了使特定读者产生特定反应。清晰地陈述你想从读者那里获得什么,以及你可以为他们做什么。

- **说服他人并提出建议。**明白地向读者展示如果他们按照你希望的方式对你的信息做出回应将得到怎样的益处。将对方的利益包括在内,是说服雇主和同事接受一项行动计划或使客户购

---

⑥ Paula Jacobs, "Strong Writing Skills Essential for Success, Even in IT," *Info World*, 6 July 1998, 86.

⑦ Philip C. Kolin, *Successful Writing at Work*, 6th ed. (Boston: Houghton Mifflin, 2001), 17—23.

买一件产品的关键。

牢记这五个重要特点并观察图 1-2 和图 1-3。两封电子邮件第一眼看上去结构都很完善,但是像空白处的说明中所解释的,图 1-2 远不及图 1-3 有效。它显示出构思不佳的消息对读者的负面影响。相比之下,图 1-3 显示出一条有效消息怎样使每个人的工作更有效率(在本例中是帮助他们有效地准备一个重要会议)。

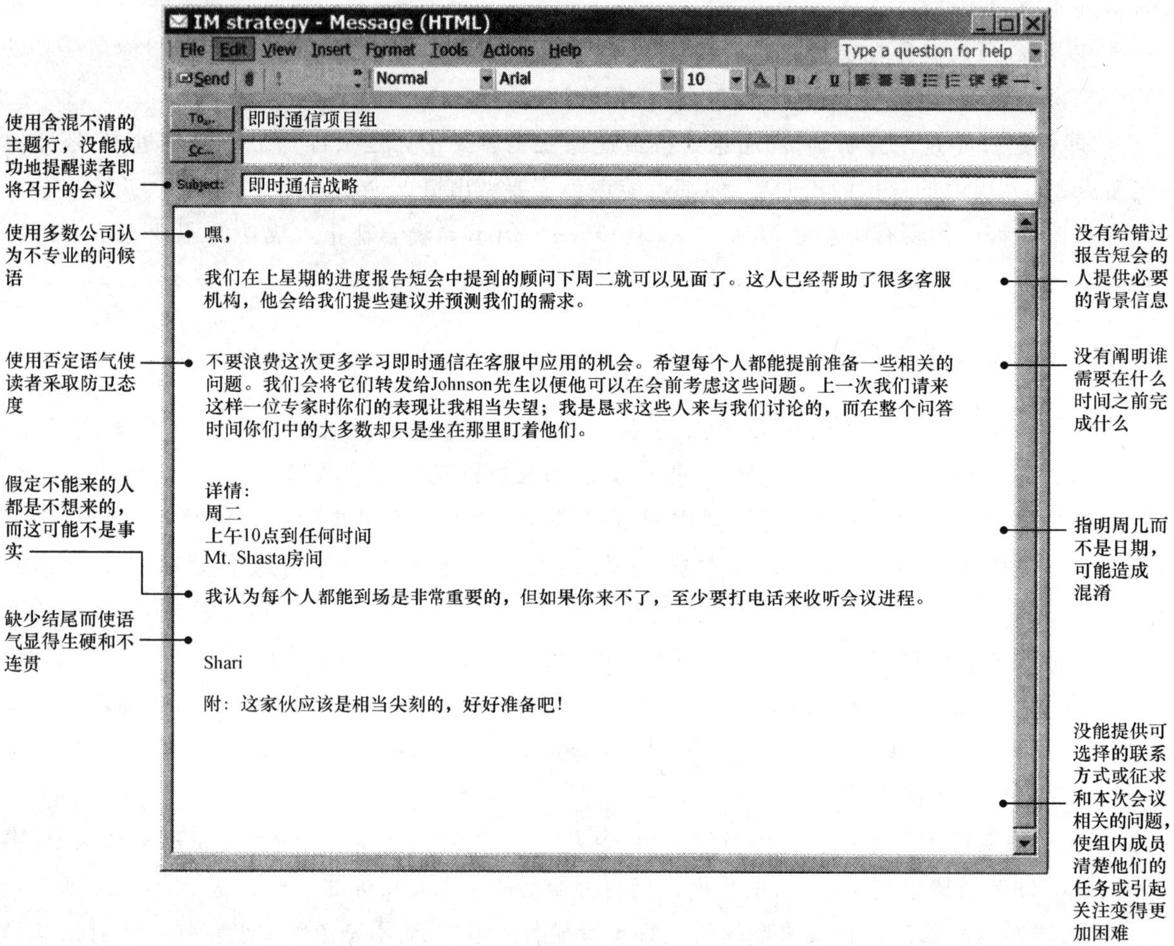

图 1-2 无效沟通

1.1.3 组织背景下的沟通

在商业组织的每个部分,沟通都是人和信息之间不可缺少的一环。无论你是一个顶级经理人还是一个初级雇员,你都拥有他人需要用以完成工作的信息,而别人也拥有对你来说极其重要的信息。你和组织内的人员交换信息称为**内部沟通(internal communication)**,而你和组织外的其他人交换信息和观点称为**外部沟通(external communication)**。这些信息通过正式和非正式的渠道

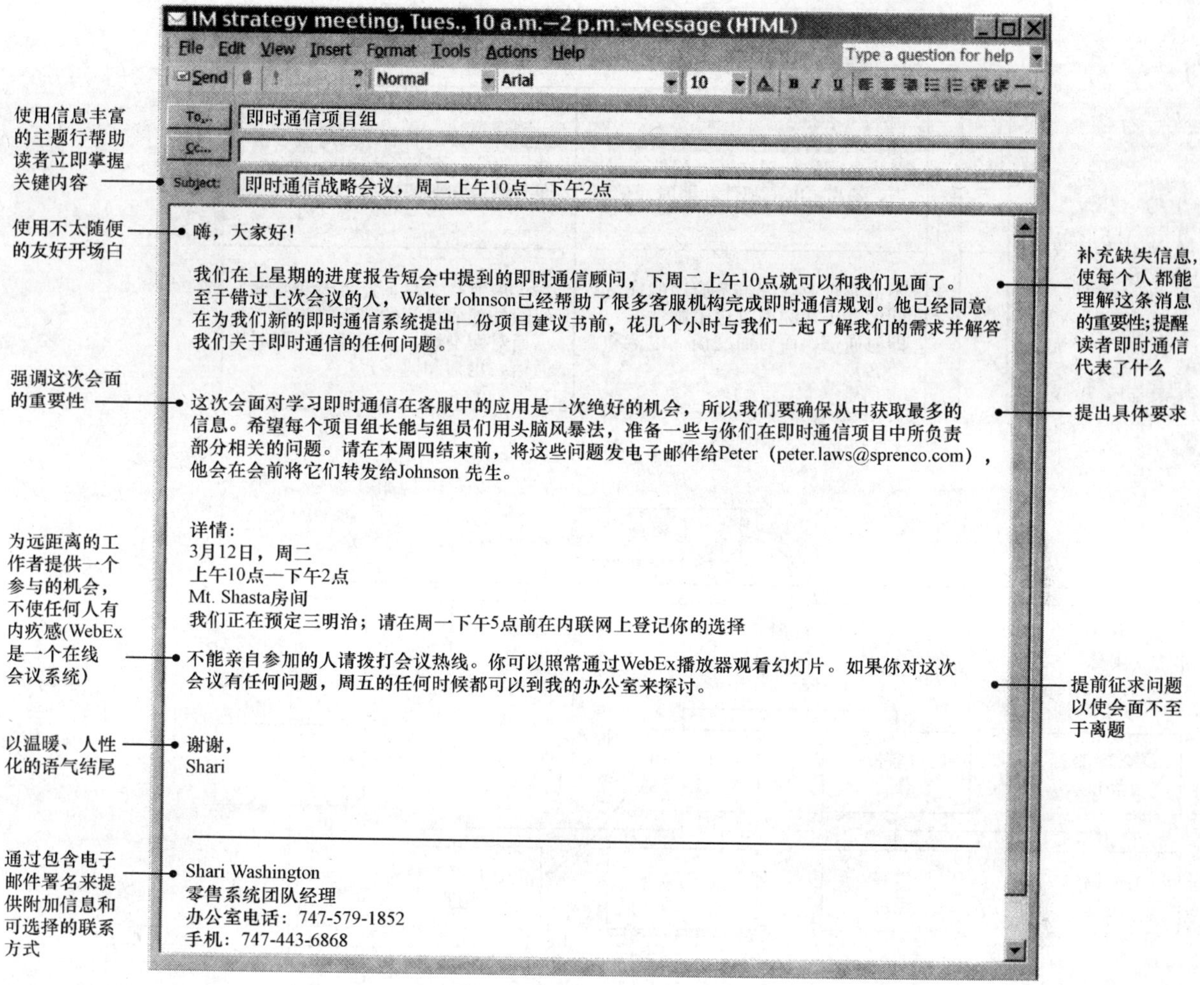

图 1-3　有效沟通

传递(见图 1-4)。

正式和非正式沟通　每个组织都有一个**正式沟通网络(formal communication network)**，信息和观点可以在其中沿着你所在企业的组织结构管理路线(等级层次)流动(见图 1-5)。在整个正式内部网络中，信息向三个方向流动。

- **下行沟通(downward flow)**。下行沟通从高层管理者流向雇员，分享高层的决策并提供信息，帮助雇员完成他们的工作。
- **上行沟通(upward flow)**。上行沟通从雇员流向高层管理者，提供关于问题、形势、机会、抱怨和工作的准确、及时报告——从而让管理层解决问题并做出英明的决策。
- **平行沟通(horizontal flow)**。在部门间流动的、帮助雇员分享信息和协调任务的横向或斜

	内部	外部
正式	沿着企业管理链条流动的组织内部成员间的计划沟通（信件、报告、备忘、电子邮件和即时通信）	组织外部成员间的计划沟通（信件、报告、备忘、演讲、网站、即时通信和新闻）
非正式	不沿着企业管理链条流动的雇员间的非正式沟通（电子邮件、即时通信、面对面交谈、电话和博客）	与供应商、客户、投资者和其他组织外部成员间的非正式沟通（面对面交谈、电子邮件、即时通信、电话和博客）

图 1-4　沟通的形式

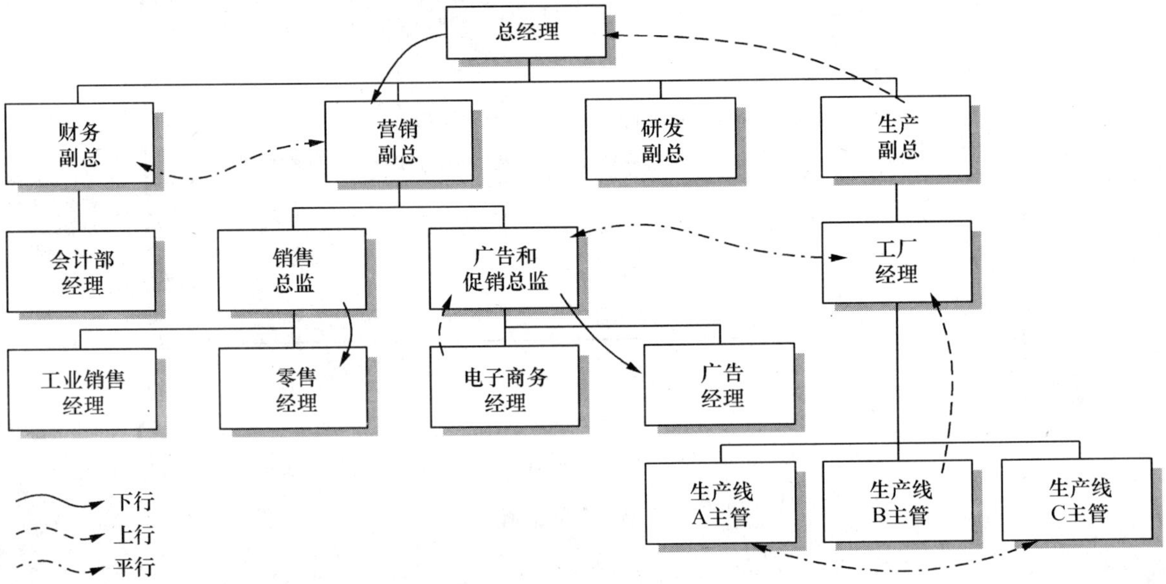

图 1-5　正式沟通网络

向沟通。这样的沟通在解决复杂和困难的问题时格外有用。[⑧]

每个组织都同样拥有一个**非正式沟通网络（informal communication network）**：小道消息，在有两个或多个雇员接触的任何地方产生影响，从午餐室到高尔夫球场再到企业的电子邮件和即时通信系统。一些管理者提防非正式网络，但是精明的管理者会打入其中去传播和接收非正式消息。[⑨] 小道消息在雇员确信正式网络无法提供他们想要或需要的消息时最趋向活跃。

外部沟通沿着正式线路（精心准备的信件、公告、电子邮件消息、面对面会见等）在组织中流入

⑧ Donald O. Wilson, "Diagonal Communication Links with Organizations," *Journal of Business Communication* 29, no. 2 (Spring 1992): 129—143.

⑨ J. David Johnson, William A. Donohoe, Charles K. Atkin, and Sally Johnson, "Differences Between Formal and Informal Communication Channels," *Journal of Business Communication* 31, no. 2 (1994): 111—122.

和流出。它也可以通过非正式媒介进行,诸如与朋友讨论工作,在行业集会上遇见潜在销售门路,社会活动网络,与客户交谈等。尽管这些相互影响是非正式的,它们对企业的成功依然不可或缺,所以它们与正式沟通需要同样的用心和技巧。

事实上,这些非正式沟通被认为非常重要,以至于一类新技术的应运而生成为可能。社会性网络软件诸如 Spoke Connect 和网站诸如 LinkedIn. com 及 Ryze. com 帮助企业利用其雇员可能拥有的一切联络方式。这些方法通过为电子邮件和即时通信通信录、日程表和通信历史记录编索引而发挥作用,然后寻找姓名之间的联系。例如,你可能会发现你一直想方设法去接触的一个大客户的销售指导,正是你隔壁某个同事的高尔夫球友。[10]

沟通过程　无论正在发生何种形式的沟通,沟通过程都是通过一系列的六个阶段,将发送者和接收者连接起来(见图 1-6):

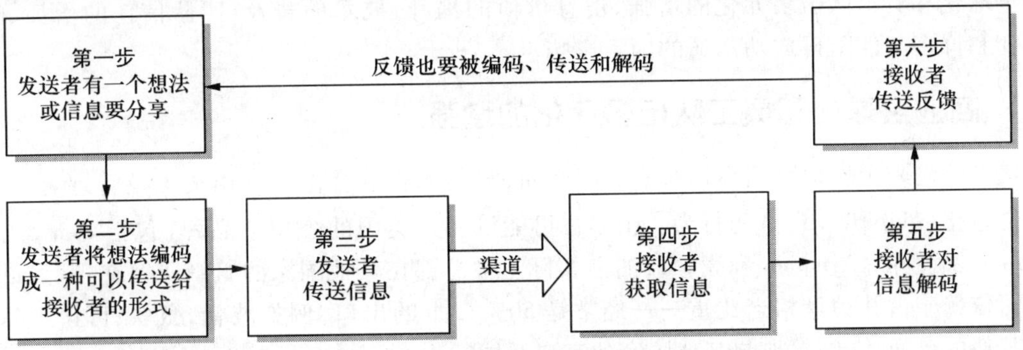

图 1-6　沟通过程

1. **发送者有了一个想法**。你想出一个想法并想与人分享它。

2. **发送者对想法编码**。当你将你的想法翻译成接收者可以理解的信息时,你就在对它**编码(encoding)**。你根据你的想法、受众、个人风格或心情来决定信息的形式(言辞、面部表情、手势、图例等)、长度、组织、语气和风格。

3. **发送者传送信息**。选择诸如电话、信函、备忘录、电子邮件,甚至是面部表情的一种**沟通渠道(communication channel)**将你的信息传送给接收者。对渠道的选择取决于你的信息、受众的位置、可获得的媒介、对速度的需求和要求的正式程度。

4. **接收者获取信息**。你无法保证你的信息能够真正地被接收到。接收者可能没有听到,或者你的电子邮件可能被反垃圾邮件过滤器捕获。事实上,你作为一个在当代拥挤的商业环境中的沟通者,将面临的最大挑战之一是避开你所选择的任何媒介都会存在的拥挤和噪声。

5. **接收者对信息解码**。你的接收者试图以一种他或她能够理解的形式从信息中提取你的想法,这一步称为**解码(decoding)**。如果一切进展顺利,接收者正确地解释你的信息,赋予你的言辞以你所预想的相同的含义,然后以你希望的方式回复。

6. **接收者传送反馈**。在对你的信息解码后,接收者具有回复的选择权。**反馈(feedback)**使你可以评价信息的有效性:反馈在这一过程中经常是另一个周期的开始,可以一直持续到双方都对

---

[10] David Pescovitz, "Technology of the Year: Social Network Applications," *Business 2.0*, November 2003, 113—114.

结果感到满意为止。成功的沟通者给予反馈相当高的重视程度,反馈不但是一种评价有效性的手段,而且是一种学习的手段。

注意这是一个简化模型,现实中的沟通通常更加复杂。发送者和接收者可能同时在讲话,或者接收者可能试图在与一个人通电话时与另一个人即时通信,或者接收者可能忽略了发送者对反馈的需求,等等。

1.2 理解商务沟通是独特的

商务沟通的要求远比你通常与家人、朋友和同学之间沟通的要求要高得多。工作中的期望会更高,商业环境太复杂,以至于你的消息会因你甚至从未听说过的原因而失效。商务沟通会被诸如商业全球化和员工队伍多元化的增强、信息价值的提升、技术的普及、团队信任的增加、组织结构的演变和许多其他阻碍成功沟通的因素影响。

1.2.1 商业全球化和员工队伍多元化的增强

当代企业越来越多地跨国界销售它们的产品,与其他企业合作和雇用员工及管理者——一种被称为**全球化(globalization)**的行为。很多你可能以为是美国的公司或品牌(包括 Ben & Jerry's, Dr. Pepper,品食乐,Carnation 和壳牌石油),实际上被总部在其他国家的组织所拥有。[11] 此外,很多美国公司依赖于占其销量相当比重——经常是 50% 以上的出口,例如波音、微软、可口可乐、福特和很多其他的公司,会频繁地与其他国家的客户及同行沟通。

随着人和商品跨过国界,各种类型和大小的企业对**员工队伍多元化(workforce diversity)**——你在工作中接触的人的所有不同点,包括年龄、性别、教育、文化背景、宗教、生活经历等的不同,给予了更多关注。考虑一个来自西部小城镇的 20 岁男士和一个来自东部海岸大城市的 60 岁女士。即使他们有相同的种族背景,他们在沟通中也可能比两个有不同种族背景但成长于相同文化中的两个邻居有更多的麻烦。像第 3 章里详细探讨的那样,成功的企业明白两个重要的事实:(1) 他们的员工队伍越多元化,就需要对沟通给予越多的关注;(2) 多元化员工队伍能通过带来更多的思想和更广阔的视野产生应对商业挑战的重要竞争优势。

1.2.2 商务信息的价值提升

随着工作、客户和资源竞争的持续增加,信息的重要性也持续增加。现在一个组织的信息与它的员工、资金、原材料和其他资源同样重要。即使是与所谓的信息时代联系不多的公司,如制造业,也经常依靠**知识工作者(knowledge workers)**:那些在组织各个层级中专业获取、处理和沟通信息的雇员们。

你在工作中沟通的有价值的信息将涉及竞争性了解、消费者需求、法规和方针等关键领域。

- **竞争性了解(competitive insights)**。成功企业努力了解它们竞争对手的优缺点。对竞争对手和它们的计划了解得越多,就越有能力调整自己的商务计划。

---

⑪ Daft, *Management*, 107.

- **消费者需求(customer needs)**。许多公司投入大量时间和金钱努力了解它们客户的需求。这种信息是从各种各样来源中收集起来,并需要被分析和总结,以便企业可以开发出更好的、满足消费者需求的产品和服务。
- **法规和方针(regulations and guidelines)**。当代企业必须了解和遵守覆盖雇佣、环境、税务和会计等领域的一系列政府法规和方针。你的工作可能包括研究和了解这些问题并在整个组织中沟通它们的职责。

1.2.3　技术的普及

弥娜·特洛特和她的 Six Apart 同事们对博客的创新不仅代表了同时代商务中的一个重要主题,而且代表了技术对如今商务沟通各个方面实质性的影响。然而,即使是为改进沟通而开发的那些技术,如果不能被聪明地使用,实质上也会阻碍沟通。如果你的沟通技术专业知识赶不上你的同事,这种失衡将导致你处于劣势并使沟通过程变得复杂。例如,假设即时通信在你的组织中变得流行而你却拒绝或回避它,你将被排除在一种重要的沟通渠道之外。

对你最有可能遇到的技术可以参见本章后面的"使用技术提高商务沟通"。在这部分中你将学到很多技术工具和系统,对互联网及其应用有一个概括的了解也很重要。如果你需要一个对互联网及其相关技术的概述,可以在 www.prenhall.com/thill 点击"Internet Basics"。

1.2.4　组织结构的演变

如图 1-5 所示,每个组织都有限定组织内部各种人和部门之间关系的特定结构。这些关系反过来又影响着整个组织沟通的性质和质量。大型组织在最低和最高位置之间有很多管理层,因而会遭遇信息经多层上下传递所造成的沟通失效和延迟。

为克服这些问题,很多企业现在采用了更平面的结构来减少层级的数量。层数越少,沟通通常就流动得越快并且分歧和曲解也越少。另一方面,这些组织中控制和管理的正式路线越少,雇员个体就有希望承担更多沟通的责任。例如,你可能有希望跨过部门界限与公司的同事和团队成员沟通。

在对速度和敏捷的追求中,一些企业采取了弹性组织来分享雇员和外部合作者的智慧。例如,当开发新产品时,一家公司可能会用一家公共关系公司、一个广告代理商、一个市场顾问、一个网络开发商和一个产品分销商的帮助对内部部门的力量加以补充。因为参与这个项目的个人和组织非常之多,每个人都必须承担提供和获取必要信息的责任,否则沟通便会失灵。

除了一家公司所采用的特别结构,你的沟通能力也要受到组织**企业文化(corporate culture)**,赋予一个企业氛围和个性的价值观、传统和习惯混合体的影响。成功的企业通过确保沟通向下、向上和在组织结构表中自由的流动来鼓励雇员贡献。开放的氛围鼓励坦率和诚实,帮助雇员感到足够的自由以承认他们的错误,并且能够对老板表示不同意见和发表他们的观点。当然,发送和接受负面信息并非易事。你将在第 8 章学到以专业、尊敬口吻写作负面信息的有效策略。

1.2.5 团队信任的增加

约半数的北美公司现在广泛地依赖于团队,并有很多其他公司计划将来这样做。你将很可能在你的整个职业生涯中处于很多团队中。当团队替换或者补充了组织结构图中的正式渠道时,信息将不再自动地传送,所以每个团队成员将对沟通负有更多的责任。这种责任包括发送并接收信息。例如,你可能会去寻找你所需要的信息而不是等待某人将它传送给你。事实上,你和你的团队成员(同事)可能不得不创造你们自己的沟通过程,以确保每个人都能在正确的时间获取正确的信息。这种对沟通的额外关注,可以戏剧性地取得更好的表现和更使人满意的工作经历。

1.2.6 有效沟通的障碍

在整个职业生涯中,你将发现有效的消息可能会因各种各样的原因而失效。你传递和接收消息的努力可能会被如下的**沟通障碍(communication barriers)**所中断、曲解甚至阻碍:

- **干扰(distractions)**。商务消息可以被多种多样的干扰所中断或者曲解。有形的干扰从不良连接和音响效果不佳,到模糊不清的印刷和令人不舒服的会议室。无论是发送者还是接收者的情绪干扰,都可以影响你准备和传送消息的方式和受众理解那些消息的方式。
- **信息超载(information overload)**。人们在工作中接收消息的绝对数量可以被分散。过多的消息可以造成信息超载,不仅使有用和无用信息之间的区别变得困难而且增加了工作场所的压力。[12]
- **感知差异(perceptual differences)**。我们的思想将输入的感觉组织成一幅反映我们个人对现实世界**感知(perception)**的精神地图。作为一个发送者,你选择看上去对你重要的细节。作为一个接收者,你试图将新的细节嵌入你的现存模型。然而,如果一个细节不是很合适,你倾向于曲解该信息而不是重组你的模型——一种名为**选择性感知(selective perception)**的过程。[13] 你与另一个人共享的经历越多,你就越有可能与其共享感知从而共享含义(见图1-7)。

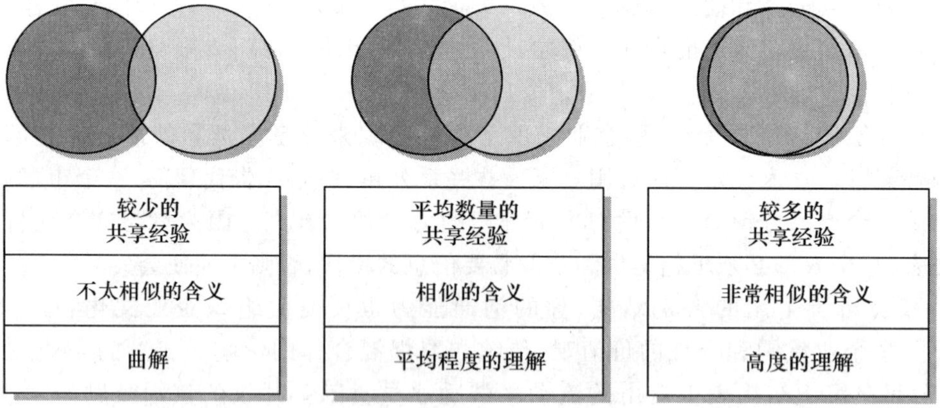

图1-7 共享经验怎样影响理解

- **语言差异(language differences)**。当两个人对一个给定的词或短语不同地定义时,我们用

---

⑫ Jeff Davidson, "Fighting Information Overload," *Canadian Manager*, Spring 2005, 16 +.

⑬ Chuck Williams, *Management*, 2nd ed. (Cincinnati: Thomson/SouthWestern, 2002), 690.

来沟通的这种语言就变成了一种障碍。当一个老板说“尽快”时，意思是 10 秒、10 分钟还是 10 天之内？

- **环境约束（restrictive environments）**。无论是有意还是无意地限制了信息流动的公司都限制了它们的竞争潜力，这是因为顶层和底层间的多层级和高等级制度经常导致双向信息质量的重要损失。[14]

- **欺骗伎俩（deceptive tactics）**。欺骗性沟通令人遗憾地容易，因为最佳环境下的沟通有一定困难。无道德的沟通可以将观点描述为事实，省略重要的信息，夸大益处或者忽略风险。

1.3　在工作中更有效地沟通

没有一种单独的解决方法可以克服所有的沟通障碍。然而，一种细致的复合策略可以提高你的沟通能力。例如，采取一种以受众为中心的方法，你可以使干扰最小化，提高你的基本沟通技能，使你的反馈有建设性，并对商务礼仪敏感。

1.3.1　使干扰最小化

组织中的每个人都可以帮助克服干扰，从尽可能地减少噪声、视觉阻碍和中断开始，少量的常识和礼貌却大有帮助。在你进入会议室前关掉手机，当小隔间内的人试图工作时不要越过他们交谈，同时也要对个人差异敏感。例如，一些人可以在摇滚乐中工作，但很多其他人则不能。

不要让电子邮件、即时通信和电话每时每刻都打断你。留出专门的时间来一次性处理消息，这样你便可以在余下的时间里集中思考。事实上，你可以采取的最简单的重要步骤之一就是少发消息。

作家理查德·索尔·沃尔曼（Richard Saul Wurman）很好地总结了信息时代最具有讽刺意味的事情：信息曾经是一种宝贵的商品，但现在它却是“像杂草一样、要避开的某种事物”。[15] 你绝不会想要沟通不足，但发送不必要的消息和发送正确的消息给错误的人几乎同样糟糕。使一次向数十或者数百人发送和转发消息变得如此容易的电子邮件使这一问题复杂化。在你点击“发送”按钮时应三思而后行。

另外，如果你必须发送一个不是很紧急或者重要的邮件，让接收者明了以使其可以区分轻重缓急。如果一个长篇报告不需要接收者做出任何行动，在最前面告知他们，以使其不用满篇去寻找行动项目。大多数电子邮件和语音邮件系统允许你将消息标注为紧急；然而，只有当真正需要时才能使用这一标注。过多的所谓紧急而实际上并不特别紧急的消息将导致烦恼和焦虑，而不是行动。

试着通过识别你自身的感受和预期他人的情绪反应来克服情绪上的干扰。[16] 在会造成情绪激动的场合，仔细地选择你的言辞。作为一个接收者，避免指出过失和主观地做出反应。

---

⑭ Don Hellriegel, Susan E. Jackson, and John W. Slocum, Jr., *Management: A Competency-Based Approach*（Cincinnati: Thomson/South-Western, 2002）, 447.

⑮ Shirley Duglin Kennedy, “Finding a Cure for Information Anxiety,” *Information Today*, May 2001, 40 +.

⑯ Hellriegel et al., *Management: A Competency-Based Approach*, 451.

1.3.2 采取以受众为中心的方法

以受众为中心的方法是指将注意力集中于受众并关注他们,尽量使信息以一种对受众有意义的方式被理解。尽可能多地了解接收者的偏好、所受教育、年龄、身份地位、风格及个人和职业情况。如果你遇到了陌生人并且无法对他们了解更多,试着利用你的常识和想象力来设身处地地为他们着想。

你对与你沟通的人了解得越多,就越容易集中于他们的需求——反过来使他们聆听、理解并积极地回复你的消息变得更加容易。例如,图 1-8 中的幻灯片采用了以受众为中心的方法。这张幻灯片阐述了当他们的公司要实行一项新的健康保险计划时雇员们通常可能具有的担心和忧虑,而不是试图覆盖通常在保险计划里所讨论的所有技术和法律细节。

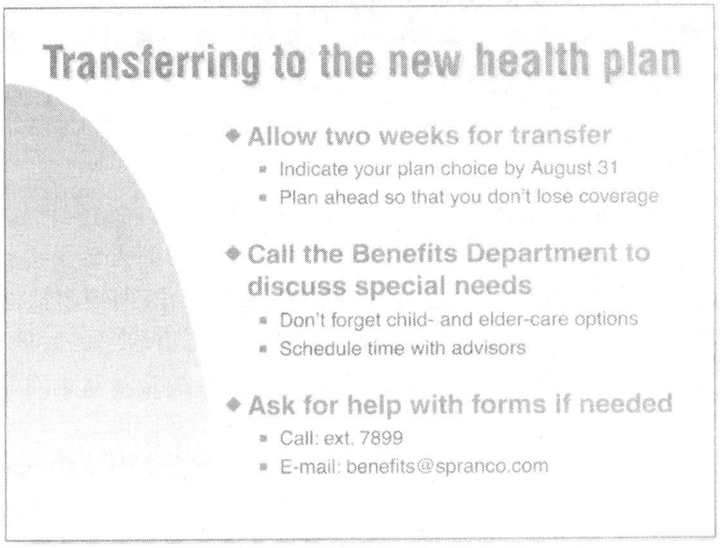

图 1-8　展示以受众为中心的沟通的幻灯片

如果在你的学术生涯中迄今为止还没有与各种各样的人沟通的机会,你一定会在工作中遇到可能会使你感到惊讶的不同沟通风格。识别并适应受众风格,不但会提高你的沟通效率,而且也可以改进你的工作关系质量。[17] 以受众为中心的方法是本书的重点,所以你有足够的机会来练习该方法以更加有效地沟通。

1.3.3 微调商务沟通技能

作为一个沟通者,自身的技巧将是你商业成功的最重要因素之一。无论你的技巧水平如何,你通常都会有大量容易找到的改进机会。像前文中所提到的,很多雇主会提供基本技巧和特定场景的沟通训练,但不要等了,现在就开始利用本课来提高你的沟通技能吧。

---

⑰ John Owens, "Good Communication in Workplace Is Basic to Getting Any Job Done," *Knight Ridder Tribune Business News*, 9 July 2003, 1.

缺乏经验可能会是你和有效沟通间的唯一障碍。你可能会为有限的词汇量或者对语法、拼写和风格问题的不确定而感到担心。并不是只有你一个人会对撰写一份重要文件，或者在小组前发表演讲的想法感到害怕。每个人都不时地对沟通感到焦虑，甚至那些在你看来是"生来会沟通的人"。人们不会一出生就能很好地写作和演讲，他们通过学习和实践来提高这些技能。写过十篇报告或者发表过十次演讲的人通常比只做过一两次的人做得要好，所以要寻找机会去练习。即使是坚持做读书笔记和随笔这样简单的技巧，也能提高你的写作技巧并改进你的学术表现。⑱

本课让你在一个提供诚实和建设性反馈的环境中练习。你将有大量的机会来计划和制作文档，在团队中合作，有效倾听，提高非语言沟通和跨文化沟通，所有这些技巧都将很好地为你的职业生涯服务。

1.3.4　提出及回复建设性反馈

反馈并不在你离开学校时结束。在求职和工作中，你将遇到大量需要你提出和接收反馈的场景。无论是提出还是接受批评，要确定你采取了一种建设性的方法。**建设性反馈（constructive feedback）**，有时也称*建设性批评*，聚焦于沟通的过程和结果，而不是涉及的人（见表 1-1）。相反，**破坏性反馈（destructive feedback）**发送丝毫不能促进改进的批评。⑲ 例如，"这个建议书乱七八糟，你无法使我相信任何事情"是破坏性反馈。你的目标是更加具有建设性："如果对施工过程有更清晰的阐述，并对为什么积极方面比消极方面重要有一个组织良好的解释，你的建议书将更加有效。"当提出反馈时，避免人身攻击并提出改进的具体方案。

表 1-1　提出建设性反馈

怎样具有建设性	解释
评价效率	该文档是否应用准确的信息和清晰的语言达到了它的预期目的？
对你提出的改变进行仔细的再三思考	孤立、肤浅的编辑弊多利少。
讨论改进而不是过失	说明它可以怎样改进才能更清晰而不是说"这个例子模糊不清"。
聚焦于可控制的行为	鉴于作者无法控制影响消息质量的每一变量，聚焦于作者可以控制的那些。
具体化	诸如"我不明白"或者"做得清楚些"的评论并不等同于作者需要修改什么。
保持冷静的反馈	将评论聚焦于消息，而不是创造它的人。
确认理解	向接收者要求确认以确保其理解了你的反馈。
仔细地测定你反馈的时间	确保作者有充足的时间来完成你提议的修改。
突出你的背景可能具有的任何局限性	如果你没有时间对文档进行彻底编辑，或者你并不是某方面内容的专家，告知作者以使他或她可以恰当地处理你的评论。

当接收到建设性反馈时，杜绝保护你的作品和否定反馈正确性的本能冲动。当你将全部心血投入一个项目时，保持坦率地对待批评并不总是容易的，但反馈是一个宝贵的学习和改进的机会。

⑱ Tamar Lewin, "Study Finds Widespread Neglect of Writing Skills," *Desert Sun*, 26 April 2003, A12.

⑲ Williams, *Management*, 706—707.

试着切断你从工作中带来的情绪，而将其简单地视为你可以做得更好的一件事。很多作者发现，在潜心于修改前先回顾一下、考虑一会儿反馈意见，让情绪平静下来是很有帮助。尽管如此，即使是善意的反馈也不要自动地设想为一定是正确的。你对消息的最终质量负有责任，所以要确保所有建议的修改都是有效的。

1.3.5 对商务礼仪敏感

在当代令人紧张、竞争激烈的世界里，**礼仪（etiquette）**（特定场合预期的行为标准）的概念看上去似乎已经过时和不重要了。然而，你的行为方式将对公司的成功和你的职业生涯产生深刻的影响。当管理者雇用和提升你时，他们期望你的举止可以维护公司的声誉。你对这些预期了解得越多，你就有更好的机会避免犯下损害职业生涯的错误。

在全书中，你将遇到面对一系列商业环境的建议，但即使你不了解某一给定环境中的特定预期，一些一般准则也可以帮助你突破任何难关。从了解人们对相同环境有不同的预期开始。令你感到震惊或尴尬的事情对你的同事来说可能是常事，反之亦然。此外，礼仪预期并不总是有意义的，或者并不总是对每个人都公平的。例如，一些不介意男性使用粗语（带有性含义的特定词或短语）的高层女性管理者的男同事认为女性使用粗语是不可接受的。这些女性承认这种境遇的不公平性，但她们学过在通行的行为标准中工作，以免阻碍她们的职业生涯。[20]

在任何背景下，一长列的礼仪标准都是不可抗拒的。你不可能全部记住或者在紧急时刻记得遵循每一条。记住三条可以使你通过任何场合的一般原则：尊敬、礼貌和常识。此外，如果你确实偶然犯了错误，这三个原则可以促成谅解。当你遇到新环境时，花几分钟来了解其他相关者的预期。旅行指南是其他国家行为标准和习俗的重要信息来源，例如 CultureGram 这样的商业产品（看看你的图书馆是否可以在线进入 CultureGram 数据库），也不要害怕提出问题，人们会尊重你的关注和好奇心。你将逐渐地积累大量可以帮助你在多种多样的商业环境中感到舒适和有效的知识。

1.4 使用技术提高商务沟通

当代商业严重依赖技术来改进沟通过程。聪明地利用技术的公司和雇员可以更有效地沟通进而更成功地竞争。

你将发现技术在全书中被广泛地讨论，伴随着利用日常工具来满足沟通挑战的特定建议。另外，沟通技术的某些方面正发生着日新月异的变化。诸如下列一些技术有潜力极大地加强商务沟通。

- **语音技术（voice technologies）**。人的声音永远是商务沟通的中心，并且它正在被一系列新技术所补充。语音合成通过表现单词或部分单词的电脑文件来重新生成一种人类讲话的声音。

⑳ Del Jones, "Watch Your Language, Ladies," *USA Today*, 24 November 2004, 3B.

语音识别将人的讲话转化为与电脑兼容的数据。这两种技术每年都在发展,增加更丰富的词库和更多种人类的声音。

- **虚拟代理(virtual agents)**。使电脑复制甚至是超越人类能力的梦想,多年来一直驱使着人工智能的研究。**虚拟代理(virtual agents)**,也称做 bots(来源于机器人的英文)、verbots 和 V-reps,是机械智能的一种有限形式。这些虚拟接线员被应用于客服部门和其他人们倾向于反复提问相同问题的领域。通过对语音识别、语音合成和解决问题基本技巧的复合,这些虚拟接线员比基于菜单的按键式电话快 40%,比人工处理的电话便宜一半。[21] 虚拟电话沟通的一个变形是虚拟会议,其中技术使相隔千里的两人产生并肩而坐的错觉。

- **移动通信(mobile communication)**。如果你习惯于移动地学习,从宿舍到咖啡店再到图书馆,你将很好地适应当代无束缚的工作环境。在很多情况下,移动工作者甚至没有传统的办公室,而是临时以小隔间、家庭办公室、汽车、机场,甚至是新型的配有网络的飞机作为办公场所。**全球定位系统(Global Positioning System, GPS)**定位数据也创造了新型的移动通信,诸如对病人和车队的远程监控。

- **网络进步(networking advances)**。也许你现在已经在使用商业中广泛流行的四种网络通信技术了。正如本书前文中提及的那样,即时通信技术使得两个或者两个以上的人之间可以同时交换文本信息,不需要通过中央电子邮件服务系统来完成。在此基础上,**对等计算(peer-to-peer (P2P) computing)**又向前推进了一步,将这种技术理念发展到允许多台个人电脑之间直接联系、共享文件或者共同解决重大问题。**无线网络(wireless networking)**也就是通常人们所称的 Wi-Fi,用无线接入点通过无线电信号将个人电脑和手执仪器连接起来,进一步扩展了互联网的适用范围。**短信服务(short messaging service,SMS)**是几年来盛行于世界其他地方、应用于手机的一种文本联系方式,最近才在北美流行。南非第一国民银行就是通过 SMS 系统来提高网上银行安全性、以保证其客户利益的。具体来说,就是只要客户登录网上银行账户,国民银行就会立即发送文本信息给客户,以便其确认是他或她本人的登录,而不是其他人非法使用此账户。[22](注意,当即时通信和文本信息执行内容相似的任务时,即时通信一般是发挥电脑到电脑的传输,而文本则是电话到电话或者电脑到电话的传输)。

尽管现在的技术已经能使这种良好的服务成为现实,但所有的电脑使用者都明白一个道理,那就是技术不会主动将好处带给用户。如果技术在设计上出了问题,或者人们没能正确地利用技术成果,就会遭受通信延误的后果,这种后果比它带来的利益要大得多。有效的沟通要求你时刻牢记"技术不过是技术"这个道理,高效地使用技术工具,合理地安排花费在技术上的时间和金钱,并且时不时地离开电脑回到人与人的现实沟通中来。

㉑ Jane Spencer, "The Annoying New Face of Customer Service—Virtual Phone Reps Replace the Old Touch-Tone Menus; Making Claire Less Irritating," *Wall Street Jornal*, 21 January 2003, D1; Allison Fass, "Speak Easy, " *Forbes*, 6 January 2003, 135.

㉒ "FNB Moves to Quell Fears (Uses SMS)," News24. com, 24 July 2003 [accessed 12 August 2003] www. news24. com; Daft, *Management*, 701—702.

1.4.1 正确使用技术

技术只是帮助人与人之间进行沟通的工具,绝不可以替代沟通本身。技术不能为你思考问题,也不能代替你进行沟通。如果你缺乏某种重要的个人技能,技术是不能为你弥补这些缺陷的。

电脑中文字处理器的拼写检查功能就是一个很好的例子。这种功能会按照词典上的要求对你的文字进行检查,但它并不能告诉你哪些词的用法不够准确,更不可能提示你最好的用法是什么。同样,演示软件,例如微软 PowerPoint 可以让你的幻灯片充满色彩、生动逼真,还可以添加声音、动态文本甚至是视频文件,但它不能代替你来添加经过深思熟虑加工而成的内容。

技术并不是能够随时解决所有沟通方面问题的万金油,有时候,它甚至会造成麻烦,不利于你有效地进行沟通活动。例如,发送和接收方都有可能在参与在线会议时无法正确配置他们的电脑而造成麻烦。或者,当电子演示过多地承载了可视信息时,会造成信息内容的模糊不可辨认。另外,如果技术系统不能适用于个人用户(或者组织机构)的需要,那么使用者也不适用于此系统——人们不能有效地使用、甚至完全拒绝使用这些技术。

1.4.2 高效使用技术

你不必成为有效使用大部分通信技术的专家,但是你必须按照你所在公司或者老板的要求,熟练掌握一些工具的基本特征和功能,包括能够熟练使用日常的通信工具。例如,能高效地使用文字处理和电子邮件系统,适应新的像博客和播客及日益普遍的虚拟会议等工具。

能够有效使用技术工具的雇员可以创造出引人注目的劳动成果,但同时,对生产质量的要求也随着产能的进步不断提高。几年前的演示还通过胶片投影来进行,而现在,使用基于电脑的液晶屏进行全彩演示已经是普遍的做法了。演示技术理所当然地使商务演示更加吸引人和有效,但也迫使众多商业人士去学习一系列新的技能。也许在未来的某一天,你发现自己不得不去学习如何操控虚拟机器人代表你去参加会议。技术的进步总是要求人们去学习新技能。不管是怎样的技术工具,只要掌握了基本的技巧,你就会发现自己的工作变得没有那么棘手而且更有效率。

有效沟通的强有力工具

商务沟通工具的形式随着数字技术的进步而不断更新。不同的情况下使用不同的沟通工具能够多方面地提高商务沟通的效率。在当今这个弹性办公环境的时代,通信技术成为帮助人们保持联系和有效沟通的重要工具。如果处于不同地方的人们需要进行合作,他们不需要昂贵的长途旅行就可以召开会议和商讨想法。生产厂商可以通过通信技术随时跟踪零部件、订单和运输情况,并及时将信息告知客户。同时,不论白天还是黑夜,客户们都可以在任何时刻以多种方式和厂商取得联系。

1.4.3　深入沟通

虽然技术能带来效率和更快的速度,但是技术并不一定适用于所有的沟通情况。首先,即使在最佳环境下,技术也不能和人与人之间当面的沟通相提并论。假设你发一封电子邮件给你的同事,询问她为那位极其重要的客户做的销售演示效果如何,她的回复可能只是简单的"还好"。那么你就无从了解这两个字到底代表什么意思:意味着客户马上要下订单了?还是你的同事搞砸了,损失了一位客户?还是那位客户很粗鲁,让你的同事不想多说什么?如果你再次和同事沟通,或许还亲自拜访她,她就可能会为你讲述更多详细的情况;或者如果情况很复杂、问题很难解决,你也可以为她提供一些建议和帮助。

其次,每个人都需要与他人联系。现代通信技术使你不离开办公桌或者无须会面就可以制作精彩的文件和演示内容。但是如果你一直隐藏在那些技术背后,人们也不会认识你。你可能是个很风趣、聪明和有帮助的人,但在人们与你当面沟通之前,你不过是电话里的一个声音或者文件中的一个名字而已。随着技术选择的增多,人们更需要相互联系来进行沟通。

1.5　做出道德沟通选择

道德规范(ethics)是一个社会规范其成员行为的准则。换种说法,道德准则决定社会中的对与错。美国最高法院前大法官波特·斯图尔特给道德准则的定义是:"明白你有权做什么事和怎样做是正确的这两者之间的区别。"[23]作为一个商务沟通者,为了做出正确的选择,你有责任去仔细考虑自己准备说什么、这样说会造成怎样的后果。

当然,在一个社会中,人们也不会一直赞同那些看起来符合道德准则的行为。例如,秘密营销的出现引起了社会上新一轮的对道德准则的担忧。在这种营销模式下,客户并不知道自己在被推销。它的具体操作手段是派人到公共场所,以一种惹人注意的方式当众使用某公司的产品,然后和陌生人讨论这种产品的好处。从表面上看起来,这些人不过是大街上过往行人中的普通一员,但是实际上他们中有些是营销公司雇来的,有些则是得到公司支付费用(或者得到公司内部消息和其他利益)的普通消费者。这些人也会将产品推荐给自己的朋友们,但不让对方知道那是促销手段。有批评认为这是种欺诈行为,因为营销公司没有给他们的目标消费者机会让他们提高自我保护意识来抵制富有迷惑性的营销信息。[24]

道德行为当然是所有公司关心的问题,但是由于商务沟通也涉及一个公司的公众形象,因此会受到来自政策制定者、立法者、投资者、消费者团体、环保团体、工会组织和其他会受到商务活动影响的人们尤为严格的监督或审查。**道德沟通(ethical communication)**要求所有的相关信息无论从哪个角度考察都是真实的,不得有欺骗的成分在里面。相反,不道德沟通则是指使用那些不正确和

㉓ A. Thomas Young, "Ethics in Business: Business of Ethics," *Vital Speeches*, 15 September 1992, 725—730.

㉔ "Undercover Marketing Uncovered," CBSnews. com, 25 July 2004 [accessed 11 April 2005] www. cbsnews. com; Stephanie Dunnewind, "Teen Recruits Create Word-of-Mouth '**Buzz**' to Hook Peers on Products," *Seattle Times*, 20 November 2004 [accessed 11 April 2005] www. seattletimes. com.

误导人们行为的信息(或隐藏的重大信息)。以下是一些不道德沟通的例子:[25]

- **剽窃(plagiarism)**。偷来别人的语言或者其他富有创造性的作品,说成是自己的。
- **片面引用(selective misquoting)**。故意忽略掉那些对本人或公司不利的或有害的评论,美化(往往是不真实的)自我。
- **歪曲数字(misrepresenting numbers)**。增加或者减少相关数字,夸大、篡改统计数据,或者故意遗漏。
- **扭曲画面(distorting visuals)**。使产品看起来比真实的体积要大,或者改动图表比例来夸大或隐藏差异。

符合道德规范的信息是指准确而真实的,不允许带有修饰性、歧视性和夸张的语言和图像。从表面上看,这种符合道德规范的行为是很容易识别的,但是在复杂的商业情况中,要确定道德规范到底是什么却绝非易事。

1.5.1 区分道德困境和道德丧失

公司都必须对其股东负责,但各种不同的群体之间通常会存在着利益冲突。例如,员工们希望加薪和获得更多的好处,但投资者担负着资金方面的风险,所以他们希望公司的管理层降低成本,增加利润来抬高股票价格。双方的要求都是合理合法的,没有对错之分。

道德困境(ethical dilemma)涉及从几个不能清晰判别对错的选项中做出选择。也许两个完全对立的选项都是合理又合法的;或者所有选项都是处于对错中间的灰色地带。假设你是一家处于亏损状态的公司的主席,对于股东,你有义务减少损失;而对于公司员工,公平、诚实地对待他们是你的责任。综合考虑之后,你认为必须要立即裁员 500 人。同时,你认为也许过段时间后,还应当再裁 100 人。但是,目前你需要这 100 人为你完成一个项目。那么你会对这 100 名员工说什么?如果你坦诚相告他们的职位即将不保,那么很多人会在这个你最需要他们的时刻选择立即离开。但是,如果你告诉他们未来一片光明,那么你就是在扭曲事实。

和困境不一样,**道德丧失(ethical lapse)**是明显的违反道德规范(很多情况下是违法)的行为。2004 年,几家保险公司均被控告误导佐治亚州的本宁堡、加利福尼亚州的潘德顿营区和来自美国其他军事基地的军队人员购买保险。这些军队人员以为自己买的是储蓄型的保险服务,可实际上他们买的是昂贵且又往往不必要的人寿保险。这些公司大都在士兵们参加强制性金融知识培训的时候分发保单,而士兵们在购买之前并没有时间去仔细阅读保单的具体内容。后来,当这件事情被《纽约时报》和其他媒体刊登出来并且引起全国范围关注时,在被卷入其中的保险公司中,至少有两家全额退还给士兵们保险费,包括 Madison National 人寿保险公司和 American-Amicable 人寿保险公司。[26]

公司内部和外部在商务沟通上做出的努力,制造结果和维护决策正当性的压力都可能使得不

㉕ Kolin, *Successful Writing at Work*, 24—30.

㉖ Kelli Esters, "Insurance Company to Repay $1.1 Million to Georgia Soldiers," *Ledger-Enquirer*(Columbus, GA), 26 May 2005 [accessed 28 June 2005] www.ebsco.com; Diana B. Henriques, Insurer to Refund Money to Soldiers Who Bought High-Cost Life Policies," *New York Times*, 23 September 2004, C1, C4; Diana B. Henriques," Going Off to War, and Vulnerable to the Pitches of Salesmen," *New York Times*, 20 July 2004, C1, C6.

道德沟通深受某些公司的欢迎。对比图 1-9 和图 1-10，你可以看出这两份上交给管理层的同一市场调查项目结果差异巨大。在图 1-9 中，备忘录作者的意图很明显，就是希望公司能继续在经费上支持他们的项目，尽管他的市场调查结果并不能支撑这个观点。比较这两份备忘录你可以看出图 1-9 中的这两个作者企图通过扭曲事实、隐藏真实情况来达到说服公司继续支持此项目的目的。图 1-10 比图 1-9 展示的证据更诚实和有道德。

海星体育
机密备忘录

日期：2006年12月23日
收件人：执行委员会
发件人：Darcy O'leary & Bob Caruthers，产品管理部
主题：飞马市场确认书

非常高兴地向大家宣布，调查数据已经出来了。就像我们在调查前预测的那样，消费者对飞马牌产品构想显示出高度支持。调查结果证实我们过去几个月来在产品设计方面的投入是值得的，我们应该给项目的完成开绿灯。

我们对这项结果尤其感到高兴，因为调查是由Bowerman研究中心的Sadie McMahon主持的。她曾经做过数百次的调查项目，并因对消费者市场的敏锐洞察力而闻名。只有1/3的被调查者表示对飞马产品不太感兴趣或不感兴趣，McMahon女士说这一点大可不用担心，因为很少有产品能够引起整个市场的兴趣。这样看来这个产品推向市场时便能获得成功，因为占多数的2/3被调查者还是喜欢我们的产品的。

鉴于我们已经开始的工作，加上产品构想已获得广泛的支持，我们相信执行委员会也会得出跟我们一样的结论，会继续资助这个项目。

谢谢你们的支持！

在读者读到研究结果前即使用有偏见的主题行来歪曲他们的感知

将McMahon的观点和结论与O'Leary和Caruther自己的观点混淆

有选择地摘取McMahon的概要，而将不支持作者自身结论的信息摘除

再次通过暗示如果管理委员会不同意他们的意见便会犯错来使谈话带有偏向性

暗示O'Leary和Caruther甚至在研究开始前就有了决定，这意味着他们的分析可能会有偏向性

不如实地叙述研究结果；2/3的市场没有对该产品理念表现出兴趣

假定作者得到了委员会的支持，而这可能并不是真的

图 1-9　不道德沟通

1.5.2　确保道德沟通

要保证商务沟通是道德沟通，必须具备三个条件：有道德的个人、有道德的公司领导和支持员工进行道德沟通的制度和组织结构。[27] 另外，这三个条件还要和谐有序地共同发挥作用才行。如果企业的员工看到管理层无视公司的规定而做出了违背道德规范的决定，那么他们会认为这些制度其实没有任何意义，最终他们也会效尤。

雇主们有义务制定规范道德行为的明确制度，包括商务沟通方面的规定。很多企业通过书面的**道德守则（code of ethics）**来明确规范道德行为，帮助其员工辨别什么是可接受的行为。这种守则一般作为较重要员工培训项目的部分内容，或者作为沟通渠道的一部分。这种沟通渠道允许员工提出自己的疑问，同时上报一些无法确定是否符合道德规范的行为。例如，总部设在美国康涅

[27] Daft, *Management*, 155.

海星体育
机密备忘录

日期：2006年12月23日
收件人：执行委员会
发件人：Darcy O'leary & Bob Caruthers，产品管理部
主题：飞马项目市场调查概要

（不要试图提前做出结论，使用不偏不倚的主题行）

在对18个州的236名运动产品购买者进行了电话访谈之后，上周飞马项目的市场调查已经有了结论。跟以前一样，我们聘请了Bowerman研究中心帮助实施访谈，调查是在Bowerman研究所管理人Sadie McMahon的指导下完成的。McMahon女士曾经主持过两百余次的消费产品调查项目，我们非常相信她对消费市场的洞察力。

（着重于研究者的技巧而不使读者对她的结论产生曲解）

一份包括原始数据和逐字引用的完整版调查报告，下周末将被放到工程部的局域网上供人下载。无论如何，我们相信在这周将要召开的项目资金会议上，本调查的结论将会得到你们的重视。

（充分揭示背景信息）

（提醒管理委员会注意同时存在另一种结论的情形）

Sadie McMahon的调查概要

消费者对代号为飞马的新产品的兴趣表现出以下明显的不同：34%的人对产品不太感兴趣或根本不感兴趣，37%的人对产品表示感兴趣和非常感兴趣，剩下29%的人认为产品的基本构想含混不清，所以就无法测量他们对产品感兴趣的程度。在多数情况下，我们并不用担心对产品不太感兴趣或根本不感兴趣的那部分人，因为很少有产品能够引起整个市场的兴趣。

（提供研究者摘要的完整文本）

然而，市场中认为产品的基本设计含混不清的那部分人倒是应该引起我们的注意，我们很少见到超过10%或15%的被调查者对产品的设计环节表示出这种态度。29%这一数据表明，本产品的设计不符合许多消费者的预期。如果海星实际投产可能会遇到销售困难的情况。

（清晰地举例说明市场专家对该项目的关注）

我们的建议

在存在这么多不确定因素的情况下，以760万美元这么高的成本来开发飞马产品似乎不太可行。我们在项目启动之初准备的商业计划提案指出，要想创造足够的销售额以回收产品设计阶段的投资，我们至少需要获得50%的消费者认可。而要想达到这个临界值，我们需要说服至少一半"含混不清"的人。我们建议，应该先明晰设计问题，并得到下一轮消费者调查的证实，再进行产品的进一步开发。

（把研究者的观察与作者自己的看法分离开来）

（清晰并诚实地说明该项目无法实现初始期望）

如有任何疑问，请拨分机号2354联系Darcy，拨分机号2360联系Bob。

（对此情况要求进一步讨论）

图1-10 道德沟通

狄格州哈特福德的联合技术公司是一家大型航空航天企业，它为自己的员工、客户和供应商提供了一种保密性很好的方式来鼓励他们上报疑为欺诈和其他违反道德规范的行为。上报人员还可以收到一份解释所述状况是如何解决的书面回复。[28] 为了确保其员工遵守现行的道德规范，很多公司还实行**道德审计（ethics audits）**来监督道德进程，来指出需要改进的薄弱环节。

不管所在企业有没有建立正规的道德制度，员工们都有义务在遵守道德规范的原则上进行商

---

[28] Joanne Sammer, "United Technologies Offers a Model for Reporting Ethical Issues," *Workforce Management*, August 2004, 64—66.

务沟通。由于道德的底线有时候很难明确定义,因此我们最好的办法是跟随法律行事。如果有违法的事情,不要做,这是毋庸置疑的。很多企业有自己的在职律师或从外部雇请了律师,必要的时候,你可以打电话向他们寻求建议。

然而,在你的职业生涯中,不一定遇到所有与道德有关的情况都可以通过法律解决。还有的时候,你会发现自己面临着一个艰难的选择,它合法,但是不道德。例如,有一项关于膳食营养补充物标签的争议在美国持续了很多年。现行的法律认为补充物更接近于食物而非药物,因此没有要求像药物那样清楚地标示出可能出现的安全隐患。有人分析后发现,有 89% 的膳食营养补充物标签没有标示出任何不良反应和副作用,而 85% 没有明确指出最大服用剂量。虽然这些产品的生产商没有违背任何现有的法律,但是他们的做法真的合乎道德规范吗?[29]

在没有明确法律和道德约束的情况下,试问自己下列问题,看你在商务沟通方面做到了多少:[30]

- 你是否客观而准确地分析自己面临的状况?
- 你希望通过一条消息达到怎样的目的?
- 这一消息会对接收者产生怎样的作用,或者会影响到谁?
- 这一消息能够将益处最大化、坏处最小化吗?
- 你的假设会随着时间而改变吗?换句话说,现在看起来符合道德规范的决定在将来会变得不道德吗?
- 你的决定让自己舒服和满意吗?如果明天这个决定被刊登在报纸上或者在网络上广泛流传,你会觉得尴尬吗?

如果所有这些都行不通,那么想出一个让你钦佩的人,并问自己如果他/她听说了你的决定会怎么想。如果你都不能骄傲地向一个自己钦佩和尊敬的人——一个对你来说他/她对你的看法十分重要的人——讲述自己的选择,那么这就是一个很强的信号,它意味着你可能做了一个不太好的选择。

文档修改

改进这份备忘录

练习实际修改文档的草稿,请登录在线课程或密码保护网站"辅助网站"(Companion Website)。点击"文档修改"(Document Makeovers),然后点击第 1 章。你会看到一份备忘录,包括了与本章所学的克服商务信息的沟通障碍相关的问题和错误。使用"最终稿"选项修改这份备忘录。检查信息,使其符合以受众为中心、道德沟通、有效沟通和促进反馈。

[29] Maryann Napoli, "Rx News: Dietary Supplement Labels Are Found Wanting," *HealthFacts*, 1 June 2003, 5.

[30] Based in part on Robert Kreitner, *Management*, 9th ed. (Boston: Houghton Mifflin, 2004), 163.

1.6 应用所学知识

在本章的开始部分,你在“工作进行时:Six Apart 的沟通”中已经认识了弥娜·特洛特,特洛特也是你可以在本书中找到的众多真实的商务沟通专家之中的一位,他们都成功地解决了在工作中遇到的沟通难题。每一章的开始部分都会有这样一个反映现实公司真实情况的小故事,读者可以在阅读时仔细思考当中强调的人物和公司。我们希望读者能熟悉本章中提及的诸多沟通方面的理念,并且思考如何将这些理念运用到某一特定的情形中。

在每一章的最后,都有一个创新式的模拟练习,名为“工作进行时:解决沟通困境”。你可以假设自己是其中提及的公司职员,可能遇到很多工作中会遇到的麻烦。本书设计了一些沟通情景,每个情景都附有几种不同的处理方式,读者可以以家庭作业、小组作业、课堂讨论或者其他方法来决定选择哪种方式。这些情景练习可以帮助你发现更多好的沟通意见并将学到的知识应用到实践中去。

现在让我们来做第一个情景练习吧。处理问题之前,先想想你在本章中学到的知识以及自己在沟通方面的经验,然后你会惊讶地发现,你所了解的,只是沟通知识中很小的一部分。

工作进行时

解决 Six Apart 的沟通困境

Six Apart 公司的总裁弥娜·特洛特在通过帮助员工克服有效沟通的可能障碍,来维持沟通顺畅和确保每位员工都能获得必要信息方面发挥着极其重要的作用。为了协助自己处理日益繁重的工作,她最近雇请了你作为她专门负责沟通事宜的助理。用你学到的沟通方面的知识为以下设定的情景选择你认为最好的解决方式,并解释你认为这个方式是最佳选择的原因。

1. Six Apart 公司的成功之道之一在于它保持着与客户之间友好、坦诚的沟通方式,包括那些提出不现实要求、希望获得特别待遇的非长久性客户。然而,你听说公司内部有些客服代表在与这些所谓难应付的客户进行沟通时带有个人情绪,有些客户已经投诉说受到了粗鲁的待遇。你很清楚和客户打交道的确是件很难的事情,但是你也明白,一旦本公司的名声被恶劣的客服玷污了,那么将对整个公司的发展非常不利。因此,你认为应当立刻解决这一问题,于是你决定给客服中心的同事发一封电子邮件,那么,你认为第一句话应当怎么写?

a. 全体员工应当努力工作,高效、及时地服务客户。

b. 态度恶劣的客户沟通问题已越来越严重,必须马上禁止!因为没有客户,公司就没有效益;而没有效益,你们都要丢饭碗!

c. 良好的客服一直是本公司竞争优势的最重要保障,但是我们的管理层最近发现,你们当中的某些人对客户恶劣的服务已经对公司的名声造成了损害。

d. 十分感谢大家长期以来在客服方面付出的辛勤劳动。我明白,有时客服工作的确很棘手。

2. 随着多年的发展,Six Apart 公司内部形成了一种既表现了本和弥娜这种魅力人格又反映了整个博客界那种随意的氛围的企业文化。但是,随着新员工的加入,一些与公司氛围不同的沟通方式和心理想法也被带了进来。特别是新来的财务经理,总是以一种非常正式而疏远的语气和其他同事沟通,引起了公司老员工的不满。他们认为,虽然这位经理工作出色,但是她的作风不够人性化,让人很不愉快,甚至认为她“无法融入”。那么在这种情况下,你应该如何做呢?

a. 告诉这些员工,请他们不要再抱怨什么了,毕竟新财务经理的工作能力还是很强的,这才是最重要的。

b. 和财务经理面谈,告诉她融入公司文化氛围的重要性,并且给她四周的期限,让她改变自己与同事的沟通风格。

c. 和财务经理面谈,向她解释随意的公司文化氛围背后其实蕴涵着深刻的道理,而且这种文化已经对公司的成功做出了极大的贡献。建议她可以试着稍微改变一下自己的风格,她会享受到这份工作带来的无限乐趣。

d. 任由这位经理继续保持自己的沟通方式,毕竟如何做是她自己的事情,公司没有权力去干涉和改变。

3. 网络上有流言说Six Apart公司正计划将一条生产线卖给它的竞争公司,而这条线上大部分的工作人员都将被解雇。特洛特想从你这里征求解决这种情况的想法,你会提出怎样的意见?

a. 在网络上发布信息,告诉大家那是谣言,让那些担心丢掉饭碗的员工放心。

b. 立即召开全公司会议,澄清误解,强调Six Apart绝没有要卖掉那条生产线的打算。

c. 在Mena's Corner(弥娜·特洛特在公司主页上的博客)上发布信息,告诉大家尽可放心,所有员工的职位都很安全。之所以通过这种方式来传达这条消息,是因为很多员工和客户一样,都喜欢去总裁的博客获取信息。

d. 不要理会这种谣言,因为它和所有的谣言一样,最终会不攻自破。

4. 由于微软、谷歌和其他几家主要的公司都加入了制作博客软件和提供博客服务的大军中,Six Apart公司不得不削减产品的价格来维持其在市场上的竞争优势。但是,这样就意味着要盈利公司必须降低运营成本。而员工的薪资是公司最大的支出项,因此管理层决定在未来的六个月里,所有员工的工资都要降低10%,六个月后会重新评估公司的财务状况。还有些高管人员甚至认定这个做法可能要持续至少一年或者永远不变。当你了解到这种情况,你认为自己要怎样做才能平衡公司和员工之间的需要呢?

a. 考虑到如果让员工知道了减薪的政策将永远执行,他们会急于寻找其他工作,从而会造成公司劳动力的短缺和财务状况的恶化,因此,你决定告诉员工,10%的薪水调整政策只是在未来六个月里执行,但不暗示可能持续更长时间甚至永久实行。

b. 告诉员工,按照计划,10%的薪水调整要持续六个月,不明说可能会延长,保留这种可能性。

c. 即使你也不确定减薪计划是否会成为永久性的,但是你还是告诉大家有这个可能。因为你认为,先让大家做最坏的打算,那么如果情况好转的话,员工会很惊喜。

d. 告诉员工减薪计划将持续六个月,到那时公司的管理层会重新评估财务和市场情况,然后决定是否需要延长这一计划。告诉他们,你也希望能给大家提供更多确定的信息,但是市场的不确定性让你无能为力。你认为最好的办法是将你知道的和不确定的都告诉员工们。

学习目标检查

通过阅读每个学习目标和完成相关练习来评估你对本章要点的掌握情况。填空题，写出空白处缺少的文字；单项选择题，在正确答案的字母上打钩。

目标 1.1：解释为什么在当代商业环境中有效沟通为何是成功的关键。

1. 你的沟通能力可以帮助你所在的公司：
   a. 取得更高的效率
   b. 提高质量
   c. 提高来自客户的响应度
   d. 提高创新能力
   e. 以上内容都可以实现
2. 随着职业的发展，你被公司提升至更高的职位，负责更加重要的事务，你的沟通技能：
   a. 没以前那么重要了，因为你可以将涉及沟通问题的任务指派给其他人去做。
   b. 比以前还重要，因为你将面对更多数量的受众，讨论更加重要的事情。
   c. 和以前一样重要。

目标 1.2：识别成功雇主期望雇员拥有的七种沟通技能。

3. 按照你在本章中所学的知识，以下哪些技能是雇主可能希望他的雇员具备的？
   a. 对观点和信息的组织能力
   b. HTML 网页编程技术
   c. 为书面报告和网站设计图表
   d. 连贯有说服力地表达和展示自己的观点
   e. 培训其他员工
   f. 掌握沟通技术
   g. 会用至少三种语言来进行沟通
   h. 遵守道德规范来进行沟通活动

目标 1.3：描述有效商务沟通的五个特征。

4. 有效的商务信息是指这样的信息：
   a. 富有娱乐性和说服性，不尖锐
   b. 实用、客观、简练、清楚、富有说服力
   c. 人性化、清楚明了、有挑战性
5. 为什么商务信息必须明确指出哪位工作人员具体负责什么工作？
   a. 为了确保其他员工履行自己的职责
   b. 在重要的任务没能按时完成的情况下，保证此信息的发送者免遭责难
   c. 让每一个相关的工作人员都清楚自己的职责是什么以免混乱

目标 1.4：列出独特商务沟通的六个因素。

6. 最近几年来，团队合作对商务沟通产生了怎样的影响？
   a. 企业的发展决定了团队沟通效率低下，因此大部分企业都已经停止使用团队合作的方式
   b. 企业日益依赖于团队努力，大部分企业都拥有沟通专家，负责每个团队内部的沟通工作
   c. 企业日益依赖于团队努力，企业希望团队中的每个成员都能与其他成员进行有效的沟通
   d. 具有创新意识的企业将博客作为团队之间沟通的主要方式
7. 企业在结构上向扁平化的方向发展，也影响到了商务沟通：
   a. 减少了上层管理者接收的信息数量，从而减少了他们的工作量
   b. 减少了管理层之间的分层
   c. 给了职工更多的沟通职责
   d. 延缓了商务决策的制定和发展进程
8. 以下哪些是容易导致沟通障碍的最常见因素？
   a. 干扰

b. 信息超载

c. 认识分歧

d. 以上所有

9. 成功的公司一般都会把工作队伍的多样性看做是：

a. 法律要求

b. 更好地了解市场、更有效地和各个层次的消费者沟通的机会

c. 生意中不可避免的成本损失

d. 促使公司业务外包以减少多样性带来的沟通混乱的原因

10. 以下哪个选项可以最准确地概括当今企业利用沟通技术的特征？

a. 企业不能把钱浪费在新技术上，因此很少有公司像大部分的消费者那样使用电子邮件、即时通信、博客和其他工具

b. 只有大公司才使用如电子邮件和网站等的技术工具

c. 在当今社会，技术已经渗透到商务沟通的各个方面

d. 技术的运用一般都能提高沟通的效率

目标1.5：描述工作中更有效沟通的五种策略。

11. 以信息接收者为中心的沟通：

a. 通常认为接收者的意见就是正确的

b. 从接收者的信息需求出发，提升沟通的质量

c. 其实是浪费时间，因为它并不能达到信息发送者的目的

d. 会简化信息的规划和创造过程

12. 建设性的反馈主要集中在________而非简单的批评。

13. 注重商务礼仪：

a. 会减少人与人之间可能会不利于沟通的失误发生几率

b. 被很多公司认为是浪费时间，尤其在这个市场变动节奏如此之迅速的社会

c. 目前在美国50个州都以法律形式强制执行

d. 常常会增加商务沟通的成本

目标1.6：解释成功运用沟通技术的三种策略。

14. 成功的商务沟通技术使用者会确保这种技术能够________沟通活动，而不是压制或者中断沟通活动。

15. 学习如何更加有效地使用沟通技术：

a. 帮助你将精力集中在沟通本身而非使用的工具上

b. 迫使你将精力集中在使用的工具而非沟通过程上

c. 对于肩负高层领导者期望的人来说是浪费时间

d. 现在已经不再是必要的任务

16. 经常和同事或者客户进行当面的沟通：

a. 被很多人认为是没有合理地安排时间，尤其是在电子通信技术发达的今天

b. 成功的管理者都不认可的方式

c. 至关重要，因为这可以帮你确认人与人之间的沟通没有受到技术的干扰

目标1.7：讨论道德规范在商务沟通中的重要性，并且区分道德困境和道德丧失。

17. 道德沟通：

a. 和合法沟通是一回事

b. 成本较高，因为要考虑诸多的规则

c. 只对销售产品给消费者的公司来说很重要，对其他类型的公司没多大意义

d. 极其重要，因为这涉及一个公司的公共形象问题

18. 如果一个人面对两个都符合道德规范但内容相悖的选择，那么他面临的是道德________；当他做出了一个违反道德要求的选择时，他就陷入了道德________。

知识应用

1. 为什么说一个组织内部良好的沟通机制能改进员工的态度和业绩？简要说明。

2. 企业可以过多地依赖沟通技术吗？简要说明。

3. 书面和口头信息中，哪个更容易受到噪声的影响？为什么？

4. 作为一个经理，你会如何让你的雇员真正了解在他们与同事、客户和普通社会大众沟通的时候，加强道德观念是非常重要的事情？

5. **伦理选择(ethical choices)**。由于你出色的沟通技能，你的上级领导经常要求你替他写报告。有一次你无意中听到CEO对你领导的报告大加赞赏，说他的报告意思明确又很有逻辑性，而你的领导则表现出所有报告真的都是他自己写的一样。这位领导对CEO赞赏的反应说明了什么道德问题？遇到了这种情况，你会怎么做？简要说明你要采取怎样的措施和你的想法。

知识实践

文档分析

阅读下列材料，然后，(1) 分析该文档是有效还是无效的沟通信息(务必说出支持你结论的理由)；(2) 修改材料，使其遵循本章指南。

我注意到你们当中的很多人在工作计时卡上不诚实。如果你迟到了，就不要让你的计时卡显示你8点准时上班了；如果你午饭后没能按时赶回公司，就不要在卡上做手脚证明你1点钟就已回到公司。我无法忍受这种欺骗行为，只好引入一个员工监督系统。下周一开始，公司的每个入口都会安装一个摄像头，这样你通过电子钥匙卡进出公司的时间都会被准确地读出。

以后，早晨上班迟到或者午饭后没有按时回到公司的次数超过三次的员工必须要接受我的问话。我不管你需要打个盹儿还是你们女孩子要去逛街，这是个工作的地方，我不希望自己被懒鬼和骗子愚弄。

我绝不允许让一只老鼠坏了一锅汤！

练习

本章讨论到的所有网站都能在本书的网站 www. prenhall. com/thill 上找到链接。找到书名并点击“辅助网站”(Companion Website)链接，然后选择“第1章”，并点击“特色网站”(Featured Websites)，选定与文中内容有关的页面名称或URL。请注意本书出版后失效的链接将从“特色网站”中删除。

1.1 **有效的商务沟通：了解差异**。带一份你收到的纸质或电子邮件形式的推销信到课堂上来，分析一下它在沟通方面的效果如何，它有没有：

a. 提供实用的信息

b. 描述事实而非印象

c. 阐明并精简信息

d. 详述了责任

e. 试图说服他人并且给出建议

1.2 **企业内部沟通:规划信息流**。为了完成下列任务,我们首先要弄清楚沟通的方向(下行、上行还是平行),建议一种合适的沟通方式(闲谈、正式的访谈、会议、小组讨论、网络会议、即时通信、时事通讯、备忘录、公告板等),然后简要地解释一下你给出这种建议的理由。

a. 作为人事经理,你打算公布今年公司野炊的具体内容

b. 作为内部沟通主管,你想说服公司的高层管理者创办公司内部的通讯

c. 作为生产经理,你要确认销售经理和财务经理都收到了你估测的生产安排表

d. 作为营销经理,你希望雇员明白公司的目标和对工人的态度

1.3 **沟通网络:正式还是非正式**?一个大学时的朋友突然打电话给你,说:"真的,我不得不打电话告诉你这个消息,你一定要保守秘密。当我听说我所在的公司正打算收购你们公司时,我惊呆了!真没想到像你们这么大的公司竟然这么快就衰落了。我想你们那边应该已经一片混乱了吧!"你的胃一下子痉挛起来,脊背上感觉到一阵寒意。在此之前你对收购的事情一无所知,在挂断朋友的电话之前你就开始考虑自己要怎么做了。从以下选项中选择你将如何做,并且简要地阐述你的理由。

a. 立即打电话给你公司的 CEO,求证你从朋友那里听到的传言

b. 询问同事有没有听到收购的消息

c. 秘密地和你的直接领导讨论这件事情

d. 对此事保持沉默(毕竟即使这个消息是真的,你也改变不了什么)

1.4 **伦理选择**。分析以下四个选项哪些是符合道德的沟通,哪些不符合,并用不超过一页纸的字数阐述你的理由。

a. 你刚发现自己所在公司的一个处理工厂可能会给当地环境造成破坏,你决定对此事保持沉默。

b. 为了使公司的管理层意识到即时通信所能带来的积极效用,你决定稍微夸大一下,因为他们从不理解技术的好处,所以只有这样才能说服他们做出正确的选择。

c. 告诉你的一个同事或者关系很亲密的朋友,劝她好好工作,不然老板会炒她鱿鱼的。

d. 极力建议公司购买不必要的设备,在财务年度之内花掉你的分配经费,这样公司就不会在来年减少你的预算资金了。

1.5 **变化的工作场所:个人在工作中的表达**。博客已经成为一种雇员与客户和其他来自公司外部的各方保持联系及沟通的重要渠道。有时,雇员开办博客,公司及其客户都受益匪浅。博客可以提供对公司和客户都有用的信息,同时与其他公司正式、强势的沟通方式相比,显得更人性化。然而,有时候,有些员工则因为发布他们雇主认为不合适的信息而被解雇,尤其是有的员工发表了对本公司和某位经理的批评言论时。雇员可以在公共场合,比如博客上,批评自己的雇主吗?以一封简短的包子邮件消息说明赞成还是反对公司禁止员工在博客里批评自己的做法。

1.6 **互联网**。思科是一家世界主要的生产互联网和企业网络的公司,它在多年的发展过程中形成了一套道德准则,要求每

一位员工都要遵守。你可以通过访问这家公司的主页 www. cisco. com,在行为准则(code of conduct)里看到这些内容。简要地以一段话来说明三种违反这些规定的做法,然后举出至少三种思科公司为员工提供的上报违反道德准则以及询问有关道德问题的机会。

1.7 **沟通礼仪**。经常会有潜在的客户到你们公司的生产车间来参观,以确定是否要向你们下订单。由于经常要和这种重要的客户打交道,你和销售部门的同事都受到过商务礼仪方面的培训。但是,车间里的工人或者其他部门的同事没有接受过这种培训,所以你担心有些同事可能会因为无意的语言和行为而引起潜在客户的不满。请你写一封电子邮件,用两段话来向总经理说明对那些有可能和潜在客户打交道的同事进行商务礼仪培训的重要性。

1.8 **伦理选择**。你的老板知道你在公司里有很多朋友,于是她想从你这里了解一些涉及员工工作态度和其他有可能影响公司内部关系的信息。她最近联系了你,让你汇报你所知道的违反公司规定的行为,从将公司发放的办公物品带回家,到使用办公电话来打私人长途电话都要汇报。在你答复她之前,请你先列出你打算和她讨论的一些事情。

1.9 **正式沟通:自我介绍**。起草一份备忘录或者准备一份口头的自我介绍,向你的老师和同学介绍你自己,包括你的背景、爱好、成就和目标等。如果你写的是备忘录,请将字数限制在一页之内,并按照图 1-3 的格式;如果你准备口头自我介绍,那就将时间控制在两分钟之内。

1.10 **团队合作**。你的老板让你和你的团队做一项关于公司儿童看护设施的研究工作,然后写一份报告递交上来。当然,你想知道除了老板之外,还有谁会看这份报告。在开始研究工作之前,先和你的两个团队成员一起列出四到五条你想要了解的关于实际情况以及报告读者的事情。简要地说明你选择每一条内容的原因。

1.11 **沟通过程:分析沟通失误**。利用你学到的沟通六个阶段的知识,来分析最近在你和你的同事、领导、同学、老师、朋友或者家人之间在沟通方面产生的问题。你要向对方传递怎样的信息?你如何对信息进行“编码”和传送?接收者收到这个信息、并且正确地进行“解码”了吗?你又是如何知道的?根据你所学的知识来指出和分析阻碍你成功沟通的障碍。

1.12 **伦理选择**。你被公司委任为新工厂选址的重要任务。经过几个月与土地所有者的谈判,对成本的估算和对生态、社会以及社区影响的综合评估,你最终决定推荐公司选择兰辛河附近的一处地点。然而,现在离你向公司高层汇报自己调查的结果还有十五分钟时间,你突然在自己的计算数据中发现了一个可能的错误:你似乎在土地的价格上少算了 50 万美金,这样花费将会超过预算十个百分点。但是在这个时候,你已经没有时间去仔细检查自己所有的数据了。于是你打算忽略掉这个错误,继续向领导推荐。你知道管理层不会通过一项陈述有误、不合格的建议;而从另外一个角度来说,很多工程都会超出其最初的预算,所以你完全可以把遗漏的成本在日后逐渐加到预算里面去。在你去往会议室的路上,你做出了最后的决定。用几段话,告诉大家你做出了怎样的决定，并说清楚你的理由。

1.13　**沟通礼仪。**在小组会议上，你的一些同事习惯于打断别人的发言或者和发言者争辩，甚至篡用别人的主意，或者直接批评他们自己不同意的意见。你作为小组的新成员，不知道这是不是公司的传统。但无论从个人还是职业角度出发，你都对此感到焦虑。那么，你应该接受这种沟通方式，还是继续保持自己的风格呢？如果保持自己安静、尊重别人的风格，那么你很可能和其他人格格不入，从而限制你在这家公司的发展前景。用两段话来阐述这两种选择的利与弊。

知识拓展

从网络中学习更多

通过 Business Writer's Free Library（www.mapnp.org/library/commskls/cmm_writ.htm）找到以下资源

Business Writer's Free Library 提供了很多商务沟通方面的极好材料。在这个网站里，你可以看到大量的信息，如基础作文技巧、基础写作技巧、如何写信、参考资料、综合资料和建议。登录到这个网站，仔细阅读关于最常见的英语语言错误的资料，让自己成为语言侦探；有问题可以求助于 Miss Grammar；多看一些常见形式的信件举例；提高自己的人际沟通技能；加入新闻小组；等等。跟踪这些链接，它们可以帮助提高你的沟通效率。

活动

要想成为一个高效的沟通者，你需要经过大量的锻炼和努力。现在就登录 Business Writer's Free Library 网站吧，拓展你在本章中所学知识的范围。

1. 商务写作和普通的作文或文献写作目的有何不同？

2. 反馈的目的是什么？

3. 提供反馈的基本大纲是什么？

自己探索网络

自己访问以下与本章内容相关的网站，学习更多关于在工作场合成功沟通的内容。

1. “网络礼仪”（Netiquette）主页：www.albion.com/netiquette/index.html。在这个网站你可以学到很多网络沟通中需要注意的礼仪，然后完成 Netiquette 测试。

2. 进入英国资源发现网络上的信息与通讯技术专栏：www.vts.rdn.ac.uk。这里免费提供如何提高网络技术的指南（见“互联网再教育”（Internet for Further Education））。在这里，你可以学到如何在互联网上搜索信息，从中分辨出哪些是可信的而哪些是不可信的，以及如何在工作中更好地运用网络技术等有用的知识。

3. 101 个最好的写作网站：www.writersdigest.com。这个网站告诉你如何获得最好的搜索引擎和可参考的网址。它提供的网站列表主要是对专业写作有益，但对商务沟通也有很大的帮助。由于这个网站每年都会更新一次它的列表，所以你得确定自己看到的是最新的那个。

互动学习

互动学习向导

访问 www. prehall. com/thill,找到书名并点击“辅助网站”(Companion Website)链接。选择第 1 章,使用互动的“每章测验”(Chapter Quiz)来测试你对本章概念的掌握情况。你会得到即时的反馈,知道你是否需要进一步的学习。同样,访问“学习大厅”(Study Hall),你将发现大量能帮助你完成此课程的资源。

最佳语法和结构

如果教师要求你使用在线课程或者 CD 上的“最佳语法和结构”,你可以通过使用这一模块来提高你的词语使用技巧(结构是指大小写、单词拼写和数字使用等方面的基本风格)。首先点击“名词和代词”(Nouns and Pronouns),选择进行“预先测试”(Pretest)来确定你是否有薄弱方面。然后在“复习课程”(Refresher Course)中复习这些方面。选择进行“跟进测试”(Follow-Up Test)来检查你对名词和代词的掌握情况。如果想要更高的挑战或者进一步的练习,选择进行“高级测试”(Advanced Test)。最后,在接下来的“提高语法、结构和表达”(Improve Your Grammar, Mechanics, and Usage)部分中,完成练习以进一步巩固和加强。

提高语法、结构和表达

以下练习帮助你提高对英语语法、结构和表达的掌握和运用。看下面 10 句话,在每个括号中最佳的选项下划线。

1. She remembered placing that report on her (bosses, boss's) desk.

2. We mustn't follow their investment advice like a lot of (sheep, sheeps).

3. Jones found the company back in the early (1990's, 1990s).

4. Please send the (Joneses, Jones') a dozen of the following: (stopwatchs, stopwatches), canteens, and heudbands.

5. Our (attorneys, attornies) will talk to the group about incorporation.

6. Make sure that all (copys, copies) include the new addresses.

7. Ask Jennings to collect all (employee's, employees') donations for the Red Cross drive.

8. Charlie now has two (sons-in-law, son-in-laws) to help him with his two online (business's, businesses).

9. Avoid using to many (parentheses, parenthesises) when writing your reports.

10. Follow President (Nesses, Ness's) rules about what constitutes a (weeks, week's) work.

如果想找到更多的关于名词的练习,请登录 www. prehall. com/thill,找到书名并点击“辅助网站”链接,选择“第 1 章”,点击“提高语法、结构和表达的额外练习”,然后点击“1. 名词所有格”或者“2. 先行词”。

第2章　团队沟通和掌握倾听及非语言沟通技能

学习目标

学完本章后,你将能够:

1. 指出团队合作的优缺点
2. 概括团队沟通的有效方法
3. 解释群体动力对团队效率的影响
4. 讨论团队环境中礼仪的角色,包括工作场合和社会环境
5. 描述会议技术对与会者成功沟通的帮助
6. 描述倾听过程并解释好的倾听者怎样克服倾听过程中各阶段的障碍
7. 阐明非语言沟通的重要性并简述非语言表达的六种类型

工作进行时

容器商店的沟通

坚实的团队合作+有效的沟通=一次美妙的购物之旅

让我们面对这样一个事实,零售商店的前台工作很少有太好的名声。对于员工来说,那些职位是低收入与高压力的结合,导致了快速的人员消耗和频繁的人员变动。从客户的角度来说,零售员工似乎分为两类:没培训好也没什么动力的新手,比起帮助客户来似乎更关心得到提成的激进销售员。

如果你想要通过创造一种愉悦的、对员工和客户来说都有好处的体验来改变这种印象,该怎么办?

这就是加勒特·布恩(Garrett Boone)和基普·廷德尔(Kip Tindell)在得克萨斯州达拉斯市开设他们第一家零售商店"容器商店"(The Container Store)时给自己的挑战,当时他们立志要成为"全美最好的零售商店"。这家店出售种类数量惊人的各种容器、文件归档系统、钩子、架子、篮子和其他帮助客户整理日常生活的物件,而商店员工需要帮助客户找到装报税单到DVD的每种容器。

然而,正如众多感到沮丧的客户所清楚的那样,提供好的客户服务不是那么容易的。容器商

店试图通过尊重员工、自由沟通和提倡团队合作而不是个人竞争的机制来做到这一点。

例如,在选择新员工时,在一个优秀员工抵过三个好员工的信念驱使下,公司进行综合面试和选择,以找到每个职位的最优人选。在容器商店,一个优秀员工应该是主动的,以团队为导向的,并且对客户服务充满着激情。

对团队合作的强调是在每天开业前和闭店后通过一个名为“集合”的小会加强两遍的。与足球比赛中的“集合”类似,它有助于给所有人一个共同的目标:设定目标、分享信息、鼓舞士气和团结一致。晨会包括对销售目标和商品应用的活跃讨论,而且会为过生日的员工唱生日歌。集合包括更多的团队建设和友好竞争,比如猜猜每天的销售数据之类的。团队建设通过参与到社区活动中去得到进一步加强,比如学校供应品运输,也会通过娱乐委员会员工想出的单纯娱乐性活动来加强。

通过致力于团队合作和有效沟通,容器商店为它的员工开创了提供优秀客户服务的道路。公司外部的人也开始注意到这一点了。容器商店已经成为一些全国性论坛的常年优胜者,例如西北大学颁发的年度“人文表现奖”以及《财富》杂志的年度“前 100 名最佳雇主”。廷德尔相信与员工全面、自由的沟通需要勇气,但是他说:“让人们真真切切地觉得自己是某个组织一部分的唯一方式,就是让他们了解所有事情。”①

www.containerstore.com

2.1 改善在团队中的表现

你可能从来没有在一个像容器商店这样的零售店工作过,但是很有可能你的职业会涉及在团队中工作和其他考验你沟通技能的群体环境。一个**团队(team)**,是由两个或两个以上的人组成、拥有共同的任务和努力完成任务的责任。然而,并不是一个企业中的任何群体都可以成为团队。例如,部门里的各位员工各自在从事有不同目标的独立项目,他们就不能被看做是一个团队。②

企业会建立多种类型的团队,而每种类型的沟通可能会稍有不同。公司可能会创建成为公司结构一部分的正式团队,或者他们会成立非正式团队——不是正式组织的一部分而是建立来解决一个问题,为一个特定活动工作或者鼓励员工共同参与。一些团队很多年都在一起;另一些可能

① “2005: Best Companies to Work For,” *Fortune*, 24 January 2005 [accessed 11 March 2005] www.fortune.com; Bob Nelson, “Can't Contain Excitement at The Container Store,“BizJournals.com [accessed 11 March 2005] www.bizjournals.com; Mike Duff, “Top-Shelf Employees Keep Container Store on Track,” *DSN Retailing Today*, 8 March 2004, 7, 49; Bob Nelson, “The Buzz at The Container Store,” *Corporate Meetings & Incentives*, June 2003, 32; Jennifer Saba, “Balancing Act,” *Potentials*, 1 October 2003 [accessed 15 April 2004] www.highbeam.com; Peter S. Cohan, “Corporate Heroes,” *Financial Executive*, 1 March 2003 [accessed 15 April 2004] www.highbeam.com; Margaret Steen, “Container Store's Focus on Training a Strong Appeal to Employees,” *Mercury News* (San Jose, CA), 6 November 2003 [accessed 15 April 2004] www.highbeam.com; Holly Hayes, “Container Store Brings Clutter Control to San Jose, Calif.,” 17 October 2003, *Mercury News* (San Jose, CA), 1F; “Performance Through People Award,” press release, 10 September 2003; David Lipke, “Container Store's CEO: People Are Most Valued Asset,” 13 January 2003, *HFN* [accessed 9 March 2003] www.highbeam.com; Lorrie Grant, “Container Store's Workers Huddle Up To Help You Out,” 30 April 2002, *USA Today*, B1; The Container Store website [accessed 11 March 2005] www.containerstore.com.

② Courtland L. Bovée and John V. Thill, *Business in Action* (Upper Saddle River, N.J.: Pearson Prentice Hall, 2005), 175.

在短短几天内就完成目标然后解散了。

问题解决小组(problem-solving teams)和**特别工作小组(task forces)**是组建来解决特定问题、而一旦目标达到就解散的非正式团队。这样的团队经常是跨部门团队,把各个部门有不同专长和职责的人集中到一起。这样带来的意见和兴趣的多样性会导致一种紧张状态,凸显出对有效沟通的需要。例如,在一个任务是让产品在市场上更有竞争力的团队中,销售部门的销售代表可能会提议降低价格,而一个来自财务部门的财务人员可能会抵制这样的举动,因为这样会降低边际利润。反过来,这两个团队成员都会给制造部门施压以降低生产成本,这样就可以不牺牲利润而以更低价销售商品。然后制造专家就会回击说这个商品的生产成本已经尽最大可能降低了,而暗示销售部门没有在销售上下足功夫。平衡这些对抗的情绪而不让它们恶化为个人仇恨就需要有倾听、谈话和写作的能力。

委员会(committees)是通常有很长生命周期的正式团队,而且可以成为企业结构的一个永久部分。委员会通常处理定期出现的任务。例如,一个执行委员会可能每个月举行会议、计划策略和总结成果,而一个投诉委员会的成立可能是为了长期处理员工的抱怨和担忧。

无论任务是写报告、做口头陈述、生产产品、解决问题还是调查机会,你和你的团队成员必须能够在彼此之间以及与团队外的其他人进行有效的沟通。正如第 1 章指出的那样,这种能力通常需要承担额外的沟通责任:与团队成员分享信息,仔细倾听他们输入、起草反映团队集体思想和意见的信息。

2.1.1　团队的优缺点

团队是如今商业组织非常流行的一种形式,而且当运用成功时,它们能提高生产效率、提高创造性、促进员工参与、保障工作安全。[3] 团队常常是**参与式管理(participative management)**的核心,参与式管理的目的是让员工参与到公司的决策制定中。一些企业甚至将加薪和晋级建立在员工团队合作有效性的基础上。

要成为团队环境下有效的合作者,你和你的同事应该意识到每个个体都给团队带来了宝贵的资产、知识和技能。一流的合作者愿意交流信息、分析问题和解决出现的冲突。他们相信彼此,向着团队和企业更好的方向努力而不是强调个人动机。[4] 最有效的团队有清晰的目的意识,自由坦诚地沟通,通过共识做出决定,创造性地思考,并且知道怎样解决冲突。[5] 学习这些团队技巧需要时间和实践,所以美国的公司现在培训团队合作多过别的方面。[6]

相反的,不成功的团队合作会浪费时间和金钱,导致低质量的工作,并且让经理和员工都同样

---

③ "Five Case Studies on Successful Teams," *HR Focus*, April 2002, 18 +.

④ Lynda McDermott, Bill Waite, and Nolan Brawley, "Executive Teamwork," *Executive Excellence*, May 1999, 15.

⑤ Larry Cole and Michael Cole, "Why Is the Teamwork Buzz Word Not Working?" *Communication World*, February-March 1999, 29; Patricia Buhler, "Managing in the 90s: Creating Flexibility in Today's Work place," *Supervision*, January 1997, 24 +; Allison W. Amason, Allen C. Hochwarter, Wayne A. Thompson, and Kenneth R. Harrison, "Conflict: An Important Dimension in Successful Management Teams," *Organizational Dynamics*, Autumn 1995, 20 +.

⑥ Daft, *Management*, 614.

感到沮丧。最常见的失败原因之一是沟通不足，尤其是当团队要跨文化、跨国界和跨时区运作时。⑦

团队可以帮助企业在达到目标上起到重大作用，但是他们并不是在任何情况下都适用的——而且即使在适用时，企业也需要权衡一个以团队为基础的方式存在的优缺点。一个成功的团队能够提供许多优势：⑧

- **增加信息和知识。**通过将许多个体资源集中到一起，团队在决策过程中能够获得更多信息。
- **增加意见的多样性。**团队成员在决策过程中带来各种观点。
- **更易接受解决问题的方法。**参与了决策的人更有可能积极地支持决定并且鼓励其他人接受。
- **更高的绩效水平。**团队合作能让员工释放出有着共同目标和相互信任的新的创造力和能量。更重要的是，团队满足了员工对群体归属感的需要，减少了员工的厌倦，增强了自尊和自我价值感，并且降低了员工之间的压力和紧张。

虽然团队合作有许多优点，但是它也有许多潜在缺点。在最坏的情况下，团队毫无成果，令人萎靡不振，而且浪费每个人的时间。这个结果尤其在常设委员会失去了最初存在的意义但却仍然在一起开会的情况下容易出现。团队需要意识到并且努力避免以下缺点：

- **集体思维(groupthink)。**像许多社会结构一样，商业团队会产生巨大的压力来按照既定的行为惯例行事。集体思维在同僚压力导致团队成员个人保留反对或非主流意见时产生。结果可能是做出的决定也许比团队成员单独做出的决定还要糟糕。
- **幕后动机(hidden agendas)。**一些团队成员可能有幕后的动机——那些影响群体互动的个人动机。萨姆可能想证明他比你更有权力，你可能试图把做出决定的风险分担出去，而劳拉可能在寻找机会拖延做"真正的"工作。每个人的幕后动机都会降低团队的有效性。
- **搭便车者(free riders)。**一些团队成员可能是来搭便车的——他们没有为集体活动做出应有的贡献。也许这些成员并没有被要求对他们的工作承担个人责任，也许他们不相信其个人努力会得到足够的重视。
- **成本(cost)。**团队合作的另一缺陷是协调集体活动的高成本。统一日程、安排会议和协调项目的个人部分会吞噬许多时间和金钱。

2.1.2 合作沟通

团队演示和报告使企业在利用每个人独特的表达和沟通技能的同时，也提供了机会展示其最有才华的人才。换句话说，你可以利用团队的集体力量和专业知识来创造超越其他办法的成果。⑨然而，团队信息合作需要一些特殊的努力。

首先，背景不同的团队成员可能有不同的工作习惯或考虑，比如：技术专家也许强调准确性和

---

⑦ Vijay Govindarajan and Anil K. Gupta, "Building an Effective Global Business Team," *MIT Sloan Management Review*, Summer 2001, 63 +.

⑧ Stephen R. Robbins, *Essentials of Organizational Behavior*, 6th ed. (Upper Saddle River, N.J.: Prentice Hall, 2000), 98.

⑨ Jon Hanke, "Presenting as a Team," *Presentations*, January 1998, 74—82.

科学标准，而编辑可能更关心组织性和一致性，而经理可能强调时间安排、成本和企业目标。另外，团队成员在写作风格和个性上也会有差异，使沟通的创造性本质更加复杂。

要有效地合作，每个涉及的人必须对别人的意见灵活开明，强调团队目标而不是个人优先。[10] 成功的作者明白大多数想法都可以通过许多不同的方式来表达，所以他们避免"我的方法是最好的"这样的态度。下面一些指南将帮助你在团队信息沟通上更加成功：[11]

- **仔细选择合作者。**根据每个项目对经验、信息和才能的需要选人。
- **在开始之前统一项目目标。**开始时不明白你们希望完成什么将不可避免地导致受挫和时间的浪费。第 4 章将向你展示如何成功地计划信息。
- **在项目启动之前给你的团队一些时间来融合。**即使是一个网络虚拟的团队没有机会亲自见面，也至少要花一些时间在网上互动沟通，从而使大家在一起工作时更舒服。
- **明确个人责任。**由于成员将彼此依赖，一定要确保每个人的责任明确，包括谁该做什么以及什么时候要完成。
- **建立清楚的过程。**确保每个人都知道工作将怎样进行，包括中途的检查和要做出的决定。例如，如果团队成员要每周汇报一次进展，那么在一开始就表明这种期望，这样每个人才会准备好。
- **确定工具和技术并且与团队兼容。**即使像软件版本不同这样的一些小细节都有可能拖延项目。如果你计划要使用分享或提交材料的技术，在工作开始之前就测试一下这个系统。
- **避免集体写作。**实际写作是团队信息开发中唯一不会从集体参与中获得帮助的部分。群体写作经常是一个缓慢而痛苦并带来平庸结果的过程。如果由于时间问题，你必须把写作划分开来共同承担，尽量让一个人来做最后的统稿以保证风格的一致。
- **在过程中检查工作进展。**不要仅仅因为你没有听到什么坏消息就假设所有事情进展顺利。阶段性地询问团队成员他们认为项目进行得怎么样了，然后迅速地解决问题，这样就不会耽误团队的行动。

也许比其他任何特征更重要的是，有效的团队进行开放和坦诚的沟通。这样的团队文化鼓励讨论和辩论。团队成员说话直接而坦诚，没有愤怒、怨恨或者报复的威胁。他们倾听和重视别人的反馈。这样的结果就是，所有的团队成员都参与进来了。相反的，那些不分享有价值信息的人或者是因为他们不觉得这样有价值，或者更糟糕的是为了保留信息来维持个人权威，这些人会破坏团队的行动。[12]

2.1.3　群体动力

为了成功达到团队的目标，团队成员要经常与别人联系。在成员之间发生的互动和作用被称为**群体动力（group dynamics）**。一些团队比其他更有效仅仅是因为群体动力促进了成员的投入

---

[10] William P. Galle, Jr., Beverly H. Nelson, Donna W. Luse, and Maurice F. Villere, *Business Communication: A Technology-Based Approach* (Chicago: Irwin, 1996), 260.

[11] Mary Beth Debs, "Recent Research on Collaborative Writing in Industry," *Technical Communication* (November 1991), 476—484.

[12] Jared Sandberg, "Some Ideas Are So Bad That Only a Team Effort Can Account for Them," *Wall Street Journal*, 29 September 2004, B1.

和对差异的解决。为了使事情向前发展,有效的团队也倾向于产生有益于业务执行的规则。通常没有明确说明这些规则会成为群体**规范(norms)**——成员共享和指导成员行为的非正式行为准则。例如,一些团队可能会产生一种时间安排上的随意方式,成员开会总是迟到10到15分钟,而另一些团队可能希望严格遵守时间安排。

有着强烈整体感和凝聚力的团队能够产生对群体行为过于严格的期望而没有对违反规范的宽容。如此强烈的整体感能通向更高水平的责任感和绩效。但遗憾的是,它也会导致集体思维或者使新成员很难融入。群体动力被诸多因素影响:团队成员担任的角色,团队目前发展所处的阶段,团队解决冲突的成功与否,以及团队克服阻力的成功与否。

担任团队角色 一个团队的成员可能充当不同的角色,总的来说分为三大类(见表2-1)。那些担任**自我导向角色(self-oriented roles)**的成员主要是以满足个人需要为动机,所以他们倾向于不如其他成员有效。而更有可能为团队目标作出贡献的是那些担任**团队维护角色(team-maintenance roles)**来帮助每个人很好地共同工作的成员,以及那些担任**任务推动角色(task-facilitating roles)**来帮助解决问题或者做出决定的成员。

表2-1 团队角色扮演

无效的	有效的	
自我导向角色	团队维护角色	任务推动角色
控制:通过表现优先权或者权威性来主导别人 **撤出**:要么通过变得沉默要么通过拒绝处理团队工作的某个特定部分以从团队中撤出 **吸引注意力**:要求对自己的注意力并且需要别人的承认 **转移注意力**:把团队讨论集中在个人利益的主题上而不是那些与任务有关的主题上	**鼓励**:通过语言和非语言的支持、表扬和赞同来让其他成员开口 **和谐化**:通过调解协调团队成员的差异或者使用幽默化解紧张 **妥协**:为了达到相互能接受的决定而主动在某一点上让步	**发动**:使团队开始一系列的调查 **信息提供或寻找**:提供(或寻找)与团队面临问题相关的信息 **协调**:说明观点之间的关系,阐明问题,总结团队已完成的工作 **程序设定**:建议能让团队向着一个目标前进的决策制定程序

在很大程度上,你在一个团队里充当的角色决定于你是否自愿加入团队以及你在团体中的地位。你的地位由许多变量决定,有些是实质性的(专业水准、过去的成功经验、教育程度),而有些是表面性的(个人魅力、年龄、社会背景、组织中的职位)。你的地位也会随着时间变化,尤其是在一个团队刚刚组建时。大多数情况下,当人们尝试建立他们的相对地位时,一种潜在的紧张倾向会让真正的工作无法进行。在角色和地位稳定下来之前,一个团队在完成目标上可能会存在困难。

允许团队演变 团队很少能直接就着手工作并开始决策制定;你和团队成员伙伴需要时间来建立和谐并让领导角色自然产生。专家认为团队在达到高效之前要经历一系列的阶段(见图2-1)。一个常见的模型确认有五个阶段:[13]

---

[13] B. Aubrey Fisher, *Small Group Decision Making: Communication and the Group Process*, 2d ed. (New York: McGraw-Hill, 1980), 145—149; Robbins and De Cenzo, *Fundamentals of Management*, 334—335; Daft, *Management*, 602—603.

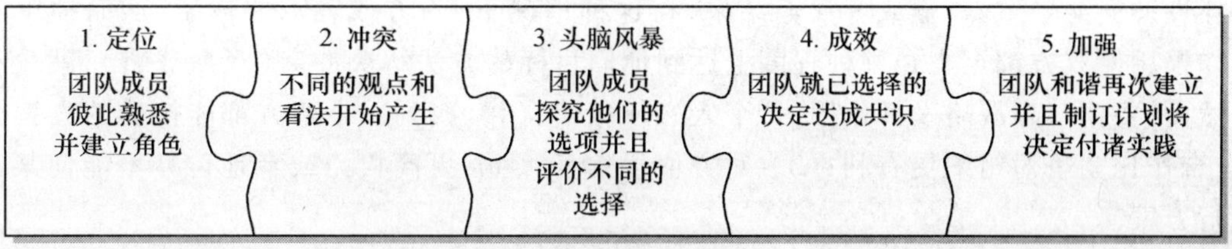

图 2-1　团队发展阶段

1. 定位(orientation)。团队成员交往,建立他们的角色,并且开始定义他们的任务或目的。

2. 冲突(conflict)。团队成员开始讨论他们的位置并且在建立角色上变得更加自信。如果你和其他成员是被精心挑选来代表不同的观点和专业性,争论将是这一阶段很自然的部分。

3. 头脑风暴(brainstorming)。团队成员亮出所有选项并且充分讨论优缺点。在这一阶段的最后,成员开始确定问题的唯一解决方法。

4. 成效(emergence)。团队成员达成共识。当团队发现某个解决方法让每个人都能接受(即使他们有保留意见)时,共识就达成了。这个共识只有在所有成员都有机会表达他们的意见,并且感觉他们的意见被倾听了之后,才有可能达到。

5. 加强(reinforcement)。集体感再次建立,总结出解决方法。成员接受任务将团队决策付诸实践,并且制订任务跟进安排。

这些阶段几乎总是存在,不管对于什么任务或者什么类型的决定。(你可能也会听到定义为形成、头脑风暴、规范化、执行和转移的过程;这是最早的团队发展模型之一。[14])更重要的是,团队成员很自然地使用这一过程,即使他们没有团队经验或者训练。

解决冲突　冲突是任何团队经历中的自然部分。但是冲突不一定是坏事的。处理不当时,冲突会导致整个团队努力的失败。然而,正确解决冲突能够让团队向更好的方向发展。

冲突会因为任何理由而产生。团队成员可能相信他们需要在金钱、信息或者其他资源上竞争,或者成员可能在谁为某一特定任务负责上有不同的意见(通常是责任和工作界定不良的结果)。各种各样的成员也可能带来都非常好但不能共存的想法,比如一个给定问题的两种不同解决方法。同样,不良的沟通能导致对其他团队成员的误解,而有意的信息保留能导致信任的瓦解。在价值观、态度和个性上的本质差别能导致争论。当一个成员对另一个成员的权威提出质疑,或者当拥有有限权威的人或团队试图扩大他们的权力或者发挥更大影响时,可能会产生权力之争。冲突也可能因为个人或者团队追求不同的目标而产生。[15]

冲突对于团队的有效性来说既可以是建设性的也可以是破坏性的。如果冲突促使重要问题明朗化,增加团队成员的参与,并且为问题的解决方法提供创造性想法,那么它就是建设性的。如果冲突将精力从重要问题转移开,打击团队或者个别团队成员的士气,分化或者分裂团队,那么它就是破坏性的。[16]

---

[14] Mark K. Smith, "Bruce W. Tuckman—Forming, Storming, Norming, and Performing in Groups," *Infed. org* [accessed 5 July 2005] www. infed. org.

[15] Daft, *Management*, 609—612.

[16] Thomas K. Capozzoli, "Conflict Resolution—A Key Ingredient in Successful Teams," *Supervision*, November 1999, 14—16.

破坏性冲突会导致赢-输或者双输结果,在这种情况下,一方或者双方输了,从而损害了整个团队。如果用使双方都至少在某种程度上达到他们目标的方法解决冲突(双赢战略),就没有输的一方。然而,要让双赢战略发挥作用,每个人必须相信:(1) 找到一个双方都能接受的方案是可能的;(2) 合作比竞争对组织更有利;(3) 对方值得信任;(4) 更高权力或者地位并不能使某方有权强制执行方案。

找到一个双赢战略的首要步骤是考虑对方的需求。找出什么对于团队中的其他人来说是可接受的。保持耳聪目明,问那些能帮助你理解他们需求的问题,探求彼此满意的解决方案或结果对团队整体更有利的折中方法。[17] 并且记住如果双方愿意合作,通常都可以得到彼此想要的东西。在许多情况下,解决过程就是交换可以通向共同接受解决方案的意见及信息。[18]

这里有七个能帮助团队成员成功解决冲突的措施:

- **提前行动(proaction)**。在小冲突化为大矛盾前解决它。
- **沟通(communication)**。让直接参与冲突的人参与解决冲突。
- **公开(openness)**。在解决主要问题前把感受都公开地说出来。
- **调查(research)**。在寻找解决方法之前寻找产生问题的实际原因。
- **灵活(flexibility)**。在考虑其他解决方案前不要把任何人的位置锁死。
- **公平(fair play)**。不要让任何人通过藏在规则后面而逃避公平的解决方案。
- **联合(alliance)**。把反对者团结起来与"外来力量"斗争而不是彼此争斗。

克服阻力 拒绝变革是影响团队工作的一种特殊冲突。有些这样的阻力是不理智的,比如当人们不管有没有道理都拒绝任何变革时。然而,有些时候,这种阻力是完全合理的。变革也许会要求某个人放弃权威或者舒服的做事方法。在任何情况下,你都可以用冷静、合理的妥协来克服阻力。

- **表示理解**。表明你的理解。你可以说:"我能理解这种改变很困难,如果我是你,我自己也可能会不情愿。"帮助对方放松下来并且谈谈他或她的焦虑,这样你就有机会让他或她放心。[19]
- **让阻力暴露出来**。当人们不支持而又保持沉默时,你可能自己都说不清为什么就被拒绝了。你继续尝试说服是没用的。可以直接对抗阻力,但不要兴师问罪。你可以说:"你对这个想法似乎没什么兴趣。是不是我的假设有问题?"这些问题迫使人们面对并明确他们的阻力。[20]
- **公正地评价别人的反对意见**。不要简单地重复自己的话。注意对方表达的东西,包括用词和情绪。让这个人放开了讲,这样你就能明白阻力的根源。别人的反对意见可能指出了你需要讨论的合理观点,或者可能揭露了你需要化解的问题。[21]
- **在对方能够接受之前保留你的观点**。对方的思维框架跟你的观点一样能够决定观点的通过。你不能认为强硬的争辩就能自圆其说。通过变得更以受众为中心,你将学会怎样先处理对方的情绪需要。

---

[17] Janis Graham, "Sharpen Your Negotiating Skills," *Sylvia Porter's Personal Finance*, December 1985, 54—58.

[18] Amason, Hochwarter, Thompson, and Harrison, "Conflict."

[19] Jesse S. Nirenberg, *Getting Through to People* (Paramus, N.J.: Prentice Hall, 1973), 134—142.

[20] Nirenberg, *Getting Through to People.*

[21] Ibid.

2.1.4 团队环境中的礼仪

礼仪在团队环境中特别重要,因为与队员合作的能力对每个人的成功都至关重要。没有人想要花好几个礼拜或好几个月来跟一个对同事粗鲁或者让公司蒙羞的人一起工作。这里有一些当你在工作场所或公共场合时需要记住的礼仪要点。当然,下面的内容没有一项是特别针对团队环境的,而对于所有的职业行为都是很好的建议。

在工作场合 知道怎样做和如何在工作中与人交往将帮助你显得有教养、专业以及自信。[22]理解商务礼仪同样能帮助你使别人放松下来,这样他们就会很舒服地与你共事。[23] 这两个因素——你给别人留下的印象和你让别人觉得舒服的能力——将对你职业的成功做出重要贡献。

例如,不管对错,你的个人外表常常对你的事业成功有相当大的影响。注意你在工作场所的着装并且调整你的风格去适应,特别是当你与来自不同背景和年龄群体的人们共事时。如果你不确定,穿得朴素简单一些——因为使你赢得声誉的是你做的工作而不是穿的衣服。表2-2提供了一些关于搭配既经济实用又适合于各种工作情景的商业服装服饰的一般指南。当然,你需要根据特定的工作、企业和行业对着装进行调整,因为要求非常不同。例如,金融行业倾向于比高科技行业更正式,而销售和执行职位比工程或制造职位的员工的正式期望更高。仔细观察他人,当不确定时不要害怕开口寻求建议。

表2-2 搭配商业服饰

1. 平整完好(从这个做起)	2. 端庄优雅(在第一栏的基础上加上这些)	3. 简洁正式(在第二栏的基础上加上这些)	4. 时尚流行(在第三栏的基础上加上这些)
1. 剪裁得体的服饰 2. 保证纽扣、拉链和边沿的完好 3. 保证鞋子光亮并且状况良好 4. 确保布料干净,熨压仔细,并且不容易起皱 5. 选择适合你身高、体重、肤色和风格的颜色	1. 选择合身(但不要紧身)的衣服——不要飘动或者抖动的布料,也不要过分装饰 2. 选择柔和的色调和宜人的颜色或风格,比如深蓝色套装或者基本的黑色套装 3. 如果可能的话,为正式场合选择一些经典的珠宝(比如一串珍珠项链或者钻石袖扣)	1. 穿正式或显得正式的衬衫 2. 选择有顶扣或领扣的衬衫,高领的女士衬衫,有法式袖口和袖扣的长袖衬衫 3. 穿打摺的裤子或者长裙 4. 穿能补充全套装扮的夹克并且让你的外表有正式感。避免穿两种以上色调的夹克——应该只有一种主色调	1. 经常向你的衣橱里添加流行服饰 2. 选择大胆的颜色(但不要太多,以免俗气) 3. 用流行的珠宝和发型修饰你的外表

除了你的衣服,打扮也能影响你在工作场所中给别人留下的印象。特别注意清洁并且避免使用有强烈气味的东西,比如香味浓烈的香皂、古龙水、洗发水和剃须水(许多人都很讨厌这些产品,

---

㉒ Dana May Casperson, *Power Etiquette: What You Don't Know Can Kill Your Career* (New York: AMACOM, 1999), 9.

㉓ Marilyn Pincus, *Everyday Business Etiquette* (Hauppauge, N.Y.: Barron's Educational Series, 1996), 7, 133.

有些人甚至会过敏)。经常使用洗发水,保持手指和指甲干净,使用漱口水和除臭剂,并且经常理发。[24] 某些公司对发型有一些需要遵守的特定政策。[25]

一些像微笑这么简单的事情也能影响人们与你工作的方式。当你微笑时,要真诚。一个虚伪的微笑是很明显的,因为时机经常不对,而且表情不能调动到真诚微笑所能调动到的每一块面部肌肉。经常重复虚伪的微笑会给你带来虚伪者的名声。[26] 然而,有些场合要求微笑,比如当你被介绍给别人时,当你称赞别人或者被称赞时,当你对别人的努力表示肯定时。[27]

电话技巧对你的成功有着绝对的影响。电话没有面谈的视觉感,所以必须依靠你的态度和语音、语调来传达自信和专业性。当你打电话时,像计划一次会议一样计划它。准备好相关问题和信息,并且安排一个对方方便的时间打电话。例如,你通常不会想要早上第一件事就是打电话,这个时候人们喜欢回复邮件并对一天做出计划。同样的,避免在一天工作要结束时打电话,这时大多数人都在把工作收尾准备离开办公室。表 2-3 总结了一些实用的、以自信和专业方式接打电话的技巧。

如果你习惯随时随地使用手机,尽快改变这个习惯;许多公司限制使用手机。手机在工作场所中导致了许多工作的中断,以至于现在一些高级执行官都会禁止在会议中使用手机,甚至会对会议中电话铃响的员工进行罚款。(款项通常捐给慈善机构或者给团队买午餐。)正如核子研究中心的 Ian Campbell 所说:"手机已经从一种地位的象征变成了一种被人嘲笑的设备。"更重要的是,这种无线干扰问题随着个人数字助理(PDA)、手提电脑和其他接入无线网络的设备的普及越来越严重。[28]

在社交场合 从商业午餐到行业会议,当你在公共场合时你都代表了你的公司,所以确保你的外表和行为适当。第一印象能维持很长时间,所以当你认识新朋友时要了解他们文化中的习惯。在北美,两个人见面的时候要坚定地握手,而在日本互致尊敬的点头鞠躬是更适合的。如果你应该握手,要意识到被动的"死鱼"握手会产生极端消极的印象。同样,男性和女性要平等地握手;在商业世界,女性仅仅伸出指尖的做法已经过时了。如果你没有身体缺陷,当与别人握手时一定要站着。

当介绍自己时,要包括简要地介绍你在公司里的角色。当你介绍两个人认识时,清楚地说明他们的姓和名,然后试着提供一些信息(也许是一个共同的专业兴趣)来帮助这两个人轻松地开始谈话。[29] 一般来说,要介绍等级低的人给等级高的人认识,不管性别如何。[30] 当你被介绍给别人认识时,尽快地重复对方的姓名。这样既是对他们的致意也是一个记忆姓名的好方法。[31]

---

[24] Pincus, *Everyday Business Etiquette*, 136.

[25] Casperson, *Power Etiquette: What You Don't Know Can Kill Your Career*, 23.

[26] Gerald H. Graham, Jeanne Unrue, and Paul Jennings, "The Impact of Nonverbal Communication in Organizations: A Survey of Perceptions," *Journal of Business Communication* 28, no. 1 (Winter 1991): 45—62.

[27] Pincus, *Everyday Business Etiquette*, 100—101.

[28] Maggie Jackson, "Turn Off That Cellphone. It's Meeting Time," *New York Times*, 2 March 2003, 3, 12.

[29] Casperson, *Power Etiquette: What You Don't Know Can Kill Your Career*, 10—14; Ellyn Spragins, "Introducing Politeness," *Fortune Small Business*, November 2001, 30.

[30] Tanya Mohn, "The Social Graces As a Business Tool," *New York Times*, 10 November 2002, 3, 12.

[31] Casperson, *Power Etiquette: What You Don't Know Can Kill Your Career*, 19; Pincus, *Everyday Business Etiquette*, 7—8.

表 2-3　提高电话技巧的小提示

总体技巧	打电话	接电话	使用语音邮件
经常使用语言回应，表示你在听（"是的"，"我明白"，"对"）。 稍微提高音量显示你的自信。 语调不要一成不变；改变语气语调让人们知道你很感兴趣。 当与不同母语的人交谈时语速要放慢。 全程都要把注意力集中在电话上；当你注意力不集中时人们很容易就可以感觉出来。	在打电话之前准备好，这样就不会浪费对方时间。 将干扰降到最小并且避免弄出让对方厌烦的噪音。 报上自己及公司的名字，简要介绍为什么打这个电话，并且确认一下打电话的时机是对的。 不要占用太多时间，讲话快速而清晰，并直奔打电话的主题。 以友好、积极的方式结束并且再次确认所有重要信息，如开会时间和日期。	及时接听，并且保持微笑，这样你听起来就会很友好、积极。 报上自己和公司的名字（有些公司对接电话时要说的话有特别的规定）。 通过问"有什么我能帮你的吗？"来确认打电话人的需求。如果知道，请用上打电话人的名字。 如果你可以帮忙，及时有效地回答问题；如果你帮不上忙，告诉他们你可以为他们做什么。 如果你要把电话转给别人接听或者让对方等待，首先解释一下情况。 如果你要把电话转给别人接听，试着先跟那个人确认他/她是否有空并且说明是谁打来的。 如果你要为别人转达信息，一定要记录得完整而准确，包括打电话人的名字、电话号码和所属公司。	当录制外出留言时，尽量简短专业。 如果可以的话，当你全天不能接听电话时，录制临时的问候，这样打电话的人就知道你全天都不能接听了。 经常检查你的语音邮件消息，并且在 24 小时内回复所有必要的电话。 留下简单、清楚的信息，包括你的名字、电话号码、打电话原因和你能接回电的时间。 慢速地说明你的姓名和电话号码，这样对方就可以很容易地记录下来；如果对方不认识你的话，把这两个都重复一遍。 小心说话；大多数语音邮件系统都运用用户将消息转发给系统中的任何人。 在挂断之前重听一遍你的留言，确保清楚完整。

商务经常在餐桌上进行，而了解一些工作餐的礼仪能使你在这些场合更有成效。[32] 选择容易吃的食物：你恐怕不想在试图谈话时还与一只龙虾"较量"。如果需要喝酒，等到最后再喝，这样你就能保持清醒和冷静。等主菜撤走后再拿出商务文件；餐桌上的商务部分通常不会在此之前开始。

在餐馆和其他公共场合滥用手机是一个常见的礼仪错误。当你在公共场合使用手机时，你传递了一个你认为你身边的人不如你的电话重要以及你并不尊重打电话人隐私的信息。[33] 年长一些、成长于没有手机时代的同事会认为这在公共场合是十分无礼的行为。如果不是事关重大——真正的事关重大——那就等回到办公室再说吧。

工作餐是一种商务论坛，仅此而已。不要大谈特谈政治、宗教或者其他会引起激烈情绪的话题。一些关于个人兴趣的小谈话或问题是可以的，但是不要问太隐私的事情。不要抱怨工作，不要说粗话，开玩笑要小心——一个可能让某些人开心的小笑话却可能会冒犯到别的人。总的来

---

[32] Casperson, *Power Etiquette: What You Don't Know Can Kill Your Career*, 44—46.

[33] Ibid., 109—110.

说，从那些被客户和同事尊敬的同事身上学习。你会发现他们小心地选择话题，很尊重地倾听，并且给他们遇到的每个人留下了正面的印象。

文档修改

改进这封电子邮件

练习实际修改文档的草稿，请登录在线课程或密码保护网站“辅助网站”(Companion Website)。点击“文档修改”(Document Makeovers)，然后点击第2章。你会看到一封电子邮件，包括了与本章所学团队沟通相关的问题和错误。使用“最终稿”选项修改这封邮件。检查信息的清晰性、主题对与会者的适合性、群体合作方法的正确性以及会议沟通的礼仪。

2.2 让会议更有成效

会议是现代商务的主要沟通渠道，不管是在一个正式的会议室里进行，还是像容器商店的每日集会那样的非正式场合，或者是通过网络进行的虚拟会议。进行得好的会议能够帮助你解决问题、拓展思路并明确机会。在工作场合的大多数沟通会在小群体的会议中发生；因此，你为公司作出贡献的能力和为此而得到的认可，都取决于你的会议参与技能。

遗憾的是，许多会议都是没有成效的。一项研究表明，中高级经理认为只有56%的会议实际上是有效果的，而25%的会议完全可以由电话或者备忘录解决。[34] 关于会议三个最常提到的问题是离题、没有议程和时间太长。[35] 在这样令人泄气的数据以及高会议成本——有可能失去成百上千美元一小时的工作时间和差旅费用——的情况下，难怪企业都强调使会议更有成效。通过认真准备、有效进行会议和聪明地使用会议技术，你将帮助你的公司更好地利用会议。

2.2.1 准备会议

认真的准备帮助你避免两个最大的会议错误：(1) 当备忘录或其他消息就可以达到目的时却举行一次会议，(2) 脑子里没有明确目标就举行会议。甚至在你开始准备会议前，就要确保它是必要的。一旦你确定这一点，就开始进行四项准备任务：

- **确定目的。**虽然许多会议结合了多个目的，但大多数属于以下两种之一：涉及信息分享以及行动协调的信息发布会议，涉及说服、分析和解决问题的决策会议。它们通常包括了头脑风暴和对选项的辩论。更重要的是，决策会议要求每个参与者认识到问题的本质和解决方案的标准。不管你的目的是什么，一定要确保它是明确的并且要让每个与会者都清楚地知道。
- **选择与会人员。**心中有明确的目的，就更容易确定合适的与会者。如果会议仅仅是说明性的，而且将主要由一个人来说大多数的话，你可以邀请很大一群人。网络传播(13章)是一种越来

[34] “Better Meetings Benefit Everyone: How to Make Yours More Productive,” *Working Communicator Bonus Report*, July 1998, 1.

[35] Ken Blanchard, “Meetings Can Be Effective,” *Supervisory Management*, October 1992, 5.

越流行的、可以到达众多或地理分布较广的受众的会议方法。而对于解决问题或者制定决策的会议，只邀请那些有助于会议达到目的有直接关系的人。与会者越多，你就有可能得到越多甚至越混乱的意见，还使得会议时间更长。然而，也要确保你邀请了所有主要的决策者，否则你的会议就达不到目的了。

- **选择时间和设备**。对于工作会议来说，晨会通常比午后会议更有成效。同样，考虑一下座位安排：一排排的椅子是否合适，你是否需要一张会议桌或别的什么东西？另外，对像室内温度、灯光、通风、音效和点心饮料这样的小细节也要注意，这些看起来无关紧要的细节能成就一个会议也能毁掉一个会议。

- **设定会议日程**。任何会议的成功都取决于与会者的准备。给与会者分发一份仔细撰写的会议日程，给他们足够的时间去准备。一个典型的日程格式（见图2-2）也许看起来太正式了，但是它将帮助你准时开始并且始终在正轨上运行。一个有效的日程能回答三个关键问题：(1) 为了达到目标我们在这次会议中要做什么？(2) 对于所有与会者来说什么是最重要的问题？(3) 为了讨论这些问题什么信息是必需的？[36] 除了提高效率，这种日程的详细程度显示了对与会者及其时间的尊重。

2.2.2　领导和参与会议

会议中的每个人共同承担保持会议有效和使其成功的责任。然而，如果你是一个会议的指定领导者，你将要为会议承担更多的责任和义务。为了保证会议的成效，一定要做到以下几点：

- **保证会议在正轨上运行**。一次好的会议能引出群体所能提供的最好的想法和信息。好的领导者偶尔指导、协调、督促、激励和总结，大多数时候他们在鼓励与会者分享想法。经验将帮助你意识到什么时候该推动群体向前，什么时候该退一步让大家谈论。如果会议进展缓慢，你需要问些问题来鼓励参与。相反，有的时候，为了时间安排，你没有别的选择，只能打断讨论。

- **遵循一致同意的规则**。无论是非正式的还是正式的商务会议都有细节完善的规则，包括发言、提议新的谈论话题、投票等。会议越大型，就需要越多的信息来维持秩序。正式的会议使用**议会程序（parliamentary procedure）**，这是一种经过时间考验的计划和进行有效会议的方法。这种程序最有名的指导书是《罗伯特议事规则》（*Robert's Rules of Order*）。无论使用什么系统规则，一定要保证每个人都对期望很清楚。

- **鼓励参与**。在会议进行过程中，你将发现一些与会者太安静了而另一些又太健谈了。安静的与会者可能是害羞，可能是表示不同意或者抵抗，也有可能是正在笔记本电脑上回复邮件或者短消息。通过要求他们对相关问题发表看法把他们拉出来。对于太健谈的与会者，只要说时间有限而且要听听别人的意见就可以了。

- **积极参与**。如果你是一个会议参加者，要对会议的主题和与会者的顺利互动有所贡献。利用你的倾听技巧和观察能力衡量人际互动程度；然后调整你的行为来帮助群体达到目标。如果你有有用的东西要说就说出来，但是不要垄断讨论。

- **有效结尾**。在会议的结束，明确目标已经达到；如果没有，根据需要安排跟进工作。总结会

---

[36] "Better Meetings Benefit Everyone."

日程

计划委员会会议

2006年10月23日，周一
上午10：00—11：00

执行会议室

Ⅰ. 宣布开会

Ⅱ. 点名

Ⅲ. 确认日程

Ⅳ. 确认上次会议记录

Ⅴ. 主席作关于地点选择过程的报告

	报告人	预计时间
Ⅵ. 小组委员会报告		
a. 新市场	Alan	5分钟
b. 新产品	Jennifer	5分钟
c. 财务	Craig	5分钟
Ⅶ. 旧业务——新产品的定价政策	Terry	10分钟
Ⅷ. 新业务		
a. 新产品销售的Carson和Canfield数据	Sarah	10分钟
b. 由于新产品的介入带来产品市场的结构调整	Edith	10分钟

Ⅸ. 通知

Ⅹ. 闭会

图 2-2　典型的会议日程

议讨论的大体结果或者列出要采取的行动。确保所有的参与者都对结果意见统一并且给人们清除误会的机会。

回顾有利于有效会议的任务，参见“要点检查：提高会议效率”。

要点检查

提高会议效率

A. 认真准备

✓ 确保会议是必要的。

✓ 决定你的目标。

✓ 仔细选择与会者。

✓ 选择时间和设备。

✓ 设定日程。

B. 有效领导与充分参与

✓ 保证会议在正轨上运行。

✓ 遵循一致同意的规则。

✓ 鼓励参与。

✓ 积极参与。

✓ 有效结尾。

对于正式会议，指定一个人作会议记录是很好的做法，会议记录是对会议中呈现重要信息和做出决定的总结。在小一些或者非正式的会议中，与会者通常在自己的议程单上各自作记录。不管是哪种情况，对于做作决定的清楚记录和跟进工作负责人都是非常重要的。

如果你的公司没有特定的会议记录格式，就遵循图 2-3 所示的一般格式。关键要素包括一份与会者和缺席者名单，然后是会议开始和结束时间，会议中达成的所有主要决议，与会者所有的任务分配，以及所有推迟到下一次会议的主题。另外，会议记录客观地总结重要的讨论，表明对主要观点有贡献的人的名字。大纲、副标题和清单帮助组织会议记录，而附加文档（比如与会者提交的表格或图表）也要在记录中体现并附上。许多公司现在都在内联网上公布会议记录以供参考。不管你用哪种方法，确保责任明晰，这样所有在会议中产生的问题都可以解决。

2.2.3　使用会议技术

不是所有团队都能有机会像容器商店的员工一样面对面交流。幸运的是，地理上隔离的团队有许多保持紧密联系的选择。近年来，高额的差旅费用、宝贵工作时间的浪费、日益严重的安全隐患以及对全球工作队伍和合作伙伴越来越多的依赖，都已经刺激了一系列会议技术的发展。不用再为了一次会议登上飞机然后花费一两天以及一两千美元，现在你可以登上互联网然后花费那些成本和时间的零头开那个会议。这些技术的出现刺激了**虚拟团队（virtual teams）**的产生，其中的队员在不同的地点工作而通过**虚拟会议（virtual meetings）**进行电子互动。人们可能在一个团队工作几个月或者几年却从来没有面对面地见过。有时候，技术能完全取代会议，比如团队成员可以通过电子邮件或者即时通信在几个小时或者几天内保持沟通，而不是在某个特定的时间上网或者通电话。最新的虚拟工具之一是在线头脑风暴，在这种情况下，公司进行“观点运动”激发组织

明确记录对应的会议

会议记录
计划委员会会议
人力资源员工项目
2006年8月15日 星期二

出席者：Tabitha Brown, Peter Crantz, Kathi Kazanopolis, Agaths Myers, Julie Owens, Bob Phelps, Judith Williams, Elizabeth Garfield

缺席者：Joseph Kingman, Maria Lopez

明确与会者和缺席者

Agatha Myers于上午9：30宣布开始会议（上午11：45结束会议）

1. 11月项目（演讲者的更换）
   - Kathi Kazanopolis主动要求就工作技能继续教育进行演讲，包括有用的研讨会、在线课程等。
   - Julie Owens志愿帮助Kathi准备：讲义、小组讨论的可能话题、研究等。

通过使用大纲形式下方便的标题组织主题

2. 未来项目
   - Bob Phelps就举行写作技巧研讨会的可能性，联络了在UCLA分部教商务沟通课程的Edith Orlofsky。他在本周可能得到Edith Orlofsky的回复。
   - 税务项目：仍然以一月到二月为目标。Judith Williams将尽量找到一个税务律师或者税务会计来作演讲。
   - Tabitha Brown将联系Joan Mason确定*Nitty-Gritty Grammar*（语法溯源的作者（Edith Fine和Judith Josephson）是否在一月或者二月有空。
   - Elizabeth Garfield要求就她关于市场营销的演讲要探讨的话题进行确认（初步定于三月）。

3. 12月通讯（每季一期）
   - 12月的季度通讯预计事件日历：11月21日前要将信息送到Julie Owens处。
   - Bob Phelps 将从Bay Area人力资源论坛取得通讯的信息。
   - 员工概评：Maria Lopez的最新员工概评将在12月的通讯上刊登。Joseph Kingman摔断了胳膊，其间不能按原来提议的帮忙。
     - Tabitha Brown将询问Maria她是否能推荐一个替代者。
     - Peter Craniz将就写一些人物概评的事情联系Dina Gaines。
     - 如果员工概评继续办下去，Julie Owens建议将评价成员的照片与概评一起刊登。

总结结果，而不是整个讨论过程：
- 提醒每个人发生了什么事情
- 表明谁对哪项跟进工作负责
- 总结做出的所有决定和建议

图 2-3 典型的会议记录

成员产生新想法。例如，W. R Grace 的化学品生产部门已经通过在线头脑风暴法产生了超过 70 种新产品的想法和超过 60 种过程的优化。[37] 另外一种最新的技巧是维基（wiki）（夏威夷语“快”的意思），这种网站技术允许团队成员在他们有新想法时修改网站的内容。共同写作而成的在线百科全书 Wikipedia（www.wikipedia.org）是这种全球规模的集体写作的好例子。

正如大多数新技术一样，电子会议技术正在迅速地演变，而且划分这些技术的界线变得模糊。例如，即时通信和视频会议都是单机性能的，也是**群组软件（groupware）**的常见特征，群组软件是

---

[37] Anne Fisher, "Get Employees to Brainstorm Online," *Fortune*, 29 November 2004, 72.

对能让人们互相沟通、分享文件、递交材料和共同写作文档的系统总称。

自然，在你和你的同事进行电子沟通之前，你需要一些连接方法以及用到一些有线和无线的网络组合，既要用到公共互联网也要用到私人企业网络。你的公司可能会通过虚拟私人网络(VPN)为你连接，这是一种通过公共互联网的安全“通道”。VPN 使你能在办公室、家里及路上连接上网——比实际的私人网络花费更少，却能提供比常规网络连接更高的安全性。服装制造商 Bernard Chaus 用 VPN 取代了私人网络和广泛使用的邮局信件，现在，它在纽约的办公室能与它在中国香港、韩国和中国台湾的办公室更有效地沟通，而且只需要花费以前价格的 1/6。[38] 不管是什么网络，你都会用到像电子邮件、即时通信、共享工作区和虚拟会议这样的技术与同事或客户进行连接。

电子邮件和即时通信 除了在日常的沟通中应用，电子邮件和即时通信(IM)也被广泛地使用来补充或者取代会议。由于成本、争吵甚至是旅途的风险，越来越多的公司希望用这些工具来帮助团队不必在同一间屋子里进行沟通。通过为员工提供快速、廉价的沟通方法，电子邮件和即时通信加强了信息分享和项目合作。

这两项技术中，电子邮件对实时沟通没有太大效果，因为它让你不停地检查来信，而来信在通过邮件系统时可能有几秒甚至更长时间的时滞。然而，电子邮件可以让人用来进行或者补充会议。例如，像 Microsoft Outlook 这样的邮件程序的集体时间安排功能，使得确认每个人的时间安排和发送邀请信息更加简单。你也可以在远程会议和视频会议中使用电子邮件来分享文件。必要时，电子邮件甚至可以取代即时通信和面对面的会议，虽然当有超过两三个人参与时会变得很慢。

即时通信是集体沟通的最新发明，但是它正快速地赶超上来。实际上，即时通信可能很快就超越电子邮件成为更常使用的与商业伙伴或客户沟通的工具。一些企业使用的正是你所熟知的那些以客户为中心的即时通信系统，比如 AOL 即时通信、雅虎通和微软的 MSN。然而，许多公司使用的是这些系统中以商业为中心的版本，或者它们会选择特别为商业甚至某个特定行业设计的系统。例如，现在有一个海关建立的即时通信系统将金融服务行业的上千名用户连接起来。这是法律规定的，要将所有客户的来往都存档(这是一般即时通信系统做不到的)。

众多的商业即时通信系统提供一系列的功能，包括基本的聊天、在线提示(能够很快地知道人们是否在办公桌前并能进行即时通信)、远程文档演示、视频功能、远程控制、来自博客和网站的自动新闻提供，以及你在第1章读到的基本功能。[39] 所有的这些功能对于一对一以及群体会议都是很好的补充，而且在很多情况下甚至可以取代会议。

即时通信系统在会议中(以及整个工作场所中)应用的好处包括紧急信息的快速回应、相对于电话和电子邮件的低成本、比电子邮件更好地模拟会议的能力，以及从个人电脑到电话再到 PDA

---

[38] Kathleen Melymuka, “Far from the Mothership,” *Computerworld*, 9 December 2002, 47.

[39] Jefferson Graham, “Instant Messaging Programs Are No Longer Just for Messages,” *USA Today*, 20 October 2003, 5D; Todd R. Weiss, “Microsoft Targets Corporate Instant Messaging Customers,” *Computerworld*, 18 November 2002, 12; “Banks Adopt Instant Messaging To Create a Global Business Network,” *Computer Weekly*, 25 April 2002, 40; Michael D. Osterman, “Instant Messaging in the Enterprise,” *Business Communications Review*, January 2003, 59—62; John Pallato, “Instant Messaging Unites Work Groups and Inspires Collaboration,” *Internet World*, December 2002, 14 +.

众多设备都能使用。[40]

缺点包括技术和行为两方面的问题。基本的技术问题是安全性(四分之一的美国公司禁止员工进入用户即时通信系统,因为担心敏感的通信内容被外界获得)、用户验证(确保网上通信的人确实是显示的那个人)、无法存储信息以供稍后回顾和存档,以及相互竞争的即时通信系统之间的不可兼容性。尽管开发者最终将解决这些问题,来自于“人”这一方面的担忧将继续存在。要有效地使用即时通信系统进行会议,每个人都需要注意一些重要的行为问题:不断被打断的可能性,不小心把个人信息和工作信息混在一起,变成“圈外人士”的危险(如果激烈的讨论或者临时的会议正好在你离开电脑或者别的通信设备时进行),以及“浪费时间的极大可能”(如麻省理工学院劳动力经济学家 David Autor 所言)。另外,你还受到别人打字速度的限制,这有时候能让即时通信慢得令人苦不堪言。[41]

不管使用的是什么系统,你都可以通过遵循以下提示来使即时通信更有效地为会议或者普通沟通服务:[42]

- 除非是定好的会议时间,当你需要做其他工作时,将自己的状态设为忙碌。
- 如果不是在一个安全的系统内,不要透露机密信息。
- 在透露私人信息上要特别小心——它们经常在很尴尬的时间显示在别人的电脑上。
- 如果你不确定所有相关的人都在线,不要使用即时通信系统进行重要而临时的会议。
- 除非你的系统是这样设计的,不要用即时通信系统发送长篇、复杂的信息,电子邮件比较适合那样的信息。
- 如果即时通信系统已经成为你公司里的主要沟通渠道,尤其是用于重要会议,一定要确保每个人既能够也愿意使用它。
- 尽量避免同时进行多个即时通信对话,将信息发错人的可能性最小化。
- 不要认为你在私人谈话时使用的任何即时通信俚语对于商务信息来说也是合适的;你的同事也许对它觉得不舒服。
- 如果你的系统有垃圾信息(垃圾邮件的 IM 版本)过滤功能,确保它在使用中并且是最新版本。[43]

共享工作区　**共享工作区(shared workspaces)**是“虚拟办公室”,它让团队中的每个人都能获得相同的资源和信息:数据库、日历、项目计划、相关的即时通信和电子邮件、共享的参考资料,以及团队的文件(见图 2-4)。像 Documentum eRoom, Microsoft SharePoint 和 IBM Lotus Team Workspace 这样的共享工作区使地理上分散的团队成员较容易地随时随地获得共享文件。通常通过网

---

[40] Mark Gibbs, “Racing to Instant Messaging,” *NetworkWorld*, 17 February 2003, 74.

[41] Jenny Goodbody, “Critical Success Factors for Global Virtual Teams,” *Strategic Communication Management*, February-March 2005, 18—21; Ann Majchrzak, Arvind Malhotra, Jeffrey Stamps, and Jessica Lipnack, “Can Absence Make a Team Grow Stronger?” *Harvard Business Review*, May 2004, 131—137; Christine Y. Chen, “The IM Invasion,” *Fortune*, 26 May 2003, 135—138; Yudhijit Bhattacharjee, “A Swarm of Little Notes,” *Time*, September 2002, A3—A8; Mark Bruno, “Taming the Wild Frontiers of Instant Messaging,” *Bank Technology News*, December 2002, 30—31; Richard Grigonis, “Enterprise-Strength Instant Messaging,” Convergence. com, 10—15 [accessed March 2003] www. convergence. com.

[42] Pallato, “Instant Messaging Unites Work Groups and Inspires Collaboration,” 14 +.

[43] Anita Hamilton, “You've Got Spim!” *Time*, 2 February 2004, [accessed 1 March 2004], www. time. com.

络浏览器,工作区可以让你和你的团队将文件整理存放在一系列的电子文件夹中。

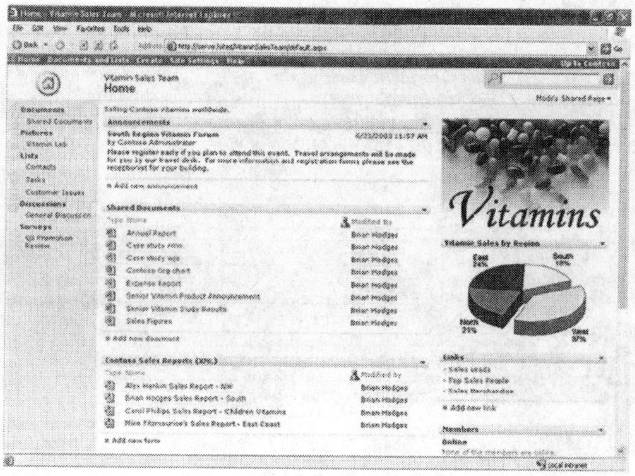

图 2-4　共享工作区

大多数系统还有内部智能控制成员阅读、编辑和保存特定文件权限的功能。修订控制又更进一步。它只允许一个人在某个时间查看某个文件并且记录下这个人进行的所有更改。这个功能防止了两个人分别在相同时间编辑同一报告,从而避免了一个团队最终有一个文档两种不同版本的情况。许多系统还包括了即时通信系统提供的在线提示,这样你就能马上知道哪些团队成员在线可以交谈或参加临时会议。[44]

虚拟会议　虚拟会议技术包括一系列工具使不同地点的团队成员在同一时间进行交流,而且没有争吵、风险和差旅费用。[45] 即时通信聊天和电话会议是虚拟会议的最简单形式。**视频会议(videoconferencing)**将声音沟通与视频结合起来,使团队成员能够看到彼此,展示产品和传送其他的视觉信息。视频会议能在两种系统中使用。空间系统需要专门的会议室设备但是能提供大屏幕显示并能容纳更多与会者。桌面系统通常只需要每个与会者的电脑连接网络摄像头,视频在电脑屏幕上显示而声音要么通过网络要么通过电话连接提供。

最复杂的**基于网络的会议系统(web-based meeting systems)**将最好的即时通信、共享工作区和视频会议与其他工具(比如让团队成员实时合作的虚拟白板)结合起来(见图 2-5)。参与者可以在几乎世界上的任何角落,从台式或者笔记本电脑、PDA 到一个有网络功能的手机登录。

通过网络会议合作,成员相距甚远的团队可以像在同一个房间里一样共同进行文档、设计和其他材料的工作。例如,你和你的团队可能要完成公司新办公室的楼层布局方案。你们可以对同一个图形设计文件进行修改,而不用努力向对方描述脑中的视觉想法。每次由一个人掌握指针,他/她可以加上墙面、移动桌子等。如果接下来你发现一个更好的安排墙面的方式,你可以要求掌握指针然后自己移动墙面。这种水平的沟通不但帮助团队更紧密地合作,而且文档或者图画马上就可以使用。你不必等某个人去把所有人的想法结合起来画一张新图。

---

[44] Tony Kontzer, "Learning To Share," *InformationWeek*, 5 May 2003, 28; Jon Udell, "Uniting Under Groove," *InfoWorld*, 17 February 2003 [accessed 9 September 2003] www. elibrary. com; Alison Overholt, "Virtually There?" *Fast Company*, 14 February 2002, 108.

[45] Nicole Ridgway, "A Safer Place to Meet," *Forbes*, 28 April 2003, 97.

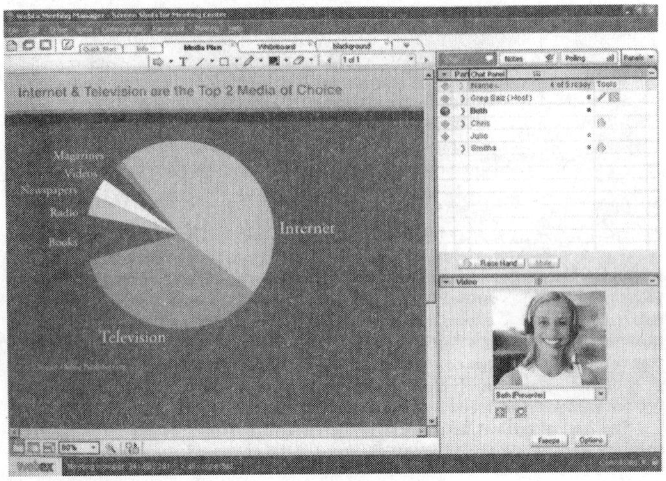

图 2-5 基于网络的会议

最新在线会议的技术是暗网,这是一种小型的、只有被邀请才能加入的网络,通常比其他网络更安全。虽然它们在分享盗版音乐的人们中非常流行,暗网在合法商业中也有所应用,主要是用于交换高机密的信息。

2.3 提高倾听技能

不管是在会议或其他商业环境中还是在你的个人生活里,倾听的重要性都是不言而喻的。如果听者不愿或者不会倾听,说者的信息就不能被传达。大约 80% 的高级执行官认为倾听是在工作场合中完成任务所需的最重要的技能。[46]

有效的倾听能加强组织关系、巩固产品的分销、提醒企业创新的机会,并且使组织能够管理好工作队伍和客户两方面持续增长的多样性。[47] 员工和经理都能有效倾听的企业总是保持消息灵通、紧跟时代并且远离麻烦。相反的,匮乏的倾听技能将带来机会丧失、法律失误和其他错误而每年花费企业上百万美元。有效的倾听对于在企业以及个人间建立起信任的过程至关重要。[48] 在你的整个职业生涯中,有效的倾听将为你带来竞争优势,提升你的表现并因此扩大你在公司的影响力。从 Carol Kobuke Nelson 的例子中学习,她的"沉默有效"领导帮助她成为总部在西雅图 Cascade 银行的总裁和 CEO。她的一个同僚说:"她是一个很好的倾听者。很多时候人们只是需要一个倾听者。理解人们真正关心的并且为此做些什么——这就是你能赢得人心的方法。"[49]

---

[46] Judi Brownell, *Listening*, 2d edition (Boston: Allyn and Bacon, 2002), 9, 10.

[47] Augusta M. Simon, "Effective Listening: Barriers to Listening in a Diverse Business Environment," *Bulletin of the Association for Business Communication* 54, no.3 (September 1991): 73—74.

[48] Robyn D. Clarke, "Do You Hear What I Hear?" *Black Enterprise*, May 1998, 129.

[49] Eric Engleman, "Financial Finesse," *Puget Sound Business Journal*, 5—11 November 2004, 8A.

2.3.1 认识倾听的类型

理解倾听的本质是提高倾听技能的第一步。人们以各种方式倾听,尽管他们怎样倾听通常是一种潜意识的选择,但是却同时影响了他们听到的内容以及提取出来的含义。例如,一个重视团队合作和人际关系的员工很自然地就会寻找一个与说话者交流的方式。相反,一个行动导向的倾听者会更注意倾听与需要完成的任务相关的信息。

不管在哪种情况下,仅仅依赖于一种倾听方法都会限制你的有效性。一个以人为中心的倾听者可能会错过关于快到最后期限的信息,而一个行动导向的倾听者可能会忽略很重要的暗示个人问题在团队中酝酿的信号。[50] 当你阅读接下来的三种倾听类型时,反省你作为一个倾听者的习惯偏好,然后思考并学习使用不同的方法能怎样帮助你更有效地倾听。

内容倾听(content listening)的首要目的是理解和记忆说话者的信息。例如,Henry Nordhoff 是总部在圣地亚哥的药品企业 Gen-Probe 的 CEO,他有商业背景并且依靠内容倾听来从他领导的科学家那里获取技术信息。[51] 当你要听内容时,重点是信息和理解。问一些问题来弄清楚材料并查明细节。因为你在这时并不进行评价,所以你同不同意没有关系——只要你理解就可以。试着忽略说话者的风格和任何表达上的缺陷;只要关注信息就可以了。[52]

批判倾听(critical listening)的目的是在各个水平上理解和评价说话者信息的含义:论证逻辑,论据力度,结论的正确性,信息对你和你的企业的含义,说话者的目的和动机,以及任何重要或相关内容的缺失。如果你有疑问,问一些问题来探究说话者的观点和可信度。警惕可能歪曲呈现信息的偏见,并且仔细将观点和事实区分开。[53]

移情倾听(empathic listening)的目的是理解说话者的感受、需要和偏好,这样你就能领会他/她的观点,无论你是否有相同的看法。通过移情倾听,你能帮助一个人把影响其冷静、清醒地解决问题的情绪发泄出来。有时候一个心烦意乱的同事寻找的仅仅是一个倾听者,所以除非这个人特别要求,不要尝试给出什么建议。同样,不要对说话者的感受作评价,也不要试着告诉人们他们不应该有这种或者那种情绪。相反,让说话者知道你了解他/她的感受并且理解那种情况。一旦你建立起来这种关系,你就可以帮助说话者开始寻找解决方法。[54]

2.3.2 理解倾听的过程

无论你在某次谈话中使用的是哪种倾听模式,倾听都是一个超出大多数人所想的复杂过程,认识到这一点是很重要的。所以,我们大多数人都不怎么能做好这件事。有着这样的复杂性,难怪我们大多数人都只有或者低于25%的倾听效率,一次10分钟的谈话大概只记住一半的内容,并

---

[50] Larry Barker and Kittie Watson, *Listen Up*, (New York: St. Martin's, 2000), 24—27.

[51] Terri Somers, "Gen-Probe's Nordhoff Listens Well, Then Acts," *San Diego Union-Tribune*, 2 November 2004, C1, C6.

[52] Dennis M. Kratz and Abby Robinson Kratz, *Effective Listening Skills* (New York: McGraw-Hill, 1995), 45—53; J. Michael Sproule, *Communication Today* (Glenview, Ill: Scott, Foresman, 1981), 69.

[53] Brownell, *Listening*, 230—231.

[54] Kratz and Kratz, *Effective Listening Skills*, 78—79; Sproule, *Communication Today*.

且在48小时内忘记剩下的一半。[55] 而且，当被问到关于我们刚刚听到内容的问题时，我们很有可能把事实弄错。[56]

为什么一个看起来如此简单的活动会那么困难？答案就在于其过程的复杂性。要有效地倾听，你需要成功地完成五个单独步骤：[57]

- **接收（receiving）**：首先从物理上听到和确认信息做起。物理接收可能会由于噪声、听力受损或者疏忽而受阻。一些专家也将非语言信息作为这一阶段的一部分，因为这些因素也影响倾听的过程。
- **理解（interpreting）**：下一步是给每个声音分配意义，这是根据自己的价值观、信仰、想法、期望、角色、需要和个人经验来进行的。
- **记忆（remembering）**：在可以针对信息有所行动之前，需要将信息存储起来以供之后使用。首先需要将它捕获在*短期记忆*中，这就是你大脑的临时记事本。然而，短期记忆的信息很快就会消失，所以你需要把它转移到*长期记忆*中保管。
- **评价（evaluating）**：把说话者的信息捕获后，下一步要做的就是通过应用判断思维技巧进行评价。将事实与观点区分开，并且评价证据的质量。
- **回应（responding）**：在评价完说话者的信息后，现在可以有所回应了。如果是一对一或者小组沟通，最初的回应通常涉及语言反馈的形式。如果你是众多受众中的一个，你的最初回应也许是鼓掌、笑声或者沉默这样的形式。之后，你就可能会根据你所听到的内容有所行动了。

如果这些步骤之一没有做好，倾听过程的有效性就会大打折扣甚至整个失败。例如，你在一个嘈杂的环境中工作，你可能根本就听不到一个要传达给你的信息。即使你接收到了这个信息，如果你和说话者之间没有共同的含义或者语言，也可能会导致你理解的意义与说话者的本意大相径庭。或者当别人在跟你说话时你正好在看别的地方，于是没有看到一个很重要的可以帮你理解实际含义的非语言线索。而且即使你按说话者所希望的那样理解其意义了，你也可能在你有机会针对信息有所行动前就把它忘记了。

作为一个发送者和接收者，你可以通过认识及克服各种物理和心理障碍来减少失误率从而使倾听有效。

2.3.3 克服有效倾听的障碍

好的倾听者会寻找方法来克服整个倾听过程中潜在的障碍（见表2-4）。你不可能完全控制物理接收上的一些障碍，比如会议室的音效、手机信号差、背景音乐等。然而，你一定可以控制一些别的障碍，比如打扰说话者或者制造一些让别人无法专心的干扰。如果你有问题要问说话者，等

---

[55] Bob Lamons, "Good Listeners Are Better Communicators," Marketing News, 11 September 1995, 13 +; Phillip Morgan and H. Kent Baker, "Building a Professional Image: Improving Listening Behavior," *Supervisory Management*, November 1985, 35—36.

[56] Clarke, "Do You Hear What I Hear?" Dot Yandle, "Listening to Understand," *Pryor Report Management Newsletter Supplement* 15, no.8 (August 1998): 13.

[57] Brownell, Listening, 14; Kratz and Kratz, *Effective Listening Skills*, 8—9; Sherwyn P. Morreale and Courtland L. Bovée, *Excellence in Public Speaking* (Orlando, Fla.: Harcourt Brace, 1998), 72—76; Lyman K. Steil, Larry L. Barker, and Kittie W. Watson, *Effective Listening: Key to Your Success* (Reading, Mass.: Addison-Wesley, 1983), 21—22.

他/她已经说完了再问。而且不要因为你没有说话就觉得你没有打扰说话者。翻动纸张的声音、PDA 按键的声音、看手表、眼神越过说话者的肩膀与别人接触——这些只是许多能打扰说话者而影响物理接收的非语言行为中的少数几个。

表 2-4　有效倾听者与无效倾听者的区别

有效倾听者	无效的倾听者
• 主动地听	• 被动地听
• 仔细和完整地做笔记	• 不做笔记或者做没用的笔记
• 经常与说话者眼神沟通(一定程度上取决于文化习惯)	• 很少会有眼神沟通
• 始终注意说话者和所说的内容	• 允许自己的大脑溜号;很容易分神
• 在脑海中解释关键点来保持关注水平并确保理解	• 不会解释
• 根据实际情况调整倾听风格	• 不管实际情况,都用一样的倾听风格
• 给说话者非语言暗示(比如点头表示同意或者扬扬眉毛表示惊讶或怀疑)	• 不能给说话者非语言反馈
	• 每当他们不同意或者不明白的时候就打断
• 直到合适的时间再发问或提出异议	• 因风格差异而分心,很武断
• 忽略风格差异而只关注说话者的信息	• 不能区别观点和论据
• 区分主要观点和支持性细节	• 认为自己已经知道所有应该知道的重要东西了
• 寻找学习机会	

选择性倾听是有效倾听的最常见障碍之一。如果你分神了,你通常会什么都没听见,直到一个词或者短语再次引起你的注意。但是等到那时候,你就已经想不起来说话者实际说的是什么了;相反,你只记得你认为说话者很有可能说的是什么。[58]

倾听者总是分神的一个原因是人们想得比说得快。大多数人每分钟说 120—150 个字。然而,研究表明,由于主题和个人原因,人类处理音频信息的能力大约是每分钟 500 字。[59] 换句话说,当你在倾听时,你的大脑有很多的空闲时间,而如果不注意,它就会找到上千件别的事情来想。不要只花部分时间来倾听,而应该有意识地把注意力集中在说话者身上,并且用多余的时间分析你所听到的,准备好你可能需要问的问题和从事其他相关的思考。

阻碍成功理解的一个常见障碍是预断——在还没有真正听到别人要说什么时就打定主意了。记住,在一种情况下或者生活中一个方面行得通的假设对于其他情况来说可能是不恰当的。同样,一些人采用防卫式倾听,总是在小心防卫感受到的个人攻击。为了保护他们的自尊,他们通过不理会任何与自己观点不符的东西来歪曲信息。

克服这样的理解障碍非常困难,因为你甚至可能还没有意识到。正如第 1 章中所说的,选择性感知导致倾听者改造信息以适应他们的概念框架。说话者参照的框架也许跟你的截然不同,所以要努力弄清楚说话者真正的含义是什么。以开放的思想去倾听将帮助你克服许多理解障碍。

即使有最好的意愿,如果你和说话者没有足够多的共同语言或者经历,你仍然有可能会对收到的信息产生误解。缺乏共同背景是不同母语的说话者之间经常发生误解的原因之一,即使他们努力地说同一种语言。当听一个母语或生活经验与你不同的人讲话时,试着解释这个人的想法。

---

[58] Patrick J. Collins, *Say It with Power and Confidence* (Upper Saddle River, N.J.: Prentice Hall, 1997), 40—45.

[59] Morreale and Bovée, *Excellence in Public Speaking*, 296.

给说话者一个机会来确认你认为你听到的内容或者纠正任何误解。

克服记忆障碍是一个稍微简单一点的问题,但是这也需要一些努力。有一个很简单的规则:记忆是靠不住的。如果是很关键的信息,录下来,写下来,或者用其他的物理方法把它捕获。然而,如果你的确需要记忆一些东西,你可以通过对自己复述(如果需要的话,也可以无声地)几秒钟或者几分钟来把它存储进短期记忆中,把它组织成一定结构(也许是字母顺序或者是过程中的步骤顺序),并且将一长串条目拆分成许多短的部分。要把信息存储在长期记忆中,有四个技巧可以提供帮助:(1) 将新信息与某些紧密相关的东西联系起来(比如你遇到那个新客户的那家餐馆);(2) 将新信息按逻辑分类(比如把你要记住的产品名称按字母顺序分类);(3) 将文字和想法图像化;(4) 创造记忆法,例如缩写或者韵律诗。注意这四个技巧都有一个共同的特征:你必须做些事情来记住信息。

如果你能够克服所有这些阻碍有效倾听的障碍,你就终于准备好要评价你所听到的内容并做出回应了。你的回应可以是简单的,甚至是自动的,比如大笑或者谢谢说话者并随她去拐角处的办公楼。然而,你的回应也有可能需要更严格的分析过程,比如在提供关于未来产品开发的建议之前,理解一系列深入市场调查的结果。克服倾听障碍的步骤提醒,参见“要点检查:克服阻碍有效倾听的障碍”。

要点检查

克服阻碍有效倾听的障碍

- ✓ 尽量控制物理接收障碍(尤其是提问或者表现出打断性的非语言行为来打扰说话者)。
- ✓ 通过将注意力集中在说话者身上并分析你所听到的内容来避免选择性倾听。
- ✓ 通过避免任何预断和防卫性倾听来保持开放的头脑。
- ✓ 试着解释说话者的想法,给对方机会确认或者纠正你的理解。
- ✓ 不要依赖于你的记忆,而是录下、写下或者用其他物理方式保存信息。
- ✓ 通过重复信息、组织成一定结构或者分解成更短的部分来提升短期记忆。
- ✓ 通过联系、分类、视觉化和记忆法来提升长期记忆。

2.4 提高非语言沟通技能

老板说完你们部门需要在下一年让销售额翻倍以后走出了会议室。但是,你很怀疑。于是你转向你右边的同事,并且扬起眉毛。她微笑点头,坐直在她椅子的边缘——她似乎对这个挑战迫不及待。你转向左边,但是那个同事似乎对眼前的任务很担心,眉头皱在一起叹了口气。他歪躺在椅子上,以至于你很好奇他是怎么保持不滑下去的。

一个字不说就能完成一次复杂的谈话。**非语言沟通(nonverbal communication)**是人们之间有意或者无意、不使用书面或者口头语言发送和接收信息的过程。非语言信号在沟通中起到三个重要作用。第一是对语言沟通的补充。当非语言信号与语言匹配时,非语言信号能加强语言信息;反之则削弱语言信息,或者整个替代语言。

非语言信号的第二个作用是揭露真相。人们发现通过非语言信号撒谎要难得多。你也许告诉一个客户项目进行得很好,但是你勉强的微笑和紧张的一瞥传达出了不一样的信息。事实上,非语言沟通能比你说的话传达更多的内容给受众——尤其是当他们要弄明白你对某个情形的真实感受,或者当他们想要判断你作为领导者的可信度和能力时。[60] 然而,即使是非语言暗示对于发现真相也不是无懈可击的。最近一项研究显示,大多数人在大约半数的情况下不能发现不诚实的言辞;只有一小部分人在别人对他们撒谎时总能发现。[61]

非语言信号的第三个作用是有效地传达信息。正如之前会议室的例子所显示的,非语言信息在简单的瞬间既能传达细微的差别,也能传达丰富的信息量。

2.4.1　认识非语言沟通

尽管只要你与别人接触就能对非语言沟通有所意识,在工作场所对这些信号特别注意将提高成功沟通的能力。而且,当你与来自不同背景的商业伙伴沟通时,你会发现一些非语言信号并不一定能在不同文化之间互通。你将在第 3 章学到更多关于文化对非语言沟通的影响。非语言沟通的范围和种类非常广泛,但是你可以通过研究以下六大类来掌握其基本类型:

- **面部表情(facial expression)**。面部是表达情绪的主要部位;它表明了感觉的类型和程度。[62] 眼睛在显示注意力和兴趣、影响他人、调节沟通和建立主导上尤其有效。[63]
- **手势和姿势(gesture and posture)**。通过移动或者不移动你的身体,你可以自觉或者不自觉地表达特定的和一般的信息。许多手势——例如挥手——有特定和明确的含义。另一些身体移动则不那么特定,只是表达一种更一般的信息。无精打采、身体前倾、坐立不安以及精神抖擞地走路都将显示你是自信还是紧张、友好还是敌对、坚定还是消极、有力还是无力的无意识信号。
- **声音特征(vocal characteristics)**。声音也能有意或无意地传达信息。想想这句话,“你最近干嘛呢?”如果你重复这个问题,改变语气和重音,你将有意识地传达截然不同的信息。然而,声音也能透露出无意识的东西。你的语调和音量、口音和语速,以及话语中那些细微的“嗯”、“啊”都能说明你是谁、跟受众的关系是怎样的以及你的语言背后的情绪。
- **个人外表(personal appearance)**。人们根据他人的身体外表而做出反应,有时是公平的,有时是不公平的。虽然一个人的身体类型和面部特征存在一定的限制,但是大多数人能够在一定程度上控制他们的外表。修饰、衣着、配件、风格——这些都能控制。如果你的目的是留下一个好印象,采用你要留下印象的那些人的风格。
- **接触(touch)**。接触是一种很重要的传达温暖、安抚和保证的方式。实际上,接触的力量如此巨大,以至于在很多文化习惯里规定了谁在什么情况下可以接触谁。例如,美国人和英国人通

---

[60] Judee K. Burgoon, David B. Butler, and W. Gill Woodall, *Nonverbal Communication: The Unspoken Dialog* (New York: McGraw-Hill, 1996), 137.

[61] “Study: Human Lie Detectors Rarely Wrong,” *CNN. com*, 14 October 2004 [accessed 14 October 2004] www. cnn. com.

[62] Dale G. Leathers, *Successful Nonverbal Communication: Principles and Applications* (New York: Macmillan, 1986), 19.

[63] Gerald H. Graham, Jeanne Unrue, and Paul Jennings, “The Impact of Nonverbal Communication in Organizations: A Survey of Perceptions,” *Journal of Business Communication* 28, no. 1 (Winter 1991): 45—62.

常比法国人或者哥斯达黎加人相互接触得少。然而,即使是在同一文化背景下,个人对接触的看法也非常不同。可能一个经理喜欢用拥抱来表达支持或者祝贺,但是他/她的下属也许会把那些拥抱看做是一种主导权的显示或者是一种性暗示。[64] 接触是一个很复杂的话题。最好的建议:不确定的时候不要碰。

- **时间和空间(time and space)**。像接触一样,时间和空间可以被用来宣示权威、暗示亲密以及传达其他非语言信息。例如,一些人试图通过让别人等待来显示自己的重要性或者对他人的漠视;另一些人通过守时来表达尊重。空间操控的方式差不多。当高级执行官在一个私人宴会厅里聚在一起吃午餐时,他们向楼下自助餐厅里的员工传达了一种很强烈的信号。决定去尊重还是侵犯他人的“私人空间”是另一种强大的非语言信号。同样,各种文化对时间和空间的态度各不相同(见第3章)。

2.4.2 有效使用非语言沟通

注意非语言暗示将帮助你成为一个更好的说话者和倾听者。当你在说话时,多注意你可能传达的非语言暗示(参见“职业技能提升:传递正确的信号”)。它们是否足够有效同时又没有太强势?想想这样一个情景,一个员工来找你谈加薪的事情。对于这个员工来说这是一种很令她紧张的状况,所以不要说你对她要跟你说的内容很感兴趣,然后又不停地看你的电脑及手表。相反,如果已经知道你不能给她加薪,要诚实地表达你的情绪。不要因为自己的紧张情绪而过度表现,比如笑得太开或者手握得太紧。这两种非语言信号都会让她的希望升高却不能得到满足。不管在哪种情况下,都要让你的非语言暗示与实际情况的氛围相符。

职业技能提升

传递正确的信号

你传达的非语言信号能加强或者削弱你的语言信息,所以要确保用好非语言暗示。在美国商业文化中,下面的信号对于建立和维持职业可信度十分关键:

- **目光表现(eye behavior)**。保持直接但不是不断的目光接触。在回答一个问题之前不要向下看,而且要小心不要来回移动目光。不要为了更广阔的视线而越过对方看过去,并且尽管不要太频繁地眨眼。

- **手势(gesture)**。当使用手势来强调要点或者表达情绪的强度时,要让它自然、不做作和放松。保持手和肘离身体的距离,并且避免手势过大、清嗓子、坐立不安和拉扯衣服。努力将脸部和身体的可见排汗减到最小。不要舔嘴唇、绞手、敲手指或者笑得太过分。

- **姿势(posture)**。采取开放放松的姿势。走路要自信,要优雅而放松。站直,双脚都保持在地上。坐在椅子上也要笔直,不要塌下去。保持头部水平,下巴稍稍上扬。在沟通时改变你的姿势,当你开始回答问题时,要前倾和微笑。避免身体僵直或者别的传达紧张的信号。

---

[64] Virginia P. Richmond and James C. McCroskey, *Nonverbal Behavior in Interpersonal Relations*(Boston: Allyn and Bacon, 2000), 153—157.

• **声音(voice)**。用中等语速说话的同时,努力用谈话式的风格。在语调、语速和音量上进行适当变化。避免用单一的语调说话。听起来尽量不要平板、紧张或者鼻音很重。不要用过快的语速说话,并且避免频繁和过长的停顿。尽最大的努力避免说话时的"啊"或"嗯"、重复、打断或者中断句子、省略和结巴。

职业应用

1. 如果当你问老板今年能否加薪时,老板在微笑但是却看着别的地方,你会得到怎样的信息?解释你对这些非语言信号的理解。

2. 你会雇用一个整个面试过程中一直盯着你的求职候选者吗?为什么会或为什么不会?

再想想当你不说话时传达的非语言信号,你穿的衣服、坐姿、走姿。你是否像一个严肃的商务人士一样在说话但是却穿得像在一个舞蹈协会或者联谊会?你注视和举手抬足的方式也能传达信号;确保你发出的信号是正确的。

当你在倾听时,一定要注意说话者的非语言暗示。它们是加强还是削弱了语言?说话者是否有意用非语言信号来向你传达他/她无法在话语中表达的意思?仔细观察,但是不要认为你能"像读书一样读懂一个人"。非语言信号是有力的,但不是无懈可击的。与时下流行观点相反的是,仅仅因为一个人没有直视你的眼睛,不代表他/她在撒谎。[65] 如果觉得什么事情不对劲,向说话者提出真诚而尊重的问题——这样可能让事情更清楚一些,也可能让你注意到你需要进一步弄明白的问题。关于非语言沟通的主要观点总结,参见"要点检查:提高非语言沟通技能"。

要点检查

提高非语言沟通技能

A. 理解非语言信号在沟通中起到的重要作用

✓ 非语言信号通过加强、削弱或者替代语言来对语言进行补充。

✓ 非语言信号能揭露真相,通常比说的话向倾听者传达更多的信息。

B. 认识非语言沟通信号

✓ 注意面部表情(尤其是目光接触)透露一个说话者情绪的类型和强度。

✓ 观察手势和姿势的暗示。

✓ 注意听表明说话者是谁、与受众关系如何及其语言后面情绪的声音特征。

✓ 认识到倾听者受到身体外表的影响。

✓ 小心身体接触;接触能传达正面的品质也可能被理解为主导权的宣示或者性暗示。

✓ 注意时间和空间的应用。

---

[65] Richmond and McCroskey, *Nonverbal Behavior in Interpersonal Relations*, 2—3.

工作进行时

解决容器商店的沟通困境

加入货柜商店后，你很快在销售区显示出你的技能并迅速获得了加入公司管理培训项目的机会。完成了培训项目，你很幸运地接管了你的第一家店并且开始了你职业生涯的管理阶段。这是好消息。坏消息是你被分配到的这家店在前一任经理时形成了一些士气上的问题，而你面临着重新确立团队合作精神和积极沟通的挑战。运用你在这章学到的概念来应对以下挑战：

1. 八个由你领导的员工曾经是一个团结协作、互相支持的团队，但是你很快发现这个团队有陷入功能紊乱的危险困境。例如，正常团队运作日常处理的一些小问题，从清扫午餐区到在销售区互相帮助，经常在这个团队中引起冲突。你应该采取什么步骤来帮助你的队员找回积极的行为？

a. 给团队自我整顿的任务，而不要直接参与进去。解释建立一个有效团队的必要步骤，然后让他们考虑怎样让它成为现实。

b. 自己领导“团队重塑”的计划，这样你就能在冲突中协调，至少到团队能够自己以更积极的方式运作为止。

c. 不要试图干涉；消极行为很有可能是前任无效的经理导致的，但是现在你上任了，团队会在你启发式的领导下回到积极的行为上来。

d. 你的职业声誉和商店的销售额面临危险，所以你没有时间等待团队建设好。与团队成员一起坐下来，然后要求消极的、非职业的行为马上停止。

2. 当你试着弄明白怎样处理整个团队情况时，你发现早晨和晚上的集会经常降格成抱怨会，员工似乎对难缠的客户或者店内温度等所有事情都很苦恼，有一些听起来像有根据但可能需要额外培训或者其他员工支持的业务问题，而另一些你怀疑仅仅是消极氛围的副产品。你应该怎样解决集会中的抱怨？

a. 试着用幽默解决每一个抱怨；一段时间以后，员工们就会开始乐观起来并且不再抱怨那么多。

b. 要求员工们不要在集会时抱怨那么多；毕竟，这是重要的业务会议，而不是随随便便的社交集会。

c. 设立一块白板并写下每个人提出的问题。一周左右累积一些以后，给每次集会增加一个解决问题的环节，你和团队每次集会就一个问题来确定问题的范围并确立可能的解决方案。

d. 不管什么时候有抱怨，停止集会并与抱怨的人对质。要求他/她证明这是一个真正需要解决的问题而不仅仅是个人抱怨。通过这样做，你不但能找到真正需要解决的问题，而且能够阻止人们在工作场合提出无关紧要的抱怨。

3. 在观察员工行为几周和调查几十个购物者以后，你得出了在倾听客户需求和帮助他们解决个人需要上，一些员工比另一些更有效的结论。例如，一些客户抱怨为他们服务的售货员“似乎没听到我在说什么”，而另一些也说“他们在帮助我之前希望我能知道这家店里所有产品的名字”。你意识到这些是典型的倾听挑战，而你想与公司的培训专家合作设计一个短期的关于有效倾听的课程。在课程中你将强调下列策略中的哪个?

a. 内容倾听是最好的策略,因为那是唯一找出客户需求的方法。训练员工过滤掉寒暄性谈话并注意听客户经常用到的描述他们需要产品的精确术语,然后努力将这些需要与商店里的巨大商品清单联系起来。

b. 由于研究显示购物经历愉快的客户倾向于逗留更长时间并且买更多东西,你应该鼓励员工进行移情倾听。通过与购物者建立情感联系,员工将让购物者感觉更自在,这最终将导致销售额的增加。

c. 你在调查中发现的问题之一是客户经常不知道他们到底在寻找什么,要么因为他们不知道产品叫什么,要么因为他们不知道市场上有什么。所以,批判性倾听——超越客户所用词汇来确定他们试图表达的真正意思,才应该是最主要的。

d. 没有哪种倾听策略是对所有情况下的所有客户都适合的,所以最好的方法是培训员工快速估计每个遇到的客户,从而判断使用哪种倾听类型为好。设计培训来帮助员工认识他们能用来决定怎样与每个客户进一步沟通的线索。例如,一对夫妇进来的时候因为他们到底要不要在整理用品上花钱而争吵,最好的方法也许是移情倾听:让消极情绪减弱并鼓励购物者注意他们的储物需求。相反的,对于拿着容器商店网站打印单子进来询问一个特殊商品的客户,直接的内容倾听就是最好的了。

4. 在零售业中,第一印象能创造也能破坏销售,而这些印象是由从停车场的整洁到商店员工个人外表的每一个细节构成的。四个求职候选者在你的办公室外等待,在请他们进来进行初试之前,你有一点时间来观察他们(你可以透过玻璃墙观察他们,但是听不到他们讲话)。根据以下描述,下面哪位看起来像是最适合容器商店的?为什么?

a. 候选者A:一个为容器商店的面试穿得很得体的女士。她的外表是现代的"休闲职业装"但是比商店里的员工稍微正式了一些,这意味着她对所处的商业环境很了解并且尊重。然而,你对她听着iPod、坐在椅子上把脚蜷在身下的行为觉得不舒服。

b. 候选者B:一个同样穿着风格的男士,虽然这个候选者的行为与候选者A显示出来的舒适、轻松的态度截然不同。他似乎同时做太多的事情,忙得不亦乐乎:在PDA上检查备忘录,从公文包里抓出一堆纸来整理,将一些要掉下来的粘贴便签重新贴好,并且在摆弄那个在你观察的这几分钟里至少接听了两次的手机。

c. 候选者C:一个关上正在浏览的笔记本帮助候选者B摆弄手机的女士(如果你没有猜错的话,他弄不明白怎么把铃声设成静音)。交流以后,他们互相握手并且热情地微笑似乎在互相介绍。遗憾的是,虽然这个城市正在经历创历史纪录的高温,她的墨镜和凉鞋让你觉得对于一个工作面试来说太随便了一些。

d. 候选者D:一个穿着似乎做工很精细的保守西装的男士。他的外表比其他三个都更严肃和更商业,并且他知道如何穿得成功——小心打结的领带、笔挺的衬衫、完美的姿势。他自己一个人待着,没有打扰别的几个候选者,虽然他的面部表情很明显地表明他对候选者B手机发出的噪声很不赞同。

学习目标检查

通过阅读每个学习目标和完成相关练习来评估你对本章要点的掌握情况。填空题，写出空白处缺少的文字；单项选择题，在正确答案的字母上打钩。

目标 2.1：指出团队合作的优缺点。

1. 团队有更高水平的表现是因为：
   a. 它们将多人的智力和精力结合在一起
   b. 在团队背景下动力和创造力非常活跃
   c. 它们带来更多的投入和更多样的观点，这倾向于带来更好的决定
   d. 它们能做到以上所有
2. 下列哪项是团队合作的潜在缺点？
   a. 团队经常通过强迫人们遵守已有的想法和做法而扑灭创造性
   b. 团队因为管理养老金所需额外的政府文件工作而增加了公司文书的工作量
   c. 团队成员从来不对他们的个人绩效负责
   d. 群体内的社会压力会导致集体思维，这样人们就会接受一个不好的想法或者较差的决定，即使他们并不真的赞同它

目标 2.2：概括团队沟通的有效方法。

3. 下列哪项是一个团队写作工作报告的最好方式？
   a. 每个成员都应该计划、研究和写作其个人版本，然后团队选择一个最好的报告
   b. 团队将任务划分、各个击破：一个人计划，一个人研究，一个人写作等
   c. 为了确保真正的团队合作，从计划到最终成品的每个任务都应以一个团队的形式来完成，最好是所有人在同一时间都在一个房间里完成
   d. 以团队的形式列出研究和计划，但是将实际的写作任务分配给一个人，至少将各个独立部分分配给不同的个人写作但最后由一个人将它们组合成一致的风格
4. 在团队的任何人进行计划、研究或者写作之前，应该完成下列哪个步骤？
   a. 团队应该就项目目标达成一致
   b. 团队应该就报告标题达成一致
   c. 为了避免兼容性问题，团队应该就使用哪个文字处理软件或者其他软件达成一致
   d. 团队应该离开工作环境，享受一些社交时间，从而在开始工作前建立起有效联系

目标 2.3：解释群体动力对团队效率的影响。

5. 自我为中心的角色是团队环境下的一种________类型。
6. 下面哪项更符合集体思维的描述？
   a. 团队比单个员工更能形成新思路的能力
   b. 团队成员认为和谐比有效决策更有价值的情形
   c. 团队发现幕后动机和确保开放性、建设性沟通的能力
   d. 群体背景下同僚压力的存在
7. 当________时，团队背景下的冲突可能是有利的；但是当________时，是有害的。

目标 2.4：讨论团队环境中礼仪的角色，包括工作场合和社会环境。

8. 下列哪项是如今商务礼仪的最佳描述？
   a. 商务礼仪无法概括，因为每个公司都有自己的文化，你要随时改进
   b. 在残酷的国际竞争和不断的财政压力之下，礼仪是当今企业实在无法负担的一种过时的奢侈研究
   c. 有职业道德的商业人士不需要直接为礼仪担心，因为道德行为会自动地带来好礼仪

d. 礼仪在形成和维持成功商业关系的过程中起着重要的作用

9. 如果你在进入商务会议之前忘记关掉手机，然后在会议过程中接了一个电话，最适宜的做法是：

a. 降低声音保护电话谈话内容的隐私

b. 接电话，然后很快地挂掉，以将对会议的干扰降到最小

c. 离开会场找个安静的地方说话

d. 边接电话边继续参加会议，向所有人显示你是一个有效的多任务工作者

10. 你的公司已经确立每天下午1点到3点为指定的"安静时间"，在这段时间里办公室电话、即时通信和电子邮件都被关闭，这样人们就可以集中注意力于计划、研究、写作和其他密集的工作而不被打扰。然而，一些人还是会让手机保持开机状态而无视这个方针，说他们的家人和朋友需要能找到他们。有各种各样的铃声时不时地响起，办公室就跟以前一样嘈杂。最佳的做法是什么？

a. 如果每个人都关掉手机就同意把办公室的电话系统重新开启，但是所有打进来的电话都会由一个接线员接听、对日常电话进行登记并且当真的遇到紧急情况时向员工传递信息

b. 放弃安静时间；如今的工作场所里有这么多电子设备，你永远不能达到真正的安静和平和

c. 通过没收安静时间响起的手机来对违反者严厉处罚

d. 不告诉任何人，而悄悄地安装一个能阻止手机接入和拨出电话的信号干扰器

11. 不断试探公司着装和修饰标准的界限，传达了一个强烈的信息表明你：

a. 不明白或者不尊重公司的文化

b. 是一个积极倡导工作权利的人

c. 是一个有创造性和自主性的思考者，很有可能产生许多成功的商业想法

d. 代表了新一代开放的工作者的前沿，将根据现代的标准重新定义工作场所

目标2.5：描述会议技术对与会者成功沟通的帮助。

12. 即时通信系统的"在线提示"功能是一个很便利的________的方法。

a. 监视员工电脑使用来确保他们没有上班玩游戏

b. 看谁在办公桌前并且能够进行即时通信

c. 看你的团队是否遵守工作时间

d. 计划会议

13. 在线会议技术允许地理上分散的团队通过互联网进行________会议。

目标2.6：描述倾听过程并解释好的倾听者怎样克服倾听过程中各阶段的障碍。

14. 接收信息后，倾听者通过给每个声音分配含义来________他们听到的内容。

15. 如果你在进行一次重要的演示而当你努力进行瞬间目光接触时，注意到许多受众都在看别的地方，最有可能发生了什么情况？

a. 这些受众不想通过直接目光接触来挑战你的权威

b. 你在与一群很害羞的人工作

c. 你演示的信息在某种程度上让受众觉得不舒服

d. 受众在花时间仔细思考你演示的信息

16. 在一次大型、正式的会议上，如果你不同意说话者所说的某些内容，最好的回应是：

a. 通过双臂环抱在胸前和挑衅地看着说话者来显示你的不同意见

b. 用你的手机或者无线PDA开始给房间里的其他人发短信，解释说话者为什么错了

c. 迅速反驳说话者，这样错误的信息就能马上被指出和改正

d. 静静地记录下你的反对意见，然后等到问答环节时举手提问

目标 2.7：阐明非语言沟通的重要性并简述非语言表达的六种类型

17. 非语言信号可以比语言更有影响力，因为：

a. 身体语言难以控制，因此更难伪装，所以比起说话者所说的话，倾听者更相信这些暗示

b. 非语言信号比语言沟通更快，而大多数人都没什么耐心

c. 身体语言省去了倾听者注意说话者说话内容的麻烦

18. 下面关于非语言信号的说法哪项是正确的？

a. 它们可以强化语言信息

b. 它们可以弱化语言信息

c. 它们可以替代语言信息

d. 以上所有

知识应用

1. 非语言沟通能怎样帮助你进行会议？它能怎样帮助你宣布会议开始、强调重要议题、表示赞同、表达保留意见、引导谈话的方向，以及请一位同事继续发表评论？

2. 你的老板经常向你和她的其他下属征询反馈，但是她对每一个提供批评意见的人都怒吼，这导致人们对她所说的所有事情都赞同。你想跟她谈谈这件事情，但是你应该说什么呢？列出当你跟她探讨时你想说的要点。

3. 团队中的冲突是好事还是坏事？解释你的回答。

4. 在你上一次部门会议中，三个人垄断了整个讨论。下一次会议你会做什么来鼓励其他的部门成员来自觉参加讨论？

5. **伦理选择**。在你的团队虚拟会议中，奇怪的即时通信时不时地从你的电脑屏幕上冒出来，然后一个在另一城市的同事马上很不好意思地道歉。你最终弄明白这个人是在家工作的，虽然他说他在办公室里；而且，那些信息表明他正在自己家里进行兼职。即时通信对于你的团队沟通来说至关重要，而你对这种频繁的打扰很担忧，更不要说你的同事潜在的职业违规。你应该怎么做？解释你的选择。

知识实践

文档分析

一个项目领导列出了以下几点在季度预算会议中要涉及的项目。通过将这些项目按逻辑排序和在必要的地方重新组织语言来使其显得更加连贯，准备一个正式的会议日程。

- 预算委员会会议将于 2006 年 12 月 12 日上午 9:30 举行
- 我将宣布会议开始
- 房地产部门主任报告：进一步看在 Greentree 外选址的成本超支。
- 集体回顾上次季度会议的记录并进行表决。

- 我将请财务部门主任就实际和预计季度利润及费用进行报告。
- 我将把部门总体预算分发下去并宣布下次预算会议日期。
- 讨论:我们怎样才能更好地预期和避免成本超支?
- 会议将在第三会议室举行,有 WebEx 为远程员工服务。
- 这个季度必须考虑的那些其他预算问题?

练习

本章讨论到的所有网站都能在本书的网站 www. prenhall. com/thill 上找到链接。找到书名并点击"辅助网站"链接,然后选择第 2 章,并点击"特色网站",选定与文中内容有关的页面名称或 URL。请注意本书出版后失效的链接将从"特色网站"中删除。

2.1　**团队合作**。与一名同班同学一起,参加当地一个社区或者校园会议,在那里你可以观察集体讨论、选举或者其他集体行为。在会议中,各自做笔记,然后一起解答下面的问题:

a. 你对这次会议的评价是什么?在你的回答中,要考虑到(1)领导者清楚表达会议目的的能力;(2)领导者让每个人参与到有意义的讨论中的能力;(3)集体互动;(4)集体的倾听技巧。

b. 集体成员如何做决定?他们是否投票?他们是否通过共识来做出决定?那些有不同意见的人是否有机会表达他们的反对意见?

c. 各个与会者倾听得怎样?你是怎么发现的?

d. 有没有与会者在会议中改变他们已经表明的意见或者投票?为什么有可能发生?

e. 你是否观察到了第 1 章中提到的沟通障碍?对它们进行说明。

f. 将你的会议记录与你同学的进行比较。你注意到哪些不同点?怎样解释这些不同?

2.2　**团队沟通:克服障碍**。每个月,你部门的每个员工都要对他/她的项目进展进行一个简短的口头汇报。然而,你部门最近雇用了一个有着严重演讲障碍的新员工,人们根本没有办法明白他所说的大部分内容。作为一个部门经理,你将怎样解决这个困境?请解释。

2.3　**团队发展:解决冲突**。描述一个你最近在工作或者学校里与某个团队成员发生的冲突,并且解释你是怎样解决它的。你是否找到了对你们二人以及团队都可接受的方法?

2.4　**伦理选择**。在团队会议中,一个成员不断地在别人都还没有发表意见时要求进行投票表决。作为领导者,你就这个问题私下问这个成员。他回答说他是在试图让团队向着目标前进,但是你担心他实际上是在试图占据主导权。你能如何不把这个成员从团队中开除而解决这个问题?

2.5　**在线沟通:使博客回复保持在正轨上**。作为一个产品开发团队的领导,你每天写一篇博客来提醒团队成员一些问题、担忧和其他有关你的项目发展的情况。团队成员总是被鼓励回复你的在线提示,但是最近一些人一直在回复的时候离题,在讨论中提出新的问题,或者贴出与回复主题无关的项目。结果就是,博客对每个人来说变得越来越没用,因为每个讨论不再围绕一个话题。请写一篇简单的博客文章,最多三到四句话,有礼貌地提醒每个人为什么回复博客项目时坚持目前的主题很重要。

2.6 **互联网**。访问 PolyVision 的网站 www.websterboards.com 并阅读关于电子白板的内容。你能看到在会议中使用这种白板的什么优点？起草一份简短的内部备忘录给你的老板，概括这个产品的优点，用图 1-10 的备忘录格式。

2.7 **倾听技巧：克服障碍**。找出你的一些不好的倾听习惯并且列出你能改正它们的一些方法。在接下来的 30 天里，回顾你所列的清单并且写下任何你所注意到的已经努力改进的地方。

2.8 **非语言沟通：分析书面信息**。选择一封你在工作或者家中收到的商务信函和信封。分析它们的外表。它们传达了怎样的非语言信息？这些信息与信的内容一致吗？如果不一致，发送者原本可以怎样做来让非语言信息与语言沟通一致？

2.9 **非语言沟通：分析身体语言**。描述当某人在谈话中出现下列肢体动作时有什么暗示。这些动作怎样影响你对所说话语的理解？

a. 坐着的时候不停地摇晃身体

b. 绕着玩头发

c. 四肢摊开坐

d. 转动眼珠

e. 无力地伸出手握手

2.10 **倾听技巧：自我测评**。你的倾听技巧如何？用下列表格来对自己倾听的每一项因素进行评价。然后检查你的评价来确定你的强项和需要改进的地方，用本章的小提示。

倾听因素	总是	经常	偶尔	从不
1. 当人们说话时，我寻找感兴趣的地方	____	____	____	____
2. 我注重内容而不是表达	____	____	____	____
3. 我等到明白内容了再做出反应	____	____	____	____
4. 我听想法和主题，而不是单独的事实	____	____	____	____
5. 我只在需要的时候做笔记	____	____	____	____
6. 我确实集中注意力听说话者所说的内容	____	____	____	____
7. 即使当想法很复杂的时候，我还是很集中注意力	____	____	____	____
8. 即使对情绪很激动的语言，我也保持开放的头脑	____	____	____	____

知识拓展

从网络中学习更多

让会议有效

www.3m.com/meetingnetwork

会议是商务中很重要的一部分，但是没有计划好的会议会浪费时间和金钱。幸运的是，你可以向专家学习如何避免这样的问题。3M 会议网络包含精选的许多关于计划有效的会议、设计建立团队合作的活动和做更好演示的文章。

活动

登录 3M 会议网络，点击“文章和建议”寻找合适的文章，然后回答下面的问题：

1. 你怎么知道一个会议应不应该开？

2. 好的领导者能够怎样表现他们相信群体成功运作的能力？

3. “开放空间”(没有正式的议程和设施而举行的)会议的优缺点是什么?

自己探究网络

自行访问以下与本章内容相关的网站,学习更多关于在工作场合成功沟通的内容。

1. CRInfo, www. crinfo. org,是专业提供冲突解决方案支持的网站。

2. The Business of Touch 网站, www. businessoftouch. com,让你探索在超过 15 个国家的各种文化对接触、身体距离和其他商务同事之间非语言沟通的标准和期望。

3. Symbols. com, www. symbols. com,提供图片搜索引擎,解释 2 500 个图片符号的含义。找出某个外文网站上奇怪符号的含义,或者确认你计划要用的符号不会传达不适宜的非语言含义。文字索引(Word Index)功能让你看到图片符号与上千条文字和想法的联系。

互动学习

互动学习向导

访问 www. prehall. com/thill,找到书名并点击“辅助网站”链接。选择第 2 章,使用互动的“每章测验”来测试你对本章概念的掌握情况。你会得到即时的反馈,知道你是否需要进一步的学习。同样,访问“学习大厅”,你将发现大量能帮助你完成此课程的资源。

最佳语法和结构

如果教师要求你使用在线课程或者 CD 上的“最佳语法和结构”,你可以通过使用这一模块来提高你的代词使用技巧。首先点击“名词和代词”,然后点击“词汇Ⅱ”(Vocabulary Ⅱ)。在两部分中,都选择进行“预先测试”来确定你是否有薄弱方面。然后在“复习课程”中复习这些方面。选择进行“跟进测试”来检查你对代词的掌握情况。如果想要更高的挑战或者进一步的练习,选择进行“高级测试”。最后,在接下来的“提高语法、结构和表达”部分中,完成练习以进一步巩固和加强。

提高语法、结构和表达

以下练习帮助你提高对英语语法、结构和表达的掌握和运用。看下面 10 句话,在每个括号中最佳的选项下划线。

1. The sales staff is preparing guidelines for (their, its) clients.

2. Few of the sales representatives turn in (their, its) reports on time.

3. The board of directors has chosen (their, its) officers.

4. Gomez and Archer have told (his, their) clients about the new program.

5. Each manager plans to expand (his, their, his or her) sphere of control next year.

6. Has everyone supplied (his, their, his or her) Social Security number?

7. After giving every employer (his, their, a) raise, George told (them, they, all) about the increased work load.

8. Bob and Tim have opposite ideas about how to achieve company goals. (Who, Whom) do

you think will win the debate?

9. City Securities has just announced(who, whom)it will hire as CEO.

10. Either of the new products would readily find(their, its)niche in the marketplace.

如果想找到更多的关于代词的练习,请登录 www. prehall. com/thill,找到书名并点击其辅助网站链接,选择“第 2 章”,点击“提高语法、结构和表达的额外练习”,然后点击“3. 代词专项”,或者“4. 物主代词”。

第 3 章　跨文化沟通

学习目标

学完本章后,你将能够:

1. 讨论跨文化沟通的机遇与挑战
2. 定义文化的概念并解释文化是怎样形成的
3. 定义种族主义和刻板印象并给出克服这些心态的建议
4. 解释识别文化差异的重要性并列出文化差异的六种类别
5. 列出学习其他文化的纲要策略
6. 列出在多语言商务环境下清晰写作的七个建议

工作进行时

IBM 的沟通

拥有多元化确保成功

"I"在 IBM 中代表"国际化"(International),但它也可以只是简单地代表"跨文化"(Intercultural)来证明这个计算机巨头长期拥有多元文化这种含义。特德·蔡尔兹(Ted Childs)是 IBM 全球副总裁,他从多年的经验中知道在跨文化沟通中取得成功不是一件简单的工作,尤其对于一家有 325 000 名员工、在全球 175 个国家都有销售网点的企业来说就更不容易了。

当你知道 IBM 的员工可以讲 165 种语言时,就会想到语言本身就是一种沟通障碍,但语言只是跨文化沟通众多角色中的一个。不同的年龄、种族背景、性别、身体素质以及经济状况都会影响沟通的过程。蔡尔兹知道这些不同代表着机会与挑战,并且他工作的关键部分就是帮助管理者和员工以同一种工作方式一起工作,来将他们的文化差异转变成一种关键的商业力量。正如他所说的,员工队伍的多元化"从一种道德使然转变成一种战略使然"。

IBM 的多元化几乎促进了公司的每一个运作环节,从吸引到所能发现的最有才干的员工,到在任何文化背景下,帮助这些员工有效地交流。员工们得到了 100 多个网络团队的支持,他们使 IBM 员工团结在多种背景和专业兴趣下。多元化也延伸到公司外部,影响到供应商和客户。实际上,蔡尔兹看到 IBM 员工队伍多元化的关键优势之一是能够在各种市场文化中有效地沟通。

尽管员工队伍多元化在近几年已成为一个热点,但对个人的尊重也成为IBM公司文化中的核心价值。例如,公司1935年规定女员工在相同的工作中得到相同的机会和薪水,比工资平等性载入美国法律早了28年。IBM也是美国第一家确立保证所有种族和宗教的员工享受平等待遇政策的公司,比民权法案做出这样的规定早了十多年。

通过长期雇用和与不同文化背景的员工打交道,IBM积累了丰富的经验。也许最重要的就是意识到要成功地管理不同文化的员工以及在不同文化市场中获得竞争优势,首先要承认这些不同,而不是尽力回避或者假定其不会影响到人际沟通,并且让每一名职员将这些经验铭记于心。正如特德·蔡尔兹所言:"不论你是谁,你都要与和你不同的人工作在一起……管理和你不同的人。"①

www.ibm.com

3.1 理解跨文化沟通的机遇与挑战

IBM的经验证明了跨文化沟通所面临的挑战,以及懂得怎样进行跨文化沟通的公司会得到的机会。**跨文化沟通(intercultural communication)**是在不同文化背景的人群中,通过语言表达和非语言表达进行信息传递和接收的过程。每一个传递和接收的活动对信息都是有影响的,为了成功地交流,你需要掌握你所遇到的文化差异以及怎样克服这些差异的基本知识。你认识和克服文化差异的努力会在全球获得商业机会,并且最大程度地发挥来自不同文化背景的员工的贡献。

3.1.1 在全球市场中的机遇

也许你是一位企业经理,正在寻找新的客户或者新员工。或者你是一位寻找新工作机会的求职者。不论你是哪种人,你都很有可能要寻找跨文化边界的人选或者职位。

成千上万家美国公司的大部分收入依赖于出口。每年,这些公司原材料和成品的出口额大约为700亿美元。如果你工作在这些公司之一,你会被要求访问或至少与这些不讲英语或者与你所熟悉的文化不同的人进行交流。在前十个美国商品出口市场中,只有两个(加拿大和英国)把英语作为官方语言,且加拿大有两种官方语言:英语和法语。

在全球市场中,大多数天然边界和国境边界不再是不可逾越的障碍。国内市场向世界开放,使所有类型的公司在他们的国界外寻找新的发展机会。汽车巨人福特对他们约130个国家的客

---

① "Executive Corner: Letter from IBM'S Vice President, Global Workforce Diversity," IBM website [accessed 5 July 2005] www.ibm.com; "IBM—Diversity as a Strategic Imperative," *Global Diversity @ Work* [accessed 6 July 2005] www.diversityatwork.com; Cliff Edwards, "The Rewards of Tolerance," *BusinessWeek*, 15 December 2003 [accessed 6 July 2005] www.businessweek.com; David A. Thomas, "IBM Finds Profit in Diversity," *HBS Working Knowledge*, 27 September 2004 [accessed 5 July 2005] http://hbswk.hbs.edu; "IBM Diversity Executive to Speak at the University of Virginia," *University of Virginia News*, 7 November 2003 [accessed 5 July 2005] www.virginia.edu; IBM website [accessed 5 July 2005] www.ibm.com.

户,在网络上通常用地方语言提供地方的信息。[②]

由于电子邮件、网络以及全球快递服务,甚至在偏远地区的小型公司也能在全球市场上销售它们的产品。Pygmy Boats 是一家小型皮艇用具制造商,它位于华盛顿的一个小镇 Port Townsend,而它的客户也能通过网络遍及全球各地。[③] Giardino Italiano 是销售自来水笔、手表、拐棍以及其他产品的一家意大利分销商,它们也是通过多语言的网络在全球市场中销售它们的产品。[④] 不论是大型公司还是小型公司,它们都知道在全球市场中,在客户和员工中面临着文化和语言的障碍。

3.1.2 多元文化员工队伍的优势

即使你从没有去过其他国家或者做过国际贸易,你也会与来自不同文化背景和有过不同生活经历的同事打过交道。聪明的公司领导如 IMB 的特德·蔡尔兹能够意识到来自不同国籍、宗教以及种族背景的员工所组成的多元化团队具有竞争优势。这样的团队能够提供更广泛的观点和想法,帮助公司理解和确认多元化的市场,使它们接触尽可能多的人才。正如美国 Virgin 手机公司在新泽西州沃伦市的手机管理员雷内·温高所言:"作为一名管理者,除非你能使拥有不同见识的人们工作在一起,否则你不会创造任何奇迹。"[⑤]

多元化只是所有公司面对的一个事实。美国从一开始就是一个移民国家,到今天也是这种趋势。绝大多数来自西欧和北欧的早期移民目前和来自亚洲、非洲、东欧以及其他国家的人们共处一地。到 2010 年,最新移民的数量占据所有新美国劳动力的一半。[⑥] 甚至用来称呼非白人居民的"少数者"这个术语也一年一年地变得越来越没有意义了:在两个州(加利福尼亚和新墨西哥)和几个大城市,白种美国人已不占绝对多数了。[⑦] 这种移民模式并不是美国特有的,来自非洲、亚洲和中东的劳动力正在向欧洲移动来寻找新的机会,而来自印度、菲律宾和东南亚的劳动力也在为中东地区作贡献。[⑧]

然而,你和你的同事不需要成为多元化移民才能组成一支多元化员工队伍。从年龄和性别的不同,到宗教和种族的不同,再到地理和军事经验的不同,都可丰富员工队伍。对于全球的商务沟通者来说,移民和员工队伍多元化都可以创造优势和挑战。

3.1.3 跨文化沟通的挑战

多元文化影响到企业信息在员工中如何构思、计划、传递、接受以及理解。今天越来越多元化的员工队伍包含着更广泛的技能、传统、背景、经验、观点和态度,所有这些可以影响到工作中员工

---

② Ford Motor Co. website [accessed 12 July 2005] www. ford. com.

③ Pgymy Boats website [accessed 12 July 2005] www. pygmyboats. com

④ Giardino Italiano website [accessed 12 July 2005] www. giardino. it.

⑤ Carol Hymowitz, "Managers Err If They Limit Their Hiring to People Like Them," *Wall Street Journal*, 12 October 2004, B1.

⑥ Rona Gindin, "Dealing with a Multicultural Workforce," *Nation's Restaurant News*, September-October 1998, 31, 83; Howard Gleckman, "A Rich Stew in the Melting Pot," *Business Week*, 31 August 1998, 76 +; Toby B. Gooley, "A World of Difference," *Logistics Management and Distribution Report*, June 2000, 51—55; William H. Miller, "Beneath the Surface," *Industry Week*, 20 September 1999, 13—16.

⑦ Kreitner, *Management*, 84.

⑧ Linda Beamer and Iris Varner, *Intercultural Communication in the Workplace*, 2d ed. (New York: McGraw-Hfil Irwin, 2001), xiii.

的行为。管理者面临着与多元化员工在沟通、激励和促进他们之间合作与和谐方面的挑战。团队面临着在一起紧密工作的挑战,公司面临着与商业伙伴和社区和平共处的挑战。

文化与沟通的相互作用是如此普遍,以至于把它们分开是不可能的。沟通的方式——从你讲话的语言和你所传递的非语言信号,到你感知对方的方式都受到文化的影响。单词的意思、手势的含义、时间和空间的重要性、人际关系的规则,所有这些以及沟通的其他许多方面都受文化所限。[9] 在很大程度上,你的文化影响到你思维的方式,这将影响你作为一名传递者和一名接受者的交流方式。因此你可以看到,跨文化沟通是怎样比在传递者和接受者之间进行简单交流复杂得多。

通过这一章,你会看到从一种文化到另一种文化沟通方式和习惯差异的许多例子。这些例子意在说明跨文化沟通的重要主题,而不是给出在任何一种特定文化中沟通方式和习惯的完整归纳。有了对这些重要主题的理解,你就准备好了探索文化的其他特性。

3.2 提高跨文化敏感度

好消息是你在文化方面已经是一位专家,至少在伴随你成长的文化方面。你知道你的社会是怎样运行的,人们会如何进行交流,一般的手势和面部表情代表的含义等。坏消息是正因为你在自己的文化范畴里是一位专家,你的交流方式大部分是机械的,也就是说,你很难停下来思考你所遵循的交流方式。成功进行跨文化沟通的关键步骤是要更多思考影响沟通方式的这些规则和方法。理解文化是什么将是一个很好的开始。

3.2.1 理解文化的概念

对于沟通的目的,**文化(culture)**被定义为一种可以共享的标志、信仰、态度、价值、期望以及行为准则方面的体系。换言之,文化背景影响到你对生活中重要事情的认识,在给定情况下定义对你来说适当的态度,并且建立你的行为准则。[10]

实际上,一个人有可能属于几种文化,最显著的是你与自己国家的所有人共同分享的文化。另外,你还属于其他文化群体,包括民族群体,可能有宗教群体,或者拥有自己特殊语言和习惯的专业群体。伴随着长期移民和大量人口的涌入,美国成为一个拥有众多文化的国家。相反,日本要更加地单一化,只有几个文化群体。[11]

一种文化中的所有成员关于怎样思考、行动以及沟通都有相似的假设,并且他们都以一种非常相近的方式来实现假设。然而,文化差距越大,它们的变化速度、复杂程度、对于外界的包容程度越不同。这些不同影响到与其他不同文化的人们之间沟通时的信任和开放程度。

人们从他们群体其他成员处直接或者间接了解到这种文化。当你在一种文化中长大,你会学会你是谁,以及怎样在这种文化中表现最好。有时你会被明确告知什么样的行为是可接受的;有

---

⑨ Tracy Novinger, *Intercultural Communication, A Practical Guide* (Austin, TX: University of Texas Press, 2001), 15.

⑩ Beamer and Varner, *Intercultural Communication in the Workplace*, 3.

⑪ Philip R. Harris and Robert T. Moran, *Managing Cultural Differences*, 3d ed. (Houston: Gulf, 1991), 394—397, 429—430.

时你通过观察知道在一个特定团队中何种价值观是最好的。在这样的方式中,文化从一个人传向另一个人,从一代传向另一代。[12]

除了自动性之外,文化还具有一致性,它们非常具有逻辑性并且从头到尾都是一致的。例如,进步的概念很深地扎根在美国文化中。那些获得成功的人被人们所敬佩并受到褒奖,而那些没有获得成功的人有时会被消极地评价,即使他们生活得十分快乐和幸福。这种一致性能够促使文化在内部更顺利地运行,尽管有时它也能在两种不同文化中创造分歧。

文化还倾向于具有完整性,它能够为大多数成员提供关于生活中重要问题的大部分答案。这种完整的思想会压制对其他文化中生活的好奇心。因此,这种完整性在与其他文化进行交流时会使其变得更复杂。[13]

3.2.2 克服种族主义和刻板印象

文化的本质具有自动性、一致性以及完整性,它能够使其成员对其他文化有抵触态度。**种族中心主义(ethnocentrism)**是根据自己群体的标准、行为及习惯来评价所有其他群体的倾向。在这样比较时,人们都认为自己群体的文化是优越的。[14] 一个最极端的反应是**惧外者(xenophobia)**,即对陌生人和外国人的恐惧感。显然带有这些观点的商务人士既不会正确解释其他文化信息,也不可能成功地传递信息。

回忆第1章所学的内容,选择性感知会促使人们重新安排得到的信息来适应自己的信仰。因此,即使看到了相反的例子,那些对其他文化持消极观点的人也很可能会继续保持这种观点。

扭曲其他文化和群体的观点也会导致**刻板印象(stereotyping)**,即不考虑个人独特的特点,就将一种特定文化或者社会群体成员的普遍性特点归结在某个人身上。种族主义和惧外代表对特定群体中的每个人都持有消极观点,而刻板印象在更大程度上是过度简化和未能承认个性的问题。例如,假设一位老员工将接触不到年轻的市场,而一位年轻的员工不能成为一名鼓舞人的领导者,这些都是年龄群体刻板印象的例子。很多美国人都有对美国国内共同文化和其他国家文化的刻板印象观点。同样的,这些国家的人们有时会显示对美国居民的刻板印象观点。

那些想要对其他人表示尊重和在商务中有效沟通的人,需要采取一种更积极的观点,以**文化多元(cultural pluralism)**的形式,按其固有的形态接受多种文化。当跨越文化界线时,如果你不是简单地接受不同文化,而是使自己的沟通方式适应于这种新文化,甚至将这种文化融入到自己的文化中,那么你的沟通会更有效。[15] 几种简单的习惯能够帮助你避免种族中心主义的消极性和刻板印象的过度简化。

- **避免假定(avoid assumptions)**。不要假定别人与你的行为方式相同,他们拥有与你相同的价值观和信仰,或者他们与你使用同一种语言和标志。
- **避免评价(avoid judgements)**。当人们的行为与你不同时,不要认为他们的行为是错误的,

---

⑫ Lillian H. Chaney and Jeanette S. Martin, *Intercultural Business Communication* (Upper Saddle River, N. J.: Prentice Hall, 2000), 6.

⑬ Beamer and Varner, *Intercultural Communication in the Workplace*, 4.

⑭ Chaney and Martin, *Intercultural Business Communication*, 9.

⑮ Richard L. Daft, *Management*, 6th ed. (Cincinnati: Thomson SouthWestern, 2003), 455.

他们的方式是无效的,或者他们的习惯低你一等。

- **承认差异(acknowledge distinctions)**。不要忽视他人的文化与你自己的文化的差异性。

遗憾的是,甚至对那些有高度积极性的人来说,克服种族中心主义和刻板印象也不是一项简单的工作。你也许需要改变你整个生命中的信仰,甚至改变你看待自己和自己文化的方式。另外,最近的研究表明:人们通常拥有的信仰和偏见是没有意识的——并且也许会与他们认为拥有的信仰发生冲突。(想知道你是否拥有一些隐性的信仰,访问网站 http:/implicit. harvard. edu/implicit,并进行一些简单的网上测试。)[16]

3.2.3 认识文化多样性

当你与来自另一种文化的人交流时,你使用自己的文化来编辑信息。然而,受众会根据他们的文化来接受信息,因此他们可能会误解你的信息。文化之间的差别越大,误解的机会越多。[17] 交流方式、个人价值观以及非语言信号的差异会导致下列情况发生:

- 当惠普公司把美国工程师和法国工程师聚集到一起设计软件时,美国工程师发送一份内容很长很具体的电子邮件给法国工程师。但法国工程师把这封长信看做一种炫耀,并很快作了简洁的回复。这封回信使美国工程师认为法国工程师对信息有所保留。这种情况持续了很久,直到惠普公司请来一家咨询公司提供文化训练,使双方学会了如何应对他们的差异。[18]

- 加拿大管理者因为一个波兰出生的工程师这些年来出色的工作表现而奖励他,管理者尽可能地多奖励他并且给他享受一些高级管理者所享受的待遇。然而,在工程师看来,公司应该奖励他管理大量员工,就像在他们波兰公司奖励工作业绩最好的员工一样。尽管公司认为它已经通过奖励和待遇表达了它的感激之情,但这位能干的工程师还是离开了公司。[19]

- 展览者在贸易展览会上不理解为什么中国客户不来光顾他们的促销亭。展览者戴着绿色的帽子并把帽子作为促销产品而发放。很快他们发现,对于中国人来说,绿帽子与背叛联系在一起:在中国"他戴绿帽子"表明这个男人的妻子对他不忠。这些展览者一把帽子丢掉并开始改为发放 T 恤衫,中国客户就开始光顾他们的地方了。[20]

当我们错误地假设别人的态度和生活方式与我们相同的时候,这种沟通障碍就发生了。问题的部分根源是由于你是以你自己认为合适的方式对待别人的。最好的解决办法是当与其他文化背景的人交流时,要以对方希望的方式来对待他们。

你可以通过认知和适应六种主要的文化差异开始学会如何对待不同文化背景的人:语境、法律和道德规范、社会、非语言表达、年龄、性别等。

语境差异 每个人都在特定的**文化语境(cultural context)**下进行沟通,比如,同一文化背景下

---

[16] Project Implicit website [accessed 12 July 2005] https:/implicit. harvard. edu/implicit.

[17] Larry A. Samovar and Richard E. Porter, "Basic Principles of Intercultural Communication," in *Intercultural Communication: A Reader*, 6th ed., edited by Larry A. Samovar and Richard E. Porter (Belmont, Calif.: Wadsworth, 1991), 12.

[18] Lalita Khosla, "You Say Tomato," *Forbes* Best of the Web, 21 May 2001, 36.

[19] Lionel Laroche, "Cultural Miscues Lose Top Staff," *Canadian HR Reporter*, 21 April 2003, 4.

[20] Chaney and Martin, *Intercultural Business Communication*, 159.

两个人的身体暗示、环境刺激和隐性理解等。然而，世界上各种文化中语境对沟通的作用差别很大（见图 3-1）。

在低语境文化中	在高语境文化中
高管办公室有门禁并被独立出来	高管办公室共享并对所有人开放
员工依赖于具体的背景信息	员工不期望或者需要具体的信息
信息高度集中并受控制	信息可以与每个人分享
客观数据比主观关系更受重视	主观关系比客观材料更受重视
工作和社会关系是分开的	工作和社会关系是重叠的
能力与地位和身份一样重要	地位和身份比能力更受重视
会议有固定日程安排并提前足够长的时间通知	会议经常提前较短的时间通知并且关键人员总是接受安排

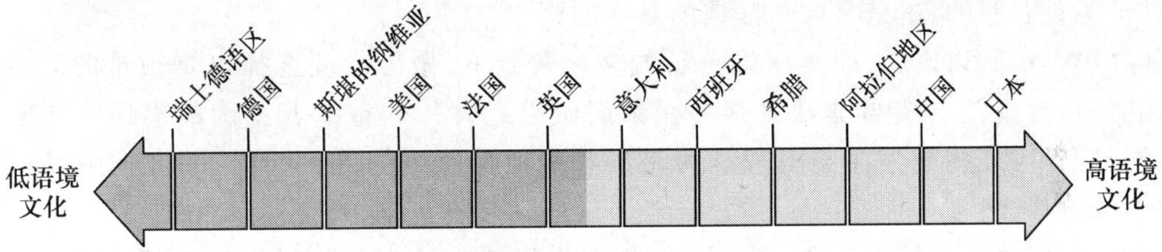

图 3-1　文化语境如何影响企业

在一种**高语境文化（high-context culture）**下，例如韩国和中国台湾，人们很少依赖于语言表达，而是更多依赖于非语言表达和环境背景来传递信息。例如，一名中国发言人期望接受者能够发现一则信息的本质并利用间接和隐喻来提供一个语意网。[21] 在高语境文化中，日常的规则不是显而易见的；而是当每个人长大时，他们要学会怎样辨别各种语境线索（如身体姿势和声调）以及如何做出恰当回应。[22] 当然，在高语境文化中，沟通的主要作用不是交换信息而是建立关系。[23]

在一种**低语境文化（low-context culture）**下，例如美国和德国，人们更多依赖于语言交流方式，而较少依赖于环境和暗示来传递信息。一位英国发言人感觉有责任传递信息的意义，并且经常通过按时间顺序组织语言来建立因果关系模型。[24] 在低语境文化中，规则和期望通常被很清楚地表达出来，例如，“请等到我完成之后”，“欢迎浏览”。[25] 在低语境文化中，传递信息是沟通中主要的任务。[26]

语境差异在一些情况下很明显，如作决策、解决问题以及谈判。例如，在低语境文化中，商务人士把精力集中在他们所遇到的结果和决策上，反映了对逻辑和过程的文化强调。这对我们公司来说是好事吗？对我的前途呢？相反，高语境文化强调的是作决策的途径和方法。建立和保

㉑ Linda Beamer, “Teaching English Business Writing to Chinese-Speaking Business Students,” *Bulletin of the Association for Business Communication* 57, *no*. 1 (1994): 12—18.

㉒ Edward T. Hall, “Context and Meaning,” in *Intercultural Communication*, edited by Samovar and Porter, 46—55.

㉓ Daft, *Management*, 459.

㉔ Beamer, “Teaching English Business Writing to Chinese-Speaking Business Students.”

㉕ Charley H. Dodd, *Dynamics of Intercultural Communication*, 3d ed. (Dubuque, Iowa: Brown, 1991), 69—70.

㉖ Daft, *Management*, 459.

护关系与事实与作决策所用的信息一样重要。[27] 因此,谈判者与这种文化背景的公司打交道应该把大部分精力花在与他们建立关系上,而不是推敲合同的细节问题。

不论你是做决策,还是解决问题或者进行商务谈判,适合高语境文化的沟通策略可能在低语境文化中发挥不到作用;反之亦然。成功的关键在于理解对方所说和所作的不同事情的不同原因,然后逐个适应它们。

法律和道德规范差异 文化背景也影响法律和道德行为。例如,因为在低语境文化下注重书面文件,认为书面合同重要。但在高语境文化下却较少重视书面文件,因为他们认为个人承诺比合同更重要,他们同样对于法律也采取较灵活的方法,而低语境文化将更严格地按照法律办事。[28]

当做全球生意时,会意识到不同文化之间的法律是不同的。在英国和美国,人们在被证明有罪前都被认为是无辜的,这是英国普通法的基本原则。然而,在墨西哥和土耳其,人们在被证明无辜前都被认为是有罪的,这是拿破仑法典的基本原则。[29]

正如在第 1 章所讨论的,即使在你自己的文化背景下,做出伦理选择也是很难的。当进行跨文化沟通时,道德规范会变得非常复杂。在泰国做生意时什么意味着正确的事情? 在尼日利亚呢? 在挪威呢? 当某些行为在美国被认为是不符合道德规范的,但在其他的文化中是可以接受的,这将意味着什么?

例如,在美国贿赂官员属于违法行为,但许多肯尼亚人认为贿赂属于生活的一部分。要做成一些事就要有一些小的付出。在中国称之为 huilu,在俄国称之为 vzyatka,在中欧称之为 baksheesh,在墨西哥称之为 una mordida("一小口")。[30]

美国在 1977 年颁布了外国腐败行为法案,规定美国公司进行贿赂是违法行为,即使在贿赂行为被认为是可以接受的地区也属于违法。为了为美国企业在全世界创造公平的竞争环境,美国政府成功地游说许多其他国家共同认定行贿也属于违法行为。[31]

在不同文化间做出伦理选择看起来相当复杂,但实际上这样做与在自己文化中选择最好的道德路径区别不是很大(见第 1 章)。当进行跨文化沟通时,通过运用下列四种基本原则保持沟通符合道德标准:[32]

- **积极寻找共同的基础**

为了达到最清晰的信息交流,双方必须灵活并避免严格遵守一方文化规则。

- **不要以评论的角度来传递和接收信息**

为了达到信息沟通顺畅,双方必须认识到文化与文化之间存在差别,并且要相互信任。

---

[27] Beamer and Varner, *Intercultural Communication in the Workplace*, 230—233.

[28] James Wilfong and Toni Seger, *Taking Your Business Global* (Franklin Lakes, N. J.: Career Press, 1997), 277—278.

[29] Harris and Moran, *Managing Cultural Differences*, 260.

[30] Skip Kaltenheuser, "Bribery Is Being Outlawed Virtually Worldwide," *Business Ethics*, May-June 1998, 11; Thomas Omestad, "Bye-Bye to Bribes," *U. S. News & World Report*, 22 December 1997, 39, 42—44.

[31] "Big Oil's Dirty Secrets," *The Economist*, 10 May 2003, 62; Skip Kaltenheuser, "A Little Dab Will Do You?" *World Trade*, January 1999, 58—63; James Walsh, "A World War on Bribery," *Time*, 22 June 1998, 16.

[32] Guo-Ming Chen and William J. Starosta, *Foundations of Intercultural Communication* (Boston: Allyn & Bacon, 1998), 288—289.

● **传递诚实的信息**

为了确保信息的真实性,双方必须以事实真相为本,而不是凭个人兴趣来认定事实。双方必须完全意识到他们个人和文化的偏见。

● **对文化差异表示尊重**

为了保护双方的基本人权,每一方必须理解和承认另一方的需求并且通过真诚的交流维护彼此的尊严。

社会差异　社会行为的本质在各种文化中存在差异性,有时差异程度很大。这些行为受规则引导。一些规则是正式并且清晰的(餐桌礼仪是一个很好的例子),而一些规则是非正式的,要通过时间学会(例如在办公室交谈双方合适的站立距离,或者男女同事在工作场合以外进行社交活动是否被接受)。这两种形式规则的合并影响了社会中每个人的行为方式,或者至少影响到大部分时间中的大部分人。除了已经讨论过的事实之外,社会规则在下列情况中也存在文化差异。

● **面对工作和成功的态度**。尽管美国数百万人口有不同的宗教和价值观,但最主要的社会影响来自清教徒工作道德规范。许多美国人认为物质享受来自于个人努力是成功的标志,认为努力工作的人比不努力工作的人要好。这种观点反映在美国员工每年工作的时间上(见图 3-2)。在澳大利亚、日本以及西班牙平均每年至少工作 1 800 个小时,比在法国、德国和挪威的人工作时间长得多。

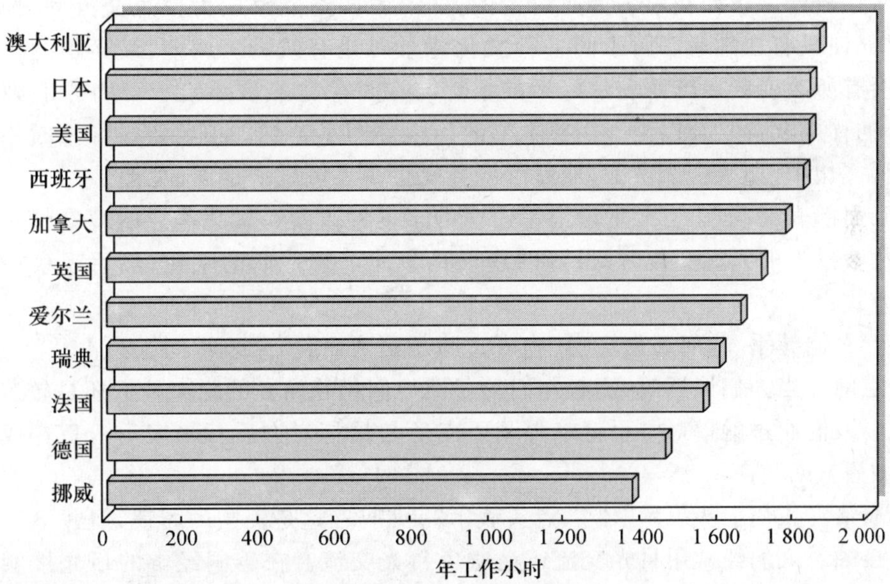

图 3-2　不同文化的工作时间

● **角色和地位**。文化决定或者至少试图决定人们扮演的角色,包括与什么样的人交流,他们交流的内容是什么,以什么样的方式进行交流。例如,在许多国家妇女在工作中仍不能担任重要的职位,因此访问这些国家的女总裁会发现她们被作为商务人士那样认真对待。[33] 文化也决定人

---

[33] Mary A. DeVries, *Internationally Yours* (New York: Houghton Mifflin, 1994), 194.

们怎样表示尊敬和表明级别。例如，在美国，人们通常称呼高层经理为罗伯特先生或者古特茨女士来表示他们的尊敬。然而，在中国，人们则根据他们的头衔来称呼他们，例如"总裁"或者"经理"。[34]

- **礼貌的使用**。在一种文化中表示礼貌可能在另一种文化中表示野蛮。例如，问候你的同事"你的周末过得怎么样？"，在美国是一种很常见的问候方式，但一些把公事和自己私生活看成完全分开的文化中的人们，就会把这种问候方式看做一种侵犯。在阿拉伯一些国家中，送礼物给一位男士的妻子会被视为不礼貌的事情，但送礼物给孩子就可以接受。在印度，如果你被邀请在"任何时间"到某人家里做客，你就不用约定时间前去拜访。如果不能严格接受这种"任何时间"邀请，就表明是一种侮辱，或者你不喜欢和某人成为朋友关系。在拜访前调查一个国家的期望，并在到达后仔细观察和学习。

- **时间概念**。企业中用到的计划、最后期限以及约定在不同的文化中是有区别的。人们在高语境文化中认为时间是有效计划每日工作的一种方式，经常在每一个计划中集中力量于每一项任务，并且把时间看做是有限资源。然而，在低语境文化中，管理者经常把时间看成是更弹性的。完成最后期限没有建立一种商务关系更重要。因此，每日工作不一定按照一种严格制定的计划表来完成。[35] 在美国公司使其团队严格按照时间表来进行工作会是一种有吸引力的特点，而在其他文化中会被看成是一种压力。

非语言表达差异 正如在第2章所讨论的，非语言沟通能够成为信息交流的可靠表达方式。然而，这种可靠性只有在沟通者属于同一种文化背景时是有效的。例如，最简单的手势在不同文化中意义就会有所改变。在巴西表示好运的手势与在哥伦比亚表示给予帮助的手势是相同的。[36] 实际上，手势的种类非常复杂以至于用整本书的篇幅都写不清楚。不要假设你平时用的手势可以传播到另一种文化中，如果这么做了，最后可能会发生令人尴尬的错误（见图3-3）。

从颜色到面部表情，非语言元素增添了语言的丰富性以及跨文化沟通的复杂性。当你有机会与另一种文化背景下的人们交流时，最好的建议是事先了解他们的文化，然后观察在下列领域里人们的行为方式：

- **问候**。人们握手、鞠躬还是轻吻（吻一边脸还是两面脸）来表示问候？
- **个人空间**。当人们谈话时，比起你们的习惯他们相互站立的距离较近还是较远？
- **接触**。人们通过触摸对方手臂来强调要点还是拍打对方后背来表示祝贺？或者他们在被接触时总是皱眉？
- **面部表情**。人们摇头表示"不"、点头表示"是"吗？这是美国的习惯，但并不具有普遍性。
- **目光接触**。人们经常用目光交流还是避免目光交流？在美国经常的目光接触表示诚实和坦诚，但在其他文化中可能会表示进攻性或者缺乏尊重。
- **姿态**。人们在办公室里或者公共场合中表现得是懒散和休闲，还是总是坐姿端正？
- **礼节**。一般而言，与你的文化相比更正式还是相反？

---

[34] Robert O. Joy, "Cultural and Procedural Differences That Influence Business Strategies and Operations in the People's Republic of China," *SAM Advanced Management Journal* (Summer 1989): 29—33.

[35] Chaney and Martin, *Intercultural Business Communication*, 122—123.

[36] Novinger, *Intercultural Communication: A Practical Guide*, 54.

美国	有力的握手应该持续几秒钟。	直接、持续的眼神接触被认为是一种友好、真诚以及值得信赖的标志。	这种手势表示了很多种积极的含义，从“是”到“做得很好”。	“OK”的手势表明同意或者确定。	真诚的笑容表达高兴、赞同或者友好。
其他国家	传统的日本人喜爱微微地点头；一些东南亚人喜欢双掌合十做出祈祷的动作；当人们在中东和远东握手时，喜欢轻轻地握手（有力地握手表示具有攻击性）。	在日本和韩国这样的国家中，眼神的接触被视做具有攻击性。	这种手势在德国表示“一”，在日本表示“五”，在澳大利亚以及其他国家是一种下流的手势。	“OK”的手势在法国意味着“零”或者“没有价值”；在日本表示钱，而在德国、巴西以及其他国家是一种下流的手势。	好消息：一个简单的笑容在全世界都有效!

图 3-3 避免非语言错误

遵循他人成长的文化不仅是学习的好方式也是对他人表达尊敬。

年龄差异 美国特别喜欢赞美年轻人或者成功的年轻商业人士。对年轻的追求非常强烈以至于数百万年纪较大的人要花上数百万美元让自己看上去更年轻些，或者将自己灰白的头发染成本来的颜色或者通过外科手术来使自己年轻一些。商业刊物经常发表介于 30 到 40 岁之间的年轻经理人的名录。[37] 结果，在美国公司年轻的雇员可以平等地与年长的雇员交流，甚至可以公开与年长的雇员持有不同的意见。

然而，在重视年龄以及资历的文化中，年长能赢得尊重和增长的权力和自由。例如，在亚洲的许多社会里，年龄最大的员工掌握最有权力的工作，享有最令人瞩目的头衔，并拥有最大的自由度和决策力。如果一位年轻的员工与其中一位资深的管理者意见不统一，那么他们的意见永远都不会公布于众，这种“保持脸面”和避免“公众出丑”的观念非常强烈。相反，如果资深员工在某件事情的处理上出现明显的错误，那么其他员工要找到一种私下的方式来表达他们认为必要的想法。[38]

与其他多样化问题相同，对于年龄冲突的解决办法也可以通过尊重另外一个人或者朝着共同目标努力来实现。Virginia Byrd 是加州安西尼塔斯的一位资深职业顾问，他认为：“在我们工作的地方拥有不同年代的员工是件非常幸福的事情，如果我们共同努力，我们可以共同分享到很多东西。”[39]

性别不同 工作中男性和女性的地位在各个文化中也是不同的。今天的美国，比起几十年以前，女员工可以获得更广的工作机会。例如，女员工目前在很多著名的大公司拥有高层头衔或者较高的工作职位，包括易趣、雅芳、MTV、朗讯科技以及施乐。[40] 然而，这样的工作机会在很多传统

[37] Beamer and Varner, *Intercultural Communication in the Workplace*, 107—108.

[38] Ibid.

[39] Michael Kinsman, “Respect Helps Mix of Generations Work Well Together,” *San Diego Union-Tribune*, 19 September 2004, H2.

[40] Ann Harrington and Petra Bartosiewicz, “50 Most Powerful Women,” *Fortune*, 18 October 2004, 181—190.

观念的社会中是没有的,在那里男员工掌握所有或者大部分的权力地位,而女员工只能充当从属的角色。女性高层管理者在访问其他国家时,除非成功地解决了对她们知识、能力和耐心的挑战,否则都不会被认真对待。[41]

随着越来越多的女性进入职场并担任越来越多的职位,公司的领导者有必要重新考虑改变公司的文化。[42] 例如,由男性主导了很多年的公司可能会采取一些女性很难理解的沟通习惯——如经常使用体育暗语或者接受粗俗语言。

不论什么样的文化,证据表明男性和女性在交流方式上都有些不同。从广义来讲,男性喜欢强调他们沟通的内容,而女性更喜欢重视关系的持续性。[43] 当然,这种宽泛的概括并不适合每种情况和每个人,但记住它能够帮助男性和女性克服工作中交流的障碍。

3.3 提高跨文化沟通技能

在当今商务环境中,跨文化沟通进行得越好就越成功,但是从一种文化到另一种文化的成功沟通需要多种技能,如图 3-4 所示。你可以在整个职业生涯中提高你的跨文化沟通技能。从现在开始通过学习其他文化和语言,尊重沟通风格偏好,学会清晰地书写和讲话,仔细倾听,知道何时起用口译员、笔译员,帮助他人适应你的文化。

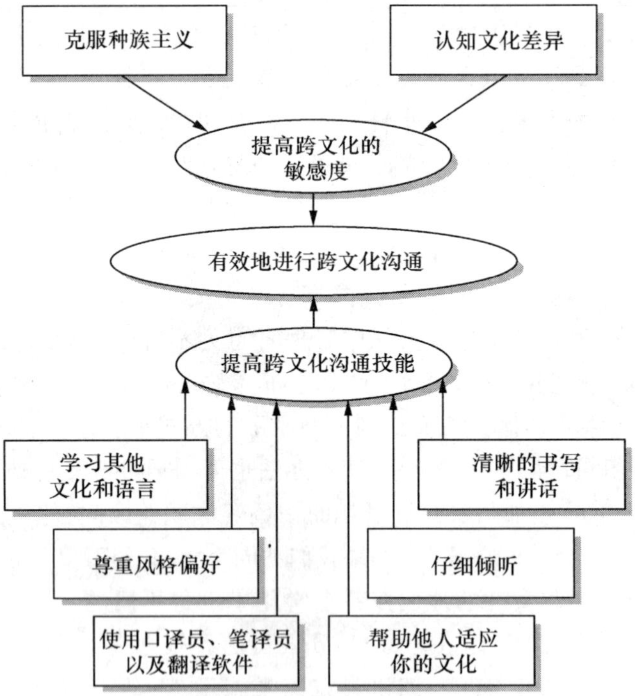

图 3-4 成功跨文化沟通的各个要素

---

[41] Tonya Vinas, "A Place at the Table," *Industry Week*, 1 July 2003, 22.

[42] Daft, *Management*, 445.

[43] John Gray, *Mars and Venus in the Workplace* (New York: Harper Collins, 2002), 10, 25—27, 61—63.

3.3.1 学习其他文化

使沟通习惯有效适应另一种文化，不仅需要关于那种文化的知识还需要在必要的时候改变你个人习惯的能力和动机。[44] 可见，这不是一项简单的工作。遗憾的是，获得另一种文化及其沟通模式（语言和非语言的）的详尽知识需要长期积累，好在你无须立刻了解整个世界，很多公司会选派专家前往特定国家和地区，使你有机会一次只聚焦于几种文化。

你无须了解一种文化的各个方面来确保成功沟通。即使是一小部分研究和实践也会帮助你处理好许多工作情况。另外，大多数人都会对真诚的努力和良好的意图报以积极的态度，并且如果你对学习他们的文化表示出兴趣，很多商业伙伴都会给予你帮助。

试着以一种开放的心态和健康的幽默感来应对各种情况，要认识到每一个人在进行跨文化沟通时都会犯错误。当发生错误时，适当地表示歉意，并请对方告诉可接受的方式，然后照做。随着商业行为变得越来越国际化，甚至是拥有最传统文化的国家也正在学习如何更有耐心地与外界打交道并宽容地对待偶尔的文化失误。[45]

许多网站和书籍提供在特定文化中旅行和工作的建议，这些都是很好的学习起点。当然也要经常收集另一种文化的报纸、杂志、音乐和电影。例如，即使你没有掌握语言，一部电影也会展示非语言形式的习俗。（然而，注意不要仅仅依赖于娱乐产品，如果其他国家的人们仅从全世界上映的搞笑和暴力电影中来获取对美国的印象，那么你可以想象他们会得到怎样的印象。）在另外一个国家开展业务，要了解下列关键的问题，如表 3-1 所示。

表 3-1 在国外经商

行为	应该考虑的细节
理解社会习俗	• 这个社会是单一民族还是多民族？ • 人们对陌生人反应如何？他们是友善的、敌意的，还是保守的？ • 人们怎样相互问候？你应该鞠躬、点头还是握手？ • 对于被邀请共进午餐、晚餐或者到别人家里做客，人们怎样表达感激之情？你应该送礼物、鲜花还是写一张感谢的短笺？ • 什么短语、面部表情或者手势表示粗俗？ • 你该如何招呼服务员？你要付服务员小费吗？ • 什么时候拒绝邀请是粗鲁的行为？该怎样礼貌地拒绝？ • 在一个社交场合下什么样的主题应该或者不应该被讨论？在商务场合下呢？
了解服装和食物的偏好	• 什么样的场合需要穿正装？ • 表示哀悼、喜爱和高兴的分别都是什么颜色？ • 对于一种性别或另一种性别来说，什么样的服装样式是忌讳的？ • 人们在一天当中吃几次饭？ • 吃饭时如何使用手和器皿？ • 就餐时上座在哪儿？

---

[44] P. Christopher Earley and Elaine Mosakowsi, "Cultural Intelligence," *Harvard Business Review*, October 2004, 139—146.

[45] Craig S. Smith, "Beware of Green Hats in China and Other Crosscultural Faux Pas," *New York Times*, 30 April 2002, Cll.

（续表）

行为	应该考虑的细节
评估政治模式	• 政治局面稳定程度如何？ • 政治局面影响到国内外的公司了吗？ • 传统的政府机构是什么？ • 在社交和商务场合中谈论政治是否合适？
理解宗教和民间信仰	• 人们都属于哪些宗教团体？ • 什么地方、物品、行为或事件是神圣的？ • 对少数宗教信仰是宽容的吗？ • 宗教假日是如何影响商业和政府活动的？ • 宗教要求或者禁止吃特殊的食物吗？在特定的时间呢？
了解经济和商业机构	• 这个社会是单一民族还是多民族？ • 他们讲什么语言？ • 什么是他们的主要资源和关键产品？ • 企业一般是大型企业、家族企业，还是政府控制的企业？ • 通过电话做生意合适吗？通过传真呢？电子邮件呢？ • 他们一般可接受的工作时间有多长？ • 人们是怎样看待约定的？ • 人们希望在开展业务前进行社交活动吗？
评价道德规范、价值观和法律的本质	• 用金钱或者礼物可以换取商业交易的安排吗？ • 人们更重视竞争还是合作？ • 人们面对工作的态度如何？面对金钱呢？ • 比起诚实，礼貌更重要吗？

3.3.2 学习其他语言

思考一下在讲165种以上语言的IBM公司工作会怎么样。若不能用一种以上的语言沟通，这样多元化的团队怎样能完成工作呢？随着商业日益国际化，对用多种语言进行交流的需求也越来越多。多年以来，一些国家就比其他国家更注重语言的多样性。例如，在荷兰，由于其悠久的国际贸易历史，流利使用多种语言的技能被认为是必要的。[46] 商业模式的转变也会严重影响到语言的学习。由于美国公司一直把各种商业活动外包给印度的公司，因此，目前许多印度人认为英语是一种重要的工作技能。同样，中国作为制造业基地其越来越高的国际地位也促使许多美国及其他国家的从业人员开始学习中国的官方语言普通话。[47]

为了使问题简单化，一些跨国公司要求他们所有员工在与其他国家的员工交流时都要使用英语，不论他们位于哪里。尼桑——日本的第三大汽车制造者，要求全球员工用英语来进行内部电子邮件和备忘录的交流。当公司与一家法国汽车制造商雷诺建立战略伙伴关系时，尼桑总部变得

[46] Francesca Bargiela-Chiappini, Anne Marie Bülow-Mφller, Catherine Nickerson, Gina Poncini, and Yunxia Zhu, "Five Perspectives on Intercultural Business Communication," *Business Communication Quarterly* (September 2003): 73—96.

[47] Paul Johnson, "Must the Whole World Speak English?" *Forbes*, 29 November 2004, 39; Randolph E. Schmid, "Study Says English Language Is Losing Cultural Dominance," *Desert Sun*, 29 February 2004, A25.

更有兴趣了,因为日本和法国员工的本国语言都不是英语。[48]

同样的,许多美国公司正在教他们讲英语的员工第二种语言,以便于他们与合作伙伴交流。例如,塔吉特零售连锁百货为它讲英语的管理移民员工的主管开设基础的西班牙学习班。而在其他一些公司,诸如保健西班牙语和专业西班牙语等专门的学习班也越来越受欢迎。[49]

即使另一个国家的同事或者客户讲你们国家的语言,那么学习他们语言中的常用语也是值得花费时间和精力的。学习基本的语言不仅能帮助你应付每天的商务和社交场合,也能证明你对你们贸易关系的重视。毕竟,他们可能花了很多年时间来学习你们的语言。

最后,不要假设两个国家以同一种方式讲同一种语言。在加拿大的魁北克等地区讲的法语与在法国讲的法语差别很大。同样,经常说美国与英国是由同一种语言分成的两个国家。例如,美国英语中的"apartment"、"elevator"和"gasoline"在英国英语中分别为"flat"、"lift"和"petrol"。

3.3.3 尊重沟通风格偏好

沟通风格,包括直接程度、正式程度、书面或口头沟通偏好以及在各种文化之间存在巨大差别的其他因素。知道沟通伙伴的期望是什么可以帮助你适应他们的特别风格。再次强调,观察和学习是提高技能最好的方式,但是你可以通过对一种文化的了解来推断出一些一般特征。例如,美国员工普遍偏好开放和直接的沟通方式,他们认为其他的方式是令人沮丧和不可信的。在瑞典直接也被视为一种效率的标志,但不同于美国的讨论方式,瑞典很少有激烈的争辩和当面的质问;意大利、德国以及法国的管理者在批评员工之前不会先进行表扬——这么做好像要控制他们似的。然而,高语境文化背景下的管理者,如日本或中国的管理者往往不会太直接。[50]

在国际商务信函中,美国的商务人员比给自己国家的人写信要更正式一些。图3-5是德国的供应商写给他附近零售商的信件,你会发现口气比在美国通常使用的要正式得多。在德国,商务信函通常以提及商业关系开始,以对收件人的客套结尾。当然,如果过于注重礼节,那么看起来会很不自然。

3.3.4 清晰的书写和讲话

除了学会沟通伙伴所偏好的交流方式以外,也可以通过注意你的书写格式来确保信息传达的准确性。与来自另一种文化的商务人士进行书面沟通时,了解对方书面信函的偏好来调整自己的态度、风格和语气语调,以满足他们的期望。为了帮助你针对不同文化背景的受众制定高效的书面信函,请遵循以下这些建议:[51]

- **使用简洁的语言。**精确地使用词语,避免使用具有多重意思的词语以防产生混淆。比如,"rich"至少有六种以上不同的含义,而"wealthy"只有一种含义,根本不会有歧义。
- **简明扼要。**使用简单的句子和小段落,将信息由长变短是为了方便读者捕获信息并进行翻译。

---

[48] Miki Fujii, "English: Bane or Blessing? English Transforms Nissan, Mazda Culture," *Yomiuri Shimbun*, 1 April 2000, 1.

[49] Mary Beth Sheridan, "Learning the New Language of Labor," *Washington Post*, 20 August 2002, Al.

[50] Bob Nelson, "Motivating Workers Worldwide," *Global Workforce*, November 1998, 25—27.

[51] Mona Casady and Lynn Wasson, "Written Communication Skills of International Business Persons," *Bulletin of the Association for Business Communication* 57, no.4 (1994): 36—40.

Furtwangen Handcrafts
Kussenhofstrasse 150
Furtwangen, Germany

Karl Wieland先生
Business Leader
Black Forest Gifts
Friedrichstasse 98
70174 Stuttgart
GERMANY

15.5.2006

尊敬的Wieland先生:

旅游旺季将至，我们想趁此机会向您介绍我们的新产品线手雕布谷鸟钟表。去年承蒙您惠顾并购买了24只钟表。基于我们良好的商业关系，在把这一产品线提供给其他购买商之前，我们首先为您提供挑选新款式的机会。

如你所知，我们的工匠只使用最好的木料。他们按照世代流传的悠久的图案，用双手精心雕刻着每一个细节。我们的钟表产品质量卓越而且每只钟表在喷绘和运送之前都经过了检验。我们给您所有的Furtwangen手工艺钟表五年的担保。

附件中还有一份最新的产品手册和邮购表格。为了表达我们的谢意，如果您在6月25日之前订购，我们将承担运费。

我们衷心地祝愿您在Stuttgart的新营业场所生意兴隆。我们确信随着您展区的扩大和货品的增多，在满足老顾客的同时，会有更多新顾客光顾。

谨致以真诚的问候

Frederick Semper

Fudesick Aemper

Geschäftsfürer的直译（一般译为“总经理”）

提及持续的商业关系

使用语言比美国信件稍显正式，如“我们给您……的担保”

使用德国商务信函中典型的客套结尾（注意不用标点符号）

右置日期并将其放于地址栏下面（有些德国人采用15 May 2006这种格式）

表达对受众的关心

以对收信人的客套结尾

打印的名字下不加头衔

图 3-5 高效的德语商务信函

- **使用过渡元素**。利用过渡性词汇，帮助读者跟随你的思路。使用短语突出相关要点，如“另外”和“第一”、“第二”、“第三”。

- **谨慎使用数字和日期**。在美国 12-05-06 表示 2006 年 12 月 5 日，但是在其他许多国家，它表示 2006 年 5 月 12 日。日本和中国通常以年开始，后面紧跟月和日；因此，在日本表达 2006 年 12 月 5 日，写做 2006-12-05。相似的，1.000 在美国和英国意味着保留三位小数，但是在许多欧洲国家意味着 1 000。

- **避免使用俚语、习语以及行话**。每天在演讲与写作中都充斥着俚语和习语（**idiomatic**

phrases),这些语句的意思超过了它们字面部分的总和。许多这些非正式的用法是如此根深蒂固,事实上,你甚至可能不知道自己正在使用它们。例如美语中包括像"Off the top of my head"(未经细想)、"Crossing the finish line"(最后关头)、"More bang for the buck"(物超所值)、"Face the music"(承担后果)这类短语。当你使用这些短语时,你的国外联系人可能不知道你在说些什么。

- **避免幽默和谈论大众文化**。笑话和谈论大众娱乐通常依赖于微妙的文化问题,而你的受众可能对这些问题并无感觉。

比较图 3-6 和图 3-7 中一个美国人写给其法国商业伙伴解释其花费为何比前一个月高很多的

La Cristallerie

Troy Halford, U.S. Sales Representative
163 Pico Boulevard
Los Angeles, CA 90032
Voice: (213) 975-8924
Fax: (213) 860-3489
halford@home.com

April 5, 2006

Mr. Pierre Coll
会计主管
La Cristallerie
22 Marne Blvd.
Beaune, France 21200

亲爱的皮埃尔:

我想你们那里是明媚的春天了,天空晴朗,天气温和。但在我们美国这,春天却是另一番景象。我们被风暴、洪水甚至晚雪所困扰。由于这里的运输很糟糕,因此这个月我们的支出会有所提高。

我知道你已经要求所有的销售代表降低开支,但上个月的情况情有可原。我们遭受的恶劣天气导致了很多问题,航班被取消了,人们被迫睡在航站楼的各个地方。

在芝加哥机场被困了18个小时后,我非常想洗个热水澡并睡一小觉,所以我决定在一个旅馆里渡过难关。我知道机场附近的旅馆很贵,所以我努力去城里订相对便宜的房间。我至少需要额外支付877美元的住宿费、175美元的餐费、从航站楼到旅馆的72美元交通费,以及总计38美元的额外电话费。

我很感激你理解这些特殊情况。我真的陷入了困境。

真诚地,

Troy Halford

Troy Halford
美国销售代表

标题和地址格式不合法语习惯

使用读者的名字,这在大多数法语商务信函中太不正式了

在信息中使用俚语和习语造成了潜在的混乱

没有提供额外费用总额

没有提醒读者其他附件

使用了美国的日期格式,而不是法国典型的国际格式

不必要对天气问题进行戏剧性的长篇描述,浪费读者时间

将具体信息掩盖于晦涩语句中

以自我为中心的语气结尾,而不是试图去帮助读者

图 3-6　低效的跨文化信函

La Cristallerie

Troy Halford, U.S. Sales Representative
163 Pico Boulevard
Los Angeles, CA 90032
Voice: (213) 975-8924
Fax: (213) 860-3489
halford@home.com

5 April 2006

利用在法语信函中首选的国际日期格式

M. Pierre Coll
Commissaire aux Comptes
La Cristallerie
22, Boulevard de la Marne
21200 Beaune
FRANCE

遵循法语标题和地址格式

亲爱的Monsieur Coll：

如大多法语信函所期望的那样用更正式的方式称呼读者

附上的是我在2006年3月的支出表和收据。因为一场意外的暴风雪，芝加哥机场关闭，我在那滞留了近五天，所以我这个月的花销比通常高些。因为风暴的持续我找了一家旅馆，尽管仅有的房间的价格比我通常住宿的费用高得多。

在开头直接、清晰地陈述主题思想，避免混淆信函目的

除了所附报告中确定的正常支出外，下面是由于天气耽搁产生的额外支出：

使用对母语非英语的读者更容易一些的明确和传统的语言

在Carton-O'Hare旅馆住宿三个晚上	877美元
四天的餐费	175美元
旅馆与航站楼间的交通费	72美元
重新安排会面的电话费	38美元
总的额外支出	1 162美元

明确地列示出额外的开支项目，易于阅读

提供了额外开支的总额

如果您有关于这些支出的任何问题或者需要更多信息，请联系我。

以帮助读者满足进一步需求结尾

真诚地，

Troy Halford

Troy Halford
美国销售代表

附件：支出表和收据

表明随信附上的其他材料

图 3-7 有效的跨文化信函

信函，尽管其中某些差异看似细微，但满足国际受众的期望说明了双方应相互了解和尊重对方的文化。

无论你到另一个国家旅行或组织人来访或移民到你的国家，你都有可能与母语不同的人交谈。即使你了解他们的词汇和语法，日常进行交流的过程也可能是很困难的。例如，众所周知，美国人愿意将多个词串在一起编成一个伪词，但这种伪词会使母语非英语的人感到很困惑。"Did you eat yet?"变成"Jeetyet?""Can I help you?"变成"Cannahepya?"类似的，法语经常使用"liaison"的概念，是一个单词有意与另一个单词合并成的。如果没有大量的实践，刚开始讲法语的人也很

难判别何时一个单词结束,下一个单词开始。

为了在不同文化间更有效地进行沟通,记得要:(1) 讲话慢而清晰;(2) 在显然有必要时再改变措辞(立即改变你说过的一些事情加重了听者的翻译负担);(3) 寻找并要求反馈以确保你的信息被接受;(4) 不要使句子或单词过分简单化,这显示了与别人谈话的傲慢;(5) 在交谈结束时再核实一下确保你和你的听众均同意交谈和决定的内容。

3.3.5 仔细倾听

语言的意义随着语气、语调、语速和音量的重点不同存在很大差别。英文单词"progress"可以是名词或动词,这取决于重音在哪一个音节上。在中文中,ma 字意思的变化取决于说话者的语调,它可以指"妈"、"麻"、"马"或"骂"。标准的阿拉伯语谈话对于以英语为母语的美国听众来说,听起来像在兴奋或愤怒。[52] 相反的,日本的商务人士倾向于比西方人讲话更温柔一些。

通过多次实践,你就可以建立起语感。关键是首先直接接受你所听到的,不要对听到的内容和动机过早下结论。让其他人说完他们要说的话。如果你打断,你可能会错过一些重要内容。这也表现出你对别人的不尊重。如果你未能理解别人的意见,请说话人再重复一遍。为寻求额外的帮助而感到的任何一时尴尬,对于沟通失败的风险来说,都是微不足道的。

3.3.6 起用口译员、笔译员以及翻译软件

你可能会遇到需要口译员(作口头沟通)或者笔译员(作书面表达)的商务场合,此外,大部分客户期望以他们的母语进行交流,尤其在广告、保修证书、维修手册和产品标签这几方面。这些文件肯定需要笔译人员提供服务。微软公司每年花费数亿美元的费用,使其几乎所有的软件产品、网站、帮助文档适用于几十种语言;该公司被认为是世界上最大的翻译服务买家。[53]

文档修改

改进这封信

练习实际修改文档的草稿,请登录在线课程或密码保护网站"辅助网站"。点击"文档修改",然后点击第3章。你会看到一封信,包括了与本章所学的开发有效的跨文化沟通技能相关的问题和错误。使用"最终稿"选项修改这封信。检查信息沟通风格使信息简明,避免太随意或不正式,恰当使用过渡元素,并避免俚语、习语、行话和技术性语言。

口译员和笔译员的收费可能很高,但熟练的专业人员为在与其他文化背景中的沟通提供了宝贵的援助。[54] 为了避免尴尬的失误,跟上某个特定国家或文化现有的语言使用方法也是非常关键的。Landor Associates 是一家领先的营销机构,它通常雇用三个讲母语的人审查翻译材料,以确保

[52] Myron W Lustig and Jolene Koester, *Intercultural Competence*, 4th ed., (Boston: Allyn and Bacon, 2003), 196.

[53] Daren Fonda, "Selling in Tongues," *Time*, 26 November 2001, B12 +.

[54] Wilfong and Seger, *Taking Your Business Global*, 232.

材料的意思与特定国家现有的用法和俚语相一致。[55] 有些公司利用回译确保准确率。比如，一名译者将信息翻译成另一种语言，另一名译者将此信息重译成原文。再将这种回译与原始的信息进行对比，从中发现错误与不符之处。

专业翻译需要的时间和费用鼓励了**机器翻译(machine translation)**的发展，即利用计算机智能技术翻译语言。诸如 WorldLingo(www. worldlingo. com)和 Alis Technologies(www. alis. com)之类的专业软件工具和在线翻译服务提供了一些形式的自动翻译。大型搜索引擎如 Alta Vista 和 Google 也允许你找到你要求的网站翻译版本。虽然这些工具没有承诺翻译质量等同于翻译员，但它们也可以相当有效地直译出单词和短语，并且给你一个总体的信息概要(参见“技术力量运用：机器翻译要点”)。[56]

技术力量运用

机器翻译要点

作者在下面这句话中想要表达什么？

We have the need to balance for the barriers on this one or the market could draw well after us.

你能想明白吗？下面是原句，其中使用的语气是美国商务文件中存在的一个共同问题：过于随意和口语化：

We need to swing for the fences on this one or the market could shoot right past us.

当这句话采用一个简单的电脑化翻译服务，从英语译成法语，并回译到英语时，软件显然对句中“swing for the fences”和“shoot right past us”的翻译出现了问题。

不通过经验丰富的翻译人员动手干预，机器翻译系统可能会产生各种结果，从有趣的到荒谬的再到引起彻头彻尾的危险。无论你是使用一个网站提供的自动翻译服务，如 Alta Vista 以及 Google，还是一个文本翻译器，如 WorldLingo(www. worldlingo. com)上提供的，请记住，你得到的翻译结果不会与从翻译人员那得到的质量相同。

不过，你不会总是奢侈地等待或聘请一个翻译人员。例如，如果销售部门收到来路不明的电子邮件，该信息可能来自他国的一个潜在客户。你不想在早期的关系中花费用聘请一名翻译的费用，但你也不想错失大笔交易。通过浏览基本的机器翻译信息，你就有可能几乎在瞬间得到对信息的基本想法。至少，你可以获知信息是否重要到值得你花费时间和费用聘请一名翻译。如果你得到的结果让你困惑或哭笑不得，一定要请一名翻译，以确保你和寄件人相互正确地理解了对方。

职业应用

1. 为什么你觉得电脑可能在翻译“swing for the fences”(棒球短语，试图努力将球击出球场)时出现困难？

2. 商务文件经过机器翻译能可靠阅读的例子有哪些？信任软件翻译的危险例子有哪些？

---

[55] Mark Lasswell, “Lost in Translation,” *Business* 2.0, August 2004, 68—70.

[56] Sheridan Prasso(ed.), “It's All Greek to These Sites,” *BusinessWeek*, 22 July 2002, 18.

3.3.7 帮助他人适应你的文化

现在,你已经可以把复杂的信息良好地传达给另一种文化的人,当他们试图与你沟通时,你还可以很好地解决所面临的挑战。当年轻人不习惯大公司的程序或来自另一个国家的工作团队成员时,寻找机会帮助他们适应和调整自己的沟通风格。如欲获取更多有关跨文化的沟通技能,请看“要点检查:提高跨文化沟通技能”。

要点检查

提高跨文化沟通技能

- ✓ 学习其他文化以便了解文化差异。
- ✓ 学习其他语言,哪怕你只能学会基础词汇和短语。
- ✓ 帮助母语非英语的人学习英语。
- ✓ 体现尊重文化偏好的沟通风格。
- ✓ 写作清晰,使用简练的信息、简明的语言、丰富的过渡和恰当的国际惯例。
- ✓ 避免使用俚语、幽默和谈论大众文化。
- ✓ 讲话慢而清晰,给听者时间来翻译你说的内容。
- ✓ 寻求反馈以确保成功的沟通。
- ✓ 仔细倾听,对不理解的内容可要求说话者重复。
- ✓ 重要信息由口译员和笔译员翻译。

记住第二语言的听与说通常比读与写困难,口头沟通要求参与者同时处理声音和意义,并且没有时间回去重读或重写。因此与其要求外国同事在电话会议上提供资料,不如成立一个联网的站点,使他们可以在网站上提交书面报告。同样,不同母语的同事利用即时通信和电子邮件往往比现场交谈更容易。另外,所有这些技术的一个补充是克服时区的障碍。你可以轻松地在线进行书面交流,而不是在清早或深夜进行电话交谈。

无论你能提供什么帮助都将获得极大的赞赏。精明的商务人士已经发现跨文化沟通技能的价值。此外,当你帮助别人时,你也有机会学到一些其他的文化。

工作进行时

解决 IBM 的沟通两难

特德·蔡尔兹负责 IBM 公司整体的多元化计划和策略,但公司的每位经理都要求培养一种包容和支持来自不同文化背景下员工的风气。作为 IBM 的一个软件开发实验室的团队领导,你应该学会做出正确的业务判断并使用良好的倾听技巧,这将有助于提高你解决多元化员工团队中出现的问题的能力。那么你将如何解决这些挑战呢?

1. Joo Mi Kang 是一个刚刚移民自韩国的员工。她是一名优秀的程序员，通过不断的技术创新给人留下深刻印象。可惜的是，她经常没有记录好她的程序编码，这是一个无可否认的繁琐过程，程序员需要描述他们创造的程序并解释它是如何运作的，以便其他人员以后加入进来并根据需要修正它。通过阅读她的电子邮件，你怀疑她在英语写作中有困难。你的第一个步骤应该怎样做？

a. 给她寄一封电子邮件，提醒她记录文件代码的必要性，并附上一份她的岗位说明。

b. 建议她找一位导师帮助她提高自己的英语技能。

c. 到她的办公室拜访她并讨论有关情况，询问她是否理解记录编码的重要性，以及她这样做是否有一定困难。

d. 将她记录编码的工作分配给其他程序员。

2. 你的员工以种族为基础组成小团体。种族团体成员一起吃饭，一起交往，而且经常在工作中用他们的母语聊天。你知道这些小团体能够给予其成员团体意识，但你也担心这些非正式的沟通渠道会疏远非团队成员，并阻碍信息的流通。你如何鼓励你的部门增强团体意识和团队合作呢？

a. 禁止在工作中使用英语以外的其他语言。

b. 什么也不做。这是正常的行为，任何企图破坏它的行为只会产生反感。

c. 重新分配工作任务和其他活动（如义务项目）的方式，使各种文化团体经常联系，并使他们更加紧密地互相依赖于彼此。

d. 派所有员工参加多元化培训班。

3. Vasily Pevsner 是一名俄罗斯移民，在本部门已工作了五年。他单独工作表现很好，但他抗拒与其他员工一起工作，即使在需要合作的团队环境中也是如此。你如何处理这种情况？

a. 置身事外，让问题自行解决。Pevsner 总要学会如何与其他团队成员相处。

b. 告诉团队其他人努力与 Pevsner 相处。

c. 告诉 Pevsner 他必须与他人合作，否则他在公司不会有发展。

d. 与 Pevsner 进行私人谈话，并帮助他认识到一个团队一起工作的重要性。在谈话中，努力发现他不太积极地参与团队活动的原因。

4. IBM 公司号称是拥有世界上受过最好教育的员工团队的公司之一，你的部门也不例外。然而，你惊异于最近你的一些备忘录和其他书面信息产生的混淆。你怀疑你随意、幽默的写作风格可能是罪魁祸首，并决定"试驾"一个不同的写作风格。你已经起草了四个版本的博客帖子来解释一项旨在保证即将完成的软件项目进度的政策。你选择哪个，为什么？

a. "随着每一个新项目即将完成，我认识到你们是如何用尽一切努力保障项目的进度，即使最后一刻的麻烦仍然是软件项目的一部分。为了减轻你们在繁忙的最后阶段的工作量，在每一个项目最后四周里，你们将不必再出席部门例行会议或参加其他非必需的任务。"

b. "随着每一个新项目朝着终点冲刺，我了解到你们所有人都疯狂地工作保持项目按进度进行，即使碰到不可避免的故障这类似乎总是在最后一分钟破坏软件项目的事情。好消息：在每一项工程最后的四周里，你们将可以免除非必需的工作，例如部门例行会议，以便你们可以专注于编程工作（不得不承认——我知道你们根本就不想参加这种会议！）。"

c. "像往常一样，解决一切人生难题的方法都可以在电视里找到！当昨天看 Raiders 对 Chiefs 的橄榄球比赛时，我意识到我们需要拥有我们自己版本的"两分钟训练"。为了避免每个项目在疯狂的最后几周里延误进度，团队成员可以缺席日常会议和其他与该项目无直接关系的非必需任务。”

d. “正如你们都应该知道的，不论是公司内部还是公司外部的无数组织都希望我们及时地完成项目。既然在项目的最后阶段，软件开发的固有特性可能会表现出意想不到的问题，我们就有义务采取各种可能的措施避免严重的完工延误。因此，在每个研发项目的最后四周团队成员将免除非必要任务。”

学习目标检查

通过阅读每个学习目标和完成相关练习来评估你对本章要点的掌握情况。填空题，写出空白处缺少的文字；单项选择题，在正确答案的字母上打钩。

目标3.1：讨论跨文化沟通的机遇与挑战。

1. 下列哪一项因素是美国商务人士往往需要了解其他国家文化的重要原因？
   a. 政府法规的最近变化要求公司在被授予出口许可之前需要进行文化教育
   b. 美国经济在过去20年间不断萎缩，迫使公司走向海外市场
   c. 许多国家要求商务主管至少可以流利地使用两种语言
   d. 成千上万的美国公司，包括许多最大的企业，都依赖于占有它们重大销售份额的海外市场
2. 以下哪一条是员工队伍多元化的优势？
   a. 提供了宽阔的视野和思路
   b. 让公司更好地了解不同市场
   c. 使公司能在尽可能最大的范围内招收员工
   d. 以上都是
3. 一个由广泛地代表各种种族、宗教、年龄、身体状况、语言和其他因素的员工组成的文化丰富的员工队伍
   a. 通常会缩短决策过程
   b. 对管理更具挑战性，但可以各种各样的重要方式做出回报
   c. 因为存在许多新想法，所以更加容易进行管理
   d. 只有美国那些从事海外贸易的公司才关心

目标3.2：定义文化的概念并解释文化是怎样形成的。

4. 文化被定义为：
   a. 国家中存在的突出群体
   b. 由标志、信仰、态度、价值、期望、行为规范共同组成的系统
   c. 在两个或两个以上的人之间传达意思的线索和激励的模式
   c. 各种艺术形式如古典音乐、绘画、雕塑、戏曲及诗歌
5. 以下哪一个不是文化团体的举例？
   a. 印度教徒
   b. 摔跤爱好者
   c. 电视观众
   d. 联谊会成员
6. 文化来源于：
   a. 家庭成员
   b. 其他文化的人的明确教学
   c. 观察文化中其他人的行为
   d. 以上都是

目标3.3:定义种族中心主义和刻板印象并给出克服这些心态的建议。

7. ________是一种以自己团体的标准、行为和习惯来判断其他团队的倾向。
8. ________是这样一种错误,它不考虑个人的独特特点,而是根据个人属于某一特殊文化或社会团体这一事实,将一系列一般化的属性归结在个人身上。
9. 下列哪个技巧可以让你用来确保不陷入种族中心主义和刻板印象的误区?
   a. 尽量减少与你不明白对方文化的人进行互动
   b. 确定和你一起工作的人清楚地理解你的文化
   c. 确保每名员工严格遵守公司跨文化沟通的守则
   d. 不要对其他文化的人做出假设

目标3.4:解释识别文化差异的重要性并列出文化差异的六种类别。

10. 在商务活动中,认识到文化差异是很重要的,这是因为:
    a. 这样做有助于减少发生误解的可能性
    b. 来自另一个文化的人可能会利用你的无知
    c. 如果你没有这样做,你就会被指责为立场不正确
    d. 这样做会帮助你变得更加种族中心主义
11. 低语境文化沟通的例子是:
    a. 有些中国人用隐喻传达意思
    b. 有些希腊人坚持就每个交易的细节上都达成协议
    c. 有些加拿大人在问题解决的情形中大力辩解自己的观点
    d. 有些日本人鼓励正式谈判之前的社交活动
12. 下列哪一项是高语境文化沟通的真实描述?
    a. 员工工时较短,因为在这种文化背景下,允许他们沟通较少
    b. 人们较少地依赖于口头沟通,而是更多依赖于非语言行为语境和环境背景传达意思
    c. 人们较多地依赖于口头沟通,而较少地依赖于非语言行为语境和环境背景传达意思
    d. 在这种文化中日常生活的规则明确地对所有人进行教育
13. 不同文化之间的语境差异是指:
    a. 各种文化依赖于语言或非语言行为来传达意思的程度
    b. 不同文化强调书面沟通还是口头沟通
    c. 互联网(包括电子邮件和即时通信等)在跨文化沟通中的作用
    d. 对工作和成功的态度
14. 对问候、个人空间、触摸、面部表情、眼神接触、姿势、正式程度的态度差异,是不同文化之间常见的___差异的例子。

目标3.5:列出学习其他文化的纲要策略

15. 当与那些英语是第二语言的人进行口头沟通时,你应该习惯于总是:
    a. 为了给听众两个可供选择的方案,应该立即重新描述你的每一个要点
    b. 如果听众似乎并不理解你的话,就讲得大声一点
    c. 忽略对方的身体语言
    d. 如果观察到对方有对你的信息不理解的身体语言的暗示,重新描述你的关键点

目标3.6:列出在多语言商务环境下清晰写作的七个建议。

16. 理解文化间的细微差别需要花费数年的时间学习,因此,当你准备与另一种不太了解的文化的人进行沟通时,最好的办法是:

a. 尽量多从网站、旅游指南和其他资源库中学习,当与新文化中的人们交流遇到困难时,不要羞于寻求帮助
b. 尽量多从网站、旅游指南和其他资源库中学习,但你不能寻求帮助,因为这样做会使别人看到你的无知
c. 尽量多从电视节目和电影中了解其他文化的特征,换句话说,语言、视觉效果和音乐是学习文化的最佳方式
d. 不必担心文化差异,你没有时间去理解所有的差异,最好是将你的精力放在其他业务问题上

目标3.7:列示出七种文中推荐的多语种环境下写作的方法。

17. 当对与你母语不同的受众写作时,你可以通过以下哪种方式来改进沟通?
a. 将数字写成数的形式而不是文字的形式
b. 使用短句,谨慎选择词汇
c. 用长段落减少视觉跳跃
d. 以上都是

18. 当对多语种的受众写作时,幽默
a. 应该经常使用,因为它使受众在个人层面觉得受到了欢迎
b. 应该很少使用,因为幽默是跨文化沟通中需要对第二种语言进行编码或解码的最困难的要素
c. 千万不要使用,因为电影和其他娱乐产品很难跨越国界
d. 应该每封信至少使用一次,以表达你对受众的感谢

知识应用

1. 一家美国公司的经理与一家中国公司英语讲得非常棒的经理,他们沟通时存在的文化差异是什么?

2. 在决定是否接受总部设在美国的一家海外公司的工作时,需要考虑的一些跨文化沟通的问题是什么?外资公司在美国本地的分公司的工作呢?请解释。

3. 来自文化高度统一的国家的公司经理,在与位于文化差异较大的国家的公司中文化分散的公司员工进行业务往来时会做出哪些反应?对你的答案做出解释。

4. 你的公司已迁移至美国一个越南文化流行的城市,你的很多员工可能来自这种文化。为了增进管理层与所雇用的越南籍美国人的沟通,你能做些什么?

5. **伦理选择**。你在土耳其办公室迫切需要的物资,已经卡在土耳其海关一个月了。你应该贿赂海关官员,以加快运送吗?对你的决定做出解释。

知识实践

文档分析

你的老板要写出简短的博客帖子,来欢迎从中国香港总部到你部门的新同事。他们都讲英语,但你的老板让你审查一下她的信息的清晰度。针对你的目标受众,你如何完善这个信息,为什么?你认为这个信息是以受众为中

心的吗？为什么是或为什么不是？

我希望尽快地欢迎你们加入我们在美国的小家庭。不需要再横渡大洋，我们终于可以当面握手了。我非常高兴能够结识你们。在美国我也将尽我所能为你们提供帮助。

练习

本章讨论到的所有网站都能在本书的网站 www. prenhall. com/thill 上找到链接。找到书名并点击“辅助网站”链接，然后选择“第3章”，并点击“特色网站”，选定与文中内容有关的页面名称或 URL。请注意本书出版后失效的链接将从“特色网站”中删除。

3.1 **跨文化敏感度：承认差异**。你代表一个加拿大的玩具公司，在日本大阪与一个制造商谈判购买微型卡车车轮。在第一次会议中，你表示你的公司希望控制车轮以及车轮制造材料的设计。制造商代表低下头缓缓地说：“或许这将是非常困难的。”你为了达成协议，并为了强调购买的意愿，你拿出随身携带的拟好的合同，可是制造商似乎越来越提不起兴趣。在这种情况下，干扰有效沟通的文化差异是什么？做出解释。

3.2 **伦理选择**。美国一位经理人要出口机器零件到西非国家，但一位官员希望收取特殊款项，才准许发货到他的国家。在没有违反美国规定——禁止贿赂外国官员的前提下，双方如何处理他们的不同方法？根据第1章和以上资料，你认为这种情况是一个道德困境还是道德丧失呢？做出解释。

3.3 **团队合作**。与其他两个学生合作，一起准备一份10个俚语例子（用你自己的语言）的清单，这些俚语在与另一种文化的人进行商务会谈时容易被误解或误会。以每个俚语为例，建议使用别的词表达相同的信息。这样做会与原俚语或习语意思完全一致吗？

3.4 **跨文化沟通：研究文化**。选择一个你不熟悉的国家，如印度、葡萄牙、玻利维亚、泰国或尼日利亚。研究它的文化并写出一份简短的关于美国经理人需要做什么才能了解有关私人空间的概念和社会行为规则的摘要，以便使其在该国成功地开展业务，

3.5 **多元文化员工队伍：弥合分歧**。当今的员工队伍在性别、年龄和体能差异上呈现多样性。与你的同学一起表演以下对话：

a. 一位男性人事经理面试一位女士

b. 一位年轻的人事经理面试一位长者

c. 一位新近移民且英语相对较差的招聘负责人面试一位母语是英语的职员

如何区别申请人及面试者的沟通状态？在这种情况下，你如何改善沟通状况？

3.6 **跨文化敏感度：理解态度**。作为总部设在德国的电信企业的营销总监，你与中国广州一位官员就一条新的电话系统进行谈判。你坚持说，合同应列明具体细节。不过，你的中国客户对技术和财务细节似乎都兴趣不大。要打破这种文化间沟通的僵局，并取得该合同，使双方都满意，你应该怎么做？

3.7 **文化差异：能力差异**。你是 K & J Brick 公司的新任经理，该公司生产建筑装饰产品，创建于50年前，现在由创始人的两个儿子经营。多年来，两位所有者坚持邀请管理团队至野外进行户外运动和年度商务规划会议。你不想错过这项活动，但你知道，野外活动不适合像你这样有身体缺陷的人。起草一份简短的备忘录给管理团队的其他成员，建议对每年一度的活动作些改动，以使所有管理人员都

能参加。

3.8 **文化和时间:处理差异。**当一家公司了解到外国的公司给出的预定送货时间可以更灵活一点,管理人员就可以大量购买或者更频繁地订购以避免在下次送货前出现断货。列出其他三个可能受到不同文化时间概念影响的管理层决定,记录下来并在班级作一个简短的演讲(2分钟)。

3.9 **跨文化沟通:起用口译员。**假想你是一家公司的首席谈判代表,试图购买捷克首都布拉格的一家工厂。虽然在过去十年中你并没有在这个国家待很长时间,但你的父母是在布拉格附近长大的,你能听懂他们的语言并说得很流利。然而,你仍在考虑起用口译员的优势和劣势。例如,在你等待翻译时,你可以有更多的时间去思考对方的立场。决定是否要聘请一名口译员,然后简短地(用两或三段)解释你的决定。

3.10 **互联网:翻译软件。**在 AltaVista (www.altavista.com)上探索计算机翻译的能力和限制条件。点击"翻译"并输入一个句子,例如:"我们附上一份48台电脑显示器的购买订单"(We are enclosing a purchase order for four dozen computer monitors)。选择"英语译成西班牙语",并点击完成翻译,当你看过西班牙语版,剪切并粘贴到"文本翻译"框中,选择"西班牙语译成英语"。同时尝试将英语句子翻译成德语、法语或意大利语,然后再翻译成英语。每个不同翻译结果如何?使用自动翻译和回译服务造成什么影响?你怎样运用这个网站来提高跨文化沟通技能?

3.11 **跨文化沟通:提高技巧。**在接下来的两周内你负责接待一些来访的瑞典大学生。他们都学习英语,但这是他们第一次到你们学校来。列出一个他们在校园里很可能听到的俚语和习语的清单,至少要8个,你将会如何解释每个短语?在与瑞典学生交流时,你会用什么字或词替代每个俚语或习语?

3.12 **跨文化沟通:播客。**你的公司是首先使用苹果公司的 iPod 和其他数码音乐播放器作为商务沟通工具的公司之一。高级主管往往用数字音频文件记录信息(例如每月销售报告)并公布在公司内联网上,这种技术称为播客。来自欧洲、亚洲和北美洲14个办公室的员工,把文件下载到他们的音乐播放器中,并在坐火车去工作时,在办公室吃午饭时,听取他们的信息。你的老板让你起草一份因竞争压力加剧而造成的收入下降的播客开场白。她审计你的原稿并退还给你,委婉地解释对于国际受众来说,需要对它进行修订。尽可能用各种方法改善以下陈述:

嘿,同志们。不用怀疑,今年我们受到了打击,因为我们的傻瓜竞争对手一直在疯狂地变动价格。我是说,我不知道这群蠢人怎样持续盈利,因为钢铁的成本居高不下,劳动力成本日趋白热化(即使是在那些能找到廉价劳动力的国家里),而且危险废弃物的处理又增加了经营成本。

知识拓展

从网络中学习更多

文化知识是竞争优势

www.executiveplanet.com

要提高你的文化敏感性吗?登录到 ExecutivePlanet.com,在那里你可以看到国家报告、商业和文化的提示,并能链接到面试、个人档案、文章、书籍以及更多的学习资源。提高你了解别国文化传统、假设、礼仪和价值观的能力,以避免文化冲突。这个网站将是把你带到世界各地的商业及文化向导。

活动

访问 ExecutivePlanet. com,查看国家报告和文化技巧。按照网站链接访问面试、个人档案、文章、书籍以及更多的内容,然后回答下列问题:

1. 为什么你应该了解来自其他文化的人的谈判做法?

2. 每一种文化都有其自身的商业原则。在与其他文化的人交易之前,你需要了解对方的哪些商业原则?

3. 举几个关于文化的送礼禁忌的例子。

自己探究网络

自行访问以下与本章内容相关的网站,学习更多关于跨文化沟通的内容。

1. 国家背景说明网站:www. state. gov,提供与美国政府有官方关系的各国的背景信息。该网站由美国国务院设立,只需要在国外旅行与生活(Travel and Living Abroad)部分点击国家背景说明(Country Background Notes)即可。

2. 洞察各国不同的个人和社会价值观怎样影响商务访问:Geert Hofstede Analysis,www. cyborlink. com/besite/hofstede. htm。

3. Travlang 网站,www. travlang. com,可以帮助学习一门外语。点击网站翻译词典每天学习一个外语单词。

互动学习

互动学习向导

访问 www. prehall. com/thill,找到书名并点击"辅助网站"链接。选择第 3 章,使用互动的"每章测验"来测试你对本章概念的掌握情况。你会得到即时的反馈,知道你是否需要进一步的学习。同样,访问"学习大厅",你将发现大量能帮助你完成此课程的资源。

最佳语法和结构

如果教师要求你使用在线课程或者 CD 上的"最佳语法和结构",你可以通过使用这一模块来提高你的动词使用技巧。首先点击"动词",选择进行"预先测试"来确定你是否有薄弱方面。然后在"复习课程"中复习这些方面。选择进行"跟进测试"来检查你对动词的掌握情况。如果想要更高的挑战或者进一步的练习,选择进行"高级测试"。最后,在接下来的"提高语法、结构和表达"部分中,完成练习以进一步巩固和加强。

提高语法、结构和表达

以下练习帮助你提高对英语语法、结构和表达的掌握和运用。在下面每组句子中,找到最佳选项,在正确答案的字母上打钩。

1. 下列哪句包含动词的现在完成时?
   a. I became the resident expert on repairing the copy machine.
   b. I have become the resident expert on repairing the copy machine.
2. 下列哪句包含动词的一般过去时?
   a. She knows how to conduct an audit when

she came to work for us.

b. She knew how to conduct an audit when she came to work for us.

3. 下列哪句包含动词的一般将来时？

a. Next week, call john to tell him what you will do to help him set up the seminar.

b. Next week, call john to tell him what you will be doing to help him set up the seminar.

4. 下列哪句是主动语态？

a. The report will be written by Lesile Cartwrgiht.

b. Leslie Cartwright will write the report.

5. 下列哪句是被动语态？

a. The failure to record the transaction was mine.

b. I failed to record the transaction.

6. 下列哪句包含动词的正确格式？

a. Everyone upstairs receives mail before we do.

b. Everyone upstairs receive mail before we do.

7. 下列哪句包含动词的正确格式？

a. Neither the main office nor the branches is blameless.

b. Neither the main office nor the branches are blameless.

8. 下列哪句包含动词的正确格式？

a. When measuring shelves, 7 inches is significant.

b. When measuring shelves, 7 inches are significant.

10. 下列哪句包含动词的正确格式？

a. About 90 percent of the employees plans to come to the company picnic.

b. About 90 percent of the employees plan to come to the company picnic.

如果想找到更多的关于动词的练习，请登录 www. prehall. com/thill，找到书名并点击“辅助网站”链接，选择“第 3 章”，点击“提高语法、结构和表达的额外练习”，然后点击“5. 动词”，“6. 及物动词和不及物动词”，“7. 状态动词”。

第二部分

应用三步写作法

第4章　商务信息的计划

学习目标

学完本章后，你将能够：

1. 描述三步写作法
2. 解释仔细确定目的的重要性并列出检验目的的五个问题
3. 描述受众分析的重要性并识别分析受众应考虑的六个要素
4. 讨论为写作简单信息收集信息，并识别高质量信息的三个特征
5. 列出在选择最适合媒介时要考虑的因素
6. 解释为什么好的组织对你和受众而言都是重要的
7. 总结有效组织商务信息的步骤

工作进行时

完全傻瓜指南的沟通

以读者为中心建立一个出版业帝国

当你刚买回一台电脑或者数码照相机、移动电话或其他新奇的设备时，总是会迫不及待地要用一用，因为它能够给你的生活带来便利和惊奇。但是，它最终的下场会不会是待在柜子里堆满灰尘呢？这样的事情在生活中实在太常见了，因为许多现代化的设备用起来很困难，而它们附带的使用指南有时候却毫无帮助。

乔·克雷纳克(Joe Kraynak)可以为你解忧。作为一个体贴消费者的成功作家，克雷纳克写作了《个人电脑完全傻瓜指南》、《Microsoft Office 2000 完全傻瓜指南》和《升级个人电脑完全傻瓜指南》。他认为人们批评那些个人电脑、电话和其他复杂产品附带的操作指南是对的。许多高科技产品让聪明人感觉自己像个傻瓜。这种对复杂产品使用指南的失望促进了完全傻瓜系列指南的快速增长，它现在已经涵盖了几百种产品。克雷纳克和其他专家知道问题通常出在使用指南上，而不是使用者本身。克雷纳克和其他完全傻瓜操作系列指南的作者们当然不会认为他们的读者是傻瓜——而是正好相反。事实上，出版者网站上的第一句话就阐述了他们对读者的尊敬："您不是傻瓜！像我们大多数读者一样，您是聪明的、好奇的、自在的并乐于学习。"

在克雷纳克看来，各类产品指南最主要的问题是在写作时没有足够重视读者的真实需要。写作这些指南的工程师和技术人员对他们的产品和技术太熟悉了，所以有时会错误地假设读者也同他们一样熟悉这些技术。这种对读者需求的忽视，不仅导致对新主题解释得不充分，而且导致对专业术语和首字母缩写词的过度使用。另外，许多产品指南注重于对产品的描述，而读者真正想知道的是如何使用产品。这些问题不仅仅局限于技术领域，人们在写财务报告、政府法规、业务流程和其他复杂的主题时，也总是不能了解和适应读者的需求。

"我把自己当成一个新手，像我认识的某些人一样思考。"克雷纳克说。他建议所有的作者都像他一样换位思考。读者最需要的是哪些重要信息？哪些次要细节可以留到后面再说？什么写作风格最合适？除了解释复杂的概念，克雷纳克还兼顾娱乐和教育效果。像克雷纳克一样关注受众，你的商务信息才不会像你遗忘在柜子里的高科技产品一样堆满灰尘。①

www.idiotsguides.com

4.1 理解三步写作法

就像乔·克雷纳克一样，你将会在职业生涯中面临各种各样的沟通任务，不论是口头的还是写作的。有些任务是常规性的，只需要在纸上写几个句子或者在电脑里敲一封简短的电子邮件；而另一些任务则较为复杂，需要几个星期的思考、研究和精心的文件准备。

一旦需要写作一个信息，无经验的沟通者经常想直接就进行写作。然而，先花哪怕短短几分钟进行分析、组织、调整和修改，往往能使你节省之后返工的好几个小时，同时还能使完成的信息更有效。像克雷纳克这样成功的沟通者通常都遵循一定的写作过程，这个过程可以分为三个主要步骤（如图4-1所示）。

计划	写作	完成
分析情况 确定目的、分析受众。 **收集信息** 确定受众需求并获取满足其需求的信息。 **选择正确的媒介** 选择最好的媒介传递信息。 **组织信息** 确定主题，限定范围，选择直接法或间接法，列出内容提纲。	**适应受众** 对受众需求要敏感，可采用换位思考、礼貌，正面强调和非歧视性语言。通过建立可信度和树立企业形象构筑与受众的良好关系。使用对话语气、简明的语言和正确的语态来控制风格。 **编写信息** 使用恰当的词汇，帮助你写出有效的句子、连贯的段落。	**修订信息** 评价内容和可读性，编辑、重写，使之更为简洁、清晰。 **制作信息** 使用有效的设计元素和适当的排版使之看起来更清楚、更专业。 **校对信息** 修改排版、拼写和结构错误。 **发布信息** 使用选择的媒介发布信息；确保所有相关的文件都能成功发布。

图4-1 三步写作法

① Chris Taylor, "One-Minute Photo Smile!," *Time*, 23 December 2002, 80; "Writers Seek Simple Ways To Describe New Products," *Washington Times*, 7 November 2002 [accessed 28 October 2003] www.elibrary.com; Caroline E. Mayer, "Why Won't We Read the Manual?," *Washington Post*, 26 May 2002, H01.

• **商务信息的计划**。为了计划信息，首先要通过确定目标和分析受众来分析当前情况。一旦确定需要怎样来完成信息，就收集那些能够满足受众需求的信息。下一步，选择正确的媒介(口头的、书面的或者电子的)来传递信息。具备这三个要素之后，就可以组织信息：确定主题思想、限定范围、选择直接法或间接法并列出内容提纲。信息的计划是本章的重点。

• **商务信息的写作**。一旦完成商务信息的计划，就要从敏感性、关系技能和风格方面来适应受众。对受众的需求要有敏感性，换位思考、注意礼貌、突出正面效应并使用非歧视性语言。通过建立可信度和树立企业形象来构筑与受众的良好关系。一定要注意语言风格，使用对话语气、简明的语言和正确的语态。接下来就可以写作信息了，写作时注意措词有力、句意明确和段落连贯。商务信息的写作将在本书第 5 章重点讨论。

• **商务信息的完成**。完成初稿后修订信息，评价内容和可读性，进行编辑、重写，使之更为简洁、清晰、语法正确、标点合适并且格式恰当。接下来制作信息，用受众将接收的格式，检查所有的设计和版式，使之看起来更吸引人、更专业。校对最终稿的印刷、拼写错误和其他技术性问题。最后，发布信息，使用个人和技术的最优组合来发布信息。信息的完成将在本书第 6 章重点讨论。

在本书中，这一过程的三个步骤将被应用于各种各样的信息：简短信息的基本任务(第 7—9 章)，较长信息的额外任务(第 10—12 章)，口头演讲的特殊任务(第 13 章)和就业信息的独特任务(第 14、15 章)。

4.1.1　写作时间的优化配置

使用三步写作法越多，你就会越熟练。随着对写作过程的熟悉，写作信息将更加快速和容易，同时你还能更好地为写作过程中的每个任务分配时间。

一般的原则是，用大约一半的时间来计划：确定目的、了解受众、思索主题以及选择和组织媒介。用不超过 1/4 的时间来写作文档。预留 1/4 的时间来完成剩下的工作，避免你完成诸如修订、制作、校对和发布等重要步骤时时间紧张。[②]

当然，这些时间的分配有时会有很大变动，这取决于任务本身。例如，如果你已经很熟悉材料，那么计划可能只需少于一半的时间；再如，当你通过一些复杂的媒介如 CD-ROM 或者 DVD 来传达信息时，完成的步骤就要花费远超过 1/4 的时间。简单的任务，比如即时信息和办公室之间的备忘录，要比长篇报告、网站和其他复杂的工程花费更少的时间和精力。

经验丰富的专家知道，没有所谓正确的或者最好的适用于所有商务信息的方法。在运用本章和第 5、6 章提出的写作过程时，不要试图把它看做是一个指导步骤的清单，而要把它作为一种方法去理解有效的商务写作过程中涉及的各项任务。[③]

4.1.2　有效地计划

当时间紧迫而任务堆积如山时，人们很容易直接跳过计划阶段而进行写作。然而，通常的情

---

② Sanford Kaye, "Writing Under Pressure," *Soundview Executive Book Summaries* 10, no. 12, part 2 (December 1988): 1—8.

③ Peter Bracher, "Process, Pedagogy, and Business Writing," *Journal of Business Communication* 24, no. 1 (Winter 1987): 43—50.

况是，试图节省前面的时间，反而会让你在艰难地完成一个没有经过认真考虑的信息时花费更多的时间。即使只用20—30分钟时间去准备和发送信息，快速地运用三个步骤去工作仍然能够保证时间的合理利用。分析受众能够帮你找到和组织他们想看到的事实，并通过简洁而又令人信服的途径传达信息。信息的计划减少了写作中的犹豫并帮助减少了诸如检查、修订之类的工作。

4.2 分析情况

一个成功的信息往往有着清楚的目的，通过这个目的将发送者和受众的需要联系起来。在简单、常规的信息写作中，识别信息目的和受众通常是一个简单的任务，但是在复杂的情况下，这个任务就有了更多的要求。例如，你需要就位于北京和洛杉矶两个工厂之间的运输问题进行沟通，目的可能是简单地引起高层管理者的重视，也可能是要求两个工厂的经理来发现和解决问题。这两个情况有着不同的目的和受众，因此，它们需要完全不同的信息。如果没有弄清楚目的和受众就直接开始写作，你将浪费时间和精力，并且产生的信息也很可能是无效的。

4.2.1 确定目的

所有的商务信息都有一个**一般目的**：告知、说服或者与受众合作。这一目的可以帮助界定你需要的一般方法，例如收集信息、选择媒介，甚至是组织信息的途径。此外，一般目的不仅可以决定受众参与的适合度，而且可以决定你对信息的掌控程度。

告知受众只要求很少的互动，如图4-2所示。受众可以吸收、接受或者拒绝信息，但是他们对信息内容没有贡献；这时，你可以控制信息。说服受众，则需要有适当的互动，比如你可以给受众提供提问的机会，以此来解决他们的一些疑问，在这一过程中，你需要保留适当的信息控制权。而与受众合作，则需要最大程度的受众参与，这时，由于必须对新的、不可预期的输入和反映做出调整，你对信息的控制就会减少。

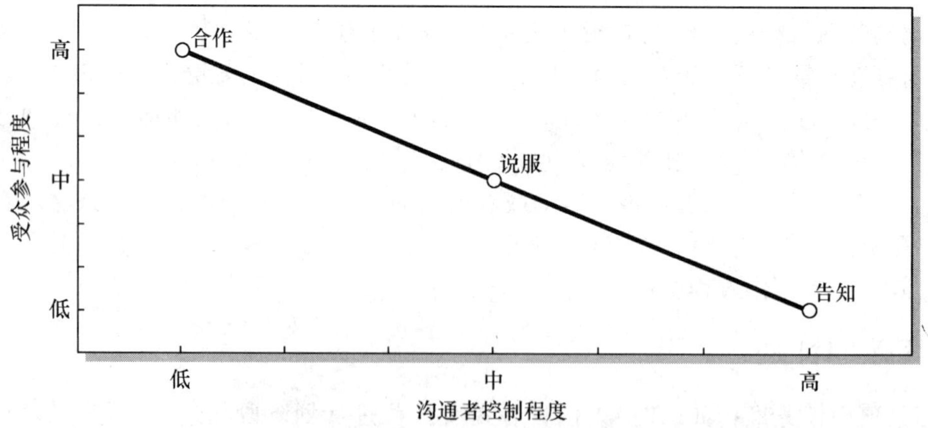

图4-2 商务信息的一般目的与沟通者对信息控制程度之间的关系

除了一般目的以外，每条信息也都有一个**具体目的，这要求你**一方面明确希望用信息来完成什么，另一方面确定在接收到信息以后受众应该或者可能做些什么。例如，目标是在一次事件中简单地引起受众注意，还是想让他们做出即时的反应？具体目的要尽可能地精确化，甚至识别出哪些受众应该响应，以及应该如何、何时响应等。

一旦界定了具体目的，你可以决定这一目的是否值得花费时间和精力去准备和发送信息。运用五个问题来检验目的：

- **信息能改变现状吗？** 确保没有因为发送那些不能改变任何事情的信息而导致信息超载。例如，你不喜欢你们公司最近的广告策略，但是以你的职务对此还无能为力，那么给你的同事发送一个批评的信息就既不会改变什么，也不会对任何人有利。
- **你的目的现实吗？** 如果目的包含了在行为或态度上的根本性转移，那么放缓行动。考虑提出初步的建议，这样你的信息就可以成为一个学习过程的起点。
- **时间合适吗？** 通过信息的潜在影响（有意或无意的）来考虑发送信息的时间是否合适。许多行业和部门的工作量有一个重复周期，所以在他们工作量的高峰期发送信息就极有可能被忽视。例如，身处重组、解雇和其他变化中的部门员工将不会对你的信息给予足够的注意。
- **传送信息的人合适吗？** 即使你是完成了所有工作的人，达到目标也远远要比个人获得好评重要得多。例如，如果一个受尊敬的资深同事可能是一个更有说服力的信息发送者，那么考虑请这个人来帮你传送信息。
- **目的能被组织接受吗？** 公司的商业目标可能决定了目的是否可以接受。例如，你可能想给一名特别讨厌的客户一个严厉回复，建议他们去别处开展业务，但这也许违背了公司"保留所有当前客户"的政策。

一旦你对下面的情况感到满意：(1) 有一个明确的和有意义的目的；(2) 现在是传送信息的合适时机，那么下一个步骤就是了解受众和他们的需要。

4.2.2　建立受众档案

在受众花费时间去阅读或倾听信息之前，他们需要对你所说的东西感兴趣。他们需要看到你的信息对他们的好处，也就是通过听取你的建议或者按你的要求去做可以解决他们什么问题。你对受众的需求和期望知道得越多，与他们的沟通就会越有效。

如果是与一个你非常了解的人沟通，那么对受众的分析就会非常简单。你可以在不需要大量研究的情况下，就辨别出对方的需要，并且能够预见他们对信息的反应。但是有时候，受众可能由陌生人组成，比如你从未遇见过的潜在客户或者供应商，一个新老板或者新员工。在这种情况下，你需要学会更好地调整信息以满足受众的需要。图 4-3 列举了在受众分析中你需要收集的各种信息的例子。进行受众分析的步骤如下：

- **识别最主要的受众。** 对一些信息来说，某些受众可能更重要。不要忽视低影响力受众的需求，但是确保对关键决策者的关注。
- **确定受众数量和地理分布。** 一个面向分布在世界各地 1 万人的信息和一个面向在一个大厅内几十个人的信息要求不同的方法。
- **确定受众的组成。** 寻找可能影响信息成功的因素的共同点和不同点，这些因素包括文化、语言、年龄、教育、组织等级和地位、态度、经历、行为方式等。例如，你正在做一个关于市场调查结果的报告，当某个部门的新产品准备进行销售时，销售副总裁可能想知道现在正在发生什么，而工

受众分析笔记

项目：建议公司关闭实地锻炼设施，而提供本地健康俱乐部会员资格作为替代的报告。

- 主要受众：营运副总裁Nicole Perazzo和他的管理团队。
- 数量和地理分布：共九个经理：Nicole和他的五个员工在现场，其他三个管理者在中国香港。
- 构成：都有运营管理经验，但是其中一些刚进公司。
- 理解水平：所有人毫无疑问都能够理解财务方面的问题，但是新的管理者可能无法理解实地锻炼设施对许多员工的重要性。
- 期望和偏好：他们期待一个完善的方案，包括对所需财务支持的全面分析和向雇员发布该信息的方法，所以应以正式报告的形式并通过电子邮件发送。
- 可能的反应：从一对一讨论的结果中了解，一些将接收该报告的经理经常使用这些设施，所以他们不欢迎关闭设施的建议。尽管如此，一些不参加锻炼者认为这些设施对公司而言是一种浪费，公司不应该提供。受众的反应态度从高度支持到高度反对都有；报告应聚焦于克服高度的负面反应上，他们是最需要说服的对象。

图 4-3 利用受众分析作信息计划

程副总裁可能对如何从现在的状况预测一年或者两年后的状况更有兴趣。

- **判断受众成员的理解水平。**如果受众与你的阅历接近，他们理解你的材料可能毫不费力。否则，信息里就需要包含一些解释部分，并且信息的数量也需要考虑。尽量用恰好充分的信息来完成信息的具体目的。如果各受众成员的理解水平参差不齐，使信息内容针对主要受众（关键决策者）。
- **理解受众期望和偏好。**受众成员是期望得到全部的细节还是只是一个主要意思的概括？他们希望收到一封电子邮件还是一份正式的备忘录？一般说来，信息越往组织的上层传送，人们越不想看太多的细节，因为他们的时间很紧迫。
- **预测受众可能的反应。**本章随后的内容将告诉你，受众反应影响信息组织。如果你期望受众反映明显，可以一开始就率先表明结论和提议，并且提供较少的支持证据。如果可能面临质疑，则可以用更多的证据来逐渐介绍结论。通过预测主要受众的反应，你可以改变论据的数量。

4.3 收集信息

在明确了受众及其需求之后，下一步就是收集需要的信息。对简单信息而言，可能你手头已经有了传递信息的足够材料；但是对复杂信息而言，在你开始写作之前就要考虑调查和分析。第10章将探究寻求、评价和处理信息的正式技术，但是你经常可以使用一些非正式的技术来收集观点并确定调查方向：

- **考虑其他的观点。**设身处地为他人着想的思维方式能够帮助你考虑别人的想法、感受或计划。
- **阅读公司的报告和其他文件。**对于一个特殊的备忘录或者电子邮件信息来说，公司文件可能是非常丰富的资源，包括年度报告、财务报表、新闻稿、备忘录、市场报告和客户调查等。弄清楚公司是否有一个*知识管理系统*，这是一个收集整个组织员工的经验和想法的中心数据库。
- **与主管、同事或者客户谈话。**同事和客户可能有你需要的信息，或者他们可能知道受众对什么感兴趣，电话或者私人访谈是收集信息的方便途径。
- **要求受众提供意见。**如果你不确定受众的具体需求，那么去询问他们，无论是通过随意的对话（面对面或者通过电话）、非正式调查还是非正式的访谈。承认你不知道但希望去满足受众需要要比猜测和错误理解给受众留下更好的印象。

4.3.1 发现受众需求

受众的信息需要在许多情况下是非常明显的，例如当消费者发送电子邮件询问一个特殊问题时。而某些情况下，受众也许并不能把需要的东西精确表达出来。如果一些人做出了模糊或者宽泛的要求，就通过提问来缩小问题范围。如果你的老板说，“尽可能弄清楚关于 Interscope Records 的每一件事情”，问清楚这个公司的哪些特征和业务是最重要的。问一两个问题通常能够使人想清楚并确定他们到底需要什么。

另外，还要考虑受众的一些可能根本没有被意识到的需要。假设公司已经从郊外雇用了一个新员工，而你负责安置这个员工。至少，你要写一封欢迎信来描述一下公司安置新员工的程序。如果想做得更好的话，可以再介绍一下这个城市的一些情况，比如居民区指南、一两张地图、文化活动手册、学校和交通信息等。另外，你可能还需要告诉受众一些他们认为很重要但是还没有想起来问的事情。虽然信息加长了，但是它可以创造友好氛围。

4.3.2 提供所需信息

一旦已经界定了受众的需求信息，就确保能够完全满足它。一个检验信息是否完全的好办法就是**新闻报道法**（journalistic approach）：检查一下你的信息是否回答了这些问题：何人，何事，何时，*何地，何故和如何*。通过这一检验，你可以快速辨别信息的传送是否失败——就像这封向一个大酒店询问信息的信一样：

> 尊敬的 Hill 女士：
>
> 我刚刚在夏威夷度过了一个愉快的假期。尽管如此，今天早上我发现我最喜欢的黑皮鞋丢了。我曾经在夏威夷穿过它，所以我猜测可能是我把它们落在你们酒店了。请在你们“失物招领处”的物品中检查一下，并告诉我你们那里有没有那双丢失的鞋子。

这封信没有告诉 Hill 她应该知道的每一件事情。“何事”部分可以改进一下，在信息里包括对丢失的鞋子的细致描述（号码、品牌、独特的样式或裁剪）。Hill 不知道作者“何时”住在酒店，住在“何地”（哪一个房间），或者“如何”归还鞋子。Hill 将不得不写信或打电话给作者来了解丢失的具体细节，而这些不便可能妨碍她执行客户的要求。

确保信息的精确性 在商务信息中不精确的信息沟通能引起很多问题，从引起尴尬、降低效率到严重的安全和法律问题。不精确的信息的影响可能持续到你发送完它之后的几个月甚至几年，或者你可能使组织陷于一些它根本没有准备或者不能实现的承诺之中。

你可以通过审查所收集的每一条信息来使错误最小化。如果你正在查阅组织之外的信息，检验一下它们是否真实可靠，尤其要小心使用互联网上的信息。你将在第10章看到，由于网络发布的简单性和编辑失察的频繁发生，使用网上信息时需要更加细心。一定要对一些数学的或者财务的数据进行复查。检查所有的日期和图表，并检查你自己的假设和结论确实真实可靠。

确保信息合乎道德规范 通过努力工作来确保你收集信息的精确性，也可以避免信息中的许多道德问题。如果你犯了一个常识性错误，例如，最初传递信息时，你认为是对的，但随后发现错了，立即联系信息的接收者并纠正错误。在那种环境下没有人会因此责怪你，而且大多数人会尊重你的诚实。

如果重要信息被删除，信息就可能是不道德的。当然，作为专业商务信息，可能有合法的或者其他商业化的原因而不必包括每件事情的每个细节。那么应该包括多少细节？确保包括足够的细节而不至于误导受众。如果不确定受众需要多少信息，提供你认为足够多的最适合的全部解释，按照这个去组织信息。

确保信息的相关性 在收集信息时，注意对受众来说更重要的信息。受众会因你优先收集他们需要的信息、过滤掉他们不需要的信息而大加赞赏。另外，通过关注与受众最相关的信息，也更加确保了信息的有效性。

如果你不了解受众，或者与不同区域的人群进行沟通，就要利用常识来辨别兴趣点所在。受众因素，例如年龄、工作、位置、收入和教育等，可以给你提供一些线索。如果试图在一个健康俱乐部销售会员卡，你可能要针对运动员、繁忙职业者、家庭以及不同位置和不同收入阶层的人来调整信息。完善的设备和专业的教练将吸引运动员，而较低的价格将吸引收入较少的大学生。

一些信息必须要传送给具有各种不同的教育水平、对问题了解程度以及其他因素的受众。在这类情况下，你就只能选择满足最可能范围的受众成员。例如，图4-4展示了两页当地水域的年度水质报告，它很好地向普通公众（这个城市中的所有居民）传达了一个技术信息。注意图中的报告是如何在精确地发布技术信息的同时清晰地解释信息含义的，以及它是如何适应水的使用者的信息需求的。

4.4 选择正确的媒介

为信息选择正确的媒介，才能产生有效的沟通。[④] **媒介**就是选择沟通信息的形式。你可能选择与某人面对面交谈、写信、发电子邮件或者是进行语音信箱信息留言——还有很多其他的媒介可供选择。

---

④ Laurey Berk and Phillip G. Clampitt, "Finding the Right Path in the Communication Maze," *IABC Communication World*, October 1991, 28—32.

ANNUAL WATER QUALITY REPORT

Important Terms Used In This Report

帮助读者理解描述水质的科学术语

Maximum Contaminant Level Goal (MCLG) - The maximum goal level of a contaminant in drinking water below which there is no known or expected risk to health. MCLG's allow for a margin of safety.

Maximum Contaminant Level (MCL) - The level of a contaminant allowed in drinking water.

Treatment Technique (TT) - A required process intended to reduce the level of contaminant in drinking water.

Action Level (AL) - The concentration of a contaminant which, if exceeded, triggers treatment or other requirements that a water system must follow.

Parts per Million (ppm) Parts per Billion (ppb) - A part per million means that one part of a particular contaminant is present for every million parts of water. Similarly, parts per billion indicate the amount of contaminant per billion parts of water.

Not Applicable (NA) – Means that EPA has not established MCLG's for these substances.

Disinfection By-Products (DBP's) - Organic compounds resulting from the interaction of chlorine with natural organic matter in water supplies.

Who Can I Contact For More Information?

提供有用的联系方式

To obtain more information on water quality issues contact any of the following agencies:

Alderwood Water & Wastewater District
Water Quality Division
Telephone: 425-787-0250
www.alderwoodwater.com

U.S. Environmental Protection Agency
Safe Drinking Water Hotline
Telephone: 800-426-4791

Washington State Department of Health
Regional DOH Office
Telephone: 253-395-6750
www.doh.wa.gov/ehp/dw

How can I get involved in water quality decisions?

解答许多相关的客户可能会问的一个问题

The Alderwood Water & Wastewater District regular Board of Commissioners meetings are scheduled at the District Administration Building at 3626 156th Street SW, Lynnwood WA. each first and third Monday of the month.

Terms Simply Stated

通过提供几种类比测量法来帮助读者了解很小的数量的意义

Parts per million (ppm)	Parts per billion (ppb)
3 drops in 42 gallons	1 drop in 14,000 gallons
1 second in 12 days	1 second in 32 years
1 penny in $10,000	1 penny in $10,000,000
1 inch in 16 miles	1 inch in 16,000 miles

ANNUAL WATER QUALITY REPORT

Water Quality Results

以适当的科学格式显示检验结果，但是通过解释各种物质分别是什么以及水质是否达到政府标准来帮助非技术型的读者

Last year, your drinking water was tested for hundreds of possible contaminants. The contaminants that were detected are listed in the following tables. In reading this data, it is important to note that all of these contaminants were present in amounts below the United States Environmental Protection Agency's (USEPA) allowable levels. To ensure tap water is safe to drink USEPA prescribes regulations that limit the amount of certain contaminants in the water provided by public water systems.

Regulated Contaminants		EPA Regulations		Your Water Results		
SUBSTANCE	UNITS	IDEAL LEVEL/ GOAL (MCLG)	MAXIMUM ALLOWABLE (MCL)	Range or Other	Average Value or Highest Result	Comply?
Nitrate	ppm	10	10	0.05 - 0.12	0.09	YES
The small amount of Nitrate comes from natural sources in the water source						
Total Coliform Bacteria	% Positive	0	Not More Than 5% Positive Per Month	0%	0%	YES
Total coliform bacteria testing is used to monitor microbial quality in the water distribution system. In Alderwood, a minimum of 100 samples must be collected each month. Not more than 5% of the monthly total can be positive for total coliforms.						
Fluoride	ppm	2	4	0.7 - 1.1	1.0	YES
Fluoride is added to your water in carefully controlled levels for dental health.						
Haloacetic Acids (5)	ppb	NA	60	16.6 - 45.1	35.5	YES
Total Trihalomethanes	ppb	NA	80	30.2 - 58.7	47.3	YES
Haloacetic acids and trihalomethanes form as by-products of the chlorination process that is used to kill or inactivate disease-causing microbes.						
Turbidity	NTU	NA	TT	100%	0.08	YES
Turbidity is a measurement of the amount of particulates in water measured in Nephelometric Turbidity Units (NTU). Particulates in water can include bacteria, viruses and protozoans that can cause disease. Turbidity measurements are used to determine the effectiveness of the treatment processes used to remove these particulates. Values reported are the lowest monthly percentage of samples that met the turbidity limit (0.3 NTU for EPA and 0.1 NTU for the State) and the highest filtered water turbidity measurement obtained in 2004.						

Cryptosporidium Reporting

Cryptosporidium is a microscopic organism that, when ingested, may cause diarrhea, fever, and other gastrointestinal distress. It can be found in all of Washington's rivers and streams and comes from animal wastes in the watershed. Cryptosporidium is eliminated by effective treatment including filtration, sedimentation and disinfection. Your water is tested regularly for the presence of Cryptosporidium. In 2004, one of the 12 monthly samples of the raw, source water showed the presence of Cryptosporidium. However, no Cryptosporidium was detected in the finished/treated water you receive.

Cryptosporidium	Units	Ideal Level/ Goal (MCLG)	Your Water Results	
			Range	Average
Cryptosporidium parvum oocysts	oocysts/L	N/A	0 - 1	0
One monthly sample of the raw, source water showed the presence of Cryptosporidium.				

图 4-4 以受众为中心的报告(节选)

事实上,近些年随着多媒体形式的选择越来越多,对媒介的分类变得越来越模糊。为方便讨论,你可以认为媒介就是传统的口头或者书面工具。如今,电子媒介大大拓展了口头、书面媒介,甚至是三种媒介结合在一起所能达到的范围。每一种类型的媒介都有其优缺点。

4.4.1 口头媒介

主要的口头媒介包括面对面对话、访谈、演讲、现场演示和会议。相互之间能够真实地看到、

听到并做出反应可以令沟通者受益，并使口头媒介具有以下几个优点：

- 提供即时的反馈。
- 允许一定程度的互动。
- 包含丰富的非语言暗示（身体姿势和声音变化）。
- 可以表达信息背后的感情。

传统的口头媒介有助于引导受众提出疑问，做出评论，共同努力达成一致或做出决定。然而，如果你不想或者不需要那些现场的互动，那么口头媒介就有如下一些缺点：

- 只有在场的人可以参与。
- 除非作记录，否则不提供永久的、可核实的沟通记录。
- 减少了沟通者对于信息的控制。
- 经常会剥夺你修改或者编辑讲话内容的机会。

4.4.2 书面媒介

书面媒介有多种形式，从传统的备忘录到印制质量可以与杂志相媲美的彩页报告。大多数信件和备忘录都是相对简要的文件，通常只要一两页纸，尽管有的可能更长一些。备忘录用于组织内部的一些常规的、日常的信息交换。由于它们的公开性和非正式的传输方式（电子邮件或者办公室间来往信函），备忘录的保密性比不上信件。

信件是发送给组织外接收者的书面信息，所以除了传达特殊信息之外，还执行着一项重要的公共关系职能，那就是与客户、供应商和其他组织建立良好的工作关系。在日常沟通中，许多组织依赖正式信件来节省时间和金钱。正式信件对于一次性大量邮寄尤其方便，例如产品销售信息、组织活动信息和节日问候等祝福性信息。第7—9章讨论了备忘录、信件、即时信息和其他简短信息的形式。

报告和建议书通常比信件和备忘录要长。这些事实性的、客观性的文件可能被发送到内部或者外部，这取决于它们的目的和主题。这些文件有许多形式，包括单行本、信件、备忘录和手写稿等。其长度范围从几页到几百页不等，而且通常采取比通常的商务信件或者备忘录更加正式的语气。第12—14章将对报告和建议书进行详细讨论。

书面媒介相对于口头媒介有以下优点：

- 有利于计划和控制信息。
- 提供永久的、可核实的记录。
- 有助于将信息传达给地理上比较分散的受众。
- 能将在口头信息中常见的曲解减到最小。
- 可以用于避免直接的互动。
- 减少了一些不适合的情绪成分。

同时，书面媒介有以下缺点：

- 不利于快速反馈。
- 缺乏口头媒介拥有的丰富的非语言暗示。
- 通常需要更多的时间和资源去写作和分发。
- 精心制作的打印文稿需要特殊技能去准备和制作。

4.4.3 电子媒介

电子媒介包括电子邮件、电话、光盘、传真、语音邮件、即时通信、网站、博客和其他多种形式。当你想给主管、客户、投资者或其他核心受众留下良好的印象时，使用电子媒介可以辅以计算机动画、视频甚至是音乐来增加活力和视觉吸引力。电子交流途径的不断增加是福也是祸。你有比以前更多的工具可以选择，但是选择本身也使沟通过程复杂化。诀窍在于在各种情况下，选择能达到最佳整体工作效果的工具。没有规则告诉你在每种情况下选择哪种工具，但是以下几点有助于决定什么时候选择电子媒介而不是传统形式[5]：

- **电话**仍然是许多组织的命脉，无论是组织内部还是外部沟通。但即使是原始的电话也已迈入了互联网时代，目前的技术已经有能力让电话通话在互联网上进行。网络电话，技术术语 VoIP (Voice over Internet Protocol)，是一项基于互联网的电话服务业务，给全球范围的商务沟通提供了更便宜的长途服务。[6]

- 当不需要直接答复时，**语音邮件**可以替代简短的备忘录和电话。然而，语音邮件对于冗长复杂的信息却是不利选择，因为信息很难被纠正。

- **电话会议或视频会议**对于传达信息的会议来说是最好的，但是，对于高度互动式的会议来说则比较低效，例如谈判。新的网上在线会议比传统的视频会议更经济实惠。

- **录影带或视频光盘**对于向大众传达动员性信息来说通常是非常有效的。通过传递非语言的暗示，能增强发送者的真诚和可靠的形象；但是它们不能提供直接反馈的机会。

- **电子文档**通过电子邮件、即时通信网络或光盘发送书面材料。除简单的文字处理软件之外，Adobe 的便携式文档格式文件(PDF)是最普遍的电子文件。电脑用户可以在屏幕上通过免费阅读软件观看 PDF，并且 PDF 比文字处理软件文件(如 Microsoft Word)安全性更高、更不易受病毒攻击。

- 当必须要求打印件时，**传真**就可以克服时区障碍。它有书面信息应该具备的所有特征，除了(1) 相对于信件来说缺乏保密性。(2) 看上去可能不够干净，甚至不太专业，而且这取决于接收者所用机器的质量。基于互联网的传真服务，譬如电传，由于不需要专门的传真线路和机器，大大降低了费用。

- **电子邮件**具有快速、廉价、便捷的特点。对于内容简单、要求时效性的信息来说电子邮件是最好的方式。由于其快速的传达时间，电子邮件比传统媒介的语言更具对话性(第 5 章对如何写作有效的电子邮件提出了更多建议)。

- **即时通信(IM)**通过个人计算机进行实时的、一对一的和小群体的文本会话。例如，计算机巨头 IBM 公司的雇员每月发送超过 500 万条的即时通信。[7] IM 比电话更万能，并且比电子邮件更快。文本信息能被立即接收并且显示在接收者的计算机屏幕上，并且在几秒钟之内得到回应。同样，你能使用 IM 交换文件或在网络聊天室召开虚拟会议。最新的 IM 系统提供附件传送、声音和视频沟通以及其他新增功能。手机短信是基于电话的信息媒介，在亚洲和欧洲的普通消费者中早

---

⑤ Berk and Clampitt, "Finding the Right Path in the Communication Maze."

⑥ Jon Van, "Technology Notebook Column," *Chicago Tribune*, 13 March 2004 [accessed 19 March 2004] www.ebsco.com.

⑦ Kris Maher, "The Jungle," *Wall Street Journal*, 5 October 2004, BIO.

已流行,如今在美国也终于流行起来。[8] 虽然手机短信在 IM 的许多能力方面有缺陷,但是它给企业提供了一个便捷的方式来传送简单的信息。

- **网站和博客**已经成为许多企业的重要沟通平台。通过吸引不同的受众群体进入网站的不同部分,一个设计良好的网站可以将同样的信息同时传达给很多不同的受众。近年来,沟通者越来越倾向于寻找快速的、非正式的信息途径来与客户或其他受众沟通,博客也已随之在商务界普及。在这一新奇的媒介中,又最新出现了视频博客(vblog)和手机博客(moblog)。[9] 你如果想学会更多关于网络写作的知识,可以登录 www.prenhall.com/mail。

如你所见,电子信息提供了很多好处:

- 信息传输速度快。
- 可以到达远距离的受众。
- 可以直接到达分散的每一个受众。
- 提供多媒体格式的说服力。
- 能提高组织的公开性和透明度。

尽管有很多优点,电子媒介也不是完美的。下面是一些需要考虑到的缺点:

- **电子媒介可能会制造紧张和冲突。**电子信息给人一种匿名的感觉,所以人们有时候在电子邮件或者即时通信里说一些他们不能当面说或者在传统文件里不能说的事情。
- **容易过度使用。**将信息发送给多个接收者的能力已经成为造成信息超载的主要原因。
- **引发公司的数据安全威胁和恶意软件问题。**将计算机与互联网连接容易引发很多潜在的安全问题,包括计算机病毒、信息失窃和间谍软件(潜入个人电脑来获得信用卡号码和其他机密信息的恶意软件)。
- **通常缺乏保密性。**一些人在筛选发送对象时不仔细;另外接收者能够很容易地把信息发送给其他任何人。除此之外,雇主可以合法地监视电子邮件、即时通信和语音邮件,它们都可以作为证据向法院提交。
- **电子媒介可能严重地降低员工的工作效率。**无论是不断的电子邮件、即时通信、语音邮件、电话会议和传真,还是网上冲浪和在工作时间浏览与工作无关的网站,都很容易使员工在工作中分心。一些公司通过限制网上冲浪,甚至是在每周的特定时间关闭电子邮件这些手段来解决工作效率的问题。

4.4.4 选择媒介时需要考虑的因素

在选择信息的媒介时考虑受众的需要,选择能够满足你和受众双方需求的最适合的媒介,如图 4-5 所示。然而,同样重要的是考虑信息是如何被以下因素所影响的:

---

[8] Kevin Maney, "Surge in Text Messaging Makes Cell Operators: -)," *USA Today*, 28 July 2005, B1—B2.

[9] David Kirkpatrick, "It's Hard to Manage If You Don't Blog," *Fortune*, 4 October 2004, 46; Lee Gomes, "How the Next Big Thing in Technology Morphed into a Really Big Thing," *Wall Street Journal*, 4 October 2004, B1; Jeff Meisner, "Cutting Through the Blah, Blah, Blah," *Puget Sound Business Journal*, 19—25 November 2004, 27—28; Lauren Gard, "The Business of Blogging," *BusinessWeek*, 13 December 2004, 117—119; Heather Green, "Online Video: The Sequel," *BusinessWeek*, 10 January 2005, 40; Michelle Conlin and Andrew Park, "Blogging with the Boss's Blessing," *BusinessWeek*, 28 June 2004, 100—102.

使用书面媒介的情况

- 你不想或不需要即时反馈
- 你不想或不需要与受众即时互动
- 信息很复杂
- 你需要一个永久的、可核实的记录
- 受众人数很多而且在地理位置上很分散
- 你需要保证信息在发送完之后不能改变
- 信息的情感成分很少
- 实际情况要求更加正式

使用口头媒介的情况

- 你需要从受众那里得到即时的反馈
- 信息简单易懂并且容易接受
- 你不需要一个永久的记录
- 你可以非常方便和经济地集合受众
- 你想通过鼓励互动来解决问题或者得到一些决策
- 你想看到受众的身体语言或者听出他们回应的语气
- 信息有情感成分

使用电子媒介的情况

- 你需要快速传送信息
- 你与受众身处异地
- 你想给受众一个编辑信息的机会（例如编辑一个文档处理文件）
- 利用多媒体使信息受益，例如音频和视频
- 你想利用电子媒介的优势

图 4-5　选择最合适的媒介

- **媒介丰富度**。丰富度是指一个媒介是否有能力(1) 通过多种信息暗示(视觉的、文字的和听觉的)来表达信息;(2) 促进反馈;(3) 带来个体关注。最丰富的媒介是面对面的沟通;它是个体的沟通,提供即时反馈(语言的和非语言的),并且表达了信息背后的情感。[10] 多媒体演示和多媒体网页也非常丰富,能够展示图像、动画、文本、音乐、声音效果和其他要素,并且能够在某种程度上进行个性化。在按丰富度排序的另一端的则是最贫乏的媒介——那些用最简单的方式沟通、不提供受众反馈的机会、而且不够个性化的媒介,如图 4-6 所示。丰富的媒介可用于发送非常规的、复杂的信息,使在整个组织中的信息传达更人性化,向雇员表达关怀,以及取得雇员对公司目标的忠诚。而贫乏的媒介则用于发送简单、常规的信息。

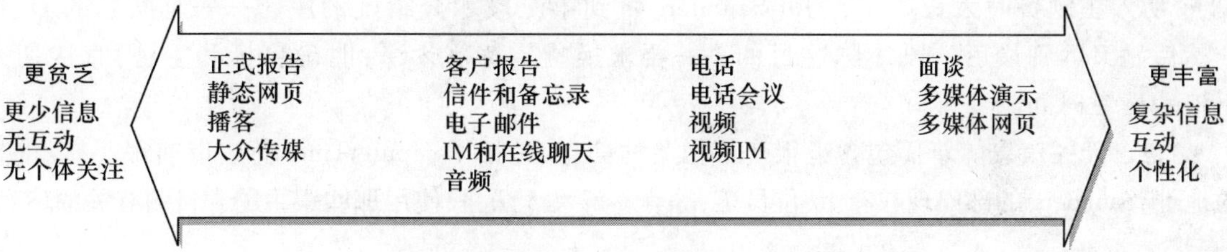

图 4-6　媒介丰富度

---

⑩ Berk and Clampitt, "Finding the Right Path in the Communication Maze."

• **信息正式度。**媒介主导了传达信息的风格和语气。例如,写一封电子邮件,跟手写一封信有不同的正式程度。如果目的是与员工分享简单的信息,例如改变在自助餐厅的休息时间,可能发一封电子邮件要比手写一封正式信件或者冗长的面谈效果好。同样的,起草一份与员工交谈的主要内容要比起草一封申诉信非正式得多。

• **媒介局限性。**每一种媒介都有其局限性。虽然面对面的沟通是收获最多的沟通方式,它也是最受限制的一种方式,因为你和受众必须处于同时同地。[11] 再比如即时通信,它在传达简单的、直接的信息时是完美的,但对于传达复杂的信息来说却是低效的。

• **发送者意图。**对媒介方式的选择影响受众对意图的理解程度。如果强调信息的正式性,就要用一种更正式的传达媒介,譬如备忘录或信件。如果强调信息的机密性,则使用语音留言而不是传真,寄一封信而不是写备忘录,在私人谈话中询问而不是在集体会议中讨论。如果要逐渐培养受众对企业价值的情感忠诚度,则考虑使用视觉媒介,例如个人演讲或者电视会议。如果要得到直接的反馈,可选用面谈、电话或者使用IM。[12] 而如果需要书面记录,则使用一种书面媒介或同等的电子媒介,例如在内联网上发布。

• **紧迫性和成本。**如果信息是紧迫的,你可能会使用电话或者IM。但是不要忘记斟酌追求速度的成本。比如,如果你发现了你的公司在发货上出现了失误,你会毫不犹豫地给澳洲的一个重要客户打电话,但是当向同一客户传达正常的订货确认时,你就很有可能选择发传真或者电子邮件。

• **受众偏好。**一定要考虑受众更期望或者比较喜欢哪种媒介。[13] 如果你的大学通过传真颁发大学文凭,你会怎么想?你当然更期望学校在毕业那天亲手交给你或者寄给你。另外,有些文化习惯会倾向于某种媒介。譬如,美国人、加拿大人和德国人更重视书面信息,然而日本人更重视口头消息——也许是因为他们高语境文化中的非语言暗示和"言外之意"包含了太多的信息。[14]

一旦你根据目的、情况和受众选择了一种最好的媒介,你就要开始考虑组织信息了。

4.5 组织信息

从最简单的信息开始,组织能决定任何信息的成败。对比图4-7中信件的草稿和修订稿,作者要求退换一个有毛病的DVD光驱。草稿显示了四种最常见的组织错误:

• **切入主题费时太长。**作者Jill Saunders直到第三段才介绍她的主题——有问题的DVD光驱。然后她又等到最后一段才陈述目的——要求换货。*解决方法*:明确目标和主题,直接切入主题不浪费读者时间。

• **包含无关信息。**草稿包含了很多不相关的信息:包括ComputerTime商店以前很小,以前在不同的地址,Saunders的部门现在有15位员工,等等。*解决方法*:只使用那些跟主题和目的有关的信息。

---

⑪ Ibid.

⑫ Ibid.

⑬ Raymond M. Olderman, 10 *Minute Guide to Business Communication* (New York: Alpha Books, 1997), 19—20.

⑭ Mohan R. Limaye and David A. Victor, "Cross-Cultural Business Communication Research: State of the Art and Hypotheses for the 1990s," *Journal of Business Communication* 28, no. 3 (Summer 1991): 277—299.

草稿

在六年前我刚被雇用的时候，General Nutrition Corporation与ComputerTime就已经有业务往来了。那时候，你们的大厦比现在小，并且它位于Federal Avenue和2nd N.W.的交岔口。我们的管理员Jared Mallory是你们最早的客户之一。我仍然记着那一天。那是我那时开过的最大额的支票。当然，这么多年来，我早已习惯比那还大额的采购了。

我们的部门现在有15位员工了。作为会计师，我们需要计算机正常运行才能进行我们的工作。而我们为我的助理Suzanne购买的DVD刻录机一直都有问题，在三个月的时间里，我们把它拿到授权服务中心修理了三次，并且Suzanne对机器非常小心，从来没有使用不当。在多次修理后，它仍然无法正常工作，而Suzanne厌倦了将它搬来搬去。这个时候是我们最忙的时节，我们每天工作很长的时间，没有人有空。

这是我们第一次在你们商店退换商品，我希望你们会同意我们应该得到更好的待遇。

- 没有解释信件的目的而是马上陷入介绍毫不相关的细节
- 直到第二段才刚要开始介绍中心思想
- 没有提供问题的具体信息
- 没有明示她想要读者做什么

修订稿

GNC LiveWell.

September 13, 2006

客户服务部
ComputerTime
247 Allison Avenue
Pittsburgh, PA 15202

尊敬的客户服务部代表：

请更换GNC在2004年11月15日购买的不合格的DVD刻录光驱（Olympic Systems，型号PRS-2）。在我们的助理将其安装在电脑（一台HP Compaq dc5100）上之后不久，它就开始发生故障，并且从那时开始就一直问题不断。

我们将光驱送到授权服务中心，他们确认问题只是接口松动。维修服务人员将光驱修好了，但4月份我们不得不再次将它送去维修——还是接口松动的问题。之后三个月里，光驱运转还算良好，尽管刻录时间偶尔很慢。两个月前，这个光驱又不能使用了。维修人员再一次认为是接口松动的问题并作了修理。虽然这个光驱现在又可以使用了，但是它时常发出奇怪的噪声，而且刻录一张光盘需要很长的时间。

虽然这几次修理的都是小问题并且是一年保修期内免费修理的，但是我们对这个刻录机很不满意。我们希望可以更换一个其他制造商的类似机型。

GNC与贵商店已有六年的业务往来，而且我们希望在这一问题顺利解决后，继续从贵商店采购商品。请于9月20日前告知答复。

真诚地，

Jill Saunders

Jill Saunders
会计主管

st

- 在主体部分提供细节以便读者理解Saunders为何认为存在问题
- 以要求开篇并立即说明相关细节
- 提供了问题的详细历史以便读者能够清楚地了解她的失望
- 向读者提出明确的要求
- 强调（用冷静的、有礼貌的方式）GNC在问题解决之前将不会向对方购买任何商品

图 4-7　改进信件的组织

• **意思混杂**。Saunders 试图说明很多要点：(1) 她的公司作为 ComputerTime 的客户已经有很长时间了，(2) 它在 ComputerTime 购买了很多的商品，(3) DVD 光驱不能工作，(4) Saunders 需要

退换商品。尽管如此,这些内容被混杂在一起并且在文中置于错误的位置。*解决方法*:将要点分组,按逻辑顺序逐一表达。

- **遗漏了必要信息。**ComputerTime 需要知道 DVD 光驱的牌子、型号和价格,购买的日期,以及设备存在的具体问题。Saunders 也没有说明她想要该商店做什么:是给她换个同一型号的新光驱,还是换个型号,或者干脆退货? *解决方法*:提供受众做出作者期望的回应所必要的全部信息。

修订过的版本更正了以上四个错误,完成了一封更有效的信件。

在随后各章中你将会看到,不同类型的信息需要不同的组织方案。尽管如此,在每个任务中,你都要认识到良好组织的重要性,确定主题,缩小范围,选择直接或间接方法,并且列出内容提纲,从而使信息符合逻辑并令人信服。

4.5.1 认识良好组织的重要性

对拙劣的组织来说,最好的结果是给受众带来不必要的工作,强迫他们设法理解你的信息,而最坏的结果是导致受众得出错误的结论,或者使他们放弃阅读或倾听。如果你被公认为毫无条理的沟通者,人们就会想办法忽略你传递的信息。换句话说,组织不当的信息对公司业务和传递者的职业生涯都有害。

有效的组织还能节约时间和精力。你起草得更快,因为你不需要浪费时间在错误的行文和多余的信息上。你也可能用自己的组织计划,从受众那里提前得到一些信息输入。这样,你在花费好几个小时进行写作之前可以确保不离题。此外,如果做一个更大更复杂的项目,你可以用组织计划将文案工作分配给合作者。

除了帮助你,良好的组织还可以在三个方面帮助受众。第一,帮助受众理解信息。通过从一开始使你的中心思想清晰化并有逻辑地表达信息,组织良好的信息能够满足受众的全部需要。

第二,有效的组织帮助受众接受信息。有效信息的要求不仅是简单、清楚的逻辑。圆滑的表达方式可以帮助接收者接受信息,即使不完全是他们想要听到的信息。在前面的案例中,Jill Saunders 要求 ComputerTime 采购另一制造商的产品,但是 ComputerTime 不能完全做到 Saunders 的要求(而是从同一个制造商那里换货)。因此,来自 Linda Davis 的回复信传递的是一个负面的信息,但是这封信的风格是得体和积极的,如图 4-8 所示。

第三,好的组织可以为受众节省时间。精心组织的信息是高效的。它们不仅只包含相关内容,而且简单明了。另外,在精心组织的信息中所有的信息都处于合理的位置。受众仅仅接收他们需要的信息,而且由于这些信息是以尽量简洁易懂的方式表达的,他们可以毫不费力地跟上你的思路。在可以开始处理信息之前,花些时间来确定你的中心思想。

4.5.2 确定主题

每则商务信息的**主题**,都可以浓缩成一个观点,无论是请求执行委员会提供更多财政预算,还是因为客户服务不佳而向客户道歉。整个信息都是为了支持、解释或者论证**中心思想**——对信息主题的明确陈述,如表 4-1 所示。

ComputerTime
247 Allison 大道，Pittsburgh，PA 15202
(412)381-8870/Comptime@netins.net

September 17, 2006

Jill Saunders女士
会计主管
General Nutrition Corporation
300 Sixth Ave.
Pittsburgh, PA 15202

尊敬的Jill Saunders女士：

（确认收到Saunders的来信并对她的遭遇表示同情）

感谢您让我们了解到您去年11月购买的Olympic DVD刻录光驱的使用经历。非常抱歉该产品没能正常工作。

（巧妙地让Saunders知道她应该及时退回货物，但是没有批评她没这么做）

（显示公司为客户的问题负责并设法恢复客户关系）

正如你所知，22年来，ComputerTime对出售的所有商品提供30天内无条件免费退换的服务。尽管您购买的光驱已经超过了30天的期限，但它仍然在制造商提供的保修期内。为了不麻烦您另外联系，我已经替您联系了Olympic公司。他们已经同意发送给您他们最新型号的DVD刻录机，他们向我保证这款机器能每时每刻为您提供最佳工作性能。

（提出将来必要的进一步沟通）

如果这不是一个令您满意的解决办法或者您还有其他什么问题，请直接与我联系。

（鼓励未来的购买）

同时，我想邀请您前来参加我们11月即将举行的促销，届时将有多种计算机及配件产品降价销售。

真诚地，

Linda Davis

Linda Davis
客户服务部

hg

图 4-8　示范组织计划技巧性的信件

表 4-1　确定主题和中心思想

一般目的	具体目的	主题	中心思想
告知	教会客户服务代表如何将保险索赔申请归档	保险索赔	恰当的归档节约公司的时间和费用
说服	说服高层管理人员增加研发经费	研发资金	竞争者比我们投入了更多资金在研发上
合作	为在公司范围内将利润与工资挂钩的激励制度征求意见	激励工资	将利润与工资挂钩能激励员工并在困难的年份减少工资成本

当准备一个含有不会影响受众情绪的简单事实的简要信息时，主题是一目了然的。如果你是在回复某人对信息的要求，你的中心思想可以非常简单："这就是你要的。"然而，如果你要设法说服某人或要传达负面的信息时，确定中心思想就复杂得多了。在这些情况下，努力确定一个能在你和受众之间建立良好关系的中心思想。例如，你可以选择一个突出你与受众的共同利益或者强调双方共识的中心思想。

在较长的文档和演讲中，你经常需要综合大量的材料，所以需要确定一个包含你想要表达的所有要点的中心思想。在所有要点中找到一个共同的思路可能是很大的挑战。有时你只有通过整理所有信息才能确定中心思想是什么。对于像这样困难的任务，可以考虑使用下列各种技术来获得创造性的想法：

- **头脑风暴法**。单独或与其他人一起努力，酝酿尽可能多的想法和问题，不要停下来分析或者组织。在获得所有的想法以后，寻找各种模式和相互联系来辨认中心思想并将支持观点分类。例如，你的中心思想是否是在丹佛开设一家新的餐馆，你可能发现一部分思想与资金回报有关，而另一部分与竞争力有关，等等。确定这些分类可以帮助你看到主要问题，从而使你得出确信的结论。
- **新闻报道法**。如本章前面部分所介绍的那样，运用新闻报道法，可以通过询问何人、何事、何时、何地、何故和如何，从一大堆无组织的信息里提取主要的观点。
- **问答链**。从受众的角度提出一个关键问题，以此开始回溯信息。大多数情况下，你会发现每个回答都会带来新的问题，直到你明确了所需要的信息。
- **故事讲解**。有些人觉得先把要进行的沟通任务从头到尾说明白，然后再写，会更容易一些。假装你在给一个同事讲解你的信息并且将讲解用录音机记录下来。然后听听你的讲解，想办法使信息更严密和清晰，并重复这个过程。这样进行几次录音，能帮你将主题思想精炼为一条单独的、精确的信息。
- **头脑绘图法**。你也可以通过一种叫做头脑绘图法的图解法来产生和组织各种观点。以一个中心思想开始，然后扩展开来连接到脑海中浮现的每一个观点。例如，图4-9列出了作者自己对报告的关注点、她对受众关注点的思索，以及其他有关该报告的写作和分发的问题。

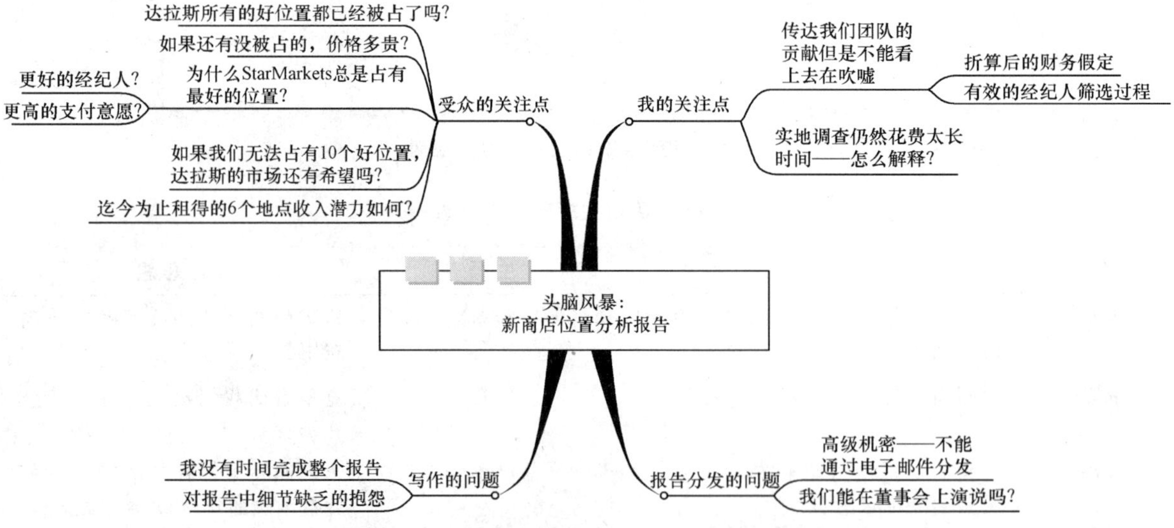

图4-9 用头脑绘图法计划一个写作方案

4.5.3 限定范围

信息的**范围**是指呈现的信息的广度、整体长度和细节水平，所有的这些都需要与中心思想相对应。对于一个提出是否在丹佛新开一家餐馆的建议的报告，你的信息，包括所有的支持证据，只需要集中于这一个问题。新菜单选择的计划和新资金来源的想法都是超出该信息范围的。

无论受众期望一个只有一页的备忘录还是一个一小时的演讲，都要在确定的框架内通过主要论点和支撑论据来列出中心思想。一旦暂时确定了一个对中心思想的表述，就要用长度限制来对它进行检验。如果没有足够的时间和篇幅去完全表达中心思想，或者如果中心思想不足以填满时间和篇幅，就需要相应地重新确定它。如果你没有需要遵循的固定限制，那么就根据需要表达的中心思想和关键支持论点来计划文档或演讲的长度。

无论信息有多长，把主要支持论点限制在大约六条左右——如果你能用更少的要点说清楚中心思想那么更好。列出20或30个要点可能让你看上去做得很全面，但是受众会觉得这些细节非常杂乱而且毫无头绪。相反，可以寻找合适的方式把要点归到主要标题下面，例如财务、客户、竞争者、员工或者其他任何适合主题的标题。正如你可能需要精炼主题，你可能也需要减少主要支持论点的数量，达到四两拨千斤的效果。

如果信息非常简短（比如，4分钟或者1页），那么给引言、结论和每个论点分别计划1分钟或者1段。因为你可以提出的论据数量是有限的，中心思想要既易于理解又易于接受。尽管如此，如果信息很长（比如，60分钟或者20页），你可以通过大量的细节来阐述主题。你可以在每个主要论点上花10分钟或者10个自然段（相当于按两倍行距和10号字打印的三页多），并且仍然能为引言和结论留有空间。

你在一定字数内可以表达多少内容取决于主题的本质、受众对主题的熟悉程度、他们对结论的接受程度，以及你的可信度。向了解和尊重你的、内行的受众表达常规的信息只需要较少的字数。而你需要花更多的时间在复杂和有争议的主题上建立共识，尤其是在面对持有怀疑和敌意态度的陌生人时。

4.5.4 选择直接法或间接法

在确定主题之后，你就可以决定表达各论点的次序了。有两种基本选择：

- **直接法（演绎法）**。当你知道受众会接受信息时，以主题开头（比如一个建议、结论或者请求），随后陈述支持论据。
- **间接法（归纳法）**。如果受众对信息持怀疑或抵制态度，则首先以证据开头，在表达主题之前构建论据框架。

在这两种备选方案中选择一种，需要分析受众对目的和信息的可能反应。记住，每条信息都是独一无二的，没有一个简单的公式能解决所有的沟通问题。比如，尽管对外传达坏消息时，间接法是最好的选择，但是当写备忘录给合作者时，即使信息令人不愉快，也需要使用直接表达。不论受众是何态度，直接法对于长篇信息来说都是个好选择，因为拖延表明中心思想会造成混乱和挫折。图4-10概括了如何根据受众的可能反应选择不同的表达方式。信息的类型同样会影响对直接法或间接法的选择。

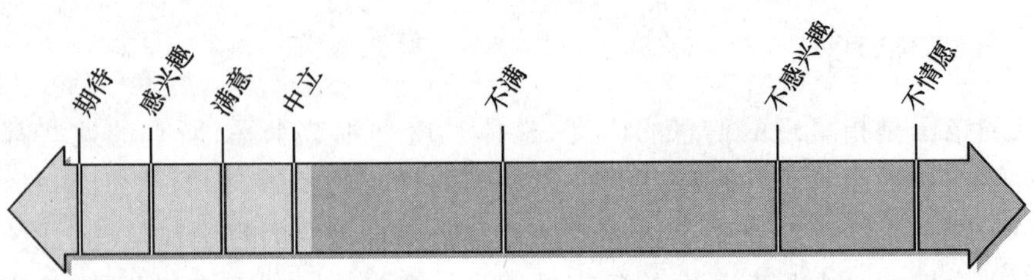

	直接法	间接法	
受众反应	期待/感兴趣/满意/中立	不满	不感兴趣/不情愿
信息开头	以主题开头，表达要求或者好消息。	以一个中立的陈述开头，作为坏消息原因的过渡。	以陈述或者设问开头来吸引注意力。
信息主体	提供必要的细节。	解释负面答复使之正当化。陈述或者提示坏消息，并提出积极的建议。	唤起受众对主题的兴趣。为受众的合作意愿建立基础。
信息结尾	以诚恳的建议、对好消息的提及或对需要的特定行动的陈述结尾。	诚恳地结尾。	请求行动。

图 4-10　在直接法和间接法之间的选择

日常信息和正面信息　大部分直接商务信息都是日常信息和正面信息。比如询问产品价格或者下订单，受众通常是会合作的。如果宣布价格下调，同意支付赔偿金，接受邀请，或者向同事表示祝贺，那么受众会非常乐意。如果将提供日常信息作为你例行工作的一部分，那么受众更可能中立，既不高兴也不生气。

除了容易理解外，日常信息也容易准备。在多数情况下，使用直接法。开始直接陈述主题，不需要寻找那些创新性的引题方式。以正面的观点切入，强调信息中令人愉快的部分。你让受众有一个好心情，并鼓励他们接受你接下来要说的任何事情。接下来信息的主体就可以用来提供所有必要的细节。结尾是诚恳的，并且强调信息的积极方面或者陈述一些特定的行动要求。本书第 7 章将更详细地讨论日常信息和正面信息。

负面信息　如果你要拒绝赊账，否决赔偿请求，或者传达其他的坏消息，受众将产生失望的情绪。在这种情况下，最好使用间接法——先陈述证据，然后逐步引出主题。这个方法使你的论证理由更充足有力，不但使受众更容易接受最终结论，并且以更感性的方式对待受众，这种方式能帮助你保留更多的善意。精明的商人知道，每个和他们邂逅的人都可能成为潜在的客户、供应商、资助者或者可能对客户、供应商、资助者产生影响。

成功的沟通者会格外关注负面信息。在传递负面信息时，他们常常以中立的陈述开场，作为向陈述坏消息的原因的过渡。在主体部分，他们在陈述或者暗示坏消息之前，会给出理由使负面的答复、通知或者信息合理化。并且他们总是非常谨慎地以诚恳的语气结尾。

负面信息的挑战在于诚实而友好。你不想牺牲道德准则去误导受众；同样也不想过于直率。为了达到坦率和友好的良好结合，应该突出能够使负面信息更容易接受的方面。

要知道，间接法既不是欺骗性的也不是不符合道德准则的。只要你能保证诚实和恰当简洁，最好为负面信息选择一个中立观点开场，然后把负面信息放在解释后面。接下来，如果你可以选择一些还算积极的方法来结尾，那么受众的感觉至少是还不错的——不是很好，但是也不会有敌意（通常在传达坏消息时，你能期待的最好的情况也就是这样了）。本书第 8 章将进一步讨论负面信息。

说服性信息　劝说性信息提出的是一项特殊的沟通挑战，因为你要说服受众去给予、行动或者改变，无论是为了捐助慈善、购买产品还是改变信仰或态度。专门研究诸如销售信和其他广告之类的劝说性信息的人，通常花费数年的时间来完善他们的技巧，最杰出的从业人员的薪水甚至达到一些高级主管人员的水平。尽管你可能没有机会达到那样的水平，但是你可以学习很多基本的技巧去完善自己的劝说性信息。

在试图说服别人去做某些事情之前，抓住他们的注意力并且使他们以开放的思想来考虑你的信息。提出一个令人感兴趣的观点，然后提供事实支持去鼓励受众继续关注。在大多数说服信息中，开头往往提及受众的好处，提出接受者可能面临的问题，设问，或者给出一个令人感兴趣的数据。然后主体部分建立对话题的兴趣并唤起受众合作的意愿。一旦你让他们开始思考，就可以提出主题了。结尾要诚恳并提出期望的行动。本书第 9 章将更详尽地讨论劝说性信息。

文档修改

改进这封信

练习实际修改文档的草稿，请登录在线课程或密码保护网站“辅助网站”。点击“文档修改”，然后点击第 4 章。你会看到一封信，包括了与本章所学“计划和组织商务信息”相关的问题和错误。使用“最终稿”选项修改这封信。检查文档使其满足受众需求、正确选择媒介、正确选择直接法和间接法。

4.5.5　列出内容提纲

一旦选择了正确的方法，就该选择最有逻辑性和最有效的方式去提供细节支持了。即使这么多年来你在完成学校作业时都不愿列出内容提纲，但是当你在准备商务文档和演讲时，还是要努力养成这个好习惯。这样做可以事半功倍，并且使你在错综复杂的商务场合中游刃有余。无论是使用文字处理软件的大纲功能，还是仅仅在信封背面草草地写下三四点，制订一个计划并遵循计划都能帮助你覆盖所有重要细节。在“技术力量运用：建立并使用强大的提纲工具”中，你可以了解一些目前最强大的提纲工具。

技术力量运用

建立并使用强大的提纲工具

有经验的商务沟通者都能认识到详细计划提纲的重要性。然而，提纲并不一定要像你所记得的读书报告或其他学校作业那样单调。如今的提纲工具,比如 Microsoft Word 的大纲视图,使组织和重组想法变得非常容易,一些工具甚至有助于激起你的创造力和带来新的想法。

例如,通过遵循一致的标题和小标题,你可以快速地增加、删除和重排各个部分来保证整体结构的逻辑性和一致性。而且,在开始写作长篇文档后一旦觉得迷惑,你就可以转移到大纲模式来找到层次。将提纲收起到只剩一级标题,然后逐层展开——就像迷失在丛林中时重新观察森林的全貌一样。提纲软件也是一个很有用的研究网站结构的工具,因为你可以看到主页下面的全部结构,并且可以确保你的浏览者不会因为混乱的导航而迷惑或者失望。

对复杂的报告来说,你经常需要与一个或者多个同事合作,他们可能身处地球的不同角落。群体软件合作工具可以让不同的人同时使用同一提纲工作,通常使用集成的即时通信,这样可以在线集思广益并评估想法。与通过电子邮件传递提纲并让每个人分别修改会带来连续不断的修改和妥协不同,群体软件提纲工具可以同时让每个人提出意见、讨论并合作。

职业应用

1. 假设老板要求你根据你刚完成的报告作一个演讲。但是,她说你不需要从头开始。指出把 Microsoft Word 转成 Microsoft PowerPoint 所需要的步骤。

2. 产品设计者使用一个被称做逆向工程的过程来弄清楚一个成品是怎样组合到一起的。你也可以依照这个方法,从最终的题目和报告中看出它们是如何组织的。把一篇完整的新闻从网上剪贴到你的文字处理软件中,然后提取出它的提纲。你能对文章的组织性进行改进吗?

当你准备较长、较复杂的信息时,必须建立一个提纲,因为它能使不同部分之间的关系形象化。没有提纲,你可能会语无伦次。当你阐述某一点时,可能会想到另一点,于是你又开始阐述另一点。一次跑题连着另一次,这样下去很快你已经把最初的那一点忘在脑后了,并且浪费了宝贵的时间和精力。而有了提纲的引导,你就能以一种有条不紊的方式来表达。遵循提纲还能使过渡显得自然,从而使信息通顺连贯,受众能更好地理解各要点之间的联系。

你肯定非常熟悉基本的提纲格式,它使用数字或者字母来标记每一点,并且通过缩进来显示哪些点处于平行层次。一个好的提纲把主题划分为至少两部分,每部分限定在一个范畴内,并且确保各部分之间区别明显,如图 4-11 所示。

另一种使信息结构形象化的方式是"组织结构图",就像表示某公司管理层结构的那种图一样,如图 4-12 所示。中心思想在最顶层,像一个最高执行官一样确定大体方向。较低层的观点像基层员工一样,提供细节。所有观点按逻辑划分为不同部分,就像一个企业是由很多部门组织起来的一样。[15] 使用形象化的图表形式代替传统的提纲有很多好处。图表能帮助你(1) 弄清楚不同的层次以及不同部分之间如何联系在一起,(2) 提出新的观点,(3) 重建信息流。用于形成想法的头脑绘图法的原理与此类似。

无论建立提纲还是组织结构图,都应从信息的中心思想着手,然后是主要的支持论点,接着用论据阐释这些论点。

---

⑮ Holly Weeks, "The Best Memo You'll Ever Write," *Harvard Management Communication Letter*, Spring 2005, 3—5.

字母与数字形式的提纲

Ⅰ. 第一主要论点
- A. 第一分论点
- B. 第二分论点
    - 1. 论据
    - 2. 论据
        - a. 细节
        - b. 细节
    - 3. 论据
- C. 第三分论点

Ⅱ. 第二主要论点
- A. 第一分论点
    - 1. 论据
    - 2. 论据
- B. 第二分论点

小数形式的提纲

1.0 第一主要论点
- 1.1 第一分论点
- 1.2 第二分论点
    - 1.2.1 论据
    - 1.2.2 论据
        - 1.2.2.1 细节
        - 1.2.2.2 细节
- 1.3 第三分论点

2.0 第二主要论点
- 2.1 第一分论点
    - 2.1.1 论据
    - 2.1.2 论据
- 2.2 第二分论点

图 4-11　两种常见的提纲形式

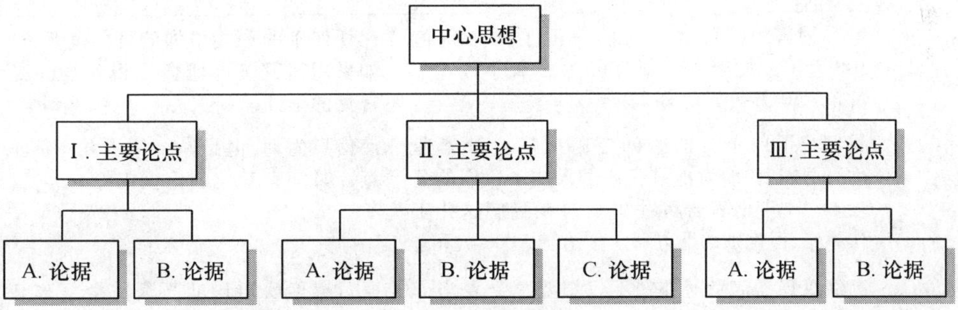

图 4-12　提纲的组织图形方法

从中心思想开始　中心思想能帮助确立目标和总体信息策略，它概括了两件事情：(1) 你想要受众做什么或者思考什么，(2) 为什么他们应该这么做。信息里的所有内容要么是支持主要论点的，要么是揭示其含义的。我们在本章前面部分提到，有些信息要直截了当地阐明中心思想，而另一些信息要提出论据后才提出中心思想。

阐释主要论点　现在该用更具体地阐明和解释你的想法的论点来支持主题了。如果你的目的是告知而且材料是事实性的，你的论点就可能是基于事物或者财务的可形象化或者可度量的东西，例如要进行的活动、职能单位、空间或时间顺序，或者整体的不同部分。当描述一个过程时，主要论点是这一过程中的必要步骤。当描述一个事物时，主要论点对应该事物的组成部分。当叙述历史时，主要论点是按时间顺序发生的事件。如果目的是说服或者合作，选择形成推理线索或逻辑论证的论点，证明主要信息并鼓励受众响应。

例证说明　在确定了中心思想和支持论点后，就要开始准备针对每个论点提出具体的论据，去帮助受众理解和记忆你表达的较抽象的概念。例如，如果要建议企业增加广告预算，可以使用大多数成功的竞争者广告费用也较高的例子来支持你的观点，也可以举出某个特定的竞争者通过增加广告预算而取得了销售额的重大突破的例子。然后说明在过去的五年里，本公司的销售额随着广告费用而波动。

如果你要完成一个长篇且复杂的信息,可能需要多个层次。记得每细分一个层次都是为了从抽象到形象,从一般到具体。并且最低层次包含了论据、具体的事实和数据,将结论与真实可观的、可度量的世界联系起来。最高层次是揭示这些事实的重要意义的概念。

在某种程度上,提供越多的证据,论点就越可信。如果话题是复杂生僻的,或者受众持怀疑态度,你就需要许多事实和数据来论证观点。另一方面,如果主题是日常的,受众是积极的,就不需要太多的论据。你需要给论点提供足够多的支持使之可信,但是不要多到让信息看起来很枯燥或低效。

另一让受众保持兴趣的方式是使你提供的细节的类型多样化。在起草时,尝试着使用在表 4-2 中列举的方法。从事实和数据转向叙述,增加一些细节描述,给出几个案例或者权威人士的参考意见。如果有必要,你可以用可视化工具来加强这些细节。把信息想象成一道炖菜:混合的配料加上各种调料。每种味道都会让整体更丰富。

表 4-2　六种形式的细节

细节的形式	例子	建议
事实和数据	本月销售势头强劲。我们获得了两个价值 500 万美元的合同并很有可能再拿下另一个价值 250 万美元的合同。	比任何别的形式增加的可信度都高。如果用得过多可能会变得枯燥。是企业中最常见的形式。
举例或说明	我们花了四个月的时间招聘应届会计毕业生,但是到目前为止只有一个人加入我们的公司。一个申请者告诉我她觉得在我们这儿工作不错,但是别的地方每年多给她 5 000 美元。	使信息生动,但是一个例子并不能证明一个观点。必须有其他的论据支撑。
描述	高级汉堡餐店针对那些不仅想要享受麦当劳那样的便利和低价的汉堡爱好者。这些地方以葡萄酒、半磅汉堡和丰盛的配菜(墨西哥玉米片,土豆皮等)为特色。"氛围"是关键。	通过感性认知帮助受众将主题形象化。不能证明观点,但是能使其清晰难忘。从整体功能切入,说明它的目的,列出主要组成,并且解释怎样运作。
叙述	在以前的管理模式下,主管人员穿着牛仔裤上班,会议从来不能按时开始,午饭时间也很长。Jim Wilson 成为 CEO 后,进行了彻底的革新。作为一个喜爱 Brooks Brothers 套装的哈佛 MBA,Wilson 把生产线削减了一半并砍掉了 1 200 万美元的经费。	很好地吸引注意力并解释观点,但缺乏统计真实性。
提及权威人士	我与芝加哥工厂的 Jackie Loman 讨论过这个想法,她非常支持我。正如你所知,Jackie 在过去六年中一直管理着那个工厂。如果我们增加一个员工,她有信心使 2 号生产线每小时增加 150 件的产量。	增加丰富性和可信度的同时支持论证。只有"权威人士"是受众所认可并尊重的才可行。
可视化工具	图形,图表,表格。	帮助受众掌握具体数据,在备忘录和报告上比在信件中使用得更多。

如果时间允许,在第一次起草之前,试着把提纲撇开一两天。然后以一种全新的眼光审视它,

寻找能够改进想法的表达的途径。"要点检查:商务信息的计划"将提醒你在准备信息的过程中需要进行的计划工作。

要点检查

商务信息的计划

A. 分析情况

✓ 决定信息的目的是告知、说服还是合作。

✓ 识别你想要受众想什么或者做什么。

✓ 确定目的是有价值的和现实的。

✓ 确定信息的时机是正确的。

✓ 确定信息传送者是合适的。

✓ 确定目标对于组织是可接受的。

✓ 确定主要受众。

✓ 决定受众数量及其构成。

✓ 估计受众的理解水平和可能反应。

B. 收集信息

✓ 决定使用正式或非正式手段来收集信息。

✓ 找出受众想要知道什么。

✓ 提供所有需要的信息并确认它们是精确的、道德的、相关的。

C. 为信息选择最好的媒介

✓ 理解口头、书面和电子媒介的优缺点。

✓ 考虑媒介丰富度、正式度、媒介局限性、发送者意图、紧迫性、成本和受众偏好。

D. 组织信息

✓ 确定主题。

✓ 限定范围。

✓ 选择直接法或者间接法。

✓ 列出提纲,从中心思想开始,接着加上主要论点,然后以论据证明。

工作进行时

完全傻瓜指南的沟通难题

乔·克雷纳克用"以读者为中心"的方法来写书,取得了极大成功,所以他雇用你作为研究助手去协助一系列新项目。他也将在你开始自己作为商业作家的职业生涯时,对你进行指导,你将有机会在他的书中进行部分写作。使用在本章所学到的知识来解决这些计划难题:

1．克雷纳克的下一个计划是为非常流行的摩托罗拉Razr手机写一本使用指南。该流行机型功能超强，从视频重放到可连接无线耳机和其他配件的蓝牙无线性能，应有尽有。作者面临的挑战是如何平衡不同类型使用者的需求，包括从未使用过手机的人、用过手机但不关心高级功能的人，以及希望将每个功能用到极限的“超级使用者”。你已经拟定了一些提纲，现在需要选择一个推荐给克雷纳克。

a．将书的内容组织为五个部分：(1) 手机入门简介（读者可以选择略过）；(2) 该机型所有按钮和特性的快速图解说明；(3) 该机型基本操作指南；(4) 高级功能指南；(5) 所有特性和功能的定义，以及指导读者在1—4部分找到详细介绍的索引。

b．像组织百科全书一样组织整本书，按字母顺序排列并详细描述该机型的特性和功能。通过这种方式人们可以迅速地找到关于该机型的任何信息，无论他们之前是否有手机使用经验。

c．写一本三合一的书：(1) 一本解释手机使用基本概念并说明基本操作方法的指南；(2) 一本为有手机使用经验的人提供手机基本功能说明的指南；(3) 一本为超级用户提供的使用指南，包括基本操作方法以及高级功能使用说明。这本书会相当地厚，但是能提供给每个受众他们所需的信息。

d．建议克雷纳克撤销这个计划，因为没有人能通过一本书来满足这么多不同受众的需要。

2．克雷纳克成功的关键之一是能识别那些没有使用经验的用户可能需要额外信息和解释的问题。在Razr这本书中，他需要你帮助他找出这些问题。不幸的是，出版商给的日程很紧张，你只有一天的时间来完成调研。你应该选择下列哪种做法？

a．研究摩托罗拉公司提供的使用手册中是否包含了你所需要的全部信息。

b．访问尽可能多的博客、客服网站和讨论组（比如Google的讨论组），浏览使用Razr手机的人遇到的问题。

c．访问每个你所知道的手机使用者，询问他们第一次使用手机时遇到了什么问题。虽然他们中的很多人并不拥有Razr手机，但是问题可能是类似的，能够有所借鉴。

d．按照一个新手的方式使用Razr一天：当你第一次打开盒子时遇到什么问题，你能弄明白怎样给电池充电和准备好手机以供使用吗，通讯录添加新姓名容易吗，等等。通过置身于读者的位置，你能够确定他们可能遇到的所有问题。

3．当然，像乔·克雷纳克这样的作者不仅要写书。作家的工作涉及一系列商务沟通方式，包括备忘录、信件、电子邮件、进度报告和建议书等。当你为Razr写说明书时，克雷纳克想到可以建立一个网站，为所有流行的手机机型提供有用的帮助信息。网站可以利用完全傻瓜指南系列在消费者中的高知名度，但是又比一本印刷好的书更容易更新。但是他听另一个作者说编辑们对网络出版不感兴趣，因为他们出版纸质印刷书已经很忙碌同时也很成功了。然而，你认为建立网站对每一个人都是好事（出版商、克雷纳克以及你自己），所以你主动要求写一份关于这个问题的建议书。你将选择下列组织方法中的哪种？为什么？

a．运作一个大的商业网站是个很严肃的决定。直截了当地提出建议，然后在信息主体部分提供细节支持。受众将会研究支持的细节，然后对建议的优缺点做出评价。

b．他们不想要网络出版？每个人都想要网上出版——名副其实的每个人。建议书不仅要直接还要强硬：如果傻瓜指南系列不建立这样一个网站，肯定会有别人这样做。你必须暗示这样的信息——只有傻瓜会错过傻瓜系列指南拥有的这个机会。

c. 建议书应该采用间接方式，因为读者一开始对这个想法是抗拒的。另外，明确指示出解决方法是不太受欢迎的做法，所以要用概括的语言（例如"在线推广的机会很重要"），并引导读者自己得出结论（那就是，做出为流行手机建立一个傻瓜指南网站的明确决定）。

d. 如果提议不能迅速应对建议书读者对网络出版的保守态度，他们是不会浪费时间阅读细节或考虑提议的。因此采用间接的方式是最好的。一开始就宣称你已经发现了一个对傻瓜指南系列来说很理想的商业机会，但需要立刻行动，否则竞争对手就会抢占这一先机。在用这种激起对方兴趣的开场方式抓住读者的注意力后，接着使用对建立网站有利的说服性论据（例如，网站可能会增加消费者对书的需求）。

4. 克雷纳克强调建立网站的建议需要充足的证据使人信服，但是不要太多以至于读起来冗长乏味。下面哪个支持性论点不应包括在提议中？为什么？

a. 一个可能对在该网站上做广告感兴趣的公司的清单，并提供这个网站也许能够产生的广告收入的估计价值。

b. 一个简要的网络出版历史，从万维网出现之前到最近的博客广告。

c. 一个随着新机型的推出而更新网站的计划。

d. 一个可能使用该网站的手机用户的数量估计。

学习目标检查

通过阅读每个学习目标和完成相关练习来评估你对本章要点的掌握情况。填空题，写出空白处缺少的文字；单项选择题，在正确答案的字母上打钩。

目标4.1：描述三步写作法。

1. 三步写作法的三个主要步骤是：
   a. 写作、编辑和制作
   b. 计划、写作和完成
   c. 写作、编辑和发布
   d. 组织、确定目标和写作
2. 三步写作法的第一步是：
   a. 写作初稿
   b. 组织信息
   c. 计划信息
   d. 准备提纲
3. 在计划写作任务时缩小范围的目的是：
   a. 使工作更容易
   b. 减少需要考虑的事情的数量
   c. 确保备忘录篇幅不会超过1页
   d. 确保信息集中于中心思想和一些必要的细节支持上
4. 在计划一个写作任务时，下列任务中哪一个是你应该做的？
   a. 确定目标
   b. 细心地检查从而确保没有令人尴尬的错误
   c. 细心地选择语句来确保受众能理解主题
   d. 以上都是
5. 信息的________表示你使用信息是用来告知、说服还是合作。

目标4.2：解释仔细确定目的的重要性并列出检验目的的五个问题。

6. 在定义信息的目的后，在继续写作之前要询问自己下面哪个问题？
   a. 传递信息后能改变任何事情吗？

b. 信息现实吗?

c. 信息能被组织接受吗?

d. 我是传递信息的合适人选吗?

e. 以上都是

7. 如果你要给一个制造商写一封抱怨产品有缺陷的信,并且要退款,一般目的将会是:

a. 告知

b. 说服

c. 合作

d. 娱乐

目标4.3:描述受众分析的重要性并识别分析受众应考虑的六个要素。

8. 无论信息的内容或者想传达到的受众是哪些,一定要进行下列哪个受众分析步骤?

a. 受众为掌握你的中心思想所需求的信息

b. 目标受众中每个人的名字

c. 那些可能同意观点的受众的百分比

d. 关于受众的一个完整的人口统计学结果

9. 如果受众成员已经了解的关于主题的信息量不同,最好的方式是:

a. 提供尽可能多的额外信息,确保每个人都能了解到每个细节

b. 仅提供基础信息;如果受众需要知道更多,他们能自己去弄明白

c. 调整信息量,针对主要受众,提供与他们最相关的信息

d. 包括许多图解

目标4.4:讨论为写作简单信息收集信息,并识别高质量信息的三个特征。

10. 为了确保你提供了所有必要的信息,应采用新闻报道法,也就是:

a. 访谈受众,了解需求

b. 核对信息的正确性

c. 核实信息是否回答了这些问题:何人、何事、何时、何地、何故以及如何

d. 确保信息符合道德规范

11. 为了确保收集的信息足够好,核实信息是:

a. 正确的

b. 符合道德规范的

c. 满足受众需求的

d. 以上所有

12. 如果你意识到受众得到的信息不正确,最符合道德规范的做法应该是:

a. 什么都不说并且希望没人察觉

b. 等到某人发现错误,然后承认错误

c. 在网站上发布更正

d. 立即联系受众并更正错误

目标4.5:列出在选择最适合媒介时要考虑的因素。

13. 一种媒介提供不止一个信息暗示来传达信息以促进反馈并确立个性化关注的能力是对其________的度量。

14. 向跨国公司雇员传达一个复杂的政策变更,下列哪个选择是最好的?

a. 电话会议,然后发送电子邮件

b. 即时通信

c. 通过邮局寄送传统形式的备忘录信件

d. 在网上发布公告并发送电子邮件信息,提醒雇员该政策变更,并附上提供详细信息的网站

目标4.6:解释为什么好的组织对你和受众而言都是重要的。

15. 下列哪项是花时间组织信息的重要益处?

a. 你能推迟实际写作

b. 节省时间和精力,因为写作过程会更快

c. 组织想法和信息,这样你就可以省去询问同事的麻烦了

d. 很多情况下,你只要发送详细提纲就行了,少了写信息的麻烦

目标4.7:总结有效组织商务信息的步骤。

16. 用主要观点开头然后提供支持性论据是一种________法。

17. 先以论据开头,逐渐构建中心思想是一种________法。

18. 当受众对主题持怀疑甚至敌意态度时，你一般要用：

a. 间接法

b. 直接法

c. 开放式方法

d. 闭合式方法

知识应用

1. 有些作者认为计划信息很浪费时间，因为他们在进行过程中肯定是要改变计划的。你如何回应？简要解释。

2. 作为公关部门的一员，你推荐使用什么媒介去告知当地社区，你们的有毒废弃物清理计划成功了？为什么？

3. 你将使用直接法还是间接法来要求雇员为了赶上重要的交货期限而加班？请解释。

4. 你将使用什么方式让老板知道你这周将请半天假去参加父亲的葬礼——直接法还是间接法？为什么？

5. **伦理选择**。公司总裁要求你给董事会起草一份备忘录，告知他们公司最近起用的一种高级水果酱的产品线的销售额大大超出了所有人的期望。然而，你刚好知道这种增长反映了整个行业的一种趋势，许多消费者从平价果酱转向了高级产品。事实上，你公司传统食品的销量最近几个月是下滑的。你没有被要求提供这条信息，但是你认为这对于董事会正确理解最新销售数据是很重要的。你该怎么做？

知识实践

文档分析

一位作者在写作一本保险信息宣传册，现在遇到了将要点按逻辑整理成提纲的麻烦。准备提纲，注意选取合适的要点层次。如果必要，重新写作短语使它们更连贯。

意外保险计划

- 一天仅花 1 美分
- 对于公共交通导致的意外死亡赔付 100 000 美元
- 对于机动车辆或者公共交通事故导致的住院每天赔付 100 美元
- 对于机动车辆事故引起的意外死亡赔付 20 000 美元
- 个人投保一季度仅需 17.85 美元，家庭投保一季度仅需 26.85 美元
- 没有体检或者健康询问
- 支付方便——季度结账
- 对所有的申请都承保
- 没有个别费率增加
- 免费、非义务的体检期
- 在任何已保险种之外另付现金
- 适用于作为任何付费公共交通工具的乘客时发生的意外死亡，包括公共汽车、火车、飞机、轮船、电车、地铁及其他公共运输工具
- 适用于在乘坐或者驾驶汽车、卡车、挂车、房车、人力自行车时发生的机动车辆事故意外死亡

练习

本章讨论到的所有网站都能在本书的网站 www. prenhall. com/thill 上找到链接。找到书名并点击“辅助网站”链接，然后选择第 4 章，并点击“特色网站”，选定与文中内容有关的页面名称或 URL。请注意本书出版后失效的链接将从“特色网站”中删除。

4.1 **信息计划技巧：自评**。你做商务计划有多在行？使用下面的表格来评价自己在以受众为中心的商务计划中对各要素的使用情况。然后通过使用本章的知识点来检测你在哪些方面最擅长，以及在哪些方面需要改进。

计划要素	总是	经常	偶尔	从不
1. 我通过界定我的目的作为开始	______	______	______	______
2. 我在写信息之前分析我的受众	______	______	______	______
3. 我调查我的受众都想知道些什么	______	______	______	______
4. 我检查我的信息是否准确、符合道德规范、贴切	______	______	______	______
5. 我在选择媒介时考虑我的受众和目标	______	______	______	______

4.2 **计划信息：一般和具体目的**。为你在下一周要做的沟通任务列一个清单（例如，一份工作申请、一封投诉信、一份班级讲演稿、一张商品采购计划单）。为每一项任务确定一个一般目的和具体目的。

4.3 **计划信息：具体目的**。对于下列每一项沟通任务，都要阐述一个具体目的（如果你有困难，尝试着以“我想要……”开头）。

a. 给你的上司店面经理的一份关于仓库中过期商品的报告

b. 给客户的关于即将举行的展销会中你公司展位的一份备忘录

c. 写给欠款三个月的客户的一封信

d. 给雇员们一份关于本部门高额手机费用的备忘录

e. 打电话给供应商核实逾期零件发货的情况

f. 给将要用你选择的电脑程序处理公司邮件发送清单的使用者的报告

4.4 **计划信息：受众分析**。对于如下每种沟通任务，写出以下三个问题的简要答案：谁是我的受众？我的受众对我的主题的总体态度如何？我的受众想要知道什么？

a. 一封来自器械制造商针对器械经销商的最后托收通告，在起用法定托收程序之前 10 天寄出

b. 一封希望受众以批发价购买电脑光盘的未经请求的推销信

c. 一个花生油广告

d. 将被附在附近建筑门把手上的传单，宣布烟筒加衬或维修价格降低的消息

e. 一封与你的简历一起寄给潜在雇主的封面信

f. 一封（给卖主的）调整钢琴价格的请求信，因为钢琴在被运往你经营的酒店的宴会厅途中发生了 150 美元的损失

4.5 **满足受众需求：必要的信息**。选择一个你知道如何使用的产品（比如数码音乐播放器、相机或者手机）。写下两组使用方法说明：一组是针对从未使用过这种装置的受众，另一组针对能熟练操作一般装置但是没有使用过这种特定型号的受众。简要地解释两部

分受众对你说明的反应如何。(仅限于基本功能的解释,像拨打和接听电话等。)

4.6　**选择媒体:确定目的**。列出你最近收到的三条信息,例如邮件促销、信件、电子信息、电话和课堂演讲。对于每一种都确定出一般和具体目的,然后回答下列问题:(1)这些信息时间安排良好吗?(2)发送者为信息选择了合适的媒介吗?(3)传递信息的人是否合适?(4)传递者的目标是否现实?

4.7　**选择媒介:区分受众**。Barbara Marquardt 为一家位于迈阿密的航海公司处理公共关系。当她在当地的报纸上看到一条有关乘客不满意的信息时震惊了,乘客抱怨最近航线上的服务和娱乐设施。她将不得不以某种方式应对公众批评。在她的回应中,哪种受众将是她需要考虑的?她应该选择哪种媒介?如果这封信被发表在被旅行机构和旅行者广泛阅读的旅游出版物上,她的回应策略会有怎样的不同?

4.8　**团队合作:受众分析**。团队开发了一种新方法来检测你们企业电力工具的耐用性。测试应该由装配线的工人来执行,但是这样做会影响其他两个团队:设计工具的工程师(因为测试会使设计改变)和制造经理(需要确信测试是必要的以及寻找为完成这项测试而购买一些特定设备的预算资金)。现在团队能为其发现准备三个独立的报告:一个为制造经理,一个为工程师,一个为培训经理——这个部门要培训工人使用新方式。为了确定这些报告中受众的需求,团队列举了下列问题:(1)受众是谁?(2)他们为什么阅读我的报告?(3)他们是否需要介绍或者背景材料?(4)他们是否需要术语的定义?(5)需要什么层次或者类型的语言?(6)需要何种层次的细节?(7)我的报告期望得到怎样的结果?三人一组,针对每种受众回答问题:

a. 制造经理

b. 工程师

c. 培训经理

4.9　**网络:计划信息**。登录 PepsiCo 网站 www. Pepsico. com,点击最新的年度报告(如果你在主页上没有看见链接,查看投资者信息)。在报告中找到并阅读董事会主席的信件。谁是这个信息的受众?这个信息的一般目的是什么?你认为受众想从 PepsiCo 主席那里知道什么?用一页纸或者口头发言简要地概括一下答案。

4.10　**组织信息:概括内容**。使用这章的 GNC 信件(图 4-7),画出组织图形,类似于图 4-12。填入中心思想、主要论点以及信中提供的论据(注意:图可能要比提供的图 4-12 小一些)。

4.11　**组织信息:限定范围**。假设你正准备向最高管理层推荐一个全新的供热系统,而这一系统采用了所谓集中供热的流程,即把生产废料转变成热气。下面的信息在你的文件夹里。剔除不必要的话题,然后组织其他的话题使你递交的报告能让最高管理者清晰地理解供热系统,并就安装此系统提供公正而又简洁的理由。

- 集中供热流程的发展历史
- 流程开发者的科学权威证书
- 使用该流程的风险假定
- 在建筑物中安装该设备的计划
- 类似设备中成功使用该流程的实例
- 安装设备的具体说明
- 处置旧供热设备的计划
- 安装和运行新设备的费用
- 使用该新流程的优缺点
- 十年成本细化预测
- 估算逐步采用新系统所需要的时间
- 管理层倾向的备选系统

4.12　**组织信息:选择方法**。指出下面的每种情况中直接法和间接法哪种最好;然后简要说明原因。这些信息是否都不适合发电子邮件?解释原因。

a. 一封询问下一年当地汽车展销时间的

信函

b. 一封来自应届生的信,要求以前的教师写一封推荐信

c. 一封拒绝工作申请的信

d. 一个声明,因为空调使用费用高昂,夏天车间的温度将不得不保持在78华氏度

e. 一个对拖欠债务的最终追讨信

4.13 **组织信息:受众中心**。如果你尝试着说明人们采取下列行动,你该如何组织论证?

a. 你想让老板批准你再雇用两个人的计划

b. 你想获得一份工作

c. 你想得到一份商业贷款

d. 你想从一位老客户那里收回一笔小款项,他的应收账款稍稍有些过期

e. 你想从一位客户那里收回一笔大额款项,他的应收账款严重过期

4.14 **伦理选择:提供信息**。你所尊敬的主管要求你不要提及你认为应该体现在报告中的重要信息。不遵从他的意见可能会使你和他的关系变得很糟糕,并且对你的前程不利,听从他的建议会违背你个人的道德标准。你应该如何去做?运用第1章的知识进行讨论,你认为这种情况是处于一种道德困境还是道德丧失?请解释原因。

4.15 **三步法:其他运用**。本章中讨论的材料如何在第2章讨论的会议中运用?(提示:回顾本章中每一节的标题,考虑如何使会议更具有创造性)。

知识拓展

从网络中学习更多

欧洲风格的公司博客

www.corporateblogging.info/basics

看博客如何改变公司间的沟通,学习建立公司博客所需的必要步骤。另外,你可以研究欧洲企业创办的各种博客,感受博客的国际性本质。

活动

浏览"商务博客基础"(Business Blogging Basics)部分,选取一些欧洲博客(用英语写的来自英国的博客,以及一些其他国家的博客),然后回答下列问题:

1. 创建一个企业博客的关键优点是什么?
2. 阅读其他博客内容的方法有哪些?
3. 在样式上,欧洲博客和其他博客或者你见过的美国企业博客有什么不同?

自己探究网络

自行访问以下与本章内容相关的网站,学习更多关于在工作场合成功沟通的内容。

1. 从www.businesswritingtips.com网站上学习到上百个关于提高你商务写作能力的知识。

2. 从www.text.it网站上学习如何把手机短信应用在商业中(点击"商务短信"(Text for Business))。

3. 对于网络初学者来说,www.learnthenet.com/english/section/email.html会帮助你学习怎样使用邮箱,怎样依照"初学者的互联网使用"(About Internet for Beginners)中的步骤来提高你的电子邮件沟通能力。

互动学习

互动学习向导

访问 www. prehall. com/thill,找到书名并点击“辅助网站”链接。选择第 4 章,使用互动的“每章测验”来测试你对本章概念的掌握情况。你会得到即时的反馈,知道你是否需要进一步的学习。同样,访问“学习大厅”,你将发现大量能帮助你完成此课程的资源。

最佳语法和结构

如果教师要求你使用在线课程或者 CD 上的“最佳语法和结构”,你可以通过使用这一模块来提高你的形容词使用技巧。首先点击“形容词”,选择进行“预先测试”来确定你是否有薄弱方面。然后在“复习课程”中复习这些方面。选择进行“跟进测试”来检查你对形容词的掌握情况。如果想要更高的挑战或者进一步的练习,选择进行“高级测试”。最后,在接下来的“提高语法、结构和表达”部分中,完成练习以进一步巩固和加强。

提高语法、结构和表达

以下练习帮助你提高对英语语法、结构和表达的掌握和运用。看下面 10 个句子,找到最佳选项,在其下面划线。

1. Of the two products, this one has the (*greater*, *greatest*) potential.

2. The (*most perfect*, *perfect*) solution is d.

3. Here is the (*interesting*, *most interesting*) of all the ideas I have heard so far.

4. The (*hardest*, *harder*) part of my job is firing people.

5. A (*highly placed*, *highly-placed*) source revealed Dotson's (*last ditch*, *last-ditch*) efforts to cover up the mistake.

6. A (*top secret*, *top-secret*) document was taken from the president's office last night.

7. A (*30 year old*, *30 year-old*) person should know better.

8. The two companies are engaged in an (*all-out no-holds-barred*; *all-out*, *no-holds-barred*) struggle for dominance.

9. A (*tiny metal*; *tiny*, *metal*) shaving is responsible for the problem.

10. You'll receive our (*usual cheerful prompt*; *usual*, *cheerful*, *prompt*; *usual cheerful*, *prompt*) service.

如果想找到更多的关于形容词的练习,请登录 www. prehall. com/thill,找到书名并点击“辅助网站”链接,选择第 4 章,点击“提高语法、结构和表达的额外练习”,然后点击“8. 形容词”。

第5章　商务信息的写作

学习目标

学完本章后，你将能够：

解释使你的信息适应受众需求与期望的重要性

讨论四种获得简洁明了风格的商务语气的方法

简述如何选择正确、有效的词汇

解释语句风格对强调信息的影响

列出展开连贯段落的五种方法

讨论有效的电子邮件主题的重要性及其写作

工作进行时

知识共享组织的沟通

重新定义数字时代版权法的两个世纪

印刷在书籍、DVD、音乐CD和其他多媒体制品上的“ⓒ”符号，看上去只是一个微小的符号，但却是数十亿美元困境的核心，它影响着从音乐到数码电影、科学发现下载的所有事务。“ⓒ”这个符号意味着创作人受到版权保护，拥有生产、发放、销售该创作的专属权利。任何人想要转售、转发或修改这类作品，都必须获得版权所有者的授权许可，并且这项专利保护持续到创作者死后的70年。

二百多年来，“保留所有权利”模式具有普遍意义，履行着美国宪法的要求，使版权法在鼓励个人进行科学和艺术创作的过程中促进了公共利益。但是，假如你想找人为你刚录制的歌曲混音或者给你的故事改写结局，假如有人需要把你的几张照片放到网站上，或者为一部学生电影配一段背景音乐，这时候又该怎么办呢？不同于有限的个人使用和教育使用，常规版权要求每个人为其打算使用的每一项作品提出申请，并与你协商就应用和修改签订合同。

斯坦福大学法学教授劳伦斯·莱斯格(Lawrence Lessig)探索了介于保留所有权利和简单给予之间的一些中间方式，发起成立了知识共享组织(Creative Commons)。这个非营利组织的目的是为音乐家、艺术家、作家、教师、科学家以及其他想通过共享艺术、创意而合作或者获利的人,提供一个简单、自由、合法的途径。不同于传统版权法的保留所有或一点也不保留,知识共享组织提供了"保留部分权利"的选择,诸如署名(其他人只要署名就可以使用你的作品)、非商业用途(只要不是以获利为目的,其他人就可以使用或更改你的作品)以及禁止演绎(其他人可以复制、发放和表演你的作品,但不能在原作基础上演绎出新的作品)。

尤其是当多年的创造性工作或者潜在收入存在风险时说服人们重新考虑两个世纪以来的法律判例不是一项简单的工作。莱斯格通过著作、文章和演讲,不知疲倦地推动"知识共享"的概念,目的就是要让人们相信:自由交换艺术和创意使社会收益,而滥用版权法会危及创作性表达和重要科学。这一信息得到了良好的传递:通过知识共享组织,第一年就在音乐作品、短片、教育材料、小说等方面形成了超过100万份的许可协议。这一方法虽然不能完全解决数码时代的版权问题,但是它可以为增进人们之间的沟通与合作提供一种更好的方式。[①]

www.creativecommons.org

5.1 使你的想法形象生动

有一个固定的计划(参见第4章),你就准备好了遣词造句、构建段落,它们承载着你向意向受众传达的想法。图5-1列出了适应受众和组织信息的任务。

计划	写作	完成
	适应受众 对受众需求要敏感,可采用换位思考、礼貌、正面强调和非歧视性语言。通过建立可信度和树立企业形象构筑与受众的良好关系。使用对话语气、简明的语言和正确的语态来控制风格。 **编写信息** 使用恰当的词汇,帮助你写出有效的句子、连贯的段落。	

图5-1 三步写作法的第二步:信息的写作

5.2 适应受众

不管你是否能意识到,受众对待大多数迎面而来的信息都会提出一个问题:"这对我有什么

① Creative Commons website [accessed 3 August 2005] www.creativecommons.org; Ariana Eunjung Cha, "Creative Commons Is Rewriting Rules of Copyright," *Washington Post*, 15 March 2005 [accessed 3 August 2005] www.washingtonpost.com; Steven Levy; "Lawrence Lessig's Supreme Showdown," *Wired*, October 2002 [accessed 3 August 2005] www.wired.com; "Happy Birthday: We'll Sue," Snopes.com [accessed 3 August 2005] www.snopes.com.

用?",如果潜在受众认识到这个信息对于他们不适用或者不是他们需要的,他们就很少关注这个问题。看看劳伦斯·莱斯格及其同事在知识共享网站上列出的例子,它们面向各类受众,包括艺术家、律师和商务人士,而且针对各个群体对特定的信息进行微调。使你的沟通适应受众的需要和期望,你就能更好地回答"这对我有什么用?"的问题,并且提高信息成功的可能性。

但是,莱斯格也证明了,采用适合的信息也并不总是一项简单的事情。有些时候,比如当你尝试着说服人们去改变主意或者传递坏信息时,需要平衡竞争或者矛盾的需求。其他情况下你可能试图适应个人的风格,但是这个时候要非常小心。虽然调整个人风格是一个积极的行为,但是不要调整到让你像变了个人一样。因为这样的话你可能对这个方法很不适应,而且受众可能会看穿它。

为了使信息适应受众,要努力对受众的需求保持敏感,跟受众创建强有力的联系,同时用一种职业化的语调控制你的风格。

5.2.1 对受众需求保持敏感

即使是仅仅以分享信息本身为目的的简单信息,也可能出现使用了正确的文字但却对受众及其需求不敏感的情况。你可以通过使用换位思考、维持良好的礼仪标准、突出正面效应以及使用非歧视性语言来提高对受众的敏感性。

换位思考 你已经对以受众为中心的方法逐渐熟悉了,那就开始尝试以受众的眼光来看待主题吧。现在,你要在信息中采用"**换位思考**"(**"you" attitude**),也就是按照受众的意愿、兴趣、希望和偏好来说话和写作。

在最基本的层面,你可以通过替换一些说法来采用换位思考,参照受众而不是你自己或你的公司。换句话说,用"你"、"你的"、"你们"、"你们的"来代替"我"、"我的"、"我们"、"我们的"。

替换前	替换后
为帮助我们处理这个订单,我们必须要一份申请单。	为了使你的订单可以即刻完成,请再寄一份申请单。
我们很高兴地宣布我们新的飞机时刻表中从亚特兰大飞往纽约的飞机每小时一趟。	现在你可以每小时从亚特兰大飞往纽约。
我们提供 10G、15G、20G 存储容量的 MP3 播放器。	你可以从 10G、15G、20G 三种存储容量中选择 MP3 播放器。

当商务信息使用"本位思考"时,就会有显得自私和对受众不感兴趣的风险。因为这样的信息反映的是发送者想要人才,而且希望受众能接受。然而,使用"你"和"你们"需要讲求技巧,如果过多使用,可能会使语句乏味,并且会有过度热情、不自然的风险。[②]

换位思考并不是操纵性的和虚假的。这是以受众为中心方法的延伸。事实上,采用换位思考最好的方式就是在编写信息时就把受众考虑进去。

换位思考不是简单的代词替换,它是一种感情投入。你可以在一页中使用 25 个"你"但是仍然忽视了受众的真正想法。换句话说,它是一种思想和真诚的心态,而不是由代词"你"数量的多少来决定价值。如果你跟零售商谈话,就要尝试着像零售商一样思考;如果你与一个产品主管打

---

② Elizabeth Blackburn and Kelly Belanger, "You-Attitude and Positive Emphasis: Testing Received Wisdom in Business Communication," *Bulletin of the Association for Business Communication* 56, no. 2 (June 1993): 1—9.

交道，就把你自己放到对方的职位上去；如果你给对你不满意的客户写信，就要设身处地想象你作为交易另一方的感受。重要的是你对待受众的态度和对他们所处位置的正确评价。

要意识到有些地方是要避免使用"你"这个字的，尤其是在这样做会让你显得专断或者苛责的时候。比如，不要说"你没有按时给客户送货"，而要说"客户的货物没有按时收到"，或者"让我们制定一个系统从而确保按时送货"，以减少恶意。

替换前	替换后
你应该永远也不要在复印机上使用这种纸。 你必须在中午前校对好五个副本。	这种纸在复印机上不好用。 中午前五个副本必须校对好。

当使用换位思考时，要确保考虑到其他文化的态度和组织的规定。例如在一些文化中只指出某个人的贡献是不合适的，因为整个团队要为最终结果负责；在这种情况下（当你和受众在同一个团队里时）使用"我们"或者"我们的"就比较合适。类似的，有些企业要避免在备忘录或者正式报告中使用"你"和"我"这样的习惯。如果你在一个正式的、非个人风格的企业工作，只在非正式信件和备忘录中才使用人称代词。

维持礼仪标准 另一个引起受众兴趣、赢得他们尊重的好方法，是在信息中表现出你的礼貌。你知道被粗暴的对待是什么感受，面对无礼时你不仅在感情上有抵触，而且也不会对冒犯的信息过分关注。通过有礼貌地对待受众成员，可以显示出对受众的关注，营造一个更融洽的沟通环境。

在某些情况下在你与合作者、客户或者其他人打交道遇到挫折时，要尝试着说出你直接的想法。但是你情感的流露几乎不能改善现状，而且可能破坏受众的良好愿望。通过对情感的控制以及平静和礼貌地沟通可以展示你的交际技能。

替换前	替换后
再一次，由于你不合格的编程使得网站瘫痪了。	让我们仔细查看一下最近这次网站升级出了什么问题，以便我们能够找到改进这一过程的方法。
你已经拖延我们的货物两周了，而我们现在就需要它！	我们的产品进程依赖于零部件的及时交货，但是我们还没有收到你两周前答应的送货。 请在今天回复我们一个确定的送货承诺。

当然，有些情况下需要更多的交际手段。如果你对受众个人很了解，一个非正式的会谈可能比较合适。但是当你与地位更高的人或者组织外的人沟通时，通常需要更多的礼貌方式。书面沟通常要比口头沟通需要更多技巧。当你说话时，你的语句会被说话的语调和真实的情绪弱化。另外，你可以根据得到的反馈及时调整你的说话方式。如果你在写作时冒犯了某人，你通常得不到必要的及时反馈去解决这种情况。事实上，你可能永远也不知道你已经冒犯了你的受众。

当你审计图5-2的草稿和修订书信的描述时，要在脑海中把握住这些要点。因为家人的去世，一个旅店老板在劳动节的周末停业了三天。糟糕的是，有人没把冰柜的门关紧，在三天的时间内，发动机烧坏，所有的食物都变质了。更换发动机和重新购买食物花掉了2 000美元。客户写了一封信描述了这个情形，并要求Eppler Appliances公司承担这些费用，但是Eppler只能拒绝。注意修订文本中使用了多少交际手段，既提供了必要的信息又没有冒犯受众。

另一个简单并有效的礼貌是及时回信。如果可能，在24小时内用语音邮件、即时通信和电子

草稿

亲爱的Carpaccio先生：

主题：烧坏的发动机

我们收到了您的赔偿请求。虽然您的Crown牌冰柜还有两个月保修期，您恐怕不能指望我们负责您更换新发动机和重新购买食物的费用，因为这个问题很明显是您由自己的疏忽造成的。这些冰柜不是设计用来在冰柜门没关紧的情况下开足马力运转那么长时间的，更不用说劳动节周末的这三天属于十年来天气最炎热的几天。

使用“你”是不合适的，强调了负面信息和责备受众的意思

以一种情绪化的、不够专业的方式回复

Crown牌产品的设计适用于典型的商用厨房的日常使用。它们是由高品质的材料组合成的，使用非氟氯化碳的聚氨酯泡沫隔热，并使用环保制冷剂达到“作业等级”的要求。您的高端冰箱包括小脚轮、耐用离地升空铰链、耐用的不锈钢铁门和外部刻度温度计。

信中混杂了不相关信息

但是，我们基于良好的客户服务理念，可以为您支付客服电话费用。很抱歉，这次我们为您只能做这么多。

以一种消极的解释结束，没提供任何对消费者有利的信息

真诚地，

修订稿

EPPER APPLIANCES
7142 Conrad Avenue, Lima, OH 45801
Voice: (419)768-1927   Fax: (419)768-1928

September 9, 2006

Mr. Joseph Carpaccio
Carpaccio's Ristoranti
847 Broadway
Lima, OH 45806

亲爱的Carpaccio先生：

主题：烧坏的冰柜发动机，发票号#3770 46 010122

提供了完整的确认信息，以简化以后对这一情况的参考

非常感谢您就冰柜维修问题来信，请接受我们对您最近的不幸致以慰问。

说明已经收到了信件并对客户的个人不幸表示同情

虽然到9月15日之前，您的冰柜都在保修期内，但是很抱歉的是，您描述的情况不包括在保修条款里面（我会给您一个保修合同的副本以供参考）。由于其高质量材料以及高作业等级，Crown冰柜能在商用厨房中正常使用多年。但是，与所有商用冰箱制造商的情况相同，由于不恰当使用造成的意外不包括在Crown的保修范围内。但是，为了感谢您过去对我们的支持，我们仍乐意为您支付75美元的客服电话费用。

既婉拒了客户的请求，还不至于惹恼他，不能直接生硬地说“我们不会满足你的要求”

提供一些对于产品质量的保证信息

表达对客户以往惠顾的谢意

为了在将来避免意外花费，我们最近开始与Crown合作为客户提供一项新的商务保险服务，您也许会感兴趣。这项保险一年只需要135美元，涵盖了所有的零件、人员和其他损失，不论原因是什么。随信附上的小册子给出了所有的细节，或者您可以登录我们的网站www.eppler.com。

以友好的口吻结束，同时附上受众可能在未来为避免这类损失所采取行动的所有细节问题

真诚地，

Kjiersten Lejunhund

Kjiersten Lejunhund
客户关系部

Enclosures (3)

图 5-2 修订一封客户来信以改进交际手段

邮件回复,普通信件要在2—3天内回复。如果你需要更多的时间去准备回复,就打电话或者写一个便条说明你正在为回复作准备。受众会对这种礼貌感激不尽。

正面强调 在职业生涯中,你可能会遇到很多需要你传达负面信息的情况,也许会有成百上千次。但是,传达负面信息和负面态度是两码事。当你的信息使用了消极的语气时,你就对业务关系施加了不必要的压力,这可能会造成人们疏远你或者你的建议。

如果你面临着潜在的消极问题,寻找合适的方式去缓和气氛或者强调它积极的一面。例如,当阿拉斯加航空公司要对超重货物额外收费以减少行李搬运机的损伤时,公司利用海报把这种变化告知旅客,海报写着"轻装 & 节约"(Pack Light & Save)。[③] 通过把这样的状况说成是节约金钱的机会,而不是旅行的额外费用,阿拉斯加致力于与其客户保持积极的关系。不要试图隐藏负面信息,而要不断寻找积极的一面,以培养与受众的良好关系。[④]

替换前	替换后
今天修理好你的汽车是不可能的。	你的汽车周二就能修好。你想在那之前先租一辆使用吗?
我们对于因为改造而给您造成的不便深表歉意。	我们现在正在进行的装修有助于我们为您提供更好的服务。
我们在那个杂志上浪费了30万美元的广告费用。	我们30万美元的广告投资没见成效,让我们分析一下经验并对将来的广告活动多加审察。

当你发现指责或者更正非常有必要时,不要细数其他人的错误。要避免谈论到失败、问题或者缺点。而要集中精力到如何能改善上。

替换前	替换后
这个部门的问题是花费无度。	这个部门的表现可以通过严格一点控制花销来改善。
你把订购表格填错了。	请在附卡中你偏好的颜色上打钩,以便我们处理你的订单

如果你尝试说服受众购买一种产品、支付一份账单或者为你提供一项服务,强调他们会从中得到什么。不要集中在你为什么要他们这么做上。一个人如果看到了可能的个人利益,就很可能去积极响应你所呼吁的事情:

替换前	替换后
如果你在十天之内不能支付逾期账单,我们将向三个信用报告机构发送迟付通知。	请在十天之内支付逾期账单,否则将会给您的信用记录带来负面条目。
我们需要你为男孩女孩俱乐部捐赠。	你可以通过给男孩女孩俱乐部捐赠的方式来帮助一个孩子交到朋友和建立自信心。

总的来说,尽量不要使用那些可能伤害或者冒犯受众的字眼描述信息。使用委婉说法来暗示不愉快的意思。你可以诚实但不要太尖锐。礼貌的语言不会改变事实,但能让它们更容易被接受。

③ Placard at Alaska Airlines ticket counters, Seatde-Tacoma International Airport, 3 October 2003.

④ Annette N. Shelby and N. Lamar Reinsch, Jr., "Positive Emphasis and You Attitude: An Empirical Study," *Journal of Business Communication* 32, no.4 (1995): 303—322.

替换前	替换后
廉价商品	经济商品
旧车	二手汽车
老人	高龄居民
假货	仿品或人造品

另一方面，不要过度使用委婉的语气。如果语言太微妙，会使别人不知道你在说什么。例如，如果你想告诉员工他们还有6周的时间可以寻找其他工作，那么说成将员工"解聘"为"流动人员"就不会有所帮助。当使用委婉语气时，你可能在隐瞒或弱化事实之间徘徊。当你实际上在讨论处理有毒废弃物的计划时，对社区居民说"转移垃圾"是不道德的。这种隐瞒事实的行为可能会事与愿违，破坏企业形象和名誉。毕竟，人们更容易接受完整传递的诚实信息，而不是用糖衣裹着的满腹空话。

使用非歧视性语言 第3章中指出，你经常会无意识地忽略自身文化对行为的影响，这种情况也可以扩展到语言的运用上。任何文化中存在的歧视都会体现在语言上，有时候可能是以微妙的形式，连你自己也没有察觉。然而，受众偶尔可能会注意到这一点。**非歧视性语言(bias-free language)**是指避免使用相关词句，不公平甚至不道德地把人们按照性别、种族、民族、年龄或残疾进行划分或污蔑。与某些人可能想到的不同，歧视性语言不仅是一种描述，它还包含更深层次的东西。在更重要的程度上，语言反映一个人的想法和信念，而且歧视的语言可能会形成长期思维定式和偏见。⑤ 当然，沟通是通过感知来实现的，仅仅做到公平和客观是不够的。但是为与客户建立良好的关系，你必须看起来是公平的。⑥ 要进行良好的沟通就需要从各个方面来改变歧视性语言，如表5-1所示，歧视可以分为以下几种：

- **性别歧视**。不要用性别歧视的语言与他人说话(不要称女性为chairperson，然后称男性为chairman)。改为说"他们"或不使用任何代词。改变传统上女士优先的观念("女士和男士"、"她和他"、"她的和他的")。注意在公司中称女士为"女士"，除非这位女士要求别人称她为"小姐"或"夫人"，或者其他头衔，如"博士"。

- **种族歧视**。避免使用歧视某些种族的语言，最好的解决方法是不要通过种族区分人群，除非这种区分与正在做的事情相关，但是，这种情况很少见。

- **年龄歧视**。通常和性别、种族、民族背景一样，在相关的时候再提及别人的年龄。另外，在提到有关年龄的词语时，注意所处的环境，因为这些词语包含着各种积极和消极的含义——不仅仅指的是超出了某一年龄。例如，说某人"年轻"，可能是暗示这个人年龄还小、没有经验、甚至不成熟，这要根据情况来判定。

- **残疾歧视**。对于有身体、精神、感觉或是感情上损伤的人来说，没有哪种描述是不令人痛苦的。除非在相关的情况下，否则不要谈到残疾这类词。尽管如此，如果你必须谈到某人的残疾，避免用例如"残废的"、"跛脚的"、"智力迟钝的"之类的词汇。先考虑人再考虑疾病。⑦ 考虑整个人，不要只是考虑残疾，不要显得过于鲁莽。

---

⑤ Sherryl Kleinman, "Why Sexist Language Matters," *Qualitative Sociology*, Vol. 25, No. 2, Summer 2002, 299—304.

⑥ Judy E. Pickens, "Terms of Equality: A Guide to Bias-Free Language," *Personnel Journal*, August 1985, 24.

⑦ Lisa Taylor, "Communicating About People with Disabilities: Does the Language We Use Make a Difference?" *Bulletin of the Association for Business Communication* 53, no. 3 (September 1990): 65—67.

5.2.2　与受众建立牢固关系

聚焦于受众的需求对有效的沟通来说非常重要,但作为一个沟通者,你也有自己的优先权。有时这些需求很明显也很直接,比如当你为你的部门申请预算增长时。有时需求也可能更细微一些,例如,你可能想要证明你对市场环境的理解或者公司对自然环境的关注。在与受众建立积极关系的同时,有两个途径可以帮助解决你自身的需求:建立可信度和树立企业形象。

表 5-1　克服歧视性语言

例子	不可取的	可取的
性别歧视		
使用包含“man”的词汇	人类(man-kind)	humanity, human beings, human race, people
	人造的(man-made)	artificial, synthetic, manufactured, constructed
	人力(manpower)	workers, workforce
	商人(businessman)	executive, manager, businessperson
	销售员(salesman)	sales representative, salesperson, clerk
	领班(foreman)	supervisor
使用女性词汇	女演员(actress),女乘务员(stewardess)	actor, flight attendant
使用特殊称谓	女医生,男护士	医生,护士
使用“他”代指“每个人”	一般的工人……他	一般的工人……他或她
将角色与性别视为一体	典型的主管将他一天的四个小时花在会议上	多数主管一天花四小时在会议上
	消费者……她	消费者们……他们
	护士/医生……她	护士/医生……他们
通过婚姻状况来看待女性	Norm Lindstrom 和 Maria Lindstrom	Norm Lindstrom 和 Maria Drake
	Norm Lindstrom 和 Lindstrom 女士	Lindstrom 先生 和 Drake 女士
种族歧视		
刻板印象	我的非洲裔美国助手的发音比我更清晰。	我的助手发音比我更清晰。
	王先生是个非常高的亚洲人。	王先生很高。
通过种族来看待人	Mario M. Cuomo,意大利裔美国政治家,纽约市前任市长。	Mario M. Cuomo,政治家,纽约市前任市长。
年龄歧视		
包含无关的年龄信息	Mary Kirazy,58 岁,刚刚加入我们信托部门。	Mary Kirazy 刚刚加入我们信托部门。
残疾歧视		
将残疾放在人的前面	残疾人面临许多就业障碍。	工人如果有身体残疾将面临许多就业障碍。
	癫痫病患者 Tracy 工作没有任何问题。	Tracy 的癫痫病对她的工作业绩没有影响。

建立可信度　受众对于每个信息的反应,很大程度依赖于你的**可信度(credibility)**,可信度是基于你的可靠程度和博得别人信任的多少来衡量你的可相信性的。对于同事和长期的客户来说,

基于以往的沟通,你已经建立了一定的可信度。并且,如果你过去没有令他们失望,他们会主动地接受每一条来自于你的新信息。但是对于不了解你的受众,你需要在他们完全听取你的信息之前建立可信度。无论你是想与新受众建立可信度,还是与原受众保持可信度,甚至在犯错误之后挽回可信度,都需要考虑以下的方面:

- **诚实**。诚实是信誉的奠基石。无论你多么著名、重要、有魅力或有吸引力,如果你不说实话,大多数人就会最终失去对你的信任。另一方面,诚实和正直会在同事中为你赢得尊重并使与你沟通的其他人对你产生信任,即使他们不总是同意和欢迎你的信息。
- **客观**。受众会欣赏你不把情感状况带入角色和全面看待问题的能力。他们希望知道你记得他们的利益,而不只是你自己的利益。
- **考虑受众需求**。让受众知道你理解什么对他们是重要的。如果你做了彻底的受众分析,你就会知道受众关注什么和在特殊状况中他们的特定问题和关注点。
- **证明、知识和经验**。每个受众都想确保所获得的信息来自于一个明确谈话内容的人——这就是为什么医生在他们的办公室墙上挂上他们的医学院证书,还有为什么演讲前经常要先介绍演讲人的经历和资格。当你需要与新受众建立信誉时,从他们的角度考虑,找出那些对他们来说最重要的证明。可能是你受过的教育、专业认证、特殊训练或工作中的成就。这些资格的介绍一定要清楚和客观,但不要把真正的信息给掩盖了。有时候这就像使用正确的技术术语或提到你在一个成功项目中起到的作用那样简单。
- **认可**。如果受众不了解你,你可能需要其他人的帮助,这些人必须是受众了解或信任的,一旦受众知道他们信任的人信任你,他们将更愿意接受你的信息。
- **表现**。给你印象最深的人总是说"如果你需要帮助,尽管随时打电话给我",或者当你需要搬家或需要搭车去机场时,果真出现了。说比做容易。这就是为什么只证明良好的沟通技能是不够的,人们需要知道依靠你可以做好这项工作。
- **沟通风格**。如果你通过观察、研究、实验或测量得来的证据能够支持你的观点,受众就会认为你掌握了事实,并且尊重你。另一方面,试图用"神奇的"、"难以置信的"、"非凡的"、"耸人听闻的"和"革命性的"等词语来点缀你的信息会损害你的可信度,除非你能通过某些证据来支持这些词语。

文档修改

改进这封信

练习实际修改文档的草稿,请登录在线课程或密码保护网站"辅助网站"。点击"文档修改",然后点击第5章。你会看到一封信,包括了与本章所学"建立良好受众关系"相关的问题和错误。使用"最终稿"选项修改这封信。检查文档,确保采用换位思考、正面语言、沟通礼仪、非歧视性语言和短语等建立可信度。

如果你看起来是在用虚伪的赞美来恭维对方,你也可能会失去可信度。这种情况下,可以试着用具体的论点来支持赞美,证明你意识到了一个人的贡献而不仅仅是在滔滔不绝地致谢:

替换前	替换后
我最衷心地感激你卓越的工作。现在很难找到像你这样的员工了。你确实太优秀了！我无法用语言来表达你的非凡表现，太令我们高兴了！	非常感谢你在接到通知后这么短的时间内就代替Sean出色地完成了在大会中的工作。尽管环境非常艰苦，你还是通过对新的咖啡机产品线的掌握吸引了很多新订单。你的贡献和销售能力令我们非常感激。

虽然自大会使受众反感，但是过于谦虚和缺乏自信又会降低可信度。如果你对自己缺少信心，你就会以不确定的态度沟通，这降低了你的可信度，提高可信度的关键是相信自己。如果你相信你的信息是可靠的，在陈述事实时你就能变得有根有据，受众也不会怀疑。避免含糊的表达和缺乏自信的词汇，如"如果"、"希望"、"相信"等。

替换前	替换后
我相信这个建议有帮助。 如果你需要订货，将回执卡邮寄给我们。 我相信你将延长服务合同。	我们很高兴提出这个建议。 需要订货，邮寄回执卡。 通过延长服务合同，你能继续享受设备带来的高质量表现。

最后还要记住，可信度的建立可能需要几天、几个月甚至几年，但却可能在瞬间丧失。偶然的失误和松懈经常会被原谅，但是大的诚实和正直的缺失可能毁掉你的声誉。另一方面，当你建立了可信度时，沟通变得更容易，因为你不用再花费时间和精力向人们保证你的信息和想法来源的可信性。

树立企业形象 当你与外界沟通时，即使是日常事务，你也是代表了你的组织的代言人。你的表现能够提高或损害整个企业的声誉。因此，你的观点和个人能力必须是服从组织的。至少在某种程度上，要从企业的利益角度考虑。

很多组织有专门的沟通指南，包括了从公司名称的正确使用到更好的缩写以及其他语法细节的方方面面。然而，具体说明什么样的沟通风格更受欢迎是很难的。要观察更有经验的同事去看看他们是如何沟通的，积极寻求编辑方面的帮助以确保表达的语调合适。例如，客户把几千到几百万美元托付给投资公司，投资公司就与一个服装零售商的沟通风格非常不同。而一个专营高质量职业装的服装零售商又与追求最新潮流的休闲装专卖商店的沟通风格有所不同。

5.2.3 控制风格和语气

风格是使用词汇达到特定**语气**或整体印象的方式。你可以通过改变风格——语言结构和词汇——来展示有力或客观、个人或正式、丰富或枯燥。正确的选择要依赖于信息的本质和你与受众的关系。虽然风格在修订阶段可以被定义（见第6章），但是如果从一开始就确定风格，采用期望的语气，你可以节省很多修订的时间。

使用对话语气 商务信息的语气覆盖了从不正式到对话再到正式的很大范围。如果你在一个很大的组织中工作，并且需要与上级或客户进行沟通，语气就要趋于正式和尊重。[8] 尽管如此，如果用在亲近的同事身上，正式的语气听起来可能会有距离感而且比较冷漠。

---

⑧ Susan Benjamin, *Words at Work* (Reading, Mass.: Addison-Wesley, 1997), 136—137.

比较表 5-2 中三个版本的信件。第一种的风格对于当今的受众来说过于严肃和枯燥,第三种的风格对于除亲密的同事或朋友以外的任何受众来说都过于随意,第二种信息展示了在大多数商务沟通中使用的对话语气——使用简明的语言,既具有商务性又不会过于严肃和术语满篇。在信息中遵循以下几个要点,你就可以正确使用对话语气。

表 5-2 三种语气:正式的、对话的和非正式的

正式语气	对话语气	非正式语气
专用于大多数正式的场合	适用于大多数商务沟通	专用于与朋友或是亲密的同事之间的沟通
亲爱的 Navarro 女士: 附件中有您在我们 5 月 14 日的电话交谈中要求的信息。就像那次提到的,Midville 医院与州内其他健康机构相比有更多非常出色的医生。 同时,正如您所了解到的,我们形成了一个庞大的、由从业于整个州的医生和保健专业人士组成的网络。一旦您需要专家,我们的专业人员可以提供适当的建议给您。 一旦您有问题或需要更多的信息,可以在正常的工作时间与我联系。 真诚地, Samuel G. Berenz	亲爱的 Navarro 女士: 这是您在周五的电话交谈中要求的信息。就像我提到的,Midville 医院有比州内其他医院更多、更好的医生。 另外,我们有由从业于整个州的医生和其他保健专业人士组成的庞大网络。如果您需要专家,他们可以提供适当的人选。 如果您需要更多的信息,可以在周一到周五的 9:00—5:00 之间的任何时间联系我。 真诚地 Samuel G. Berenz	你好,Gabriella: 希望一切都好。发送一些你需要的信息。就像我在周五说的,Midville 医院与州内其他医院相比有更多、更好的医生。 我们也有很多医生和保健专业人士在你工作和住所附近。需要专家吗?他们可以提供适当的人选。 你要想了解更多的话,可以在早上 9:00—5:00 之间的任何时间给我打电话。 保重, Sam

- **避免过时的和华而不实的语言**。过去的商务语言比现在的更加正式,一些过时的词语仍然在用。如果你问自己"如果我与某人面对面交谈会这样说吗?",你就可以很简单地避免使用这些语言。类似的,要避免使用空泛的词语、过时的表达和过于复杂的句子。这些华而不实的语言听起来很自大,如表 5-3 所示。
- **避免说教和吹嘘**。没有什么比自以为是更让别人愤怒的了。如果你确实需要提醒受众某些显而易见的事情,要试着随意地表达这一信息,或者把它放在段落的中间看起来像是次要的建议而不是主要想表达的内容。而且,要避免对你或者你的组织的成就进行鼓吹,除非受众是组织中的成员。
- **注意隐私**。大多数商务信息都应避免谈论隐私,例如分享个人细节或采用一种随便的、不专业的语气。尽管如此,当你与受众关系亲密时,例如在一群关系亲密的人中间,采用更亲密的语气则更好。
- **谨慎使用幽默**。幽默是使枯燥的主题更有趣味、使负面信息更容易被人接受的有效工具。尽管如此,用时要小心:幽默需要与你要阐述的观点有关。商务信息不是分享笑话的论坛。在正式的信息之中或是跨文化沟通时,不要使用幽默,因为幽默容易起到反效果而且转移受众对信息的注意力。如果你不够了解受众或是没有在商务场合中运用幽默的技巧,就完全不要使用幽默。当不确定时,也不要用。

表5-3 使用最新的和实用的词汇

过时的	最新的
在适当的时候(in due course)	今天,明天(或某个具体的时间)
请允许我说(permit me to say that)	(“允许”是不必要的)
我们已收讫(we are in receipt of)	我们收到了
依照(pursuant to)	(省略)
作为结束,我想说(in closing, I'd like to say)	(省略)
署名人(the undersigned)	我
请告知(kindly advise)	请让我们知道
我们希望通知您(we wish to inform you)	(直接说)
附件请查收(attached please find)	随函附上
我已注意到(it has come to my attention)	我刚得知;Garza女士刚告诉我
我们的Lydell先生(our Mr. Lydell)	Lydell先生,我们的信用部经理
请注意(please be advised that)	(省略)
华而不实的	**实用的**
在取得额外的供货的条件下,我将开始你们订单的交付工作。	当我收到更多的供货时会交付你们的订单。
仔细观察记录会发现上一年的一项巨额赤字是由继续使用过时的设备造成的。	记录表明公司去年的一项损失是由旧设备的使用造成的。

使用简明的语言 你认为这个句子想要表达的意思是什么?

> 我们将一如既往地协作以提供增值的交货服务从而使得我们可以在未来的世界里继续积极主动地维护企业范围内的数据来保持竞争力。[⑨]

如果你不知道它是什么意思,这不足为奇。尽管如此,这是来自一家真实的公司的真实的例子,想要解释公司是做什么的和为什么要做。这种难以理解、充满专门术语的写作呼吁全世界的人们使用简明的语言。

简明的语言是在表达信息时使用的一种简单、朴实的风格,这样受众能够很容易地掌握你的意图,而不需要与专业的、技术性的、费解的语言作斗争。因为更接近于人们正常的语言,所以简明的语言对于任何受过18、19年教育的人来说都很容易理解。“简明语言运动”(The Plain English Campaign,英国倡导简练语言的非营利组织)把简明的语言解释为一种“在意向受众第一次读到时就能够阅读、理解和有所反应”的语言。[⑩] 可见这种定义支持换位思考并且展示了对受众的尊重。

例如,在知识共享组织网站上,能找到三种版本的许可证,分别为“普通人可读的”、“律师可读的”和“机器可读的”。第一种用任何人都能够理解的非技术性语言解释许可条款,第二种用特定的法律术语详细解释合同细节,第三种是一个剪贴簿的软件,人们可以拷贝在他们自己的网站上,以显示知识共享组织“部分限制权利”的标志。

⑨ Stuart Crainer and Des Dearlove, “Making Yourself Understood,” *Across the Board*, May-June 2004, 23—27.

⑩ Plain English Campaign website [accessed 3 October 2003] www. plainenglish. co. uk.

尽管只有很少一部分人认识不到简明语言的价值,但事实上,晦涩、华而不实且不必要的复杂的写作仍然很普遍。一种原因是作者不确定他们的写作技术和信息的影响,并错误地认为用复杂的写作说明简单的观点会使他们的信息更有吸引力。另一个原因是计划不足,导致信息在寻找结论的过程上进行得曲曲折折。第三个原因是一些作者故意创造他们与受众之间的距离。无论出于什么原因,不必要的复杂写作的结果都是相同的:它导致没有效率的沟通,浪费时间,浪费金钱,而且使接触这些信息的人感到困扰。

正是由于混乱、浮夸的写作会导致沮丧,简明语言运动的兴起引起了对不良沟通所带来成本的重视。很多政府和商业机构都试着改善这种情况。为了使金融监管者写作得更清晰,美国证券交易委员会(SEC,管理金融市场的机构)制作推出了《简明英语手册:如何创造清晰的 SEC 报告文件》。德勤咨询(一家大的管理咨询公司)竟然开发了"斗牛士"软件(一种在 Microsoft Word 和 PowerPoint 中运行的工具),通过它可以发现行话、流行语和其他写作问题的例子。[11]

尽管简明语言的受众对象是把这一语言作为第一语言的人群,但同时它也可以帮助你简化准备提供给受众的信息,这些受众可能是把这一语言作为第二或第三外语的人群。例如,通过选择只有一种解释的词汇,你可以更清晰地与受众进行沟通(参见"跨文化沟通实现:在网络上与全球受众沟通")。[12]

跨文化沟通实现

在网络上与全球受众沟通

在网络上与国际受众沟通并非简单地提供各种翻译。成功的全球网站可以通过以下五个方法来适应国际受众:

1. **考虑读者的期望。**一些你认为理所当然的沟通因素可能被来自不同国家的受众理解成不同的意思。你应该使用公制度量系统、不同的日期和时间标记甚至是不同的国家名称吗?例如,德国人不会把他们的国家叫做"Germany",而是 Deutschland。回顾所有的在线经历并寻找改善沟通的方法,包括像交互式汇率转换器和翻译词典这样有用的工具。

2. **注重不同的文化背景。**例如,幽默是植根于一定的文化规范中的,美国式的幽默在亚洲或欧洲读者看来可能并不好笑。要避免不被广泛接受的成语和习惯用语,例如"不要把鸡蛋都放在一个篮子里"和"从煎锅里跳到火里"。

3. **保持信息简洁。**使用简单的词语和句子并且用主动语态写作。给出缩写词、首字母缩拼词以及国际受众不熟悉的单词的定义。

4. **采用视觉效果辅助语言。**当语言无法表达时,使用图画、照片和其他视觉化的工具。

5. **咨询当地专家。**可以从当地的专家中寻求一些可以被接受的短语和习惯用法的建议。即使是像"homepage"这样简单的词在不同的国家说法也不一样。西班牙读者称之为"first page"或者

---

[11] Securities and Exchange Commission website [accessed 3 October 2003], www. sec. gov/news/extra/handbook. htm; Deloitte Consulting website [accessed 3 October 2003], www. dc. com/insights/bullfighter/index. asp.

[12] Peter Crow, "Plain English: What Counts Besides Readability?" *Journal of Business Communication* 25, no. 1] (Winter 1988): 87—95.

“pagina inicial”,法国人则称之为“welcome page”或者“page d'accuei”。

职业应用

1. 访问索尼全球网站(www.sony.net),然后考察索尼的阿根廷、德国和法国的音乐网站。索尼是如何“本土化”每个国家的网站的?

2. 比较索尼音乐的国际化网站和IBM的全球网站(www.ibm.com)。索尼的方法与IBM有什么不同?这两个公司都满足了全球受众的需求吗?写一个两段的总结比较两个公司的全球化网站。

虽然简明语言有这么多的优点,但同时也有一些局限。它有时候不够精确和细微,尤其是在科学研究、工程文件、强烈情感和个人见解中。而且,它不是平等地包括所有的文化和方言。

选择主动语态或被动语态 选择主动或是被动语态影响着信息的语气语调,当主语是行为执行者而宾语是行为接受者时应该使用**主动语态(active voice)**:“约翰租了这间办公室。”当主语是行为接受者时要使用**被动语态(passive voice)**:“这间办公室被约翰租了。”当你使用主动语态的句子时,信息听起来不那么正式,但是它很容易让读者知道是谁做出了这个动作,如表5-4所示。相比之下,使用被动语态弱化了主语,暗示行为是由某物或某人做出的。

表5-4 选择主动或被动语态

总的来说,为了使文章生动和直接,应该避免使用被动语态	
被动语态的呆板和间接	**主动语态的生动和直接**
新工序是由被操作团队开发的。	操作团队开发了新工序。
法律问题是由合同造成的。	合同造成了法律问题。
为了新任CEO的到来,接待准备工作已经由公共关系人员着手进行了。	为了新任CEO的到来,我们的公共关系人员已经着手进行接待准备了。
尽管如此,被动语态在你需要显得圆滑或把注意力集中在问题或解决方案而不是人上时很有帮助	
主动语态的指责或自夸	**被动语态更为圆滑**
你丢失了货物。	货物丢失了。
上个月我招收了七个工程师。	七个工程师在上个月被招收了。
我们正在调查最终装配线的高故障率。	最终装配线的高故障率正在调查之中。

使用主动语态使写作更直接、生动、容易阅读。相反,被动语态在语法上并没有错误,但经常显得很麻烦,可能会出现不必要的模糊,而且句子很长。大多数情况下,主动语态是最好的选择。[13]然而,使用被动语态能够帮助你在某些情况下表现出换位思考的态度:

- 当你想要圆滑地指出某种问题或错误时(被动语态较少具有指责的意味)
- 当你想在对荣誉和批评既不自居也不归结的情况下指出都做了什么时(被动语态可以使行为者完全脱离句子)
- 当你想要避免人称代词从而创造一种客观语气时(例如被动语态可用于正式报告)

⑬ Susan Jaderstrom and Joanne Miller, “Active Writing,” *Office Pro*, November-December 2003, 29.

表5-4中的第二段说明在一些情况下被动语态帮助你把信息的重点集中在受众身上。

5.3 组织信息

当你考虑如何适应受众时，你已经准备好开始编写信息了。如果你准备好说什么和怎么说（参见第4章的提纲建议），写作是很简单的，虽然你可能需要不时暂停一下去寻找合适的词汇。依照这个步骤去做，你也可能发现提纲得到了改进。在不忽略主要目的的情况下，可以自由地重新安排、删除、增加观点。

在写作初稿时，可以试着发挥创造力。不要尝试同时写草稿和编辑或是担心不能尽善尽美。如果你不知道用什么词汇合适，可以造词、画图、大声说出来——无论做什么，只要能表达你脑中的想法并将其显示在计算机屏幕上或者一张纸上就可以。你可以迟些去修改和提炼这些材料。

如果你感觉棘手或写不出来，试着让头脑以创新游走从而越过作为作者的障碍：跳到文档的另一个部分（第一段通常很难写，但是你可以不必先写它），制作无文字的要素，如图表或是封面，也可以回顾写作目的并且确定写作信息与之保持一致，或是通过转移到另一个项目中让大脑放松一下。有时你所需要做的只是开始写作，而不要考虑你在写什么或是它将怎么样。词汇会源源不断，思维也会进入状态，写作也会变得越来越容易。

最成功的信息有三个重要因素：有力的词汇，有效的句子，连贯的段落。

5.3.1 选择有力的词汇

有效的信息取决于认真选择的词汇，无论你是在初稿中选择它们还是在后来编辑它们。[14] 首先，特别注意准确性。语法规则和使用在不断地改变，这反映了人们说话方式的改变。甚至编辑和语法研究者偶尔也会错误地使用语法，他们时常对答案持有不同观点。例如，“data”这个词是“datum”的复数形式，但一些专家现在认为“data”这个词在被用于非科学材料中表示一个信息主体时，应该作为单数名词来对待。你来判断：下面哪个句子更好？

Our market share data is consistent from region to region.
Our market share data are consistent from region to region.

争论用法的细节虽然看起来像在吹毛求疵，但使用正确的词汇仍然是很重要的。如果造成语法错误或使用错误，你就对受众失去了可信度——即使信息从另一个方面来说是正确的。不恰当的语法使你显得无知，而受众不会太信任无知的信息来源。更糟糕的是，不当的语法还暗示着你不够尊重受众。即使一个受众足够宽容不会做出这种评价，语法错误也会分散注意力。

如果你不确定什么是正确的，就去查找一下答案，并使用正确的表达形式。可以查阅各种专业参考书以及图书馆、书店及互联网上的可用信息。大部分权威人士在基本的习惯用法上观点一致。

为手中的作品选择最合适的词汇同选择正确的词汇一样重要。当然，在紧要关头下使用正确

---

⑭ Portions of this section are adapted from Courtland L. Bovée, *Techniques of Writing Business Lettens, Memos, and Reports* (Sherman Oaks, Calif.: Banner Books International, 1978), 13—90.

的词汇很重要。但即使你在应对某些不是很危险的环境时，正确的词汇也可以有助于沟通成功。词汇的有效性往往比正确性更难达到，特别是在写作沟通上。甚至拥有几十年经验的职业作家也在不断钻研以恰当地使用虚词和实词，并寻找可以沟通的词汇。

正确使用虚词和实词 词汇可以分为两类。**虚词(functional words)**表示连接关系，并且在任何给定语境中通常只有一种不变的含义。虚词包括连词、介词、冠词和代词。你需要关心的是如何正确使用这些词汇。**实词(content words)**是多面的，因此符合多种解释。实词包括名词、动词、形容词和副词。这些词汇承载着句子的意思。在句子中，实词就像建筑物的石块，虚词就像把它们粘合在一起的灰浆。在下面的句子中，所有的实词下面都被画上了下划线：

饼干市场上的一些客观的观察者认为 Nabisco 有质量优势，同时也称赞了 Frito-Lay 的卓越分销。

虚词和实词都是必需的，但是你作为沟通者的有效性在很大程度上取决于你为信息选择正确实词的能力。

本义和隐含义 实词有本义和隐含义。**本义(denotative meaning)**是指字面或字典中的意思。**隐含义(connotative meaning)**包括所有由词汇引发的联想和感觉。

"书桌"的本义是"用于书写的桌子"。一些书桌可能有抽屉或柜子，还有一些书桌可能有平桌面或是斜桌面，但是一般来说其字面意思很好理解。"书桌"的隐含义可能包括与工作或是学习有关的想法，但是"书桌"这个词有非常中性的隐含义——既不强烈也不带有感情色彩。然而，有些词汇比其他词汇有更强烈的隐含义。举个例子，"不及格"这个词的隐含义是消极的，并且可以带有强烈的感情意思。所以如果说一个学生考试"不及格"，隐含义说明这个学生较差，没有竞争力，表现处于某个标准之下。

在商务沟通中，小心使用有很多种解释和更隐含意义的词汇。通过说一个学生得了 65 分，你说出了事实，又避免了很多消极的隐含义。如果你使用的词汇可能的解释相对较少，那么你就会比较不可能被误解。另外，因为你总是试着以客观的、理性的方式沟通，你会尽量避免有太多感情色彩的评论。

抽象和具体 在表达一定程度的抽象或者具体的意义时，词汇的变化是多种多样的。**抽象词汇(abstract word)**表达了一种概念、性质或是特征。抽象词汇通常很宽泛，包含了一个类别的观点，而且它们通常很知识化、学术化并具有哲学性。"爱"、"荣誉"、"进步"、"传统"和"美丽"是抽象的。相反，**具体词汇(concrete word)**代表一些能够触摸到或是看到的东西。具体词汇植根于有形的物质世界里。"椅子"、"桌子"、"马"、"玫瑰花"、"踢"、"吻"、"红色的"、"绿色的"和"二"等都是具体词汇，它们直接、清晰、准确。

你可能认为具体词汇更精确，所以比抽象词汇要好，但事实并非总是如此。例如，试着重写以下句子，不使用有下划线的抽象词汇：

我们认为下面这些真理是不言而喻的：人人生而平等，造物者赋予他们若干不可剥夺的权利，其中包括生命权、自由权和追求幸福的权利。

你可以看到,《独立宣言》需要抽象,大多数商务信息也是一样。抽象是在普通和有形中提升出来的。它们让你可以表示像"士气"、"生产率"、"利润"、"质量"、"动机"、"保证"之类的概念。

虽然抽象词汇是不可或缺的,但是它们也会造成麻烦。它们可能有很多种解释,容易让人不理解。而且,特别是当受众缺乏切身体会的话,就不容易对观点产生兴趣。减少这类问题的最好办法是混合运用抽象词汇和具体词汇,将一般和具体结合起来。陈述概念,然后用更具体的词汇详细地解释它。在没有其他合适的方式表达的情况下再使用抽象词汇。

由于像"小的"、"无数的"、"很大的"、"近的"、"不久的"、"好的"和"健康的"这类词汇不够精确,因此可以试着用一些更准确的词汇代替它们。一般不说"很大的损失",而是说"损失了3 200万"。

寻找用于沟通的词汇 通过经常练习写作,从有经验的作者和编辑那里学习,大量阅读,你会发现选择合适的词汇来进行准确的沟通就变得很容易了。当你写作商务信息时,仔细思考,寻找适合每个语境的、更有说服力的词汇,如表5-5所示。

表5-5 寻找有力沟通的词汇

避免无力的短语	使用有力的词语
富裕的商人	大亨
生意兴旺	经济繁荣
困难时期	衰退
避免不熟悉的词汇	**使用熟悉的词汇**
探知(ascertain)	发现,得知
完成(consummate)	结束,引起
细读(peruse)	阅读,研究
规避(circumvent)	避免
增值(increment)	增长,增加
不模棱两可(unequivocal)	确定
避免过时词语和专门术语	**使用简明的语言**
上坡作战(an uphill battle)	挑战
突然变化的预兆(writing on the wall)	预言
发号施令(call the shots)	负责
闪击(take by storm)	进攻
耗资不菲(cost an arm and a leg)	昂贵
一场新球赛(a new ballgame)	新的开始
落入漏洞中(fall through the cracks)	被忽略
跳出固定的框架(think outside the box)	具有创造性

- **选择强有力的词汇。**选择词汇以更清晰、具体、生动地表达想法。名词和动词是最具体的词汇,应该在信息中承担最多的沟通工作。动词有着特别的力量,因为它们在句子中说出发生了什么,可以使句子更加生动和具体。例如,如果合适的话可以用"剧增"或是"骤降"代替"上升"或是"下降"。形容词和副词有着明显的角色,但是如果你发现自己经常用到它们,可能你是在试着用它们弥补无力的名词和动词。
- **选择熟悉的词汇。**你最好选择对你和受众来说都比较熟悉的词汇进行沟通。而且,第一次

在重要的文献中尝试使用不熟悉的词汇可能会导致尴尬的误会。

- **避免过时词语**。虽然熟悉的词汇总的来说是最好的选择,但是要注意一些词汇和短语运用得太普遍已经使他们失去了某些沟通的效能。因为经常用陈词滥调,受众倾向于略过它们而直接去看接下来发生什么。很多人使用这些词汇并不是因为它能使他们的信息更生动、有吸引力,而是因为他们不知道怎样去表达自己,并且在原始写作中没有投入足够的精力[15]。
- **小心使用行话**。谨慎地使用技术或专业词语。虽然行话总的来说名声不佳,但它在相互了解自己的专门用语的特定人群中往往是有效的沟通方式。毕竟,行话最先就是由有相同兴趣的人共同开发出来的,是他们对复杂观点进行沟通的快速途径。例如,当一个录音师想要就一段特定的音乐缺乏回音和其他音响效果的事实进行沟通时,说这一音轨比较"干"就容易得多了。当然,对于不熟悉这类内行人术语的人,行话是无意义和令人生畏的——这是在开始写作之前有必要对受众进行了解的另一个原因。

记住,你可以通过不断地模仿和实践来提高商务写作技能。当你阅读商业杂志、报纸甚至小说时,把你认为有用的词汇记录下来并放在一个文件里。在起草下一份信函或是报告之前浏览一下文件,试着在你的文件中使用一些这些词汇。你可能会惊奇地发现它们强化了你的写作。

5.3.2 构造有效的句子

使每句话都有意义是创造有效信息的关键步骤。从选择最适当类型的句子开始,然后安排词汇去强调每句话的重点。

从四种类型的句子中选择 句子有四种基本的类型:单句,合句,复句和复合句。一个**单句(simple sentence)**里只有一个分句(一个独立主语和一个独立谓语),虽然它还可以通过作为动作宾语的名词和代词以及修饰语进行扩展。下面是一个典型的例子(主语单下划线,谓语双下划线)。

> 在过去的一年里利润增加。

一个**合句(compound sentence)**中有两个主要的分句,表达两个或多个独立但是同等重要的相关观点,经常用"而且"、"但是"、"或者"等词连接起来。一个合句是两个或多个相关联的单句(主句)的结合。例如:

> 工资率已经下降了5%,并且员工流动率已经很高了。

这些主句在合句中经常用逗号或分号隔开(这种情况下去掉连词"并且"、"但是"和"或者")。

一个**复句(complex sentence)**表达了一个主要观点(主句)和一个或多个次要的观点(从句),经常用逗号隔开。在下面的句子中,首先出现的次要观点不能独立存在:

> 尽管你可以怀疑 Gerald 的结论,但你必须承认他的研究是透彻的。

---

⑮ Robert Hartwell Fiske, *The Dimwit's Dictionary* (Oak Park, IL: Marion Street Press, 2002), 16—20.

一个**复合句**(**compound-complex sentence**)有两个主句,其中至少有一个主句包含一个从句:

在过去的一年里利润增加,尽管你可以怀疑 Gerald 的结论,但你必须承认他的研究是透彻的。

当组织一个句子时,选择适合你想要表达观点关系的形式。如果你有两个同样重要的观点,把它们表达为两个单句或是一个合句。然而,如果其中一个观点没有另一个重要,那就把它放在从句里形成复句。例如,虽然下面的复句使用了一个连词去连接两个观点,但是它们并不平等:

化学产品部门是公司中最强的,并且它的管理技术应该被其他部门采用。

通过使第一个观点从属于第二个观点,可以建立一个有效的关系。所以下面的复句是更有效的:

因为化学产品部门是企业中最强的,所以它的管理技术应该被其他部门采用。

为了使写作尽可能地有效,使用所有这四种句型以努力达到多样化和平衡。如果你使用了太多的单句,就不能准确地表达出观点的相互关系,文章就会显得不连贯和生硬。如果你使用了过多的长句、合句,文章则会很单调。另一方面,一直使用复句或复合句让文章很难理解。

使用句型强调主要观点 英语这种语言在你表达自己的想法和开发自己的风格方面都是很灵活的。但对于商务沟通来说,简单有效相对于写作风格更重要,所以应该努力简单化。

在每个信息中,一些观点比其他观点重要。你可以通过句型强调主要观点。一个常用的技巧是,给最重要的观点最大的篇幅。当你希望吸引别人对一个观点的注意力时,使用额外的词汇去描述它,思考下面的句子:

董事长号召股东们投票。

为了强调董事长的重要性,你可以更全面地描写他:

在企业并购竞争中有着丰富经验的董事长号召股东们投票。

你可以通过增加一个单独的短句来进一步提高重要性:

董事长号召股东们投票。她在企业并购竞争中有着丰富经验。

你也可以通过把一个观点变成句子的主语来吸引注意力。在下面的例子中,重点放在人身上:

我可以使用电脑来更快地写信。

尽管如此,转换了主语之后,计算机就成为重点了:

计算机使我写信更快了。

另一种强调重点的方法是把它放在句子的开头或是结尾：

较少强调：我们降低价格来刺激需求。

更多强调：为了刺激需求，我们降低价格。

在复句中，从句是围绕着表达的观点的关系来安排的。如果你想要强调某种观点，把从句放在句子的结尾（主要强调位置）或者开头（次要强调位置）。如果你想要弱化某种观点，把从句放在句中。

最能强调：电子部件在墨西哥制造，相比美国来说有更低的工资成本。

强调：因为工资成本更低，电子部件在墨西哥制造。

最不强调：墨西哥，有更低的工资成本，被选为电子部件的制造地。

这样的技巧让你能够更多地控制受众对你所说的信息的理解方式。

5.3.3　打造连贯的段落

段落将与一个共同的主题相联系的句子组织在一起。受众期望每一段都集中在一个观点上，并且作为具有逻辑性的一环，连接在构成整个信息的一系列观点之中。利用句子你可以控制各个段落中的要素。这样做能够帮助受众抓住文件的中心思想，并且理解各个具体材料是如何为这一思想提供支持的。

段落的要素　段落在长短或形式上有多种多样。无论是一个小段还是长达几页的长段，都可以有效地进行沟通，这取决于你的目的、受众和信息。典型的段落包括三个基本要素：主题句，展开主题的支持句，过渡词汇和短语。

主题句　每一个构造合理的段落都是统一的，围绕着一个主题。介绍主题的句子被称为**主题句（topic sentence）**。在非正式、有创意的写作中，主题句可以是暗示的而不是陈述的。在商务写作中，主题句通常是明显的并且是段落中的第一句。主题句给受众主要观点的一个概述，并且在段落的其他部分具体解释。下面的例子展示了如何利用主题句来描述主题，以及如何来对主题进行展开：

医药产品部门多年来一直为公共关系问题所困扰。[在段落的其他部分，受众可以了解到问题的细节]

把工厂迁到纽约有两个主要的劣势。[劣势将会在接下来的句子中解释]

为了得到退款，你必须提供给我们一些额外的信息。[必要信息的细节将会在段落的其他部分描述]

支持句　在大多数段落中，主题句需要用一个或多个支持句来解释、论证和扩展。这些相关的句子必须都对主题有一定的影响，并且必须提供足够的具体细节以使主题明晰：

医药产品部门多年来一直为公共关系问题所困扰。自从 2002 年以来本地报纸已经发表了 15 篇文章从负面来描述该部门。我们被指责虐待实验室动物，并且污染本地的地下水。我们的设备已经被描述为“健康的威胁”，我们的科学家被认为是“毁灭创造者的怪物”，我们的利润被认为是“肮脏的”。

支持句比主题句更具体。每一个支持句都提供具体证据去说明主要事实。同时,每个句子都与主题相关,使整个段落保持一致。一个得到良好展开的段落需要做到两点:(1) 包含足够的信息以使主题句有说服力和有趣,(2) 没有多余的和不相关的句子。

过渡元素 有效的段落除了要做到统一和得到良好的支持以外,还必须保证连贯性。也就是说,段落安排有一个逻辑顺序,以帮助受众理解思路。通过使用展示段与段之间以及段落之中句子与句子之间关系的过渡,可以实现段落的连贯性。过渡元素是把各个观点联系在一起并表示相互之间关系的词汇或是短语。它们不仅仅是帮助受众理解联系,而且还使写作更通顺。比较好地使用过渡的方法是,在写作提纲时就对过渡进行计划,同时决定如何把各种观点和大块信息安排和连接起来。[16]

你可以用多种形式建立过渡:

使用连词:而且、但是、或者、然而、尽管如此、另外等。

重复上一段或上一句中的一个词或一个短语:"建立一个系统用来监控库存水平。这个系统将提供……"

使用代词指代前面使用过的名词:"Arthur 女士是总统位置的领先候选人。她拥有非凡的素质。"

使用经常成对出现的词汇:"机器最小产出是……它的最大产出是……"

一些过渡元素可以完成情绪转换,也就是说,它们提示受众与前面的段落比有了情绪的变化。有的过渡表示与前面的内容完全相反,有的表示因果关系,也有的显示时间的变化。过渡元素会让受众对将要看到的内容有所准备。这里有一个经常使用的过渡元素的清单,它们能够使受众更顺利地了解句子之间以及段落之间的关系:

额外的细节:而且、还有、另外、除……之外、第一、第二、第三、最后

因果关系:所以、因为、相应的、于是、从而、因此、结果、这样

比较:相似的、再一次、同样的、相比、仍然

对比:相反的、而、然而、另一方面、尽管如此、但是、不过

条件:尽管、如果

说明:例如、特别是、在这种情况下、举例来说

时间顺序:原来、后来、当时、同时、有时

加强语气:确实、事实上、无论如何

总结:简要地说、简单来说、总的来说

重复:也就是说、换句话说、如上所述

尽管过渡词汇和短语是有用的,但是要组织好一段信息,光靠它们还不够。首先要把观点放在有力的框架中,并且使用过渡把它们更有力地连接在一起。

使用过渡可以帮助受众更好地理解你的想法并跟随你从一个观点到另一个观点。你可以在段落中使用过渡把各相关的观点连接起来,也可以在段落之间使用过渡使不同观点之间的转化更容易。在长篇报告中,连接主要章节的过渡通常是整个段落,可以作为下一节的简短引言,或是对刚刚结束的一段表述的观点作以总结。这里有一个例子:

---

[16] David A. Fryxell, "Lost in Transition?" *Writers Digest*, January 2005, 24—26.

考虑到这个产品的本质，我们的选择是有限的。就像上一节指出的，我们可以完全放弃生产这种产品，改进产品，或是继续生产现在的型号。这些选择每一个都有优点和缺点，这在下一节会讨论到。

这一段使受众了解到对问题的分析（上一节提到）已经结束了，文章通过一个过渡转向对选择的分析（下一节将提到）。

展开段落的五种方法 段落的连贯性很大程度上依赖于你是如何将其展开的，最好的方法是使用受众熟悉的结构，不仅要与你想要传达的观点相适应，还要与你的意图相适应。五个最常用到的展开技巧是：说明，比较或对比，原因和结果，分类，问题和对策。

表 5-6 展开段落的五种技巧

技巧	描述	例子
说明	给出例子说明主题	我们最受欢迎的一些产品都是通过当地分销商来代理的。例如，Everett & Lemmings 代理我们的速冻汤和速冻菜。J. B. Green 公司代理我们全部的调味品产品线，以及速冻汤。Wilmont 食品公司也是一个主要的分销商，现在代理我们新的冷冻甜品产品线。
比较或对比	使用相似处或是差异处来展开主题	当公司很小时，雇员招聘可能是非正式的。对新雇员的需求是有限的，每个管理者都很容易选拔和雇用自己的员工。然而，成功竞得 Owens 的承包合同意味着我们将要在接下来的六个月中使我们的员工数量翻番。为了在不打乱进行中的活动的情况下雇用这些员工，我们要在人力资源部门里建立一个单独的招聘团队。
原因和结果	集中在问题的原因方面	您的 Wanderer 帐篷的耐用织物是由于一两个原因而损坏的：(1) 织物被锐物刺穿，而且没有加固，再加上一周来每天搭帐篷的压力，破洞又扩大了；(2) 因为帐篷还很潮湿就被折叠存放，所以织物逐渐腐烂了。
分类	展示一个主题如何细分为具体的类别	我们管理培训生项目的成功候选人主要来自以下几组中的一个：目前最大的组是由认证商务管理项目最近的毕业生组成的。第二大的组来自公司内部，我们提拔有潜力的员工到责任更大的岗位。最后，我们偶尔也会接受在相关产业中具有卓越管理经验的候选人。
问题和对策	提出问题然后讨论对策	在线销售手工玩具是一个挑战，因为消费者习惯于从大型连锁商店或知名的网站（如亚马逊）购买得到大力宣传的玩具。尽管如此，如果我们开发一个具有吸引力的网站，我们可以以产品的新颖和质量来竞争。而且，我们在一个很有竞争力的价位上提供一些不寻常的手工艺品：由桦木制成的摇摆木马，配上手工编织的尾巴和鬃毛；把小孩的名字画在上面的音乐盒；由北美土著工匠制造的货真价实的圆锥形帐篷。

在实践中，你可以偶尔在一个段落中并用两个或多个展开的方法。为了增加兴趣，你可以从使用说明开始，转向比较和对比，然后转向问题和对策。然而，当你并用时，一定要小心使用以防止读者在段落当中无法进展下去。另外，在决定采用想到的第一种展开方法之前先考虑一下其他的方法。在仔细考虑了各种方法之后再决定。要避免一次又一次地重复使用老的段落模式的习惯，从而使你的写作更新鲜、有趣。

5.4 使用技术编写和塑造信息

在商务沟通的各个阶段,小心地应用技术可以帮助你在更短的时间内完成更好的详细信息。你可以使用多种电子工具去编写信息:软件可以创建大部分网站主体的常规网页内容,网络日志或博客可以经常更新网络公告,即时通信可以交换简短的信息并支持在线会议,电子邮件和文字处理器可以处理较长的信息。你在第 2 章中了解了即时通信软件的有效性;第 6 章强调了应用博客来发布商务信息的一些途径。你可以在 www. prenhall. com/thill 中读到关于建立有效的博客和网络内容。下面几节提供了在创建有效的电子邮件信息和充分利用文字处理器格式功能方面的建议。

5.4.1 编写有效的电子邮件信息

尽管电子邮件信息存在的时间可能比较短,但与其他类型的商务写作相同,注重细节也是很重要的。对于很多人,特别是年轻的商务人士,习惯于使用电子邮件、即时通信和短信来进行沟通,他们认为商务邮件不必太正式。一些经验丰富的商务人士甚至提倡在邮件写作时不考虑标点、语法、拼写以及其他一些惯例,原因是关注细节太浪费时间。

然而,这个方式忽视了很多重要的因素,所有的这些都可能有损于你的事业。第一,马虎的写作可能让写作者花费少量的时间,但是它经常要求读者花费更多的时间,被迫去从拼写错误的词汇和令人困惑的语句中理解句子的意思。第二,关注有效沟通的人们经常通过写作的质量来判断工作的质量。因为这一群体包括绝大多数高级主管(这些人可以决定你是否能够得到升迁机会),他们会很认真地思考你通过电子邮件塑造的声誉。第三,点击鼠标,电子邮件就可能被发送到那些你想象不到的地方,例如,CEO 的电脑屏幕、报社、律师的办公室,或成千上万互联网的网站和博客中。由于粗心或别有目的的同事可能会将你的信息转发到高级经理或招聘主管手中,而这些起初认定你是明日之星的人,可能会在浏览你那份拙劣的邮件后认为你也不过如此。你可以不必将通知大家在会议室吃午饭这种消息编写得很完美,但是通常来说,马虎的邮件写作节省的时间无法弥补它对你的事业前景造成的损害。[17]

写电子邮件时除了注意本章前面提到的一些原则和技巧外,还有以下几点需要注意:首先也最重要的是,作为员工,你有责任遵守公司电子邮件的相关规定。任何机构都希望员工能够以负责、正规的方式使用电子邮件。因此,许多公司也确实会培训员工使用电子邮件。至少,绝大部分公司都制定了关于电子邮件的使用规定,以帮助员工减少不必要的沟通和麻烦。典型的电子邮件使用规定包含如下几条:

---

⑰ Reid Goldsborough, "'Creeping Informality' Can Be Big Mistake in Business E-Mails," *New Orleans City Business*, 14 March 2005, 18; Jack E. Appleman, "Bad Writing Can Cost Insurers Time & Money," *National Underwriter*, 27 September 2004, 34; Adina Genn, "RE: This Is an Important Message, Really," *Long Island Business News*, 5—11 December 2003, 21A; Lynn Lofton, "Regardless of What You Thought, Grammer Rules *Do* Apply to E-Mail," *Mississippi Business Journal*, 23—29 May 2005, 1.

• **根据内容决定电子邮件的使用。**在绝大部分机构中,电子邮件被用来分享诸如目标、时间安排、研究、公司新闻之类的信息。电子信息并不是发送悲剧性新闻或处罚决定的媒介,这类信息应该通过面对面的方式告知。

• **避免在工作中散布个人信息。**员工由于发送私人邮件而被公司解雇的事不在少数。这些邮件包括抨击本公司,讨论开办一个新企业或提及跳槽到其他公司等。此外,现在许多公司能够获得所有的电子邮件,因此,如果一不小心发了一份措辞不当的信息,个人事业的发展就有可能在很长时间内受此牵连。

• **尊重管理层的决定。**在许多公司,员工可以给任何人发送邮件,包括公司的 CEO。然而要记住,不能滥用这种特权。例如,与上司沟通时,不要因为容易就在邮件中直接向最高层领导抱怨。如果能够通过公司的组织层级逐级汇报,就会使每个人都有机会依次解决问题。

• **注意电子邮件的安全。**邮件的安全通常指公司为保护邮件而对垃圾邮件和病毒进行的过滤。[18] 确保明白雇主希望你怎么做,然后遵守这些原则。例如,有的公司为了降低垃圾邮件发送者得到公司电子邮件地址的几率,已经不再在网站上公布员工的电子邮件地址。

当然,公司的规定不可能面面俱到。电子邮件非凡的方便性也导致了它最大的缺点:太容易发送大量不必要的信息了。试想如果每次发笑话和照片都需要步行到图片社,又有多少人愿意在全公司发布笑话和照片呢?在写新信息前好好思考一下,在发送信息前再深思熟虑一下。最让收件人恼火的事情和让你觉得厌烦的事情是相同的——无趣的笑话、度假照片、被转发过太多次的信息满屏都是无用的标题内容、已经看过 5 遍的信息、满是不恰当语言的愤怒的抱怨。所以,最好不要发这样的邮件,还是遵守常识吧。

邮件中的标题行看似微不足道,但它实际上是每封电子邮件中最重要的部分之一。因为它帮助收件人决定在什么时间阅读哪些信息。遗漏或书写糟糕的标题行甚至会导致收件人不读邮件就直接将其删除。为了抓住受众的注意力,要确保标题行既包含足够的信息又引人注目。不要仅仅是描述或把信息内容分类,可以使用关键词、引用语、说明或提问来引起受众的兴趣。[19]

无效的标题行	有效的标题行
7 月的销售数据	关于 7 月销售的发送数据
明天的会议	带咨询报告参加周五的会议
市场报告	市场报告的需求预算
员工停车确	修订过的停车场路面修整时间表
数据报告	仓库改建进展顺利

如果你就同一主题跟某个人通很多封邮件,注意在信息中阶段性地改变标题,来反映改变后的信息内容。当你点击回复时,大多数邮件程序会复制标题行,所以你只需要修改它。当很多信

---

⑱ Matt Cain, "Managing E-Mail Hygiene," *ZD Net Tech Update*, 5 February 2004 [accessed 19 March 2004] www.techupdate.zdnet.com.

⑲ Mary Munter, Priscilla S. Rogers, and Jone Rymer, "Business E-mail: Guidelines for Users," *Business Communication Quarterly*, March 2003, 26+; Horowitz and Barchilon, "Stylistic Guidelines for E-mail."

息都有相同的标题时,想要找到一条特定的信息是困难和使人困惑的。而且,一些使用同一标题的信息很可能实际上与最开始的主题没有任何关系。修改每一条回复的标题行将会为你节省时间,并且使你以后能更容易地找到信息。

最后,当你写邮件时不要让感情战胜理智。包含了不敏感、攻击性或是批评意见的信息被称为带有感情色彩的信息。如果你在为某件事情感到心烦或是对某个人生气,在写邮件之前先让自己平静下来。如果你在发怒,在写邮件之前要变得冷静。如果你确实写了一封带有感情色彩的信息,让它停留至少一天。问问自己:"我能这样面对面地对我的受众说吗?"记住你的沟通对象是活生生的人,你的信息可能被轻松地转发或是永久地保存。

表 5-7 列出了很多有益的技巧,当你使用电子邮件这一重要的商务工具时,这些技巧有助于确保你的邮件在达到目的和树立你作为知识渊博的商务人士的形象两个方面都是有效的。

表 5-7　有效电子邮件信息的技巧

技巧	为什么重要
当你请求信息或行动时,弄明白你需要什么、为什么它是重要的、你何时需要,不要让受众回信询问细节。	如果人们对你想要什么或是何时需要它不够清楚的话,往往会忽略你的信息。
回复请求时,或者重述请求,或者包括足够的原始信息以提示受众你在回复什么问题。	有的商业人士一天收到几百封电子邮件,可能需要提醒他你的回复是关于哪方面的。
尽可能避免用电子邮件发送冗长繁复的信息。	长信息更适合打印出来或在网站上阅读。
根据信息和受众调整信息的正式程度。	对于同事来说,过于正式的信息会让人感觉乏味和疏远,而对于客户和高层管理人员来说,太不正式的信息又感觉不够尊重。
激活签名文件,自动将你的联系方式添加到每一个信息。	不用输入个人信息并确保接收者知道如何通过其他方式联系你。
不要让未读信息占满你的收件箱。	你将错过重要信息,并且给人你不重视他人的印象。
不要全用大写输入。	全用大写是令人震惊的。
不要过多使用背景色、彩色字、非常用字体等。	这样的信息在屏幕上难以阅读。
记住信息是可以四处转发并永久保存的。	不要让一时的愤怒或不好的判断影响你以后的职业生涯。
只在发送最重要的信息时才使用"请求阅读回执"。	当收到或打开信息时,提示的回执将发送给你;很多人认为这会侵犯隐私。
确保计算机有最新的病毒保护。	由于未保护好自己的系统而不知不觉地传染给其他计算机,这被认为是最破坏"网络礼仪"的行为之一。
注意语法、拼写和字母的大写等。	一些人认为电子邮件不需要正式规则,但是粗心的信息使你看起来不够专业,而且困扰受众。
慎用缩写。	缩写法如 IMHO(in my humble opinion,以我的愚见)和 LOL(laughing out loud,大笑)在非正式的同事通信中是可以的,但不要用在其他信息中。

这些规则怎样在实践中运用,可以参考图 5-3 和图 5-4 中的邮件草稿和修订稿。注意每封邮件中的标题行、结构、词汇选择、语气和句子结构。

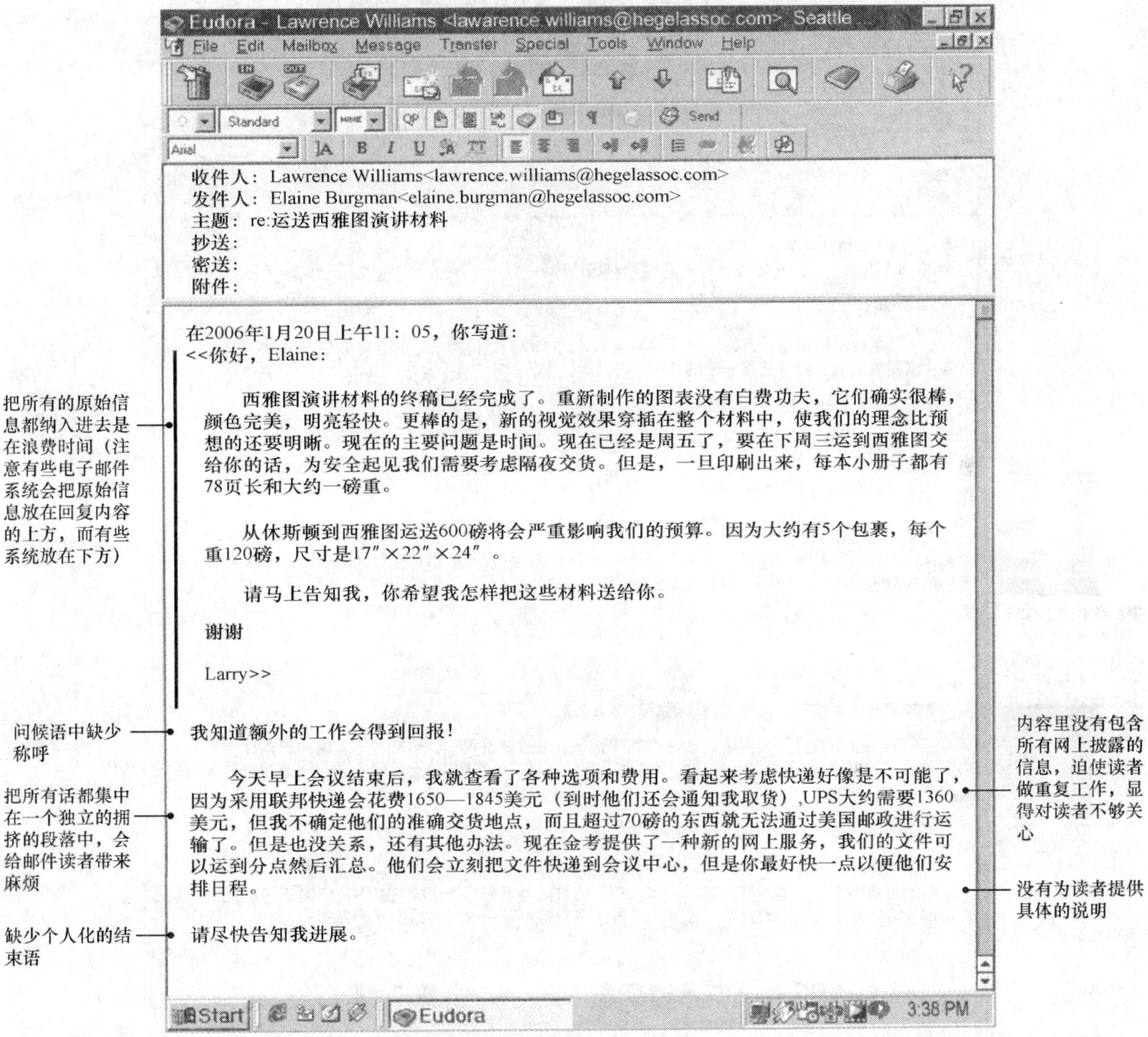

图 5-3　起草电子邮件信息

5.4.2　使用文字处理工具形成文档

正如你所知道的,今天的文字处理软件提供了很多种类的工具帮助作者编写文件。这些工具大都处理好了与商务文件的准备工作有关的日常琐事,使你集中注意力在写作的创造性方面。如果你还不知道文字处理软件的这些功能,花几分钟时间看看它们能如何帮助你:

- **样式表**。大多数文字处理软件提供了各种形式的样式表,它们是预先设定的关于标题、段落等样式的文件总目。这些样式具体指定了字体、字号、段落缩进等。为了确保公司文件外表的一致性,很多组织提供给雇员批准使用的样式表。样式表给你提供很多种选择以节省可能长达数小时的设计时间。

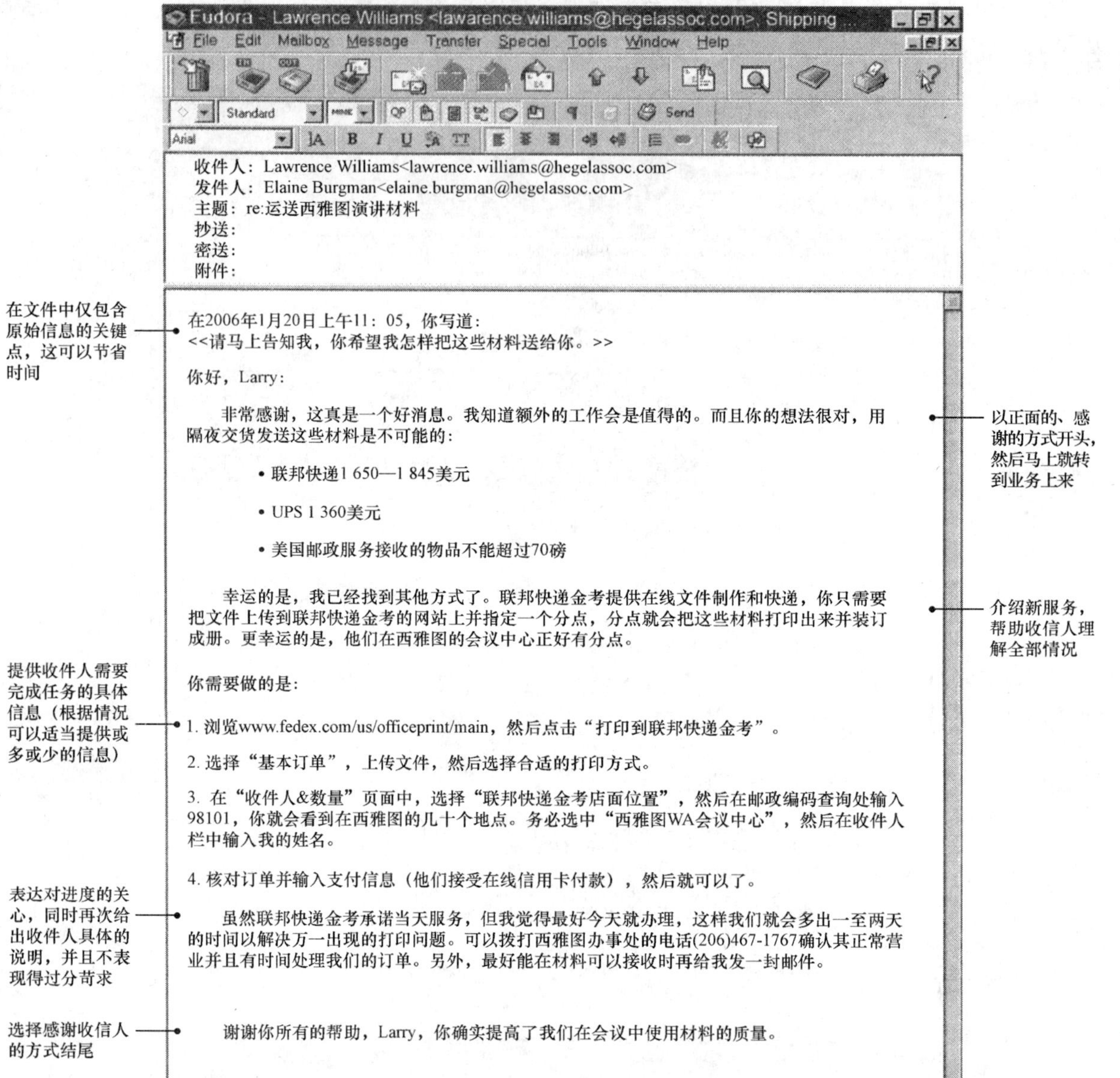
Eudora - Lawrence Williams <lawarence.williams@hegelassoc.com>, Shipping ...

File Edit Mailbox Message Transfer Special Tools Window Help

收件人：Lawrence Williams<lawrence.williams@hegelassoc.com>
发件人：Elaine Burgman<elaine.burgman@hegelassoc.com>
主题：re:运送西雅图演讲材料
抄送：
密送：
附件：

在2006年1月20日上午11：05，你写道：
<<请马上告知我，你希望我怎样把这些材料送给你。>>

你好，Larry：

非常感谢，这真是一个好消息。我知道额外的工作会是值得的。而且你的想法很对，用隔夜交货发送这些材料是不可能的：

- 联邦快递1 650—1 845美元
- UPS 1 360美元
- 美国邮政服务接收的物品不能超过70磅

幸运的是，我已经找到其他方式了。联邦快递金考提供在线文件制作和快递，你只需要把文件上传到联邦快递金考的网站上并指定一个分点，分点就会把这些材料打印出来并装订成册。更幸运的是，他们在西雅图的会议中心正好有分点。

你需要做的是：

1. 浏览www.fedex.com/us/officeprint/main，然后点击“打印到联邦快递金考”。

2. 选择“基本订单”，上传文件，然后选择合适的打印方式。

3. 在“收件人&数量”页面中，选择“联邦快递金考店面位置”，然后在邮政编码查询处输入98101，你就会看到在西雅图的几十个地点。务必选中“西雅图WA会议中心”，然后在收件人栏中输入我的姓名。

4. 核对订单并输入支付信息（他们接受在线信用卡付款），然后就可以了。

虽然联邦快递金考承诺当天服务，但我觉得最好今天就办理，这样我们就会多出一至两天的时间以解决万一出现的打印问题。可以拨打西雅图办事处的电话(206)467-1767确认其正常营业并且有时间处理我们的订单。另外，最好能在材料可以接收时再给我发一封邮件。

谢谢你所有的帮助，Larry，你确实提高了我们在会议中使用材料的质量。

Elaine

Start Eudora 3:38 PM

图 5-4　修订邮件信息

- **模板**。一个模板在更大的范围内提供标准，确定页面设计、可用字体及其他功能。模板可以包括样板文件，或是在不同文件中重复使用的部分。例如，新闻稿的最后一段经常是样本文件，提供一段有关公司背景的标准信息。与样式表相同，模板也可以通过提前提供选择来节省时间。
- **自动完成**。被称做“自动完成”（或其他类似）的软件在你打出最开始的几个字时就会插入一段准备好的文字。例如,不用打出你公司的名称、地址、电话号码、传真号码、电子邮件地址和网站 URL,你可以设定软件,只要打出公司名称的前三个字母就可以加入所有这些信息。这个功能也减少了打印错误。

- **自动校正**。一些程序的另一个自动功能是即时地校正拼写或打印错误,以及把文字转变为符号,例如把(c)转变为版权符号©。尽管如此,自动校正也可能作一些你并不想做的转变,像"nd"、"st"、"th"与数字一起出现时被转变为上标,例如在"21st世纪"中。(虽然在文字处理中这种上标的使用比较常见,但许多设计专业人士仍然认为它不利于排版。)检查文字处理器的设定来选定你想要使用的自动校正。另外,依赖于自动校正检查拼写错误可能是有风险的,因为它只能找到最常见的打印错误。
- **文件合并,邮件合并**。当一个团队中的成员分别写一个报告的不同部分时,使用软件使合并文件变得更加容易了。特别是写作复杂的报告时,你可以建立一个文件总目来在打印的时候自动合并一系列的子文件。邮件合并可以通过从数据库里插入姓名和地址来个性化修改格式信。
- **尾注、脚注、索引和目录**。计算机还可以帮助你追踪脚注和尾注,并在每一次你添加或删除内容时重新编码。对于报告的索引和目录,你可以简单地标注你想要包含的内容,软件会把合并的列表提供给你。
- **向导**。像 Microsoft Word 这样的软件还提供了向导功能,帮助你一步步地制作信件、简历和其他普通的文件。当然,你仍然需要提供内容和进行写作,但向导会提醒你加入很多你需要在文件中体现的不同元素。

与其他提高沟通的技术一样,有效和高效地使用这些工具需要进行平衡。你需要充分了解它们以灵活运用,但不用花费太多的时间以至于让这些工具在写作时分散了你的注意力。而且在你的组织中,其他人很有可能已经了解了你希望使用的工具的功能,并能够给你提供一些建议。

回顾在写作信息过程中涉及的任务,参见"要点检查:商务信息的写作"。

要点检查

商务信息的写作

A. 适应受众

✓ 使用换位思考。

✓ 通过礼貌沟通来保持良好的礼仪。

✓ 无论何时都尽可能正面强调。

✓ 使用非歧视性语言。

✓ 在受众眼里建立可信度。

✓ 树立更好的企业形象。

✓ 使用会话的语气语调但仍保持专业性和尊敬。

✓ 使用简明的语言使信息简化。

B. 编写信息

✓ 选择恰当的词汇有效沟通。

✓ 确保正确使用了虚词和实词。

✓ 注意词汇的隐含义。
✓ 平衡抽象与具体词语以准确表达意思。
✓ 避免过时的和流行的专用语。
✓ 只在受众理解和倾向使用时再使用行话。
✓ 转变句子结构使其有力及有趣。
✓ 展开连贯统一的段落。
✓ 使用过渡元素帮助受众理解你的信息。

工作进行时

解决知识共享组织的沟通困境

为了达到他们推广一种新的获得歌曲、艺术品、文献著作和其他创造性工作版权的方法，知识共享组织的劳伦斯·莱斯格及其员工们需要去说服人们传统的版权方法已经无法适应当今数字化社会的需要了。这是一个不小的挑战：他们不仅要说服人们去改变200年以来的法律待命和习惯，而且需要极其多元化的受众人群沟通——从律师和业务经理到艺术家、作家、音乐家和科学家。在获得了一个商务学位后，你在上法学院之前加入知识共享组织并做了一年的沟通实习生。在以下四种情境中应用你的有效写作知识：

1. 知识共享组织提供各种各样的"取样"授权，它使艺术家可以更容易地给别人使用他们新创作的作品中的片断的机会。从现有的歌曲中数字抽样一小段用于新的歌曲，这在今天已经很平常了，但是取样也同样适用于照片、图形设计和其他人们可能想要借用的作品。下面哪一项最好地描述了取样和特别取样授权以及它们之间最本质的不同？

a. 无论是取样还是特别取样授权都允许人们为了除广告之外的任何目的从作品中取材并在新的创造性作品中重复使用。特别取样授权也允许人们在非商业目的下复制和传播完整的作品。

b. 取样比特别取样授权更严格，因为它禁止复制和传播完整的作品。两种授权都允许人们为了非广告目的使用作品片断。

c. 不同于取样授权，特别取样授权允许人们复制和传播完整的作品，尽管只能出于非商业目的（例如他们不能重新出售或者在广告中使用）。

d. 特别取样授权也给人们复制和传播完整作品的权利，尽管只能出于非商业目的（例如他们不能重新出售或者在广告中使用）。

2. 知识共享组织面临的沟通挑战的一个主要部分就是将法律文件翻译成易于音乐家、艺术家以及其他没有受过法律培训的人理解的文件。以下哪一项最好地把下面这段法律术语（是授权合同的一部分）修改为一般受众可以理解的语言？

以上权利可能以任何形式在任何媒介中行使，无论是现有的还是以后发明的。上述权利包括以其他形式和在其他媒介中行使权利时因技术性需要而进行的更改。

a. 这一授权合同授予的权利可以扩展到任何当前和未来的媒介，而且你也有权根据任何媒介的技术需要而修改原始材料。

b. 你可以在任何现在和将来的媒介中使用这一材料并根据所用媒介的需要对其进行修改。

c. 谨记合同中所包含权利范围包括在现在和将来存在的任何媒介中使用这一材料的权利。此外,你还被授予根据任何当前和未来的媒介可能的技术性要求对材料进行修改的权利。

d. 你据此被授予在任何媒介中使用这一材料的权利,包括该媒介所要求的修改。

3. 在知识共享方法中唯一最重要的理念就是在“保留所有权利”(传统版权)和“不保留任何权利”(在公共领域,任何人都可以他们喜欢的任何方式免费使用)之间的可能性范围。分析以下四个句子的结构,并从中选择一个最适合的用来强调“可能性范围”的重要性。

a. 创作者保留作品所有权利的传统版权和创作者放弃所有权利的公共领域代表黑白两种极端。

b. 在传统版权和公共领域“全有或全无”的两种极端之间,知识共享组织看到了其他的可能性。

c. 知识共享组织的首要贡献是开拓了“保留所有权利”(传统版权)和“不保留任何权利”(公共领域)这两种极端之间的可能性范围。

d. “保留所有权利”(传统版权)和“不保留任何权利”(公共领域)的黑白选择并不能满足所有人的需要,因此知识共享组织开拓了这两种极端之间的可能性范围。

4. 像当今的许多组织一样,知识共享组织偶尔也要处理一些由没有事实依据的博客作者在网上散播的谣言。一个《华尔街日报》的记者发邮件对知识共享组织提出质疑,因为他看到一个博客谣言说知识共享组织的真正目的是破坏所有版权的所有权。你被要求回复这封邮件,下面哪个选项最适合你的回复的风格和语气?

a. 那个博客发言绝对是胡说八道,其作者不是说谎就是傻瓜。

b. 正如我们的网站和其他材料都试图明确的那样,知识共享组织力争在现有的版权法框架范围内,为那些需要不能被传统版权选择满足的人们建立一系列的可能性。

c. 你不会相信我们对这些白痴谣言为自己辩护花费了多少时间和精力。

d. 知识共享组织从未以书面或在线材料,或者是由任何我们现任或前任员工或董事会成员做出的任何演讲或演示,以及任何计划或战略,使得任何人得出确定结论我们旨在削弱现有的版权保护。

学习目标检查

通过阅读每个学习目标和完成相关练习,来评估你对本章要点的掌握情况。填空题,写出空白处缺少的文字;单项选择题,在正确答案的字母上打钩。

目标 5.1:解释使你的信息适应受众需求与期望的重要性。

1. 解释一下调整信息以适应受众的需求和期望的重要性。

a. 人们更倾向于去阅读并回应那些他们认为适合且值得他们关注的信息

b. 根据受众需要调整信息是几乎所有大公司的公司政策

c. 在计划和写作过程中,调整信息可以节约时间

d. 通过调整信息,你能更容易地操控受众的反应

2. 在信息不是受众所关心的，或者使用的语言不被受众所理解的情况下，他们可能将如何反应？
   a. 他们将忽视信息
   b. 如果他们读到了信息，很难以一种积极的方式来对其做出反应
   c. 他们将假定作者对他们不够尊重，所以没有调整信息
   d. 以上都有可能发生

目标 5.2：讨论四种获得简洁明了风格的商务语气的方法。

3. 在信息中获得一种商务语调的好方法是：
   a. 使用正式的商务术语，例如“作为对你 18 日的信件的回复”
   b. 吹嘘公司
   c. 使用对话式的风格，不要过于亲密和轻松
   d. 使用大量幽默
4. 简明英语是
   a. 当与英语作为第二语言的人谈话时不要使用
   b. 在美国的商务活动中一种“只讲英语”的浪潮
   c. 一种写作和整理技术性材料的方式来使它们更容易理解
   d. 保持英语写作在小学四五年级的水平
5. 如果你想避免归咎于某人或者引起大家对他的注意，________语态是一种更圆滑的方式。
6. ________语态通常使句子更短、更直接并且更生动。

目标 5.3：简述如何选择正确、有效的词汇。

7. 下列哪一个选择能够定义单词“旗帜”的隐含义？
   a. 一面旗帜是一块缝有标志的布料
   b. 一面旗帜是一个国家所能代表的所有东西的标志
   c. 一面旗帜是用来为地理位置做记号的挂在杆子上的布料
   d. 一面旗帜是用来引起注意力的物体
8. 下列哪一个是具体的词语？
   a. 小
   b. 老鼠
   c. 种类
   d. 王国
9. 如果你不确定所要使用词语的意思，那么下列哪种是最适合处理这一情况的方式？
   a. 当今的读者很可能会直接使用在线词典，所以就直接使用这个词语
   b. 使用这个词语但附上一句括注的幽默评论，说你实际上不知道这个重大词语的含义
   c. 弄清楚这个单词的含义或者重新写这句话，这样你就不必使用这个单词
   d. 从辞典中找一个同义词来替代这个词语
10. 使用行话是
    a. 当与同时熟悉主题及与主题有关的通用术语的人共同讨论复杂主题的时候，通常是一个好办法
    b. 从来都不是一个好办法
    c. 无论信息的目的是什么，都是建立可信度的一个好方法
    d. 作为一名“内行人”的标志

目标 5.4：解释语句风格对强调语气的影响。

11. 分句放在什么地方最具有强调性？
    a. 句尾
    b. 句首
    c. 句中
    d. 哪里都无所谓
12. 使用更多的词汇向受众表达一个特定的想法表明
    a. 想法是复杂的
    b. 想法是主题句
    c. 想法是重要的
    d. 想法是新的因此需要更多的解释

目标 5.5：列出展开连贯段落的五种方法。

13. 在展开一个段落时，要记住
    a. 在一段话中保持一种展开方法
    b. 一旦使用一种展开方法，那么在一个部分里应该对所有的段落使用相同的方法
    c. 你对技巧的选择应该考虑主题、目标受众以及目的
    d. 以上都有
14. 要想通过说明来展开一个段落，给受众足够的________来帮助他们掌握中心思想。
15. 通过比较和对比的方式来组织段落，可以指出两个或更多事物之间的________或者________。
16. 解释事情发生的原因，应该使用哪种段落设计？
    a. 因果关系
    b. 反对和争论
    c. 分类
    d. 按优先顺序排序

目标 5.6：讨论有效的电子邮件主题的重要性，并解释怎样写好它们。

17. 下列关于电子邮件标题行的说法哪一项是正确的？
    a. 只有“新手”才不厌其烦地使用它们
    b. 标题行不应该透露信息的内容，因为如果受众已经知道了信息的内容，就没有人愿意去阅读它们
    c. 它们可以决定信息是被立刻阅读、略过暂置，还是完全被忽略了
    d. 它们应该全部大写以吸引受众注意
18. 在电子邮件信息中需要引起注意时，应该
    a. 使标题行比在备忘录中要长
    b. 避免使用关键词、引用语、说明和提问
    c. 使你的标题行具有告知性
    d. 无论内容怎样变化，在同一主题的多封邮件中使用相同的标题行

知识应用

1. 当你不认识受众的时候，要如何应用换位思考的方法？

2. 当写作商务信息时，你如何以自己的身份同时反映公司的形象？

3. 在信息中可以用什么步骤使像“机会”这样的抽象概念更具体？

4. 从快和容易两个角度来考虑，即时通信应该完全取代公司会议和其他面对面的沟通吗？为什么？

5. **伦理选择**。在美国，700 万人对一种或更多的食物是过敏的。每年这些人中有 3 万人在遭受过敏反应后进入急诊室，而且每年他们中有 200 人死亡。大部分惨剧是由于书写糟糕的食品标签导致的，这些标签要么没有指出危险的过敏物质，要么是用大多数消费者不能理解的科学术语书写的。食品制造商是否有责任确保消费者阅读、了解并遵循食品上的警告呢？解释你的答案。

知识实践

文档分析

阅读下列材料，然后（1）分析每句话的优点和缺点，（2）修改材料，使其遵循本章指南。

我是一名新的出版商，有一些好的图书可

以销售。我在《出版商周刊》中看到夏天书展通知,我认为这是一个好主意。算我一个,朋友们!我想要一些地方来展示我的图书。如果我现场在T恤上喷绘来帮助促销我的最新热门图书——《T恤艺术》,我想这会是一件很好的事情。在我投身出版业之前,我是一名喷绘画家,我可以展示我的技艺。我已经完成了数以百计的广告图片,并一直是一名广告牌画家,因此,我也将促销我的另一本书——新鲜出炉的《怎样在广告绘画生意中赚钱》。

我将在2007年5月开始一系列公共关系活动,包括在《出版商周刊》和一些艺术性的专业报刊上刊登广告,因此在8月书展的时候,我的图书应该已经被广泛了解了。考虑到你们可能愿意把我的到来作为宣传的一部分,随信附上我的简历和照片。

附言:请尽快告诉我书展摊位费用,以便我决定是否能负担参加这次活动。作为一个新的出版者是要有很大花费的!

练习

本章讨论到的所有网站都能在本书的网站 www. prenhall. com/thill 上找到链接。找到书名并点击“辅助网站”链接,然后选择第5章,并点击“特色网站”,选定与文中内容有关的页面名称或URL。请注意本书出版后失效的链接将从“特色网站”中删除。

5.1 **受众关系:礼貌沟通**。以一个更好的短语代替下列各项:

a. 你声称

b. 这样做不是我们的政策

c. 你忽视了

d. 其中你断言

e. 我们很抱歉你不满意

f. 你没有附寄

g. 我们请求你发送给我们

h. 显然你没有注意到我们的条款

i. 我们已经非常有耐心了

j. 我们非常困惑

5.2 **受众关系:换位思考**。重写这些句子以反映受众的观点。

a. 你的电子邮件订单不能被处理;我们要求你使用我们网站上的订单表格

b. 我们坚持认为你应该带着信用卡到商店

c. 我们想要处理掉所有的显像管显示器来在仓库中为新的LCD平面显示器制造空间。于是我们本周对全部商品提供七五折优惠

d. 我想申请你们办公室的记账员工作,我认为我的成绩能够证明我是聪明而有能力的,我认为我能为你们很好地工作

e. 按照要求,我们寄给您25美元的退款

5.3 **受众关系:正面强调**。修改这些句子以显示正面而不是负面的态度。

a. 为了避免你信用等级的损失,请在10天之内付款

b. 我们对弄脏的退回商品不给予退款

c. 由于我们的“婴儿哭”娃娃暂时缺货,我们在10天内将不能给您发货

d. 你没有详细说明你订购的衬衫的颜色

e. 你应该了解在冬天,水床将会在没有暖气的房子中结冰,因此,我们的保修中不包括阀门,你必须支付9.50美元的阀门替换费用(外加邮资)

5.4 **受众关系:正面强调**。对于下列词汇和短语,给出委婉的说法:

a. 顽固的

b. 错误的

c. 愚蠢的

d. 不能胜任的

e. 吵闹的人

5.5 **受众关系:非歧视性语言。**改写以下内容以去除歧视色彩:

a. 对于一个印第安人来说,Maggie 毫无疑问属于外向人

b. 他需要一个轮椅,但是他没有让他的缺陷来影响他出色的工作表现

c. 一名飞行员必须有能力在压力下保持平静,他必须训练有素以应付任何出现的问题

d. 候选人 Renata Parsons,已婚并育有一少年子女,将会参加辩论会

e. 老年人 Sam Nugent 仍然是一个活跃的销售员

5.6 **伦理选择。**很多年来,你的公司一直都是当地社区的大雇主,但是全球市场的变化,已经迫使公司改变长期的方向。事实上,在未来的 5 到 10 年内,公司计划减少本地员工数 50%,下个月就开始小规模的解雇。未来解雇的时间和人数还没有决定,虽然毫无疑问会有更多的人被解雇。在写给社区领导的信的初稿中,你写道:"目前的第一次解雇是未来几年计划的一系列解雇活动的一部分。"然而,老板考虑到语言的含糊和消极的语调,要求你重新写这句话:"这次解雇是公司继续努力进行资源调整以适应全球市场条件的一部分。"考虑到公司对社区的经济影响力,你认为这种措辞是有道德的吗?请解释答案。

5.7 **信息写作:控制风格。**以一种乐于助人的、个人的、感兴趣的口吻重新给 Betty Crandall 女士(1597 Church St., Grants Pass, OR 97526)写一封信:

> 我们最近收到了你写给我们的 Dobson 女士的信。由于你的订单忽略了服装尺寸的内容,我们就没有进行订单货物的装运,但我们一收到上述信息就会进行上述的装运。

5.8 **信息写作:选择词汇。**针对下列每一条含糊的短语,将其写成具体的短语(可以编写任何需要的信息)。

a. 这个春天的某一个时间

b. 一笔可观的存款

c. 很多人参加

d. 提高的效率

e. 扩大的工作区域

f. 使网站结构扁平化

5.9 **信息写作:选择词汇。**列出比下列更强的词语:

a. 追赶

b. 季节性的变化

c. 聪明的

d. 突然上升

e. 向前移动

5.10 **信息写作:选择词汇。**改写下列句子,使用最新的和个人化的表达方式来代替过时的语句:

a. 作为一个"万事通",Dave 在他新上任的总经理工作中表现得很好。

b. 把 Leslie 调到会计部门就像在一个圆洞里放入方钉一样,在那里她完全就像是离了水面的鱼,如果你明白我的要旨的话。

c. 我知道她已经到了生死边缘,但是医生会帮她恢复过来。

d. 电影并不真的是我的那杯茶;据我所知,它们并不能为一本好书增添亮度。

e. 这是个在柏油丛林的疯狂竞争中自相残杀的世界。

5.11 **信息写作:选择词汇。**建议使用简短的词汇代替下列各项:

a. 就职(Inaugurate)

b. 终结(Terminate)

c. 利用(Utilize)

d. 预期(Anticipate)

e. 协助(Assistance)

f. 努力(Endeavor)

g. 确定(Ascertain)

h. 获得(Procure)

i. 成就(Consummate)

j. 劝告(Advise)

k. 变更(Alteration)

l. 转寄(Forwarded)

m. 制造(Fabricate)

n. 然而(Nevertheless)

o. 实质的(Substantial)

5.12 **信息写作:选择词汇**。把下列短语改写成最新、有趣的版本,如果你认为没有适当的替代,就写“没有”。

a. 按照你们的要求

b. 在此附上

c. 代替

d. 作为回复我想要说

e. 请注意

5.13 **信息写作:构造句子**。假设 Anne Brewer 教授在学期末收到了学生的一封邮件,学生说他的会计课程应该得 B。如果把这一信息改写成3—4 个更清晰句子,教授也许会接受这位学生的观点。重写这一信息展示你是怎样改进它的。

我认为我这个学期在您的会计课上得了 C 是不公平的,我希望您能给我 B。这是一个很艰难的学期。我没有从家里拿一分钱,我不得不早晨在煎饼店工作(做厨师),还必须赶着时间去上您的课。我错过了两次课是因为煎饼店出了点儿特殊情况,他们不让我离开(不像其他一些学生仅仅是不愿意去上课)。期中考试时,我本来得到了 75% 的排名分,但是您在课堂中说有两种不同方法回答第三题,而且您会修改使用“最优成本”方法的同学们的分数,这样他们的排名分就下降了 6 个百分点。我认为您没有考虑到这一点,因为期末考试我的成绩是 80% 而且显然可以得到 B。但无论您怎样决定,我只想告诉您我很喜欢这门课,而且我非常感谢您能使会计课如此有趣。

5.14 **信息写作:构造句子**。改写下列句子,使它们变成主动句而不是被动句:

a. 每周五,原始数据都被销售代表输入客户关系管理系统中。

b. 高利润被管理者所宣扬。

c. 方针中公布的政策被员工执行了。

d. 我们的计算机由 Santee 公司维修。

e. 雇员为珍妮所代表。

5.15 **信息写作:写作段落**。在下列段落中,指出主题句和相关句(支持主题句思想的句子):

商务写作的风格也在变化。电子邮件和其他电子渠道的崛起与主管日益增长的更直接、更个人化的沟通需求相一致。扁平化的管理结构意味着主管不能再依赖等级权力处理事务。发布命令成为越来越少见的一种选择。相反的,经理必须更多地依赖于劝说和激励。这需要更高明的沟通风格,从而针对个人并将情感背景和内容融入其中。一项对 60 个主管的调查发现,能够引起注意的信息一般是个性化的,能唤起情感反应,来自可信赖或可尊敬的发件人,并且是简洁的。[20]

下面把这段话加入一个主题句:

客户体验分析应该在打高尔夫球的人开车抵达 Glencoe Meadows 正门前就进行;应该在他们打电话或登录网站预定开球时间时进行。当他们确实到达的时候,开始阶段的程序也是至关重要的:通向会馆的地面条件,放下球杆时得到的接待,停车的方便性。从那一点来说,在专卖店的登记、练球场的开始、第一次开球的时间安排方面,我们做得怎么样?这就是所有与打球过程本身和在每回合结束的时候回到会馆相关的事了。

5.16 **团队合作**。与其他四个学生一起工作,在你们当中分配以下五个主题,围绕各

[20] Crainer and Dearlove, “Making Yourself Understood.”

自选择的主题写出一段话。确保每个学生采用不同技巧完成自己的段落：一个学生使用举例说明法，一个用比较或对比法，一个讨论因果关系，一个用分类法，一个讨论问题和解决方法。然后在小组中交换段落，分别指出你的组员所写段落的中心思想和目的。每个人能够正确地识别主题和目的吗？如果不能，建议如何更清楚地改写段落。

a. 可供销售的数码相机（或狗或汽车）的类型

b. 在快餐店用餐的优缺点

c. 寻找第一份全职工作

d. 我的汽车（或房子或公寓或邻近地区）的质量好

e. 该如何制作一份餐后甜点食谱（或烧烤牛排或泡咖啡）

5.17　**互联网**。浏览美国证券交易委员会（SEC）的简明英语网站 www.sec.gov，点击"在线出版物"，查看在线手册。用一两句话概括 SEC 使用短语"简明语言"的意思。现在阅读 SEC 关于如何投资共同基金的在线建议。这份文件是否遵循 SEC 的简明英语指南？你能为组织、词汇、句子或段落提供任何改进建议吗？

5.18　**信息组织：过渡元素**。在下列句子中加入过渡元素，来改善其思路。（注意：你也许需要删减或者增加一些词语来使句子更顺畅。）

a. Steve Case 看到了在线业务中无限的可能性。Steve Case 决定变想象为现实。技术人员嘲笑他为普通人建立简单网络服务的策略。Case 顽强地追求其梦想。他分析了其他在线服务。他评估了客户需求。他通过比较简单的方法从网上获取信息来对其需求做出反应。1992 年，Steve Case 命名其公司为美国在线（AOL）。批评家预测公司会倒闭。到了世纪末，美国在线公司盈利丰厚。与时代华纳的致命合并是一场金融灾难，它导致 Case 被驱逐出公司。

b. 面对世界上一些最强硬的竞争者，Harley-Davidson 必须作一些变化。公司引进了新产品。Harley 的管理团队宣布重塑公司的生产流程。新的产品被推向市场，公司开始盈利。Harley 的质量标准和其他外国竞争者不在同一水平线上。Harley 的成本仍然在行业中属于最高的。Harley 作了一个急速转变，并且再造了公司的组织结构。Harley 的努力已经见效。

c. 无论你是否沉迷于纽约或者加州的甜甜圈，Krispy Kreme 想要你每一口都享受同样的可口味道。公司通过认真仔细地控制生产程序的每个步骤来维持产品的一致质量。Krispy Kreme 根据质量标准来检测所有原料。每次运送的小麦面粉都要经过抽样，并且测量它的水分含量和蛋白质水平。Krispy Kreme 把成分混合在一起。Krispy Kreme 测量混合后的甜甜圈质量。Krispy Kreme 向它的商店发送混合成分的甜甜圈。财务批评家不像食品批评家那样善待公司。不当财务报告的判断已经使公司的未来成为一个疑问。

5.19　**伦理选择**。在什么情况下，你认为使用有强烈隐含义的术语是道德的？什么时候你认为是不道德的？解释推论。

知识拓展

从网络中学习更多

写作更好的商务信息

http:/lnwl. english. purdue. edu/

在普度大学的在线写作实验室(OWL)中,你将会找到工具帮你改善商务信息。要想得到关于写作信息的建议、对于语法的帮助和对其他信息来源的提示,浏览这一网站是很明智的。普度大学的 OWL 提供在线服务并介绍互联网搜索工具。你可以下载许多关于写作技巧的讲义。

活动

检查普度大学 OWL 首页的资源,然后回答下列问题:

1. 解释在一个信息中正面措词比负面措词更有效的原因。在书面信息中,为什么你会关心好消息或坏消息的位置?

2. 当传达信息给受众时,应该考虑哪六个语气因素?

3. 在商务信息的结尾应该包括哪些要点?为什么?

自己探究网络

自行访问以下与本章内容相关的网站,学习更多关于商务信息写作的内容。

1. 通过注意 www. webgrammar. com 上的写作技巧、语法指南、风格建议和参考来源来正确写作。

2. 是否在写作专业化的主题时找不到合适的词汇呢?在 www. glossarist. com 上可以查到数以百计的学科领域的词汇表。

3. 通过浏览"有效电子邮件的入门指南"www. webfoot. com/advice/email. top. html,来最大化电子邮件的有效性。

互动学习

互动学习向导

访问 www. prehall. com/thill,找到书名并点击"辅助网站"链接。选择第 5 章,使用互动的"每章测验"来测试你对本章概念的掌握情况。你会得到即时的反馈,知道你是否需要进一步的学习。同样,访问"学习大厅",你将发现大量能帮助你完成此课程的资源。

最佳语法和结构

如果教师要求你使用在线课程或者 CD 上的"最佳语法和结构",你可以通过使用这一模块来提高你的副词使用技巧。首先点击"副词",选择进行"预先测试"来确定你是否有薄弱方面。然后在"复习课程"中复习这些方面。选择进行"跟进测试"来检查你对副词的掌握情况。如果想要更高的挑战或者进一步的练习,选择进行"高级测试"。最后,在接下来的"提高语法、结构和表达"部分中,完成练习以进一步巩固和加强。

提高语法、结构和表达

以下练习帮助你提高对英语语法、结构和表达的掌握和运用。看下面 10 个句子,找到最佳选项,在其下面划线。

1. Their performance has been (*good/*

well).

2. I (*sure/surely*) do not know how to help you.

3. He feels (*sick/sickly*) again today.

4. Customs dogs are chosen because they smell (*good/well*).

5. The redecorated offices look (*good/well*).

6. Which of the two programs computes (*more fast*, *faster*)?

7. Of the two we have in stock, this model is the (*best*, *better*) designed.

8. He doesn't seem to have (*any*, *none*).

9. That machine is scarcely (*never*, *ever*) used.

10. They (*can*, *can't*) hardly get replacement parts for this equipment (*any*, *no*) more.

如果想找到更多的关于副词的练习，请登录 www.prehall.com/thill，找到书名并点击"辅助网站"链接，选择第 5 章，点击"提高语法、结构和表达的额外练习"，然后点击"9. 副词"。

第6章 商务信息的完成

学习目标

学完本章后,你将能够:

1. 讨论认真修改的价值并列出完成商务信息所涉及的主要工作
2. 列出提高信息可读性的四种写作技巧
3. 描述提高写作清晰度的步骤
4. 讨论信息简洁的重要性并给出四个技巧
5. 解释设计要素怎样帮助决定文档的有效性
6. 指出校对时需要留意的错误类型
7. 讨论发布信息时需要考虑的最重要问题

工作进行时

《滚石》的沟通

为新一代读者添加设计

下次当拿起你最喜欢的杂志时,不要急着读它。先浏览它的书页以及外观设计。哪一种字体用于标题和正文?照片或插图在每个文章中出现多少次?颜色是如何使用的?这本出版物容易读吗?编者和设计者使用这类设计元素和受众沟通,并且创造出杂志的整体风格。《滚石》杂志是个经典的例子。20世纪60年代创办于旧金山,《滚石》杂志因为出版者和创办人简恩·温纳(Jann Wenner)不断做出的许多变化而使杂志保持了几十年的发展。

《滚石》杂志发生的剧变之一起因于新的音乐杂志如Blender、Spin和掀起一波新浪潮的"男性杂志",包括FHM和Maxim,抢占了《滚石》杂志的销量。温纳通过一个计划来回应竞争的威胁,在不丧失音乐和文化这两个核心的基础上,让杂志更贴近当前的需求,从而对目标受众更具吸引力。他借由雇请FHM的一位编辑来让他从外观、基调、风格上更新杂志。"我们正在对媒体领域的整体变迁和人们使用和消费媒体方式的整体变迁做出回应。"温纳解释道。

增加这一努力的结果是涉及了每个方面的重大重新设计。《滚石》曾享有盛誉的深刻性文章,被弱化,并让位于更短的篇幅、更华丽的图形和富有诱惑性的摄影。总之,《滚石》杂志开始变得更像它那些年轻的竞争者了。

一些不太友好的批评家控告温纳使《滚石》沦落为一本迎合来挑战注意力的新一代的杂志。密西西比大学新闻学教授沙米尔·胡斯尼(Samir Husni)将这一次改造比喻为一场“中年危机”,有些意识到青春流逝的人“买一辆敞篷车并开始像青少年一样行事”。

温纳在对批评的回应中强调,与文化相关的信息仍然存在,只不过包装不同。并且从市场的角度看他显然做出了正确的举措。在几个月之内,《滚石》杂志销量的再次上升表示它仍然可以应对激烈的竞争。

然而,温纳照旧没有停留在已取得的成功上。进入新领域不到三年,他感觉到更简单而且更低俗的报刊业的男性杂志”现象正在走向高潮,受众即将迎来更多的深度报道。来自 FHM 的编辑离去,深刻性报刊又被重新聚焦。市场再一次回应了《滚石》,销售量不断上升。

虽然很有可能你的商务写作不指望变成《滚石》杂志致力于成为的那种世代的声音,但是即使是在每天的备忘录中,你也能从温纳的技术中学习到如何适应受众。要时刻注意到受众需要和设计细节,这样你也能一年一年地使商务信息更相关,更能引起受众兴趣。①

www. rollingstone. com

6.1 走出初稿

一旦你完成信息的初稿,你可能马上松了一口气,并继续下一个计划。打消这个念头吧。简恩·温纳这样的职业沟通专家发现初稿很少是紧凑、清晰、有说服力的。仔细修订会使漫无目的的信息转变为生动、直接的信息。图 6-1 列出了三步写作法的第三个步骤:修订信息以达到最优质量,然后制作、校对并发布信息。

计划	写作	完成
分析情况 确定目的、分析受众。 **收集信息** 确定受众需求并获取信息以满足其需求。 **选择正确的媒介** 选择最好的媒介传递信息。 **组织信息** 确定主题,限定范围,选择直接法或间接法,为内容列出提纲。	**适应听众** 对受众需求要敏感,可采用换位思考、礼貌、正面强调和非歧视性语言。通过建立可信度和树立企业形象构筑与受众的良好关系。使用会话语气、简明语言和正确的语态来控制风格。 **编写信息** 使用恰当的词汇,帮助你写出有效的句子和连贯的段落。	**修订信息** 评价内容和可读性,编辑、重写,使之更为简洁、清晰。 **制作信息** 使用有效的设计元素和适当的排版使之看起来更清楚、更专业 **校对信息** 修改排版、拼写和结构错误 **发布信息** 使用选择的媒介发布信息;确保所有相关的文件都能成功发布。

图 6-1 三步写作法:完成信息

① Katharine Q. Seelye, “With a New Editor, Rolling Stone Rejects Its Inner Lad,” *New York Times*, 16 May 2005, C6; Louise Roug, “A Rock Institution Rolls Away Wrinkles,” *Los Angeles Times*, 30 August 2002, El +; Allison Fass, “Reality Bites,” 25 November 2002, *Forbes*, 242; Lisa Granatstein, “Not Fade Away,” 21 October 2002, *Brandweek*, SR6; Jenna Schnuer, “Launch of the Year,” *Advertising Age*, S8; Michael Grossman, “Rolling Revisions,” October 2002, *Folio*, 66; Anthony Violanti, “Rolling Stone Losing the Youth Battle,” 21 June 2002, *Buffalo News*, C. 1.

6.2 信息的修订

尽管通常在写作初稿时已经作了一些修改，但一定要留一定的时间用于完成写作之后对初稿进行一次彻底的、从上到下的修订。对于重要的信息，最好的方法是在你开始修订程序之前，将初稿放在旁边一两天，以便你能用一个新鲜的眼光看待材料。然后从全局出发，确保文件已实现其总的目标之后再着眼于细节方面，如可读性、明晰性和简洁性等。

图 6-2 是一篇商务酒店回应 Louise Wilson 的信件初稿，信中对 Louise Wilson 关于常住优惠(frequent-guest)计划的信息请求进行了回应。(在这个案例中，信件初稿是在纸上编辑的，采用双倍行距打印，给校对符号留出了空间，在信件的下面你能够看到对基本校对符号的描述。但在很多情况下，你将用到文字处理器中的电子标记功能，相关内容稍后将在本章中介绍。)

现在看一下图 6-3 的信件，包含了所有的修订。你能够看到，图 6-3 用一种较友好的风格和有组织的方式更清晰地提供了所要求的信息。

6.2.1 评价内容、组织、风格和语气

当你开始修订时，你要注意把焦点放在内容、组织、风格和语气语调方面。在评价信息的内容之前，对自己提出以下问题：

- 信息是准确的吗？
- 信息是与受众相关的吗？
- 有充足的信息满足受众的需要吗？
- 一般和具体之间能平衡吗？

一旦你对信息的内容感到满意，你可以检查它的组织结构，同时还可以问自己另外一些问题：

- 你所有的观点是合乎逻辑顺序的吗？
- 最重要的观点是否占用了最大的篇幅，它们是否被放在了最显著的位置上？
- 如果按其他的顺序来组织信息，是否会更具有说服力？
- 有任何不必要的观点被重复吗？
- 细节是被合乎逻辑地归在了一起，还是分散在文件中？

随着信息内容被确定和有效地组织，下一步需要考虑是否已经为受众形成正确的风格和语调。你的写作是否足够正式以满足受众的预期，同时又不过于正式和学术化？对于一个严肃的主题来说是否显得太随意了？信息是否把受众的需要放在你自己的需要之上？

在信息的开头和结尾上额外花费一些时间，这些段落将给受众留下最深的印象。确定文件的开头是相关的、有趣的，而且适合于受众最可能的反应。在较长的文件中，检查开头几个段落是否已经确立了材料的主题、目的和组织。复查结论，确定它总结了主题，并能给受众留下积极的印象。

November 10, 2006

使用正确的称谓 —— ~~Miss~~ Ms. Louise Wilson
Corporate Travel Department
Brother's Electric Corporation
2300 Wacker Dr.
Chicago, IL 60670

使用恰当的正式度 —— Dear ~~Louise~~ Ms. Wilson:

写清楚不熟悉的首字母缩写词

~~I enjoyed our recent conversation regarding~~ Thank you for your interest in the ~~FG~~ frequent guest program at the Commerce Hotel. ~~and am~~ We are delighted to hear that Brother's Electric ~~is~~ are thinking about joining.

删除无关的信息 —— ~~Incidentally, we are planning a special Thanksgiving weekend rate, so keep that in mind in case you happen to be in San Francisco for the holiday.~~ (circled, ℓ)

The enclosed brochure explains the details of the ~~FG~~ program. As a corporate member, Brother's Electric will be entitled to a 20% discount on all rooms and services. —— 强调项目最重要的优惠

把这个繁琐的句子拆成两个，并删除多余的词语 —— If your company decides to join, each employee will receive a personalized ID card. ~~which, if you~~ Use it whenever you make reservations with us ~~will ensure that you not only~~ to receive your discount ~~but also~~ and priority service during your stay, including free use of the health club. —— 在介绍时将焦点放在中心思想（折扣）上

删除多余的词 —— ~~We also have excellent~~ Organizations enrolled in the program also qualify for discounts on convention facilities and banquet rooms. ~~should you want to book a convention or meeting here~~. Plus, our free event-planning services will help your organization take full advantage of these award-winning facilities. ~~and ensure that everyone experiences the unmatched Commerce Hotel joie de vivre~~. Please call me if you have any questions. I look forward to speaking with you again.

缓和过分的热情，并且删除一些别人可能不认识的短语（如joie de vivre）。

Sincerely,

Mary Cortez
Account Representative

常用校对符号

~~strikethrough~~	删除文字
ℓ	删除单个字或圈起来的一段文字
∧	插入文字（插入部分写在上方）
⊙	插入句号
∧（带逗号）	插入逗号
⌐	另起一行
¶	另起一段
≡	大写

图 6-2 通过仔细修订改进客户信件

Commerce Hotel
333 Sansome Street · San Francisco, CA 94104
(800) 323-7347 · (415) 854-2447 · Fax (415) 854-7669
www.CommerceHotel.com

November 10, 2006

Ms. Louise Wilson
公司旅游部
兄弟电力公司
2300 Wacker Dr.
Chicago，IL 60670

亲爱的Wilson女士：

感谢您对商务酒店常住优惠计划的兴趣。我们很高兴知道兄弟电力也正在考虑加入。

所附的小册子详述了整个计划的细节。作为公司会员，兄弟电力会享有所有房间和服务八折优惠。如果您的公司决定加入，每个员工都会得到一个个性化的身份证。使用这张卡，无论您何时预约，在您入住的这段时间，都会得到价格折扣和享受优先服务，包括免费进入健康俱乐部。

加入此项计划的组织也享有会议设施和宴会厅使用折扣。除此之外，我们免费的活动计划服务能帮助您的组织充分利用这些一流的设备。如有任何疑问，请与我电话联系。期待与您的再次交流。

真诚地

Mary Cortez

Mary Cortez
客户代表

附件

恰当地称呼读者

以一个愉快的“您”的角度开头

强调计划的利益，并且保持将焦点放在折扣上

在把焦点放在折扣上的同时，介绍其他的利益

图 6-3 修订后的客户信件

6.2.2 检查可读性

一旦对信息的内容、组织、风格和语气语调都感到满意，那么再看看它的可读性来完成第二关。大多数专业人士的时间被繁琐的阅读材料所淹没，使他们花费的阅读时间大大多于他们的预期，所以如果你使文件变得更容易读懂，他们将会感激不尽。你也将受益于这一努力，如果你通过一份精心设计的文件赢得了尊重受众时间的好声誉，那么受众也会对你的工作给予更多的注意。

你可能对多年来试图测量可读性的一些指标很熟悉。例如，Flesch-Kincaid 年级水平（Flesch-Kincaid Grade Level）测验结果的得分能计算与毕业的年级水平有关的阅读难度。因此，得分为 10 意味着该份文件能够被一般的十年级学生阅读和理解。大多数商务文件得分在 8—11 范围内。技

术文件的得分经常在12—14范围内。与此相似的一个得分系统,Flesch阅读容易度(Flesch Reading Ease)测验的得分把文件等级分为100分;得分越高,文件就越容易阅读。这两个测量方法都被内置在Microsoft word程序中,以方便大部分商务沟通者的使用。

可读性指数提供了有用的参考,但是它们受限于能够测量的东西:词语长度、音节个数、句子长度和段落长度。它们不能测量任何其他影响可读性的因素,例如,受众分析、写作清晰度以及文件设计。比较下列两段:

可读性指数提供了有用的参考点,但是他们受限于所能测量的东西:词语长度、音节个数、句子长度和段落长度。它们不能测量其他任何影响可读性的因素,从换位思考到清晰写作再到文件设计。

可读性指数有一定的帮助。但是它们无法测量所有东西。它们不能测量你的写作是否清楚。它们不能测量文件设计是否良好。阅读指数是建立在词语长度、音节、句子和段落的基础上的。

第一段的年级水平得分是12.0,阅读容易度得分是27.4。第二段得分情况在年级水平(8.9)和阅读容易度(45.8)上都较好。然而,第二个例子是零碎的、单纯的,并且缺乏组织性。一般来说,不要因为一段文字在可读性指数上有很好的得分就假定它是可读的。它可能仍然存在其他的问题。相反的,如果一段文字得分较差(年级水平得分高或阅读容易度得分低),那么要仔细检查是否可以使用一些更简单的词语或更短的句子。很有可能你在不把段落改得听起来零碎或业余的情况下就可以使其变得更加易读。

除了用简单词汇和短句增强可读性以外,你也可以通过使文件读起来更有趣和更方便略读来提高信息的可读性。大多数商务受众,特别是有影响的高级经理会略读大部分文件,主要看中心思想、结论和建议。略读也可以帮助受众评估文件的价值。如果他们确定该文件包含了有价值的信息或要求回应,当时间允许时他们会更仔细地阅读它。你可以采取一些技巧使信息更容易略读:改变句子的长度,使用更短的段落,用列表和项目符号来代替叙述,并加入有效的标题和副标题。

改变句子的长度 变化是让信息变得既有趣又易读的一种创造性方式。小心一选择单词和句子结构,可以调节节奏以强调要点,使写作风格栩栩如生,使信息能够吸引读者。举例来说,在论据的重点段落结尾用一个突出结论的短句能够使主要信息更加突出。因此,有效的文件通常使用各种各样的句子,包括短句(到15字左右)、中句(15—25字)、长句(25字以上)。

每种句子长度都有各自的优点。短句可以更快地进行处理,并使非本地的叙述者和口译员更容易理解和翻译。中句对于表现观点之间的关系非常有用。长句往往是最好的传达复杂思想、列出多项相关要点或归纳或预览信息的最好方式。

当然,每种长度的句子也有各自的缺点。太多的短句排在一起使写作看起来不紧凑。中句缺乏短句的力度和长句传达信息的优势。同时,较短句而言,长句更难理解,因为它们包含了太多的信息并且必须同时吸收。因为读者每一眼吸收的信息量只有几个词语,所以较长的句子还很难略读。因此,句子越长,略读的读者不能读到足够的词语以完全掌握句子的含义的可能性越大。

通过根据沟通需要选择最佳的句子长度和记住保持句子长度的多样性,你可以在保持文件生动而有趣的情况下,又可以传达信息。

保持较短的段落 与句子长度多样性不同,大多数情况下最佳的段落长度保持在较短到中等长度之间。大段文本会令人生畏。如果不在某种程度上拆分你的观点，你最终会写出长达三页的大段落并保证会吓跑最专注的读者。短段落(100字或更少)比长段落更容易读，并更有吸引力。它们还使受众读起来更认真。你也可以通过简短且有力的一个独立段落来强调一种观点。

然而，不要太过于依赖短段落。仅在偶尔和强调的时候，才小心地使用一句话的段落。同时，如果你需要把一个主题拆为几部分以形成短段落，那么一定要使用大量的过渡元素来确保读者能连贯地理解主题。

使用列表和项目符号进行明确和强调 一种有效的代替传统句子的方式是把重要的观点组成**列表(list)**——一系列词汇、名称或者其他术语。列表能够表达你的观点的顺序，直观地突出它们的影响力，并且增加受众发现你的主要观点的可能性。另外，列表为受众提供了线索，简化了复杂的主题，强调了主要观点，直观地分解了页面，对于繁忙的读者来说增加了略读的方便性，从而给读者一个喘息的机会。在下列相同的信息中，考虑其不同表达方法的差别：

叙述	列表
拥有自己的企业有许多优势。一是设立的容易性。二是为自己工作的满足感。作为唯一的经营者，你会有私密性的优势因为你不必把信息或计划告诉他人。	拥有自己的企业有三个优势： • 设立的容易性 • 为自己工作的满足感 • 信息的私密性

当建立一个列表时，你可以通过数字、字母或者项目符号(对所有放在每个项目之前的图形元素的统称)来区分每一项。除非列表以某种逻辑顺序或等级排序，否则一般来说项目符号比数字更可取。以下三个步骤需要按前后顺序排列，因而数字能够很清楚地表示出这个意思：

1. 看看有多少员工喜欢现场日托的设施。
2. 确定日托中心将需要多少空间。
3. 估计把会议室转变为现场设施的成本。

如上面的例子所示，如果每个标号或加上项目符号的部分之前和之后都留出一行空白，那么列表就很容易阅读。此外，当使用列表时，要确保清楚地介绍它们以使人们知道接下来将要阅读的内容。介绍列表的一种方式是使其成为介绍性语句的一部分：

董事会聚在一起讨论修订的年度预算。为了限制成本以与销售业绩的下滑保持一致，董事们投票决定

- 削减每位员工工资的10%
- 关闭员工自助餐厅
- 降低差旅费

如有必要，在列表后面继续讨论以使你的观点更加完整。另一种介绍列表的方式是通过一个完整的介绍性句子再加上一个冒号来引出列表：

公司利润的下降归结于四个因素:
- 较低的假日销售额
- 增加的交通和汽油成本
- 较高的员工薪水
- 较低的库存周转率

如果忽略你所选择的格式的话,列表中的项目应该是平行的;也就是说,它们应该全部使用相同的语法模式。例如,如果一个列表的项目使用动词开头,那么其他所有列表项目都应该使用动词开头。如果一个项目是名词性短语,那么其他项目都应该是名词性短语。

非对等的列表项目	对等的列表项目
• 提高我们的结余	• 提高我们的结余
• 对我们产品的新的海外市场的识别	• 识别我们产品的新的海外市场
• 全球市场策略	• 开发我们的全球市场策略
• 关于定价和包装大小的问题	• 解决定价和包装的问题

对待的格式更容易阅读和略读。你可以通过使用单词、短语、从句或者整句话重复某种模式来创造对等性,如表 6-1 所示。

表 6-1 达到对等性

方法	例子
对等词汇	这封信经 Clausen、Whittaker、Merlin 和 Carlucci 批准。
对等短语	我们在超市、在百货公司以及在专卖店都赢得了市场份额。
对等分句	我想要在 Vicki 讲演之后,但在 Marvin 演示幻灯片之前讨论这个问题。
对等句子	在 2004 年我们出口了 30% 的产品。在 2005 年我们出口了 50%。

加入主标题和副标题 一个**标题(heading)**是告诉读者下一节内容的一个简要标题。标题与备忘录和电子邮件的标题行是相似的。然而,标题行很少阐明备忘录和电子邮件的目的,而标题和副标题还告诉读者以下部分的内容。**副标题(Subheading)**是标题的下一级,指出一大节中的一个小节。标题和副标题为以下重要功能服务:

- **组织** 标题可以向读者展示文件是如何组织的。它们充当标签来组织相关的段落,并且有效地把材料组织成较短的小节。
- **注意** 告知性的、吸引人的以及在某种情况下引起好奇心的标题有助于抓住听众的注意力,使文本变得更容易阅读,并且帮助读者找到他们需要阅读或不需要阅读的部分。
- **连接** 同时使用标题和副标题可以帮助读者看清楚主要观点和附属观点之间的关系,从而使他们更容易理解你的信息。另外,标题和副标题能够形象地说明从一个观点到另一个观点的转折。

标题可分为两类:**描述性标题(descriptive headings)**,例如"成本考虑",指明了主题但也仅在于此。**告知性标题(informative headings)**,如"削减成本的新方法",使你的读者直接进入信息的语境。

告知性标题引导读者以某一种特定的方式来考虑主题。它们还有助于引导写作者,尤其是当把标题写成问题的形式,而在文件中又要解决这些问题的情况下。好的告知性标题本身就是完整的,这意味着读者只要阅读标题和副标题就可以理解它们的意思而不需要阅读文件的其他内容。例如,“引言”只传达了很少的信息,而标题“财务和会计部门的人员短缺去年花费了公司 150 000 美元”提供了主要的信息并抓住了读者的注意力。不论你选择何种类型的标题,使它们保持简洁,对于提纲、列表或者一系列的单词都采取对等式的结构。

6.2.3 编辑文件以使其清晰和简洁

一旦检查和修订了信息的可读性,你就应该确保信息是清晰的。或许有一句话太复杂了,以至于读者不能很好地理解它。它的措词也许太模糊,以至于读者会以多种方式来理解它。或许代词或许时态改变了句中词,而使读者失去了线索,不知道是谁在说话以及事情发生于何时。句子 B 或许是与句子 A 在逻辑上衔接不上,又或许一个重要的单词存在用法错误。[②]

询问自己句子是否易于解释。段落是否有清晰的主题句?观点之间的过渡明显吗?你的说法简单直接吗?一个清晰的句子不是偶然的。很少有句子第一次就能准确地表达意思。参见表 6-2 中对下列要点的举例说明:

- **拆开过长的句子**。不要用“以及”和“或者”连接太多的从句。如果你发现自己陷入一个长句中,那么很可能你正在试图让句子表达超过它本身所能表达的意思,例如表达两个不相似的观点或者向读者提出太多支持性的证据(你是否注意到这个长句是很难读的?)。你可以通过把一大串信息拆分成单个的句子来使写作风格变得清晰。
- **重写不确定的句子**。有时你不得不使用“可能”、“似乎”等词来避免把一种判断变成一个事实。然而,当你有太多这种不确定性时,你又会承担被认为不确定自己所说的内容的风险。
- **利用对等结构**。当你有两个或者更多的相似观点来表达时,利用对等结构来阐述它们。重复相同的语法结构表明观点是相关的,重要性是相似的,并且拥有同一水平的概括性。对等结构在本章前面的列表和项目符号部分已经讨论过了。
- **修改悬空的修饰语**。有时候修饰语不仅可以是一个形容词或者副词,甚至整个短语都可用来修饰一个名词或动词,注意不要使这种类型的修饰语悬空,而跟句子中的主语没有任何联系。表 6-2 中“悬空的修饰语”中第一个不可取的例子含有这样的意思:那辆红色的跑车既有一间办公室又有脚走到那里。第二个例子表明了导致修饰语悬空的一个经常原因——被动结构。
- **改变连续长名词的用词**。当多个名词放在一起作为修饰语时,结论句就会很难读懂。你可能是太想得到理想的效果了;首先看一个精心选择的词是否能达到同样的效果。如果所有的名词都是必需的,那么可以考虑把一个或者更多的词放在修饰语中,如表 6-1 所示。这样虽然你添加了一些单词,但受众不会很难理解句子。
- **替换伪动词**。注意词尾带有-ing、-tion、-ion、-ment、-ant、-ent、-ence、-ance 以及-ency 的词。这些词尾通常把动词变成名词或者形容词,需要你加一个动词以使观点更清楚。使用动词来替代名词短语,以使你的信息更简洁和生动。

---

② William Zinsser, *On Writing Well*, 5th ed. (New York: HarperCollins, 1994), 9.

表6-2 修订文本以使其清晰

检查的问题	不可取的	可取的
过长的句子		
采取太长的复句	该杂志将于1月1日出版,并且如果我的文章想在其中发表我就最好在要求期限内交稿。	该杂志将于1月1日出版。如果我的文章想在其中发表,我就最好在要求期限内交稿。
不确定的句子		
限制过多的句子	我相信,Johnson先生的工作履历似乎表明了他可能会有能力担任这个职位。	Johnson先生的工作履历表明他有能力担任这个职位。
非对等的句子		
对于相似的观点采取不相似的结构	Simms先生已被雨淋透,被电话炮轰,而他的老板呵斥他。	Simms先生已被雨淋透,被电话炮轰,并被他的老板呵斥。
	Reynolds女士口述了那封信,接着她签署了它并离开了办公室。	Reynolds女士口述了那封信,签署了它,并离开了办公室。
	去浪费时间和错过最后期限都是坏习惯。	浪费时间和错过最后期限都是坏习惯。
	面试是一个关于表现自信和要保持放松的问题。	面试是一个表现自信和保持放松的问题。
悬空的修饰语		
把修饰语放置在错误的名词和动词旁边	步行去办公室时,一辆红色跑车超过了她。	当她步行去办公室时,一辆红色跑车超过了她。
	经过三周的不景气之后,我们增加了销售额。	经过三周的不景气之后,销售额增加了。
连续的长名词		
许多名词串在一起	窗框安装公司将在周五给我们预算。	安装窗框的公司将在周五给我们预算。
伪动词		
把动词和名词变成形容词	经理进行了规则的实施。	经理实施了规则。
	出货量的核查每周都会出现。	每周都会核查出货量。
把动词变成名词	得出一个有关……结论	下结论
	对……做出的发现	发现
	对……给予的考虑	考虑
句子结构		
把主语和谓语分隔开	市场份额减少的10%是由质量问题和东北地区的市场领导者Armitage咄咄逼人的销售活动导致的,它是2005年主要的问题。	2005年主要的问题是市场份额减少了10%,它是由质量问题以及东北地区的市场领导者Armitage咄咄逼人的销售活动导致的。
把形容词、副词或介词短语与它们修饰的词语分开	我们的古董办公桌显得结实而有分量,因为有了厚实的桌腿和大大的抽屉。	厚实的桌腿和大大的抽屉让我们的古董办公桌显得结实而有分量。
糟糕的指代	律师事务所和会计事务所分别派发电脑用品给法律秘书和初级会计师。	法律事务处派发电脑用品给法律秘书;会计事务所派发电脑用品给初级会计师。
太过热情	我们极其高兴能够在我们拥有杰出技能和高级教育背景的员工队伍中为你提供一个职位。这项工作将会给你提供极大的挑战和丰厚的薪水。	我们很高兴在我们拥有技能和受过良好教育的员工队伍中为你提供一个职位。这项工作具有挑战性并提供有吸引力的薪水。

• **明晰句子结构。**一个句子的主语和谓语要尽可能地接近。当主语和谓语离得很远时，读者可能要把句子读两遍才能弄清楚谁做了什么。同样的，通常形容词、副词、介词短语只有被放在尽可能接近被修饰词的位置时，才会发挥最大作用。

• **澄清糟糕的指代。**为了节省词语，商务作者有时会使用这样一些表达方式，如“上面提到的”、“如上所述”、“上述的”、“前者”、“后者”和“分别地”。这些词语会引起读者思维跳跃，妨碍了有效的沟通。你经常会发现利用具体的指代更容易使沟通成功，即使这意味着多加几个词语。

• **缓和感情色彩。**偶尔使用形容词或副词可以强化或强调你的观点，但使用太多会使你的写作降级并损害你的可信度。

除了清晰，读者还想要商务信息的简洁性。好消息是大多数初稿可以削减多达 50%。[③] 通过重组内容、提高文件的可读性和修正句子结构以使其更清晰，你可能已经删除了大部分的冗余内容。现在是时候去研究你文件中的每个词了。编辑工作从简化、删除和保持秩序开始。参见表 6-3 对以下技巧的举例说明：

表 6-3 修订简洁性

检查的问题	不可取的	可取的
不必要的单词和短语		
使用拖沓的短语	加起来总共 在……的情况下 在……开始之前 在不久的将来 在这个时间点上 鉴于这一事实 考虑到这一事实 直到这个时候才 就……而言	达 如果 ……之前 不久 现在 因为 因为 当 关于
关系代词使用过多	那些 1 月份之后卖出去的汽车不享有 6 个月保修期。 那些开车去上班的员工应该把车停在地下车库。	1 月份之后卖出去的汽车不享有 6 个月保修期。 开车去上班的员工应该把车停在地下车库。
关系代词使用过少	项目经理告诉工程师上周规格发生了变化。	上周项目经理告诉工程师，规格发生了变化。 项目经理告诉工程师，上周规格发生了变化。
长单词和短语		
使用过长的单词	在刚刚过去的(preceding)一年里，公司加速(accelerated)了生产经营。 该行动是在公司的经营出现财务赤字(financial deficit)的假设下进行预测的(predicated on the assumption)。	去年(Last year)公司加快了(sped up)经营。 该行动基于(based on)对公司亏损(losing money)的认识。

③ Zinsser, *On Writing Well*, 7, 17.

（续表）

检查的问题	不可取的	可取的
使用冗长的短语而不是不定式	作为一名作者，如果你想要获得成功，就必须努力工作。	要成为成功的作者，你必须努力工作。
	他去图书馆是为了学习的目的。	他去图书馆学习了。
	这位老板增加了工资从而她就可以提高士气。	这位老板增加了工资以提高士气。
冗余		
意思重复	绝对地完整	完整
	基本的基础	基础
	在之后跟着	接着
	没有义务和牵连	没有义务
	参考追溯	参考
	再重复	重复
	收集在一起	收集
	未来的计划	计划
	返还回来	返回
	重要的要点	要点
	结局的结果	结果
	实际上的事实	事实
	最终成果	成果
	独特地不同寻常	独特的
	被周围所包围	包围
用了双重修饰	当代的、最近的设备	当代的设备
以"It is"或"There are"开头的句子		
以"It"或"There"开始句子	如果您今天能签署租赁合同，我们将不胜感激。	请您今天签署租赁合同。
	这个部门有五名员工今天迟到。	这个部门的五名员工今天迟到。

- **删除不必要的单词和短语**。为了检验一个单词或短语是否是必需的。试着去掉它再来看这个句子。如果含义不变，就删掉它。举例来说，"很"对表达强调来说是一个有用的词，但更多时候它只是一个赘饰。没有必要说某人"很有条理"，这个人要么有条理要么没有条理。此外，避免过多或者不恰当地使用关系代词（"who"、"that"、"which"）。即使是冠词也会使用过量（多数情况是使用了太多的"the"）。不过，恰到好处地使用关系代词和冠词可以防止产生混淆，因此在删除它们的时候要确保句意没有变得模糊。

- **缩短长单词和短语**。短单词通常比长单词更生动和容易阅读。我们的构想是使用短小、简单的词语，而不是简单的概念。④ 另外，用不定式代替短语，你不仅可以缩短句子长度，而且也能使它们更加清楚。

- **消除冗余**。在某些词组中，这些词语往往描述同样的事。例如"能被眼睛看到"是冗余的，因为"能看到"已经足够了，不用进一步澄清。"被眼睛"没有增加任何意义。

---

④ Mary A. DeVries, *Internationally Yours* (Boston: Houghton Mifflin, 1994), 160.

- **改写以"It is/There are"开头的句子**。如果你使用不定代词(如"it"或"there")开始一个句子,可能会使句子变得更短一些。

文档修改

改进这封信

练习实际修改文档的草稿,请登录在线课程或密码保护网站"辅助网站"。点击"文档修改",然后点击第6章。你会看到一封信,包括了与本章所学"修订信息"相关的问题和错误。使用"最终稿"选项修改这封日常信函。检查信息的组织、可读性、清晰度和简洁性。

在你重新写作时,应该集中于如何使每个字组成一个有效的句子,以及如何使那些句子展开为一个连贯的段落。一定要考虑你使用的词语对读者的影响。寻找机会使用有力的、生动的单词和短语来使材料更有趣(像在第5章中讨论过的)。作为对修订所涉及的内容的提示,参见"要点检查:商务信息的修改"。

要点检查

商务信息的修改

A. 评价内容、组织、风格、语气

✓ 确保信息是准确、相关和充分的。
✓ 检查所有要点均按逻辑顺序出现。
✓ 确认提供了充分的支持以使中心思想有力和有趣。
✓ 确定开头和结尾是有效的。
✓ 确保使用了正确的语气。

B. 编辑文件以使其清晰

✓ 拆分过长的句子,重写不确定的句子。
✓ 使用对等结构简化阅读。
✓ 修改悬空的修饰语。
✓ 改写连续的长名词并替换伪动词。
✓ 明确句子结构和糟糕的指代。
✓ 缓和热情以保持专业语调。

C. 检查可读性

✓ 考虑使用可读性指数,一定要对答案进行仔细的解释。
✓ 长短句搭配使用。
✓ 段落不能太长。
✓ 使用带项目符号和数字的列表来突出重点。
✓ 通过标题和副标题使文章便于浏览。

D. 编辑文件以使其简洁

✓ 删除不必要的单词和短语。

✓ 缩短过长的单词和短语。

✓ 删减冗余。

✓ 改写以"It is"或"There are"开头的句子。

有时,你会发现句子中最困难的问题往往可以通过消除问题本身来解决。当你遇到一个棘手的元素,问一下自己"我需要它吗?"可能并不需要。事实上,你可能发现,使你痛苦不堪的恰恰是不必要的工作。[⑤] 一旦你移除那个棘手的元素,被扰乱的句子就会恢复生命力并表达正常。当然,在你删除任何东西之前,你最好保留目前版本的副本。通过文字处理器,你就可以保存文件的原稿和所有修订稿以供日后参考,或者在编辑时使用"撤销"功能也可以。

6.2.4 使用技术修订信息

当你要修改和美化信息时,文字处理软件可以利用"剪切"和"粘贴"(从一段文本中移走一块内容,将它粘贴在别处)以及"查找"和"替换"等功能(查找文中的字词,如有需要则对其进行修改)帮你添加、删除和移动文本。但是要谨慎使用这一功能,选择"全部替换"的选项可能导致一些意想不到的结果。举例来说,查找"力量",并全部更换成"强度",会把"有力量的"也全部替换成"有强度的"。

像"修订"和"批注"这样的软件工具能以电子方式记录提议的修改并提供一个文档修订的历史记录。在 Microsoft Word 中,修改的内容会以不同于原始文本的颜色出现,如图 6-4 所示,给你一个机会在更改前选择接受或拒绝。使用 Adobe Acrobat 可以给 PDF 文件添加注释,如图 6-5 所示。"修订"和"批注"功能在记录团队成员所作的改动方面也是一个非常好的途径。像 Microsoft Word 这样的软件可以让你选择不同的颜色和不同的评阅人,这样你就可以将每个人的意见分开。

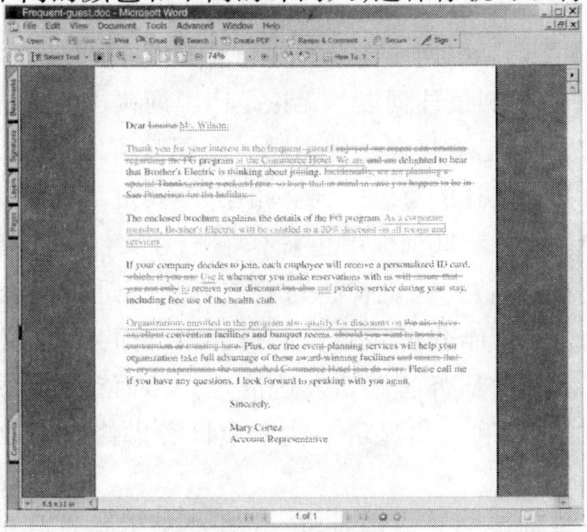

图 6-4　修订标记

---

⑤ Zinsser, *On Writing Well*, 126.

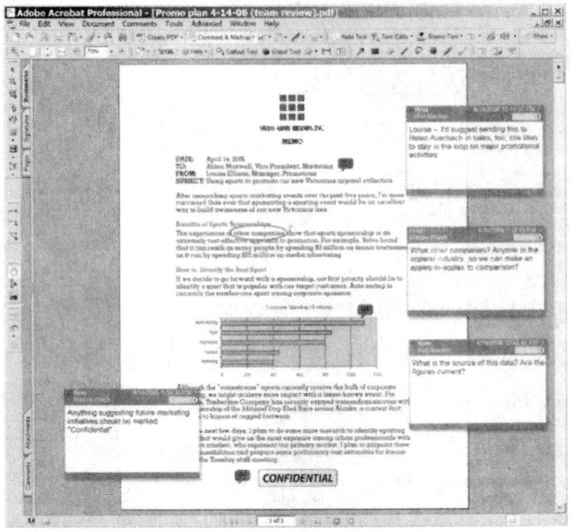

图 6-5 带注释的 PDF 文件

除了许多修改工具之外,还有四个软件功能可以帮你润色文章。第一,“拼写检查”将你的文件与电子词典作比较,突出显示无法识别的单词,并建议正确的拼写。拼写检查是一种很好的方式,可以帮你剔除文件中的大部分打印错误,但它并不能代替良好的拼写技能。举例来说,如果你想写“there”的时候写成了“their”,那么拼写检查将不会发现,因为“their”本身拼写正确。如果你赶时间,并意外地漏掉了“top”中的“p”,拼写检查将认为“to”是正确的。或者如果你错误地将“p”输入成了一个分号,拼写检查将会识别“to;”为一个正确拼写。另外,一些拼写检查提示的“错误”实际上可能是正确的名称、专业词汇,还有你故意拼错的单词,或者只是没有包含在拼写检查词典之内的单词。最后是由你来决定每个标记出的单词是否需要修改,并且查找出拼写检查漏掉的错误。

第二,与印刷的词典相同,计算机词典也会给你可供选择的词汇。计算机词典更加快速,并能让你在几秒钟内从多个选择里找到最佳词汇。无论是印刷词典还是计算机词典,任何一部词典的最大用途都在于两个方面,一是当你已重复多次使用同一个词时可以帮你找到新的、有趣的词,二是可以找到能够最准确地表达你想要表达的意思的词。相反,不要过于依赖于通过词典寻找能给人深刻印象的词来为你的文字增色。如果有些词你用起来不舒服,在文件里看起来就很不自然。

第三,“语法检查”对语法进行检查,就像拼写检查对拼写进行检查一样。由于程序得不到关于你想说什么的暗示,因此它不可能分辨你是否说得恰当。而且,即使你所有的规则都使用得正确,语法检查也不可能分辨出文件是否已做到表达清楚。然而,语法检验可以执行某些有用的检查任务(例如指出主谓一致问题)和突出显示一些你应该考虑修改的地方,例如被动语态、长句和一些可能误用或滥用的词语等。

第四,样式检查也能监督词语和句子的选择,并且提出可供选择的建议以使写作更加有效。例如,Microsoft Word 中的样式检查选项能够处理从基本问题(如数字编号和使用缩进)到一些更主观的问题(如句子结构和专业术语的使用)的各种事项。

当修订文件时,尽一切力量使用所有有用的软件。但是要切记,依靠它们完成所有的修订工作是不明智的，而且你必须对最终成果负责。

6.3　信息的制作

现在，是时候把辛苦工作展现出来了。信息的“生产质量”——页面设计、图形元素、印刷、纸张等的整体效果——在它的整体效果中扮演着重要的角色。一个优美的、引人注目的设计不仅使文件更加易读，而且可以传达专业性和重要性。[6] 在制作信息时，寻找有效的方法加强信息，如细心选择图形、声音、视频以及电子文档和网上材料的超文本链接等。

6.3.1　添加图形、声音、视频和超文本

幸运的是，今天的文本处理器和其他软件使得产生印象深刻的文件变得很容易，比如用彩色图片、声音、视频录像以及超文本链接来使文本变得生动。制作商业视觉效果的软件分为两种基本类型：演示软件，帮助你制作投射幻灯片和计算机幻灯片演示（电子演示在第 13 章讨论）；图形软件，包括从帮助你创造简单的商业图表的基本工具，到艺术家和图形设计师偏好使用的更全面的工具。你可以使用剪贴画（无版权图像的汇集）或者扫描图画或照片来自己创作图片。

向电子文件里添加合适的声音片断或视频剪辑是一个将信息讲清楚的令人兴奋的新方法。有几个系统使你能够记录下简短的信息并附在文件的特定地方。然后，读者可以点击一个播放图标来运行文件，例如“请将这段转换成一个项目符号列表”。

你也能使用超文本标记语言（HTML）在信息中插入超链接。通过点击一个链接，读者能从一个文件很容易地跳到另一个。他们可以直接进入一个网站或文件、跳到文件的另一个部分或者完全进入另一个不同的文件。假设你需要准备一份关于年度预算的报告。与其将一页又一页的之前年度的预算细节包括进去，不如把它们用超链接联系起来。如果读者需要了解之前年度的预算细节，他们只要简单地点击正确的链接。通过使用超链接，你可以使文件定制化，从而使它适应读者个性化的信息需求——就像你可以在网页上做到的那样。当然，你需要保证文件（或者用来打开文件的软件程序）包含在你的电子文件当中，而且安装在接收者的电脑上或者可以通过网络连接传输。

6.3.2　设计文件以使其可读

文件设计在两个重要方面影响可读性。第一，如果细心地去做，各种各样的视觉设计元素可以提高信息的有效性。否则，设计元素就可能成为障碍，阻碍沟通。例如，在美国，年龄在 65 岁以上的人群是在线客户增长最快的一部分，但是许多网站不注意随着年龄增大视力下降的变化，许多老人发现阅读网站普通小字很困难——而且许多网站甚至犯了更大的错误，它们不允许浏览者在浏览器上任意增大字号。[7] 第二，视觉设计本身发送了一个非语言性的信息给受众，在他们没有阅读一个单词之前就影响了他们的认知。例如，当《滚石》的编辑想吸引一个对深度报道缺乏兴趣

---

⑥ Deborah Gunn, “Looking Good on Paper,” *Office Pro*, March 2004, 10—11.

⑦ Jennifer Saranow, “Memo to Web Sites: Grow Up!” *Wall Street Journal*, 15 November 2004, R14—R15.

的受众时，他们改变杂志的封面使得它看起来不那么严肃和令人生畏。

比较图 6-6 和图 6-7 的两个备忘录。它们包含同样的信息但却发送给受众极其不同的信息，图 6-6 是拥挤的、没有吸引力的和很难读懂的，而且非常业余的颜色搭配会分散注意力。相反，图 6-7 是开放的、有吸引力的，容易完整地阅读或者快速地浏览。这个部分解释了为什么两个设计会有如此不同的结果和怎样提高文件设计。

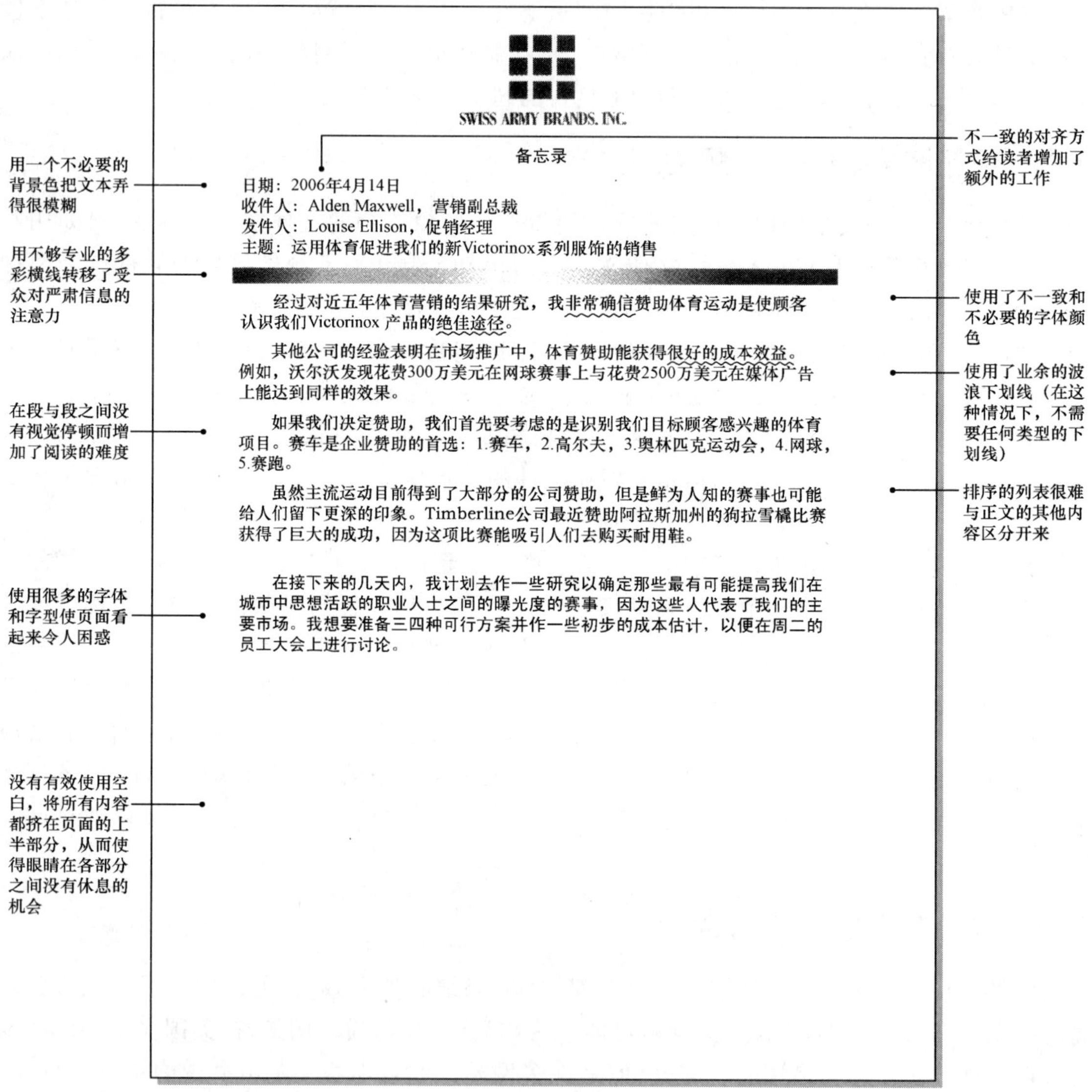
SWISS ARMY BRANDS, INC.

备忘录

日期：2006年4月14日
收件人：Alden Maxwell，营销副总裁
发件人：Louise Ellison，促销经理
主题：运用体育促进我们的新Victorinox系列服饰的销售

经过对近五年体育营销的结果研究，我非常确信赞助体育运动是使顾客认识我们Victorinox 产品的绝佳途径。

其他公司的经验表明在市场推广中，体育赞助能获得很好的成本效益。例如，沃尔沃发现花费300万美元在网球赛事上与花费2500万美元在媒体广告上能达到同样的效果。

如果我们决定赞助，我们首先要考虑的是识别我们目标顾客感兴趣的体育项目。赛车是企业赞助的首选：1.赛车，2.高尔夫，3.奥林匹克运动会，4.网球，5.赛跑。

虽然主流运动目前得到了大部分的公司赞助，但是鲜为人知的赛事也可能给人们留下更深的印象。Timberline公司最近赞助阿拉斯加州的狗拉雪橇比赛获得了巨大的成功，因为这项比赛能吸引人们去购买耐用鞋。

在接下来的几天内，我计划去作一些研究以确定那些最有可能提高我们在城市中思想活跃的职业人士之间的曝光度的赛事，因为这些人代表了我们的主要市场。我想要准备三四种可行方案并作一些初步的成本估计，以便在周二的员工大会上进行讨论。

图 6-6　低效的文件设计

有效的设计帮助你建立文件的语气，帮助你引导听众理解信息。为了完成有效的设计，应认真注意以下设计元素：

- **连贯性**。在每个信息里，你使用的页边距、字体、字号、空格（例如段落缩进、专栏之间、照片周围的那些）都要连贯。图 6-6 在一些方面违反了这个原则，从使用了太多字体开始（在开头就使

SWISS ARMY BRANDS, INC.

备忘录

日期：2006年4月14日
收件人：Alden Maxwell，营销副总裁
寄件人：Louise Ellison，促销经理 LE
主题：运用体育促进我们的新Victorinox系列服饰的销售

经过对近五年体育营销的结果研究，我非常确信赞助体育运动是使顾客认识我们Victorinox产品的绝佳途径。

赞助体育项目的好处

其他公司的经验表明在市场推广中，体育赞助能获得很好的成本效益。例如，沃尔沃发现花费300万美元在网球赛事上与花费2500万美元在媒体广告上能达到同样的效果。

怎样确定最好的体育项目

如果我们决定赞助，我们首先要考虑的是识别我们目标顾客感兴趣的体育项目。赛车是企业赞助的首选：

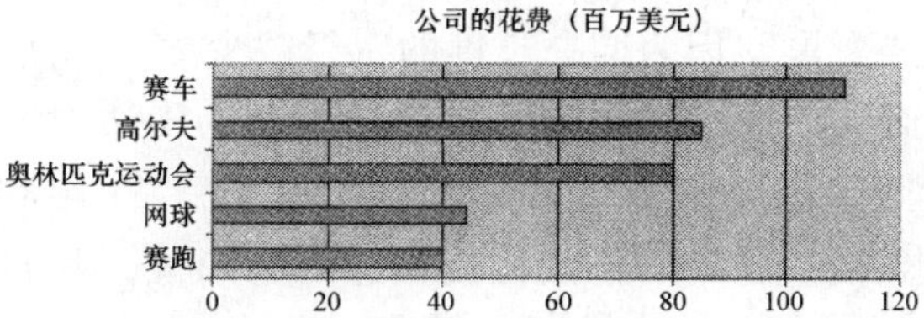

虽然主流运动目前得到了大部分的公司赞助，但是鲜为人知的赛事也可能给人们留下更深的印象。例如，Timberline公司最近赞助阿拉斯加州的狗拉雪橇比赛获得了巨大的成功，因为这项比赛能吸引人们去购买耐用鞋。

在接下来的几天内，我计划去作一些研究以确定那些最有可能提高我们在城市中思想活跃的职业人士之间的曝光度的赛事，因为这些人代表了我们的主要市场。我想要准备三四种可行方案并作一些初步的成本估计，以便在周二的员工大会上进行讨论。

用公司信头显得很专业

有效地使用空白和段落标题使文件更容易浏览

平衡图表、正文和色彩以使外表精炼并增加可信度

使用一个易于理解的图来表达重要的观点

图 6-7 高效的文件设计

用了三种字体，这些字体与正文也不同），而且使用了很多样式（背景色、波浪下划线、不同颜色、正常字体和粗体），这些也不是很连贯。另外重复的设计元素也要求是连贯的，例如垂直线、分栏和边框。在许多情况下，不仅要在信息内部保持连贯性，在很多信息之间也要保持连贯性；这样，接受你信息的受众就能识别你的文件并知道将会看到什么。

- **平衡**。要创造令人愉快的设计，需要综合平衡上下文、艺术设计和空白处的空格。平衡是主观问题。可能一个文档的设计是正式的、严格的，各种元素的使用都遵循严格的模式；而另一个文档的设计是不太正式的，各种元素都自由地分布于整个文档——但是两者都能达到平衡。然而，图 6-6 相对于图 6-7 来说就不平衡，而且很没有效果。

- **抑制**。在设计上要努力追求简化。不要用太多的设计元素、太多的突出显示、太多的色彩

或者太多的修饰润色而扰乱了信息，让“更简单”和“更少”作为你的指导观念。

• **细节**。注意影响设计和信息的细节。例如，标题和副标题出现在栏目或者页面的底端，应该出现的信息直到下一个栏目或下一页才能出现，这样会令读者非常困扰。同样，在狭窄的栏目中运用大量的单词间距会分散注意力。

如果你要设计大量的比简单备忘录和报告复杂的文档，可以考虑选修版面或图形设计的课程来充分利用你的创造性。然而，即使没有受过特殊训练，理解了空白、页边和对齐、字体、字型后，你也可以制作出更有效的打印版和电子版信息。

空白 既没有文本也没有设计的空白都属于**空白(white space)**（注意“空白”不一定是白色的）。这些不用的区域为读者提供视觉的对比和重要的停顿点。空白包括围绕标题的空白区域、页边距、栏目之间的垂直空间、段落缩进或者无缩进段落之间额外的空间，以及文本行之间的水平空间。图6-6很难读，其中一个原因是缺乏空白；读者不得不自己分离文件的各部分。为了增加读者阅读你文件的机会，留出空白时要慷慨一点，以让文件更具可读性并不太令人生畏。[8]

页边和对齐 页边是指文本四周和文本栏之间的空间。它们受你安排字行的方式影响，包括(1)两边对齐（居左对齐并居右对齐），(2)居左对齐，右边不齐，(3)居右对齐，左边不齐，(4)居中对齐。两边对齐能够使信息“变黑”，因为同一长度的字行缺少参差的边距所创造的空白。它还会让你的信息看起来更正式，而更不像个人化的信息。通常认为两边对齐形式读起来更困难，因为在单词之间会出现较大的间隙而且更多的单词带有连字符（过多的连字符既分散注意力又难以阅读）。即便是这样，许多杂志、报纸和图书仍然使用两边对齐形式，因为这样给定的空间能容纳更多的文本。此外，在较多的这类专业出版文件中，字符间隔和单词间距是可以调整的，从而减少对齐的问题发生。

左对齐可以使你的信息看起来更“轻松”。它上来就给人一种非正式和现代的感觉。单词的间距是相同的，只有位于一行末尾的没拼完的长单词才会出现连字符。

居中形式在正文段落中很少用，而多用于标题和副标题。右对齐形式在商务信件中极少用到。

字体 **字体(typeface)**指字母、数字和其他文本字符的外在设计，大多数计算机提供多种形式的字体。每种字体都会影响你信息的特色，使你的信息看起来权威或友好、商务或休闲、古典或现代等，如表6-4所示。确保选择那些适合你的信息的字体。

表6-4 字体风格：从严肃到随意到有趣

衬线字体 （最适合文本）	无衬线字体 （适合标题；有些也适合文本）	专用字体 （仅用于装饰目的）
Bookman Old Style	Arial	ANNA
Century Schoolbook	Eras Bold	Bauhaus
Courier	Franklin Gothic Book	Edwardian
Garamond	Frutiger	Lucida Handwriting
Rockwell	Gill Sans	Old English
Times Roman	Tekton	STENCIL

⑧ Jacci Howard Bear, "Desktop Publishing Rules of Page Layout," *About.com* [accessed 22 August 2005] www.about.com.

衬线字体(serif typefaces)的每个字母的笔画末端都有一条穿出来的线(称为衬线)。像 Times Roman 这种衬线字体通常被运用于正文中;当把这种字体设置为大字号用于标题或者其他显眼的地方时,它们可能看起来很混乱。带有圆形衬线的字体看起来很友好;带有方形衬线的字体看起来很正式。

无衬线字体(sans serif typefaces)没有衬线。像 Helevetica 和 Arial 这样的字体,是使用较大字号来展示文本的理想选择。在长篇文章中无衬线字体是很难阅读的。当无衬线体四周有足够的空白时最好看,正如在标题或者行距较大的正文中一样。

对于大多数文档,不能使用超过两种类型的字体,尽管如果想要突出说明文字或其他文本因素,你也可以使用另外一种字体。[9] 在标题和副标题中使用无衬线字体(比如 Arial),而在正文中使用衬线字体(比如 Times Roman)是不会有太大错的。使用太多的字体会使文件变得杂乱不堪,而产生一种业余的感觉,如图 6-6 所示。

字型　字型是指任何用于字体以形成对比或强调的调整。包括黑体、斜体、下划线,以及其他突出和修饰性的样式。将副标题变为黑体可以对长篇文章进行分割。你也可以在正文中对一些独立的单词使用黑体,以吸引更多的注意。但是如果你在很多地方使用黑体,可能会在一段里造成一种"棋盘"的感觉,而且会使整个信息变暗,使它看起来显得沉重而没有吸引力。

重点部分也可以使用斜体字来强调。虽然有时在表达反语或幽默的意思时也会使用斜体字,但最好还是使用引号来达到这一目的。斜体字也可能被用于引用并且经常用于说明文字。当你想标记那些能帮助读者了解文本核心要点的关键词时,使用黑体字和斜体字是最有效的。本章"编辑文件以使其清晰和简洁"标题下的文档修改技巧部分是一个有效运用黑体字的好例子。在这里黑体字引起了人们对关键技巧的注意,紧接着使用常规字体的一小段对每个技巧进行了解释。

通常,在信息中应该避免使用那些能够减慢受众阅读进程的样式。例如,下划线或全部使用大写字体可能会干扰读者对字形的识别,不适当地设置黑体或斜体字也会使读者减速,另外阴影或描边的字体都可能严重影响的可读性。

要确保字体大小和信息重要程度、空间分配相适应,对于多数商务信息,正文文本应使用 10—12 号字体,标题和副标题使用 12—18 号字体(1 号大约等于 1/72 英寸)。你应该尽量避免通过减小字号或增大字号来压缩文本或放大文本以填满空间。字体太小很难读,而特大号字体又显得不够专业。

6.3.3　使用技术制作信息

你可以使用的制作工具可以有多种多样,这取决于你使用的软件和系统。一些即时通信和电子邮件系统提供有限的格式和制作功能,而目前大多数文字处理器都能为日常商务需要提供与专业出版软件相媲美的一些功能。桌面排版软件如 Quark XPress、Adobe InDesign 和 Microsoft Publishing 超出文字处理的范围,拥有更先进的排版功能,可以处理照片、技术绘图和其他元素(Quark

---

⑨ Jacci Howard Bear, "Desktop Publishing Rules for How Many Fonts to Use," *About. com* [accessed 22 August 2005] www. about. com.

和 InDesign 主要供设计专业人士使用)。**Microsoft Power Point** 是在电子演讲时使用最广泛的软件,并且它可以提供许多种格式和显示信息的工具。拥有大网站的公司一般都有网络出版系统,通过它可以很容易地制作出一些含有图形、动画和其他具有引人注目特征的网页。多媒体制作工具如 Microsoft Producer 可以让你把幻灯片、音频评论、录像剪辑和其他元素集成到基于计算机的电子演示中,在过去实现这样的事情可是要耗费数万美元的。

尽管如此,大多数信息制作工作可能只需要一个文字处理软件,例如 Microsoft Word。如果您不熟悉软件的各项功能,几个小时的独立摸索或培训班课程的介绍都可以帮助你大大改进文件的质量。至少你将受益于熟悉以下特点:

- **模板和样式表**。正如在第 5 章中所说的,通过使用模板(预先设定页面设计的一些方面,如页边距等)和样式表(标准化各种各样的标题、副标题、段落、说明文字等的格式),你能节省大量的时间。许多公司都提供模板和样式表以保证公司所有文件外观的一致性,从而使员工免于做本文中讨论的许多有关文档组织和设计方面的决定。
- **页面设置**。使用页面设置控制页边距、方向(纵向是垂直的,横向是水平的)、页眉(在每页反复出现于顶端的文本和图形)和页脚(类似于页眉,但位于每页底端)。使用这些控件可以保证文件里有足够的空白区域。
- **栏格式**。多数商务文件使用单栏式的文本,但是对于新闻稿等文本来说多栏式排版也是很有吸引力的格式。分栏也是设计长篇列表的有效方式。
- **段落格式**。利用好各种段落格式控件可以改进文档的外观。你可以通过增加独立段落周围的页边距宽度来平衡引用文字,适当地压缩行间距以使文档不超过一整页,或者使用悬挂式缩进来平衡段落的第一行。如果你只是把文字处理软件当做一台漂亮的打字机——在每行的末端简单地点击回车键或在行和段之间多次点击回车键以留出空白——那么你将错过这些文字处理软件提供的最强有力的一些功能。
- **字体格式**。除了字体选择以及基本的黑体、斜体和下划线之外,文字处理软件还提供水平拉伸或压缩文本的方法。例如,当你需要使一个标题不超过一整行时,这个功能可以大大地帮助你。但是,要特别小心地使用缩放功能,因为它可能导致业余的结果。通常,不要使用文字处理软件可能提供的"特殊字体效果"功能,例如闪烁、发光或投影。它们可能具有一定的娱乐性,但是它们在所有商务文件中都是不恰当的。
- **编号和项目符号列表**。让你的文字处理软件来做编号和项目符号列表之类的繁琐任务。当你增加或删除项目时,它还可以自动地重新为列表编号,让你不再为错误编号而为难。
- **表格**。表格是显示所有可以成排或成栏的信息的好方法。这些信息有日历、数字数据、对照表等。在表格内要小心地使用段落和字体格式,以使表格的样式最佳。
- **图片框、文本框和对象**。文字处理软件可以让你插入各种各样的图片(使用标准格式中的一个,例如 JPEG 或 GIF)。文本框是从主要正文主体中独立出来的小块文本(主要为说明文字、编号、页边注等)。插入对象可以是从报表到音频再到工程图的任何文件。要小心地使用,所有这些元素都可以提升你的文件。

即使你可能需要几个小时和一些实践来熟练使用所有这些工具,花费这些时间也是很值得的。通过改进文件形象,可以改进听众对你的印象。

6.4　信息的校对

假设你是汽车公司的质量审查员。随着每辆汽车开出装配线,你需要证实它的发动机是否运转正常,车门是否紧密,油漆是否闪亮、光滑等。所有工作都是最后的,但是要抱着以防万一的态度仔细查看。这关系到公司的名誉成败,而且你也一定不希望放任何一个有毛病的产品出厂。把校对看做文档的质量检查阶段,作为最后机会来确保文档万无一失,把你的信息——以及你的名誉——传播给目标受众(从严格意义上讲,校对是一个检查打印作品的过程,并确保所有必要的更正都已完成,但你也可以把校对作为一次对整体质量的审查)。

寻找两种类型的问题:(1) 在文字、设计和排版阶段未被发现的错误;(2) 在制作过程中不注意出现的差错。对于第一类问题,你可以复习一下关于格式和排版的规则,并练习写作的基本要领。第二类问题可能包括从遗失字体或页面元素没对齐这样的计算机小故障,到用于打印的墨水的问题等的任何事情。尤其要特别警惕牵涉了一群人和多台计算机的复杂文档和复杂制作过程;当文件从一台计算机转移到另一台计算机时,任何奇怪的事情都可能发生,特别是当文件包含多种图形和不同字体时。参见"要点检查:商务信息的校对",那里列出了校对期间需要审查的项目。

要点检查

商务信息的校对

A. 检查写作错误

✓ 印刷错误

✓ 拼写错误

✓ 语法错误

✓ 标点符号错误

B. 检查漏掉的部分

✓ 漏掉的文本部分

✓ 漏掉的展示部分(如绘图、表格、照片、图表、图形等)

✓ 漏掉的资料来源说明、版权声明或其他参考信息

C. 检查设计和格式错误

✓ 不正确或者不一致的字体

✓ 栏目大小、间距和对齐方式

✓ 页边距

✓ 特殊字符

✓ 不恰当的换行和换页

✓ 页数

✓ 页眉和页脚
✓ 遵守公司标准

校对远不止简单地对页面材料进行自上而下的扫描(或对网上材料的翻页浏览),而是应该被利用来有条不紊地查找可能发生的特殊问题。通过阅读在“职业技能提升:像专业人士一样校对,打造完美文档”中的建议,你也许发现创造一个待审查的项目清单非常有用;每当你需要审查自己的文件或被要求审查别人的作品时,这将是一个很好的工具。

你需要在校对上花费的时间取决于文件的长度和复杂性以及实际情况。备忘录中的一个错别字对团队来说也许不是很重要的事,但是在财政报告或医疗档案中的一个错别字则是相当严重的。随着写作过程中每一个任务的执行,实践会有助于你提高——你不仅更熟悉应该寻找什么错误,而且在辨认那些错误时也更熟练。

6.5 信息的发布

制作完成后你就要准备发布信息了。与商务沟通的其他所有方面一样,信息发布随着科技进步而有了更多的选择。有时,选择是显而易见的:只需要点击电子邮件程序中的“发送”按键,信息就发送出去了。而在另一些情况下,比如,带有全彩图片的100页报告或者多媒体演示文稿因为文件太大而无法用电子邮件发送,你就需要仔细考虑信息的发布,让需要该信息的每个人都能收到,而且也只有那些需要该信息的人才能收到。当你发布信息时,需要考虑以下因素:

- **成本**。成本并不是大多数信息需要考虑的,但是对于长篇报告或多媒体产品来说,成本可能就是需要考虑的问题了。打印、装订和发送报告可能都比较昂贵,这就需要斟酌好成本和收益再作决定。如果您试图获得一个百万美元的客户,花费1 000美元在演讲材料上就可能是一种明智的投资了。
- **便利**。你和你的受众都要做多少工作呢?虽然在电子邮件信息中添加附件很容易,但是对另一端的人来说也许并不是那么简单。他们可能没有打印机,也许需要在旅馆里通过缓慢地拨号连接访问信息,或者没有安装打开你的文件所必需的软件。如果你要用即时通信或电子邮件的附件来发送大文件,考虑利用文件压缩软件(例如 WinZip 或 StuffIt)来首先压缩文件。对于超大文件,了解一下受众是否更喜欢光盘的方式。
- **时间**。信息需要多快到达受众?如果接收者一周之内都不会阅读报告,就没有必要为隔夜送达而多花钱了。
- **安全和保密性**。在享受即时通信、电子邮件、博客和其他技术提供的便利时,还需要斟酌其安全和保密性。对于非常敏感的文件,你的公司大概会同时限制能接受文件的人和能使用的发送手段。另外,现在的大多数计算机用户对下载附件是非常敏感的。你可以考虑使用 Adobe Acrobat 将文件转换成 PDF 格式,而不是发送 Word 文件(它很容易感染宏病毒和其他风险)。

信息发布技术在不断进步,因此要寻找新的方式把信息传送到受众手中。例如,博客(参见第5章)提供了一种容易的方法来发布对几乎所有主题的连续评论。《快速公司》杂志在网站上建立了一个博客来给公司员工一个分享想法和信息的论坛，这些信息或者没有被制作成杂志，或者发生在月度出版进程的中间。（打开 www. fastcompany. com，点击顶端的“博客”导航条。）总编辑 John A. Byrne 认为，博客能够让《快速公司》对迅速传开的新闻进行反应，并能帮助读者参与正在进行的有关重要事件的讨论。

现在许多网站和博客都提供新闻聚合器（RSS），它是一个通过软件程序自动获得新内容的方法。有 RSS 功能的网站使受众无须重复浏览喜爱的博客或订阅多种电子邮件新闻就能很容易地收集到想要的信息，因此就不会遇到猖獗的垃圾邮件问题。[⑩] 这样的技术可以帮助你通过最方便和对受众最有吸引力的方式将信息传达给受众。想要了解更多关于博客和 RSS 的功能，访问以下站点：

- Blogdex（http://blogdex. media. mit. edu）
- Blogdigger（www. blogdigger. com）
- Blogstreet（www. blogstreet. com）
- Feedster（www. feedster. com）
- Blogger（www. blogger. com）

职业技能提升

像专业人士一样校对，打造完美文档

在你点击“发送”按钮或将报告送到运输部门之前，确定你已经作了充分的检查以确保文件达到最优。你的同事可能不会在乎日常电子邮件中的错误，但是给外部受众的信息中出现的明显错误可能会损坏公司的形象并妨碍你的职业前景。

使用这些专业的校对技术可以帮助你提供优质的信息材料：

- **多次检查**。多次审阅文件，每次关注于不同方面。第一次可能要寻找内容的遗漏和错误；第二次可能要检查印刷、语法和拼写错误；最后一次可能是检查排版、空白、对齐、颜色、页码、页边距和其他设计要素。
- **感知的诀窍**。你可能也体会过这种挫败的感觉，就是对某个信息读了十二三次仍然漏掉了一个明显的差错。之所以会发生这种事，是因为脑子在“知道”纸上应该出现什么样的正确信息的时候，便下意识地提供了适当的信息来弥补缺失的片断并改正了错误。为了防止大脑欺骗你，你需要通过改变处理视觉信息的方法来欺骗它：(1) 从每一页的下面往上读；(2) 用手指在文字下滑动，并默默地读；(3) 做一个带狭缝的纸片，每次只露出一行；(4) 大声朗读文件，小心每个词的发音。
- **高优先的项目**。反复检查名称的拼写以及日期、地址和其他能够引起明显错误的数字（例如告诉一个潜在雇主你愿意接受 5 000 美元的年薪，而实际上你是想说 50 000 美元）等细节的精确性。

---

⑩ Debbie Weil, “5 Key Questions (You've Been Dying) to Ask About Business Blogs,” *Wordbiz Report*, 25 June 2003 [accessed 27 October 2003] www. wordbiz. com; Jonathan Eisenzopf, “Making Headlines with RSS: Using Rich Site Summaries to Draw New Visitors,” *New Architect* website [accessed 28 October 2003] www. webtechniques. com.

- **距离感**。如果可能的话,不要在完成文件后立即校对;让脑子转到新的主题,然后再转过头来校对。
- **警觉性**。避免一次性校对大量的材料,并且在你感到劳累时不要再校对。
- **集中**。把注意力集中到你正在做的事情上。不要分心,尽可能将注意力完全集中于校对任务。
- **谨慎**。不要着急。快速的校对不是细心的校对。

职业应用

1. 为什么让其他人校对你的信息是有价值的?
2. 校对下面的句子:

aplication of thse method in stores in San Deigo nd Cinncinati have resultted in a 30 drop in roberies an a 50 precent decling in violnce there, acording ot thedevelpers if the securty sytem, Hanover brothrs, Inc.

工作进行时

解决滚石的沟通困境

除了《滚石》之外,温纳媒体还发行《男士杂志》和《美国周刊》(通过与迪士尼合资)。在《滚石》工作几年后,你付出的努力得到了回报,你被提升为新项目负责人。简恩·温纳让你调查并寻找在印刷和电子媒介中出版的新机会。利用目前已掌握的技能来处理这些沟通情况:

1. 像空中滑翔、山地自行车、自由潜水这样的极限运动越来越受到人们的欢迎。毫不奇怪,广告商也开始抢夺吸引这些爱好者的机会,继而为迎合这些受众的出版物创造了需求。下面哪句话最好地概括了这个机会?

a. 在短短几年内,“极限运动”已经发展成为一个极度广泛的范畴,它包含几十种户外活动,它们的共同点就是围绕着面对危险时的敏捷性。

b. 现在“极限运动”包含了几十种赛事,在全世界至少有2000万的爱好者。

c. 现在“极限运动”包含了几十种赛事,在全世界至少有2000万的爱好者。广告商正在四处寻找更多的能到达这些受众的媒介途径。

d. 如果我们不能进入极限运动,我们将会极度遗憾。

2. 像所有经理一样,简恩·温纳非常忙碌,很少有时间阅读报告和其他商务文件。你已经知道了有效的标题和副标题是表达清楚观点的极好的方法,甚至只要温纳或者其他读者大致浏览一下就能了解你的观点。关于详细介绍极限运动的发展,下列哪一种副标题最有效?

a. 成长到极限:极限运动大爆炸

b. 极限运动爱好者基数:2000万并且还在增长

c. 传统的运动对许多年轻体育爱好者缺乏吸引力

d. 极限运动出版中的极大机会

3. 你一直与媒介购买者(代表客户购买广告空间的人)讨论极限运动杂志的理念。他们的反应是积极的,但他们也提出很多疑问。有人问:新的杂志会保持传统运动杂志的特色,还是采用《滚石》那样非常时尚又不太正式的风格。作为你的回复电子邮件,下列哪个句子会提供清晰的答案?

a.《滚石》能够成为一个文化偶像正是因为简恩·温纳拒绝传统的出版理念,并打破陈规,追求成为新一代代言人的形象,这一态度也将树立起新的极限运动出版物的个性。

b. 极限运动=极端态度。

c. 温纳媒体出版的极限运动杂志将反映出让《滚石》成为新一代代言人的非传统态度和无拘无束的新闻风格。

d. 发行极限运动杂志将反映出使《滚石》成为其时代代言人的那种突破性的愿景式思考方式。

4. 在你的建议下,温纳已经决定发行极限运动杂志。信息一经传出,一些在《滚石》、《男士杂志》和《美国周刊》工作的编辑和作者们纷纷给你发送电子邮件咨询到新的出版物工作的相关情况。虽然你没有雇用他们的决定权,但你对几个月后将雇用具有什么样能力的作者和编辑有明确的想法。你决定在公司的内联网上发布一个信息,让人们知道新杂志需要什么样的人才。以下哪个句子最能概括你认为最重要的两个标准——极限运动经历和将极限运动的乐趣传递给读者的能力?

a. 具有各种极限运动的经验,并且能够通过高级写作和编辑技巧将极限运动的乐趣概括出来——这些是为极限运动新杂志雇用作者和编辑时要考虑的最重要的能力。

b. 关注极限运动的新杂志需要作者和编辑本身参加过各种各样的极限运动,并且具有从参与者的视角来传达极限运动乐趣的记者技能。

c. 新的极限运动杂志需要作者和编辑本身参加过各种各样的极限运动,并且具有从参与者的视角来传达这些运动乐趣的记者技能。

d. 新的极限运动杂志需要作者和编辑亲自体验极限运动,并且具有令人兴奋的写作技巧。

学习目标检查

通过阅读每个学习目标和完成相关练习来评估你对本章要点的掌握情况。填空题,写出空白处缺少的文字;单项选择题,在正确答案的字母上打钩。

目标6.1:讨论认真修改的价值,并列出完成商务信息所涉及的主要工作。

1. 下面哪个是你在发送信息之前一定要认真修改的最重要的原因?
   a. 修改让听众了解你是多么认真地工作
   b. 修改减少文字数量
   c. 修改降低邮件费用
   d. 修改让信息更成功
2. 以下哪一项不属于商务信息完成阶段的主要工作?
   a. 起草信息
   b. 修订信息
   c. 制作信息
   d. 校对信息

目标 6.2：列出提高信息可读性的四种写作技巧。

3. 商务信息中控制句子长度的最好方法是：
   a. 让所有句子尽可能变短
   b. 将你的大部分句子变长，因为你总是有复杂的信息要传达
   c. 让句子的长度多样化
   d. 让每个句子平均长度为 35 个字
4. 商务信息中控制段落长度的最好方法是：
   a. 让段落变短
   b. 让你的大部分段落变长，因为这是商务写作的标准
   c. 对你的大部分段落采用一句话的长度
   d. 让每个段落平均长度为 200 字
5. 商务信息中使用列表的最好方法是：
   a. 除了必须使用，尽量避免使用列表
   b. 确保列表项目以对等结构出现
   c. 使用编号列表代替项目符号列表
   d. 以上都是
6. 下列哪一个不属于告知性标题？
   a. 我们为什么需要一个新的分销商
   b. 现代分销商面临的五个挑战
   c. 对美国来说，分销商是比批发商更好的选择
   d. 分销商选择

目标 6.3：描述提高写作清晰度的步骤。

7. 下列哪一个句子包含不确定的词语？
   a. 似乎我们到 5 月 20 日完成项目可能是有问题的。
   b. 项目在 5 月 20 日完成大概是存在可能性的。
   c. 看来项目可能会错过 5 月 20 日的完成日期。
   d. 上述选项都包含不确定的词语。
8. 下列哪一个句子缺乏对等结构？
   a. 客户能够下载股票研究信息，运用电子方式将报税表存档，制定证券投资组合，或者从一系列推荐的共同基金中进行选择。
   b. 客户能够下载股票研究信息，能够运用电子方式将报税表存档，制定证券投资组合，或者他们能够从一系列推荐的共同基金中进行选择。
   c. 客户能够下载股票研究信息，能够运用电子方式将报税表存档，能够制定证券投资组合，或者能够从一系列推荐的共同基金中进行选择。
   d. 客户能够下载股票研究信息，他们能够运用电子方式将报税表存档，他们能够制定证券投资组合，或者他们能够从一系列推荐的共同基金中进行选择。
9. 下列哪个句子不包含悬空的修饰语？
   a. 缺乏品牌认可度，一些客户对使用网上银行存有戒心。
   b. 因为网上银行缺乏品牌认可度，一些客户在使用它们时存有戒心。
   c. 因为品牌认可度的缺乏，一些客户对使用网上银行存有戒心。
   d. 都包含悬空的修饰语。

目标 6.4：讨论信息简洁的重要性并给出四个技巧。

10. 当修改文件以使其简洁时你需要考虑到：
    a. 不必要的单词和短语
    b. 悬空的修饰语
    c. 缺少对等结构
    d. 糟糕的指代
11. 下面哪一个不是冗余的例子？
    a. 眼睛能看见的
    b. 免费的礼物
    c. 很有用的
    d. 再次重复

目标 6.5：解释设计要素怎样帮助决定文档的有效性。

12. 一个设计良好的文件：
    a. 包含很多种字体

b. 平衡了正文、设计元素和空白的空间分配

c. 尽可能用正文或设计元素填满可用的空间

d. 以上所有

13. 文档中任何空白的地方都被称做________。

14. 两边对齐的格式是：

a. 居左对齐而右边参差不齐

b. 居右对齐而左边参差不齐

c. 居左对齐同时居右对齐

d. 居中

15. 无衬线字体最适合：

a. 报告中的标题

b. 报告中的正文

c. 报告中的标题和正文

d. 像脚注和尾注这样的元素

目标6.6:指出校对时需要留意的错误类型。

16. 校对时需要注意的错误有：

a. 拼写和标点

b. 语法和表达

c. 印刷和格式

d. 以上所有

目标6.7:讨论发布信息时需要考虑的最重要问题。

17. 一般而言，发布一则商务信息的成本应该与以下哪方面取得平衡？

a. 信息的重要性和紧迫性

b. 信息的长度

c. 你的事业目标，因为它们与信息相关

d. 受众数量

18. 通过电子媒介（例如电子邮件）发布信息时，下列哪一项最需要考虑？

a. 在屏幕上阅读的困难

b. 隐私性和安全性

c. 纯平和显像管显示器的区别

d. 更新邮件地址的困难

知识应用

1. 为什么在你开始编辑之前将初稿搁置一段时间是有帮助的？

2. 如果只选择一种，你喜欢使用语法检查软件还是拼写检查软件，为什么？

3. 当你设计一封正式商务信函时，哪一项设计元素是你必须考虑的，哪些是选择考虑的？

4. 对于一份要发送给北美、亚洲和欧洲六个地方高层管理者的高涉密战略计划书，请问你将选择哪种发送方法？解释你的选择。

4. **伦理选择**。用模糊复杂的方法写作的一份解释顾客如何在有利于公司的决定争端中上诉的文件，它的伦理暗示是什么？

知识实践

文档分析

阅读下列材料，然后：(1) 分析每句话的优点和缺点；(2) 修改材料，使其遵循第4—6章的指导步骤。

文档6.A

往新办公室的搬迁将在这个周末进行。

为了使每件事都顺利进行,每个人都要清理他们的桌子,并把要带走的东西用提供的箱子打包。你们需要把墙上的所有物品都取下来,并请把它们放进箱子里。

如果你有许多私人物品,你应该把它们带回家。对贵重物品也同样处理。我并不是暗示它们会被盗,不管怎么说安全总比悲伤要好。

周一我们将拆包,把东西放好,然后继续工作。如果每个人都做好自己的部分,我们就可以把混乱保持在最低限度。但愿,这些不会对生产进度产生负面影响,目前的最后期限也会按时达到。

文档6.B

亲爱的Giraud女士:

随函附上你的手稿《收羊毛的事业》。看完你1 500页手稿的前两章后,我不得不得出这样的结论:书中用羊毛加工的工艺品和美术品的主题与Framingham出版社的出版项目并不一致。到现在为止,我们只出版有关商务方面的作品,完全避免涉及其他主题。

尽管我们公司目前不能考虑你的优秀作品,我已经冒昧地在一些页面上写下了一些评论。我认为,任何一个作者从出版领域有经验的人那里得到的反馈都会有助于提高写作技巧。

考虑到你住在波士顿地区的事实,我建议你约见剑桥传统出版社的一位在编辑方面有很高造诣的人,我想他们出版社也许会对你写作的那种类型的作品有一定兴趣。

祝福你在文学领域一帆风顺。

Arthur J. Cogswell

编辑

文档6.C

想要制作美味的爆米花,请阅读以下说明:爆米花机设计的一次爆破容量是1/2杯玉米粒。一定不要超过1/2杯。每半杯玉米粒可以爆出3/4到1杯爆米花。在爆完一批后,可连续爆下几批。爆米花是受到热空气的作用而爆出的。不需要添加油或起酥油等成分,只需在杯中加入玉米粒既可。推荐使用标准级的玉米粒。高级的或更好的玉米粒也可以。千万不要在机器里加入植物油、起酥油、奶油、人造黄油及盐。在加玉米粒之前,先将锅预热2分钟。在将玉米粒加到锅里之前先把电源关掉。安全而聪明地使用电力。使用爆米花机时要小心。不要碰热的爆米花机。不要把爆米花机插在插座上不管。如果爆米花机或它的塞子损坏了,不要使用。如果爆米花机不能正常工作,不要使用。在第一次使用之前,将爆米花机的斜槽和量杯放在肥皂水里清洗一下。用抹布或海绵。清洗爆米花机的底部。用湿布。将底部擦干。不要将锅浸到水或其他液体中。把斜槽和量杯装上。这样就可以使用了。

练习

本章讨论到的所有网站都能在本书的网站 www. prenhall. com/thill 上找到链接。找到书名并点击"辅助网站"链接,然后选择第6章,并点击"特色网站",选定与文中内容有关的页面名称或URL。请注意本书出版后失效的链接将从"特色网站"中删除。

6.1 **信息可读性:写作段落**。重写下面这段文字,改变句子的长度并且使段落更短,以使文章更加清晰,利于阅读。

虽然棒球大联盟还是很流行，但是越来越多的人去参观棒球小联盟的比赛，原因是他们花费在门票、快餐和停车上的费用更少，而且同样可以享受到美国式的娱乐。比如，在康涅狄格州就有三个AA级的小联盟队，包括附属于圣路易斯红雀队的New Haven Ravens队、附属于纽约洋基队的Norwich队、附属于明尼苏达双城队的New Britain Rock Cats队。这些球队都在相对较小的场地上比赛，所以球迷可以近距离地看见和听见一切，从球棒击球的声音到棒球落入外野手的手套中的声音都可以听见。最好的一点是，一个家庭出去看一场有新兴明星参加的当地小联盟球队比赛所花的费用仅仅相当于在较大的、拥挤的场地看一场大联盟比赛费用的一小部分。

6.2　**信息可读性：使用项目符号。**使用项目符号重新写作下列文字：

使用我们的警报系统，你可以拥有一个24小时的安全警卫，它可以随时监控入侵者并向警察发出信号。你也可以使用计算机扫描装置来观察何时何地有人入侵。而且，没有必要担心电子元件的损坏，因为我们有备用的各种元件。[11]

6.3　**修订信息：清晰度。**通过添加更多的句号将下面这些句子拆分为短句：

a. 当下次再写东西的时候，在一个100个单词的段落中，要检查你的句子的平均长度，如果你的句子平均长度超过了16—20个单词，那就需要看一下是不是可以拆分一些句子。

b. 不要像乡村铁匠教他的学徒时那样做："当我把蹄铁从火中拿出来时，我会把它放在铁砧上，当我点头时，你就用锤子砸下去。"徒弟照他说的话做了，现在也成了一个乡村铁匠。

c. 很不幸，没有哪种小插件可以产生优秀的写作，但是使用像Fog Index之类的标准却可以给我们一些指示而使我们的作品更加易读，因为它的两个因素可以提醒我们使用短句和简单的词。

d. 了解书面语的灵活性和它表达想法的力量，并了解如何组织这些词语而使读者更容易理解。

e. 一个词对不同的人来说可能有不同的意思，例如"block"这个词可能有城市街区、砧板、发动机组、拍卖场和其他的意思。

6.4　**修订信息：简洁性。**删除下列短语中不必要的词语。

a. 观点的共识

b. 新的创新

c. 长期的时间

d. 值50美元的价格

e. 仍然还

6.5　**修订信息：简洁性。**校对下列句子，使用短的、简单的词汇：

a. 古老的(antiquated)计算器对解决高深的(sophisticated)问题无效(ineffectual)。

b. 在造成非同寻常的(inordinate)赤字累积之前支出增加(pay increments)的终止是势在必行的(imperative)。

c. 高管们一致(unanimity)认为Jackson女士的特异个性(idiosyncrasies)是造成与人事部门主任召开强制性会议(mandatory meeting)的原因。

d. 即将进行的(impending)公司资产清算(liquidation of the company's assets)是公司的竞争者欢呼庆祝(jubilation)的原因。

e. 董事长对股票红利的预期得到多数迹象表明公司的财务状况良好的压倒性优势(preponderance)的强化(accentuated)。

6.6　**修订信息：简洁性。**使用不定式替代以下句子中的长短语：

a. 为了生活，我需要钱。

---

[11] Benjamin, *Words at Work*, 121.

b. 他们没有发现足够的证据来相信未来。

c. 带来梦想的破灭是可悲的。

6.7 **修订信息:简洁性**。用更少的词改述下面的短语:

a. 在不远的未来

b. 在……的情况下

c. 为了

d. 为了……的目的

e. 就……而论

f. 可能的情况是

g. 在极少情况下

h. 出于……的考虑

i. 在现在这个时候

j. 毫无疑问的是

6.8 **修订信息:简洁性**。尽可能精简以下的句子:

a. 我们对写作是重要的非常相信。

b. 很有可能性的是,我们也许面临价格的上涨。

c. 我们的目标包括对不久的将来做出决定。

d. 当实验完结的时候所有的都说了和做了,我想总结一下最后的结尾。

e. 经过三周的试用期,她一共工作了15个工作日,我们发现她的工作足以令人满意,所以我们提供给她全职的工作。

6.9 **修订信息:修饰语**。删除以下句子中不必要的修饰:

a. 技能超凡和极其尽责的员工的薪水得到了极大的增加。

b. 联合国的议案具有高通货膨胀倾向,是极其严格和超级大胆的。

6.10 **修订信息:不确定**。修改以下句子,以确保其中没有不确定的句子:

a. 它将显示出有人明显非法进入。

b. 在不远的将来的某个时候情况会得到改善是可能的。

c. 你的报告好像表明我们也许会损失一笔钱。

d. 我认为Nancy很明显对会计部门的员工在某种程度上有更大的影响。

e. 这封辞职信似乎意味着你可能会离开我们。

6.11 **修订信息:不定代词开头**。修改以下句子,去掉开头的不定代词:

a. 这里有很多例子表明Elaine不能在一个职位上待很久。

b. 如果每位员工都能为Mildred Cook的退休聚会作出贡献,我们将非常高兴。

c. 据来自华盛顿的可靠消息说今天白宫将要发布一则较短的声明。

d. 有一项规则指明未经许可不允许超时工作。

e. 无线网络至少在三个方面可以提高销售部门的效率。

6.12 **修订信息:对等性**。在以下句子中用对等的形式表达思想:

a. Hill先生一周需要作三天讲座,作两天咨询,必须在他的业余时间写作。

b. 她不仅懂会计,而且她还能阅读拉丁文。

c. 两个申请者都有家庭,大学学历,30多岁,拥有丰富的会计工作经验,但社会交往较少。

d. 这本书令人兴奋,写得很好,很吸引我。

e. Don是一个工作努力的人,他还懂记账。

6.13 **修订信息:糟糕的指代**。修改以下句子,删除不当的指代:

a. 负责销售的副总裁与生产经理分别负责34A和35A的钥匙管理。

b. 34A和35A的钥匙在管理者手中,前者属于负责销售的副总裁,后者属于生产经理。

c. 34A和35A的钥匙给了生产经理,上述钥匙上面是镀金压花的。

d. 一台激光打印机和一台喷墨打印机分别运给John和Megan。

e. 核桃木的桌子比橡木的桌子更贵一些，后者比前者多出 300 美元。

6.14 **修订信息：悬空的修饰语**。修改以下句子，以明晰悬空的修饰语：

a. 在烟云中沿着铁路线边跑边欣赏乡间的风景。

b. 躺在沙滩上，Ruby 看到了海贝。

c. 基于以上信息，我认为我们应该购买这块地产。

d. 杂乱无章且布满灰尘，Sandy 花了整个下午的时间来清理她的桌子。

e. 在校对了每一个词语之后，这个备忘录可以签署了。

6.15 **修订信息：连续的名词**。重下下面的句子，以避免使用一长串名词。

a. 会议的焦点是关于银行利息率解除干预问题的讨论。

b. 根据政府特别工作组报告的建议，我们修改了工作申请人评估程序。

c. 生产部门质量保证项目由职员培训、供应商合作和计算机监测设备等几部分组成。

d. 超市仓库存货减少计划将在下个月执行。

e. 州立大学商学院毕业生安置项目是这个国家最好的毕业生安置计划之一。

6.16 **修订信息：句式结构**。重排下列句子的结构，使主语更加贴近动词：

a. Trudy，当她第一次看到公牛扒地面，就跑了。

b. 是 Terri，据 Ted 说——她可能是办公室里最喜欢说闲话的人（Tom 除外）——发错了命令。

c. William Oberstreet，在他的《投资资本反思》这本书中，描述了近几十年银行家们所犯的错误。

d. Judy Schimmel，在错过几个明显的投资机会以后，尽管有她的朋友和家人的警告，仍然在荷荷芭种植园继续投资。

e. U-Stor-It 的主席在公司发生了历史上最糟糕的悲剧——仓库着火——而处于破产的边缘后，准备了一个新闻公告。

6.17 **修订信息：伪动词**。改写每个句子，使句中的动词不再是伪装的：

a. 对新规则的适应更容易由雇员来执行。

b. 估税员将做出一个应缴税款的决定。

c. 雇员身份的确认必须每天做。

d. 董事会理事提出了一个建议，让 Ronson 先生被分配到新的部门去。

e. 账目的审计工作由副总裁执行。

6.18 **制作信息：设计元素**。回头参看你修订过的 6.C 文档（参见“文档分析”的练习）。你可以使用什么设计元素来使该文档更具有可读性？使用你选择的元素制作修订后的文档 6.C。然后改变其中的一个元素进行实验，这个改变是怎样影响该文档的可读性的？与其他学生交换文档，互相批改。

6.19 **网站设计**。登录 Bloomberg 的网站：www.bloomberg.com，评价最新公布的信息的设计方案。你能提出哪些提高该页信息可读性的设计改进方案？

6.20 **团队合作**。与另一个同学组成一个小组，交换你们修改的 6.A、6.B 或 6.C 文档（参见“文档分析”的练习）。检查该作业以保证其结构清晰。然后，阅读并评价你组员的修订稿，看其是否需要改进。相互评价之后，利用一些时间检查你表达观点的方式，以及在听到另一个同学观点时的感受。你是确立一种方法在这种情况下改进评价过程吗？

6.21 **修订信息：电子邮件**。校对下面的电子邮件信息并在你发现错误的地方做出修改。

Our final company orrientation of the year will be held on Dec. 20. In preparation for this sesssion, please order 20 copies of the Policy handbook, the cofindentiality agreenemt, the employee benefits Manual, please let me know if you anticipate any delays in obtaining these materials.

6.22 **伦理选择**。上个月你公司里的五个工厂中的三个超出了它们的支出预算。你想让这些工厂从现在开始在预算之内运营。你考虑通过电子邮件的形式让这五个工厂的管理者都看到你要给三个超出预算的工厂的经理发送的备忘录,这是个好办法么?为什么是或者不是?

知识拓展

从网络中学习更多

正确的写作:帮助你反思和修订的技巧

www.powa.org

你能保证读者真正理解你的意思吗?如果你想在修改你即将完成的作品方面得到帮助,请使用 Paradigm Online Writing Assistant (POWA)。通过这种互动式的作者指南,你可以选择不同的主题来帮助你编辑作品、重塑思路,并重写以使你的作品更加清晰。阅读有关增加写作技巧的讨论,并通过完成巩固所学知识的在线活动来进行练习。或者选择一个讨论写作的论坛。

活动

搜索 POWA 的建议然后回答下列问题:

1. 为什么先初步写出主要想法随后再重新阅读信息并修改内容这种做法比较好?在修改信息时,你会问关于写作的什么问题?

2. 对“写作语境”的四个元素进行命名。假设你是你的信息的读者,你会问什么问题?

3. 在修改一个书面信息时,为什么要使内容更紧凑?在完成信息过程中,使信息更紧凑的一个方法是什么?

自己探究网络

自行访问以下与本章内容相关的网站,学习更多关于商务信息写作的内容。

1. 在 About.com 的桌面出版部分学习文件设计的知识。使用图形设计和印刷方面的技巧生成高质量的商务文件。浏览 http://desktoppub.about.com,然后看在“基本要点”菜单下的“DTP,段落设计,印刷信息”选项。

2. 曾经因为一些棘手的词汇选择而困扰过吗?是不是不知道应该选择“alternate”还是“alternative”?浏览 http://englishplus.com/grammar 网站上的“语法满贯”部分,然后点击“一般错误和选择”,你会看到几十种关于常用词语两难选择的建议。

3. 学习 Microsoft Word 中的基本页面设置知识来确保文件的有效设计。浏览 http://office.microsoft.com,点击帮助,找到 Word 帮助的链接,然后点击进入有关文件设计建议的页面。

互动学习

互动学习向导

访问 www.prehall.com/thill,找到书名并点击其辅助网站链接。选择第 6 章,使用互动的“每章测验”来测试你对本章概念的掌握情况。你会得到即时的反馈,知道你是否需要进一步的学习。同样,访问“学习大厅”,你将发现大量能帮助你完成此课程的资源。

最佳语法和结构

如果教师要求你使用在线课程或者 CD 上的“最佳语法和结构”,你可以通过使用“最佳语法和结构”这一模块来提高你的介词、连词和冠词使用技巧。首先点击“介词、连词和冠词”,选择进行“预先测试”来确定你是否有薄弱方面。然后在“复习课程”中复习这些方面。选择进行“跟进测试”来检查你对介词、连词和冠词的掌握情况。如果想要更高的挑战或者进一步的练习,选择进行“高级测试”。最后,在接下来的“提高语法、结构和表达”部分中,完成练习以进一步巩固和加强。

提高语法、结构和表达

以下练习帮助你提高对英语语法、结构和表达的掌握和运用。看下面 10 个句子,找到最佳选项,在其下面画线。

1. Where was your argument (*leading to*, *leading*)?

2. I wish he woud get (*off*, *off of*) the phone.

3. U. S. Mercantile must become (*aware*, *aware of*) and sensitive to its customers' concerns.

4. Dr. Namaguchi will be talking (*with*, *to*) the marketing class, but she has no time for questions.

5. Matters like this are decided after thorough discussion (*among*, *between*) all seven department managers.

6. We can't wait (*on*, *for*) their decision much longer.

7. Their computer is similar (*to*, *with*) ours.

8. This model is different (*than*, *from*) the one we ordered.

9. She is active (*in not only*, *not only in*) a civic group but also in an athletic organization.

10. She had neither the preferred educational background, nor (*did she have suitable experience*, *the suitable experience*).

如果想找到更多的关于介词的练习,请登录 www. prehall. com/thill,找到书名并点击其辅助网站链接,选择第 6 章,点击“提高语法、结构和表达的额外练习”,然后点击“10. 介词”。

第三部分

撰写信函、备忘录、电子邮件和即时通信

第 7 章　日常信息和正面信息的写作

第 8 章　负面信息的写作

第 9 章　劝说性信息的写作

第7章　日常信息和正面信息的写作

学习目标

学完本章后,你将能够:

1. 应用日常信息和正面信息的三步写作法
2. 概括写作日常请求的有效策略
3. 解释如何礼貌地请求具体行动
4. 描述写作日常回复和正面信息的策略
5. 讨论当同意投诉和调整请求时明确负责人的重要性
6. 解释写作告知性信息与回复信息请求的区别
7. 描述良好意愿信息的重要性并解释如何使之有效

工作进行时

科恩公司的沟通

使用正面信息积极影响饥饿儿童的生活

近年来公司丑闻事件的数目引出了一个假设,那就是所有的商业事务都是不好的。尽管有一些公司出现在负面新闻的标题中,但仍有成千上万的公司按照道德标准处理商务,甚至为社会做出了杰出贡献。科恩公司(Cone, Inc.)是一家位于波士顿的专门从事公益营销的机构,它正帮助这些公司更好地帮助他人。科恩的首席执行官卡罗尔·科恩(Carol Cone)解释说:"消费者不再相信任何事情,他们期望企业能够提供更多的东西,想知道企业代表了什么。"

康家食品集团是科恩公司的一个客户,它通过"让孩子们吃得更好"(Feeding Children Better)的项目承担了美国的儿童饥饿公益事业。科恩公司通过写作正面信息和发布新闻将康家食品所做的努力传播出去。这些努力的重要表现是儿童餐厅项目,该项目旨在向放学后有需要的儿童提供免费的、热的、营养丰富的餐点。自从康家食品成为儿童餐厅的全国赞助者,它已经为超过160个新的儿童餐厅提供了资金,每个餐厅每年将会提供超过10 000份的餐点。康家食品也通过与食品快速配送系统的合作,帮助对抗儿童饥饿。食品快速配送系统运用现代的配送和追踪技术,以确保捐献的食品能够很快地运输至需要的地方。这个系统不仅能确保非常容易腐烂的食品在等待运输时不会变质，而且能够跟踪来自不同食品公司的捐赠品，以确保给予了它们适当的税收减免，以此来鼓励这些公司提供更多的捐赠品。

科恩公司将其新闻发布集中在康家食品“让儿童吃得更好”项目的三个主要目标上:(1) 给有需要的儿童提供食物;(2) 改善食品配送过程中的缺陷;(3) 唤起全国对儿童饥饿的了解。由于康家食品和科恩公司所做的成功工作和有效沟通，它们得到了无数的嘉奖，比如说公益营销光环奖和由美国商会颁发的企业公民奖。

是什么使得科恩公司的信息如此有效？科恩公司只是将注意力吸引到康家食品的良好行为上，就已经创造了积极的商业结果，但是这样做首先要使康家食品受益，而不是众多的饥饿救济工程。科恩公司通过突出康家食品为每一个目标所做的努力，来使其新闻发布奏效。它通过将注意力集中在康家食品的活动上来突出强调儿童饥饿问题，从而通过使用正面信息来帮助客户实现更多的正面结果。

在写作商务信息时，无论主题是什么，你都可以按照科恩公司的建议，高度关注总体目标、强调受众所关心的，从而使你的商务信息更加有效。①

www. coneinc. com

7.1 日常信息和正面信息的三步写作法

像卡罗尔·科恩一样，你在典型的商业时代可能需要撰写很多日常信息和正面信息。事实上，大多数商务沟通是关于日常事务的订单、信息、公司政策、投诉、表扬、员工、产品、执行等。这些信息极少有很长或很复杂的，但是三个写作步骤仍然能为你提供很好的办法，来有效地写作有效信息。

7.1.1 第一步:信息的计划

即使计划日常信息和正面信息只需要一点点时间，但是计划的四个任务仍然要完成。第一，分析情况，明确目标并对受众有充分的了解，以确保能够写作成功的信息。第二，收集受众想知道的所有信息。一次简单的团队会面也包含很多的细节，从发言设置到午餐安排再到停车安排。在第一时间内包括所有必要信息可以节约你和受众的时间，还能省去用附加信息来填补空白的麻烦。第三，为信息和受众选择正确的媒介。日常信息和正面信息通常都是以电子邮件和即时通信的形式发送的，但是打印的备忘录和信件也很常用。第四，有效组织信息。这项任务包括确定主题、限定范围、选择直接法或间接法、概述信息的内容等。通过学习本章，你能获得更多有关在各种日常信息和正面信息写作中执行这四个任务的知识。

---

① Feeding Children Better website [accessed 18 July, 2005] www. feedingchildrenbetter. org; “Awards & Accolades,” Cone Inc. website, [accessed 18 July 2005], www. coneinc. com; “Platinum PR Award Winner: Cause-Related Marketing; ConAgra Program Combats Child Hunger,” 13 October 2003, *PR News*, 1; Jennifer Comiteau, “Do Do-gooders Do Better?” 29 September 2003, *AdWeek*, 24; “ConAgra Foods Donates Refrigerated Trucks from Former Dot-com Webvan to Help Feed Hungry Americans,” 2 May 2002, *PR Newswire*, 1.

7.1.2　第二步:信息的写作

从适应受众的方法开始。对受众需求要敏感,可采用换位思考、礼貌、突出正面和使用非歧视性语言。通过建立可信度和树立企业形象构筑与受众的良好关系。使用会话语气、简明的语言和正确的语态来控制风格。

通过一些练习,你就可以很快地写作大多数日常信息了。事实上,对大多数商业人士来说,快速写作此类信息的能力是一项关键技能。你已经很好地确定了主题,只要通过限定信息的范围来确保一直坚持这个主题就可以了。

另外,大多数情况下读者对你的信息是感兴趣的或者至少是中性的,所以通常在写作日常信息和正面信息时可以采用直接法:以清晰的主题陈述作为开头,在信息主体中涵盖所有必要的细节,然后以诚恳的方式结尾。然而,即使这些信息是最容易写作的,但是跨文化沟通已经成了一种挑战,特别是在你对其中所包含的文化区别毫不熟悉的情况下。

7.1.3　第三步:信息的完成

不管你的信息是多么地简洁易懂,都应该给自己足够的时间去修订、制作、校对和发布,以此使信息的影响力最大化。第一,通过重新评估信息内容和组织来修订信息,以确保按照自己想表达的顺序表达了自己想说的内容。再一次回顾信息的可读性。编辑并改写信息以使其简洁明了。第二,设计文件,使之与写作目的和受众匹配。即使简单的电子邮件和即时通信都能从谨慎的字体选择、空白处使用以及其他的设计选择中获益。第三,校对信息的最终版本,找出打字错误、拼写和结构错误、对齐问题,以及打印质量等问题。第四,选择能够平衡成本、便利性、时间、安全和隐私的发布方法。人们越来越多地以电子形式进行日常信息和正面信息的传播,通过企业内联网(针对内部受众)、外联网(针对有限的外部受众)、网站和博客(针对一般的外部受众),或者通过电子邮件和即时通信来传播信息。

7.2　提出日常请求

请求(有关信息、活动、产品、调整或其他事宜)的写作是商业活动中的日常事务。在多数情况下,只要请求不是不合理的,或是要求受众做一些他们认为应该由你自己完成的任务,受众都会照办。通过应用清晰的策略和针对每种情况调整你的方法,你将能够很快完成有效的请求。

7.2.1　日常请求的策略

和所有的商务信息一样,日常请求也包括三个部分:开头、主体、结尾。使用直接法以主题开头,主题就是你请求的清晰陈述。使用主体给出细节并证明你的请求的正当性。然后通过请求具体的活动来结尾(见图 7-1)。

首先提出请求　通过首先提出请求作为日常请求的开头——首先是指它出现的位置能得到最多的关注。当然,直接提出要点不应该理解为唐突或不得体:

- **注意语调。**即使你所预期的是赞同的答复,你最初请求的语调仍然很重要。不要要求行为

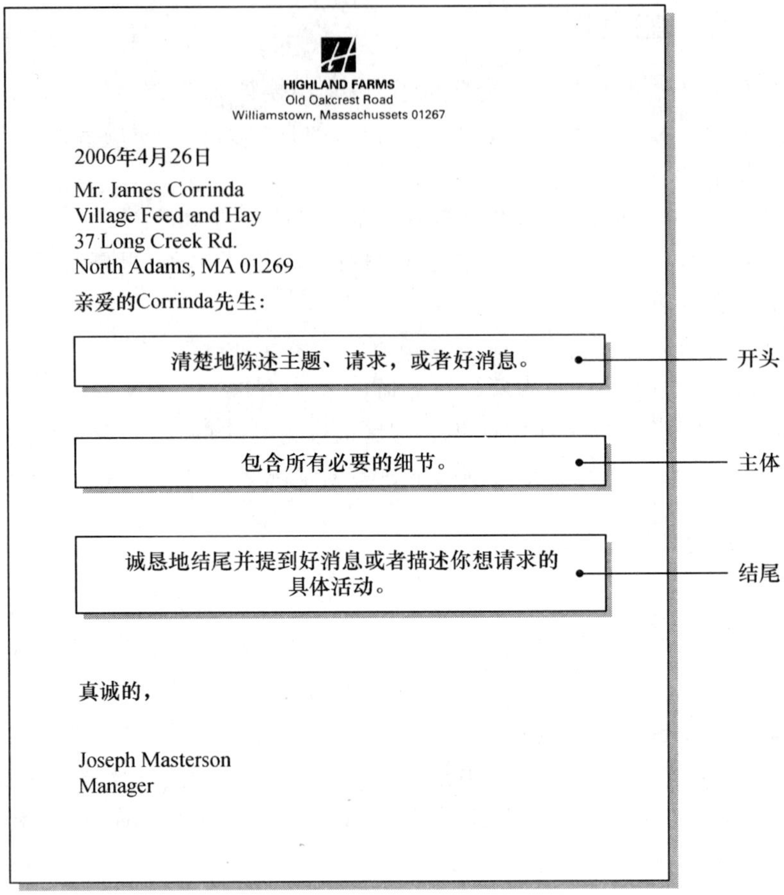

图 7-1　组织日常信息和正面信息

（“把你们最新的目录给我”），使用例如“请”和“我将非常感谢”之类的话来使请求变得婉转。

- **假设受众将会答应**。对快速服务的急躁要求是不必要的。一般可以做出如下假设，一旦你的请求理由被清楚地理解，受众将会答应你的请求。

- **对问句和礼貌请求使用不同标点**。问句形式的礼貌请求是不需要使用问号的：“你能帮助我们决定凯特·金斯利是否是这个职位的最佳申请者吗。”信息中的直接提问句是需要有问号的：“凯特·金斯利是否具备与客户和睦相处的能力？”

- **具体**。精确地陈述你想要说的内容。例如，你从你们的研究部门索取最新的市场数据，要明确说明你是需要一页纸的概要还是上百页的原始数据。

解释并证明请求的正当性　通过信息的主体来解释你的最初请求。在开头叙述的基础上使得解释流畅并且合乎逻辑。如果可能的话，应指出答应请求如何使读者获益。比如说，你想要取得某些协助来解释复杂的质量控制数据，指出更好地理解质量控制数据将怎样提高客户满意度和最终提高整个公司的利润。

无论你是写作正式信件还是简单的即时通信，你都能使用请求的主体列出一系列问题。这个问题清单能够帮助组织你的信息并且帮助你的客户识别你所需要的信息。请记住一些基本要素：

- **首先问最重要的问题。**如果成本是你主要关心的，你可以用一个问题开始，比如“使用飞机和卡车运输货物的成本分别是多少？”接着你可能想要询问更多具体且相关的问题，比如说提早付款的折扣情况。

- **只问相关的问题。**为了有利于请求得到快速回复，只问以主要请求为中心的那些问题。这样做能够更快地形成问题并更好地利用他人的时间。

- **每个问题只对应一个主题。**如果有特殊的或复杂的请求，将其分解成具体的、单独的问题，使读者能够分别解决好每一个问题。不要将分解复杂问题的担子交给读者。这个考虑不仅表达了你对读者时间的尊重，而且还能使你在更短的时间内得到更精确的答案。

在礼貌的结尾中请求具体的行动 使用三个要素结束信息：(1) 一个具体的请求；(2) 关于如何联系到你的信息（如果不是显而易见的）；以及(3) 表达感谢和良好的意愿。当你请求读者执行具体的行动时，如果合适的话，请求他们在明确的时间内回复（“请将数字于 4 月 5 日前发送给我，以便我在 5 月 20 日的会议前将第一季度结果反馈给你们。”）还有，通过包含你的电话号码、电子邮件地址、办公时间和其他联系信息，可以帮助读者回复起来更容易。

通过真诚地表达你的良好意愿和感谢来结束你的信息。然而，不要“预先”感谢读者的协作。如果读者的回复值得感谢，在你收到回复后发出感谢。作为回顾，参见“要点检查：写作日常请求。”

要点检查

写作日常请求

A. 首先提出请求

✓ 以礼貌的、非命令式的、个人的口吻写作。

✓ 如果受众很可能乐意接受请求，就使用直接法。

✓ 请求应该具体、明确。

B. 解释并证明请求的正当性

✓ 证明请求的正当性或解释其重要性。

✓ 解释回复的任何潜在利益。

✓ 首先问最重要的问题。

✓ 将复杂的请求分解为几个与主题分别有关的单独问题。

C. 在礼貌的结尾中请求具体的行动

✓ 用适当的联系信息使回复更为容易。

✓ 表示感谢。

✓ 清楚地注明请求的任何重要截止期限。

7.2.2 日常请求的常见例子

从请求帮助到申请贷款，日常请求的类型是数不清的。然而，通常写作的日常信息大致可归为以下几个主要类别：请求信息和行动，请求推荐，以及提出投诉和请求调整。

请求信息和行动 当你想要了解某些事情，引出某人观点，或者请求简单行动时，通常只需要问就可以。简单的请求主要说出了：

- 你想要知道什么或你想要读者做什么
- 你为何提出这个请求
- 为什么它可能使读者有兴趣来帮助你

如果读者愿意做你所期望的事，这样一个直接请求就很容易完成。遵照直接法以一个写作理由的清晰陈述开头。在主体中，提供任何能证明请求合理性的任何解释。然后以一个对期望的具体说明结尾，如果合适的话也应包括最后期限。在更为复杂的情况下，读者可能不愿意做出回复，除非他们了解请求能怎样使他们获益，所以在解释中务必包含这一信息。

自然的，你能够让请求适应受众和环境。比如说，对同事的请求通常是不经意的，也是很直接的。图 7-2 中的备忘录被分发给 Ace Hardware 的所有员工以寻求他们对一个新的健康与福利计划的看法。语气是事务性的，并且备忘录假定有共享的背景，当与同公司的人交流日常事务时这个背景是合适的。

与在内部发送的请求相比，那些发送给组织外部人员的请求通常要采用更加正式的语气。你很可能需要请求企业、客户或者其他组织外的人员提供信息或采取某些简单的行动（参加会议、回复信息卡片、签署文件、确认地址等）。尽管这些请求有部分是通过电子邮件发送的，但通常还是以信件形式发送的。这些信息通常很简短，但是仍然要正式并且专业，正如以下这个信息请求所示：

你能给我提供有关草坪服务的信息吗。Pralle Realty 在大学站拥有 27 块租用草坪，我们正在寻找草坪服务公司来处理它们。我们许诺在这个大学城内提供优质住房，我们正在寻找一个卓越的公司和我们合作。	用礼貌的提问方式提出整体请求（没有问号） 通过暗示未来生意的可能性来保持读者的兴趣
1. **草坪护理**：每年为了维护各个区域的草坪，你们的收费是多少，包括割草、施肥、清理杂草？	通过使用一系列具体的问题来避免提出极度宽泛的请求
2. **灌木**：每年为了保护各个区域的落叶和常青的灌木，你们的收费是多少，包括剪枝、施肥，还有在必要时更换灌木？	按逻辑顺序逐条列出问题
3. **合同**：Agri-lawn Service 是怎样组织这么大的合同的？你想要从我们这里得到哪些额外的信息？	使用开放式问题以避免无用的"是"或"否"的回答
请在 2 月 15 日前给我们消息。我们希望在 3 月 15 日前已经有草坪服务公司准备就绪了。	在礼貌的结尾中列出具体的时间限制

计划	写作	完成
分析情况 核实信息的目的是向同事请求反馈。 **收集信息** 收集关于项目福利和当地体育馆的准确完整的信息。 **选择正确的媒介** 办公室备忘录对这个信息来说是合适的；打印版使读者易于填写和返还表格。 **组织信息** 主题是在保持健康的同时省钱。使用直接法来节省时间并满足受众的期望。	**适应受众** 对受众需求表示出敏感，可采用换位思考、礼貌、正面强调和非歧视性语言。作者应具备与部门经理一样的可信度。 **编写信息** 风格是会话式的但体现商务性，使用简明的语言和恰当的语态。	**修订信息** 评价内容和可读性，避免不必要的细节。 **制作信息** 简单的备忘录格式是这个信息所需要的全部设计。 **校对信息** 修改排版、拼写、结构上的错误。 **发布信息** 通过公司部门间邮递系统来发布信息。

Ace Hardware Corporation

内部备忘录

> 有效地发送信息，包含所有需要的信息

时间：2006年10月10日
致：所有员工
来自：Tony Ramirez，人力资源部
主题：新健康项目机会

> 在开头表明目的以免浪费繁忙读者的时间

福利委员会要求我就一个节约资金并能够保持健康的机会和各位联系。就像大家所知道的，福利委员会正在召开会议决定改变我们的福利套餐。上周我们给大家分发了一份备忘录，对健康合作项目详细地进行了说明。

> 介绍情况使得调查有必要

除了上周备忘录里描述的（生活、医疗和牙科保险）以外，这个合作项目向我们提供的10%折扣使得价格更具吸引力。然而，为了获得这一折扣，我们必须证明我们有至少25%的员工每周至少三次、每次至少20分钟参与有氧练习。

> 列出对读者有利的方面和请求的行动

到处调查之后，我们发现了在Haley Boulevard以南仅几个街区有一个体育馆。如果我们有至少一半的员工签约的话，Sports Midwest将会允许我们的员工白天不限时间地进入他们的室内跑道、体育馆、游泳池，并且只收取团体费用每人每月大概4.5美元。

除了使用跑道和游泳池外，我们还可以打排球，参加爵士健美操，组建我们内部的篮球队等。我们的配偶和孩子也可以参与进来，而且每月只需交纳很低的折后费用。如果有疑问，请给我（或者委员会中的任何成员）发电子邮件或打电话。填写以下表格，让我们知道你的愿望。

> 给出清晰的说明和回复的最后期限

请在下表中标出你的选择，然后签名并在周五（10月27日）之前返还给你的直接领导。

> 提供易于使用的回复表格

—— 是的，我会加入健康合作项目并每月支付4.5美元。
—— 是的，我对家庭成员的折扣很感兴趣。
—— 不，我不太想参加。

签名 ______________________

员工证号码 ______________________

图 7-2 向公司内部人员请求行动的有效备忘录

更为复杂的请求可能不仅包括更多细节，而且还包括回复能怎样使读者获益的信息。

有时可能需要与前客户或供应商重新建立关系。在很多情况下，当客户对某些购买或被接待的方式不满意时，他们不会抱怨；他们只会远离这种令人不愉快的交易。因此，一封调查信会鼓励客户使用闲置信用账户，为他们提供机会来记录他们的不愉快，并逐渐向良好的关系发展。此外，客户对这种调查的回复可能会给予你改进产品和客户服务的灵感。即使他们没有可抱怨的事，仍旧会欢迎这种人性化关注。

请求推荐 在商务活动中调查某人情况是很常见的。比如说，在给予奖励、签订合约、提供工作和晋升、提供奖学金等之前，一些公司会要求申请者提供推荐信。如果你正在申请一份工作并且你未来的老板要求你提供推荐信，你可能会要求跟你关系很好的朋友或同事给你出具一封推荐信。或者，如果你是雇主，正考虑是否该雇用某个申请者时，你可能想要与该申请者列出的推荐人直接联系。

公司要求申请者提供的推荐人能够担保他们的能力、技能、诚实、性格以及是否能适应这项工作。在写下某人的名字做推荐人之前，应该事先得到允许。有的人不愿意你使用他们的名字，可能是因为他们认为对你了解不够充分，所以写推荐信不太合适，或者因为他们有规定不能提供推荐。无论如何，都应该尽可能地从同意为你写推荐信的人那里得到最好的推荐，所以务必首先确认这一点。

因为请求推荐和请求介绍是日常事务，所以你可以假定读者是尊重你的请求的，并且可以使用直接方式组织请求。以清晰地陈述所申请的职位和想要读者写一封推荐信作为信息的开头。如果你和此人有一段时间没有联系了，请在开头回忆你们的关系、以往结交的日子，以及任何能够在头脑中带来你的清晰和美好印象的特别事件。如果在上次联系后有重大的职业提升，应考虑附上最新的简历。

在信件的结尾表示感谢并给出收信人的全名和地址。当请求近期的推荐时，应该给出最后期限。如果能附上一个已经贴好邮票并写好地址的信封，则更有可能得到回复，在任何情况下这一点都应考虑进来。图 7-3 中来自 Joanne Tucker 的信包含了所有这些要点，并且还包含了关于一些资质证明的重要信息，这可能就是潜在雇主感兴趣的地方。

提出投诉和请求调整 如果你对某一公司的产品或服务不满意，你可以提出**投诉(claim)**(正式的抱怨)或者请求**调整(adjustment)**(解决投诉)。在任何情况下，不管多么地生气或沮丧，在整个交流过程中都应该保持专业的语气语调。保持冷静能够帮助你更快地解决问题。此外，请务必记录当初的投诉和随后的每一次通信情况。

在大多数情况下，特别是第一封信中，假定将会做出合理的调整并遵照直接请求的写法。开头直接陈述问题。在主体中给出充分具体的细节解释。提供调整者核实抱怨所需的任何信息。结尾礼貌地请求具体行动或者表达解决问题的真诚愿望。如果可以，表示若问题解决得令人很满意，将继续保持商务关系。

公司是愿意接受客户指出错误之处的，所以从道德上讲在提出投诉时保持完全的诚实是很重要的。并且，应准备好用发票、销售收据、取消的支票、有日期的信件等任何其他相关的文件来支持投诉。将复印件寄出并保管好原件。

如果补救措施很明显，准确地告知读者你对公司的期望，比如说将运载错误的货品更换为正确的货品或者如果货品脱销了则退回货款。在某些情况下会要求公司解决问题。然而，如果对于问题的准确性质没有把握，可以请求公司进行评估然后建议该如何解决。提供联系方式以便公司在需要时能和你进行讨论。

计划

分析情况

核实信息的目的是向一位大学教授请求推荐。

收集信息

收集关于课程和日期的信息以帮助读者回忆起你，并且阐明你所寻求的职位。

选择正确的媒介

尽管许多教授喜欢用电子邮件联系，但是信件的格式使得这个信息有很合适的正式程度。

组织信息

此类信息是非常普遍的和可预期的，所以使用直接法即可。

写作

适应受众

对受众需求表示出敏感，可采用换位思考、礼貌、正面强调和非歧视性语言。

编写信息

风格是尊敬的和商务性的，使用简明的语言和恰当的语态。

完成

修订信息

评价内容和可读性，避免不必要的细节。

制作信息

简单的备忘录的格式是这个信息所需要的全部设计。

校对信息

修改排版、拼写、结构上的错误。

发布信息

通过邮政信件递送信息或者如果有教授的电子邮件地址可通过电子邮件发送信息。

1181 Ashport Drive
Tate Springs, TN 38101
2006年3月14日

Lyndon Kenton教授
School of Business
University of Tennessee, Knoxville
Knoxville, TN 37916

尊敬的Kenton教授：

我最近正在接受战略投资公司的面试，并且已经获得分析师培训项目的第二次面试机会。他们要求至少有来自一位教授的推荐信，我立刻就想到了您。您能够帮我写一封推荐信吗？

> 以陈述这封信的目的作为开头并提出请求，假定读者会接受这个请求

您可能会回忆起，我曾在2005年秋季学期上过您主讲的金融分析（编号为BUS 485）的课程。我非常喜欢这门课程，并且那学期的课程结束时我得到了A。Kenton教授，您对自信和电话营销的讲解超越了课程的范围，给我留下了深刻的印象。事实上，学习您的课程帮助我决定未来要做一名金融分析师。

> 在开头给出能够恢复读者对这个前学生的记忆的信息

我附上的简历中包含了我所有的相关工作经历以及参加的志愿活动。在几年前我父亲去世后，我一直在处理我家的金融计划。尽管我刚从反复尝试中开始学习，我已经逐渐运用商务训练的成果来决定交易哪种股票或债券。我相信，比起其他申请该工作的人，这个经历给了我实践上的优势。

> 在主体中提及简历并提到能将申请者与其他候选者区别开来的经历

如果可以的话，人力资源部的Blackmon女士需要在3月30日之前收到您的信。为了方便起见，我已经附上了填好地址并贴有邮票的信封。

> 给出回复的最后期限并给出接收推荐信的人员信息

> 提到写好地址并贴好邮票的信封以鼓励读者及时的回复

我非常感谢您在给我写这封推荐信时所花的时间以及所做的努力。它将会帮助我从教育转入到工作实践中，并且我会及时告诉您我的进展情况。感谢您对这件事的关心。

真诚的，

Joanne Tucker

Joanne Tucker

附件

图 7-3　请求推荐的有效信件

比较图 7-4 中草稿版和修订版的语气语调。如果你是接到抱怨的人，你更倾向于对哪个版本做出回复？

草稿

我们搬来现在的地址仅3个月，我们不明白为什么12月份的公共事业费账单是815美元还有1月份的账单是817.5美元。我们两边的企业和我们用同样的办公室，在同样的月份只交了543.5美元和545.67美元。我们有类似的计算机和办公设备，所以肯定什么地方出错了。 —— 以情绪和细节开头

小商户在面对大型公共事业公司时很无助。我们怎样才能证明你们读错了仪表或者在我们搬来之前的11月份的账单累加到12月份的账单上了？我们需要有人马上检查这个仪表。我们不可能负担这些巨额账单。 —— 使用防御的口吻并责怪仪表查看员

这是我们第一次提出不满，我希望你们同意我们应该得到很好的处理。 —— 结尾是不相关的信息和无力的防御

真诚的，

Lanra Covington

业主

修改稿

The European Connection
Specialist Purveyors of European Antiques
for over 30 years

P.O. Box 804 · Cayucos, California 93430
电话：(805) 979-7727 传真：(805) 979-2828
EuroConnect@nemesis.net

2006年2月23日

客户服务代表
City of San Luis Obispo Utilities
955 Morro St.
San Luis Obispo, CA 93401

尊敬的客户服务代表：

通过将我们的公共事业费账单与邻近的商户相比较发现我们店铺的仪表可能不太准确。请派出技术人员检查一下。 —— 开头清晰并冷静地陈述问题

（在主体中提供细节以便于读者了解Covington为什么认为存在问题）—— The European Connection从12月1日搬来现在的地址，有将近3个月了。我们每个月的账单大约是这栋楼里临近商户的三倍，然而我们都拥有相似的店面和设备。我们12月支付了815美元，1月支付了817.5美元。然而，这两个月临近商户所支付的最高额度的账单为543.5美元和545.67美元。 —— 简单明了并完整地陈述细节

如果你们的代表能够亲自到访我们的店铺，他（她）可以对我们的能源使用情况做出分析。我们了解你们通常会为客户提供这样有帮助的服务。

若本周能得到回复，我们将非常感激。在上班时间可以通过拨打 (805) 979-7727联系到我。期待你们的回复。

（在结尾处请求具体行动并提供联系方式使得回复更为容易）

真诚的，

Laura Covington

Laura Covington
业主

图 7-4 投诉信原稿和修正版本

对于任何日常请求来说，合理、清晰、礼貌的方式都是最好的。回顾提出投诉和请求调整的任务，参见“要点检查：提出投诉和请求调整。”

要点检查

提出投诉和请求调整

- ✓ 即使极度沮丧也要保持专业口吻。
- ✓ 开头直接陈述问题。
- ✓ 在主体中提供具体的细节。
- ✓ 诚实并清晰地陈述事实。
- ✓ 结尾处礼貌地概括出所期望的行动。
- ✓ 清晰地陈述所希望的合理解决方式或请求读者做出合理的调整。
- ✓ 说明接受请求的好处，比如你将继续光顾等。

7.3　发送日常回复和正面信息

在整个职业生涯中，你将会提出很多信息和行动请求，你也将回复别人类似的请求。当正面回复请求、发送日常公告，或者发送正面或良好意愿信息时，有以下几个目标：交流信息或好消息，回答所有问题，提供所有要求的细节，并让读者对你和你的公司留下良好印象。

7.3.1　日常回复和正面信息的策略

像请求一样，日常回复和正面信息都有开头、主体和结尾。因为接受这些信息的读者通常都会对你所要说的感兴趣，一般使用直接法就可以。在开头提出主题（正面回复或是好消息）。使用主体解释相关的细节，诚恳地结尾，可以突出读者的利益。

以主题开头　在日常信息和正面信息中以主题或好消息开头，接着向受众解释细节。尽量使开头简单明了。尽管下列介绍性的陈述表达的是同一观点，但是一个被毫无目的的无用信息搅乱了，而另一个却简明扼要：

不推荐	推荐
在经过仔细商讨后，我非常高兴地通知你，人力资源委员会决定接受你成为我公司的会计。	恭喜你。你被挑选加入我公司做一名会计，从 3 月 20 日开始。

写作清晰开头的最好方法是对想要表达的事情有一个清楚的想法。在开始写作之前，问问自己“对受众来说，我所拥有的重要信息是什么？”

提供必要的细节和说明 日常信息和正面信息的主体是最长的。需要足够的空间完整地解释观点，从而使受众不会混淆或者存有疑惑。在主体中除了提供细节外，还要与开头保持一样的支持性语气。当信息是完全正面的时候，这种语气很容易继续，就像在这个例子中：

> 你的教育背景和实习期间的表现给我们留下了深刻的印象，并且我们相信你加入 Green Valley Properties 将会给我们带来价值。正如在面试中谈到的，你的薪酬是每月 4 300 美元再加上福利。鉴于此，你将于 3 月 21 日周一早上 8 点与福利经理 Paula Sanchez 见面。她将会辅助你完成必要的书面工作，来使我们的福利安排与你的家庭情况相符。她也会安排一些入职指导活动帮助你适应我们公司。

但是，如果你的日常信息比较复杂并且一定要表达轻微的失望，将信息的负面部分尽量放在有利的上下文中。

不推荐	推荐
不，我们不再生产“运动少女”系列的卫衣。	新的“奥林匹克”系列取代了你所询问的“运动少女”系列卫衣。“奥林匹克”卫衣拥有更多的颜色、尺码以及更多新颖的样式。

更完整的描述会减少信息的负面性，并且强调改变将如何为受众带来利益。但是，请注意：只有在相当有把握受众能给予正面的回复时，才可以在这种类型的信息中使用负面信息。否则，请使用间接法（在第 8 章中讨论）。

如果是和客户交流，可能要使用信息的主体保证客户明智地进行购买选择（而不感到施舍或庆幸）。正面地讨论客户购买的东西，即使还没有发货，这会有助于建设与客户的关系。这种正面的评论通常出现在订单的确认和其他日常的客户公告中，并且当它们相对简短具体时最有效：

> 你所购买的便携包拉链是双排针缝合的，并且具有终身质保。
> 你所订购的 Kitchen Aid 搅拌器是我们最畅销的一款。它将在数年内满足你的烹饪需要。

礼貌地结尾 如果能让读者感觉到你将他们的利益记在心上，你的信息就很可能成功。可以通过强调受众的利益，或者表达感谢或良好意愿来完成这个任务。如果要求后续行动，清楚地说明谁将接着做什么。参见“要点检查：写作日常回复和正面信息”来回顾这种类型的商务信息所包含的主要工作。

要点检查

写作日常回复和正面信息

A. 以主题开头

✓ 保持清晰和简洁。

✓ 在写作之前识别出最重要的信息。

B. 提供必要的细节和说明

✓ 完整地解释观点以消除混淆和去除疑惑。

✓ 始终保持支持性的语气语调。

✓ 在正面的上下文中插入负面陈述或者以正面的其他信息来平衡负面信息。

✓ 正面地讨论客户做出的选择。

C. 礼貌地结尾

✓ 让读者知道你将其利益放在心上。

✓ 如果要求进一步的行动，告知读者如何继续并鼓励他们迅速执行。

7.3.2 日常回复和正面信息的常见例子

在日常请求中，你可能需要各种日常回复和正面信息。尽管电子邮件和即时通信（通过在线操作员或自动化的机器）正在客户服务应用中逐渐普及，但是你可能要针对公司外部人员写作大量的日常信息。大多数日常信息和正面信息可分为六类：回复信息和行动请求，同意投诉和调整请求，推荐信，告知性信息，好消息公告，良好意愿信息。

文档修改

改进这封电子邮件

练习实际修改文档的草稿，请登录在线课程或密码保护网站"辅助网站"（Companion Website）。点击"文档修改"（Document Makeovers），然后点击第 7 章。你会看到一封电子邮件，包括了与本章所学"日常信息、好消息以及良好意愿信息"相关的问题和错误。使用"最终稿"选项修改这封日常电子邮件。检查信息使其有技巧地表述主题、细节清楚、恰当处理负面信息、合理转述和礼貌地结尾。

回复信息和行动的请求 信息和行动请求的专业回复时常会出现，并且某些商务部门每天有很多次都要对这种请求做出回复。如果回复请求只是简单的一个"是"或者一些别的直接信息，那么直接法是适用的。一个迅速、亲切、完整的回复将会正面影响人们对你和你所代表组织的认知。根据公司提供的资源，你可以使用信件、备忘录、电子邮件或即时通信来回复这些请求（见图 7-5）。

许多请求都是相似的。比如说，人力资源部门会收到很多有关职位空缺的日常咨询。为了快速而一致地处理类似这样的重复性询问，公司通常会采取同一种形式的回复。以同一种形式的信息作为起点，你可以通过使用文字处理器中的邮件合并功能，为每一位接收者实现信息的个性化。比如说，可以使用计算机插入每位接收者的姓名，而不是在同一形式的回复上称呼"尊敬的申请者"。如果时间允许并且信息很重要，还应该根据每位接收者的特别信息对每一封信进行修订。

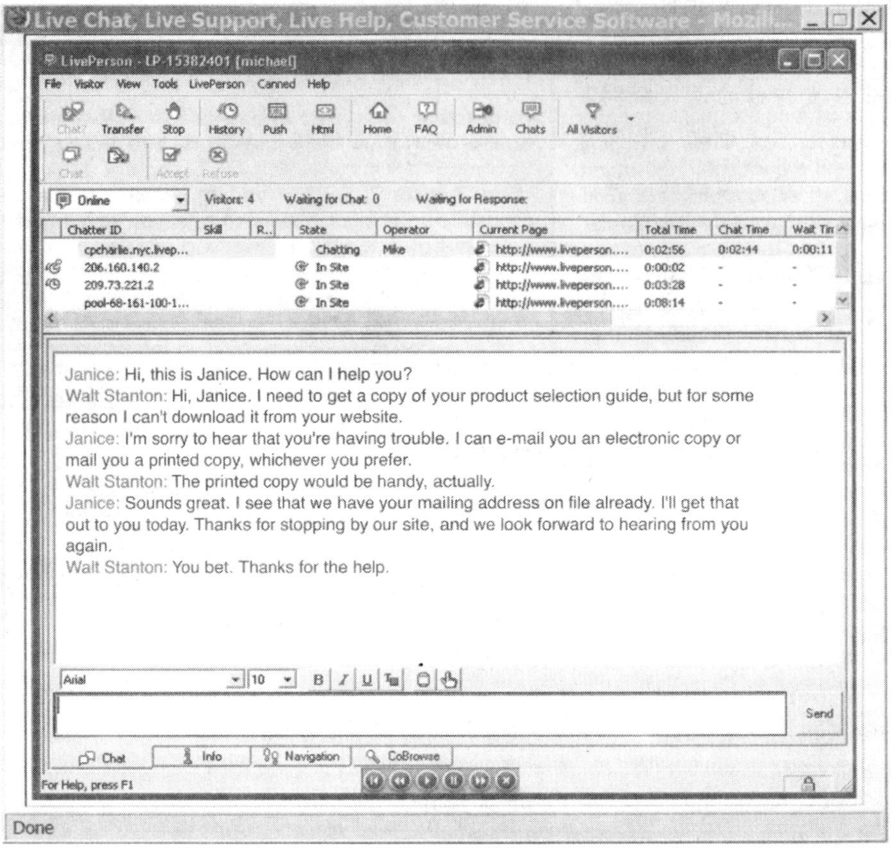

图 7-5 对信息请求的有效即时通信回复

电子邮件信息也可以实现标准化。比如说,当 Julian Zamakis 给 Herman Miller 发送电子邮件询问有关录用机会的信息时,他收到了图 7-6 中的鼓励性的电子邮件回复。

当回复请求涉及潜在销售机会时,主要目标有三个:(1) 回复询问并回答所有的问题;(2) 让读者对你和你的公司留下良好的印象;(3) 促进未来销售。下面这封信满足了这三个目标:

同意投诉和调整请求 即使运作最好的公司也会出错,从运载货物时弄错订单到给客户的信用卡开出错误的账单。在其他情况下,可能是客户或第三方要承担错误,比如错误地使用产品或者在运载时造成产品的毁坏。每种情况都代表了你和客户关系的一个转折点。如果处理得当,客户会因为了解到你们对客户的满意度相当重视而更加忠诚。然而,如果客户认为你对抱怨处理得不好,可能会使情况变得更糟。不满的客户通常不会通知你就将生意转向别处,并将这次负面经历告知很多的朋友和同事。一笔本身价值很小的交易可能在失掉的生意中花掉这个价值很多倍的金钱。换言之,每次失误也是改善关系的一次机会。

很少有人愿意陷入到请求调整的麻烦中,除非他们真的有麻烦。所以大多数交易是从假定客户是正确的开始。从这一点出发,对抱怨的回复取决于公司解决此类事件的政策以及对错误方究竟是公司、客户还是第三方的估计。

这就是你所申请的"娱乐无极限"小册子。这本小册子描述了大量由 Ocean Satellite Device(OSD)提供的娱乐选择。

开头清晰地陈述主要观点

在"娱乐无极限"的第 12 页你会看到由 OSD 为你的家庭带来的 338 个频道的清单。包括电影、体育、音乐频道，24 小时的新闻频道，地方频道，以及所有的主要电视网络。OSD 将会比占用你的院子很大空间的老式卫星天线给你带来更加清晰的画面以及更精准的声音。并且，OSD 只使用一个很容易安放在屋顶上的小天线。

立即描述主要信息并推进再销售和销售

OSD 能为你提供更多的音乐、动画、专业、新闻以及体育节目，超过了本地区任何其他的电缆和卫星连接。是的，它们让你对一切唾手可得。

通过突出产品的好处以激励读者进一步购买

只需拨打 1-800-786-4331，就有一位 OSD 的代表登门解答你的疑问。你将会爱上那些节目和每月低廉的费用。今天就给我们拨打电话吧！

进一步引导购买

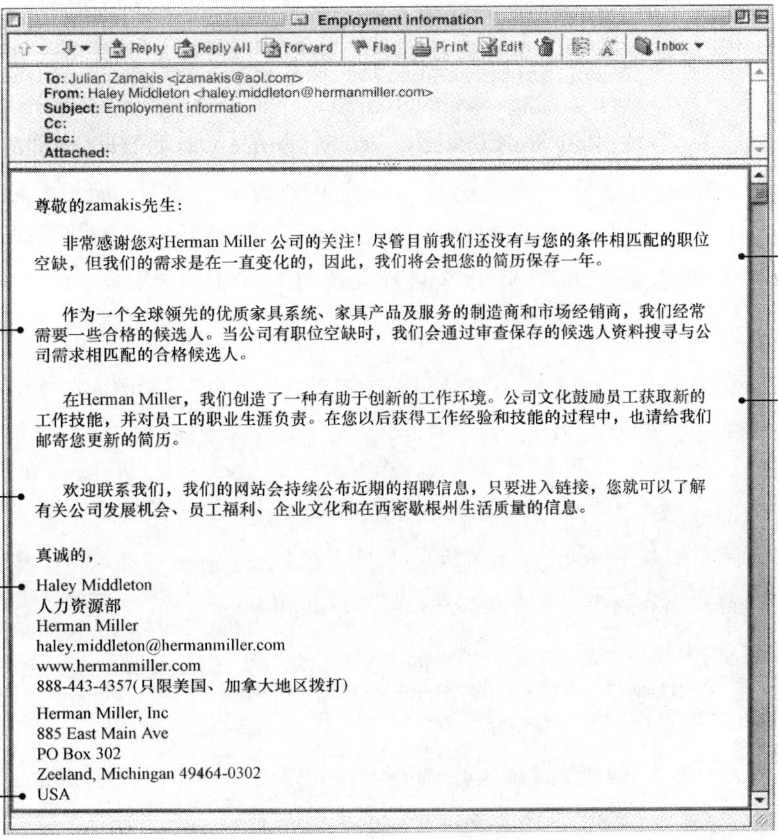

Employment information

To: Julian Zamakis <jzamakis@aol.com>
From: Haley Middleton <haley.middleton@hermanmiller.com>
Subject: Employment information
Cc:
Bcc:
Attached:

尊敬的zamakis先生：

非常感谢您对Herman Miller 公司的关注！尽管目前我们还没有与您的条件相匹配的职位空缺，但我们的需求是在一直变化的，因此，我们将会把您的简历保存一年。

作为一个全球领先的优质家具系统、家具产品及服务的制造商和市场经销商，我们经常需要一些合格的候选人。当公司有职位空缺时，我们会通过审查保存的候选人资料搜寻与公司需求相匹配的合格候选人。

在Herman Miller，我们创造了一种有助于创新的工作环境。公司文化鼓励员工获取新的工作技能，并对员工的职业生涯负责。在您以后获得工作经验和技能的过程中，也请给我们邮寄您更新的简历。

欢迎联系我们，我们的网站会持续公布近期的招聘信息，只要进入链接，您就可以了解有关公司发展机会、员工福利、企业文化和在西密歇根州生活质量的信息。

真诚的，

Haley Middleton
人力资源部
Herman Miller
haley.middleton@hermanmiller.com
www.hermanmiller.com
888-443-4357(只限美国、加拿大地区拨打)

Herman Miller, Inc
885 East Main Ave
PO Box 302
Zeeland, Michigan 49464-0302
USA

图 7-6　对信息请求的有效电子邮件回复

当公司有错误时 在任何时候就公司所犯的错误进行交流时都务必保持谨慎。在回复之前,确保了解公司在这种情况下的政策,可能政策规定要采取特殊的法律和经济措施。对于超过日常失误的重大问题,公司应具有总结出在组织内部和外部沟通步骤的危机管理计划(见第8章)。

大多数日常回复都应该重视公司的具体政策并针对以下要点:

- **确认收到客户的投诉或抱怨**。即使不能立即解决问题,至少让对方知道有人在倾听他们的问题。
- **承担(或指派)解决问题的个人责任**。客户不想让他们的抱怨陷入官僚黑洞。
- **同情客户的不便或沮丧**。让客户看到你和他/她站在同一立场可以帮助缓和这种情况下的情绪因素。
- **准确地解释你怎样解决这种情况或是计划如何解决这种情况**。如果能够如客户要求的那样做出回复,务必对此做好沟通。如果不能,解释原因。
- **采取措施修复关系**。维持现有客户几乎总是比寻求新客户的成本要低,所以不能仅仅只是简单地同意投诉或解决问题,还应采取诸如提供优惠券之类的措施以鼓励未来的交易。
- **跟进以核实回复的正确性**。跟进不仅能帮助提高客户服务的质量,还能够给你提供另一次机会来表明你对客户有多么关心。

除了这些积极的步骤外,也应通过避免一些主要的消极步骤来维持专业的风格:不要点名指责组织中的任何人,不要做出听起来不诚恳的夸张的道歉,不要暗示是客户的错,并且不要承诺能力以外的事。

在信息或行动的请求中,一些投诉会一再地出现,比如说针对保险政策的投诉或者修正订单的请求。同一形式的信件是开始沟通过程的一个有效方式。在下面的例子中,一个大型的邮件订购服装公司设计了一种同一形式的信件来回复没有收到正确订购商品的客户的抱怨。同一形式的信件很容易通过文字处理(在开头可能是陈述好消息)来定制,然后分别署名:

您的有关最近 Klondike 订单的来信已经送至订单执行负责人那里。您完全的满意是我们的目标,而且会有一位客户代表在48小时内与您取得联系来帮助您解决信中所提到的问题。	← 确认收到了客户的交流内容 ← 解释接下来何时会发生何事,而没有承诺无法实现的事
同时,请接受随信附上的5美元礼券,以表达我们对您的感谢。不管您是在滑雪还是在驾驶雪地车,Klondike Gear 都会给您提供最好的保护以远离风雪和寒冷,Klondike 在超过27年的时间里一直都关注着客户的户外需求。	← 采取措施修复关系并确保商业交易的继续
感谢您花费时间给我们来信,您反映的问题将会帮助我们更好地为您和我们所有的客户服务。	← 结尾指出公司对所有客户的关心

相反,一封对特殊投诉个性化解答的回复信可以在开头清晰地陈述好消息:依据客户的要求解决了投诉。下面是来自 Klondike Gear 的更个性化的回复:

这是您的蓝紫色混马海毛的羊毛衫(大号),以替换您退给我们的有编织缺陷的羊毛衫。感谢您给我们这次改正错误的机会。27 年来在 Klondike Gear 客户的需要都是首位的。

随信附上最新的产品目录和 5 美元的礼券,礼券适用于任何购买交易。不管您是在滑雪还是在驾驶雪地车,Klondike Gear 都会给您提供最好的保护以远离风雪和寒冷。请让我们知道怎样才可以继续为您以及您运动的需求服务。

当客户有错误时 当客户明显有错误时,投诉的沟通是一件棘手的事。你可以:(1) 拒绝投诉并尝试证明拒绝是正当的;(2) 按客户要求的去做。

如果拒绝投诉,你可能会失去客户以及一些只听取了片面之词的客户朋友和同事。你必须对做出调整的成本以及失去一个或更多客户未来生意的成本做出权衡。

如果同意投诉,则以这个好消息开头:可以退换货物或返还货款。但是,主体需要更多的注意。你的任务是让客户认识到商品被错误使用了,但是一定要避免居高临下("您可能没有认真阅读说明书")或者说教("您应该知道羊毛在热水中会收缩")。这里的困境是:如果客户没有认识到哪里出了错,你可能会使公司陷入到永无止境的退换货物过程中去;但是如果你侮辱了客户,那么返还现金就是一种浪费,因为你最终还是会失去客户。结尾以礼貌的方式对客户的交易表示感谢。不要带有攻击性,图 7-7 中的信件对客户应如何对待直排溜冰鞋进行了培训。

当第三方有错误时 有时候既不是公司也不是客户的错误。比如说,从亚马逊网站订购一个音乐 CD,这其中不仅包括亚马逊网站,还包括配送服务部门例如联邦快递或者美国邮政、光盘的制造商、信用卡发行者以及处理信用卡交易的公司。其中任何一方都可能是错误方,但是客户很可能只责怪亚马逊网站,因为它是接受客户付款的实体。在一些交易中,客户可能没有意识到第三方的存在。

没有适用于涉及第三方时每种情况的一般方案,所以在回复之前应谨慎地评价当时的情况并了解公司的政策。比如说,一个在线的零售商和商品的制造商可能签订了一项合约,来详细说明制造商如何自动地处理所有有关产品质量的抱怨。但是,不管最终由谁来解决问题,如果客户和你联系,你都需要回复信息解释问题将如何解决。指责是徒然的和不专业的;解决问题是客户唯一关心的事。参见"要点检查:同意投诉和调整请求"来回顾这类商务信息所包含的任务。

计划	写作	完成
分析情况 核实信息的目的是同意客户的投诉，巧妙地教育客户，以及促进未来的交易。 **收集信息** 收集关于产品保养、保修及再次销售的信息。 **选择正确的媒介** 信件的格式使得这个信息有很合适的正式程度，这表达了对读者的尊重。 **组织信息** 以正面回答的方式回复，所以使用直接法即可。	**适应受众** 对受众需求要敏感，可采用换位思考、礼貌、正面强调和非歧视性语言。 **编写信息** 风格是尊敬的，但设法教会客户产品使用和维护。	**修订信息** 评价内容和可读性，避免不必要的细节。 **制作信息** 采用清楚、专业的排版，并附有公司的信头。 **校对信息** 修改排版、拼写、结构上的错误。 **发布信息** 通过邮政信件递送信息。

Skates Alive!

20901 El Dorado Hills
Laguna Niguel, CA 92677
(714)332-7474 Fax: (714)336-5297
skates@speed.net

2006年2月7日

Steven Cox先生
1172 Amber Court
Jacksonville, FL32211

尊敬的Cox先生：

感谢您就您的直排溜冰鞋与Skates Alive！联系。尽管您六个月的保修期已过，Skates Alive！还是会免费给您邮寄整套的轮子来供您替换。随信附上的说明能帮助您相对容易地拆除破损的轮轴并安装上新的。

> 感谢客户的交流，通过避免诸如“问题”等词语来保持开头的正面性，并立即传达好消息

您所购买的“Fastrax”（NL 562型）是我们最为畅销和可靠的溜冰鞋。然而，当细小的沙粒阻碍了鞋轮的流畅旋转时就可能发生鞋轮阻塞。当在沙粒相对较少的路面上使用这些冰鞋时，它们会表现得很好。我们建议您每个月拆除并清洁鞋轮（见附上的说明），并且每六个月让经销商对鞋轮进行检查。

> 通过避免代词“你”以及建议避免未来出现问题的方法来解释问题而不是责怪客户

因为您处于佛罗里达地区，当您决定要购买新的溜冰鞋时您可能会考虑我们更高级的“Glisto”(NL 988型)溜冰鞋。尽管这种型号的溜冰鞋比Fastrax贵，但是Glisto的设计能帮助摆脱沙粒和泥土，并可以为您提供数年无忧无虑的溜冰运动。

> 在主体中促进销售并鼓励客户购买更高价的产品

请带着我们的致意阅读随信附上的“Rock & Roll”册子。在里面您将看到新的产品，了解其他溜冰者的情况并获得回复我们的客户调查表的机会。

> 让读者了解公司文化并鼓励继续保持联络

我们乐于接收来自溜冰者的信，所以请保持联系。Skates Alive！的全体人员祝愿你过得愉快并保持健康的溜冰状态。

> 结尾以积极热情的语气表达了极好的客户服务态度

真诚的，

Candace Parker

Candace Parker
客户服务代表
附件

图 7-7 当购买者有错误时回复投诉的有效信件

要点检查

同意投诉和调整请求

A. 当公司有错误时的回复

✓ 在回答之前了解公司解决这种情况的政策。
✓ 遇到严重情况时参照公司的危机管理计划。
✓ 以感谢收到客户的投诉或抱怨开头。
✓ 承担指派别人承担解决问题的个人责任。
✓ 同情客户的沮丧。
✓ 解释问题是如何解决的(或计划怎样解决)。
✓ 采取措施改善与客户的关系。
✓ 向客户核实回复并保持开放的沟通渠道。

B. 当客户有错误时的回复

✓ 权衡同意或拒绝请求的成本。
✓ 如果选择同意,则以好消息开头。
✓ 信息主体用恭敬的态度,并教会客户一些必要的知识以防止出现类似的结果。
✓ 以感谢客户的交易结尾。

C. 当第三方有错误时的回复

✓ 在回复之前对情况进行评价并回顾公司政策。
✓ 避免提出指责,集中在问题的解决上。
✓ 不管是谁负责解决问题,都要让客户知道会发生什么来解决问题。

提供推荐　当写作推荐信时,写作目标是使读者确信被推荐人拥有从事工作、接受工程委派,或寻求其他目标必备的特性。一封成功的推荐信包含很多相应的细节:

- 候选人的全名
- 候选人寻求的职位或其他目标
- 与候选人关系的性质
- 指出你是应某人请求写作的还是自己主动写作的
- 与候选人和机会有关的事实和证据
- 如果可能的话,将候选人的潜能与同等人员作比较(比如,"Jonasson 女士一直在班里保持前 10% 的位置")
- 对候选人的所有评价都与此次机会相配

这听起来可能很令人惊讶,最难的是为那些真正卓越的候选者写推荐信。受众对不停地赞美某人的才能和成就会持怀疑态度。为了提高你和候选者的可信度,请举出能够指出候选者能力和与工作空缺相匹配的具体例子来证明主要的要点。

然而大多数候选者都不够完美,你需要决定怎样处理遇到的每种情况。忽略某人的缺点可能很有吸引力，特别是当这些缺点与涉及的工作要求不相关时。即使如此，你也有责任提到任何可能影响工作表现的重大缺点。你对受众、对自己的良心，甚至对更有资格的候选人都有责任。但是，无须提出一些缺点作为简单的批评。好的选择是将它们列在需要改进的区域，甚至作为此人努力改进的区域。

写作批评信的危险是你可能在无意中进行了毁谤，发布了错误的、恶毒的书面声明，这将会损害候选人的名誉。另一方面，如果负面信息是真实并相关的，在你的推荐信中忽略它们是不道德甚至是非法的。如果一定要提到缺点，可以通过坚持事实、避免价值判断，并且将批评放在支持性推荐的上下文中来进行自我保护，正如图 7-8 所示的那样。在这封信中，作者用证据支持了所有的声明及判断。

Discovery
DISCOVERY COMMUNICATIONS INCORPORATED
7700 Wisconsin Avenue
Bethesda, Maryland 20814-3579
301-986-1999

2006年11月15日

Clarice Gailey女士
Director of Operations
McNally and Associates, Inc.
8688 Southgate Ave.
Augusta, GA 30906

尊敬的Gailey女士：

我很高兴为McNally and Associates的市场营销岗位推荐Talvin Biswas。Biswas先生在他攻读市场营销和广告学位的同时作为实习生为Discovery Communication工作了两个夏季。他的职责包括客户通信、网络内容更新，以及直接邮寄活动规划。

（在开头清晰地陈述候选人的全名以及这封信的主要观点）

作为他的主管，除了了解他在这里的工作情况外，我还了解到Biswas先生曾在密歇根大学的国际商业协会做秘书工作。他在大学的写作中心辅导其他的国际学生。他能流利地运用三国语言（英语、法语、北印度语），他对他国文化的彻底了解能使他成为你们国际化经营的直接贡献者。

（在主体中详细说明关系的性质及持续时间并做出评价）

尽管是一个安静的、好反省的年轻人，Biswas先生在被要求贡献想法时，会毫不犹豫。另外，由于Biswas先生学习很迅速，他会轻而易举地学会公司的日常事务。

Biswas先生对McNally and Associates的员工来说将是一个优秀的补充。如果需要我提供更多的信息，请按上面的号码拨打电话或发送传真。如果你喜欢通过电子邮件交流，我的电子邮件地址是rasmey@discovery.com。

（结尾邀请读者在未来讨论候选人）

（以总结支持性的评价来结尾）

真诚的，

Lim Sok Rasmey

Lim Sok Rasmey
战略发展部副总裁

图 7-8　有效的推荐信

也可以通过在未寄出推荐信之前问自己下列问题来避免麻烦:

- 接收这些私人信息的当事人对此是否具有合法的权利?
- 我所表述的信息是否与被寻求的工作或利益直接相关?
- 我是否尽可能强有力且诚实地描述了候选人的情况?
- 我是否避免了夸大候选人的能力或者误导读者?
- 我是否将陈述的基础建立在第一手资料和可证明的事实上?

在你匆忙完成任何推荐信之前,即使是为你非常亲近和无比尊敬的人,也要记住每当写作推荐信的时候,你都将个人的名誉处于危险之中(参见"道德沟通实践:推荐信中该写什么?")。如果这个人的缺点十分显著以至于你认为他或她不适合这项工作,唯一的选择是根本不写这封信。除非你与此人的关系需要做出解释,简单地建议其他人可能更适合提供推荐。

道德沟通实践

推荐信中该写什么?

你曾给弗兰克·沃克做了四年的主管。当他最近离开公司时,他请求你为他写一封推荐信。然而,公司的法律专家却说不行。

为什么不能给出推荐?

数千件由员工提出(并赢得)的诉讼,控告前雇主在工作推荐中做出诽谤性(口头和书面)的陈述。在加利福尼亚的七年中,员工在控告他们雇主有关损害个人名誉和与此相关的诉讼时72%取得了胜诉,并且他们获得的平均赔偿为582 000美元。一位雇主败诉在他表明该员工是"突然辞职"的,法庭认为这意味着这名员工是在"猜疑"中辞职的。另外一位雇主败诉是因为他表明该员工是由于"某些原因"被解聘的。再加上当员工证明是蓄谋的恶意时,损害赔偿飞涨。使事情变得更为复杂的是:法庭裁决雇主忽略前员工的信息是要负责任的。

那么在推荐信中应该包含哪类信息而不应该包含哪类信息?当雇主秉诚行事时,即使一些州已通过法律在诉讼中保护公司,但是法律和人力资源专家都会建议公司通过集中所有的推荐信来控制信中的内容。谨慎的方法是只提供就业日期及就业职位,并且只为那些有书面授权的员工提供信息。

但是你若想给出推荐呢?

即使如此,弗兰克·沃克是一个很优秀的员工,同时也是一个好朋友,所以你认为他真的值得推荐。有两个选择。第一种选择是你可以为沃克写一封内容使你们同时满意的推荐信,并且在发出之前与人力资源部门讨论这封信。第二种选择是可以让沃克将你列为个人推荐人,这样公司就无须为你的陈述负任何责任。但是必须小心的是你必须为自己的评论担负个人责任。

当然,如果是莎伦·布朗请你为她写推荐信,你可能面临另一种不同的困境。布朗不是最好的员工。所以你是否应该告诉她的潜在雇主所有的事?包含负面信息可能会被布朗起诉,忽略负面信息可能会被雇佣公司起诉你"失败的揭露"或者"粗心的推举"。

不管情况如何,都要向人力资源或法律部门咨询,并确保(1)只就你与前员工的共事经历做出评论,(2)所有意见均以书面形式给出,以及(3)所有评论只限于可证明的事实(不要夸大)。

职业应用

1. 一位前员工经常工作迟到，但是他是一位和每位员工都能和睦相处的、优秀而工作迅速的员工。你认为向潜在雇主提及这种迟到重要吗？如果是，你将如何处理？

2. 摆脱自己的限制并以前任雇主的角度为你自己写一封推荐信。练习诚实、正直和审慎。

写作告知性信息 所有公司都要发布日常告知性信息，例如提示通知及政策说明。比如说，可能需要通知员工组织的改变或者告知客户新的运输及退换政策。使用告知性信息的开头表明目的（为了告知）并简单地提到要提供的信息性质。和前面讨论到的回复不同，告知性信息不是由读者要求的，所以请弄清楚读者为什么要接收这个特别的信息。在主体中，提供必要的细节说明并以礼貌的结尾来结束信息。

大多数告知性信息是中性的。也就是说，它们并不想激发读者正面的或负面的回复。比如说，当发布部门会议公告和提示通知时，通常会从读者那里收到中性的回答（除非会议的目的是不受欢迎的）。信息主体中简单表述事实性信息并且不用太担心读者对信息的态度。

一些告知性信息可能需要特别关注。比如说，政策说明或者程序上的改变对公司来说可能是好消息（可能可以节约经费）。然而，对员工来说这种节约可能为员工提供更多额外资源甚至更多薪水可能并不明显。如果读者一开始没有正面地看待信息，则应使用信息的主体从读者的角度出发来突出潜在的利益。

宣布好消息 为了发展和维持良好的关系，善于经营的公司意识到谈论积极的事态发展是非常有利的。这包括开放新的设施、委任新的高管人员、介绍新的产品和服务，或者赞助社区活动——正如卡罗尔·科恩及其员工为康家食品集团和其他委托人写作的公告。因为好消息总是受欢迎的，使用直接法即可。

可能有机会写作的最令人愉快的好消息是给成功的工作申请人写的信。下面的例子使用了直接法并提供了接收者需要的信息：

欢迎加入 Lake Valley 康复中心。很多优秀的候选人接受了面试，但是你的教育背景以及最近在 Memorial 医院的经历使你成为病例协调员的最佳人选。	以友好且受欢迎的语气通告消息
正如我们之前讨论的，你的薪水是一年 29 200 美元。我们想要你在 2 月 1 日周一开始工作。请于早上 9 点到我的办公室。我会向你进一步介绍 Lake Valley，并且讨论公司为你提供的各种福利。你也可以签署必要的就职文件。	解释所有必要的细节；解释第一天的日常事务以减轻新员工的半信半疑
午饭后，Vanessa Jackson 将会带你到病例部并帮助你熟悉在 Lake Valley 康复中心的新职责。2 月 1 日我期望的第一件事就是看到你。	

尽管写作此类信件令人愉快，但是也需谨慎地计划和评估以避免法律问题。比如说，暗示终身雇佣或关于雇佣时长或条件承诺的信件可以被当做具有法律约束力的合约，即使你并没有打算做出这种承诺。类似的，弱化潜在的可能以负面形式对被录用人造成影响的负面信息（例如接管的传闻）可被认定为欺骗行为。因此，专家建议公司的法律人员，要么细查每一份信件，要么设置标准化的内容以供此类信件使用。②

好消息公告通常是通过信件或者**新闻稿（news release）**来进行交流的。新闻稿也叫做通讯稿（press release），是一种用来同地方或国家新闻媒体共享相关信息的专门文件。在大多数公司里，新闻稿通常由在公共关系部经过特别训练的作者准备（或者至少是在他们的监督下完成）（见图 7-9）。内容依照正面信息的格式：好消息，接着是细节和积极的结尾。但是，新闻稿有一个显著的不同之处：你并不是直接面向最终受众写作（例如报纸的读者）；应尝试用故事来吸引编辑或记者，以及那些接下来要写作最终由广大受众阅读的材料的人。要写作成功的新闻稿，请记住以下要点：③

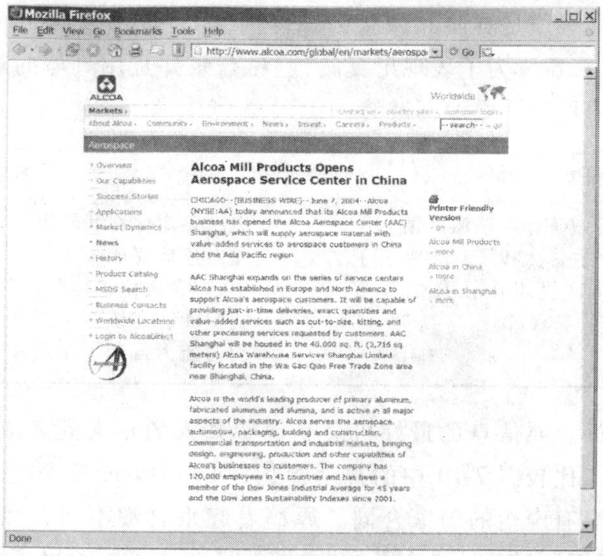

图 7-9　在线新闻稿

- 确认信息具有报道价值并且是相关的。大多数编辑都被新闻稿淹没了，所以那些只有很少或者没有新闻内容的新闻稿很快就被放入了回收站，并且同时也会损害作者的可信度。
- 集中在一个主题上，不要试着将多种不相干的新闻条目加入到一篇新闻稿中。
- 将最重要的观点放在首位。不要让编辑来搜寻新闻。
- 要简洁：将长句拆成短句，并缩短段落。
- 消除令人混乱的信息，例如冗余的和不相关的事实。
- 尽量具体。
- 尽量减少沾沾自喜的形容词和副词，如果信息的内容是具有报道价值的，媒体专家会对新

② "Review Offer Letters Carefully to Avoid Binding Promises," *Fair Employment Practices Guidelines*, 15 May 2001, 5—6.

③ Fraser E Seitel, *The Practice of Public Relations*, *9th ed.* (Upper Saddle River, NJ.: Pearson Prentice-Hall, 2004), 402—411; *Techniques for Communicators* (Chicago: Lawrence Ragan Communication, 1995), 34, 36.

闻自身的价值感兴趣。

- 风格、标点符号和格式遵照已有的行业惯例。

与商务沟通的很多方面一样,新闻稿以及其他的媒体材料的写作与发布一直借由技术的进步在改善。在线发布系统,例如美通社(PR Newswire)和商业资讯(BusinessWire),使得甚至最小的公司也能够很容易地接触到世界上最卓越的出版物编辑和记者。**网络广播(Webcasting)**——一个新闻发布会的在线替代品,可以让你接触到股票市场分析师、记者以及潜在客户。它是通过音频流和视频流的结合表达来实现将声音和画面通过网络带给任何人的。许多公司也在他们的网站上设立了特殊的媒体页面,包含了公司最新的新闻稿、公司的背景信息,以及以往新闻稿的存档。

促进良好意愿 在写作所有商务信息时都应该注意到在商业接触中促进良好意愿的形成,但是一些信息的写作是专门用来建立良好意愿的。可以使用这些信息通过发送友好的、甚至是没有直接商业目的的意外的短信来加强与客户、同事以及其他商业人士的关系。

有效的良好意愿信息必须是真诚和诚实的。否则,你表现出来的是对个人所得更感兴趣,而不是让客户、同事或组织获益。为了表现出真诚,避免夸张并且用具体的观点来支持称赞。此外,读者通常认为稍加限制的称赞是更加真诚的:

不推荐	推荐
语言无法表达我对你所做工作的感激之情。谢谢。没有人能做得更好。你太棒了!你吸引了整个公司的注意,你在这里工作让我们非常高兴。	再次感谢你在我缺席时负责起这个会议并且如此出色地完成了工作。在只有一个小时的通知中,你设法使法律和公共关系部门共同努力,使我们能够在谈判中建立统一阵线。你的贡献和沟通能力得到了注意并真正地获得了欣赏。

表示祝贺 发送良好意愿信息的最好机会是祝贺某人的重大商务成就——可能是得到提升或者获得重要公民职位。比较图 7-10 中的祝贺短信,Office Depot 公司总部的一位管理者祝贺一家广告代理公司被授予享有声望的国家合同。原稿看起来含糊不清,缺乏诚意,并且直到最后一句才送出祝贺。相反,修正版迅速地进入了主题:好消息。修正版给出了期待成功的理由,并避免了过分的实质上毫无意义的称赞如"只有你们能做这项工作!"

其他送出祝贺的理由是某人生命中的精彩时刻——婚礼、生日、毕业、非商业竞争中的成功等。你可能祝贺商务友人的个人成就或其配偶及孩子的成功。即使与读者交往不深,你也可能注意到他的个人事件。如果与读者之间关系很友好,更加私人的语气会很合适。

一些公司甚至会创建一份潜在客户的邮寄清单,通过指派一名雇员剪辑报纸上公布的出生、订婚、婚礼及毕业,或者从当地社区获取有关房地产交易的信息。然后他们通过发送像这样的同一形式的信件来介绍他们自己:

> 恭喜您拥有了新家!我们 Klemper Security Solutions 全体人员希望能为您和您的家人带来常年的安全及快乐。
>
> 请接受随我们的贺信附上的有关家庭安全的屋主指南。它列出了一些可以维护您的家、您的家人以及您的财产安全的简单措施。

我们很高兴我们欣赏的公司有好的表现。当我们上个月在亚特兰大参加会议时，我们听说贵公司被挑选出来为全国供应商协会设计和印制媒体广告。

我们早就认为，像这样知名度高的项目只会授予行业中的顶级公司，显然Lambert，Cutchen & Browt是承担此项工作的唯一公司。

我们祝你们的新广告活动一切顺利。对你们出色的工作表示祝贺！

真诚地，

Janice McCarthy

Jaince McCarthy
媒体关系部主管

草稿

- 听起来居高临下并且以自我为中心——表达了理由但是没有真正地祝贺读者
- 没有诚意，因为缺乏支持性的理由以及夸大事实
- 在结尾处祝贺读者像是在事后才产生想法

Office DEPOT, Inc.
2200 Old Germantown Road, Delray Beach, FL 33445 407/278-4800

2006年3月2日

修改稿

Ralph Lambert主席先生
Lambert，Cutchen & Browt，Inc.
14355 Pasadena Parkway
Pasadena，TX 74229

尊敬的Lambert先生：

祝贺贵公司最近被挑选出来为全国供应商协会（ABS）设计和印制媒体广告。在上个月亚特兰大的会议上宣布了这项指定，我们公司Office Depot认为除了贵公司没有更好的公司能帮助我们的行业获得如此广泛的认可。

多年以来，贵公司为Office Depot所做的工作非常优秀。我们公司在佛罗里达工作的广告员工以及全国各地的区域推广经理一直称赞LCB所做的努力。贵公司为ABS设计广告的活动一定会获得类似的正面评价。

我们将会继续以极大的兴趣关注贵公司的媒体活动。

真诚地，

Janice McCarthy

Jaince McCarthy
媒体关系部主管

tw

- 开头立即表明祝贺读者的原因
- 主体中通过承认读者的工作而不是夸大其词来进行有效的称赞
- 结尾表达继续关注公司未来成就的兴趣

图 7-10 给商务友人贺信的原稿和修正版本

即使发送者与读者素不相识，这个简单的信息仍然使用了自然、友好的语气。

表达感谢 一项重要的商务品质是认识到员工、同事、供应商以及其他合作者贡献的能力。赞美不止使人感觉良好，它还鼓励进一步的优秀表现。而且，感谢信可能成为某人人事档案中重要的部分。所以当写作感谢信时，请特别提到你所要感谢的人。以下简洁的信息表达了感谢并透露了愉快的结果：

> 非常感谢你们能够隔夜交付空调组件。这使得我们满足了两位正对热度失去耐心的客户的需求。
>
> 特别要感谢 Susan Brown，她回答了我们的求助电话并且从不回答："这不可能做到。"非常感谢她主动为我们的利益考虑。

表示哀悼 在十分困难和极度悲伤的时候，写作得体并表达同情的哀悼信对经历损失的人来说是件非常有意义的事。当然这种类型的信息很难写，但是不要让困难妨碍了你的快速反应。那些经历健康问题、所爱之人去世或者商业不幸的人会非常感激别人的关心。

在哀悼信的开头表达简短的同情，如"对于你的损失我感到很遗憾"。主体中，提及死者的良好品质及其积极贡献，表明此人或此事对于你的意义。结尾处，可以表达哀悼及良好祝愿。结束此类信息的较为周到的方式是说些让读者稍微轻松的话，如提到更美好的未来。这里是一些写作哀悼信息的一般性建议：

- **回忆应简短**。叙述一段回忆或一件小事（甚至是幽默的事），不要细述逝去的详情，以免增加读者的痛苦之情。
- **用自己的语言写作**。就像正和读者私下交流一样写作。不要引用诗歌中的段落或者使用虚饰的或正式的短语。如果损失是某人死亡，就直接说而不要用"离去"或"分别"。
- **得体**。提到你的震惊和沮丧，但是记住逝者的亲人并不会对例如"理查德太年轻了，真不应该去世"或者"从头来过确实很困难"这样的话感到有所安慰。试着在表面上表达同情、对愉快过往的提及以及黯淡未来的可能之间取得平衡。
- **特别注意**。确保名字拼写的正确性及回顾事实的准确性。
- **写作死者的特殊品质**。你可能要依靠声誉做到这一点，但是要让悲伤的人知道你很珍视他/她所爱的人。
- **写作生者的特殊品质**。小小的鼓励会帮助丧失亲人的家庭成员在这样深受创伤的时候更加自信地处理事务。[④]

主管 George Bigalow 在得知他的行政助手 Janice Case 的丈夫去世时将下面这封哀悼信发送给 Janice：

> 向你和你的孩子致以我深切的同情。你所有的在 Carter Electric 的朋友都对 John 的去世感到很遗憾。尽管我不曾见过他，但是我真的知道他对你的特殊意义。你家人的野营旅行和他的泛舟探险的故事总是令人难忘。

---

④ Mary Mitchell, "The Circle of Life—Condolence Letters," LiveandLearn. com [accessed 18 July 2005] www. liveandlearn. com; Donna Larcen, "Authors Share the Words of Condolence," *Los Angeles Times*, 20 December 1991, Ell.

为了回顾写作良好意愿信息的任务，参见“要点检查：发送良好意愿信息”。

要点检查

发送良好意愿信息

✓ 保持真诚和诚实。

✓ 不要夸大事实或者使用含糊不清、冠冕堂皇的语言，用具体的证据支持正面的论述。

✓ 表示祝贺建立与客户和同事的良好关系。

✓ 表达感谢以强调你对他人所做工作的重视。

✓ 表示哀悼时，以简短的同情开头，接着表明逝者对于你或公司（如果合适的话）的意义，结尾提供对于未来的良好祝愿。

工作进行时

解决科恩公司的沟通困境

除了提供热的餐点，儿童餐厅项目还为儿童在危险的3点到6点提供了一个安全的、教育的环境，使得儿童在这段时间中免遭麻烦。为使这段时间更加有价值，许多儿童餐厅都开始提供运动、手工、指导及辅导。这些活动需要有资格的志愿者每周花一些时间与孩子们一起工作。为了给辅导项目配备教员，康家食品要求科恩开办招聘活动，用这些活动来吸引有资格的志愿者对孩子们的数学、英语和理科作业进行帮助。如果你的一部分工作是主管这项招聘活动，你将如何处理这些挑战？

1. 最重要的招聘工具是给目前的捐赠者写一封信，请求他们每周仅贡献3小时时间。这种情况下的捐赠者经常被请求志愿贡献他们的时间，所以可以假定请求会作为日常事务被接收。以下哪段话是开始这封信的最好方式？

a. 金钱可以使世界持续转动，但是时间是孩子真正需要的。我们请求的是每周仅仅几个小时。

b. 儿童餐厅项目的每一个员工都真诚地感谢您慷慨的经济支持，而且我个人也十分感谢您。既然您已经对孩子们做出了承诺，我们能够请求您考虑每周捐献出几小时来做我们的家庭教师吗？

c. 考虑到我们很容易每周浪费3或4个小时——不管是观看无意义的电视节目还是在电话中空聊。难道你不欢迎在浪费的几小时内发生一些很棒的事的机会吗？

d. 作为一名成功人士，你毫无疑问地询问过自己：“我能通过教授孩子们知识来使得他们的人生有所不同吗？”请想象一下如此奇妙的经历将会为你的生活带来的满足感。

2. 已经完成了这封信的开头和主体部分，包括关于志愿者项目和作为家庭教师的经历信息。以下哪种结尾是结束这封信的最好方式？

a. 如果您能通过教授孩子们这些科目对志愿者行动伸出援手，请于7月20以前与我联系（我的电子邮件地址和电话号码如下所示)。再一次感谢您的经济支持,并且我希望我们能将您列入到我们的志愿家庭教师队伍中来。

b. 如果您对帮助家庭教师项目感兴趣请告诉我们。每个人都可以写张支票。富有爱心的人奉献他们自己——他们的时间、他们的经历和他们的技能。

c. 如果您能通过每周教授孩子们2到4小时这些科目的知识对志愿者行动伸出援手,或者您可能对此很感兴趣而想要了解更多关于这一项目的信息,请于7月20前与我联系(我的电子邮件地址和电话号码如下所示)。再一次感谢您的经济支持,并且我希望我们能将您列入到我们的志愿家庭教师队伍中来。

d. 再一次感谢您的经济支持,并且我希望我们能将您列入到我们的志愿家庭教师队伍中来。期待您的回信。

3. 九个月后招聘项目取得了成功。因为有如此多的志愿者,所以大多数儿童餐厅都招满了,并且有一些还将家庭教师项目扩展到了其他科目。现在到了写信感谢每个通过每周贡献他们的时间来帮助孩子们的志愿者的时候了。每封信都会附上两张免费的电影券作为感谢,并且每一张都有康家食品首席执行官的个人签名。以下哪些开头是开始这封感谢信的最好方式?

a. 像我这样的执行官也一直被很多社区组织请求去做志愿者,所以我了解从每周的日程表中抽出空闲时间是多么地具有挑战性——即使你不是忙于运作一个数十亿美元的公司。

b. 你是个令人惊奇的工作者!并不是很多人都具备这样的技能、这样的奉献精神及对孩子们的这种责任感使之成为一名志愿家庭教师,但是你确实是选中的人中的一员。

c. 助人为乐就是意义所在,不是吗?现在是康家食品的员工反过来用这些免费电影券来帮助您的时候了。请享受吧!

d. 谨代表康家食品集团的每一位员工和服务于儿童餐厅项目的人员,请您接受我诚挚的谢意,感谢您在繁忙的工作之余花时间来辅导儿童餐厅的孩子们。请接受这些电影票,只是一个小小的心意——我希望您能同某个特别的人一起放松几个小时。

4. 一位居住于你办公地点附近儿童餐厅的志愿家庭教师给你发了封电子邮件请求你为他写推荐信。他写道你给了他很多鼓舞,他不仅要在公共关系领域里工作,而且他想要申请科恩公司的写作职位。作为鼓舞者你感到很高兴,但是由于他的写作技巧很有限,他没能从事英语家教的工作。事实上,你正在为他寻找其他的志愿者机会以便于把他从家庭教师项目中转移出来。应该怎样处理他的请求?

a. 忽略这个请求。这位志愿者就会知道你认为他没有足以胜任的技能到科恩工作。

b. 写作这封信但是避开担保该志愿者的写作技能。反而集中描述他与他人合作的能力,他帮助社区的责任感以及他的可靠性。

c. 电话告知该志愿者美通社代理商对写作者的期望很高,通过接受一些正式的训练和积累额外的写作经验可能提高被录用的几率。

d. 用电子邮件回复并解释你现在真的没有时间写作这封信,但是你会在事情处理完以后试着写推荐信。

学习目标检查

通过阅读每个学习目标和完成相关练习来评估你对本章要点的掌握情况。填空题,写出空白处缺少的文字;单项选择题,在正确答案的字母上打钩。

目标7.1:应用日常信息和正面信息的三步写作法。

1. 关于日常信息,可以:
   a. 略过计划阶段
   b. 计划应简短
   c. 以收集所必需的所有信息开始
   d. 以选择渠道和媒介开始
2. 写作日常信息时,你:
   a. 可以假定读者会对此感兴趣或保持中立
   b. 应该以“引起关注”开头
   c. 应该对大多数受众使用间接法
   d. 无需太多时间去修正、写作或校对

目标7.2:概括写作日常请求的有效策略。

3. 写作日常请求时,开头应:
   a. 作个人介绍,如“我的名字是 Lee Marrs,我是……”
   b. 模糊地提及有关写作主题,如“我对你有一些请求”
   c. 强烈要求行动
   d. 礼貌地陈述请求
4. 在日常请求中提出问题时应该:
   a. 从最不重要的问题开始逐渐到最重要的问题
   b. 即使清单很长,也要列出与主题有关的所有可能的问题
   c. 每一个问题只包含一个主题
   d. 以上全选
5. 以下哪件事是在日常请求的结尾处应该做的?
   a. 提前感谢读者接受请求
   b. 请读者在一个具体合适的时候给予回复
   c. 提出任何遗留的问题
   d. 以上全选

目标7.3:解释如何礼貌地请求具体行动。

6. 礼貌的结尾包括:
   a. 具体请求
   b. 你的联系方式(如果不够明显)
   c. 表达感谢或良好意愿
   d. 以上全选

目标7.4:描述写作日常回复和正面信息的策略。

7. 如果是面向客户的日常回复,应该:
   a. 排除任何负面信息
   b. 包含再次销售的信息让客户确认他或她购买行为的明智
   c. 排除俗气的促销信息
   d. 以上全选
8. 正面信息应以清晰精确的________表述开头。
9. 如果信息中同时含有正面与负面元素,应该:
   a. 以坏消息开头以便尽早摆脱它
   b. 写作两个独立的信息,不要将好消息与坏消息混在一起
   c. 将坏消息放在信的下方附记处
   d. 试着将负面信息放在正面的上下文中

目标7.5:讨论当同意投诉和调整请求时明确负责人的重要性。

10. 当公司是错误方时,如果是回复一个投诉或者抱怨,以下哪件事不应包含在信息中?
    a. 确认收到了客户的投诉或抱怨
    b. 对给客户带来的不便和损失表示同情
    c. 解释将如何解决问题
    d. 公司法律人员完整的联系方式
11. 若明显属于错误方的客户请求调整,应该:
    a. 忽略请求;客户显然是浪费你的时间

b. 谨慎地评价满足客户请求的成本和拒绝客户的成本，然后根据对公司的影响来决定该如何回复
c. 既然不满意的客户会给公司带来负面的公众影响，应接受这样的请求
d. 以一种坚定但专业的语气建议客户以后到别处进行交易

12. 如果第三方是错误方（如运输公司），当客户提出投诉或调整请求时，最好的回复是：
a. 遵照公司与第三方签订的所有有关客户服务的协议
b. 向客户解释公司不是错误方
c. 毕竟是你公司的客户，公司应该负责，所以接受请求
d. 尽快将此信息转发给第三方

目标 7.6：解释写作告知性信息与回复信息请求的区别。

13. 以下哪项是关于告知性信息的正确说法？
a. 受众总是请求告知性信息
b. 受众可能期待告知性信息也可能不期待，也可能有动机阅读它们也可能没有
c. 受众不会请求告知性信息，所以他们总是拒绝告知性信息
d. 告知性信息总是正面的

目标 7.7：描述良好意愿信息的重要性，并解释如何使之有效。

14. 良好意愿信息的目的是：
a. 创造销量
b. 给别人留下印象
c. 使自己感觉良好
d. 加强与客户、同事以及其他商业人士的关系

15. 最有效的良好意愿信息是：
a. 总是试着寻找一个使发送者和接收者都获益的角度
b. 避免细节并将此种情况下的情绪作为焦点
c. 真诚和诚实的
d. 以上全选

知识应用

1. 当组织请求信息时，为什么了解你与受众是否存在文化差异很重要？请对此做出解释。

2. 公司的错误使一位重要的商务客户损失了一位新顾客；你和客户都知道这一点。你会道歉吗？或者轻轻地带过这一事件而不承担任何责任？请对此做出简短的解释。

3. 你被请求为一位曾和你一起工作过几年的员工写推荐信。你回忆起这位员工做出了令人钦佩的工作业绩，但是却记不起任何能够支持这个观点的具体信息。总之，你应该写这封信吗？请对此做出解释。

4. 每次你给在另一部门工作的 Ted Jackson 发送直接请求的备忘录时，他总是推迟或拒绝执行。你对此失去了耐心。你应该给 Jackson 发送一个备忘录来询问是为什么，向你的上级抱怨 Jackson 不合作的态度，安排一次与 Jackson 面对面的交流，还是在下次员工会议上提出这个问题？请对此做出解释。

5. **伦理选择**。你对你的供应商有所抱怨，但是你却没有任何能支持抱怨的文件。你应该请求调整吗？为什么？

知识实践

文档分析

阅读下列材料，然后：(1) 分析每句话的优点和缺点；(2) 修改材料，使其遵循本章指南。

文档 7.A：向一个企业请求日常信息

我们学院由于经济原因要关闭食堂，如果学生选择自己准备食物，我们则要帮助他们在宿舍里自己准备食物。你们在学院的杂志上色彩缤纷的广告引起了我们的注意。在做出决定之前我们需要以下信息：

- 你们能在 8 月 15 日之前将微波炉运送到这里吗？我知道时间仓促，但是我们的理事会在上周刚决定关闭食堂并且我们正匆忙地想要决定该怎么做。
- 微波炉有保修证书吗？你们知道，大学生使用东西会比较耗费，所以我们需要良好的保修。
- 微波炉需要多少钱呢？你们对大订单有折扣吗？
- 我们需要提供特殊的插座吗？
- 学生能知道如何使用吗？还是需要我们给出说明？

正如之前所说的，我们的时间相当紧张并且需要你们尽快提供信息以帮助我们做出有关订单的决定。你不可能知道下一步理事会会怎么决定。我们也在等待其他公司的回复，所以请尽快让我们知道有关信息。

文档 7.B：提出投诉和调整请求

我最近在本地的企业供应店为我的电脑购买了你们的“谈判专家”专业版软件。我在 MacWorld 杂志上看到了你们的广告，然后我购买了 CD，看起来它应该会在我公司的谈判研讨会上是很有效的一个工具。

不幸的是，当我将它插入我办公室的电脑时，它却不能运行。由于打开了包装，当我将它退回到商店时，他们拒绝为我更换一个能运行的 CD 或者退款。他们告诉我和你们联系并且你们可能会给我提供适合我的电脑的版本。

你们可以按信头的地址给我发送信息。如果你们不能提供合适的光盘，请退还给我 79.95 美元。先就你在此事中可能提供的任何帮助表示感谢。

文档 7.C：当客户有错误时，回复投诉和调整请求

我们已经看到你请求退还押金的信了。我们不清楚你为什么没有收到退款，所以我们将你的建议转告给了维修技师。他说你将你公寓一扇门从铰链上拆下来以便能使一个大沙发从门里通过。他也证实了因为你匆忙地归还 U-Haul 搬家公司的拖车而给了他 5 美元让他将门放回原处。

这整个情况是由于我们的房务审查员和维修技师缺乏交流造成的。我们所知道的是当 Sally Tarnley 审查时门就与铰链分开了。我们的政策是如果公寓内有任何东西损坏，则我们将保留押金。我们不知道 George 没有把门放回原处。

但是我们将告诉你一个好消息。我们已经同意退还押金，并将从位于新泽西州 Teaneck 的总部将押金邮寄给你。但是，我们不知道需要多长时间。如果你在下个月末还没有收到支票，请电话联系。

下一次，你最好像租赁合同中规定的那样一直待在公寓内直到它经过审查。这样，当你想要收回押金时你就一定可以收回。希望你有一个愉快的夏季。

文档 7.D：推荐信

因为我是人力资源主管，所以你寄给索尼总裁 Kunitake Ando 的信已经转寄到我这里。

在我作为人力资源负责人的工作中,我有权使用索尼的所有美国雇员的绩效档案。当然,这就是说,我是最有资格回答你请求得到关于Nick Oshinski信息的人。

在15日的来信中,因为Nick Oshinski申请到贵公司工作,所以你问道有关他在我公司的工作经历。Oshinski先生于1995年1月5日至2005年3月1日受聘于我公司。他得到的评分从2.5分至9.6分不等,10分为满分。你可以了解到,他一定是为某些经理比另一些经理工作得更好。此外,他享受了所有的假期,这一点不太寻常。尽管我个人不太了解Oshinski先生,但是我知道最好的员工不会享受所有属于他们的假期。我不知道这是否适用于这种情况。

总之,Nick Oshinski能否很好地完成任务取决于他的管理者。

练习

本章讨论到的所有网站都能在本书的网站 www. prenhall. com/thill 上找到链接。找到书名并点击"辅助网站"链接,然后选择第7章,并点击"特色网站",选定与文中内容有关的页面名称或URL。请注意本书出版后失效的链接将从"特色网站"中删除。

7.1 **修改信息:直接并简明**。修改以下简短的电子邮件信息使之更直接和简明;为每个修改的信息添加一个主题。

a. 现在我就你最近订购的High Country背包与你联系。你没有告诉我们想要哪种背包,你知道我们有很多不同的种类。我们有帆布材质搭配塑料框架和乙烯基修饰的背包,还有帆布材质搭配皮革修饰的背包,另外还有比别的包拥有更多口袋的背包。并且它们也有很多不同的颜色。我们还有为大身板的人准备的大背包和为体型较小的女性和小孩准备的稍小一点的款式。

b. 感谢您就在丹佛国际机场回收行李时遇到的困难跟我们联系。很抱歉因此给您带来了不便。如您所知,不管航空公司职员多么谨慎旅行都可能出现这种问题。请将丢失物品的详细清单发送给我们并完成下面的问卷以便于接受赔偿。您可以将它用电子邮件发回给我们。

c. 抱歉这么久才给予回复。我们的简历实在太多了。总之,你的简历进入了最后十位的候选名单,在昨天3个小时的会议后我们决定与你见面。你下周的日程是怎样的?你能够在6月15日下午3点来接受面试吗?请在本工作周结束之前给予回复,如果你能够参加面试请通知我们。正如你所想象的现在是我们的繁忙期。

d. 我们是要让你们知道,因为我们每年使用超过一吨的纸,并且因为如此之多的纸被丢进废纸篓变成更多的环境废物,从周一开始,我们将会在每层楼的电梯外放置白色塑料箱来循环利用这些纸张并在此过程中将污染降到最低。

7.2 **修改信息:直接并简明**。重写下列句子使其直接并简明。

a. 我们想请你到我们六折的受邀特卖会。特卖会将在11月9日举行。

b. 我们想要你知道,每向我们电台捐赠50美元我们就会向你提供一个手提袋和五个iTune下载的优惠券。

c. 主管计划去参加在周一上午11点之前举行的会议。

d. 在今天的会议中,我们很高兴地欢迎Paul Eccelson的到来。他审查了一些新型的订货单。如果你有任何有关新型订单的问题，请随时到他的办公室向他询问。

7.3 **互联网**。在 www. bluemountain. com 上访问 Blue Mountain 站点的 Career eCards 版分析一个包含感谢良好表现的良好意愿信息的电子问候卡。在怎样的环境下你会发送这样的电子信息？你如何依据接收者和场合的不同来将信息个性化？这种信息合适的结尾是什么？

7.4 **团队合作**。和其他学生一起鉴别这些信息的目的，并选择交流这些信息最合适的格式。接着，考虑受众将会如何回复每条信息。在受众分析的基础上，决定对每个信息来说是直接法还是间接法比较有效，并解释原因。

a. 面向全体员工关于在电梯门口放置回收箱的通知。

b. 对通常都按时付款的良好客户发出首次逾期付款的通知。

7.5 **修改信息：简洁、礼貌、明确**。改正下列结尾段。你怎样重写每一段使之简明、礼貌且明确？

a. 我需要你尽快地回复以便我能够及时地为你的预约服务订购零件。否则在夏季来临的时候你的空调系统可能不会处于最佳状态。

b. 预先对你尽可能多地提供产品信息表示感谢。我期望在不久的将来就会收到你的包裹。

c. 您可以随时拨打热线电话 1-800-555-8765 来安排一次与我们在您所在区域知识丰富的按揭专家预约，如果您对按揭利率、结束程序以及按揭过程的其他方面有疑问也可以拨打这个电话。记住，我们在这里就是要使置业经历尽可能顺利。

7.6 **伦理选择**。你的公司向那些想调整自己的车使之发挥最大性能的人销售一种汽车配件。一位客户发来了一封愤怒的电子邮件，声称他从你们网站上购买的增压器没有提供他期望的额外发动机动力。你的公司拥有标准化的退款程序来处理类似的情况，而且你拥有足够的信息来通知客户。你也有能够帮助客户从你的竞争者那里找到一个更兼容的增压器的信息，但是该客户的电子邮件信息是如此地具有辱骂性以致你认为没有义务要帮助他。这是一种合适的反应吗？为什么？

知识拓展

从网络中学习更多

对推荐信的建议

http://businessmajors. about. com

不管你是继续深造还是拿着你的大学学位参加工作，推荐信将会在你的职业生涯接下来的几步中起到重要作用。从选择写作推荐信的人选到了解怎样才能使之有效，About. com 用现实的例子和建议进一步阐述了在这一章中提供的建议。

活动

访问 About. com 的 Business Majors 网站并点击“推荐信”。阅读你找到的建议并回答下列问题：

1. 鉴别请求写作推荐信的最好人选的较好的过程是什么？

2. 应该向推荐信的作者提供什么信息以帮助他们站在你的立场上写作一封可信并有说服力的推荐信？

3. 关于推荐信有哪些要避免的最普遍的错误？

自己探究网络

1. 在 www. grammarstation. com 的 Gram-

marStation 上搜寻任何关于语法问题的答案。使用在线的语法检查来检查你写作的信息，修改讲话的基本部分，并且从基础到先进的写作理念进行密集的练习。

2. 需要写作新的信息但是没有时间成为专家，怎么办？在 www. stetson. edu/ ~ rhansen/ prguide. html 上向专家学习。

3. 在 www. ABusinessResource. com 上搜寻写作敏感的哀悼信的建议（搜寻“哀悼信”）。

互动学习

互动学习向导

访问 www. prehall. com/thill，找到书名并点击“辅助网站”链接。选择第 7 章，使用互动的“每章测验”来测试你对本章概念的掌握情况。你会得到即时的反馈，知道你是否需要进一步的学习。同样，访问“学习大厅”，你将发现大量能帮助你完成此课程的资源。

最佳语法和结构

如果教师要求你使用在线课程或者 CD 上的“最佳语法和结构”，你可以通过使用这一模块来提高你的句子使用技巧。首先点击“句子”，选择进行“预先测试”来确定你是否有薄弱方面。然后在“复习课程”中复习这些方面。选择进行“跟进测试”来检查你对句子的掌握情况。如果想要更高的挑战或者进一步的练习，选择进行“高级测试”。最后，在接下来的“提高语法、结构和表达”部分中，完成练习以进一步巩固和加强。

提高语法、结构和表达

以下练习帮助你提高对英语语法、结构和表达的掌握和运用。在下面每组句子中，找到最佳选项，在正确答案的字母上打钩。

1. a. Joan Ellingsworth attends every stockholder meeting. Because she is one of the few board members eligible to vote.
   b. Joan Ellingsworth attends every stockholder meeting. She is one of the few board members eligible to vote.
2. a. The executive director, along with his team members, is working quickly to determine the cause of the problem.
   b. The executive director, along with his team members, are working quickly to determine the cause of the problem.
3. a. Listening on the extension, details of the embezzlement plot were overheard by the security chief.
   b. Listening on the extension, the chief overheard details of the embezzlement plot.
4. a. First the human resources department interviewed dozens of people. Then they hired a placement service.
   b. First the human resources department interviewed dozens of people then they hired a placement service.
5. a. Andrews won the sales contest, however he was able to sign up only two new accounts.
   b. Andrews won the sales contest; however, he was able to sign up only two new accounts.
6. a. To find the missing file, the whole office was turned inside out.
   b. The whole office was turned inside out to

find the missing file.

7. a. Having finally gotten his transfer, he is taking his assistant right along with him.
   b. Having finally gotten his transfer, his assistant is going right along with him.
8. a. Irving was recruiting team members for her project, she promised supporters unprecedented bonuses.
   b. Because Irving was recruiting team members for her project, she promised supporters unprecedented bonuses.
9. a. He left the office unlocked overnight. This was an unconscionable act, considering the high crime rate in this area lately.
   b. He left the office unlocked overninght. An unconscionable act, considering the high crime rate in this area lately.
10. a. When it comes to safety issues, the abandoned mine, with its collapsing tunnels, are cause for great concern.
    b. When it comes to safety issues, the abandoned mine, with its collapsing tunnels, is cause for great concern.

如果想找到更多的关于句子的练习，请登录 www.prehall.com/thill，找到书名并点击“辅助网站”链接，选择“第 7 章”，点击“提高语法、结构和表达的额外练习”，然后点击“12. 长句”、“13. 句子片断”、“15. 错误的修饰语”，或者“24. 过渡单词和短语”。

案例

三步写作法在案例中的应用

按教师要求在案例中运用以下步骤

计划	写作	完成
分析情况 识别总体目的和具体目的。准确地阐明你希望受众在接收到信息时想到什么、感觉到什么或者相信什么。概评主要受众，包括其背景、差异点、相似点以及对信息的可能反应。 **收集信息** 识别受众需要的信息，以及你所需要的能写作有效信息的必备信息。 **选择正确的媒介** 确定媒介能被受众接受并且与信息相匹配。 **组织信息** 以受众和信息为基础选择直接法或间接法；大多数日常请求和日常信息以及正面信息应该使用直接法。识别主题，限定范围，然后略述必要的支持观点及其他证据。	**适应受众** 对受众需求要敏感，可采用换位思考、礼貌、突出正面效应、使用非歧视性语言。必须了解你已有多大程度的可信度——以及你还需建立多大的可信度。通过维持合适的风格和语气来树立企业形象。 **编写信息** 使用恰当的词汇、有效的句子以及连贯的段落来写作信息。	**修订信息** 评价内容和可读性，编辑、重写，使之更为简洁、清晰。 **制作信息** 使用有效的设计因素和适当的排版使之看起来更清楚、更专业。 **校对信息** 修改排版、拼写上的错误。 **发布信息** 使用选择的媒介发布信息；确保所有相关的文件都能成功发布。

日常请求

1．快点走：写给 Floorgraphics 的关于地面广告信息的请求信。你为 Alberta Greenwood 工作，他是 Better Bike and Ski Shop 的所有者。昨天，Alberta 会见了 Schwinn 的销售代表 Tom Beeker，他催促她与 Floorgraphics 签订合同。该公司从零售商店租赁楼面面积，然后创建并出售地面广告给像 Schwinn 这样的制造商。Floorgraphics 会付给 Alberta 一些费用来租赁地面面积，还有从卖出的广告中提成。最终 Alberta 对此很感兴趣，她在 Beeker 离开后转而跟你联系。

"Tom 说广告贴纸会出现在产品前的地板上也就是消费者停留下来做决定的地方，" Alberta 解释道，"他说这些广告会增加 25% 到 75% 的销售额。"

你们都低下头看了看满是灰尘的地板，Alberta 笑着说。"好笑的是制造商会花钱将自己的名字放在消费者将会在上面留下泥土的地方！如果 Tom 说的是真的，我们将会从三个方面获益：租赁费用，做广告商品增加的销售额，以及分享广告收入。这可不是好笑的。"

你的任务：Alberta Greenwood 请你以她的口吻给 Floorgraphics 有限公司(5 Vaughn Dr.，Princeton，NJ 08540)的首席执行官 Richard Rebh 写一封信请求关于广告的财务细节和实用信息。比如说：如何清理地板？谁来安装和清除这些广告？如果不喜欢这些广告能中止租赁吗？[5]

2．将生活恢复到生物科技事业中来：请求推荐的电子邮件。在 Cell Genesys(开发癌症治疗药物的公司)的人力资源部门工作 5 年后，你在近年来一场波及整个生物科技行业降低成本的运动中被解雇了。好消息是你在商店分销业找到了稳定的工作。坏消息是在离开 Cell Genesys 的三年内，你真的非常怀念在令人激动的生物技术领域工作的机会，以及参与某些很重要的能帮助人们从威胁生命的疾病中康复的机会。你知道生物科技事业是不确定的，但是目前你在银行还有一小笔存款，并且你还想再次乘坐这辆过山车。

你的任务：给你在 Cell Genesys 的前任老板 Calvin Morris 写一封电子邮件，使他记起你们一起工作的时光并请求他为你写推荐信。[6]

3．全球性交易：向中国制造商请求信息的即时通信。幸好你的公司 Diagonal Imports 选择了由 IBM Lotus 制造的叫做 Sametime 的企业即时通信软件。别的产品可能允许你与地球另一端的同事进行实时交流，但是 Sametime 支持双向计算机翻译系统，并且你会需要到它。

问题是，你位于中国的制造厂的一条生产畅销的装饰性照明电器的生产线，上个月莫名其妙地停止了，作为美国的生产经理，你可以号召很多资源来提供帮助，如针对故障部分的新资源。但是如果不了解细节你就什么也做不了。你曾尝试给中国的高层经理打电话，但是他们都逃避问题，只告诉你他们认为你想要听的内容。

---

⑤ Adapted from Floorgraphics website [accessed 18 June 2001] www.floorgraphics.com; John Grossman, "It's an Ad, Ad, Ad, Ad World," *Inc.*, March 2000, 23—26; David Wellman, "Floor 'Toons,'" *Supermarket Business*, 15 November 1999, 47; "Tloorshow," *Dallas Morning News*, 4 September 1998, 11D.

⑥ Adapted from Tom Abate, "Need to Preserve Cash Generates Wave of Layoffs in Biotech Industry," *San Francisco Chronicle*, 10 February 2003 [accessed 18 July 2005] www.sfgate.com.

最后，你的朋友 Kuei-chen Tsao 从一个商务旅行返回。你在去年去中国的途中遇见了她。她不会说英语，但是她是负责这个特殊产品（光纤照明展示，塑料基模上有一个旋转色轮的生产线工程师。当轮子转动时，光纤线喷发出来的光以舒缓模式改变颜色。3347XM 号产品是 Diagonal 最受欢迎的产品之一，并且你已经收到了来自美国新店的订单。Kuei-chen 应该能解释问题，决定你是否能提供帮助，并且告诉你恢复正常运输需要多久。

你的任务：写作你希望与 Kuei-chen 之间有成果的即时通信交流的第一个消息。记住你的词语将被计算机翻译出来。[7]

4. 追踪新产品的流言蜚语：在贸易展中给同事发文本信息。大型的电子消费品展览（CES）是整个行业的首要促销活动。超过 13 万来自世界各地的业内人士都会参观展览上令人兴奋的来自将近 1 500 家公司的新产品——从游戏配件到具有上网功能的内置电脑屏幕冰箱的任何产品。你刚刚对一个拥有内置网络摄像头的游戏手柄感到困惑，这个内置网络摄像头可以使联网的玩家在玩游戏的同时看到和听到对方。你们公司也制造游戏手柄，并且你担心消费者会聚集到这个新的手柄摄像头周围。你需要知道展览上有多少流言蜚语：人们看见它了吗？他们对它的评价是什么？他们对它感兴趣吗？

你的任务：给贸易展中的同事发文本信息，提醒他们警惕那个新的手柄摄像头，并请他们倾听可能由拉斯维加斯会议中心的出席者以及展览周围的一些酒店里传播的任何流言蜚语。要求是：信息限制在 160 字以内，包括空格和标点，所以你的信息不能比要求的长。[8]

日常信息

5. 准静，冷静：将技术故障用电子邮件通知 Metro Power 的员工。这是两个月来第三次你的公司 Metro Power 不得不在一次激烈的事件后护送员工离开大楼。坦白地说，每个人都对这件事有一些惊恐，作为人力资源经理，你有这个不幸的任务来努力平息风波。

Metro Power 很少解雇员工，而选择让他们承担新的责任，这可能会使他们发掘他们更擅长的方面（而且证明在长期对谁都有利）或帮助他们开辟新的领域。但是有三种情况你毫无选择。在一次事件中，有人在系统出故障以后打碎了他的电脑屏幕。在另一事件中，有人在他无法进入公司内联网后将键盘从房间一头扔到另一头。在第三次事件中，一名女性在低俗的尖叫声中踢打印机。

在这所有的三种情况中，同事们会对这些突然的爆发感到恐惧。近年来太多心怀不满的员工对其他同事做出了太多的暴力行为，并且近来任何时候员工对工作发脾气时，都会引起恐慌——更不用说财产破坏带来的财务损失以及工作流程的中断。

---

⑦ Adapted from Lisa DiCarlo, "IBM Gets the Message—Instantly," Forbes. com, 7 July 2002 [accessed 22 July 2003], www. forbes. com/ home/2002/07/0723ibm. html; "IBM Introduces Breakthrough Messaging Technology tbr Customers and Business Partners," *M2 Presswire*, 19 February 2003 [accessed 24 July 2003], www. proquest. com; "IBM and America Online Team for Instant Messaging Pilot," *M2 Presswire*, 4 February 2003 [accessed 24 July 2003] www. proquest. com.

⑧ Adapted from CES website [accessed 18 July 2005] www. cesweb. org.

Metro Power 的人们现在都处于紧张状态。能源成本上升、公共部门和政府的审核、民众对价格压榨怨声载道都造成了员工的额外工作和压力。此外,太多的加班,对超负荷工作部门的不切实际的期望,以及对敏感设备的高要求都造成了问题。脾气磨损,并且神经紧张。你可以了解到这三次事件只是冰山一角。

部门主管建议你写作一份面向全体员工的有关在工作地点控制脾气的提示性公告。"告诉他们技术故障是司空见惯的,并不存在一些不合理的灾害。并提醒他们将日常电脑故障报告给 Bart Stone。他会在适当的时候处理这些故障。"

你没说什么抵触她的决定,但是你想要知道如何排除陈词滥调的或居高临下的语气来完成她的请求?你不想要听起来像唠叨的家长——不会有人注意到你的信息。你深深叹息的同时你的老板从容地散步回到她的办公室。你非常确定每位员工都已经知道将电脑故障报告给信息服务部的助理主管 Bart Stone。

即使如此,你能想到一些可能会有所帮助的建议,如用散步来平静心情,或者认识到机器和人一样,不可能没有错误。然而如果你想要大家保持更冷静的头脑,就需要在信息中避免陈词滥调。

你的任务:向全体员工写作电子邮件。不要老生常谈或摆弄手指,包括对办公设备的禁止性维护技巧,如晚上关闭系统、将食物和液体远离键盘、使用除尘喷剂及特殊抹布等。你的老板还要求你表明破坏行为将会被申诉,所以要以得体的方式提及这一点。[9]

6. 倾听业务:使用 iPod 培训员工。作为 Winnebago Industry 人力资源部门的一名培训专家,你总是在寻找新的方法来帮助员工学会必需的工作技能。在观察生产工人一页一页地翻看培训手册,学习怎样装配一个新的休闲娱乐车时,你想到了似乎很棒的主意:用音频文件来记录装配说明使得工人能够在履行必要步骤的同时听到说明。有了音频文件,他们不需要在产品和手册之间来回转移目光——而且经常不知道进行到了哪里。他们可以将注意力集中在产品上,同时倾听每一个说明。另外,新系统花费一点也不多;任何电脑都能记录音频文件,而且你只需将它们放在公司内联网上以便它们可以被下载至 iPod 或其他数字音乐播放器。

你的任务:你想立即让你的老板通过你的新想法,老板听说过播客但是认为它在商务中没有用处。他要求你进行一次示范来证实想法的可行性。选择一个自己参与的过程,从替换吉他的弦到缝制被子再到给汽车换油的任何事都行,并简短(一页或更少)地描述一下能够被记录为音频文件的过程。仔细考虑用音频格式取代打印内容的局限性(比如说,你需要告诉人们在从事耗时的任务时要终止播放音频文件吗?)。

7. 费用包含在内吗?来自美国运通关于租用越野车的信。可以说美国运通在秋天到来时,你都会被那些刚收到暑假账单的客户的抱怨给压倒。这些愤怒的来电经常是关于来自汽车租用中介包括震动损害在内的维修账单。假期汽车租赁足以比大多数人想象的要复杂得多。就是这里出现了问题。

---

⑨ Adapted from Michael Mescon, Courtland Bovée, and John Thill, *Business Today*, 10th ed. (Upper Saddle River, NJ: Prentice Hall, 2002), 220.

你的信用卡客户正站在Hertz或Avis的柜台前，准备驾驶汽车离开，这时中介建议他们将汽车升级，比如一辆福特远征或者其他更大型的越野车。为了感受假期的逍遥感觉，你的客户说"为什么不呢？"并递交了他们的美国运通卡。

当客户驾驶着很多人并不习惯驾驶的大型越野车离开时，10个中有9个没有注意到大多数租用车的事故都发生在停车场低速行驶的时候。另外，他们驾驶的升级汽车的费用不再完全包含在他们的常规汽车保险或他们期望的来自美国运通的二次汽车租用保险内。如果他们同意为汽车租用中介的"碰撞责任与损害赔偿的豁免费"支付额外的10美元到25美元一天的费用，他们将不用为任何事故负责。否则，他们就在经历一场昂贵的冒险。

很快当他们带着孩子到商城购买之前忘记的遮光油和苏打水时，在这里他们会发现这个豪华的公路勇士却不那么容易停靠在停车点，这些停车点是在20世纪70年代和80年代当小型汽车风行的时候设计的。"啪"——撞到了门板。"嘎"——一个后保险杠撞到了灯柱。"嘭！"这些记录到家庭的银行账户上，但是他们还没有意识到——直到他们收到了来自租用中介的账单，这是在他们的汽车保险和信用卡公司已经尽力支付了损害赔偿以后的费用。

汽车保险通常为租用车提供与使用自己的车相同的承保范围。当消费者使用信用卡来支付汽车租用费用时，美国运通会提供二次保险，这通常会包含任何剩余的和未支付的损害赔偿。但是也有例外。

保险公司和信用卡公司都不会支付汽车租用中介通常添加的"车辆使用的损失费"。在进行汽车维修时，这些费用再加上中介公司的收入损失，会达到数千美元。当消费者被要求支付这些费用时，他们都会给你打电话生气地想要知道为什么美国运通没有支付这些账单。并且如果他们租用的是越野车，那他们就会更加生气。

美国运通绿卡和金卡提供的二次保险金额达到55 000美元，并且百金卡保险金额达到了75 000美元。但是大型越野车如福特远征、通用育空河，以及雪佛兰巨无霸都不在承保范围内。这种排除是很普遍的。比如说，Diners Club特别将"高价值、具有特殊利益或异乎寻常的车"排除在外——例如法拉利、玛莎拉蒂、劳斯莱斯这些租用中介极力向消费者推荐的车。

你的任务：作为客户服务部的副总裁助理，你想要在这个夏季和秋季使电话热线不再那么繁忙。现在是四月，还有时间。写作一封发送给美国运通消费者的正式信件，催促他们检查他们的租用汽车费用覆盖，建议他们不要租用比他们实际需要更大的汽车，并且鼓励他们考虑支付租用中介的每天赔偿责任的豁免费。⑩

8. 眺望：宣布威尔逊山天文台新生活的新闻稿。今天，由于有了哈勃空间望远镜和夏威夷天文组织主办的网站（www. hawastsoc. org/deepsky/index. html），凝视壮观的四色的星群、星云和星系只需在网上轻轻一点。但是1929年，Edwin P. Hubble爬到位于洛杉矶郊外威尔逊山天文台的一个屋顶高处安装有100英寸胡克望远镜的寒冷的木制平台上，一夜一夜地寻找星星。他不借助于

⑩ Adapted from Jane Costello, "Check Your Insurance Before Renting an SUV," *Wall Street Journal*, 13 June 2001 [accessed 14 June 2001], http://interactive. wsj. com/articles/SB991402678854239871. htm.

电脑对来自遥远星系的光线进行研究，这些研究需要对原始相片进行无止尽的分析，这些相片是由他曾作过骡夫的名叫 Milton Humason 的助手帮助拍摄的。然而，他们艰苦的工作得到了回报，哈勃由于发现了红移现象而获得了荣誉，红移现象是膨胀宇宙大爆炸理论的基础。

用他的名字命名的著名新太空望远镜使我们永远不会忘记哈勃。但是由于科学家们都涌向了更大更黑的山上的更大望远镜以至于威尔逊山和胡克望远镜变得不那么重要了。20 世纪 80 年代，胡克望远镜关闭了八年。它的 4.5 吨的绿色玻璃镜片（由法国的一个白酒瓶制造商制造）对于访问帕萨迪纳市郊外圣加百利山的好奇游客来说仅仅是一个纪念物。

现在你为其工作的组织威尔逊山研究院管理着更新的天文台，将要接待来自全球的科学家。并且胡克望远镜又一次创造了历史。

比如说，一个由伊利诺伊大学的 Laird Thompson 博士领导的团队正在利用胡克望远镜来测试“激光自适应光学”的计算机系统。自适应光学常被用来消除大气畸变造成的模糊，这是依靠星星作为自然指南实现的，它给了计算机一个进行光学调整的标准。但是某些空间领域缺少足够的指南星。Thompson 博士的团队正在测试 12 英里高的紫外激光束以每秒 333 脉冲发送到太空中，以此作为调整的人工指南。结果观察到的东西比哈勃望远镜看到的都要清晰。

威尔逊山还设置了一个老的 60 英寸的望远镜、一个由南加利福尼亚大学为美国国家航空和宇宙航行局（NASA）运作的 60 英尺的太阳塔，以及一个由加利福尼亚大学洛杉矶分校运作的 150 英尺的太阳塔。一个由 Harold A. McAlister 博士（来自佐治亚州立大学）领导的小组和诺贝尔奖获得者物理学家 Charles Townes 博士（来自加利福尼亚大学伯克利分校）领导的另一小组都在天文台进行“干涉测量法”的测试，使用一列小的望远镜同时收集星光。

McAlister 的团队组装了六个小望远镜来模拟一个拥有 1 100 英尺镜片望远镜的效果，这种大小的镜片不可能被制造出来，但是它探测恒星的细节精密度却可以比哈勃空间望远镜高出 200 倍。Townes 的团队使用一列望远镜以便能够看到在尘云下的星星表面。

你的任务：针对科学类记者为威尔逊山研究院这个由前 NASA 科学家以及天文学著作的作者 Robert Jastrow 博士指挥的包括天文学家、学者以及私人捐赠者的非营利的免税社团写作一份新闻稿。你希望有新闻报道天文台的新活动，这可能会吸引捐赠者。在新闻稿的结尾，邀请记者与 Jastrow 博士和以上提到的科学家一起参加夜晚参观。记者可以现在或者在参观时获得详细的科学数据表。[11]

日常回复

9. 自动应答：Highway Bytes 电脑自动发送的电子邮件信息。你是 Highway Bytes 的客户服务主管，公司向骑自行车的人销售一系列小型的手把式电脑。这种自行车电脑能做从计算速度和旅行路程到显示街道地图的所有事。相当多骑自行车的人喜爱它，但是公司发展得太快以至于你跟

---

⑪ Adapted from John Noble Wifford, “An Old Observatory Finds a New Life,” *New York Times*, 3 July 2001 [accessed on 3 July 2001], www.nytimes.com/2001/07/03/science/03WILS.html.

不上每天接收到的客户服务请求。你的老板不仅想要提高回复速度而且还想要降低人员成本和给技术专家提供足够的时间集中处理最难和最重要的问题。

你刚刚阅读到有关自动回复系统的内容,并且在与老板讨论这项选择之前你快速地浏览了一些文章。人工智能研究者工作了数十年来设计一种能够真正地与客户交谈、提问以及回复请求的系统。今天的一些系统已经拥有了数千种词汇和理解简单语句的能力。比如说,聊天机器人(chatterbots)是能真正模拟人类谈话的自动机器人。(你可以通过访问 www.botspot.com 了解与这种机器人谈话是怎样的,点击 Artificial Life Bots,然后选择 Chatterbots。)

遗憾的是,尽管聊天机器人承载了很多期望,但是人类的沟通太复杂了,以至于需要花费数年时间来完善真正的自动客户服务中介(而且可能证实这是不可能实现的)。然而,最简单的自动化系统叫做自动应答机或按需邮件。它们反应迅速而且一点也不贵。它们没有内置智能模块,所以它们仅将同样的回复发送给接收到的每一条信息。

你向老板解释尽管你接收到的一些信息需要产品专家的注意,但是很多都是简单的直接信息请求。事实上,客户服务人员已经使用三个准备好的附件回复了 70% 的询问电子邮件:

- 自行车电脑安装。就客户首次安装自行车电脑或者将它重新安装在新的自行车上给予建议。大多数情况下,电脑和车轮传感器是直接固定在自行车上而无须调整的,但是某些自行车确实需要额外的调试。
- 自行车电脑检修。提供步骤指导以找出自行车电脑故障的出处。大多数问题都很容易处理,如电池作废或电线变松,但是其他的故障超出了一般客户的解决能力范围。
- 自行车电脑软件升级。告诉客户怎样将自行车电脑与他们家里或办公室里的个人电脑相连接并从 Highway Bytes 下载最新的软件。当你解释你能使目前的电子邮件系统在引入的信息中寻找特殊的词汇并根据找到的词汇做出回复时,老板表现出极大的热情。比如,如果客户的信息中包含词汇"安装",你就可以安排系统回复"自行车电脑安装"附件。这个改装的系统能够处理客户服务小组每周接收的数百封电子邮件中的相当大一部分。

你的任务:首先,列出你想要电子邮件系统寻找的关键词语。你需要具有创造性并且花一些时间查阅辞典。识别所有的能够鉴别信息是属于三个主要范围之一的词汇和词组。例如,词汇"附上"可能暗示着需要安装资料,而"新软件"很可能是表明需要升级附件。

其次,起草三封简短的电子邮件来匹配准备好的附件,解释附件回答了特殊主题(安装、检修或升级)下的最普遍的疑问。信息应该邀请接收者在附件不能解决问题时回复邮件,并且一定要提供电子邮件地址:support2@highwaybytes.com。

最后,起草第四份信息,当新系统不能找出客户所请求的事情时发出此信息。简单地感谢客户的来信并解释疑问将转移到客户服务专家手中并在短期内做出回复。

10. 特别快递员:给老朋友的推荐信。今天你收到一封信,地址是 Non-Stop Messenger Service, 889 Sparks St., Ottawa, Ontario KIA 0G9, Canada。这封信是有关你的一位朋友申请一份工作的。信的内容是:

Kathryn Norquist 申请了我公司的特别快递员职位,并且她将你列为了她的推荐人。特别快递员要把价值相当大的或机密性的材料传送至接收人。这不是一份简单的工作。特别快递员必须有时候保持长达20小时的警惕状态,而且他们不能按照通常“三顿正餐和八小时睡眠”的日常作息,因为他们经常突然就需要作长距离的旅行。有时,特别快递员在有威胁的情况下必须反应迅速果断。

对于这种类型的工作,我们只招聘由公开记录以及他人推荐同时证明的完全诚实的人,推荐人就是像你这样从个人或工作角度了解他们的人。

我们将感谢你的来信,请提供对以下问题的详细回答:(1) 你是在什么情况下认识申请者的并且你们相识多久了?(2) 她拥有什么样的品质使她能胜任特别快递员这个职位?(3) 在她永久地从事这项工作之前有什么品质是需要提高的?

作为敦豪速递公司(DHL)的人力资源副总裁,你知道强有力的个人推荐有多大的价值,而且你并不真正介意 Kathryn 没有和你联络以取得许可将你列为推荐人——那才是 Kathryn。你在圣地亚哥州立大学的大二那年遇见了她,那应该是1994年,并且之后几年你们都是室友。她的毕业学位是新闻专业,并且她的报道都是不留情面的。你从没发现有任何人能有 Kathryn 写作报道时的那种毅力。当然,在写作报道的间隙,她能比你所知道的所有人睡得更久和做的事更少。

在若干年记者生涯后,Kathryn 回到学校拿到了圣地亚哥大学的工商管理硕士学位,并且在那之后你有一段时间失去了她的消息。有人说她加入了美国联邦调查局(FBI)或者是中央情报局(CIA),你真的不太清楚。但你收到过几张来自巴黎的明信片和一张来自马德里的明信片。

两年前,你和 Kathryn 见面吃饭。仅在当晚,她就去了婆罗洲和她的一位在国家地理杂志工作的摄影师朋友“做下一件事”了。去年你读到关于正在收缩的猩猩栖息地的文章。文章非常有力度。

尽管你没有资格对 Kathryn 的事业成就作太多评论,但是你确实可以推荐她的活力和热情、她集中精力完成任务的能力、她对道德规范的奉献,以及她的风格。不管是挖掘执政腐败或者在婆罗洲的丛林中跋涉,她总是坚定不移——富有组织性、彻底、可敬。你不确定她的自由精神能否胜任特别快递员,并且你也想知道她对这个工作是否有点资历过高。但是就你对 Kathryn 的了解,你确信她在真的想要从事这项工作时才会提出申请。

你的任务:提供任何你能想到的细节,尽可能地向 Non-Stop Messenger 的人力资源专员 Roscoe de la Penda 写作一封支持你朋友的推荐信。

11. 网罗人才:Clovine 推荐晋升的备忘录。你很享受在 Clovine 的女士运动装经理一职,Clovine 是一个位于南佛罗里达州的发展中的中高档连锁百货公司。你特别喜欢推荐某人的晋升。今天,你收到了来自女工服装的采购负责人 Rachel Cohen 的备忘录。她正在为 Clovine 的女士运动装部寻找一位聪明且有闯劲的助理采购员。Clovine 倾向于内部提升,并且 Rachel 要求所有的经理和主管提出可能的候选人。你正好有她要找的人。

Jennifer Ramirez 是公司在迈阿密的重要设计师运动装精品店的店员,并且她引起了你的注意。她反应迅速、友好,并且善于估量消费者的偏好。而且,在最近的部门会议上,她对南佛罗里达州的新潮流做出了很好的评论。

你的任务：给女士服装的采购负责人 Rachel Cohen 写备忘录，推荐 Jennifer Ramirez，并评价她获得提升的资格。Rachel 可以到人力资源部核实 Jennifer 的教育和工作经历；你主要感兴趣的是对 Jennifer 的提升潜力表达正面感想。

12. 放松：回复 Organizers Unlimited 网站设计师的电子邮件。当 Organizers Unlimited 的所有者 Kendra Williams 想要创办一个网站来销售她的 Superclean Organizer 时，她要求她的助手——你去找一个设计师。经过一段时间的调查，你找到了三个优秀的设计师。Williams 选择了 Pete Womack，他的简历给你们留下了深刻印象。现在，他用电子邮件发送来了他的首次设计计划并且 Williams 不太满意。

"我讨厌混乱的网站！"她爆发了。"这个主页有太多的图片和动画。他用了至少数兆字节弹跳的棉花球和乱跑的肥皂！可能他很聪明，但是这不是我们想要的！如果主页需要太长时间加载，消费者就不会一直等着，我们也将会失去销售机会。"

Williams 不喜欢混乱正是最开始给予了她开发 Superclean Organizer 灵感的东西，一个用来整理浴室用品的整洁设备。

你的任务：Williams 说："你找到他，现在你可以告诉他他的设计错在哪里。"在你给 Womack 写电子邮件解释你们需要一个更简洁的主页之前，阅读 www. sitepoint. com 上提供建议的文章。在主页上，在"Before You Code"下选择"Site Planning"，并在"Design and Layout"下选择"Design Principles"。使用这些想法来支持你的信息。[12]

13. 是的，我们生产紫色的产品：来自 Lands' End 的即时通信。当服装零售商 Lands' End 为它的 2 500 位电话服务代表提供在新的即时通信系统"Lands' End Live"中进行训练的机会时，你欣然接受了这次机会。由于有如此多的志愿者愿意接受新的训练以至于公司不得不优先选择几百个工作时间最长的员工。你是众多幸运者中的一员。

现在你已经练习了几个月来回答类似你刚收到的来自名叫 Alicia 的客户的问题的信息。她想要知道她能否定制一条红色的 Polartec Aircore-200 围巾——不要标准的对比色小麦色的线，而要渐变的紫色线，作为送给她丈夫的礼物，她丈夫最喜欢的颜色是红色和紫色。

在网站上，Lands' End 承诺"如果技术限制允许"满足非标准化的定制请求。你快速地核实了信息并做出肯定的回复，她的丈夫将得到在红色背景上有亮紫色他名字首字母的产品。

你的任务：给 Alicia 写作即时通信回复信息，告诉她这个好消息。[13]

---

⑫ Adapted from Dylau Tweney, "The Defogger: Slim Down that Homepage," *Business 2.0*, 13 July 2001 [accessed 1 August 2001] www. business2. com/articles/web/0,1653,16483,FF. html.

⑬ Adapted from Davide Dukcevich, "Instant Business: Retailer Lands' End Profits from Online Chat," Forbes. com, Special to ABCNEWS. com, 29 July 2002 [accessed 21 July 2003], http://abcnews. go. com/sections/business/DailyNews/forbes_landsend. com; Lands' End website [accessed 5 December 2003 [www. landsend. com; Forbes. com staff, "Instant Messaging at Work," Forbes. com, 26 July 2002 [accessed 21 July 2003], www. forbes. com/2002/07/23/0723im/html; Tischelle George and Sandra Swanson with Christopher T. Heun, "Not Just Kid Stuff," *InformationWeek*, 3 September 2001 [accessed 21 July 2003], www. informationweek. com/story/IWK20010830S0030.

正面信息

14. 利用好消息:用博客公告一个享有盛誉的专业奖项。当你们为新 PictureMate Personal Photo Lab(www. epson. com/picturemate)发起的沟通活动获得了由美国公共关系协会颁发的享有盛誉的银砧奖时你和你的 Epson 公共关系部员工都感到非常高兴。现在你要通过与公司其余的人共享这个好消息来鼓励一下你的团队。

你的任务:为公共关系部的博客(一个全公司的人都能看到的博客,但公司以外的人却看不到)写作一段式的信息来公布这个奖项。注意作为公共关系部的经理不要"只鼓吹自己",并且要利用这个机会感谢公司其他员工设计并生产了如此创新的产品。[14]

15. 我们的同情:给 Aetna 保险员的哀悼信。作为位于加利福尼亚胡桃溪市的 Aetna Health Plans 的保险部主要管理者,你正面临一个困难的任务。Hector Almeida 是你最好的保险员之一,他在最近的一次车祸中失去了他的妻子(他和他十几岁的女儿那时没有和她在一起)。因为你是老板,这个团结的部门的每一个人都希望你来表达团体的同情和关心。

有人提议用一个简单的每人签名的慰问卡,但是这样对和你们一起工作了将近 5 年的人来说显得太不人性化了。所以你决定代表整个部门的人写一封私人的哀悼信。你在一些公司典礼上见过 Hector 的妻子 Rosalia,然而你主要是通过 Hector 频繁地提到她而认识她的。尽管你不太了解她,但是你知道关于她的一些重要的事,这是你可以在信中提到的。

现在她去世了。但是如果人人都能渡过这个难关,Hector 也可以。不管会有什么障碍,他总是下定决心完成工作,并且他总是以乐观的态度对待工作。这就是为什么办公室里的每个人都喜欢他。

你还计划建议他何时恢复工作比较好,他可能需要将他的日程表往前提一个小时,这样他可以在放学后多陪陪他的女儿 Lisa。这是你能为他们在这段调整期提供的帮助,以使得他们过得轻松一些。

你的任务:给 Hector Almeida 写信,他住在 47West Ave. #10, Walnut Creek,CA 94596。(可以自由编写你需要的所有细节。)[15]

---

[14] Public Relations Society of America website [accessed 18 June 2005] www. prsa. org.

[15] Adapted from Mitchell, "The Circle of Life—Condolence Letters," LiveandLearn. com; Donna Larcen, "Authors Share the Words of Condolence," *Los Angeles Times*, 20 December 1991, E11.

第 8 章　负面信息的写作

学习目标

学完本章后,你将能够:

1. 应用负面信息的三步写作法
2. 解释直接法和间接法对负面信息的区别,包括其适用时机
3. 识别使用间接法的风险并解释如何规避
4. 使负面信息适应内部受众和外部受众
5. 定义诽谤并解释如何在负面信息中避免使用诽谤
6. 解释危机管理中沟通的角色
7. 列出向求职者传达负面信息的三个原则并简要解释

工作进行时

毕马威的沟通

道歉具有良好的商务意义吗?

从个人生活中你可以看出道歉是一项复杂的沟通挑战。当某个人向你道歉时,是接受,还是拒绝,或者是分析一下别人为什么要道歉? 此外,当你向别人道歉时,你道歉的动机是什么? 当你说"对不起"时,是真的感到抱歉还是仅仅希望摆脱麻烦? 你有没有为某事道歉结果却带来更多麻烦的经历?

当企业犯了错误时,它们面临同样的困境和同样来自受众的怀疑。一种思想流派认为在我们这个喜欢诉讼的社会中,企业不能道歉。因为道歉就意味着承认错误,在法律诉讼中可能被用来反驳他们。但是,现在出现的另一种流派认为道歉的风险比我们想象的要低,并且法院也倾向于对已经表示懊悔的企业展现宽容。

2005 年,当美国国税局裁决毕马威公司正为它的一些大客户提供的避税建议是违法的,这个大的会计事务所就面临着这样的困境。(避税是指主要为了减少投资者的总税务负担而创造的一种投资机会。)在毕马威的案例中,赌注是巨大的。它不仅面临着来自司法部的一项犯罪调查,而且面临着来自单个客户控告公司鼓励它们违法的多重诉讼。就在几年前,毕马威的原竞争者安达信公司为客

户所做的会计方面的工作被宣判有罪。这一事件导致安达信公司的破产和85 000人失去工作。

事实上,毕马威面临着双重困境。如果它通过道歉而努力避免刑事诉讼,那么在那些个别客户的民事诉讼案件中,就可以用其所承认的错误来对其进行攻击。

显然毕马威认为承担刑事指控会更危险,于是在一篇新闻稿中做出了以下声明:"毕马威公司为以前合作者的违法行为负全部责任……我们对此深感抱歉。"道歉看上去是有帮助的,因为通过同意支付近5亿美元的罚款和放弃避税业务,公司避免了刑事起诉。而毕马威公司的认罪也受到了个别客户代理律师的欢迎。其中一位律师说道:"真是太好了!很明显,这对我们非常有利。"这些诉讼可能要拖延好几年,只有时间可以告诉我们道歉对公司到底有多大帮助。①

www.us.kpmg.com

8.1 负面信息的三步写作法

你需要像毕马威公司那样发布信息的机会是很小的,但传递其他形式的负面信息却是所有商务人士的一种真实生活。从拒绝求职者到告知客户延迟交货再到拒绝演讲邀请都包括负面信息。

当需要传递坏消息时,一般有五个目的:(1)传递坏消息;(2)让坏消息获得接受;(3)与受众尽可能保持友好关系;(4)为所属组织维持良好形象;(5)如果合适的话,减少或消除进一步通信的必要(有些情况下,要鼓励讨论)。在一个消息中达到五个目的无疑是很多的。但是通过学习一些简单技巧和以下的三步写作法,你可以写出能够减轻每个相关人员压力的负面信息,而且能提高传递效果。

8.1.1 第一步:信息的计划

在计划负面信息时,不能回避一个事实,那就是受众并不想听你要说的话。为了减小对商务关系的损害并鼓励受众接受信息,你应该对状况进行仔细分析从而更好地理解接收者处理信息的情境。

确保彻底地考虑所要表达的目的——是简单的(比如拒绝求职者)还是复杂的(比如起草一份负面的绩效评价,在评价中不仅要将过去的业绩反馈给员工,还要帮助其制订一个能够改进以后业绩的计划)。类似的,受众的背景在某些情况下是简单明了的(比如拒绝一个贷款申请),在另外一些情况下又会非常复杂(比如告知一个商业伙伴你已经决定中止合作关系)。

带着头脑中清晰的目的和受众的需要,来识别和搜集为了让受众能够理解和接受该消息所需的信息。负面信息对接收者的影响可能非常巨大,在很多情况下,接收者有权要求对答案做出进一步的解释(但不是所有情况下都会这样)。例如,如果工作最努力的一个员工要求升职,但是公司却并不认为她的业绩值得这么做,你可以详细解释努力工作和产出结果之间的区别来帮助她接受信息。

传递负面信息时选择正确的媒介至关重要。例如,如果用语音邮件来拒绝一个长期员工的升

---

① "Inside the KPMG Mess," *BusinessWeek*, 1 September 2005 [accessed 1 September 2005] www.businessweek.com; KPMG Careers website [accessed 19 August 2005] www.kpmgcareers.com: "KPMG LLP Statement Regarding Department of Justice Matter," press release, 16 June 2005 [accessed 19 August 2005] www.us.kpmg.com; "KPMG May Avoid Indictment as U.S. Pushes Settlement, People Say," *Bloomberg.com*, 4 August 2005 [accessed 19 August 2005] www.bloomberg.com; "KPMG Offers Apology Over Illegal Tax Shelters." *Boston Globe*, 17 June 2005 [accessed 19 August 2005] www.boston.com; Jeff Bailey and Lynnley Browning, "KPMG May Dodge One Bullet, Only to Face Another." *New York Times*, 21 June 2005 [accessed 19 August 2005] www.nytimes.com.

职要求，可能会破坏工作关系。既然员工肯定有一些重要问题要问，你也想安慰其受伤的感情，在这种情况下，一个面对面的会谈将是最佳选择。但是，如果公司在一个月内收到了 10 000 个信贷申请，则不可能对每个被拒绝的申请采取一对一会谈的形式。这时，一封限制回复权限的书信将是比较好的选择。如果不能确定传递信息的最好方式，可以回顾第 4 章中的媒介选择方法。

在负面信息中明确你的中心思想通常比简单地说"不"更复杂。例如，回复那个要求升职的努力工作的员工时，你要传递的信息远远超过简单地说"不"，还要向她解释如何通过更加灵活地工作而非光靠努力来提高业绩。另一方面，应限定你的信息范围并仅仅传递受众需要的信息。比如，在拒绝贷款这种场合下就不适合向客户宣讲好的金融习惯。

8.1.2　第二步：信息的写作

在针对受众写作负面信息时，要强化写作的有效性和策略性；毕竟，受众不想听到负面信息并可能强烈地反对你。要学会换位思考，努力用礼貌的语言突出正面效应，并且确保你的用词没有偏见。更多的建议请见本章的"适应受众"部分。

如果你还没有建立对受众的可信度，就展示出你作决策的资格。那些认为你不可信的受众更有可能对决策提出挑战。要注意树立和保护企业形象；如果不够小心，一个负面回答就可能造成受众对公司的反感。

当你使用表示尊敬或避免遣责的语气时，你保护了受众的自尊心。这种沟通礼仪是非常重要的，但在负面信息中使用时要特别谨慎。此外，你可以用正面的语言来缓解受众的失望情绪（见表 8-1）。

表 8-1　选择正面语言

负面措辞举例	可供选择的正面措辞
你的要求没有任何意义。	请阐明你的要求。
损坏的部分需要一周才能修好。	零件下周将被修好。
虽然不是我们的过错，但您的订单将不可避免会有延迟。	我们从供应商那里一收到铝就立刻处理您的订单，这批铝预期 10 天内到货。
很明显你并不满意。	我们正尽全力处理这些事情。
我对误解感到很抱歉。	从现在开始我将尽力使表达更加清晰。
知道您不高兴我很震惊。	谢谢您在购物时跟我们分享对所受到的服务的看法。
很不幸，我们还没有收到订货。	订货尚未到达。
附言是错的。	请重新核对附言。

相比其他类型的商务写作，你可能需要花更多的时间来选择负面信息的词语、句子和段落。负面信息的受众经常通过寻找文意中敏感阴暗的部分、挖掘推理中的漏洞或其他方式来挑战你的决策。通过清晰易懂的写作手法，可以减少坏消息带来的不快，帮助受众接受决策并继续前进。

8.1.3　第三步：信息的完成

在信息的完成阶段，你仍然要关注细节。修正信息的内容来确保各项都是清晰、完整和简练的，要意识到受众在对负面信息的反应上即使是很小的缺陷也会被放大。

制作整洁专业的文档,并且通过仔细校对来消除错误。最后,尤其要确保负面信息被迅速而成功地传递出去;光是等待坏消息就已经够难熬的了,更不用说还要担心信息是否丢失。

8.2 展开负面信息

使用三步写作法来展开负面信息时,记住以下几点将有助于迅速创建有效的信息。第一,在组织信息要点之前,选择直接法还是间接法至关重要。第二,在真正开始写作信息之前,应对文化差异或内外部受众间的差异保持敏感。第三,要体现出以受众为中心的精神,确保维持较高的伦理标准。

8.2.1 选择最佳方法

甚至不用考虑,你就可能已经在日常生活中使用直接法或间接法来传递负面信息了。如果你直接告诉某人一个坏消息,你使用的是直接法。如果你在传递坏消息之前试图通过轻松的谈话方式来缓和坏消息带来的影响,你使用的是间接法。很有可能在很多情况下你已经培养出了一种直觉来决定使用哪种方法。在商务写作中,不论何时传递坏消息都要作一个类似的选择;然而,不是在所有情况下都有明确的指导方针来帮助你进行选择。有些研究者甚至认为组织信息的方式还不如采取一种私人的语气重要。② 尽管如此,仍然要对采取直接法还是间接法做出选择。作选择时可以问自己以下几个问题:

- **坏消息会不会是一个打击?** 直接法适用于人们已经认识到接收到坏消息的可能性的商务场合。你知道你不大可能通过每次求职面试或抓住每次销售机会,客户知道订单有时会延误或出错。但是,如果要传递的坏消息对受众来说可能是个打击,就要用间接法帮助他们做好心理准备。
- **受众是否更喜欢切题的短消息?** 如果你的老板喜欢切题的短消息,那么,即使是传递坏消息,直接法仍是最佳选择。如果不知道受众的偏好,就参考所列的其他问题来选择。
- **这个消息对受众有多重要?** 对次要或日常的情况,直接法几乎总是最佳选择。如果客户想要的一本绝版书在亚马逊网站上找不到,亚马逊会发送一个简短的电子邮件来直接说明这一事实。但是,如果受众在这件事上投入了情感或者结果对受众相当重要,间接法一般是最佳选择,因为它可以让受众更容易接受你的负面信息。
- **是否需要跟受众保持紧密的工作关系?** 当传递坏消息时,要注意人际关系。间接法更容易缓和坏消息带来的打击,因此如果需要同受众保持良好关系,它是比较好的选择。
- **是否需要获得受众的注意?** 如果受众忽视了你发送的信息或者你的信息被成百上千的电子邮件、即时通信和备忘录淹没了,直接法可以帮你获得他们的注意。事实上,写得很糟糕的间接信息会使坏消息变得模糊,这可能是导致受众忽视你信息的首要原因。
- **你的组织偏好什么样的风格?** 一些企业有其独特的沟通风格,从强硬的、直接的到温和的、间接的都有可能。大多数情况下,组织中的人们希望每个人都能遵守这一风格。但是,跟预期相反的行

---

② Carol David and Margaret Ann Baker, "Rereading Bad News: Compliance-Gaining Features in Management Memos," *Journal of Business Communication*, October 1994 [accessed 1 December 2003] www.elibrary.com.

为有时却能以一种戏剧化的方式吸引人们的注意力。可口可乐公司的首席执行官 E. Neville Isdell 想让公司内外部的人员都知道公司销售额的持续下滑不仅仅是由于暂时性的市场因素所导致的，他发表了一个语气强硬的声明，他说公司正遭受着“人员赤字和技能赤字”的双重灾难。[③]

• **你想要多少进一步的沟通？** 如果不希望从受众那里得到反馈，直接法能够更有效地表示传递信息的最终性。但是，如果在宣布决策之前用间接法列出理由，就为受众的进一步反馈敞开了大门——有时候这可能是最佳策略。例如，你拒绝了一个项目小组的资金要求，在当前掌握的信息基础上，最好请这个小组提供任何能够鼓励你重新考虑你的决策的新信息。

有效地使用直接法　用直接法传递负面信息时，以坏消息开头，进一步阐明事件的原因或决策，最后以跟受众保持良好关系为目标的正面陈述结尾（见图 8-1）。鉴于具体情况，信息中也可能提出了可供选择的办法或是适合当前讨论情况的一个行动计划。在开头声明坏消息有两个好处：（1）有利于写成较简短的信息；（2）可以让受众花更少的时间理解信息的大意。

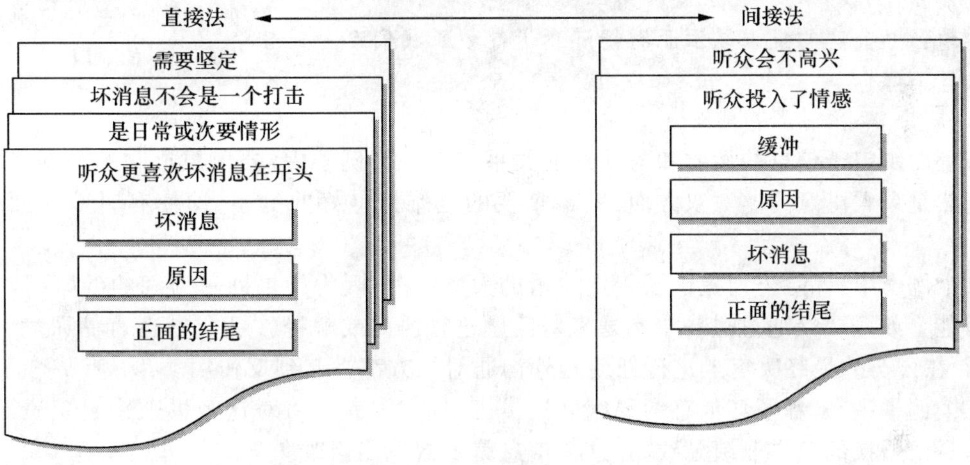

图 8-1　选择负面信息的间接法或直接法

开头明确阐述坏消息　不管是相对次要（比如告诉供应商你正计划以后减少订单的规模）还是重要的事情（比如告知员工前一个季度的收入下降了），都直接说出来。即使这个消息是具有破坏性的，也要保持一种冷静、专业的语气将焦点集中在信息上而不是个别失败上。另外，如果有必要，可以提醒受众你写这则消息的原因。

请修改我们对 FL-205 装运箱的固定订单，从每月 3 000 个调整到每月 2 500 个。	← 要提醒受众你们公司有一份固定订单，并且立刻宣布这个变动
Transnation 人寿保险公司不同意您对 SafeNet 定期人寿保险的申请。	← 要提醒受众他或她在你们公司申请了人寿保险，并且宣布你的决定
尽管上一季度每人都已尽了最大努力来完成更多的销售额，但收入还是比去年的第三季度低了 14 个百分点。	← 即使是直接传递坏消息，也先对员工予以肯定来减弱坏消息的影响

③　Chad Terhune, “CEO Says Things Aren't Going Better with Coke.” *Wall Street Journal*, 16 September 2004, A1, A10.

注意第三个例子如何在直接传递坏消息的情况下还能成功地减弱坏消息的影响。在上述三个例子中，信息接收者不用阅读坏消息的原因就能直接获得这一消息。

提供原因和附加信息 大多数情况下，在直接的开头后面将紧接着解释为什么信息是负面的。

请修改我们对 FL-205 装运箱的固定订单，从每月 3 000 个调整到每月 2 500 个。**FL-205 将继续满足我们药品包装的需求，但我们那条产品线的销售额已经稳定了。** ← 让受众安心，相关产品仍然是令人满意的，只不过不再需要同样的数量了

Transnation 人寿保险公司不同意您对 SafeNet 定期人寿保险的申请。**SafeNet 项目对健康史有明确要求，您的申请不符合条件。** ← 大概解释申请被否定的原因，并不鼓励进一步的沟通

尽管上一季度每个人都已经尽了最大努力来完成更多的销售任务，但收入还是比去年的第三季度低了 14 个百分点。**各地区办公室的报告显示亚洲经济衰退导致了我们产品需求量下降。** ← 让受众知道消息为什么是负面的并让他们安心，工作业绩并不是坏消息的原因

解释程度决定于信息的性质和与受众的关系。第一个例子中，公司想让它的长期供货商确信其产品仍然是令人满意的。对双方而言，最重要的是维持良好的关系，即使有时双方面临的是负面情况。

第二个例子中，保险公司提供了否定申请的大概原因，因为如果列出详细的健康问题（比如糖尿病），可能会鼓励受众通过进一步沟通来对问题进行协商或解释（“我父亲也有糖尿病，却活到了 84 岁”）。在公司的最终决定上进行任何额外沟通对双方都将起到反作用。

第三个例子中，解释了坏消息的原因并让员工安心，没有人将对这个失败亲自负责。当然，如果坏消息是由糟糕的工作业绩导致的，这个信息就要被适当修改。

有些情况下，在解释之后，说明如何计划纠正或回应负面信息会是一个不错的主意。比如，在销售额下降的案例中，接下来可以告诉员工你打算增加广告来帮助促进销售。另外，也可以征询员工的想法。任何情况下，受众都希望知道他们该如何回应负面信息，因此额外的信息将会有所帮助。

有时你可能会碰到一些特殊情况，在这些情况下，解释负面信息既不合适也没有帮助。例如，原因是机密性的、非常复杂的或者跟受众无关的信息。这时要想与受众保持友好的工作关系，你可能需要解释一下为什么你无法提供这些信息。

传递坏消息时，是否应该道歉？在本章开头提及的毕马威公司的案例中，答案并不像有些人认为的那么简单。“道歉”这一概念很难下定论。对有些人来说，道歉仅仅是表达对发生在另一个人身上的不幸的同情。在另一种极端情况下，道歉却意味着承认过失并且要对具体的赔偿或纠正负责，以弥补过错。

有些专家甚至建议公司永远不道歉，即使知道自己的确犯了错误。因为道歉可能被看做是对罪行的承认，从而会成为法律诉讼中反驳公司的证据。这也是毕马威在决定如何应对一些公司员工的非法行为时所面临的两难境地。但是，美国的很多州都有专门的法律规定，防止表达同情被用做法律责任的证据。事实上，法官、陪审团和原告更倾向于原谅那些对遭遇方表示同情的公司；而且，道歉也有利于挽回公司的声誉。最近，有些检察官已经开始逼迫高级管理人员公开承认罪行并且

道歉,以此来作为刑事案件判决的一部分,这不同于只交罚款而拒绝承认过错的一般策略。④

遇到重大失误或事故时,最佳建议是立刻诚恳地表示同情并提供帮助,如果可以,不用承认罪行,然后在详细阐述之前寻求公司律师的建议。就像最近一份调查所总结的那样,"道歉的风险很低,潜在的报酬却很高。"⑤

以积极的语气结尾　对负面信息做出解释之后,以一种积极的但仍然诚恳尊敬的方式结尾。

请修改我们对 FL-205 装运箱的固定订单,从每月 3 000 个调整到每月 2 500 个。FL-205 将继续满足我们药品包装的需求,但是我们那条产品线的销售额已经稳定了。**我们感谢你们继续为我们提供良好的服务并且希望与你们合作。**

增强你和受众的关系,给出对将来的积极展望,但不用过度承诺回复到以往业务的水平

Transnation 人寿保险公司不同意您对 SafeNet 定期人寿保险的申请。安全网条款对健康史有明确要求,您的申请不符合条件。**祝您能成功找到另一家愿意为您提供此项保险的公司。**

以一种有礼貌的语气结尾,表示知道人寿保险对受众非常重要,但也要清楚地说明公司的决定是最终性的

尽管上一季度每个人都已经尽了最大努力来完成更多的销售任务,但收入还是比去年的第三季度低了 14 个百分点。各地区办公室的报告显示亚洲经济衰退导致公司产品的需求量下降。**但我仍然相信,我们能为客户提供最好的产品,并且将继续在关键市场上探索能促进销售的方法。**

通过让读者知道公司计划改变这种情况来让读者对这一消息做出反应,即使目前这个计划尚未明确

注意三个例子是如何既快速高效地传递负面信息又避免了不恰当的不尊重语气或过度道歉的。如果可能,考虑一下给受众提出可供解决的办法。比方说,你知道另一家保险公司有满足更高风险的政策,可以提醒受众试一下这个机会。

有效地使用间接法　通过先说明理由,间接法可以帮助受众做好接受坏消息的心理准备。但这并不是说间接法就意味着要模糊、拖延坏消息或者限定责任,而是指这种方法的目的在于减弱坏消息的打击并帮助受众接受它。如果使用不当,间接法可能显得不礼貌甚至不道德。但是如果使用恰当,它便是一个很好的换位思考式的既注重伦理又注重礼仪的沟通案例。

以缓冲开头　使用间接法的第一步是有一个缓冲,一个跟信息要点密切相关的中性的、无争议的声明(回顾图 8-1)。缓冲要跟受众建立共同点;并且,如果是在回应受众的请求,那么缓冲可以确认这一请求。有些批评家认为使用缓冲是操纵性和不道德的,甚至是不诚实的。但是,只有虚伪的或欺骗性的缓冲才是不道德的。体谅他人的感受不能被称为不诚实。

糟糕的缓冲会使受众关注的事情变得琐碎,可能将受众的注意力从问题转移到虚伪的奉承或无关的东西上,也可能让受众误以为信息中实际包含了好消息。另一方面,如果你正在回复一个

---

④　Ian McDonald, "Marsh Can Do $600 Million, But Apologize?" *Wall Street Journal*, 14 January 2005, C1, C3; Adrienne Carter and Amy Borrus, "What If Companies Fessed Up?" *BusinessWeek*, 24 January 2005, 59—60; Patrick J. Kiger, "The Art of the Apology," *Workforce Management*, October 2004, 57—62.

⑤　Ameeta Patel and Lamar Reinsch, "Companies Can Apologize: Corporate Apologies and Legal Liability," *Business Communication Quarterly*, March 2003 [accessed 1 December 2003] www.elibrary.com.

请求,一个好的缓冲能够表达对受众信任的感激,让受众确信对其请求的关注或说明对其需求的理解。一个好的缓冲还要态度真诚且紧扣主题。

下面的例子是给一个采购部经理的回复,他请求从你的部门临时抽调一些员工去帮忙(这个请求不能得到满足):

我们部门在快速高效处理订单上与你们有共同的目标。 ←	跟受众建立共同点并确认那些受众关注的因素,但没有给出正面的答案
由于最近的裁员,公司每个部门的运行都人手不足。 ←	跟受众建立共同点,但以一种负面的方式,没有重视受众所关注的因素
你们的员工在那里做非常重要的工作,我很乐意提供帮助。 ←	潜在地误导了受众,让他们以为你将满足这一请求
那些新的政府劳动规定快把我逼疯了,你们部门的情况怎么样? ←	以一个不相关的话题开头,使受众关注的事情变得琐碎

这些缓冲中只有第一个可以被看做是有效的,其他三个都可能会破坏你和那个经理的关系,并可能降低他对你的评价。表 8-2 列举了几种有效的缓冲,你可以用来为负面信息做有技巧的开头。

表 8-2 缓冲的类型

缓冲类型	策略	举例
同意	找出你和受众观念的相似点。	我们都知道在这个行业赚钱有多难。
感激	对收到某物表示诚恳的谢意。	您 127.17 美元的支票昨天已经收到。谢谢您!
合作	表示愿意在条件允许下提供任何帮助。	员工服务机构是给所有为公司目标奋斗的人铺路的。
公正	让受众确信你认真考虑了这个问题,或者提及已采取的恰当行动。	上周我们对影印机的使用进行了监控,想查出导致了它频繁出现故障的原因。
好消息	以信息中较令人高兴的部分开头。	符合您要求范围的一个替换门把手正在途中,通过 UPS 于 2 月 10 日装运。
赞扬	找出一种特征或一项成就进行称赞。	Stratford 集团无疑在帮助客户解决财务报告问题方面有着令人印象深刻的成就。
转售	支持性地讨论与信件主题有关的产品或公司。	凭着重型全悬部件和良好的饰面,我们 Montclair 生产线的办公桌和文件柜已经在有价值意识的专业人士这一市场上获得了成功。
理解	证明你理解受众的目标和需要。	附上一本描述所有目前可买到的松下打印机的小册子,以便您能更容易地找到符合您需求的打印机。

考虑到糟糕的缓冲可能带来的危害,在发送缓冲前应仔细考虑一下。它是有礼貌的吗?是切题的吗?是中性的吗?它能否为接下来的原因提供平稳的过渡?如果你能对每个问题都回答"是",那么你就可以自信地继续信息的下一部分。但是,哪怕意识到缓冲听起来有一点虚伪性或误导性,你可能就需要重写。

提供原因和额外信息 一个有效的缓冲可以作为信息中下一部分的垫脚石,在此之上可以使接下来的解释和其他信息达到最佳效果。这里你提供的信息与间接法的类似,都取决于受众和当时的情况,但是你描述信息的方式与直接法不同,因为你的读者还不知道结果。

一个理想的解释部分会在没有明确说出结论之前将受众引到结论上去。换句话说,在实际拒绝之前,受众已经跟着推理的思路知道了答案。有效地给出理由有助于将焦点保持在自己可掌控的话题上,并可以缓和总是伴随重大坏消息而来的不良情绪。

在列出理由时,从最正面的几点开始,然后逐渐增加负面的部分。为了让受众理解你的理由,应该给出足够多的细节,但注意要简练,一个冗长的拐弯抹角的解释只会让受众失去耐心。你的理由要能够让受众确信该决定是合理、公平和合乎逻辑的。

如果合适,可以利用解释部分来说明为什么这个负面信息实际对受众可能是有益的。假设你在一家跨国公司工作,该公司想雇一个广告代理来支持公司在很多国家的办事处。你收到了一个代理商的提案,但该代理商只在其中一国设有办事处。你可以解释说不想麻烦代理商经常进行国际出差。但是,要谨慎地使用这种技巧,因为它暗示受众一开始就不应该要求好处或机会(而这些恰好是他们最看重的东西),所以容易造成对受众的侮辱。

避免隐藏在公司政策的后面来缓冲坏消息。如果你说"公司政策禁止我们雇用任何不足两年管理经验的人",这暗示着你不会从个人价值方面去考虑任何人。有技巧的和有同情心的沟通者在解释公司政策时不会提到这是"政策",以便让受众在以后尽量满足这个要求。考虑一下对员工的这个答复:

> 因为这些管理职位非常具有挑战性,所以人事部已经调查了胜任的条件。结果显示有两条最重要:工商管理学士学位及至少两年的管理经验。

←向受众解释这个决定是在系统分析了公司的需要之后做出的

←在公司决定之后说明标准依据,让受众知道这个职位需要什么条件

这一段很好地阐述了拒绝的理由:

- 它为拒绝提供了足够详细且合理的依据。
- 它暗示申请者最好停止他(或她)可能失败的行为。
- 它合理地而不是武断地解释了公司政策。
- 它并没有为这个决定表示歉意因为没有人犯错。
- 它避免了对个人的负面表达(比如"你不符合我们的要求")。

即使是正当的、慎重考虑过的理由也不一定能让各种情况下的每个受众都信服,但如果你能很好地列出理由,那么你就至少做到了向受众解释消息的大意即这个负面信息到底是什么。

接下来明确阐述坏消息　现在已经列出了详细、合情合理的理由,受众心理上也准备好接受负面信息了。但是,如果不仔细处理坏消息,也许受众仍然会拒绝该信息。尽可能清晰、友善地拒绝他人时有三个技巧非常有用。

第一,弱化坏消息:

- 最小化用于坏消息的篇幅和时间,而没有使信息变得琐碎或者保留了重要信息。
- 使坏消息在复句或合句中居于次要位置("我的部门人手不足,所以我们全体员工至少在两个月内要全部到齐")。该结构把负面信息推到了句子中间,这是强调最少的地方。

- 将负面信息插到段落中央或利用插句的表达方式（“我们的利润——正在减少——只是现状的一部分”）。

但是，要记住弱化坏消息也会带来弊端。例如，如果信息的重点是利润正在减少，那么将负面信息藏在句子中间以使其边缘化就是不恰当的。应清晰地阐明负面信息，然后平缓过渡到能使整体得到平衡的正面信息上。

第二，利用条件陈述（“如果”或“当……时”）来暗示受众可能已经收到或某天可能收到一个满意的回答（“当你有了更多管理经验时，欢迎再来申请”）。这样的措辞可以激励申请者提高自身条件。

第三，强调你能做的和已经做了的，而不是你做不到的。可以说“我们通过专卖零售商进行销售，离您最近的销售点在……”，而不是说“我们无法给您供货，请去离您最近的销售点购买”。同样，通过暗示坏消息，你可能就不用再说明实际情况了（“五个招聘职位已经被符合条件的人占满了”）。通过使受众关注的焦点集中在正面信息上并对负面信息进行暗示，可以减轻负面信息对个人的影响。

在对负面信息进行暗示时，要确保受众理解整条信息——包括负面的信息。对负面信息有所保留或过分强调正面信息都是缺乏道德的行为，对受众也不公平。如果一条暗示性信息可能导致不确定性，那就用直接的措辞来陈述你的决定。只是一定要避免过分生硬的措辞，否则很可能会引起对方的痛苦和反感。

替换前	替换后
我必须拒绝您的请求。	您需要我的那天我可能在外地。
我们必须拒绝你的申请。	职位已经满了。
我不能批准你的请求。	如果您已经建立起……，可以再联系我们。
继续进行这个项目我们承担不起。	项目将于 5 月 1 日终止。
尽管我想参加……	预算会议结束得太晚，我参加不了。
我们必须拒绝你们的提案。	我们已经接受了 AAA 建筑公司的提案。
我们必须拒绝您的延期申请。	请于 6 月 14 日之前寄出您的货款。

以积极的语气结尾 与直接法相比，间接法的结尾是一个强调对受众尊敬的好机会，即使你刚刚传递了令人不愉快的消息。结尾时要表达最诚挚的祝福而不是虚伪的乐观。如果能找到对客户有积极意义的信息，一定要把它添加到结论中（比如，可以给客户提几条可供选择的建议，或者对客户和潜在客户来说，在结尾包含一些转售信息或促销方案也是合适的），但不要假装负面事件没有发生或这些事件不会影响到受众。如果让读者在两种方法中选择或决定采取某些措施，要确保他们知道要做什么、何时去做以及如何去做。不管用什么类型的结论，应遵循以下几条原则：

- **避免给出负面的或不确定的结论**。不要提及、重复或为负面信息道歉，也不要对你的理由会不会被接受表示出怀疑（不要使用诸如“我相信我们的决定是令人满意的”之类的话语）。
- **限制进一步联系**。只有想与对方进一步探讨决定时，才可以鼓励对方进行额外的沟通（如果不想，不要写“如果您还有其他问题，请给我写信”）。
- **对未来要乐观**。不要预期会发生的问题（避免使用诸如“若您还有其他问题，请与我们联系”之类的话）。
- **要真诚**。处理坏消息时，避开那些不真诚的陈词滥调（如果不能提供帮助，不要说“如果有什么我们可以帮忙的，请联系我们”）。

• **要自信**。不要显示出你对能否留住对方作为客户的怀疑（避免使用诸如“我们希望您能继续与我们合作”之类的话）。

最后，记住结尾是让受众记住你的最后一部分内容，尽量给对方留下一个好印象。

8.2.2 适应受众

比起其他商务信息，负面信息更要求能抓住受众关注的焦点，并且要对受众的需求尽可能敏感。所以，不但要适应文化间的差异，而且要适应内外部受众间的差异。

文化多样性 尽管负面信息在任何一种语言中都是不受欢迎的，但商务信息在不同国家的传递习惯是多种多样的。例如，法国商务信函通常很正式，并且多以写信者为中心，通常不考虑受众的需要和利益。而且，法国人会采用直接方式传递负面信息，他们会以提及问题或先前通信的内容开头，然后清楚地说明坏消息。也是由于没有考虑受众的感受，他们经常为之而道歉。[6]

与之相反，日本的商务信函常以对季节、商业繁荣、身体健康的评论开头。当传递负面信息时，这种开篇模式便起了缓冲作用。接下来便是解释和道歉，然后才是负面信息或拒绝。日本人通过模糊地传递负面信息来保护受众的感受。一些西方读者甚至会将这些模糊的语言误以为是要接受的条件而不是其实际的拒绝意义。[7] 简而言之，如果正进行跨文化沟通，要学会使用受众所期望的语气、组织和其他文化习惯。只有这样，才能避免使用那些不恰当的甚至会危害业务关系的信息传递方式。[8]

内部受众和外部受众 你需要依据受众是组织内部人员还是外部人员来让负面信息更适合受众。公司内部人员通常具有不同于外部人员的对负面信息的预期。例如，尽管员工对于即将进行的裁员会做出消极的反应，但股东们可能乐于让这些消息成为公司正在努力控制成本的证据。大多数员工不仅想知道更多细节，而且希望能在信息公布之前收到通知。

另外，经过了几年看起来无休止的动荡和坏消息，从市场崩溃到金融丑闻，员工们便不再相信他们从管理者那里听到的消息了。现在消极厌世和缺乏信任的情况十分严重，员工们厌倦了讨论那些变动。[9] 他们想知道的不仅仅是变动如何有利于公司，而是变动将如何影响他们自身。不管是在公司的繁荣时期还是在萧条时期，管理者只有通过开放、诚恳、高效的沟通才能重建员工的信任。

当然，在组织里负面信息也要从低层员工到高层管理者进行上行沟通。即使员工本身没错，他们也不愿向上级传递坏消息。在不鼓励开放式沟通的公司文化中，那些害怕报复的员工会躲得远远的，以免向上级传递坏消息。在这种运行不良的环境里，一次失败会导致更多的失败，因为决

---

⑥ Iris I. Varner, "A Comparison of American and French Business Correspondence," *Journal of Business Communication* 24, no. 4 (Fall 1988): 55—65.

⑦ Susan Jenkins and John Hinds, "Business Letter Writing: English, French, and Japanese," *TESOL Quarterly* 21, no. 2 (June 1987): 327—349; Saburo Haneda and Hiosuke Shima, "Japanese Communication Behavior As Reflected in Letter Writing," *Journal of Business Communication* 19, no. 1 (1982): 19—32.

⑧ James Calvert Scott and Diana J. Green, "British Perspectives on Organizing Bad-News Letters: Organizational Patterns Used by Major U. K. Companies," *Bulletin of the Association for Business Communication* 55, no. 1 (March 1992): 17—19.

⑨ "Need To Deliver Bad News? How and Why to Tell It Like It Is," *HR Focus*, November 2003 [accessed 1 December 2003] www. elibrary. com.

策者们不能获得真实、客观的信息以供他们做出明智的选择。[10] 相反，开放文化下的管理者希望员工随时将负面信息带给他们，以便制定正确的解决办法。不管在什么情况下，如果你确实需要将坏消息传送到控制链的顶端，就不要让指责针对某个具体的人。可能的话，简要地陈述一下问题的实质和解决方法。这种策略将帮助你赢得一个问题解决者而不是抱怨者的好名声。[11]

向公司外部人员传递负面信息时要注意受众的不同类型，并且要关注公司内部信息的保密性。一个独立的信息可能有多个有着不同观点和目标的受众。有时不能将问题解释得像这些人期望的那样详尽，否则会泄露诸如未来产品计划等保密信息。

8.2.3 维持高标准的道德和礼仪

发送或接收负面信息的人很可能会拖延、弱化甚至扭曲这个信息。[12] 这样做即使不违法，也可能是不道德的。近几年来，许多公司在诸如公司财务、环境污染、产品安全等方面因自行保留或拖延坏消息而被客户、股东、员工及政府管制人员控告。最近股票经纪公司摩根士丹利因为在将投诉和不正当行为报告归档时比要求的时间晚了67%而被罚款220万美元。[13] 2004年，迫于多年的揭露失败药品试验结果的压力，制药行业开始将一部分结果发布到一个公共网站（www.clinicalstudyresults.org）上。[14] 如果组织的负面信息可能会危害到他人利益，该组织就有道德义务将信息迅速、清楚并完整地传递出去。

这种公布真相的道德义务还要求动作迅速。坏消息通常意味着人们需要另做打算，也许是员工需要找一份新工作，也许是消费者要停止使用某种不安全的产品，也许是当水源被污染时一个群体需要寻找新的水源。传递负面信息时拖的时间越长，接收者就越难对信息做出反应和答复。

文档修改

改进这份备忘录

练习实际修改文档的草稿，请登录在线课程或密码保护网站"辅助网站"。点击"文档修改"，然后点击第8章。你会看到一份备忘录，包括了与本章所学"处理负面信息"相关的问题和错误。使用"最终稿"选项修改这份备忘录。检查信息，确保使用了缓冲、道歉、解释、从属、插入、正面行为、条件短语和乐观看法。

有些负面信息的情形还能考验人的自控能力和礼仪修养。员工让你失望、供应商的过失损害了公司名誉、商务伙伴违反了合同条款——这些情况可能会导致你的答复带有个人攻击性。记住，不论对接收者还是传递者，负面信息都有着持久的影响。作为一个沟通者，通过周密的计划和敏感、客观的

---

⑩ Jeffrey Pfeffer, "The Whole Truth and Nothing But," *Business 2.0*. October 2004, 78.

⑪ Walter Kiechel III, " Breaking Bad News to the Boss," *Fortune*, 9 April 1990 [accessed 2 December 2003] www.elibrary.com

⑫ "Advice from the Pros on the Best Way To Deliver Bad News," *Report on Customer Relationship Management*, 1 February 2003 [accessed 1 December 2003] www.elibrary.com.

⑬ Susanne Craig, "Morgan Stanley Is Fined Over Bad-News Delay," *Wall Street Journal*, 30 July 2004, C1, C3.

⑭ Anna Wilde Mathews, "New Web Site to Offer Results of Drug Studies," *Wall Street Journal*, 7 September 2004, B1, B4.

书面表达将负面信息的影响减到最小是你的责任。尽可能地将焦点集中在引起负面信息的行动和条件上,而不是集中在个人缺点和性格问题上。要树立一种不卑不亢地处理最困难状况的职业人士的声誉。

关于成功创建负面信息的提示,参见“要点检查:创建负面信息”。

要点检查

创建负面信息

A. 选择最佳方法

✓ 直接法适用于以下情形:当受众知道负面信息的可能性时,当受众没有对这个消息投入感情时,当你知道受众更喜欢坏消息被放在开头时,当你知道需要坚定并且不鼓励受众进行回复时。

✓ 间接法适用于以下情形:当消息对受众可能是个打击或消息可能让受众很吃惊时,当受众对结果投入了很多情感时,当你想跟受众保持良好关系时。

B. 间接法以一个有效的缓冲开头

✓ 跟受众建立共同点。

✓ 如果是在回复一个请求,先确认这个请求。

✓ 不要使受众关注的事情变得琐碎。

✓ 不要误导受众,使其以为接下来的消息可能是正面的。

C. 提供原因和额外信息

✓ 解释消息为什么是负面的。

✓ 调整细节数量使其适合受众和当前情况。

✓ 当理由是保密的、非常复杂或者跟受众无关时,不要进行解释。

✓ 如果合适,说明你打算如何纠正或回应负面信息。

✓ 如果不确定该说什么,可以征询公司律师的建议。

D. 明确阐述坏消息

✓ 用有策略性的语言尽量正面地阐明坏消息。

✓ 通过将坏消息的篇幅压到最小、使其居于次要位置或将其插到句子中间等方式来弱化它。

✓ 如果以后情况变了你的回复也可能改变,向受众解释清楚条件是什么。

✓ 强调你能做的或已经做了的事情,而不是你做不到或还没做的事情。

E. 以积极的语气结尾

✓ 表达美好的祝福而不是虚伪的乐观。

✓ 如果合适,提几条受众可以采取的行动建议,并给他们提供必要的信息。

✓ 只有当你想与对方深入探讨你的决定时才鼓励进一步沟通。

✓ 保持对将来的积极展望。

8.3 探究负面信息的常见例子

在你的商务生涯中，可能要写作许多类型的负面信息，从宣布收入降低到评价不良业绩。下面列举了一些常见的负面信息例子，涉及的主题有日常商业事务、组织信息和就业信息等。

8.3.1 发送负面的日常商务信息

大多数公司都会收到很多对信息和捐赠的请求，以及加入某些社区或行业组织的邀请。随着事业的不断进步，你在你所处的行业和团体中会变得更加显眼，这时，你也可能会收到很多类型的个人邀请，如邀请你到一个私人或公共部门演讲或者为某个组织做志愿者等。另外，一些日常事务如贷款申请或调整请求经常需要给予负面的答复。不论你还是你们公司都不能答应每一个请求。所以，对很多专业人士来说，快速而又巧妙地给予负面答复是一项重要的技能。

拒绝日常请求 日常请求既可能来自公司外部的团体或个人，也可能来自公司内部的同事。如果不能满足受众的请求，那么与其沟通时所面临的最主要的挑战便是给予一个明确的负面答复而又不能让他们产生反感，也不能破坏个人与公司的名誉。尽管这种信息看似简单，但它们可以考验一个沟通者的技巧，因为你既要与受众保持友好关系，又要向其传递负面信息。

拒绝是商务中的常规部分，它不应该对你产生负面的影响。如果你对经手的每一个请求都接受，那么你就做不好任何事情。对于大多数负面回应来说，直接法是最佳选择。它不仅能让受众迅速得到答复并转而寻求其他可能途径，还能节约时间，因为采用直接法写作比较容易。

当投入对你或你的受众来说比较巨大，当你或你的公司与请求者有稳定的合作关系，或当你被迫拒绝一个你在过去已经接受的请求时，间接法便是最佳选择。May Yee Kwan 曾在她给 Whittier 社区大学的信中使用过间接法（见图 8-2）。她的公司与这所大学有着长期的业务关系，也希望能继续保持友好关系，但她不能满足这项特殊要求。如果 Kwan 与 Wofford 有着更密切的关系（比如他们一起在某个志愿组织工作），直接法可能会更合适。

当写作日常负面信息时，需要思考以下几点：

- **认真管理你的时间。**随着事业的蒸蒸日上，你会接到越来越多的请求，但能用来答复它们的时间却越来越少。你需要将焦点置于最重要的关系和请求上，然后迅速为那些不太重要的请求做出快速的标准答复。
- **如果事情已经议定，就不要暗示它还可再议。**如果确实要拒绝对方，就不要用诸如“让我考虑一下再答复你”等措辞来拖延。这样的拖延只会浪费双方的时间。
- **如果可以，向对方提供可供选择的方案。**在 May Yee Kwan 给 Sandra Wofford 的信中，她将一些联系人的名字写了进去。但是，要记住在这种事务上要明智地运用你的时间。除非是对你的公司至关重要的客户关系，否则没必要浪费时间为受众调查可供选择的方案。
- **如果做不到，就不要暗示还可以提供其他帮助或有用信息。**不要用那些客气却空洞的承诺如“如果有其他可以效劳的，请联系我们”来结束负面信息。这种空洞的想要平息对方敌对情绪的尝试很可能带来另一个你必须拒绝的要求。Kwan 在她的信里做出这样一个提议是因为她的公司确实有其他资源可以帮助这个学校举行它的毕业活动。

计划	写作	完成
分析情况 确认信息的目的是拒绝请求并提供选择方案，受众也许会对拒绝感到惊奇。 **收集信息** 确定受众需求并得到必要信息。 **选择正确的媒介** 对于正式信息，最好打印在有公司信头的信纸上。 **组织信息** 中心思想是拒绝请求，所以要限定范围；基于受众和当前情况选择间接法。	**适应受众** 根据与受众的熟悉程度调整正式程度；采用换位思考、礼貌、正面强调、使用非歧视性语言与受众保持积极关系。 **编写信息** 采用对话但专业的风格，保持信息简洁、清晰，尽可能有帮助。	**修订信息** 评价内容和可读性，确保负面信息不被曲解；确保语气积极而不做作。 **制作信息** 采用清楚、专业的排版，并附有公司的信头。 **校对信息** 修改排版、拼写、结构上的错误。 **发布信息** 采用选择的媒介发布信息。

InfoTech

927 Dawsan Valley Road, Oklahoma 74151
Voice: (918) 669-4428 Fax: (918) 669-4429
www.infotech.com

2006年3月6日

Dr. Sandra Wofford, President
Whittier Community College
333 Whitter Avenue
Tulsa, OK 74150

尊敬的Wofford博士：

这么多年来，Infotech非常荣幸能在多方面支持Whittier社区大学。我们也很感激您和您的学校为这么多值得培养的学生提供了机会。感谢您能考虑让我们公司来准备你们学校6月3日的毕业典礼。

（通过证明对该学校的尊重及扼要地重复对方的请求来缓冲负面信息）

我们很想像往年一样为您的学校提供服务，但在5月29日至6月5日的几周内我们公司要召开全员销售会议。届时来自世界各地的超过200个销售代表和他们的家人都会参加，整个活动会占用我们的各种设施。

（为负面信息阐明一个有意义的理由，没有道歉（因为公司并没有什么错））

我的助手Robert Seagers建议您联系Municipal Botamical Gardens作为一个可举行毕业典礼的场所，他推荐您联系一下该公司的公关主管Jerry Kane。

（建议一个可供选择的方法，显示Kwan对学校的关注，并就该问题给出了一些想法）

Wofford校长，我们会固守对您和您培育的优秀学生的承诺。通过我们的实习项目、学术研究资助和其他活动，我们将继续成为Whittier社区大学有力的合作伙伴，并且将继续支持您在前进过程中所做的各项努力。

（进一步强调双方关系的重要性以及公司将继续履行其承诺）

诚挚的

May Yee Kwan

May Yee Kwan
公共关系主管

lc

图 8-2　拒绝好意的有效信函

处理关于交易的坏消息　由于各种原因，企业经常需要传递一些关于销售、产品及服务等方面的坏消息。关于交易的坏消息总是不受欢迎和不被期待的。这些消息有三个目的：改变客户对交易的期望，解释计划如何解决这一问题，修复对商务关系的损害。

每条信息的详细内容和语气可以有较大的差别，这取决于交易的种类及与客户的商务关系。比起通知通用汽车公司3万个传动部件要延迟一周到货（尤其是你知道这样会让该公司不得不闲置数百万美元的生产设备），告诉某个客户他的新毛衣将延迟一周到货是一项容易得多的任务。有关专业服务的负面信息可以特别灵活，因为写信息的人通常就是提供服务的人；当然，这些信息对他们来说也有一个不令人愉快的个人方面。

关于交易的负面信息有两种情况。如果还没有对客户的期望做出任何具体答复（例如保证在24小时内送到），这些信息只需要传递给客户，稍微甚至不用强调歉意即可（见图8-3）。（但要注意，在这个网上订购、隔夜交货的时代，客户们已经习惯于期望对方能即时地完成几乎每项交易，即使你没有做出任何承诺）。图8-4的电子邮件将正面信息与负面信息结合了起来，注意它如何用间接法将好消息变成坏消息的缓冲。在这个邮件里，客户并没有得到具体交货日期的承诺，作者只是通知客户何时可以期待订单的剩余部分。作者还设法修复与客户的关系并鼓励与她的公司进行更多交易。

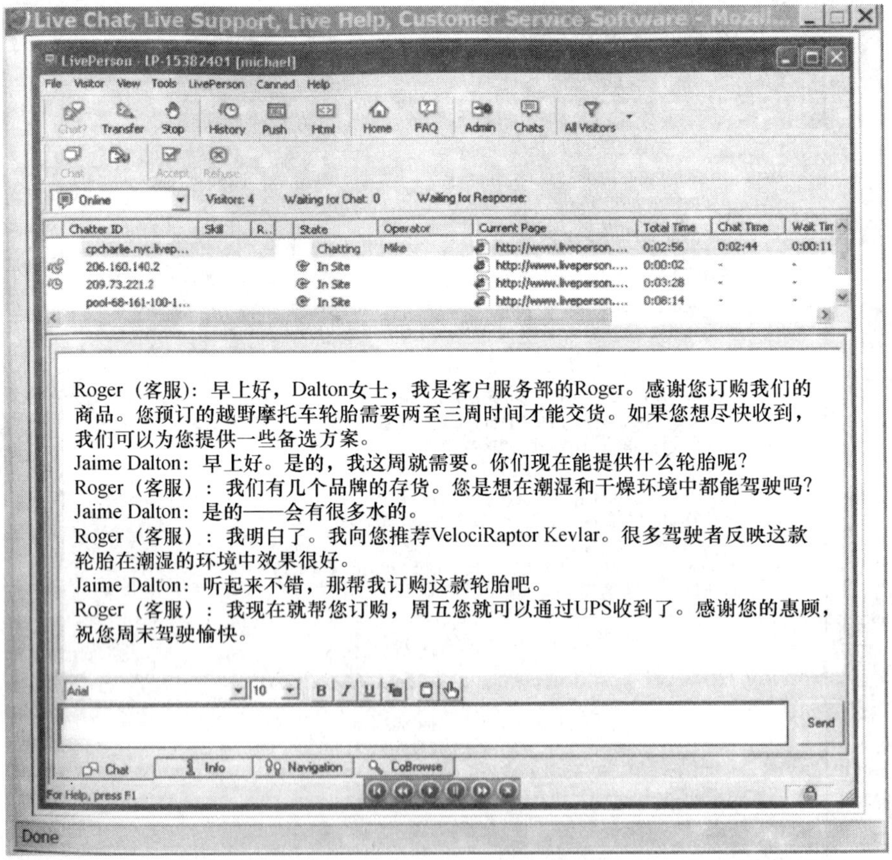

图8-3　关于订单延迟的有效即时通信聊天

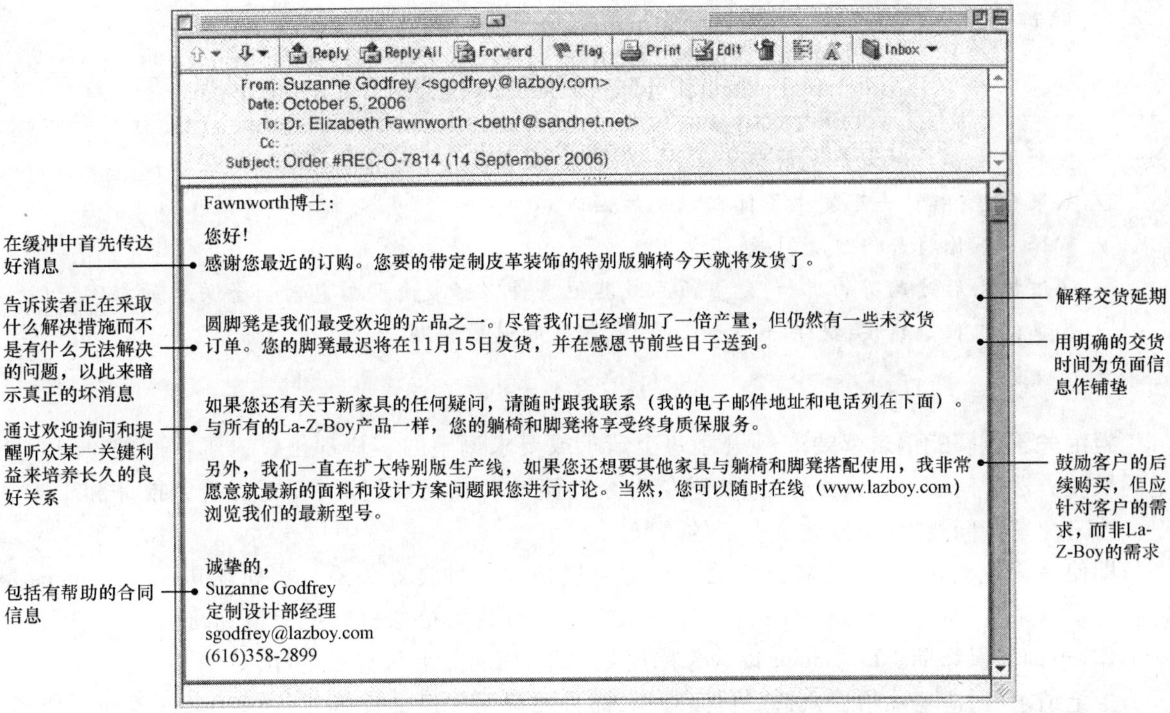
From: Suzanne Godfrey <sgodfrey@lazboy.com>
Date: October 5, 2006
To: Dr. Elizabeth Fawnworth <bethf@sandnet.net>
Cc:
Subject: Order #REC-O-7814 (14 September 2006)

Fawnworth博士：

您好！

感谢您最近的订购。您要的带定制皮革装饰的特别版躺椅今天就将发货了。

圆脚凳是我们最受欢迎的产品之一。尽管我们已经增加了一倍产量，但仍然有一些未交货订单。您的脚凳最迟将在11月15日发货，并在感恩节前些日子送到。

如果您还有关于新家具的任何疑问，请随时跟我联系（我的电子邮件地址和电话列在下面）。与所有的La-Z-Boy产品一样，您的躺椅和脚凳将享受终身质保服务。

另外，我们一直在扩大特别版生产线，如果您还想要其他家具与躺椅和脚凳搭配使用，我非常愿意就最新的面料和设计方案问题跟您进行讨论。当然，您可以随时在线（www.lazboy.com）浏览我们的最新型号。

诚挚的，
Suzanne Godfrey
定制设计部经理
sgodfrey@lazboy.com
(616)358-2899

图 8-4　建议延期交货的有效电子邮件

如果你设定了客户的期望，现在又发现无法实现它们，你的任务就更复杂了。除了重新设定客户的预期并说明要如何解决这个问题，还应致以歉意。道歉的范围取决于所犯错误的大小。对于订购毛衣的客户，只需一个简单的道歉外加一个毛衣到货时间的明确声明就足够了。解释通常是不必要的，但如果有充分的理由，并且对理由的阐述有助于缓和现状而不是听起来像一个无力的借口，那么就一定要把解释加入进去。例如，如果一场暴雪使高速公路禁止通行，因此必需的原料无法运到，可以在道歉中直接说明；但是，如果你接下了超出自身能力的订单，并且做出了超出自身能力的承诺，那就不太容易得到客户的原谅。在较大的 B2B 交易中，客户会想要一个关于哪里出了问题的解释，以此来考察将来你能否做到你所承诺的那样。

为帮助修复受损的商务关系，鼓励继续交易，许多公司可能会提供后续购买的折扣、免费商品或其他的条件。即使有限的努力也可能有利于重建客户对公司的信心。然而，并非所有情况下你都是有选择的。B2B 交易的购买合同中经常包括执行条款，即从法律上规定如果延期送货，公司应给予客户一定的折扣或其他返还利益。建筑合同有时还详细说明工程超过原定完工时间的每一天所应交的罚款。在这种情况下，一个简单的道歉显然是不充分的。回顾这一部分所包含的观点，参见“要点检查：处理关于交易的负面信息”。

要点检查

处理关于交易的负面信息

✓ 重新设定客户对交易的预期。
✓ 如果合适，解释一下发生了什么以及原因。
✓ 解释一下你将如何解决问题。
✓ 通过提供后续购买的折扣、免费商品或其他条件来修复负面信息对商务关系的损害。
✓ 如果组织犯了错误，提供一个专业的、商务性的道歉声明。

拒绝关于调整的请求或要求 几乎每个请求或要求调整的客户都是投入了情感的，所以，拒绝的最佳方法为间接法。作为作者，要避免为令人遗憾的状况承担责任，更要避免批评和责难客户。为避免这些问题，要特别注意书信的语气。

即使是拒绝请求，一封礼貌得体的信件也可以建立一种良好关系。例如 Village Eletronics 最近收到一封来自 Daniel Lindmeier 的信，他一年前买了台数码摄像机。信中说到，他的相机不能正常工作，想询问保修期。Lindmeier 以为保修期是一年，而实际上只有三个月（见图 8-5）。

拒绝请求时，应避免给受众造成负面影响，而且要证明你已经理解并认真考虑过他的抱怨了。即使请求是不合理的，也应理性地解释为什么拒绝。记住，别道歉，也别以“公司政策”为挡箭牌。以一种有礼貌的、以行动为导向的语气结尾。

如果在很长时间内与足够多的客户协商过，你就很有可能碰到一个无理的要求。你甚至可以肯定那个人不诚实，但要克制住不称他为骗子或无能的人，否则，你可能会因**诽谤（defamation）**（即倾向于损害个人形象或名誉的错误言辞）被起诉（文字上的诽谤称为“libel”，口头上的诽谤称为“slander”）。起诉诽谤的人必须证明：（1）言辞是错误的；（2）言辞损害了个人的名誉；（3）言辞已经被公布。

如果你能证明控诉是真实的，你便没有诽谤那个人。法院很可能给你提出疑问的权利，因为社会相信普通的商务沟通不应因害怕诉讼而被阻碍。但是，应注意那些专门用来发泄怒气的愤怒信件：如果你传递的信息没有必要的商业目的而且使用了表示恶意的辱骂语言，你将输掉官司。为避免被起诉诽谤，可以遵循以下原则：

- 不要使用任何带有辱骂性的语言或可能会被当做诽谤的表述方式。
- 如果想表达对某些敏感事务的个人观点，用自己的信纸（不要用公司的信头），不要提及你的工作名称或职位。你要为自己的个人观点负责，这时个人行为不再处于公司的责任范围之内，而是要自己承担由此引发的所有法律后果。

计划	写作	完成
分析情况 核实信息的目的是拒绝索赔要求并提供维修服务；受众也许会感到失望和惊讶。 **收集信息** 收集关于索赔政策、过程、维修服务和转售方面的信息。 **选择正确的媒介** 选择最佳媒介发布信息；对于正式信息，最好打印在有公司信头的信纸上。 **组织信息** 中心思想是拒绝请求和采用其他办法；根据受众和情况选择间接法。	**适应受众** 根据与受众的熟悉程度调整信息写作的正式程度。运用换位思考、礼貌、正面强调、非歧视性语言等与受众保持积极关系。 **编写信息** 采用对话但又不失专业的文体，使信息尽可能简洁、清晰、有用。	**修订信息** 评价内容和可读性，确保负面信息不被曲解，确保语气积极而不做作。 **制作信息** 采用清楚、专业的排版，适于有公司信头的信函。 **校对信息** 修改排版、拼写和结构错误。 **发布信息** 采用选择的媒介发布信息；确保读者同时获得了必要的支持性文档。

NUMBER ONE IN ENTERTAINMENT

Village Electronics

68 Lake Itasca Boulevard • Hannover, MN 55341
Voice: (612) 878-1312 • Fax: (612) 878-1316

2006年5月3日

Mr. Daniel Lindmeier
849 Cedar St.Lake Elmo,MN 55042

尊敬的Lindmeier先生：

感谢您关于JVC数码相机上电池释放按钮的来信。Village Electromics相信，就像您认为的，电子配件应该制造得持久耐用些。这正是我们坚持产品有90天保修期的原因。

（通过强调某个读者和作者都认同的观点来缓冲坏消息的影响）

您买的JVC相机有一年了，已经超出了保修期，即使这样，我们仍然可以为您提供帮助。请您将相机仔细包装后送到我们在汉诺威的分店，包装上注明您的全名、地址、电话号码和对故障的简单描述，另外还需为初次检查支付一张35美元的支票。检查完相机后，我们会寄给您一张书面检查报告，上面有所需的零件和劳务费。您可以打电话或填写预付卡来告知我们您是否打算让我们修理，预付卡会跟检查报告一同寄给您。

（轻重适宜地提出公司政策）

（间接说明坏消息，有策略性地让客户决定是否进行修理）

如果您打算进行修理，那35美元将用于支付账单，剩余的账单可以通过支票或信用卡支付。JVC公司在您所处的地区也设有服务中心。如果您想将相机拿到那里去修理，请参看随附列表。

（提出可供选择的办法来缓和听众的情绪）

再次感谢咨询。同时，也附上我们最新的相机和配件目录，您可以从中找到关于JVC相机的“以旧换新特别活动”信息。如果您准备更换成最新款的相机，JVC将为您提供优厚的抵价折扣。

（以将产品促销和客户兴趣相结合结尾）

诚挚的，

Walter Brodie

Walter Brodie
客户服务经理

附件：服务中心目录表

图 8-5　拒绝要求的有效信函

- 提供正确的信息并要紧扣事实。
- 不要让愤怒或怨恨影响信息。
- 当认为该信息可能会引发法律后果时,要向公司的法律部门或律师咨询。
- 诚恳地进行沟通,并确定你所说的都是你确信真实的。
- 强调对将来友好关系的期望。

记住,与客户对抗是不明智的,即使客户辱骂你或你的同事。拒绝关于调整的请求或要求,继续迎接下一轮挑战。有关拒绝要求的简单复习,参见“要点检查:拒绝要求”。

要点检查

拒 绝 要 求

✓ 因为受众在期待一个正面的答复,所以应使用间接法。
✓ 表示你完全理解客户的抱怨。
✓ 解释你拒绝要求的原因,而不要以公司政策做挡箭牌。
✓ 为这种处理提供正确、实际的理由。
✓ 强调事情应该如何处理,而不是纠缠于受众的疏忽。
✓ 避免任何诽谤现象。
✓ 避免表达个人观点。
✓ 结尾要积极、友善、有益。
✓ 提出受众容易照做的任何行动建议。

8.3.2 发送负面的组织信息

除了应对与日常事务有关的单个客户或团体,你可能还会遇到需要你发布有关公司产品、服务或业务某些方面的负面公告的特殊情况。很多这类情形有其独特的困难,需要在就事论事的基础上逐个解决,但是这里提供的一般性建议对所有情况都适用。按照是否有时间策划这些公告来分,有两种具体情况。接下来的部分介绍有时间策划负面公告这种情况,然后“危机中的沟通”部分将提供一些紧急事件中的沟通建议。

正常情况下的沟通 即使某些经营一流的公司也会偶尔出错,有时是因为他们自己的行为,有时是因为他人的行为。在其他时候,公司要做出一些不受客户欢迎的(价格上涨、产品撤销、产品召回)、不受员工欢迎的(裁员、福利减少、工厂倒闭)或不受其他团体欢迎的(迁址到新社区、更换董事会成员、取消与厂商的合同)决定。这些信息的共同点在于要将负面公告传递给一个或数个团体的人们,而不是某个人。因为你在用个别的公告去影响各种人,每个人都可能有不同的反应,这些信息需要被仔细计划。一个相对简单的公告,如价格上涨,既要通知公司外部客户也要通知内部销售人员,而两者都不可能欢迎这种消息。

一个更重大的事件,如工厂倒闭,将影响到几十个组织中的数千人。员工们需要寻找新工作或接受新技能的培训。如果许多员工都计划去寻找新工作,那么学区也可能需要调整预算和员工规模。客户需要找新的供应商,供应商需要寻找其他客户。政府机构需要对税收收入减少和寻求失业补助的人员增加等一系列事情做出反应。

策划负面公告时,要遵循以下原则:

- **使你的方法适合实际情况。**适当的价格上涨不会对多数客户产生影响,所以可以用直接法。但取消受众所依赖的产品供应对其影响却很大,所以用间接法传递这种消息比较好。
- **考虑每个群体的特殊需要。**正如工厂倒闭的例子所说明的,不同的人有不同的信息需要。
- **根据需要给受众足够的反应时间。**多数组织的预算周期为一季度或一年,因此需要时间对信息做出反应。员工特别是高管人员可能需要六个月甚至更长时间来找一份新工作。
- **计划好多个公告的次序。**除了给各个群体足够的时间外,有些群体还希望在别人之前收到通知。例如,如果员工们在晚间新闻上或从房地产经纪人那听说工厂将要倒闭,这可能会损害他们对公司管理层的信任。要提前把坏信息告诉内部人员以及受到影响最大的群体。
- **给自己足够的时间来计划并做出答复。**公告发布后你很可能会受到抱怨、质疑、退货等打击,所以要事先准备好应对策略。
- **找一个积极的角度,但不要流露出虚伪的乐观。**解雇 1 万人而不给他们"涉足新领域的机会",这是一件会影响员工及其家人很多年的大事。虚伪的乐观只会让事情变得更加糟糕。你能做得最好的事情就是感谢他们过去的支持,并祝福他们将来一切顺利。另一方面,如果取消一种极少用到的员工津贴意味着公司不必每个月都从工资里扣除额外的支出,那么一定要从积极的角度来宣传这种做法。
- **尽量将令人惊讶的因素减到最少。**这一步需要你在深思熟虑的基础上做出判断,但是如果认定将来事情将会向负面发展,最好提前让受众知道。例如,在许多股东投诉中,最普遍的就是抱怨公司没有及时让投资者知道行情的恶化。
- **如果不确定就咨询一下专家的意见。**许多涉及重要的技术、财务、法律要素的负面信息,需要一些专业律师、会计师及其他专家的意见。如果你不知道如何处理这种信息,就去咨询一下。

负面处境能检验你作为一个沟通者或领导者的能力。人们可能找到你并问你:"事情很糟糕,我们现在该怎么办?"

有灵感的领导者会试着去抓住能改造组织或使组织复兴的机会,并对周围的人加以鼓励。Frank Leslie 在他给 Sybervantage 员工的电子邮件中就是这样做的(见图 8-6)。Sybervantage 想与华纳签订授权协定,并希望获得一种对双方都有利的安排。但当华纳拒绝这笔交易时,Leslie 不得不向 Sybervantage 的销售人员通报。他没有详述坏消息,而是将焦点集中在将来可能的选择上。乐观的结尾可以减轻坏消息的影响,而没有隐瞒或忽视坏消息本身。

危机中的沟通 商务沟通中某些最危急的场合就发生在内部或外部危机当中,包括产品伤害事件、工业事故、涉及公司员工的犯罪或丑闻、现场劫持人质事件或恐怖袭击。在危机中,员工、员工的家人、周围社会群体和其他一些人希望得到相关信息。另外,谣言会不可预测、不受控制地传播开来(参见"技术力量运用:控制网上谣言")。你也能预料到,新闻媒体会很快出动并询问他们能找到的任何人。

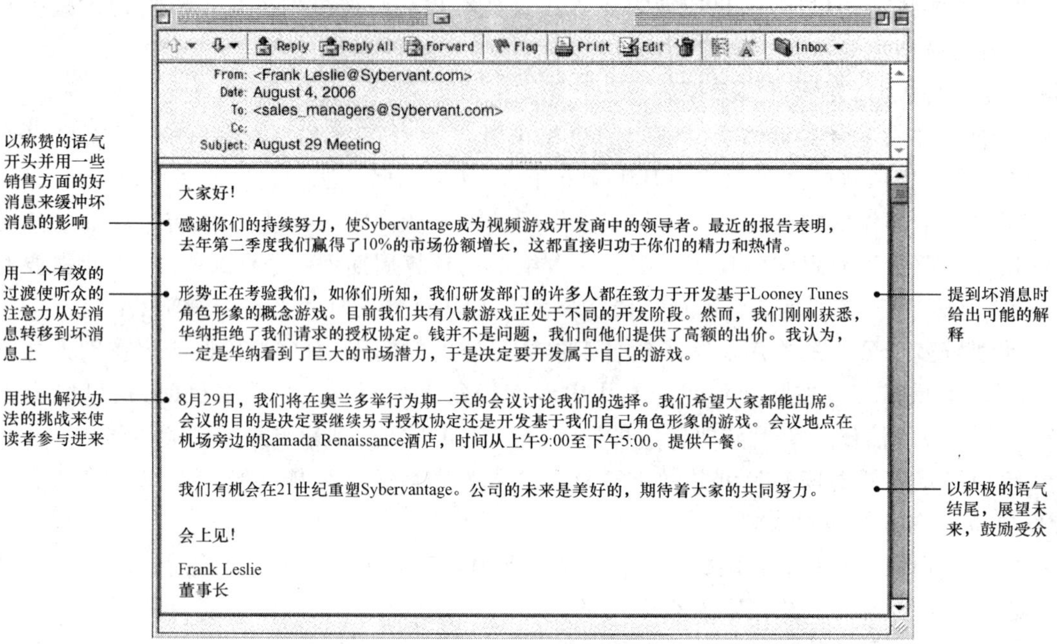
From: <Frank Leslie@Sybervant.com>
Date: August 4, 2006
To: <sales_managers@Sybervant.com>
Cc:
Subject: August 29 Meeting

大家好！

感谢你们的持续努力，使Sybervantage成为视频游戏开发商中的领导者。最近的报告表明，去年第二季度我们赢得了10%的市场份额增长，这都直接归功于你们的精力和热情。

形势正在考验我们，如你们所知，我们研发部门的许多人都在致力于开发基于Looney Tunes角色形象的概念游戏。目前我们共有八款游戏正处于不同的开发阶段。然而，我们刚刚获悉，华纳拒绝了我们请求的授权协定。钱并不是问题，我们向他们提供了高额的出价。我认为，一定是华纳看到了巨大的市场潜力，于是决定要开发属于自己的游戏。

8月29日，我们将在奥兰多举行为期一天的会议讨论我们的选择。我们希望大家都能出席。会议的目的是决定要继续另寻授权协定还是开发基于我们自己角色形象的游戏。会议地点在机场旁边的Ramada Renaissance酒店，时间从上午9:00至下午5:00。提供午餐。

我们有机会在21世纪重塑Sybervantage。公司的未来是美好的，期待着大家的共同努力。

会上见！

Frank Leslie
董事长

图 8-6 提供公司运作方面坏消息的有效电子邮件

技术力量运用

控制网上谣言

看，这些都是互联网的“奇迹”：垃圾邮件、病毒、间谍软件、盗带宽、充满机密信息的黑客数据库——以光速进行毁灭和损害。如果你在研究公司沟通，还可以在上面列出的几条中加上快速传播谣言这一条。

消费者现在可以通过电子邮件、即时通信、博客、聊天室、新闻组、各种抱怨网站（如 www.planetfeedback.com）和“企业厌恶”网站（如 www.paypalsucks.com 和 www.allstateinsurancesucks.com）等共享谣言和抱怨。从积极意义来看，那些觉得受到了不公平待遇的消费者可以利用曝光来约束公司的行为。很多公司也非常感激这些网站的反馈，甚至购买抱怨内容摘要来改进产品和提高服务水平。

不过，很多这种谣言或抱怨的集合地都不会对其进行核实。在这方面电子邮件是最讨厌的冒犯者，因为信息的群发是如此简单。最近网上传播的谣言中：可口可乐和百事可乐的产品被污染了、用邮件寄到的香水样品是有毒的、从哥斯达黎加运来的香蕉携带一种食肉菌、Snapple 商标中的小写字母“k”意思是公司支持三 K 党、Carmex 润唇膏中含有上瘾的成分又或含有能损伤嘴唇使你不得不增加用量的一种酸或者磨砂玻璃纤维——所有这些谣言都是假的。

控制假的谣言很难，但是以下方法有助于压制它们。(1) 用任何可能途径传递明确的信息，对谣言做出快速反应；(2) 无论谣言出现在哪都搜寻到它并对其做出反应；(3) 寻求政府机构的帮助（如疾病预防控制中心）和曝光网（如 www.snopes.com）；(4) 甚至可以顺着电子邮件的线索往回摸索，并分别对邮件发送过程中接触的每个人做出回应。此外，不要等着坏消息找上门来，应对抱怨网站和新闻组实行监控以便能更迅速地打击假消息。

职业应用

1. PlanetFeedback. com 网站上一个关于你们公司某种产品的抱怨中还说你们公司“不关心它的消费者”。你应如何做出反应?

2. 一些撰写网络日志的人正在传播你们公司的假消息,但这些信息尚未被广泛传播。你是否应该现在就指出问题并告诉全世界谣言是假的,即使此时大多数人还不知道这个谣言?并对你的答案做出解释。

尽管不能预知这些事件,但可以为它们做好准备。在这种情况下公司应尽快对人们需要的信息做出答复,这要比隐瞒或只公布零星的不协调甚至自相矛盾的信息要强得多。如强生公司在一次泰诺伤害事件中以其果断的行动和即时的沟通重新赢得了尊重。相反,尽管埃克森公司的油轮将25万桶石油泄漏到了美国阿拉斯加州的威廉王子海湾这一事件已经过了四分之一多个世纪,但它仍然被认为是危机沟通失败的经典案例。这家公司提供的粗略、矛盾的信息令媒体和公众对其感到灰心,另外,公司还拒绝为原油泄漏对周围环境造成的污染承担全部责任。公司的首席执行官将近一周没在媒体上发言,而其他高管人员所作的声明也互相矛盾,这进一步损害了公众对公司的信赖。这一事件对公司声誉及客户的购买积极性造成了长期的消极影响。[15]

在危机中影响成功沟通的关键是要有一个**危机管理计划(crisis management plan)**。除了决定危机处理的运作程序之外,计划也要概述沟通任务和责任,包括与媒体的沟通及新闻发布模式等(见表8-3)。计划还应清晰地阐述谁是公司指定的发言人、所有主要负责人员的联系方式信息,以及一张用来发布信息的有关媒体和技术清单。在位于常受飓风袭击的佛罗里达州彭萨科拉的浸信会医院,人力资源部主管 Celeste Norris 和她的同事为每一项意外事故都做好了准备。例如,在飓风伊万破坏了电力及手机塔后,他们手中的无线电话机成为连接各部门的唯一沟通工具。[16] 许多公司通过一天或更长时间的反复实践训练来定期检验危机沟通能力,从而获得了进一步的发展。[17]

8.3.3 发送负面的就业信息

大多数经理都必须向雇员传递坏消息。当给求职者写信或与其他公司交流要给某人的未来雇主写负面的介绍信时,可以用直接法。但向员工传递负面的绩效评价时,最好采用间接法,因为他们中的多数人必将有情绪上的波动。另外,应仔细选择发布信息的媒介。采用电子邮件或其他的书面形式发布消息便于控制信息,还能避免当面对质;面对面的交流则更敏感,可以更容易地进行提问和回答。

拒绝写介绍信的请求 尽管美国的许多州已经通过法律来保护那些为从前的员工提供公正而诚实的介绍信的雇主,但仍有法律风险存在。[18] 这就是为什么许多以前的雇主仍旧拒绝写介绍信——尤其是为那些工作表现不令人满意的雇员。当你向他们未来的雇主发拒绝信时,你的信息要简短直接:

---

⑮ Courtand L. Bovée, John V. Thill, George P. Dovel, and Marian Burk Wood, *Advertising Excellence* (New York: McGraw-Hill, 1995), 508—509; John Holusha. “Exxon's Public-Relations Problem,” *New York Times*, 12 April 1989, D1.

⑯ Patrick J. Kiger, “Dealing with Disaster,” *Workforce Management*, November 2004, 30—38.

⑰ “Throw Out the Old Handbook in Favor of Today's Crisis Drills,” *PR News*, 27 January 2003, 1.

⑱ Maura Dolan and Stuart Silverstein, “Court Broadens Liability for Job References,” *Los Angeles Times*, 28 January 1997, A1, A11; Frances A. McMorris, “Ex-Bosses Face Less Peril Giving Honest Job References,” *Wall Street Journal*, 8 July 1996, B1, B8.

表 8-3 如何在危机中进行沟通

遇到危机时	
应这样做	**不要这样做**
通过识别潜在的问题来提前做好准备，任命和培养一个答复小组，准备和测试危机管理计划。	不要为了任何事情而责备任何人。
危机发生时，应尽快让高层管理者参与进来。	不要公然地进行推测。
为公司代表及媒体建立一个信息中心，配备电话、电脑及其他电子工具，准备进行信息发布及在线更新。	不要拒绝回答问题。
• 频繁地发布信息更新，昼夜有经过培训的人员答复疑问。	不要发布那些将会侵犯他人隐私权的信息。
• 尽快向媒体提供完整的信息包。	不要利用危机抛售产品或服务。
• 防止自相矛盾的声明并提供一致的信息，单独指定一个人，预先进行培训，代表公司发言。	不要偏袒媒体代表。
• 告诉接线员及其他员工，将所有媒体电话转给信息中心。	
毫无隐瞒、完整、诚恳地陈述整个事件。如果你犯了过错，要道歉。	
通过声明及行动证明公司对事件的关注。	

我们的人力资源部门已经批准我确认 Yolanda Johnson 的确在 Tandy 公司工作过三年，从 1999 年 6 月到 2001 年 7 月。	暗示公司政策不允许泄漏更多信息，但也提供了可以提供的信息
祝您早日找到合适的申请者。	以积极的语言结尾

这个信息并不需要说“我们不能答应你的请求”。它只是写了一些允许透露的信息给受众。

拒绝求职者让你帮忙写介绍信的要求，则是另一回事。任何对合作的拒绝也许都可能对求职者的将来造成些许影响。处事圆滑和做好准备能够帮助受众接受你的拒绝：

感谢你让我知道了你在可口可乐公司的工作机会。你在那里的实习表现以及你努力奋斗得来的工商管理硕士学位都应该让你获得一个好职位来开展营销工作。	因为对方可能期待一个积极的答复，所以使用间接法
尽管我们百事可乐公司无法出示一封正式的介绍信，	拒绝求职者的请求，但没有明确把责任推到“政策”上
但我肯定会给可口可乐公司发送一个关于你就职日期的证明。如果你觉得这还不够，你可以请你的几名教授写一些对你营销技巧的评价。	尽可能满足要求，然后提供一种可供选择的办法
祝你事业顺利。	以积极的语气结尾

这封信机智地避免了伤害受众的感情，因为他对受众的近期活动做出了正面评价，暗示了拒绝，提供了可供选择的建议，并用了礼貌的结尾。

拒绝求职者 机智地向受众说明你不能雇用他们是一种常见的沟通挑战，但不要让困难阻止你向其传递坏消息。不对求职者做出答复是一种会影响公司声誉的不良商务习惯。同时，写得不好的拒绝信可能会带来负面结果，从失去有发展前途的合格候选人到失去潜在客户（不只是求职者还包括他们的朋友和家人)。[19] 措辞不当的拒绝信还可能引起法律纠纷。传递负面信息给求职者时,应遵循以下三条原则:[20]

- **认真选择传递方式**。关于直接法与间接法哪一个更适合拒绝信,专家们看法不一。一方面,求职者知道可能会被拒绝,所以在求职过程中的负面信息通常不会对求职者造成很大的打击。另一方面,人们在申请工作时便寄予了希望和梦想,所以求职者在求职过程中投入了很深的感情,这是主张用间接法的原因之一。如果你选择直接法,那么开头不要太残忍生硬。告诉受众这个职位已经招满了,而不要说:"你的申请已经被拒绝了。"如果选择间接法,注意不要误导受众或拖延负面信息超过一两句话。一句简单的"感谢你选择 ABC 作为你事业的起点"是一个快捷的、有礼貌的缓冲,显示你的公司很荣幸能被肯定。在一定程度上对读者资格的肯定做缓冲时,注意不要暗示出接下来会有好消息,以至于误导他们。
- **清晰地阐明求职者为什么没有被选中**。通过向受众说明你雇用了经验更丰富或更符合职位要求的人来减少你的拒绝对求职者的针对性。
- **通过提供可供选择的建议结尾**。如果你觉得申请者有资格,可以提一下公司的其他机会。你可以建议一些可以帮助申请者找到工作的专业组织。或者也可以简单提一下申请者的简历在今后的招聘中还会被考虑。任何这种积极的建议都可能帮助申请者减少失望,对公司留下好印象。

一封拒绝信不需要很长。记住,遵循这三条原则写一封拒绝信发送出去比什么也不发送要好得多。毕竟,申请者只想知道一件事情:到底我有没有获得这份工作? 你的简短的消息应清晰地传递信息,并要得体地考虑申请者的感受。在 Caror DeCicco 接受 Bradley & Jackson 的面试后,她对收到一份工作邀请充满希望。一切都很顺利,她的简历也很好。图 8-7 中的电子邮件是 Marvin Fichter 向 DeCicco 传递坏消息的草稿。在审读了初稿后,Fichter 作了几处改动来提高沟通效果。修改后的电子邮件帮助 DeCicco 明白了(1) 如果她有更丰富的税收经验她将会被录取(2) 她不应因此而气馁。

给出负面的绩效评价 绩效评价是经理对员工的评价,可能是正式的,也可能是非正式的。很少有其他沟通任务像绩效评价这样需要广泛的技巧和策略。绩效评价的主要目的是提高员工的业绩,可以通过以下三种方式:(1) 强调和阐明工作要求;(2) 对雇员为完成要求所做的努力给出反馈;(3) 通过制订行动计划(包括奖金和机会)来指导员工们继续努力。除了提高员工的业绩,绩效评价还可以帮助公司确立组织标准及传递组织价值。[21]

正面和负面的绩效评价有一些共同点:语气是客观、没有偏见的,语言是不带针对性的,中心是解决问题。[22] 同样,为了加强客观性,越来越多的组织开始从多方面给予员工反馈。在"360 度

---

⑲ Thomas S. Brice and Marie Waung, "Applicant Rejection Letters: Are Businesses Sending the Wrong Message?" *Business Horizons*, March-April 1995, 59—62.

⑳ Gwendolyn N. Smith, Rebecca F. Nolan, and Yong Dai, "Job-Refusal Letters: Readers' Affective Responses to Direct and Indirect Organizational Plans," *Business Communication Quarterly* 59, no. 1 (1996): 67—73; Brice and Waung, "Applicant Rejection Letters."

㉑ Judi Brownell, "The Performance Appraisal Interviews: A Multipurpose Communication Assignment," *Bulletin of the Association for Business Communication* 57, no. 2 (1994): 11—21.

㉒ Brownell, "The Performance Appraisal Interviews."

草稿

From: Marvin R. Fichter <marvin.fichter@bradleyjackson.com>
Date: October 4, 2006
To: <cldecicco@home.net>
Subject: Job Application

亲爱的DeCicco女士:

你的简历和证书给我们留下了深刻的印象。你的学业成绩和会计经验正是我们希望看到的。我们没有期望在这么多候选人中能看到如此优秀的条件。正如你所能想象的，这个职位有三十个候选人，选择过程非常困难。

经过认真考虑，我们决定将名额减少至三个，其中一个有你。但是，很抱歉你没有被选中担任税务会计的职位。

如果你不介意，我们会将你的信息存档保留六个月。也许在你找到另一份工作之前，公司会有另一个空缺。

感谢你能考虑我们公司。

诚挚的，

Marvin.R.Fichter
人力资源部

以一种过分正面的语气开头，误导读者，使其认为会有一个正面的答复

包含了一个不合理的道歉；公司并没有做错什么事情，因此并不需要道歉；而且也没有解释清为什么候选人没有被选中

以一个无力的虚假请求结尾

修改稿

Reply Reply All Forward Flag Print Edit Inbox

From: Marvin R. Fichter <marvin.fichter@bradleyjackson.com>
Date: October 4, 2006
To: <cldecicco@home.net>
Cc:
Subject: Job Application

亲爱的DeCicco女士:

感谢你考虑Bradley Jackson作为你开始会计职业生涯的地方。

鉴于萨班斯·奥克斯利法案以及其他近期通过的法规对会计职业报告复杂性的要求，公司管理团队决定强化我们的技能基础，吸收拥有广泛行业经验的人员。因此，我们将职位给了一个更有经验的应聘者。

你的简历和证书表明你能够满足我们初级职务的要求。当然，你的学业成绩和此前的工作经验也表明了你努力工作的意愿。我们当中与你有过交谈的人都相信你的沟通能力一定能够帮助你在知名会计公司谋得一个好的职位。

与此同时，我们会将你的信息存档保留六个月，以备不久以后会有需要较少工作经验的职位空缺出现。

在你开始新事业之际，祝你好运!

诚挚的，
Marvin R. Fichter
人力资源部主管

通过诚挚的感谢受众对公司的考虑来缓冲即将出现的坏消息

通过仔细解释做出决策的背景，为阐述坏消息做好铺垫

以决策过程的合理结果来提出坏消息

用诚恳明确的鼓励来缓和坏消息的影响

以礼貌、积极的语气结尾

图 8-7 拒绝求职者的电子邮件原稿以及修改稿

评价”中，员工能得到组织中各个方向的反馈：上级的、下级的和平级的。㉓

面对面地批评员工很难，在书面绩效评价中做出批评也很难。不过，如果因员工不能胜任而

㉓ Stephanie Gruner, “Feedback from Everyone,” *Inc.*, February 1997, 102—103.

解雇他,而你给出的绩效评价都是正面的,员工可以控告公司无故中止雇佣关系。[24] 同样,如果员工因为接到了负面的评价却没有得到纠正措施(如再培训)而受到伤害,公司也可能由于疏忽而被控告。[25] 因此,要确保绩效评价是公平的、诚实的。

当需要传递负面的绩效评价时,要遵循以下原则:[26]

• **立即直面问题**。回避绩效问题只能使情况变得更糟糕。出现问题时你不指出来,以后会更难中止雇佣关系。[27]

• **计划信息**。要明确你所关心的问题,其中包括员工特殊举动。考虑任何可能存在的偏见,并从其他人那得到反馈。收集并验证所有相关事实(包括优点和缺点)。

• **秘密地传递信息**。不管是以书面形式还是当面评价的形式,都要保证在私下说明绩效问题。不要通过电子邮件或传真发送绩效评价。如果打算当面评价员工的绩效,要明确为此目的安排一次见面,并考虑在会议室、员工的办公室或其他公共地方举行。

• **将焦点集中在问题上**。讨论由员工行为引起的问题(不要攻击员工)。将员工的绩效与期望绩效、公司目标或工作要求相比较(不要与其他员工的绩效相比较)。识别持续糟糕绩效的后果并表明你会全力帮忙解决问题。

• **从员工那里要求得到一个承诺**。帮助员工理解:计划并做出改进是员工的责任。但是,要同时将决定形成定案以确保所采取的措施都是可行的。为改进以及对改进结果的后续评价制订时间表。

即使员工绩效令人失望,在绩效评价中也应以一些优点开头,然后巧妙地阐明员工如何才能更好地达到工作要求。如果想让绩效评价起到效果,确保提出几条可以让员工进步的建议。[28] 例如,与其仅仅告诉员工他弄坏了贵重的机器,不如建议他进修正确操作这种机器的课程。这里的目的是帮助员工成功。

终止雇佣关系 写作雇佣信息终止信时,你有三个目的:(1) 介绍这种困难行为的原因;(2) 避免做出使公司因不正当终止雇佣关系而被起诉的声明;(3) 尽量使被解雇的员工与公司保持良好关系。出于法律及个人的原因,提出明确的理由要求员工离开。[29] 如果员工的工作仍在合同期内,那么公司律师可以告诉你根据这个员工的表现是否能在法律范围内解雇他。

确保所有理由都是准确的和已被证实的。避免使用需要解释的词语,如"不整洁的"与"困难的"。在条件允许的情况下,尽可能确保员工带着积极的心态离开,比如,你可以告诉员工解雇的

---

[24] Howard M. Bloom, "Performance Evaluations," *New England Business*, December 1991, 14.

[25] David I. Rosen, "Appraisals Can Make—or Break—Your Court Case," *Personnel Journal*, November 1992, 113.

[26] Patricia A. McLagan, "Advice for Bad-News Bearers: How to Tell Employees They're Not Hacking It and Get Results," *Industry Week*, 15 February 1993, 42; Michael Lee Smith, "Give Feedback, Not Criticism," *Supervisory Management*, 1993, 4; "A Checklist for Conducting Problem Performer Appraisals," *Supervisory Management*, December 1993, 7—9.

[27] Carrie Brodzinski, "Avoiding Wrongful Termination Suits," *National Underwriter Property & Casualty—Risk & Benefits Management*, 13 October 2003 [accessed 2 December 2003] www.elibrary.com.

[28] Jane R. Goodson, Gaill W. McGee, and Anson Seers, "Giving Appropriate Performance Feedback to Managers: An Empirical Test of Content and Outcomes," *Journal of Business Communication* 29, no.4 (1992): 329—342.

[29] Craig Cox, "On the Firing Line," *Business Ethics*, May-June 1992, 33—34.

真相或帮助他们顺利完成这一转变。[30] 回顾有关这类信息的任务，参见“要点检查：负面雇佣信息的写作”。

要点检查

负面就业信息的写作

A. 拒绝写介绍信的请求

✓ 如果觉得这样做不好就可以拒绝，不必觉得有责任写介绍信。

✓ 利用巧妙的方法使得对他人感情的伤害减少到最小。

✓ 称赞受众的成就。

✓ 如果可以，给出可供选择的建议。

B. 拒绝求职者

✓ 一定要答复求职者。

✓ 如果采用直接法，注意不要过于生硬。

✓ 如果采用间接法，不要让缓冲误导受众或者用超过一两句话来延迟坏消息。

✓ 清晰地阐述为什么申请者被拒绝。

✓ 如果可以，给出可供选择的建议。

C. 给出负面的绩效评价

✓ 保持客观的没有偏见的语气。

✓ 用不带针对性的语言。

✓ 将焦点集中在解决问题上。

✓ 确保负面反馈已被记录，并将其传递给员工。

✓ 不要通过保留负面反馈来避免冲突。

✓ 要求员工做出改进的承诺。

D. 终止雇佣关系

✓ 准确地阐述理由，并确保它们是被客观证实的。

✓ 避免做出使公司因不正当终止雇佣关系而被起诉的声明。

✓ 请教公司律师以明确所有离职相关条款。

✓ 以尽可能积极的语气来结束雇佣关系。

---

[30] Cox, “On the Firing Line.”

工作进行时

解决毕马威的沟通困境

在毕马威公司中，如果你具有良好的数字头脑和有效的沟通技能，很快就会被提升到管理阶层。现在你是这个公司肯塔基州路易斯维尔办事处的一名审计经理（审计是审查公司会计报告的准确性和合法性的过程）。你的职责从管理毕马威公司客户的审计事务到帮助员工提高他们在跨职能团队中与其他经理合作的技巧。毫无疑问，沟通挑战是频繁多样的。[31]

1. 路易斯维尔办事处的另一名经理今天早晨来访，请求借两名最好的审计员去应付一个为期三周的紧急事件。正常情况下，你会毫不犹豫地伸出援手，但你们团队有自己的日程任务要解决。而且，这不是该经理第一次有麻烦，你确信这是由于他缺乏项目管理能力造成的。下列哪种方法最能委婉地表达你的拒绝，并暗示这位同事的管理技巧有待提高？

a. 由于我们已经对客户做出了承诺，因此这次我们没有能力帮你了。

b. 你又遇到了这种麻烦，我真的非常同情。但是，由于我们已经对客户做出了承诺，因此我们没有能力再派任何审计员去完成临时任务了。

c. 由于我们已经对客户做出了承诺，因此我们没有能力再派任何审计员去完成临时任务了。但是，我很乐意跟你讨论一下管理项目的方法。

d. 与其像往常一样转移劳动资源，我们为什么不开会讨论一些新的人员安排和项目管理策略呢？

2. 在商业服务职业（比如公共会计）中，服务提供者常需与客户进行长时间的密切接触——有时甚至在客户的机构中设立办公室，几乎像客户组织中的员工。像所有的职业关系一样，随着时间的推移，个人关系也会成为客户关系的一部分。情况好的时候，相关人员可能会变成朋友或熟人，进一步巩固商务关系。情况糟糕的时候，即使是有能力的专业人员也会相互之间产生不必要的摩擦，随着时间的推移，会破坏商务关系。不巧的是，这种事发生在你最优秀的一个员工身上。Shirley Jackson 因她的技术水平而受到广泛的景仰，但一个客户组织的高层经理要求她从项目中退出。尽管你很想亲自告诉 Jackson，但日程上的冲突迫使你只能给她发送一封电子邮件。下列哪种缓冲是最好的开篇？

a. 你为 Comstock 制造公司所做的工作一直都是一流的，但你永远也不知道事情将会变成什么样子，不是吗？

b. 如果由我来决定，Shirley，我决不会写这样一个信息，但 Comstock 要求我重新评估他们审计项目的人员。

c. 正如我在许多场合表示过的，再次感谢你这些年为 Comstock 制造公司做出的高质量的工作。

d. 正如你所知道的，Shirley，我经常对我们所有项目的员工分配做出评估，以确保客户既对我们的工作质量满意，也对我们与他们的总体关系感到满意。

---

[31] See Note 1.

3. 尽管你的项目管理技巧十分优秀，但有时也会陷入无法预料的、可能会导致不理想结果的困境之中。你低估了为一个重要的客户完成财务分析项目所需要的时间。你与客户签订的合同允许因这类意外事件而延期10%，但现在最好的估计也已超期20%—25%。你有一项让人不愉快的任务，即告诉你的老板项目要超期完成，并且毕马威公司要为超期的10%—15%负责。下列哪种方法最适合向老板传递这个消息？

a. 我彻底搞砸了。南方石油公司的项目要超期才能完成。

b. 南方石油公司的项目至少要超期20%才能完成，甚至要超期25%。

c. 最近我们发现南方石油公司的会计系统比我提交项目建议时的预期要糟得多，由于需要额外的工作统一他们杂乱的记录，结果这一项目将超期20%—25%。

d. 最近我们发现南方石油公司的会计系统比我提交项目建议时的预期要糟得多。这确实不是我的错，但由于需要额外的工作统一他们杂乱的记录，结果这一项目将超期20%—25%。

4. 你发现很容易对那些以前表现最好的员工对于介绍信的请求说“是”，也意识到容易对表现不是那么好的员工的这种请求说“不”。令你感到棘手的是那些来自既不优秀也不惹麻烦的中间员工的请求。你刚接到了一个来自一位电脑系统专家的请求，他正好属于那种“中间员工”。遗憾的是，他正在申请一家公司的职位，而据你所知，该公司对员工的要求很高，通常只雇用精英中的精英。他是个很好的人，你很想帮助他，但你心里知道，即使碰巧得到了这份工作，他可能也干不长。另外，你也不想在行业里落一个推荐不力的名声。你该如何阐述这一负面信息呢？

a. 作为你从前的经理，我认为我仍然是为你的利益而着想，但很抱歉地告诉你，基于我对你申请的工作的了解，目前它并不是你最好的工作选择。

b. 我认为，写一封介绍信的责任不仅仅是评定一个人的技能；它必须考虑这个人是不是正在申请一份适合的工作。

c. 我认为决定是否要为一个申请者作证明的一个最重要的因素就是：他或她追求的这个机会成功的可能性大不大。

d. 写一封介绍信，要为求职者和写信者承担重大的责任。毕竟，我也要保护我的名声。

学习目标检查

通过阅读每个学习目标和完成相关练习来评估你对本章要点的掌握情况。填空题，写出空白处缺少的文字；单项选择题，在正确答案的字母上打钩。

目标8.1：应用负面信息的三步写作法。

1. 当编写负面信息时，下列哪种方法能有效地保持换位思考？

a. 让受众清楚地明白是他们错了；毕竟，认识到错误是改进的第一步。

b. 表明你并不喜欢传递坏消息。

c. 通过委婉的传递坏消息来显示你对受众的尊重，通过暗示而不是直接说出来。

d. 尽可能突出正面效应并避免使用负面的

指责语言，以显示对受众的尊重。

目标 8.2：解释直接法和间接法对负面信息的区别，包括其适用时机。

2. 当用直接法传递负面信息时，开头为
    a. 一个缓冲
    b. 引人注意的内容
    c. 坏消息
    d. 以上任意
3. 用直接法传递负面信息的一个优点是
    a. 帮助受众迅速理解消息大意，节省时间
    b. 使受众容易理解信息
    c. 有策略性
    d. 上面所有选项
4. 用间接法传递负面信息时，开头用
    a. 一个缓冲
    b. 引人注意的开篇
    c. 坏消息
    d. 以上任意
5. 用间接法传递负面信息的一个优点是
    a. 多数受众对这种信息偏好直接法
    b. 使信息更简短
    c. 使受众容易理解信息
    d. 以上所有

目标 8.3：识别使用间接法的风险并解释如何规避。

6. 用间接法的目的是
    a. 帮助作者避免因传递坏消息所带来的不愉快
    b. 帮助受众避免因收到坏消息所带来的不愉快
    c. 缓和坏消息对受众的打击
    d. 减少信息字数
7. 下列哪种方法更适用于写作缓冲？
    a. 找机会表达你对被考虑的感激之情
    b. 向受众保证你已经注意了他或她的请求
    c. 对受众的处境表示理解
    d. 以上皆为有效方法

目标 8.4：使负面信息适应内部受众和外部受众。

8. 写作负面信息时，内外部受众的关键不同在于
    a. 对信息的期望
    b. 他们的法律立场
    c. 与公司产生联系的时间长短
    d. 以上都不对
9. 当负面信息既要传递给内部受众又要传递给外部受众时（如工厂倒闭的公告），下列哪个选项最好地描述了内部受众对信息传递时间的期望？
    a. 内部受众想最先收到信息
    b. 内部受众想与外部受众同时收到信息
    c. 内部受众想比外部受众晚收到信息
    d. 信息传递的时间对内部受众无关紧要

目标 8.5：定义诽谤并解释如何在负面信息中避免使用诽谤。

10. 虚假的言辞会损害一个人的人品和名誉，无论是口头的还是书面的，其被称为________。
11. 书面诽谤被称为________。
12. 口头诽谤被称为________。
13. 下列哪个是防止被控告诽谤的好建议？
    a. 不要用辱骂的语言
    b. 对可疑的信息进行法律咨询
    c. 紧扣事实，不要用不诚实的方式进行沟通
    d. 以上所有

目标 8.6：解释危机管理中沟通的角色。

14. 下列哪个选项更好地表现了危机管理计划的性质？
    a. 好的管理者应能预见公司可能遭遇的危机，因此应为每个危机制订特定的解

决计划

b. 从恐怖行动到技术灾难，无法预见什么样的危机会对商务活动造成打击，因此计划对策只是在浪费时间

c. 尽管不能预见到每个可能危机的性质及情形，但可以通过决定如何处理与员工和公众的沟通这种问题来作准备

d. 只有悲观的管理者才会为危机计划而担心，乐观的管理者会使他的组织不停地向公司目标前进

15. 沟通技术的不断进步使得人们

a. 易于通过互联网过滤器及其他方式控制谣言

b. 更难控制谣言

c. 容易发现制造谣言的人

d. 传播关于上市公司的虚假谣言为非法行为

目标 8.7：列出向求职者传达负面信息的三个原则并简要解释。

16. 为什么许多专家建议在拒绝求职者时使用间接法？

a. 求职者在结果上投入了很深的感情

b. 很多地方的法律要求使用间接法

c. 间接法易于写作

d. 间接法更简短

17. 当解释为什么求职者未被选择担任某一职务时，应该

a. 明确而不带个人针对性，如解释说该职位需要一些这个求职者尚未具备的特殊技能

b. 指出这个人的缺点；这是最诚恳的也是唯一能让他或她知道自己需要改进什么的方法

c. 尽可能地模糊以避免伤害这个人的感情

d. 决不解释为什么求职者没有被选中

知识应用

1. 为什么以积极的语气结束负面信息很重要？

2. 如果公司政策有所变化，你是否会同时将这些变化通知给员工和客户？为什么？

3. 如果你的目的是传递坏消息，如拒绝一项请求，你是否会花时间为受众提供可供选择的建议？为什么？

4. 当公司遭受挫折时，你是否会通过一次泄漏一点坏消息来缓和它带来的冲击？为什么？

5. **伦理选择**。故意弱化坏消息与歪曲图表以弱化令受众不愉快的数据是否相同？为什么？

知识实践

文档分析

阅读下列材料，然后：(1) 分析每句话的优点和缺点；(2) 修改材料，使其遵循本章指南。

文件 8. A：提供关于交易的负面信息

你们的春季兄弟会听起来十分有趣。很高兴您再一次选择我们来承办此次聚会。遗憾的是，我们的政策有了一些调整，希望您提

前知道以便聚会当天别出现什么误解。

我们会像往常一样在聚会前一晚将桌椅运到。可是,如果您想让我们布置好,需要为这项服务付 100 美元。当然,您可能想找一些兄弟和新成员来做这件事,这样您便会节省一部分资金。同时,我们也增加了一项清理费,每人只要 3 美元(您可以估算一下,我知道许多人当晚会来得和走得比较早)。

另外,其他的安排不变。我们将提供乐队舞台的裙料、桌布、吧台设施,当然还有烤肉服务。您还需要冰镇软饮料吗?我们可以为您提供这些,但要收取一定的费用。

如果您对这些变化有疑问,请告诉我,我们将尽力解决。我相信宴会一定会非常成功。

文件 8. B:拒绝投诉与调整的请求

我正在回复您六周前关于对您所购买的 WM39Z 型号无线集线器进行调整的来信。所有产品出厂前我们都作了检测;所以您的集线器不工作并不是我们的错。

如果您或您办公室的人摔了它,可能会造成损坏,或者托运公司摔了它也可能造成损坏。如果是这样,你可以向托运公司提出索赔。无论如何,这不是我们的错。各个零部件都有保修期。但是,我们将收取低于成本的 50 美元修理费,因为您是一位尊敬的客户。

在即将举办的展览会上我们有一个摊位,届时希望能看到您或您办公室的人。我们将展出很多新型办公设备,您一定很想看一看。随信附赠最近的产品目录。希望在那里能见到您。

文件 8. C:拒绝求职者

我很遗憾地通知你,你没有被选中参加 Equifax 公司的夏季实习项目。我们收到了一千多份简历和封面信,不可能全部录用。我们被要求通知每位申请者:公司已经从那些申请较早且具备资格的学生中选好了担任这 25 个职位的人。

相信你会找到一份适合你的夏季工作,祝你好运。我们为这个回复给你造成的不便表示深深的歉意。

练习

本章讨论到的所有网站都能在本书的网站 www. prenhall. com/thill 上找到链接。找到书名并点击“辅助网站”链接,然后选择第 8 章,并点击“特色网站”,选定与文中内容有关的页面名称或 URL。请注意本书出版后失效的链接将从特色网站中删除。

8.1　**选择方法**。选择你会对下列负面信息使用的方法(直接法或间接法)。

a. 给老板一份备忘录,告诉她公司的一个重要客户将业务转给了别的会计公司

b. 给客户一封电子邮件,告诉她在网上订购的书暂时脱销

c. 给客户一封信,通知他为新电脑订的 DVD 刻录机将延期交货,结果运送的整个订单都将延期

d. 给所有员工一份备忘录,通知他们公司停车场将在 6 月的第一周进行重新铺砌,在此期间,公司将在一个较远的停车场提供班车服务

e. 旅行社给客户一封信,告诉她航空公司不会因为她误机而退款,但她的机票在一年内仍有效

f. 美国航空公司给客户一封套用信函,解释说他们不能延长客户飞行里程的有效期,即

使客户过去三年一直住在海外，在此期间不能使用这些里程

g. 保险公司给投保人一封信，拒绝客户对不在保单范围内的特殊医疗程序的赔款要求

h. 来自一家电子产品商店的信，向客户解释在保修期内的出故障的手机不能退换（保修条款并不包括手机偶然从行驶的车中掉出来造成的损坏）

i. 给修理部一个公告，列出了将延期交货的零件，并说明三周后到货

8.2 **团队合作**。独立工作，修改下面的声明，并弱化坏消息。（提示：可以将坏消息所占的篇幅减到最少，将它变得次要，将它插入句子中或用被动时态。）然后与一名同学组成小组，互相阅读对方修改后的声明。你们在每个案例中都使用了同样的方法吗？哪种方法看起来对每个修改后的声明最有效？

a. 航空公司不能退还您的款项。您机票后面的退款"条件"声明了误机不能退款。有时航空公司也会破例，但只在生死攸关时。当然，您的机票仍然有效，仍可用于飞往相同目的地的航班。

b. 我很遗憾地告诉您，我们不能提供您要的定制饰品。我们询问了每个供应商，没有人能在这么短的时间内完成您的订单。但是您可以按时获得一些相同主题的标准产品，我们找到了一家供应商有相应的存货。当然，他们做不到您最初要求的那种风格。

c. 我们不能为出故障的灯泡退款。你不应该将 250 瓦的灯泡安在固定插座上；它的最大功率为 75 瓦。

8.3 **使用缓冲**。作为一家电话公司的客户服务主管，你负责回复客户的退款要求。你刚收到一封来自客户的电子邮件，他错误地在笔记本电脑上拨了一个非本地的互联网访问号码，无意间积累了 500 美元的长途通话账单。客户认为这不是他的错，因为他没有意识到自己正在拨打一个长途号码。然而，你过去处理过这样的事件；你知道网络服务商会告诫他选择一个本地访问号码，因为客户要负责所有的长途费用。为回复电子邮件起草一个简短的缓冲（1—2 句），对客户的情况表示同情但要让他为坏消息做好准备（公司政策明确禁止为这种情况退款）。

8.4 **互联网**。上市公司有时通过发布信息来进行公告或解释销售、利润、需求等的下降。在网上搜索，找一家最近发布过收益降低或其他坏消息新闻稿的公司，然后在该公司的网站上访问这些新闻稿。作为选择，你可以通过浏览 www.prnewswire.com 或 www.businesswire.com 等网站上的新闻稿来找出你在寻找的新闻稿类型。标题是如何与新闻稿主要信息联系起来的？新闻稿是通过直接法还是间接法进行组织的？公司是怎样以正面的语气提出坏消息的——你是否认为这种做法是真诚的和道德的？

8.5 **伦理选择**。你工作的保险公司计划提高健康保险的保险费。老板要你读一下她通知客户提价的信件草稿。开头两段讨论一些令人兴奋的医学进步及公司服务覆盖面的扩展。只在最后一段才告诉客户他们明年开始将支付更多的保险费。这封草稿的伦理含义是什么？你建议如何修改？

知识拓展

从网络中学习更多

在传递负面信息时保护自己

www. toolkit. cch. com

通过访问 CCH 的 Business Owner's Toolkit 网站，可以帮助减少你的法律责任，无论是解雇员工还是计划精简员工队伍。从法律角度出发尽快找出一个最安全的解雇员工的办法。明白为什么记录处罚行为很重要。发现为什么有些坏消息必须当面传递，而不能写信或打电话通知。

活动

阅读 CCH 的建议，找到这些问题的答案：

1. 在终止会议上经理应该与员工交流些什么？

2. 为什么记录员工处罚行为很重要？

3. 在因不当行为或糟糕表现而解雇员工之前应采取什么措施？

自己探究网络

自行访问以下与本章内容相关的网站，学习更多人力资源部门面临的负面问题。

1. 员工杂志在线，www. workforce. com，里面包括了最基本的和最新的人力资源问题，如招聘、法律、员工管理、激励、策略等。一定要登录社区中心的论坛，那里有很多商务人士讨论并解决人力资源方面的问题。

2. HR. com，www. hr. com 是一个可以读到有关工作趋势、对雇主有影响的立法、招聘、薪酬、福利、职工安置等内容的地方。登录并进行学习。

3. BusinessTown. com，www. businesstown. com 提供了很多商务主题的信息，包括成功执行员工绩效评价的建议。

互动学习

互动学习向导

访问 www. prehall. com/thill，找到书名并点击"辅助网站"链接。选择第 8 章，使用互动的"每章测验"来测试你对本章概念的掌握情况。你会得到即时的反馈，知道你是否需要进一步的学习。同样，访问"学习大厅"，你将发现大量能帮助你完成此课程的资源。

最佳语法和结构

如果教师要求你使用在线课程或者 CD 上的"最佳语法和结构"，你可以通过使用这一模块来提高你的逗号使用技巧。首先点击"逗号"，选择进行"预先测试"来确定你是否有薄弱方面。然后在"复习课程"中复习这些方面。选择进行"跟进测试"来检查你对逗号的掌握情况。如果想要更高的挑战或者进一步的练习，选择进行"高级测试"。最后，在接下来的"提高语法、结构和表达"部分中，完成练习以进一步巩固和加强。

提高语法、结构和表达

以下练习帮助你提高对语法、结构和表达的掌握和运用。在下面每组句子中，找到最佳选项，在正确答案的字母上打钩。

1. a. Please send us four cases of filters two cases

of wing nuts and a bale of rags.

b. Please send us four cases of filters, two cases of wing nuts and a bale of rags.

c. Please send us four cases of filters, two cases of wing nuts, and a bale of rags.

2. a. Your analysis, however, does not account for returns.

b. Your analysis however does not account for returns.

c. Your analysis, however does not account for returns.

3. a. As a matter of fact she has seen the figures.

b. As a matter of fact, she has seen the figures.

4. a. Before May 7, 1999, they wouldn't have minded either.

b. Before May 7, 1999 they wouldn't have minded either.

5. a. Stoneridge Inc. will go public on September 9 2003.

b. Stoneridge, Inc., will go public on September 9, 2003.

c. Stoneridge, Inc. will go public on September 9, 2003.

6. a. "Talk to me" Sandra said "before you change a thing."

b. "Talk to me," Sandra said "before you change a thing."

c. "Talk to me," Sandra said, "before you change a thing."

7. a. The firm was founded during the long hard recession of the mid-1970s.

b. The firm was founded during the long, hard recession of the mid-1970s.

c. The firm was founded during the long hard, recession of the mid-1970s.

8. a. You can reach me at this address: 717 Darby St., Scottsdale, AZ 85251.

b. You can reach me at this address: 717 Darby St., Scottsdale AZ 85251.

c. You can reach me at this address: 717 Darby St., Scottsdale, AZ, 85251.

9. a. Transfer the documents from Fargo, North Dakota to Boise, Idaho.

b. Transfer the documents from Fargo North Dakota, to Boise Idaho.

c. Transfer the documents from Fargo, North Dakota, to Boise, Idaho.

10. a. Sam O'Neill the designated representative is gone today.

b. Sam O'Neill, the designated representative, is gone today.

c. Sam O'Neill, the designated representative is gone today.

如果想找到更多的关于逗号的练习,请登录 www.prehall.com/thill,找到书名并点击"辅助网站"链接,选择第 8 章,点击"提高语法、结构和表达的额外练习",然后点击"14. 断句和逗号"。

案例

三步写作法在案例中的应用

按教师要求在案例中运用以下步骤

计划	写作	完成
分析情况 识别总体目的和具体目的。准确地阐明你希望受众在接收到信息后想到什么、感觉到什么或者相信什么。描绘主要受众,包括其背景、差异点、相似点以及对信息的可能反应。 **收集信息** 识别受众需要的信息,以及你所需要的能写作有效信息的必备信息。 **选择正确的媒介** 确定媒介能被受众接受并且与信息相匹配。书面方式不适合用做某些负面信息的媒介。 **组织信息** 以受众和信息为基础选择直接法或间接法;多数负面信息都采用间接法。采用间接法的时候,考虑哪种缓冲适于当前情况。识别主题,限定范围,然后简述必要的支持观点及其他证据。	**适应受众** 对受众需求要敏感,可采用换位思考、礼貌、正面强调、使用非歧视性语言。必须了解你已有多大程度的可信度——以及你还需建立多大的可信度。通过维持合适的风格和语气来树立企业形象。考虑文化多样性和内部受众与外部受众的不同需求。 **编写信息** 使用清晰、敏感的词语、有效的句子以及连贯的段落来写作信息。	**修订信息** 评价内容和可读性,编辑、重写,使之更为简洁、清晰。 **制作信息** 使用有效的设计因素和适当的排版使之看起来更清楚、更专业。 **校对信息** 修改排版、拼写和结构上的错误。 **发布信息** 使用选择的媒介发布信息;确保所有相关的文件都能成功发布。

对日常请求的负面回答

1. 没有交易:家得宝给水龙头生产商的信。作为位于亚特兰大的家得宝销售副总裁的助手,你参加了公司在佛罗里达州圣彼得斯堡举办的一年两次的产品线回顾。一同参加的还有成百上千的卖主,他们都渴望成为这个巨大的零售连锁商店在北美的 25 000 名供应商中的一员。在与家得宝的区域性和全国性的销售商组成的座谈小组会议中,这些卖主尽力在公司的产品阵容中赢得、保持或扩张自己的地位。

卖主们知道所有的牌都捏在家得宝公司手里,因此,如果他们想参与进来,就必须遵循家得宝的规则——提供低批发价和迅速交货。一旦被选中,卖主们还会不断地被重新评估——并且很快因为要求提价,或计划通过互联网直接销售给消费者等违规行为而被取消供货资格。同时,它们还要因为过去的业绩接受尖锐的批评,对此不能掉以轻心。

十年前,通用电气未能维持家得宝商店的电灯泡供应,造成了缺货。家得宝的共同创始人 Bernard Marcus 立刻剥夺了通用电气独占的 80 英尺的货架,并开始跟它的荷兰竞争者飞利浦公司谈判。两年后，经过高水平的谈判，通用电气的电灯泡又回到了家得宝的货架上——但货架的位置比飞利浦的要差。

这种带有警戒性的故事对卖主并非不起作用。但是他们知道尽管谈判非常困难，家得宝公司总是在寻找能满足消费者不断变化的口味和需求的产品。潜在的销售额是如此巨大，以至于妥协和让步都是值得的。如果被选中了，卖主们就能获得分布于美国、加拿大、墨西哥和波多黎各的1 700 多家商店（家得宝、Expo 和其他分公司）的直接供货权。

尽管如此，你已经看到了卖主代表们在回顾会议上解释产品改进和准时供货的想法时脸上表现出的压力。这种严惩的方法唯一让卖主代表们觉得安慰的便是：虽然销售商们在当场没有明确表态，但他们的确在一两天内让生产商们知道了他们的立场。并且公司总是希望在下次产品线回顾上重新考虑——无论它何时举行。

你的任务：你正在起草一些拒绝信，你的下一封信是给一位水龙头生产商 Roseway Manufacturing，133 Industrial Ave.，Gary，IN 46406 的。座谈小组的记录上这样评价道："太贵了"，"塑料把手不合格"和"设计不太可能吸引家得宝的消费者"（了解消费者的需要已经使家得宝公司进入了《财富》500 强排行榜的前 10 名，每年的销售额达 400 亿美元）。找一种能减缓你的拒绝信给 Roseway 带来的打击的方法。毕竟，消费者的口味是不断变化的。你的信是面向业务经理 Pamela Wilson 的。[32]

2. 受苦的艺术家们：在美国芭蕾舞剧院拒绝穿高科技鞋的备忘录。 在美国芭蕾舞剧院，为艺术而受苦的观念从 19 世纪早期第一个芭蕾舞女演员用足尖站起来时就已经根深蒂固，而你现在是艺术总监 Kevin McKenzie 的助手。很多企业家正怀着希望和热情关注着芭蕾舞演员的痛苦，尤其是当他们发现全世界的跳舞者每年要花费大约 1.5 亿美元在他们的舞鞋上后更是如此。那些"小小的酷刑室"是纸板和绸缎做的，用胶合亚麻布或粗麻布使足尖部分变硬。这种鞋子（大约 50 美元一双）很不结实，基本上一场艰苦的表演之后就穿坏了。

一个美国芭蕾舞剧院规模的公司每年要花费大约 50 万美元在舞鞋上——包括他们员工的理疗师和为治疗颈部、背部、膝盖和双脚去看脊椎按摩师、足科医生和外科医生的费用。企业家们相信这里肯定有改进的空间，可以将整形外科、太空材料和当代运动员用的高科技处理方法的优势利用起来。毫无疑问，芭蕾舞女演员也是世界上最勤勉的运动员。

最近联系美国芭蕾舞剧院的企业家是 Gaynor Minden 公司的 Eliza Minden。她想给鞋子问题提供一种解决办法。她可以为美国芭蕾舞剧院提供新的高科技的芭蕾舞鞋，希望能得到舞蹈演员的认可。她带着这个建议找到了身为理事会成员和执行总监的 Michael Kaiser。

Minden 的芭蕾舞鞋提供缓冲支撑和足尖衬垫。这种鞋仅 90 美元一双，并且据说表演之后它们能被吹干（就像 Birkenstocks 拖鞋一样）从而恢复形状。有成本意识的董事会成员催促公司试一试，你被任命收集舞蹈演员们的反馈。

目前为止，结果并不尽如人意。例如，经过一个短暂的试验，一名主要的芭蕾舞女演员说她宁

---

[32] Adapted from Michael H. Mescon, Courtland L. Bovée, and John V. Thill, *Business Today*, 10th ed. (Upper Saddle River, N. J.: Prentice Hall, 2002), 369; Bruce Upbin, "Profit in a Big Orange Box," *Forbes*, 165, no. 2, 24 January 2000 (accessed 2 August 2001) www.forbes.com/forbes/2000/0124/6502122a.html.

愿自己的脚在冰水里失去知觉,持续在足尖疼痛的困扰下跳舞,并且频繁地去看理疗师,也不愿穿Minden的鞋子。其余大部分人也同意她的意见。显然,她们喜欢穿传统的质量不好的绸缎鞋子,跳完一场《葛蓓莉娅》后便把它们扔得远远的。她们说新鞋太硬了,另外,这种鞋并不是她们穿着长大训练用的鞋子。只有几个公司新成员(例如Gillian Murphy)喜欢Minden的高科技鞋,但这还谈不上是对一个公司的认可。

你已经见过那些强壮有力的V形双脚在后台流血。你对Minden感到非常抱歉,高科技鞋子是个很好的想法——只是让观念传统的舞蹈演员接受很难。

你的任务:McKenzie让你以他的名义给美国芭蕾舞剧院的执行总裁Michael Kaiser写一封内部备忘录,跟他说明舞蹈演员拒绝使用Gaynor Minden的新的高科技芭蕾舞鞋。在这封备忘录中,不仅要包括舞蹈演员的理由,还要有你自己对这件事的看法。你需要决定是使用直接法还是间接法;还要附上一个单独的纸条向你的老师说明你选择这种方法的原因。[33]

3. 网路监视:拒绝Silent Watch受害人的要求。你们的公司叫Advertising Inflatables,你的专业是设计和建造巨型气球复制品,它们是零售店、轮胎销售、二手车场、快餐销售、健身俱乐部等地方做广告用的。你建造的气球从50英尺的"金刚"到10英尺的"小"比萨都有。

不久前,你安装了"网路监视"软件Silent Watch,来跟踪和记录员工的计算机使用情况。当时,你发送了一封备忘录通知所有员工电脑和电子邮件的使用仅限于工作范围。你在通知中还说他们的工作将被监视。但你没有提Silent Watch将记录下他们工作中的一举一动并且你通过办公室的一个屏幕可以监控他们。

就像预期的一样,Silent Watch揪出了两名销售人员,他们50%—70%的工作时间都用在了与工作无关的网页浏览上。你相应地克扣了他们的工资,但没警告他们。你给他们发了封备忘录通知他们虽然没被开除,但被定为试用察看。你觉得这是明智的,因为这两个员工的工作业绩都很好,而且当今人才非常缺乏。

但是现在销售员Jarod Harkington给你发了封信要求恢复他的工资并声称他被"非法暗中监视"了。另一方面,公司律师明确告诉你法院在这种问题上几乎总是站在员工一边的,尤其是当员工收到你曾经写的那种警告后更是如此。计算机是Advertising Inflatables的设备,并且公司根据员工的工作时间支付了合理的工资。

你的任务:写一封信拒绝Harkington先生的要求。[34]

4. 如果"产品召回"不是真正要召回产品:录音通知消费者某种不安全产品不会被交换。俄亥俄州托莱多市的Vail产品公司生产了一系列医院和其他公共机构使用的床,这些机构需要对病人实施保护,否则他们可能从床上掉下来摔伤自己(包括认知功能损伤或痉挛、癫痫之类的病人)。这些"封闭式病床系统"用一个网状遮篷来保证病人待在床上,而不是用传统束缚身体的方法如用带子绑住病人或使用镇静剂等。这种床的意图是人性化的,但设计却是有缺陷的:至少已经有30

[33] Michelle Higgins, "The Ballet Shoe Gets a Makeover, But Few Yet See the Pointe," *Wall Street Journal*, 8 August 1998, A1, A6; Gaynor Minden website [accessed 17 December 2003] www.dancer.com; American Ballet Theatre website [accessed 17 December 2003] www.abt.org.

[34] Adapted from Wolf Blitzer, "More Employers Taking Advantages of New Cyber-Surveillance Software," *CNN.com*, 10 July 2000 [accessed 11 July 2000] www.cnn.com/2000/US/07/10/workplace.eprivacy/index.html.

个病人被困在了床垫和遮篷的各部分中，并且8个被闷死了。

与美国食品及药物管理局(FDA)合作，Vail发表了一份声明要召回这种病床，就像生产者们遇到不安全产品情况时经常做的那样。但是，这个召回并不是真正的召回。Vail不会替换或改进这种病床，也不接受返回的产品。实际情况是，公司正催促公共机构尽可能将病人转移到其他病床上。Vail还发放了修订后的使用手册并要求把警示标签贴到病床上。并且，公司宣布将停止生产这种封闭式病床。

你的任务：一系列来自相关病人、病人家属和公共机构的电话总是让接听人员忙得焦头烂额。作为Vail公司沟通办公室的一名写作者，你被要求起草一份录到公司电话系统的短稿。当人们拨打这个号码时，他们将听到“按1键了解500型号、1000型号和2000型号封闭式病床的召回信息”。按了1键后，他们会听到你即将写的信息，向他们解释虽然这次行动被归为召回，但Vail不接受返回的病床，也不会替换任何受影响的病床。你的信息还应让消费者明确Vail公司已经为每个登记的有问题的病床所有者发送了修订后的操作手册和警示标签。电话系统内存有限，你需要将信息字数控制在75字以内。[35]

5. 给老板的备忘录：出于伦理考虑，拒绝某个计划。自从《商业周刊》上的一篇文章从行业内角度向世人揭示了电子产品零售商从延长保修期(有时称为服务合同)中赚了多少钱之后，一个不算秘密的秘密正在获得比你实际希望的还要多的关注。这篇文章说，通常保修价格的一半都作为佣金进了销售者的腰包，消费者所交的保修金只有20%被最终用于产品修理。

你也知道为什么延长保修期业务的利润如此丰厚。很多电子产品都遵循一个可预期的故障规律：在寿命早期故障率很高，“中年”阶段故障率下降，“老年”阶段故障率又迅速上升(工程师们称之为“浴缸曲线”，因为它从侧面看上去像个浴缸——两头高中间低)。早期故障一般在厂家的保修期内，你销售的延长保修期又包括了产品寿命跨度的中间部分。换句话说，很多延长保修期保障的是产品最不可能出现故障的时间段，而非产品最有可能出现故障的时间段。(消费者只能在很小的产品范围内从延长保修期中实际获益，包括笔记本电脑和等离子电视。当然，保修期对消费者的意义越大，它对你们公司的财务意义就越小。)[36]

你的任务：你的老板担心购买延长保修期的消费者会变少，于是命令你拟定一个能帮助销售员更有力地推销延长保修期的培训计划。经过认真考虑，你认为公司应改变依赖销售延长保修期来获取利润的策略。除了为消费者提供可疑的价值之外，它们也正在冒引起消费者抵触情绪的危险，而消费者的抵触情绪会导致产品的销售额降低。你本想亲自把你的想法告诉老板，但你们两人下周都在进行繁忙的出差，只好写封电子邮件来代替。起草一份简洁的信息来解释为什么你认为特定的销售培训和延长保修期总体来说是很糟糕的主意。

6. 这次不行：对加利福尼亚联合银行客户借记调整的拒绝信。你是加利福尼亚联合银行自动取款机问题处理部门的操作部主任。你们部门经常因为自动取款机的借记错误调整客户的账户。

---

[35] Adapted from “FDA Notifies Public That Vail Products, Inc., Issues Nationwide Recall of Enclosed Bed Systems,” FDA press release, 30 June 2005 [accessed 18 August 2005] www.fda.gov.

[36] Adapted from “Bathtub Curve,” *Engineering Statistics Handbook*, National Institute of Standards and Technology website [accessed 16 April 2005] www.nist.gov; Robert Berner, “The Warranty Windfall,” *BusinessWeek*, 20 December 2004, 84—86; Larry Armstrong, “When Service Contracts Make Sense,” *BusinessWeek*, 20 December 2004, 86.

错误往往是诚实的——比如说一个店主刷了两三次客户的贷记支票卡，认为前几次没有刷成，但实际上的确刷成了。

账目有问题的客户可以给你们部门写一封投诉信描述情况并附上收据的复印件。客户会在10—20 个营业日之内被通报结果。通常，你在他们的账目中记入一部分贷方。

但是，你收到了一封来自 Margaret Caldwell 的信，她跟她丈夫在你们银行有好几个大笔的联合账户。她的支票账户某天内有过三次借方处理并且都在同一个市场——Wilson's Gourmet。借方使用的是同一个交易流水号 1440022-22839837109，这引起了 Caldwell 女士的注意。但你知道这种号码是每天变化的，不是每小时变化，因此在一天内多次购买通常会使用同样的号码。而且，借方的数目也不相同（23.02 美元、110.95 美元和 47.50 美元），因此这些交易不是再三刷卡的结果。另外，她也没有附上收据。

Caldwell 女士在信中说那家商店在偷她的钱，但是你对她的说法表示怀疑，并决定联系 Wilson's Gourmet。经理 Ronson Tibbits 告诉你他的设备没问题，他还说消费者在一天中几次返回购买是很普遍的事情，尤其是购买第一次忘买的饮料或用品时更是如此。

你判定这些收费不是银行或店主的错误。Caldwell 夫人仅仅是感到困惑还是试图进行故意诈骗并不重要。银行对这种情况有明确的规定：你必须礼貌地拒绝她的要求。

你的任务：给 Margaret Caldwell, 2789 Aviara Parkway, Carlsbad, CA 92008 写一封信，解释你们拒绝她的投诉#7899 要求的理由。记住，你不想失去这位富有的客户。[37]

负面的组织信息

7. 很抱歉，但是我们没有选择：关于监视员工博客的电子邮件。当员工们抱怨他们的电子邮件和即时通信被监视时，你可以同情他们，但你只是在执行一项公司政策，而这些政策都是员工在进入公司时所同意遵守的。你在加利福尼亚州圣马特奥县的 Webcor Builders 公司工作，它是美国约 60% 的使用监控系统的公司之一。越来越多的公司将使用这种系统（主要是扫描信息以检查带有机密性、非法性或其他不适当内容的关键词）来试图避免性骚扰和其他问题。

你作为首席信息官，和负责公司计算机系统的经理，常常是员工们诉说被监视抱怨的对象。因此，当员工们知道监视范围还将扩大到个人博客时，你已经准备开始听他们抱怨了。

你的任务：写一封准备发给所有员工的电子邮件，说明自动监控系统的监视范围将扩大到员工的个人博客。在邮件中解释一下，虽然你同情员工所关心的个人隐私和言论自由，但管理团队的责任是保护公司的知识产权和公司名誉。因此，员工的个人博客将被添加到监视系统中以保证员工没有故意或无意间泄露公司机密或以损害公司的方式批评公司的管理。[38]

8. 清除"驶入匝道"上的障碍：给安永员工的博客记录。跟很多当今的公司一样，安永会计师事务所正在应对人才流失问题。很多有丰富经验的主管和专业人员在事业中期便离职去追求慈善事业，投入更多的时间在家庭事务上，或追求其他各种梦想或义务。这种问题在女性中尤其严

---

[37] Adapted from Union Bank of California teleservices, personal communication, 16 August 2001.

[38] Adapted from Pui-Wing Tam, Erin White, Nick Wingfield, and Kris Maher, "Snooping E-Mail by Software Is Now a Workplace Norm," *Wall Street Journal*, 9 March 2005, B1 +.

重,因为她们比男性更加经常走下事业的轨道。作为公司最大部门的总经理,你正为起草一套鼓励离职的员工重回公司的方针而苦恼。

但是,刚传出你正在计划的这件事情,你的几个业绩最好的、从未因个人原因离职(或用现在的流行语称为"走上驶出匝道")的员工都涌进了你的办公室抱怨。他们担心鼓励离职的员工重回公司对那些一直忠诚于公司的员工不公平。有一名员工说那些离开公司的人不值得被邀请回来。另两名员工称他们继续工作所获得的经验和技能应给他们带来比那些因个人原因离职的员工更高的工资和职责。

你的任务:尽管这几个员工不高兴,如果安永希望那些走上"驶出匝道"的人重回公司,就需要执行这个项目——从而确保他们不会跳槽到竞争对手的公司。但是,你也承受不了同现在的员工进行对抗,并且如果这几个抱怨的员工成为某种指示,你将面临相当大的士气问题。你决定第一步解释为什么这个项目是必需的,包括通过使安永变得更有竞争力来使每个公司成员受益。给公司的内部博客写一条短记录,说明尽管有些员工提出了异议,公司仍将继续实施这个计划。用一些正面消息来平衡这个消息(有些员工明显会把它视为负面信息)的影响,如保证当前所有员工都将在薪酬和提升机会方面获得公平待遇。结尾号召大家继续在这个话题上进行沟通,邀请员工亲自跟你会面探讨或将想法贴在博客上。[39]

9. 低碳效应:宣布蒙特雷意大利面公司的损失和新产品的电子邮件。作为蒙特雷意大利面公司的市场策划经理,你主要负责发现能影响公司经营的社会趋势。几个月前,你建议你的老板认真考虑新出现的低碳减肥热,但你的同事认为你夸大了这种趋势对意大利面销售的影响。现在,数字证实了你的看法:全国范围内意大利面销售急剧下滑,因为减肥者们都在避免食用高碳水化合物食品尤其是面食。

在蒙特雷意大利面的最大买家仓储式零售店沃尔玛和好事多,过去几个月的销售额下滑了30%。并非只有你们公司有这种情况,其他传统意大利面生产商也因这种饮食偏好出现了损失。相反,你们公司的主要竞争对手美意意大利面公司几个月前推出了一系列低碳意大利面。他们的销售额仍然在增加。

现在,管理层要求你发布一份修订后的第四季度收入预期。之前的第四季度收入预期是比去年同期增长7%—10%。今天首席财务官 Scott S. Wheeler 的预期是比去年第四季度的收入减少3%—5%。

但是,在同一信息中,管理层还希望你宣布公司即将推出的"CARB-SMART"系列产品,包括新鲜意大利面、沙司和精制小菜。在一次公司会议上,蒙特雷意大利面的董事长兼首席执行官 Jim Williams 宣布说:"美国人喜爱新鲜意大利面,但是目前的低糖饮食风使很多消费者非常关注他们摄入碳水化合物的量。CARB-SMART 响应这种趋势,保留了新鲜意大利面的风味和便利性,但只有一半的碳水化合物。因此在意碳水化合物量的意大利面喜爱者也能放心享用。"

新产品包括三个精制意大利饺品种,还有意大利云吞、意大利细面、意大利宽面和一种新的低碳四喜芝士沙司。完整的 CARB-SMART 产品信息将发表在蒙特雷意大利面的网站,www. monter-

---

[39] Adapted from Sylvia Ann Hewlett and Carolyn Buck Luce, "Off-Ramps and On-Ramps," *Harvard Business Review*, March 2005, 43—54.

eypasta. com。

你的任务:写一封既要宣布好消息又要公布坏消息的电子邮件。你的信息将转给股东、零售客户、分销商和其他利益相关群体。[40]

10. 听听音乐,伙计:对商业合伙人发出最后通牒。你是士丹顿公司的一名市场部经理。士丹顿是唱片师设备的最大生产商之一,这些设备包括转盘、扩音器、扬声器、混音器和相关配件等。你们公司最新开发的产品 FinalScratch 系统已经摆到了零售商的货架上。专业和业余唱片师都非常喜欢 FinalScratch,他们可以使用模拟转盘或光盘播放器来控制数字音乐文件,从而获得使用唱片感觉,这让他们体会到了数字音乐技术所带来的无限可能。(想知道关于这款产品的更多信息,可以访问 www. stantondj. com。)各处的销售情况都非常好,除了中大西洋地区的连锁零售店 Music99。你猜测这是因为连锁店老板没有让销售人员参加你们在 FinalScratch 推出时提供的免费产品培训,他们说自己的员工很聪明,可以进行自我培训。

为了探究这种情况,你从设在佛罗里达州好莱坞的士丹顿总部出发,进行了一项秘密的购物行动。调查了一些 Music99 的店铺之后,你被你所见到的情况震惊了。这些商店里的销售人员很明显不了解 FinalScratch 的概念,所以他们或者为潜在客户提供关于它的不良信息,或者让客户购买你们公司竞争对手的产品。难怪这一连锁店的销售额会如此差。

你的任务:你正试着立刻将你们的产品撤出这一连锁店,但是以你在该行业的经验,你知道寻找新的零售商很难,要付出很大的成本。但是,这种情况不能继续下去,你们每周正在丢掉成千上万美元的潜在交易。给 Music99(14014 Preston Pike, Dover, Delaware, 19901)的首席执行官 Jackson Fletcher 写封信,表达对你所观察到的状况的失望之情,并说明 Music99 的销售人员需要参加产品培训,否则你们公司的管理团队将考虑终止业务关系。你以前见过 Fletcher 先生并通过几次电话,你很了解他,知道这封最后通牒会令他不高兴。Music99 在其他士丹顿产品的销售方面做得很好——当他知道你正在“侦察”他的销售人员时可能会大发雷霆。[41]

11. 重新贷款的规则:解释 PeopleFirst. com 变化的信。当你刚成为一名 PeopleFirst. com 的客服代表时,跟你一起工作的只有五名员工,你们帮助公司开拓一项在线汽车贷款代理业务。客户很喜欢这项业务。

客户从你们网站上填写一张申请表并将所有必需的证明文件传真过来。然后 PeopleFirst 根据他们的资格从多种贷款中为其搭配最好的那种。你寄给客户一张可以在任何汽车经销商处进行消费的无债务“空白支票”,可消费金额等于他们申请的数目。贷款直到客户消费那张支票时才开始。如果以后利率下降了,他们可以回到 PeopleFirst. com 重新贷款。

当巨大的第一资本金融公司收购了 PeopleFirst. com 后,一切就都变了。他们将你们的名字改

---

[40] Adapted from Alyce Lomax, “Monterey's High-Carb Woes,” *The Motley Fool*, 23 December 2003 [accessed 23 December 2003] www. fool. com/News/mft/2003/mft03122312. htm; “Monterey Pasta Announces Quarterly Sales Decline of 3%—5% Expected When Compared to Fourth Quarter, 2002,” Monterey Pasta corporate press release, 23 December 2003 [accessed 23 December 2003] www. montereypasta. com/ Company/PressReleases/index. cfm? ID = 84; “Monterey Pasta Company Introduces Reduced Carbohydrate Product Line,” Monterey Pasta corporate press release, 23 December 2003 [accessed 23 December 2003] www. montereypasta. com/Company/PressReleases.

[41] Adapted from Stanton website [accessed 18 August 2005] www. stanton. com.

为第一资本汽车金融并将所有贷款转换成了第一资本的贷款。第一资本不会再为自己的贷款提供重新贷款。但是,如果客户想寻找另一家贷款机构(或自己)重新贷款,可以一次性还清贷款而不必缴纳先付罚款。这种方法可能会让你失去一些业务,但如果每次利率下降时第一资本都要为自己所有的贷款重新贷款,它的损失会大得多。

你的任务:在给 Faviola Franzone 和 Mary Franzone (7200 Poplar Ave., Memphis TN 38197)的信中解释这一新政策,他们询问了在目前较低的利率下为汽车贷款重新贷款的问题。[42]

12. 产品召回:百利高公司关于儿童止痛药的信。你在百利高公司工作。百利高是 900 多个商店自有品牌、非处方药和营养品最主要的生产厂家。这些产品可以在一些品牌产品(比如泰诺、布洛芬、苯海拉明、奎尔、善存片或 Ex-Lax)旁边找到,但它们是以药店的名字来包装命名的。它们的定价相对较低,但可提供与品牌产品"相当的质量和效果",就像销售资料里声明的那样。对零售商来说,销售百利高的产品可以获得比品牌产品更高的利润。对消费者来说,购买自有品牌的产品可以节省很大的开支。

但是,你们公司发现有一批专为儿童设计的樱桃口味的止痛药中对乙酰氨基酚的含量比标签上注明的超出了 29%——对药品针对的低龄儿童来说足以造成用药过量。这种用药过量会引起肝脏功能损伤。今天早上,你们公司的市场部计算出有 6 500 瓶 4 盎司规格的"儿童型非阿司匹林类制剂"已经到了消费者手中,另有 1 288 瓶还在商店的货架上。

没人告诉你这次过失是怎么发生的,不合格产品的批号均为 IAD0288,但老实说,找出犯错的当事人对你的工作而言并不是最重要的,你更关心如何尽快将这件事情公布出来。过失确实发生了,最好立刻采取直接行动,要对零售商和公众诚实——你在客户服务部的上级这样对你说。当涉及客户的身体健康时,完全迅速地公布事实至关重要,因为这属于你的业务范围。

这种止痛药在 Kroger 商标下的销售点分布在阿拉巴马州、阿肯色州、佐治亚州、伊利诺伊州、印地安纳州、肯塔基州、路易斯安那州、密歇根州、密西西比州、密苏里州、北卡罗来纳州、俄亥俄州、南卡罗来纳州、田纳西州、得克萨斯州、弗吉尼亚州和西弗吉尼亚州。它在 Hy-Vee 商标下的销售点分布在伊利诺伊州、爱荷华州、堪萨斯州、密歇根州、密苏里州、内布拉斯加州和南达科他州。另外,在 Good Sense 商标下的销售点遍及 Good Sense 在美国的各个独立零售连锁店。百利高必须通知全美消费者这批药不能让儿童吃,而应该检查批号,如果购买的产品属于有问题的那批,将药品归还药店以拿回退款。

你的任务:作为百利高公司的客户服务主管,你必须写信通知零售商。他们已经被口头通知过了,但法律要求发布一份书面通知。这样很好,因为一封给零售商客户的套用信函中还可以包括进一步的说明。你可以解释召回的详情并通知商店立刻将这批药品下架退还给公司,百利高当然会偿还商店支付给消费者的退款。有疑问应拨打百利高的服务电话:1-800-321-0105,零售商也可将这个号码告诉给消费者。要确保提及你们公司正在做的所有努力并使用转售信息。[43]

---

[42] Adapted from Capital One Auto Finance (formerly PeopleFirst. com) website [accessed 23 December 2003] www. capitaloneauto-finance. com; PeopleFirst. com/Capital One Auto Finance.

[43] Adapted from Associated Press, "Children's Painkiller Recalled," CNN. com/Health website, 16 August 2001 [accessed 22 August 2001] www. cnn. com/2001/HEALTH/parenting/08/16/kids. drug. recalled. ap/index. html; Perrigo Company website [accessed 29 August 2001], www. perrigo. com.

13. 违规使用手机:给 Wilkes Artis 律师事务所同事的电子邮件信息。“公司规定员工不得在驾车时用手机处理业务。”David Finch 提醒说。他是华盛顿特区 Wilkes Artis 律师事务所的一名合伙人,而你是他的行政助理。

你点点头,等着他解释原因。自从那个 15 岁的女孩被一名律师撞死后,他便于去年发布了有关这条规定的备忘录。那名律师正驾车从一个客户会议上返回公司,打手机分散了她的注意力,这个女孩的家人起诉了那家公司并获得了 3 000 万美元的赔偿,但这不是重点。重点是手机能让人受伤甚至失去生命。

Finch 解释说:“昨天我们的一名员工在驾车时给他的秘书打电话。我们不能容许这种行为。根据美国国家高速公路交通安全局的数据,20%—30% 的驾驶事故与手机的使用有关。从现在开始,任何违反我们公司手机使用政策的员工都将受到停职处分并且不发放工资,除非打手机是因为健康或交通方面真的有紧急情况。”

你的任务: Finch 让你写一封给全体员工的电子邮件信息,宣布这一新的违反公司政策的处罚规定。[44]

14. 安全销售:Sports Authority 公司关于有危险性的踏板车的备忘录。美国消费品安全委员会(CPSC)发布了一条有关机动踏板车危险性的消费建议,你对此并不感到吃惊。踏板车不同于摩托车或自行车,第一次骑的人几乎立刻就能掌握它。所以,儿童和成人都不佩戴头盔或其他安全装置骑上车就走,结果摔断了胳膊和腿,擦伤了脸还碰伤了头。

流行的双轮电动踏板车或汽动踏板车跟直排轮滑鞋类似,每小时能走 9—14 英里。美国消费品安全委员会说,六个月的时间内,全国的急救室便报告了有关机动踏板车的 2 250 例受伤和 3 例死亡事件。死亡的三位骑车人(年龄分别为 6 岁、11 岁和 46 岁)如果当时戴着头盔可能都能活下来。结果,一些州已经颁布了相关法律来约束踏板车的使用。

你是 Sports Authority 公司的一名销售助理,公司出售很多可供选择的脚踏车(25—50 美元)和机动踏板车(350—1 000 美元)。你们公司非常关心受伤事故的增加,因为它关系到消费品安全委员会的建议对销售额和产品合法性的潜在负面影响。因此,你被指派加入一个小组,该小组将集体讨论改善现状的办法。例如,有一名小组成员建议为消费者制定一份安全手册;另一名成员希望对销售人员进行培训,让他们在消费者购买产品之前与其讨论安全问题。

“我们希望看到反光装置(6—15 美元)、头盔(24 美元)、护肘(19 美元)和护膝(19 美元)的销售额能有所上升,”一位商店主管告诉你们小组,“不是为了提高我们 15 亿美元的年收入,而是为了拯救生命。”

你的任务:跟你的同学一起讨论应采取何种积极措施(包括案例中已经提到的)来缓和消费品安全委员会的劝告对公司的负面影响。选出最好的想法并决定如何在备忘录中通知连锁店的 198

---

[44] Adapted from Associated Press, “Employers Restricting Use of Cell Phones in Cars,” CNN. com/Sci-Tech, 27 August 2001 [accessed 27 August 2001] www. cnn. com/2001/TECH/08/27/cellphones. cars. ap/index. html; Julie Vallese, “Study: All Cell Phones Distract Drivers,” CNN. com/U. S. , 16 August 2001 [accessed 7 September 2001] www. cnn. com/2001/US/08/16/cell. phone. driving/index. html.

名商店经理这一消费建议。并将你们组列出的内容写成备忘录。[45]

负面的就业信息

15. 给 80 名求职者的坏消息:给失败的求职者的套用信函。院长评选委员会筛选了 85 份你们大学艺术与科学学院院长职位的申请表。经过两轮的进一步筛选,前五名的求职者被邀请参加"机场面试"。在"机场面试"中,委员会将同每位求职者面谈 1 小时。然后,前三名的求职者被邀请到校园中与学生、教职工和行政人员见面。

委员会向大学校长推荐将这份工作给 Constance Pappas,他有一个美国研究的博士头衔并且在过去三年中担任明尼亚波利斯大都会学院历史系的主任。校长同意了,Pappas 博士也接受了这一邀请。

院长评选委员会的工作结束之前还有最后一项任务:需要将信寄给 84 名没有成功的求职者。4 名到达"机场面试"阶段的求职者将收到委员会主席的私人信件。作为委员会的秘书,你的工作是起草一封寄给其他 80 名求职者的套用信函。

你的任务:起草一封 100—200 字的信。所有副本将被分别寄给不同的接收人,但信息的内容是相同的。

16. 对丢掉合同的反应:取消工作邀请。Alion 科技公司是美国弗吉尼亚州麦克林市的一家军事研究公司。作为公司的人力资源经理,当全国最有名的计算机可视化技术专家之一的 Claus Gunnstein 接受了你的工作邀请时,你激动得浑身发抖。Gunnstein 的技术将对 Alion 的飞行模拟装置和其他系统的设计工作做出很大贡献。遗憾的是,Gunnstein 接受邀请的第二天,Alion 收到消息:一份五角大楼的重要合同被取消了。除了让几十名当前员工知道公司将被迫解雇他们,你还需要告诉 Gunnstein 你们没有选择,只能取消这一工作邀请。

你的任务:列出你给 Gunnstein 打电话时要谈的几个关键点。尤其要注意开头和结尾的表达。(你将与 Alion 的法律人员讨论这个电话的计划,以确保你说的每一条都符合就业法的规定。现在,你只需将重点放在向 Gunnstein 传递这一坏消息时的语气上。你可以编造任何你要用到的细节。)[46]

17. 权衡多样性和业绩:在西南贝尔通信公司下属的太平洋贝尔公司(SBC Pacific Bell)中给出一个负面绩效评价的备忘录。作为西南贝尔通信公司下属的太平洋贝尔公司的账单调整部经理,你已经被训练得能管理多种文化背景的员工。你近来招聘的最好的一名员工是 22 岁的 Jorge Gutierrez。他以破纪录的速度录入并测试了复杂的价格变化,掌握了你们巨大的计算机化账单系统。他的确实是个人才——除了一个问题:密切的家庭关系经常令他在工作上分心。

Jorge 的父母从中美洲移民到美国时,他和他的姐妹们还是小孩子,你能理解并深深尊重家庭对很多西班牙裔美国人的重要性。但是,Jorge 的妈妈每天早上都要打电话确认他安全到达了公司。然后是他爸爸的电话。她妹妹这个月有三次分别因为有急事在上班时间把他叫出了公司。

---

[45] Adapted from Julie Vallese, "Motorized Scooter Injuries on the Rise," CNN. com/U. S. , 22 August 2001 [accessed 22 August 2001] www. cnn. com/2001/US/08/22/scooter, advisory/index. html; The Sports Authority website [accessed 28 August 2001] www. thesportauthority. com.

[46] Adapted from Alion website [accessed 19 August 2005] www. alionscience. com.

朋友和亲戚们似乎每个小时都会给他打电话。

Gutierrez 说他已经告诉朋友和家人不要打他的办公室电话,但现在他们改成打他的手机了。他不愿在办公时间把手机关机,以防家人需要他。

在这一问题上,你已经给过 Gutierrez 好几次口头警告了。你真的不能失去这个人才,所以你希望能用一个书面的负面评价进一步刺激他去说服朋友和亲戚。你将在一次会议上传达这封信,并且帮助他在约定的时间范围内找出解决这一问题的办法。

你的任务:使用本章的建议写一封信,要从一种建设性的角度来传递这个坏消息。避免文化歧视或讽刺。

18. 工作变动:拒绝写介绍信的电子邮件。 Tom Weiss 在 Opal Pool and Patios 的办公室工作了四个月,做你的下属(你是办公室经理)。根据他告诉你的他能干什么,你让他从档案管理员开始做起。但是,他的组织技能证明他干不了这个,所以你将他调去登入应收账款,这份工作他基本能胜任。然后,他向你保证他"真正的优势"是客户关系,所以你又把他调到了投诉部。三周的时间后,他使得本来就在生气的客户更生气了,你确信你们办公室没有地方适合这位天才的 Weiss 先生。五周前,你鼓励他在正式被解雇之前辞职。

今天 Weiss 发了封电子邮件要求你给他写一封介绍信,职位是花店的销售人员。你没法评定 Weiss 的销售能力,但你知道他是一个不合格的档案管理员、一个粗心的记账员和一个感觉迟钝的客户服务代表。其他人可能更适合这份销售工作,你觉得这辈子已经帮了 Tom Weiss 足够多的忙了,因此打算拒绝他的要求。

你的任务:给 Tom Weiss 回复一封电子邮件(tomweiss@ aol. com),告诉他你已经决定不给他写介绍信了。

19. 空中降落:美国联合航空公司航班取消的即时通信。 过去,乘坐飞机的旅客直到飞机着陆后才能知道转接班机取消了。有时候机长会在即将降落到某个大中转站之前宣布航班取消的消息,但是乘客如何通知陆地上等待的亲人或商务伙伴呢?

作为美国联合航空公司的一名客户服务主管,你已经收到消息说美国联合航空公司从芝加哥奥海尔国际机场飞往波士顿洛根国际机场的所有航班都被取消了,等待进一步的通知。最近的一场冬季暴风雪已经使波士顿被雪覆盖了,并且夜间预告有冻雨。根据天气预报,美国联合航空公司今夜将为在芝加哥地区转机飞往波士顿的乘客提供宾馆。同时,你将使用公司最新的通信工具通知乘客这一坏消息。

美国联合航空公司现在与美国弗莱森航空电话公司合作推出了高空通信服务(JetConnect information services),允许乘客在飞行中使用即时通信和其他资源。乘客只需交一点使用费,便能将自己笔记本电脑的插头插到弗莱森的插座中来使用即时通信软件收发信息了。乘客如果开通了美国联合航空公司的 EasyUpdate 航班状态通知服务,他们还可以接收航班取消、延迟、座位升级等即时通信。

你的任务:写一则航班取消警报,像许多即时通信软件那样保证在 65 字以内。你可以提及公司会为计划在波士顿转机的乘客提供过夜住宿这一政策。[47]

20. 迅速答复:惠普公司拒绝员工要求的即时通信。如果 Lewinda Johnson 在一周前提出去参加下个月在纽约举行的商务博客使用会议,她的要求可能已经被批准了。但是,Johnson 直到你开会忙得脱不开身时才提出这个要求,而且她需要你在一小时内给出答复。她只能获得否定的答复:差旅预算有严格的限制,你至少需要三天时间来将她的要求上报到行政管理系统中。此外,Johnson 没有给你足够的理由让她参加那个会议,因为她对博客已经非常熟悉了。

你的任务:给 Lewinda Johnson 写一则 60—75 字的即时通信,拒绝她的要求。决定直接法或间接法哪一种更适合。[48]

---

[47] Adapted from United Airlines website [accessed 31 December 2003] www. united. com; "United Airlines First To Offer Inflight Email on Domestic Flights: Verizon Airfone® Outfits UAL's Fleet with JetConnect^{sm}," United Airlines press release [accessed 21 July 2003] www. ual. com/ press/detail/o,1442,51106,00. html; "Laptops Sprout Wings with Verizon Airfone JetConnect Service," *PR Newswire*, 24 September 2002 [accessed 21 July 2003] www. proquest. com; "Verizon Hopes Data Flies with Airfone JetConnect," *Wireless Data News*, 7 May 2003 [accessed 24 July 2003] www. proquest. com.

[48] Adapted from Sean Doherty, "Dynamic Communications," *Network Computing*, 3 April 2003, 26 [accessed 24 July 2003] search epnet. com/direct. asp? an-9463336&db = bsh&tg = AN; Todd Wasserman, "Post-Merger HP Invents New Image to Challenge Tech Foes IBM and Dell," *Brandweek*, 18 November 2002, 9 [accessed 24 July 2003], search. epnet. com/direct. asp? an = 8887152&db = bsh&tg = AN; R. P. Srikanth, "IM Tools Are Latest Tech Toys for Corporate Users," *Express Computer*, 1 July 2002 [accessed 21 July 2003] www. texpresscomputeronline. com/20020701/indtrend1. shtml.

第9章　劝说性信息的写作

学习目标

学完本章后，你将能够：

1. 应用劝说性信息的三步写作法
2. 认识在劝说性信息中建立可信度的七种方法
3. 描述劝说性信息的AIDA模型
4. 区分情感诉求和逻辑诉求并讨论如何平衡
5. 识别劝说性信息写作中常见的四种错误
6. 讨论鉴别卖点和受众利益的有效办法
7. 识别营销和销售信息中避免道德缺失的步骤

工作进行时

马克·伯内特制片集团的沟通

《幸存者》的创作人学会在电视业丛林中生存

想象一下你能像马克·伯内特(Mark Burnett)一样有说服力吗？马克·伯内特是英国精英伞兵团中的一员，他的名字对我们来说是如此熟悉，因为他是时下流行的真人秀节目《幸存者》(*Survivor*)的主创之一，并且策划了一系列艾科挑战赛(Eco-Challenge)——一种探险越野赛。他22岁就退伍了，并移居到洛杉矶，在那里他只用了24个小时就找到了一份工作：在比佛利山的富人家当保姆司机。他是如何做到这一点的呢？他诉诸受众的需求，并使他的老板确信作为一个前英国伞兵，没人能够比他铺床更干净，提供更有保障的安全。

此后，对探险比赛的痴迷驱使着他，伯内特利用其说服能力组织了团队，吸引了电视报道，策划了艾科挑战赛。他的说服能力帮助他将电视合同卖给了音乐电视台(MTV)、体育电视台(ESPN)、探索频道(Discovery)和美国电视台(USA Network)。每次他都将自己对电视节目的兴趣和观众的利益结合起来，然后他萌生了《幸存者》的想法。CBS电视台的主席说伯内特的《幸存者》策划是他所听说过的最好的策划。

伯内特甚至说服了唐纳德·特朗普(Donald Trump)这位知名的股票交易商、房地产富商、畅销书《交易的艺术》(*The Art of The Deal*)的作者共同策划了一个电视节目。伯内特在曼哈顿的溜冰场拍摄《幸存者》结局的那个晚上,他遇到了特朗普(他拥有该溜冰场)并且向他介绍了自己。他以对特朗普畅销书的积极评论开始了交谈,并且抓住机会向特朗普展示了他的电视节目创意:让16名雄心勃勃的年轻高管来竞争在特朗普集团的一个六位数年薪的职位。最终伯内特说服了特朗普在其新的真人秀节目《学徒》(*Apprentice*)中出镜,这个节目于2004年1月在NBC电视台播出。美国版的这个节目后来在100多个国家播放,此外还有20多个国家制作了本土版的这个节目。

驾驭着这场真人秀节目的浪潮,伯内特和他的1 500名员工还在继续创造、发展、推销这个成长稳定的电视节目。在拳击类真人秀节目《竞争者》(*Contender*)没能在NBC赢得收视佳绩的时候,他说服了体育电视台ESPN给这个节目一个尝试的机会。当时尚家居领袖玛莎·斯图尔特(Martha Stewart)想要通过真人秀节目从她短暂的入狱事件中复出时,她找到伯内特共同策划了《学徒:玛莎·斯图尔特》。

当然,也不是所有这方面的尝试都能够成功。伯内特的两个真人秀系列节目《娱乐场》(*Casino*)和《餐馆》(*Restaurant*)都没有能够维持下去,《摇滚明星:INXS》(*Rock Star:INXS*)也在挣扎着寻找广大观众。然而,在时下艰难的电视节目业界中,伯内特的总体业绩表现得如此强势,其劝说性信息伴随着内在可信度。

或许你的工作涉及不到电视节目,但伯内特的建议可以给你一些启发,使你明白如何了解受众并巧妙地利用劝说性信息来满足你和受众的需求。[①]

9.1 劝说性信息的三步写作法

像马克·伯内特那样的专业人士能够意识到成功的商务运作依赖于内外部沟通过程中的劝说性信息。无论是说服老板在欧洲开创新事业部,还是鼓励潜在的客户来购买产品,都将会用到同样的劝说技巧。这里所说的劝说是指尝试改变受众的态度、观念、行动。[②] 劝说技巧是营销和销售的基石。但即使不在这些领域中工作,仍需要优秀的劝说技巧来获得事业上的进步。成功人士都这样理解:劝说并不是欺骗或使人们做出不是最有利于他们的选择,而是使受众意识到他们的选择并且选择你所推荐的。[③]

与各种商务信息一样,三步写作法可以改进劝说性信息的效果。另外,这些信息的写作还需要一些特殊技巧,你可以在本章中进行探索。

---

① Melissa Grego, "Behind the Screen: Burnett's New Studio Model," *TV Week*, 15 August 2005 [accessed 22 August 2005] www.tvweek.com; Cynthia Littleton, "Dialogue with Producer Mark Burnett," *Hollywood Reporter*; 26 May 2004 [accessed 22 August 2005] www.hollywoodreporter.com; Nellie Andreeva, "Commando Nanny Gets a Sitcom on WB," *Hollywood Reporter*, 21—27 October 2003, 4; Abby Ellin, "Survivor' Meets Millionaire, and a Show Is Born," *New York Times*, 19 October 2003, sec. 3, 4; Kelli Anderson, "Out of the Wild," *Sports Illustrated*, 12 May 2003, A6; Maggie Sieger, "Paddle Faster, Mom," *Time*, 5 May 2003, 85; Bill Carter, "Survival of the Pushiest," *New York Times Magazine*, 28 January 2001, 22.

② Jay A. Conger, "The Necessary Art of Persuasion," *Harvard Business Review*, May-June 1998, 84—95; Jeanette W. Gilsdorf, "Write Me Your Best Case for ..." *Bulletin of the Association for Business Communication* 54, no. 1 (March 1991): 7—12.

③ "Vital Skill for Today's Managers: Persuading, Not Ordering Others," *Soundview Executive Book Summaries*, September 1998, 1.

9.1.1　第一步:信息的计划

劝说性信息不同于第 7 章所讨论的日常正面信息,劝说性信息主要面向那些接受信息时首先有抵触情绪的受众。即使这些人认为你的创意和产品具有吸引力,但在竞争如此激烈的市场中他们面临如此多的选择,你需要采用劝说技巧才能让他们相信你的选择是所有有吸引力的选择中最好的。

在当今以信息为中心的商业环境中,仅仅拥有好的创意和好的产品是不够的。每天,无数的好创意被忽视,无数的好产品滞销,仅仅是因为用来宣传它们的信息不够具有说服力,从而未能从竞争噪声中凸显出来。在充满挑战的环境中成功地组织劝说性信息要求在计划阶段注意四个步骤,其中第一步是分析你的目的与受众。

分析情况　你的目的在别人看来很明显——劝说人们来访问你的网站或购买你的滑板——但是劝说性信息也会遇到与目的相关的三个主要错误。第一个错误是在你执行计划之前没有认清自己的目的,假如你想劝说主管支持你某个特定的研究项目,那么你想清楚需要获得怎样的"支持"了吗？你是希望他们拍拍你的肩膀让你好好干呢？还是想让他们抽调其他项目的五个研究员安排到你的项目中呢？因此,在有效的劝说中有一个明确的目的是很重要的。

第二个错误是没有向受众明确地表示你的目的。在向别人索取时间、金钱、升职或者其他报酬的时候,你可能会觉得不舒服,但是如果你不提出要求,或者对你的意图模棱两可,你将永远得不到正面的答复。

第三个错误是没有意识到你希望他人所作的决定太过复杂或者是风险太大了,以至于他们难以马上决定下来。例如,你不可能通过写信或者是谈话来卖掉一座价值千万的写字楼。你需要逐步劝说,并且在每一步都传递适当的信息。第一条信息的目的应该是通过对潜在租金收入的简短分析来引起对方的兴趣,如果这一步成功了,你就可以提出去参观那个写字楼等直到请对方做出购买决定。如果只用一条信息传递过多内容,你就极有可能使受众迷惑或在你有机会建立整个提案之前就让他们拒绝。

通过分析受众,就能够确定恰当的信息数目以及每条信息的性质。要同时考虑到正面因素和负面因素——受众的需要和动机(他们可能积极回应你的信息的原因)和他们的担心和异议(他们不乐于回应的理由)。有了这两方面的洞察作为指导,你就可以寻找你与受众之间的共同之处了,在此基础之上就可以强调正面因素并最小化负面因素。

第 4 章所涉及的描述受众情况的所有知识都可以运用到劝说性信息中来。如果信息定位于一个大型的组织,就可以去找该组织做你要求的这种决策的高层经理。相反,如果信息定位于数以百万计的消费者,就不可能清晰地了解每个人,所以,只能研究其中有代表性的一小部分消费者。

有效的劝说性信息是与受众的需求和利益相关的。[④] 思考以下重要问题:谁是我的受众？他们需要什么？我想要他们做什么？他们可能如何排斥？我需要考察其他的职位吗？决策者认为什么是最重要的问题？组织文化将如何影响我的计划？

---

④ Mary Cross, "Aristotle and Business Writing: Why We Need to Teach Persuasion," *Bulletin of the Association for Business Communication* 54, no. 1 (March 1991): 3—6.

有理论家认为某些需求是有优先权的。图 9-1 是心理学家亚伯拉罕·马斯洛(Abraham Maslow)的需求层次理论,其中一些基本需求处于图形的底部,马斯洛认为人们的低层次需求得以满足后才会寻求更高层次需求的满足。[5] 还有其他的激励理论存在,但关键是人们的需求具有多样性,而最有效的劝说性信息总是与每个受众成员最迫切的需求相联系。

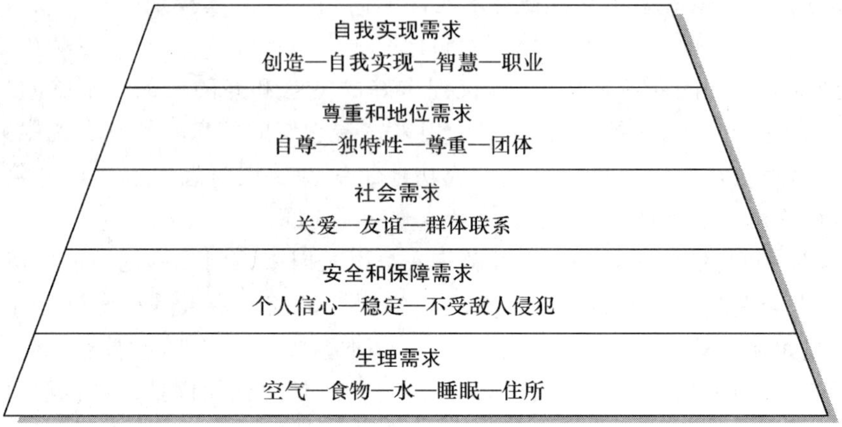

图 9-1　马斯洛的需求层次理论

为了了解和划分受众的需求,可以借助**人口统计学特征(demographics)**(年龄、性别、职业、收入、教育及其他你需要劝说的人们的可量化特征)和**心理学特征(psychographics)**(个性、态度、生活方式及其他心理学特征)。这两方面的因素都受到文化环境的强烈影响。在分析受众的时候,要将他们的文化预期和行为考虑在内,这样就不会因为使用了不恰当的诉求而破坏信息,或者用一种受众不熟悉或者不喜欢的方式组织你的信息。

收集信息　完成情况分析之后,就需要收集一些必需的信息来填补受众目前知道、相信和感觉到的和你期望他们在接收了你的信息后知道、相信和感觉到的之间的差距。多数劝说性信息是情感因素和逻辑因素的结合,但不同信息中两种因素的组成比例也有很大的变化,可以从比较美国固件技术公司(工业产品,www. americanfastener. com)、克莱斯勒(汽车,www. chrysler. com)和兰蔻(美容品,www. lancome. com)三家公司的网站来感受这种差别。

美国固件技术公司主要依赖于直接产品信息来说服购买者,而兰蔻公司则是通过视觉和文字描述的形象来唤起更多的情感回应。克莱斯勒公司则定位于两者的中间位置,它一方面提供大量关于汽车的事实和数据,与此同时还传递着驾驶快乐等强烈的情感信息。通过识别最能劝说受众的多种因素,你就会明白需要收集哪些方面的信息。在学习到本章后面的"劝说性商务信息的展开"后你将会学习到更多关于提供何种信息的知识。第 10 章将向你提供一些如何去寻找你所需信息的建议。

选择正确的媒介　事实上劝说性信息几乎出现在每个传播媒介之中,从即时通信和电脑动画到电台广告和空中文字。对于劝说性商务信息来说,你的媒介选择将密切遵循第 4 章所给定的准则。然而,对于营销和推销信息,你对媒体的选择要更加丰富。实际上,广告代理商会聘用一些媒介专员

---

⑤ Abraham H. Maslow, *Motivation and Personality* (*New York*: *Harper & Row*, 1954), 12, 19).

专门分析可供选择的媒介组合并且为每一个客户和广告活动选择一个最有成本效率的组合。

从更深的层次说,受众群体中有各种各样的人,他们对同一信息可能偏好不同的媒介方式。有些消费者喜欢自行去选购汽车,然而另外一些消费者则大都通过网络来进行调查。有些人不介意收到一些他们感兴趣的产品的推销邮件,而有些人则讨厌每一封广告邮件。如果用单一的媒介不可能将信息传达给大部分或全部受众,那么就需要两种或是更多的媒介来传达信息,例如可以在电子邮件广告之后跟进发送印刷信件等。

组织信息 确定你能够注意到组织信息中的四个方面:确定中心思想,限定范围,选择直接法或间接法,用一个有意义的方式来组织观点。劝说性信息最有效的中心思想有一个共同点:他们是有关信息接收者的,而不是信息发出者。我们也可以从耐克这样的成功案例中汲取一些经验,该公司的广告并不是传递自己产品和公司的信息,而常常是传播客户使用耐克产品时的感受。这样的方法对于所有的劝说性信息来说都是有益的。如果想要说服他人与你进行风险投资,就要告诉他们怎样对他们有利,而不是告诉他们怎样对你自己有利。

为了有效地限制信息范围,应将所需信息限制在能够帮助受众做出有关最终决策的下一步行动或者采取你想要的最终行动的范围之内。一个简单的场景,例如你要说服伙伴共同出席一个特殊会议,你可以把所有想说的话放入一个简单的单句中。但是如果想要你的公司在你最近的产品构想上投资几百万美元,首次信息的内容应该限定为在下次执行委员会会议上获得10分钟的发言时间,这样才有机会介绍你的构想并获得进一步调研的批准。在你的构想已经获得了支持并且收集了足够的信息做出令人信服的商业提案后,你就不用真正花费数周或数月去祈求投资了。

与日常信息和负面信息相同,最好的组织方式是依据受众对信息的可能反映。然而,因为劝说的本质是说服听众改变其态度、观念或行动,所以大部分的劝说性信息采取间接法。这就表明,在要求受众做出最后的决定或行动甚至表明你的意图之前,你应该能够清楚说明理由并培养兴趣。在本章的后面你将会看到几个采取间接法的例子,其中包括劝说性商务信息、营销和推销信息的讨论。

在受众准备好听取计划之时就可以考虑直接法了。如果你的老板想要换一家运输公司并征求你的意见,这时候你就应该直接告之以你的选择并陈述你的理由。同样,如果有机会让受众同意你的看法,就别让他们在看到你的中心思想之前还要阅读大量理由陈述。如果他们刚好不同意你的提议,他们会转向你的理由,看看你为什么宣传那个特别的想法。如果通过几个间接信息已经丰富了你的提案,这时也可以采用直接法,直接提出你的要求。

在图9-2的电子邮件信息中,Bette McGiboney是Auburn大学体育教练的行政助理,她针对8月份高额电话账单的问题提出了一个解决方案。她与她的老板的关系很好,而且她的老板也可能对其节约花费的想法表示欢迎,所以直接法是推荐其计划的一个快速有效的方法。

如果你像McGiboney一样使用直接法,那么就要记得即使受众很容易被说服,你仍然至少需要给出简要的理由或解释。不要期望受众会盲目地接受你的观点。例如,可以考虑以下两个开头:

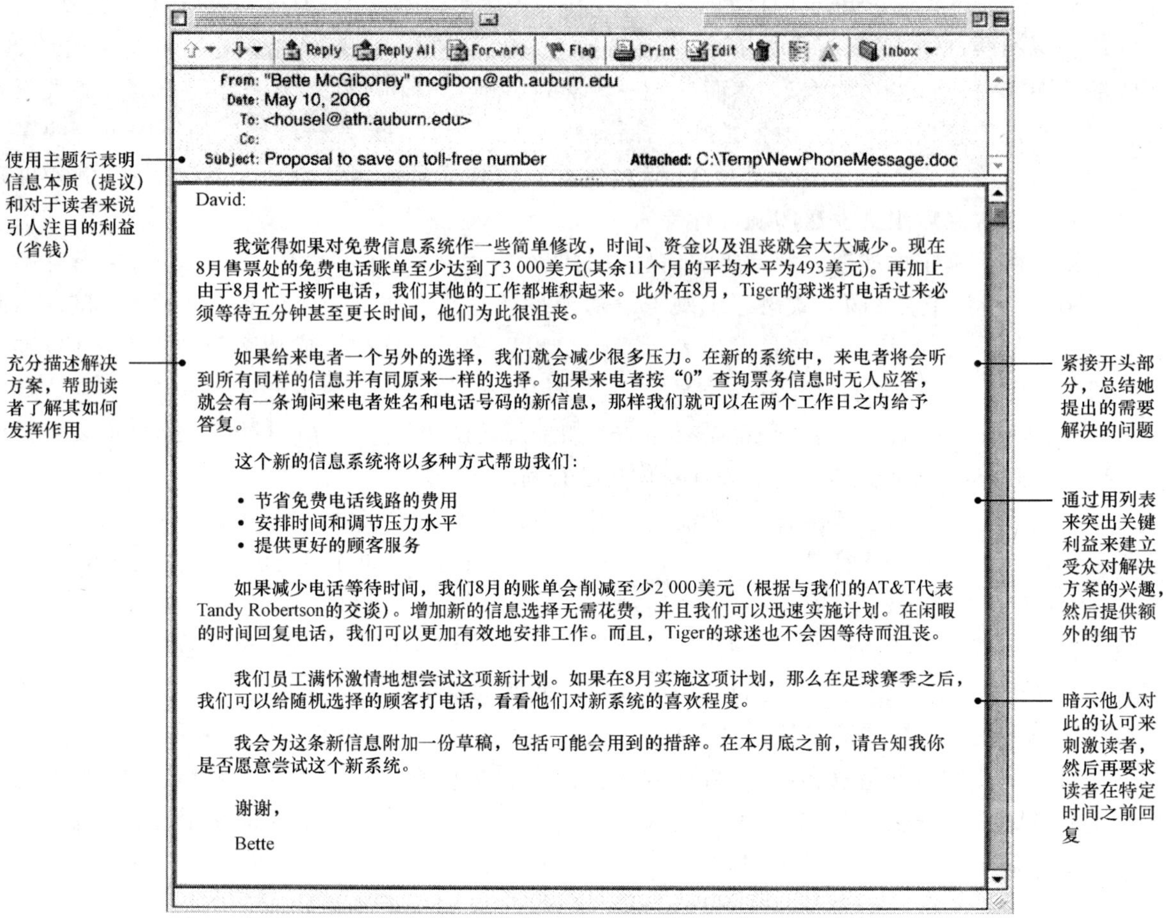
Reply　Reply All　Forward　Flag　Print　Edit　Inbox

From: "Bette McGiboney" mcgibon@ath.auburn.edu
Date: May 10, 2006
To: <housel@ath.auburn.edu>
Cc:
Subject: Proposal to save on toll-free number　　Attached: C:\Temp\NewPhoneMessage.doc

David:

我觉得如果对免费信息系统作一些简单修改，时间、资金以及沮丧就会大大减少。现在8月售票处的免费电话账单至少达到了3 000美元(其余11个月的平均水平为493美元)。再加上由于8月忙于接听电话，我们其他的工作都堆积起来。此外在8月，Tiger的球迷打电话过来必须等待五分钟甚至更长时间，他们为此很沮丧。

如果给来电者一个另外的选择，我们就会减少很多压力。在新的系统中，来电者将会听到所有同样的信息并有同原来一样的选择。如果来电者按“0”查询票务信息时无人应答，就会有一条询问来电者姓名和电话号码的新信息，那样我们就可以在两个工作日之内给予答复。

这个新的信息系统将以多种方式帮助我们：

- 节省免费电话线路的费用
- 安排时间和调节压力水平
- 提供更好的顾客服务

如果减少电话等待时间，我们8月的账单会削减至少2 000美元（根据与我们的AT&T代表Tandy Robertson的交谈）。增加新的信息选择无需花费，并且我们可以迅速实施计划。在闲暇的时间回复电话，我们可以更加有效地安排工作。而且，Tiger的球迷也不会因等待而沮丧。

我们员工满怀激情地想尝试这项新计划。如果在8月实施这项计划，那么在足球赛季之后，我们可以给随机选择的顾客打电话，看看他们对新系统的喜欢程度。

我会为这条新信息附加一份草稿，包括可能会用到的措辞。在本月底之前，请告知我你是否愿意尝试这个新系统。

谢谢，

Bette

图 9-2　采用直接法的提议电子邮件

有效性较低	有效性较高
我建议把我们的新零售商店建在西大街。	在比较了建立新零售商店的四个可能地点后，我推荐西大街这个地方，因为这个地方可以满足我们对大众运输的能见度、接近度和面积的标准。

对于直接法和间接法的选择也受到个人在组织中权威、经验和权力的影响。如果一位基层经理给一位高层主管传达劝说性信息，他就应该彬彬有礼并采用间接法。但是如果高层人员认为你的间接缺少自信甚至诚实，你的选择也许就会起到相反的作用。另一方面，也可以为了节省主管的时间而选择直接法，当然这种方法也可能被视为无礼专横。同样，在给雇员传达劝说性信息时，可以用间接法来缓慢切入重大变化的主题，但是雇员也许会觉得你的信息无力甚至絮烦。所以，在确定采取何种方式之前你最好仔细地审视公司文化和受众预期。

9.1.2　第二步:信息的写作

在开始写作时,劝说性信息中常见的冒昧的甚至不受欢迎的特点决定着换位思考比以往任何时候都重要。如果你的信息与接收者没有关系,则大部分人都不愿意留意,更不要说回复了。采取以下措施能够提高信息的受欢迎程度:(1) 使用积极礼貌的语言;(2) 了解并尊重相互之间的文化差异;(3) 了解组织文化;(4) 采取措施来建立你的可信度。

积极的语言经常自然地出现在劝说性信息中,因为你是在推荐一个你信任的创意或者产品。然而,令人惊讶的是礼貌的语言并不总是自动出现的。因为在解释时,一些劝说性信息的写作者会提及受众曾经做过的错误决定或是受众需要通过写作者的高明见解了解到如何在当前情况下做出明智的决定,这些语言可能会在不经意间冒犯了读者。

对文化差异的了解和尊重能够帮助你满足受众的需要,而且也有助于让受众尊重你。这是因为在不同的文化中有着不同的劝说方式。例如,在法国,大胆的、强硬的销售方式会使客户产生强烈反感。在德国,人们则注意一些技术细节,你要准备好核实用来支持你观点的每一个数据,并确认这些数据是精准的。在瑞典,人们将焦点放在一些理论问题和战略含义上,而美国人则更加关注实际问题。[⑥]

正如各个社会群体中的文化影响到劝说性信息的成功,各个组织中的文化也起到了这方面的作用。随着时间的推移,每个公司都建立了其特有的内部文化,这种内部文化产生了多种多样的与沟通有关的预期。例如,有些公司常采用间接、隐蔽的方式来处理不同意见和冲突,然而有些公司却接受甚至鼓励对不同观点的分享和公开的讨论。同样,正式程度的差别也很大。当你接受并且适应了这些传统,即使它们反映的不是你的个人偏好,受众也会认为你了解他们并且尊重他们的价值。

最后,在劝说有敌意或者持怀疑态度的受众时,必须让他们知道你明白自己在说什么,而且你没有误导他们。在劝说性信息中,可信度的重要性远远高于在其他信息(见第 5 章)中的重要程度。没有了可信度,你的劝说努力就可能变得无效甚至显得具有控制性。研究表明,大部分经理人理所当然地高估了自身的可信度。[⑦] 在劝说性信息中证实可信度要花费一些时间,第 5 章展示了建立并维持可信度的一些重要特性,其中包括诚实、客观、在意受众的需求、知识和经验、认可、表现以及交流方式。为了在劝说性信息中建立可信度,在这些特性的基础上还要做到:

- **运用简明的语言**。在大部分劝说情况下,受众会很谨慎,提防着千奇百怪的主张、站不住脚的描述和情感的操纵。这个时候你就应当尽量做到陈述简洁。

- **用事实来支持你的信息**。文档、数据、研究结果和证词(从做出了你所推荐的选择的人们那里获取)——这些为你所说的内容提供了客观证据,从而强化了你的可信度。你所引用的证据越具体、越相关,其作用就越明显。

- **说明资料的出处**。告诉受众你引用资料的出处,并且告诉他们还有谁认同你的看法,这些都会增加你的可信度,特别是在你资料来源能够得到受众尊敬的时候。

---

⑥ Robert T. Moran, "Tips on Making Speeches to International Audiences," *International Management*, April 1980, 58—59.

⑦ Conger, "The Necessary Art of Persuasion."

- **成为一名专家(或找到一位专家支持你的信息)**。拥有所传达信息领域的知识(甚至其他方面的知识)能够帮助你给受众必需的质量信息来作决定。如果你不是这个方面的专家,就从专家那里获得支持。
- **建立共同之处**。你与受众之间在信仰、态度、背景经历等方面的共同之处都能帮助他们和你达成共识。
- **要客观**。你理解和认识问题各个方面的能力能够帮助你在劝说性信息中提出公正、合理的论点。主管经常这样询问雇员在他们推荐一种选择之前是否考虑到了所有可能的选择。
- **显示好意**。对受众展示出你真正的关心、诚意和坦率。让他们了解你是如何关注他们的需求。你由衷的维护受众利益的意愿可以使得你的劝说性信息不仅有较好的效果而且更有道德。

9.1.3 第三步:信息的完成

专家们从经验中得知细节既能够成就也能够破坏劝说性信息,所以在写作过程中他们对这个步骤不敢有半点的马虎。广告制作人在播出广告之前就会让很多人来审查这个广告。广告和商业网站经常对具有代表性的信息接收者进行广泛的测试,确保目标受众收到了发送者期望发送的信息。

在审视文章内容的时候,尽量客观地判定你的论证并且不要高估自己的可信度。在审查信息的清晰度和简洁性时,要注意文章的意图和组织要符合受众的需要。如果条件允许,可以让一个经验丰富的同事依据他们对受众的了解来审读你的草稿。你的设计元素必须对你的论点起到补充而不是分散的作用。此外,小心翼翼地校对写作中的拼写和机械错误,这些错误可能降低文章的潜在说服力。最后,保证信息传递方式适合你的意图和受众的预期,不要一开始就错误地用不受欢迎的传递方式激怒受众。

在记住了三步模型之后,就可以着手写作劝说性信息了,首先以劝说性商务信息(说服听众支持新项目,开始新合作等)的开始,然后讨论营销和推销信息(说服受众考虑并购买产品和服务)。

9.2 劝说性商务信息的展开

作为一名商务人士,你的成功与你说服他人接受新创意、改变旧习惯或者执行你的建议的能力是密不可分的。即使在你事业的前期,你也可能有机会说服经理让你加入到一项有潜力的项目中或是让你改进一些重要的流程。随着你走入具有重大责任的工作岗位,你的劝说性信息就会影响到数百万美元的投资以及成千上万的雇员的工作岗位。显然,劝说性技巧的发展需要十分细致的分析和计划来配合,这样你说服别人采纳的构想才是有力的。

受众范围可能是你自己部门中的一个人,也可能是政府机构、投资人、客户、社区领导和一些外部群体,所以劝说性信息有广泛而又细致的分类。你的大部分信息都包含了“劝说性商务信息”,即设计出来在非销售环境中获得首选反应的任何劝说性信息。

9.2.1 劝说性商务信息的策略

劝说性商务信息的目的是说服受众认同你的请求或创意是合理的,并且会给受众带来一定的利益。在三步写作法中,有效的劝说包括以下四个重要的策略:构建论证框架,平衡情感诉求和逻辑诉求,强化你的观点、预期拒绝。

构建论证框架　很多劝说性信息都采取各种间接法。然而,不同于间接负面信息的缓冲,劝说性信息的开头要吸引受众注意力。同样,解释部分要比陈述理由更加重要,并且可以扩展成两个部分。第一部分引起受众兴趣,第二部分尝试改变受众态度。最后,你的结尾不仅仅只是积极的说明,还应该强调受众的利益并且能够促使受众采取一些行动。这些劝说方法称为 **AIDA 模型(AIDA model)**,用以下四个阶段来构建你的信息:(1) 注意(Attention),(2) 兴趣(Interest),(3) 期望(Desire),(4) 行动(Action),如表 9-1 所示。也有其他的理论存在,但与这个模型大致相同。

表 9-1　AIDA 模型

阶段	目的
注意	用真实存在的利益或价值来吸引受众的注意。
兴趣	通过更加详细地解释利益和迎合受众的逻辑和情感需求,从而建立受众的兴趣。
期望	通过提供更加充足的支持细节和回答潜在疑问来构建受众的期望。
行动	通过以一个有力的对行动的呼吁结尾并为回复提供便利的方法来激励受众采取进一步的行动。

- **注意**　无论主题是什么,你的第一个目标都是要使受众愿意了解你的问题、观点、新产品。要有一个简短而吸引人的开篇句,其中不能有夸张的陈述和不相关的观点。确保找到某些你与受众的共同点来作为构建整个提案的基础。在图 9-3 的信中,Randy Thumwolt 在劝说性备忘录中利用了 AIDA 模型,这条备忘录是关于降低万豪的年塑料成本和减少客户对回收记录抱怨的计划。注意 Thumwolt 在尝试推销解决方案之前是如何“推销问题”的。没有人愿意听取不知道或认为不存在的问题的解决方案。
- **兴趣**　向受众解释你的信息与他们之间的联系。在介绍了主题后,要用语言将其描述得更加细致,从而引发受众的思考。在图 9-3 中,Thumwolt 在兴趣阶段向受众介绍了没有被受众预期到的关于塑料制品容器的问题。同时,Thumwolt 还将他的建议整理成了易于阅读的列表形式。
- **期望**　通过向受众解释变化如何使其获益来帮助他们拥护你的创意。并且要提前察觉和回答受众可能提出的问题,以减少抵制。如果创意较为复杂,你可能还要解释你要如何执行它。为了提高受众在下一阶段依据你的建议采取行动的意愿,你需要进一步支持你的论点。记住一定要确认所有论据都是与论点直接相关的。
- **行动**　表明想要受众做什么。不要只提及“请启动这个项目”或是“给我些资金支持”。因为这是一个提醒受众采取行动的利益的机会。行动阶段成功的关键是使行动简单,所以,在可能的情况下给受众几个可供选择的回复方式,例如,免费电话或者是访问网站,记住在适用的时候设置一个回复期限。

AIDA 计划最适合间接法的使用,能够使你将中心思想保留至行动阶段。同样,也可以应用直接法,在实际案例应用中,用中心思想来吸引受众的注意,用论点激发受众的兴趣,利用论据引发期望,并且在行动阶段用你想要受众采取的特殊行动强调你的中心思想。

计划	写作	完成
分析情况 目的是解决正在发生的问题，从而受众才会接受。 **收集信息** 确定受众需求，收集关于回收问题地区必要的信息。 **选择正确的媒介** 打印的备忘录适用于这种正式沟通。 **组织信息** 中心思想是提出回收问题的解决方案，限定问题的范围，然后使用间接法来展开问题。	**适应受众** 根据对受众的熟悉程度调整角度，通过使用换位思考、礼貌、正面强调和非歧视性语言等方法来主动建立与受众的关系。 **编写信息** 采用对话但专业的风格来保持信息的简洁、清晰，从而使信息尽可能有帮助。	**修订信息** 评价内容和可读性，使之更为清晰、完整，而没有强制的成分。 **制作信息** 要在公司的信笺上突出清楚、专业的形象。 **校对信息** 检查排版、拼写、结构上的错误。 **发布信息** 使用选择的媒介发布信息。

HOST MARRIOTT SERVICES

内部备忘录

日期：2006年5月10日
收件人：Eleanor Tran，审计员 ET
发件人：Randy Thumwolt，采购经理
主题：削减塑料成本

A —— 尽管我们最近转为购买整批塑料制品容器，但这些容器的成本依然很高。在我的1月5日备忘录里，所有涵盖的数字表明我们每年购买5吨塑料制品容器，而且聚对苯二甲酸乙二醇酯（PET）的价格随着石油价格的波动而升降。

（对主要问题的简短陈述吸引了读者的注意）

I —— 1月份我就提议在冬季购买整批塑料容器，因为当时石油价格较低。因为你采纳了我的建议，所以今年我们应节省10%的费用。但是，我们的成本依然极高，每年大约200万美元。

除了这些用美元来衡量的塑料容器的费用之外还有我们的形象成本。最近我们收到日益增多的顾客来信，抱怨我们对在飞机和机场餐厅的PET塑料容器缺少回收计划。

（通过强调问题的严重程度和随之产生的后果，在问题的解决方案中建立利益）

D —— 在作了一些初步研究之后，我提出了以下设想：

- 在所有万豪机场餐厅提供可回收的容器
- 对收集和分离PET塑料容器的航空公司提供财务奖励
- 在每个机场设置一个专门回收塑料的垃圾箱
- 与A-Batt废物管理部门就塑料容器收集签订合同

（通过展示解决方案来强化受众采取行动的期望和意愿）

A —— 我的详细报告中包含了所涉及的费用。可以看到，我们第一年的净节约额达到了50万美元。营销问题我已经和Ted Macy商讨过了。如果采用了回收计划，他认为可以围绕其开展一个公关活动。PET回收计划不仅可以帮助树立我们的公共形象，也会相应改善我们的盈利。如果你同意，下周我们就和Ted一起商讨如何启动计划。如有任何疑问，请打电话给我，分机号码2356。

（最后通过具体的降低成本数字来刺激受众，然后请求具体行动）

图 9-3　利用 AIDA 模型提出程序变革的劝说性备忘录

当AIDA信息采用间接法并且以备忘录和电子邮件的形式发送出去时,记住信息的主题行通常很醒目。你的挑战是在没有表述中心思想时,如何将其制作得有趣、切题而且能吸引受众的注意力。如果将要求放在了主题行中,那么你在陈述自己的观点之前就可能得到受众的否定回答。

替换前	替换后
安装新电话信息系统建议书	降低免费电话运营成本

从AIDA模型中也可以看出在劝说性信息中拥有简短、精炼的目的陈述的重要性。否则,要引导受众进入注意、兴趣、期望、行动四个阶段几乎是不可能的。在阐述观点时集中于你的主要目的,并且集中精力达到你的目的。例如,如果你的中心思想是说服公司安装新的电话信息系统,就应将更换远程交换器等问题放在以后来讨论——除非这个问题与你的论点相关。

平衡情感诉求和逻辑诉求 极少的劝说性诉求是完全逻辑性的或是完全情感性的。甚至美国固件公司也支持利用工业质量优势的视觉图像来进行注重事实的网页介绍,例如大型桥梁、军用直升机和自由女神像。无需直接叙述,这样的网站宣传了可靠性,并将其雇员描述成值得信赖的人。同样,尽管兰蔻的网站布满了情感性的图片,其产品展示还是用事实和建议来修饰一番,其中包括润唇膏的维他命成分和各种化妆品的使用方法。

想象一下:你坐在一个控制台前,在你面前有一个"逻辑"转钮和一个"情感"转钮。在你准备劝说性信息的过程中,谨慎地调节这两个转钮,使信息最为有效。如果信息中包含的情感因素太少,受众就会不在意以至于不会答复。如果情感因素太多,受众会认为你还没有想好如何解决棘手的商务问题。例如,在马克·伯内特为电视节目提供新创意的时候,需要在情感因素(例如,竞争性真人秀节目的某些特点可以使得观众支持或拒绝不同的竞争者)和逻辑因素(例如,电视节目的制作成本和预期的广告收益之间的关系)之间达到一个平衡点。

为了能够达到最优的平衡,可以考虑以下四个因素:(1)希望鼓励什么样的行动;(2)受众的预期;(3)需要克服的抵制程度;(4)你被赋予多少权力才能成功地推销你的观点。[8] 在劝说人们接受一个复杂的建议、采取一次认真的行动或者是做一个重要决定的时候,应该偏向于逻辑诉求而弱化你的情感诉求。然而,在劝说人们购买产品、加入活动,或者是改变态度的时候,就需要多依靠一些情感因素。

情感诉求 **情感诉求(emotional appeals)**需要感觉,在受众的需求和同情心之上构建论点,然而,这样的诉求一定要细腻。[9] 例如,你可以用一些情感因素来修饰某些词。"自由"这个词有很强的感情色彩,此外"成功"、"声望"、"同情"、"随意"、"价值"与"舒适"等词都有浓烈的感情色彩。这样的词语使受众产生一种特定的心境,从而更加容易接受你的信息。然而,独立地使用感情诉求是不起作用的。对于大部分的商务场合,情感因素只有在与逻辑因素同时使用时才能起到作用。即使受众基于你的情感因素得到结论,他们还是会期望你提供逻辑因素作为支持。

逻辑诉求 **逻辑诉求(logical appeals)**需要推理。在任何用来劝说受众的论述中,首先提出一

⑧ Raymond M. Olderman, 10-*Minute Guide to Business Communication* (New York: Macmillan Spectrum/Alpha Books, 1997), 57—61.

⑨ Gilsdorf, "Write Me Your Best Case for..."

个论点,然后用理由或证据来支持你的论点。在用逻辑诉求来吸引受众的时候,你可以用三种推理方法:

- **类比法**。用类比法,你可以通过某些特定的论据推理得到特定的论据。例如,劝说一个不想参加年会的员工去参加年会,就可以用社区会议的类比,将你的公司比做一个小社区,并且将你的员工比做社区的一个重要成员。
- **归纳法**。用归纳法来推理,你可以通过某些特定的论据得到一个普遍的结论。为了说服你的团队改变某道生产工序,你可以指出每一个采取这种变革的公司都获得了较高的利润,所以这是一个比较明智的主意。
- **演绎法**。使用演绎法推理,可以从一个一般的结论得到某个特定的结论。为了劝说老板扩招客户支持人员,你可以出示表明客户满意程度与公司利润相关的行业调查。

每一个推理方法都容易误用,无论这个错误是有意还是无意造成的,所以在发布信息之前就应该检查论述的合理性。例如,在生产工序的这个例子中,有什么会影响推理的整体性?如果这样的工序只对生产少量产品的小公司有效,而你的公司是月产量在1万件左右的跨国公司该怎么办?为了避免逻辑错误,应熟知如下的原则:[10]

- **避免草率结论**。在得到结论之前确信有足够的证据。
- **避免循环推理**。循环推理是一种逻辑错误,在循环推理中,你试图用不同的语言重述你的论点来支持这一论点。例如下面这个例子,“我们知道临时工作人员不能处理这项任务,因为临时工作人员没有能力来完成这份工作。”这句话不能够说明任何问题,因为其所述论点和支持论点的论据本质上是相同的。这句话并没有说明为什么临时工作人员没有能力。
- **避免攻击意见不同者**。将精力集中于真正的问题。可以攻击意见不同者所持的观点,但是不能对其进行人身攻击。
- **避免将复杂问题过分简单化**。确保能够陈述所有因素而不是仅仅用“或者”来陈述你的观点,因为这样说就像只有两种可能的选择。
- **避免混淆因果假设**。如果不能确认某一特定因素的单独作用,就不能认定该因素是任何你所讨论的结果的原因。例如,春天天气变好了,人们开始出来玩棒球,是好天气导致了玩棒球吗?当然不是。在这两者之间有一定的联系——与它们相关的数据同时升降,并没有因果关系——没有一个因素导致其他因素的证据。时下许多商务情况的复杂性使得区分因果成为一种挑战。例如,价格降低之后销售上升,低价格是原因吗?或是由于竞争者的发货环节出了问题?抑或是广告所起的作用?当然,也可能是其他因素所起的作用。
- **避免错误类比**。确信比较的两个事物或两种情况的相似之处足以构成比较。即使A与B在某些方面相似,但是在某些重要的方面仍然构不成类比。
- **避免不合逻辑的证明**。确认你所陈述的论点和用来支持的论据之间是有着真实逻辑联系的,并且这种联系不是基于自信的跨越、不完全的前提和无关系的证据。

强化你的观点 在已经整理出论点中的所有基本元素后,后退一步,寻找能强化自己观点的

---

[10] John D. Ramage and John C. Bean, *Writing Arguments: A Rhetoric with Readings*, 3d ed. (Boston: Allyn & Bacon, 1995), 430—442.

方法。是否可以找出更有力的词汇来传递你的信息？例如，你的公司陷入财政困难，“生存”要比说“持续经营”更有力。用这样一些比较抽象的词汇来修饰你要表达的事实和数据可以为论述带来一些活力。此外，对过期账单收缴欠款，表达诚实和公平的想法要比不停地强调欠款数目和截止日期更加有效。此外，对于任何有力的工具，还要谨慎和诚实地使用生动的语言和抽象的词汇。

除了对单个词的选择，还要考虑比喻和其他的一些修饰方法。如果你想说明设计的质量控制体系是用来检测每个可能的产品瑕疵，你就可以把它比作蛛网，暗示它能检测出通过它的所有产品。一些趣闻和故事也能够帮助受众了解你所要表达的意思和论述的重点。例如，不要只是列出旧型号笔记本电脑的平均故障率，而是可以用一个人的面部表情来说明这个问题，描述一下在向公司最大的客户作重要演示报告时，你的电脑突然无法工作会带来什么后果。

除了对信息的遣词造句外，还可以寻找一些其他的途径和因素来强化你的观点。在提出某些要求时，如果受众站在其自身利益基础之上可以很容易地认可你的请求。例如，如果申请资金来增加自己部门的人员配备，你就可以提出在其他部门处于高工作量的情况下你可以向他们借出这些人员。消息传递的时机也会有所帮助。事实上，所有的组织都是按某种周期运转，例如主要客户的支付收入、税收支出、产品的季节性需求等。研究这些问题可以观察到它们对你的影响。例如，去请求增加雇员的最好时机应该是在一段引发许多客户对恶劣服务抱怨的紧张活动时期之后，这时所有人还对这段经历依然记忆犹新。如果你等到几个月后的年预算周期，那么这段经历将失去情感色彩，此时你的要求只会被视为另一项成本增加。

预期拒绝 即使是最有说服力的劝说性信息也会遇到一些内在的抵制。处理这些问题的最好方法就是预期可能遇到的抵制，并在受众提出疑问之前，就在最初的信息中对这些问题予以解答。这样做不仅能够马上解决问题，而且能够证明你对问题的全面考虑，从而暗示出你对信息的信心。[11] 这种预期在书面信息中尤其重要，因为你没有机会现场发觉和回复这些抵制。

例如，如果你认识到转向低成本材料的提议会引发对产品质量和顾客满意度的担心，就应该在信息中正面解决这些问题。如果你一直等到受众读完你的信息后提出他们担心的问题，那么很有可能还没等到你有机会解释这些问题，受众已倾向于坚持说“不”了。至少，一直等到受众反对会引发更多的几轮沟通，这样会延迟你期望收到的反应。

如果对方抱有敌意，从一开始就对你的计划有偏见，这时就应该谈及每个方面。在提到每种选择时，从利弊两方面对其进行解释。如果在提出建议和决定之前就分析了所有的选择，你会获得更多的信任。

为了发现受众的拒绝，多想想“如果……怎么办”的情景。在受众找到你理论和想法之中的纰漏之前，自己就应该发觉。这时再寻找你所发现问题的解决办法。[12]

人们更倾向于支持他们参与创造的事物，所以在组织好你的论述之前先询问受众对其的想法，并让受众提出一些解决方案。有了足够的想法和尝试，你甚至可以将问题转化成机会。比如，尽管你的建议现在看来成本过高，但你可以展示它从长远来看是更经济的。在这个过程中确保对所有事实和备选方案要全面、开放、客观。

---

⑪ Philip Vassallo, "Persuading Powerfully: Tips for Writing Persuasive Documents," *et Cetera*, Spring 2002, 65—71.

⑫ Dianna Booher, *Communicate with Confidence* (New York: McGraw-Hill, 1994), 102.

在组织劝说性论述的时候，避免如下常见错误：[13]

- **使用直接的硬推销**。不要过于急躁，如果在劝说性信息的开头就抛出了极强的观点，就会使你潜在的反对者警惕起来，并让他们抓住把柄来反击你。
- **拒绝妥协**。不要固执己见，劝说本身就是一个给予和获取的过程。正如某位专家所指出的，一个劝说者不可能在自己毫无改变的情况下去改变别人的行为和观点。
- **用大道理说话**。多用一些策略，在劝说人们改变其想法的时候，大道理很重要，但它只不过是整体中的一部分。你为论点创建共同利益框架的能力、与客户建立正确情感关系的能力和用生动的语言交流的能力同样重要，它们都使你的论述更加具有生命力。
- **认为劝说是一击必中**。别一次期望太多，劝说是一个过程，不是一次性的事件。大多数情况下，劝说包括倾听、检测观点、寻找新的角度反映新的信息、更多的检测和更多的妥协等。

劝说性信息的成功取决于你构建论述的能力、平衡情感和逻辑诉求的能力、强化观点的能力以及克服抵制的能力。这些策略将帮助你在任何情况下构建有力的劝说性信息。参照“要点检查：劝说性信息的展开”来复习构建劝说性信息的步骤。

要点检查

劝说性信息的展开

A. 吸引受众的注意

✓ 以受众利益、诱导性提问、问题或出人意料的陈述开头。

✓ 讨论受众可以接受的方面(建立共同立场)。

✓ 向受众展示你了解他们的担心。

B. 建立受众的兴趣

✓ 扩展并支持你在开头的陈述或承诺。

✓ 强调信息与受众之间的关系。

C. 增加受众的期望

✓ 通过解释某种改变如何使受众受益而使其期待这些改变。

✓ 用相关论据支持你的论点。

D. 动员受众采取行动

✓ 建议你想要受众采取的行动。

✓ 强调行动的积极成果。

✓ 确保行动听起来清晰明白。

E. 平衡情感和逻辑诉求

✓ 使用情感诉求帮助受众接受你的信息。

✓ 在为复杂的建议和创意陈述事实和证据时使用逻辑诉求。

✓ 避免逻辑错误。

---

⑬ Conger, “The Necessary Art of Persuasion.”

F. 强化你的论点

✓ 提供额外的证据说明你建议的优势,以及你自身提供这些优势的可信度。

✓ 用抽象、比喻和其他语言技巧来赋予事实和数据以活力。

G. 预期拒绝

✓ 预期并回答潜在的拒绝。

✓ 如果预期会有敌意的反馈,就需要陈述所有选择的利弊。

9.2.2　劝说性商务信息的常见例子

在整个职业生涯中,你会有无数次机会在你就职的组织中创造劝说性信息:向主管推销缩减成本的计划,建议更有效率的运作流程,争取与竞争部门的合作,赢得员工对新的福利计划的支持,为新设备申请资金以及为新工程筹款。同样,你也有机会向组织以外的人发出劝说性信息:促销产品,募集投资基金,形成公众意愿,以及要求供应商提供协议义务以外的调整。此外,如果你期望一个非正常的结果或者自认为没有受到公平的对待,那么在第 7 章所学的日常请求也可以成为劝说性信息。多数这样的信息能够分为对行动的劝说性请求、对创意的劝说性陈述,以及劝说性要求和调整请求。

对行动的劝说性请求　大部分劝说性商务信息会涉及对行动的请求。在某些情况下,请求能够被预期,所以直接法比较合适。其他情况下,就需要间接地表达你的目的,AIDA 模型非常适合于这种做法。以吸引注意力的小技巧开始构建信息,并且向受众展示你了解他们的担心。

利用兴趣和期望阶段来证明你有足够的理由做出这样的请求,并且将你对情况的了解涵盖进去:事实与数据,接受建议的好处,以及可以提高你的吸引力的任何历史或经历。你的目标是:(1)为你自己和你的请求获得可信度;(2) 使受众相信你能够解决很大的问题。

一旦证明了你的信息与受众相关,就可以对某些特定的行为提出请求,正如 Leslie Jorgensen 在图 9-4 的备忘录中所作的。她对空客 A380 十分感兴趣并且认为为恰当的市场采购这种飞机可以帮助 Qantas 满足其增长需要同时降低其运营成本。现在她需要她的上司支持她进行飞机市场潜力的调查。

文档修改

改进这封电子邮件

练习实际修改文档的草稿,请登录在线课程或密码保护网站"辅助网站"。点击"文档修改",然后点击第 9 章。你会看到一封电子邮件,包括了与本章所学"写作劝说性信息"相关的问题和错误。使用"最终稿"选项修改这封请求行动的劝说性电子邮件。检查信息,确保在获取注意、建立兴趣、激发期望、鼓励行动、集中于主要目标以及处理拒绝方面的有效性。

请求一个普通帮忙之时(例如在你不在的时候请某人替你出席会议),利用直接法和日常信息

QANTAS

日期：2006年9月19日
收件人：Forrest Blain, 运营副总裁
发件人：Leslie Jorgensen, 营销副总裁
主题：为超大型飞机空客A380寻找潜在市场

A　空客A380允诺运营商诱人的35%的增长回报，但是我的研究发现了许多其他的特色和优势：（利用容易给人深刻印象的利益和承诺还会有更多的好处来吸引受众的注意）

- 新的舒适标准
- 增加的环保责任
- 舒缓了现在机场的交通阻塞（以最小的改变）
- 采用典型的三等室内布局，能容纳555名乘客
- 航程增加（8 798英里）
- 每次飞行有更多的客运里程
- 降低了每客运里程的成本（基于555个座位，每客运里程的成本是3.25美分）
- 减少了周转时间（更严格的时间表和更多的航班）
- 运营成本比竞争对手的飞机低大约15%—20%
- 先进的驾驶舱仪表

I（利用一长串产品的特征和优点来增加兴趣）

D　附页中包含了关于载客量、航程和燃料容积等详细的说明。因为我们正在继续完善我们的长期机队计划，我相信A380可能是一个很好的机会，在满足增长需求的同时降低运营成本，并且能满足许多利益相关者与日俱增的挑战性需要。总之，我认为它值得认真研究。（通过展现这些产品优势如何适合于公司的长期计划来建立期望）

A　您是否授权A380的市场潜力研究，请在10月2日的会议前用备忘录或者邮件的方式告知我。（为特定的行动要求一个特定的日期）

谢谢。

附件

图 9-4　利用 AIDA 模型请求行动的劝说性备忘录

的格式（见第 7 章）就可以。然而，在请求一个特殊的帮忙之时（例如由于你无法继续担任某个职位而要求某人主持某个活动或者作为一个团队的领导），利用劝说性技巧使受众认识到项目的价值。利用所有关于项目的必要信息以及任何事实、数据来使受众相信他或她的努力将会是令人愉快、简单和重要的，并会带来个人利益。

对创意的劝说性陈述　大部分内部劝说性信息集中于使受众做出某项决定或者采取某项行动。然而，你也会碰到这样的情况：你仅仅想要改变受众对某一特定议题的态度或观点，而不是要他们来决定或做出什么——至少现在不是。在复杂、多重的劝说过程中，第一个信息的目标可能只是说服你的受众重新审视长期持有的观点或者使他们承认新思路的可能性。

例如，你认为公司在薪酬处理的过程中耗费了大量的时间，并且你已经发现有一家外部公司

可以以更低的成本完成该任务(这种行为被称为"外包")。然而你们公司的总裁在想法上很难接受关键业务的外包,并且强调例如薪酬处理这样的重要事情不应该委托外人。除非你可以改变总裁的思考方式,否则推动外包的努力就是徒劳的。

另一个例子是为视力和其他身体障碍者改进互联网的可接触性所作的努力。一个称为网络可接触性计划(Web Accessibility Initiative)的活动已经由万维网联盟(World-Wide Web Consortium,一个全球组织,定义了互联网的很多原则和技术)启动了。虽然该联盟的最终目标是使上网更加方便,但一个重要的过渡目标就是使网络开发者更加兼顾使用者的需要。作为这些努力的一部分,该联盟进行了一次强调如下问题的演示活动:[14]

- 作为新闻和娱乐、工作场所互动、政府服务等一切的来源,网络的重要性不断增长
- 网络正逐渐取代这些服务的传统来源
- 网络上存在对各种残疾者的障碍
- 因残疾而不能接触网络的人数大约在几百万左右
- 对网络可接触性的改进也可以使其他使用者受益

这些特定问题方面的信息能够帮助扩大网络运营商的视野,他们的传统观点认为,标准的网络实践足以满足受众的需要。

劝说性要求和调整请求　虽然劝说性要求和调整请求有时被看做是抱怨信,但是你写它们并不是为了释放抱怨。你的目的是劝说某人帮助你做些调整。通过证明你所期望和你所得到的差别,你试图达到这一目的。

大部分抱怨信都是日常信息并且使用了第 7 章所讨论的直接法。然而,假设你买了某样东西,保修期满后才发现这件产品是有缺陷的。你给生产厂家写了日常请求,要求退换,但是被拒绝了。你的要求没有得到满足,但你仍然相信你有足够的理由。也许你只是在第一次沟通时没有做好。劝说在这种情况下是十分必要的。

你不能威胁这个厂家收回付款,所以要试着在传递负面信息的时候用一种能获得正面效果的传递方式。幸运的是,大部分商务人士会公平对待你的要求。维护你的良好意愿并快速解决你的问题也能使他们获益。

好的劝说性要求的关键因素是对事实全面且明确的回顾,以及自信且积极的语调。假定其他人不是在想尽办法骗你,而你也拥有完成满意交易的权利。只讨论眼前的抱怨,不要讨论其他关于同类产品的问题和关于公司的其他抱怨。你的目的是解决具体的问题,如果你集中于受众这么做所能带来好处,受众是倾向于帮助你的(你不能只关注忽视你抱怨的后果)。

通过陈述一些基本问题或是回顾问题到目前的进展来开始劝说性要求。其中要包括你与受众都同意的陈述或者明确你希望说服受众什么。对于你期待发生的事情一定要尽可能详细。然后,给受众一个好的理由让他们认可你的要求。并且要表明受众怎样对问题负责,而且要唤起受众的公平竞争、良好意愿和道德责任意识。解释你是如何理解问题的,但是不要失去控制,不要抱怨太多,并且不要制造威胁。人们更乐于对平和而理性的要求做出积极的回应。

---

[14] *Overview of the Web Accessibility Initiative*, W3C website [accessed 23 August 2005] www. w3. org.

9.3 营销和销售信息的展开

营销与销售信息与其他劝说性信息使用同样的基本技巧，但是要更多的强调鼓励某人去参与商业交易。虽然“营销信息”和“销售信息”这两个词经常互换使用，但是它们却代表了独立又相联系的两种作用：营销信息引导潜在的购买者进入购买过程，而不要求其马上做出决策；在此之后销售信息才能起作用。营销信息侧重于完成以下的任务：向大众介绍新品牌，提供竞争比较信息，鼓励客户访问其网站获得更多的信息，提醒购买者可以获得特定的产品和服务。相比之下，销售信息则侧重于请求人们订购某些特定的产品或服务。

9.3.1 营销和销售信息的策略

大多数的营销和销售信息，尤其是在某些大公司中，是由一些专业人员制作发布的，这些专业人员在营销、广告、销售或公共关系方面受过专业训练。然而，你可能被要求去检查这些专业人士的工作甚至在一家较小的公司中被要求撰写此类信息，所以了解这些信息如何起作用将对你成为一位合格的经理人有很大的帮助。基本的策略如下：评估消费者需求，分析竞争状况，找出关键的卖点和利益，预期拒绝购买，应用 AIDA 模型，维持较高的道德标准，服从法律，以及尊崇礼仪。并且要记住：营销和销售活动要包括一系列的信息，这些信息能够起到数周甚至数月的协调作用。在这些商务活动中，你的信息计划应该包括一个网站、电子邮箱、信件、小册子、个人销售代表，还有各种印刷、在线和广播媒介的综合应用。

评估受众需求 与其他的商务信息一样，成功的营销和销售信息也是以对受众需求的了解开始。对于某些产品和服务来说，这种评估是很简单的事情。例如，消费者在购买复印或打印纸的时候仅仅比较一些基本的地方，如重量、颜色、明亮度和光滑度。相比之下，在进行房地产、汽车、专业服务和其他一些复杂购买的时候他们会考虑很多的因素。

此外，客户需求经常超出产品和服务的基本范围。衣服不仅仅是用来保暖的。你的穿着能够告诉别人你是谁，你希望（或不希望）归属于社会中哪一层次，以及你如何看待你周围人和你的关系。事实上，很简单的一双鞋就能够满足马斯洛需求层次中的四个层次。

以评估受众需要、兴趣及其所关心的问题开始，就像任何商务信息一样。试着勾画产品意图销售的典型购买者形象。并且问自己受众想要获得哪些产品信息。你的产品如何帮助他们？他们会由于产品的价格低而购买，还是质量好而购买？

你可以注意每天身边的广告。这些广告经常侧重于一两个属性或问题，虽然这种产品或服务有很多方面值得陈述。这种狭隘的营销信息的目的是赢得注意并且激发兴趣，从而鼓励你进一步去了解产品和服务。

分析竞争状况 营销和销售信息几乎经常同来自其他公司的信息争夺同一受众群体。在克莱斯勒计划一封销售信来介绍新的车型给现有客户的时候，公司就知道它的目标受众还会接收到来自福特、本田、大众和无数其他汽车公司的信息。在拥挤的市场中，作者有时必须去寻找那些其他的公司没有使用过的用语，此外，还应该避免与竞争类信息使用同样的标题、写作风格或创作方式。

找出关键卖点和利益 在对受众的需求和现存的竞争信息有了一定的了解后，就可以决定强调产品或服务哪些特点和利益了。对于简单的产品来说,可以对你想要讨论的项目进行优先排序,还要区分产品的特色和这些产品特色所能为客户带来的利益。

如表 9-2 所示,**卖点(selling points)**就是创意或产品最有吸引力的特点,而**利益(benefits)**就是受众从这些特点中所获得的特定优势。卖点侧重于产品,利益侧重于使用者。例如,如果你说你的雪铲有一个符合人体工程学设计的把柄,这时你就描述了一个很好的产品特点。但是去说服某人购买这个雪铲你就需要说这个符合人体工程学设计的把柄可以降低背伤的风险,这就是一个利益。如果想要你的信息成功起作用,产品的独到利益必须要符合受众的基本需要和情感关注。

表 9-2　特点与利益

产品特点	客户利益
我们简单的筹款计划包括无现款,无利息,并且 24 个月内不要求支付。	你可以现在就买下想买的商品,即使手头的现金不足。
我们的营销沟通审计能够准确地测量广告和公共关系的作用。	你可以知道你的信息是否到达了目标受众,以及你的营销预算是否得到了最好的应用。
在我们飞蝇钓竿上的线轴是由航空铝材制造的。	自信地去钓鱼:这些轻便的钓竿经受得起最严酷的考验。

如图 9-5 所示,想想 SecureAbel Alarms 公司是如何利用 AIDA 模型劝说学生去购买其寝室警报系统的。这套系统的特点包括它的便携性、尖锐的铃声和指令式控制元件。客户利益包括简单的安装、简单的操作和它所带来的安全感。

预期拒绝购买　与劝说性商务信息相同,营销和销售信息经常会遇到拒绝,同样处理拒绝最好的方法就是首先将它们鉴别出来并且在原始信息中尽可能将它们解决。然而,对于营销和销售信息,你通常没有第二次机会解释或展示方案。你的上司也许会觉得让你解释劝说性方案中第三段的意思是有必要的,但潜在消费者觉得没有责任这么做。例如,你们以大学生消费者为目标的时尚饰品网站让访问者感觉太幼稚了,他们就有可能在几秒钟之内马上点击其他网页,而且有可能不再返回了。

拒绝可以由高价位、低质量和与现有产品缺乏兼容性而引起。已知的风险也会引起拒绝。例如,消费者会担心汽车对其家人不够安全,夹克会让其看上去缺乏吸引力,或者美发沙龙会弄糟其发型。商务购买者会担心其购买会扰乱生产,或者不能实现财务回报。

无论购买者是普通消费者还是商业客户,价格都是信息中的一个相当棘手的问题。不管你在信息中强调了价格还是弱化了价格,都要让客户有所准备。例如"奢侈品"和"经济品"这样的用词会给客户正确的引导,让他们明白你的价格与同类竞争者相比处于怎样的地位。这样的用词还会在你最终表述价格的时候帮助受众接受价格。

如果价格是主要的卖点,就应当将其放在显著的位置上,例如作为段落的标题或者结尾。如果价格不是主要的卖点,你可以用多种方法来处理它。可以先不提价格,或者把数字放在段落中间刚刚展示过利益和卖点的位置以弱化价格。

计划	写作	完成
分析情况 目的是销售产品，所以受众的态度会是中立、没有兴趣或者不情愿的。 **收集信息** 确定受众需求，收集必要的信息以陈述劝说性信息。 **选择正确的媒介** 打印的信函适用于这种正式沟通。 **组织信息** 中心思想是销售产品，所以要限定问题的范围，使用 AIDA 模型来推荐解决方案。	**适应受众** 根据与受众的熟悉程度调整正式程度，通过使用换位思考、礼貌、正面强调和非歧视性语言等方法来与受众保持积极的关系。 **编写信息** 采用对话但专业的风格来保持信息的简洁、清晰，从而使信息尽可能有帮助。	**修订信息** 评价内容和可读性，确保有效表达中心思想。 **制作信息** 采用清楚、专业的排版，并使用公司信头。 **校对信息** 检查排版、拼写、结构上的错误。 **发布信息** 使用选择的媒介发布信息。

SecureAbel Alarms, Inc.

5654 Lakemont Drive • Altoona, PA 16602 • Voice: (814) 983-4424 • Fax: (814) 983-4422 • http://www.secure.com

2006年10月11日

Mr. Samuel Zolezzi
Penn State University, North Halls
104 Warnock Commons
State College, PA 16802

亲爱的Zolezzi先生：

A — 您知道吗？四分之一的大学生都成为盗窃的受害者。 — 利用有诱导性的问题来吸引受众的注意

请检查一下您在宿舍中的财物并加总一下，看看如果有小偷进来您将丢掉多少钱——更不要说丢掉的平静。记住，如果一个小偷打定主意偷东西，锁住门根本无济于事。

I — 在我大学期间自己寝室被盗之后，我发明了一种创新的便携安全系统，即Secure Abel宿舍警报系统。这种系统安装、操作方便，并且当准备盗窃的小偷听到尖锐、响亮的警报后，肯定会匆忙逃走。 — 通过解释如何避免被盗的伤害来增加受众对产品的兴趣，同时通过分享故事来建立情感联系

D — 您所期待的安枕无忧也许要花费数百美元，但是Secure Abel宿舍警报系统却只需75美元。您将收到： — 通过强调这个解决方案的经济性来建立受众期望

- 专利报警元件
- 两个电池操作的指令式遥控元件
- 所有零件一年的保修期

A — 订购额外的报警盒安装到窗户或浴室的大门上只需50美元。不要对你的财物疏于防范。请填写反馈卡，在随函信封里选择付费方式，把它们一起邮寄回来，您会觉得更安全，而几天后，您会真的变得更安全。 — 动员受众回应，并使得回应很容易

真诚地

Dan Abel

Dan Abel，主席

附件

图 9-5　利用 AIDA 模型销售产品的有效信函

唯一的限量版平版画只发行100份。

6月15日它们就将上市与大家见面,但是现在您可以以350美元的特别预约价格预购一幅。 ←—— 强调其版本的稀有性以发出价值信号,为随后的高价位做出铺垫

请于今天迅速寄回随信附上的预购卡,这样您就可以在发行日之前进行预定。 ←—— 将价格隐藏在信息中间,并且同时提醒其唯一性

对于弱化价格专家们还使用其他两个技巧。其中之一就是整件零报。例如,不说一箱机油24美元,而是说每瓶2美元。另一个技巧就是将其他产品或活动的费用与产品价格进行比较,例如,"拥有一套自己的健身设备的费用低于参加健身俱乐部的费用"。这样做的目的是使成本看起来尽可能地低和可接受,并借此降低可能产生的价格拒绝。

如果你已经完成了提前的预备工作并且已经全面地评估了受众,就可以对大部分他们所关心的问题了如指掌了。也许你无法在信息中将它们阐述得面面俱到——如果产品或服务对于消费者来说不理想,你的信息也改变不了什么——但是对于你认为值得宣传的卖点应该尽力来阐述。

应用AIDA模型 大部分的营销和销售信息是根据AIDA模型或对其稍加改动而建立的。信息以吸引受众策略开始,通过描述产品或服务独到的特点来建立兴趣,然后通过强调对受众最有吸引力的利益来激发需求,最后通过建议受众采取行动而结尾。

吸引注意 不仅营销和销售信息以吸引注意策略开始,专业人员也会利用广泛的技巧来吸引受众的注意:

- **产品的巨大利益**。"千首歌曲。小巧无限。iPod nano。"[15]
- **一条真实的信息**。"将娱乐带到一个全新的世界。"(促销Verizon公司的V Cast服务,这种服务可以让人们将各种各样的娱乐服务下载到自己的手机上)[16]
- **与受众建立共同点**。"一款非常具有冒险性的SUV,足以承载您的冲劲及其所需的装备。"[17]
- **对于受众价值观和情感的个人吸引力**。"唯一比缴税更加糟糕的就是在你没有必要缴税的时候就上缴了税款。"
- **对于内部信息的承诺**。"你可能是众多梦想在法国生活和工作的人中的一员,但你不知如何着手去做。这本指南将从里面走出来告诉你和你一样的其他人是如何在法国的环境下工作和生活的。"[18]
- **对于节省的承诺**。"马上用一款新的可拍照电话吧,你将省下很多钱。"[19]
- **产品的演示或样本**。"这是Romalite包装纸的免费样品。"
- **对于问题的解决**。"这款背包可以任由孩子摔打和拉扯。"[20]

---

⑮ iPod nano product page, Apple Computer website [accessed 9 November 2005] www.apple.com/ipod.

⑯ Verizon Wireless website [accessed 23 August 2005] www.verizonwireless.com.

⑰ Saturn VUE product page, Saturn website [accessed 8 December 2003] www.saturn.com.

⑱ *Working and Living in France: The Ins and Outs* product page, Insider Paris Guides website [accessed 8 December 2003] www.insider-parisguides.com.

⑲ Verizon Wireless sales letter, received 1 December 2003.

⑳ Fast Break Backpack product page, Lands End website [accessed 8 December 2003], www.landsend.com.

当然，词语并不是你使用的唯一吸引注意的方式。强有力的、有召唤性的图画也可以吸引注意力。要是网上的信息，你就可以有更多的选择，包括视频、音频或动画展示。

建立兴趣 利用信息的兴趣阶段来巩固你在开头阶段吸引的注意。这个部分应当为你在信息开头做下的承诺或提出的陈述提供支持。例如，在以“千首歌曲。小巧无限。iPod nano。”为标题开头之后，苹果 iPod 网页继续阐述：[21]

> 带着你对 iPod 的所有喜爱并把它缩小。现在继续把它缩小。2GB 容量(500 首歌曲)和 4GB 容量(1 000 首歌曲)的型号都在 199 美元起价，只有铅笔厚度的 iPod nano 不可思议的小设计包含了所有 iPod 的体验。小得足够使你可以在每一个你想听音乐的地方享受音乐。

← 通过联系数百万消费者对原来 iPod 的了解而引出 iPod nano 的概念

← 强调产品的大小，而不是价格，因为大小是 iPod nano 的主要卖点

在本条信息中，苹果公司提供了足够的信息来帮助人们明白他们可能会怎样用到该产品，并且也回答了一些潜在的拒绝(价位和与 Windows 的兼容性)。任何对数码音乐播放器感兴趣的人都会有兴趣继续读下去。

激发期望 要激发对产品的期望，就要不断地解释产品提供了什么，它是如何工作的，消费者要如何使用它等问题。对于支持性信息的排序要深思熟虑，并且要记得使用大量的副标题和一些小技巧来帮助人们快速获得他们需要的信息。例如，在读了关于 iPod 的信息后，一些使用者就想获知关于 iTunes 音乐商店的信息，而其他的消费者则想要技术说明。你要使得每一个想要获得信息的人很容易找到他想要的信息。

当然，通过网站、电子邮件、光盘和其他电子媒介就可以应用一些导航链接来让人们即时接触他们想要的信息。iPod 的产品网页不仅包含了对其产品的各种特点和利益的详细论述，而且也提供了很多其他支持性信息的网页链接。提供快捷链接信息的能力是网站作为有效营销和销售媒介的原因之一(参见“技术力量运用：互动销售工具的力量和劝说性”)。

技术力量运用

互动销售工具的力量和劝说性

你有没有曾满怀希望地预定一个假日酒店，而到了那里才发现这个地方不是预想中的那样。即使是最好的作家也难以用词汇来描述一个物理空间的特点和环境。结果，对于宾馆和会议中心的描述最终听起来都差不多。

决策失败的可能性会给度假的消费者带来担心，但是却可能让公司活动策划者紧张得睡不着觉。在你负责计划并主持一些容纳数十、数百甚至数千人的大型会议时，就需要知道从餐饮用具到人们从哪登记入场和取得名牌等一系列的事情。任何小事都会给你的努力蒙上一层阴影——从庸俗的内部装修到阻止人们通畅前行的拥挤通道等。然而，这些事情很难从宣传册中判断出来，并且你也不可能总是有机会提前体验每项服务。

[21] iPod nano product page.

位于Basking Ridge的North Maple宾馆(www. northmapleinn. com)是新泽西州的一家高档宾馆和会议中心,也是众多利用互动网站的创新性宾馆中的一家。它通过网站让潜在的来访者对其宾馆设施有一个更好的了解。会议计划者可以通过点击宾馆网站上的会议室、休闲区、健身区和宴会厅来进行一次虚拟参观——通过全方位的音频解说、视频剪辑、照片、文字描述和互动的平面图来展示会议室在各种教室、影院、宴会形式下怎样安排。

通过提供仅次于现场参观的虚拟体验,North Maple宾馆朝着降低受众预期风险和加快受众有利购买决策的方向迈出了一大步。

职业应用

1. 使用这些互动工具的缺点是什么?
2. 使用这种交互式网站,你如何向未来的学生介绍你的大学?

在整个信息中,记得要侧重于受众而不是产品或者公司。在谈到产品特点的时候,记得要强调其所带来的利益并且要用使用者能够理解的语言来进行陈述。展示iPod拥有千首歌曲的容量要比说它拥有40千兆字节的内存能更加有效地告知受众其性能。动作词会给商务信息以力量,而且在销售信息中尤为有效。比较如下:

替换前	替换后
NuForm桌椅是被设计用来支撑你后背下方和减少你腿部压力的。	NuForm桌椅可以支撑你的后背下方,并且减少你腿部的压力。

第二种表达方式利用较少的语言说明了同样的情况,并且对使用者强调了桌椅的作用,而第一种表达方式是从设计者的角度来强调的(“被设计用来”)。

要保持受众的兴趣,使用形象的动词和能够生动描述的形容词。但是一定要注意,不能太夸张:如果说“你的车间可以像珠宝一样闪耀”,受众就很难相信它,这将使受众不敢相信你其他的描述。

为了激发期望以及增加可信度,你要为陈述提供证据。不能认为受众会因为你是这样写的就这样相信你。你必须给他们证据。如果你推荐的产品十分复杂,价格很高,或者代表了一些不同寻常的做法,这些证据就变得更加重要了。

有创造性的营销人员会有很多提供支持的方式:来自满意的使用者的证词,行业专家的论文,竞争性比较,产品样本和免费演示,独立检测报告,甚至电影和电脑动画,都可以展示产品的运用。你也可以通过强调保证书来证明你对产品的信心以及支持它的决心。

激发行动 在激发了足够的兴趣并使得受众对你的产品产生期望后,你就可以准备让他们采取行动了。无论是想让人们拿起电话订货还是想让他们到你的网站下载软件的试用版,你都要努力说服他们马上去做。可以为开始订购的1000个客户提供折扣,但是要记得定下最后的期限,或者提醒他们订货越早就越快享受到产品利益。即使是那些想要购买产品的潜在客户也可能被分心忘记回复,所以鼓励其越快行动越好。记得要使信息反馈尽可能简单并且没有风险。

注意在陈述观点时一直要保持礼貌且专业的语调。不要将说服客户交易的希望寄托在恳求和小伎俩上。确定你最后的形象是令人信服、积极主动的。例如,在一封销售信件中,签名下的附言往往是人们最先和最后读到的部分之一。用这一最有价值的部分来强调所能提供的关键利益以及快速订货的好处。

维持高道德标准、服从法律和尊崇礼仪 "劝说"这个词对某些人来说有消极的内涵,尤其是在营销和销售信息的内容中。他们将劝说与不诚实和不道德的行为联系起来,这些行为会使得一些拿不定主意的受众匆匆接受了没有价值的创意或者购买了不需要的产品。然而,有效工作的商务人士视劝说为一种积极的力量,因为他们在获取自己的利益的同时,也提供给了客户最好的选择。他们通过提供给受众信息并帮助受众理解信息来影响受众,同时让受众有选择的自由。[22] 有道德的商务人士告知受众其所推荐的创意、组织、产品、捐赠或者行动能够带来的利益,这样受众才能够辨认出这些创意、组织、产品、捐赠或者行动能在多大程度满足他们真正的需求。使每一次劝说尝试都没有操纵性,才能维持高标准的商业伦理。选择不会被误解的用词,并且一定不能扭曲事实。采用换位思考以显示对受众需求和兴趣的真正关心。你对受众需求的考虑不仅仅是出于对伦理的考虑,而是对劝说的正确应用。这样的考虑可以帮助得到你想要的回应,而且能够满足受众的需求。

随着营销和销售的日益复杂化,关于营销和销售信息的法律衍生也正在朝着复杂化发展。在美国,联邦交易委员会(FTC)对违反真实广告联邦标准的公司有给予处罚(从终止交易命令到数百万美元的罚款)的权力。其他联邦部门对某些特定行业的广告也有一定的权力,例如交通和金融服务行业。各州还可以运用其他的法律。促销沟通的法律方面是十分复杂的,而且在各个州和各个国家之间不尽相同,所以大多数公司都会要求营销和销售人员在发出信息之前向本公司的法律顾问征询意见。在任何情况下,都要注意以下营销和销售信息的法律方面:[23]

- **营销和销售信息必须是真实、无欺骗性的**。联邦交易委员会认为如果信息陈述包括了误导理性消费者的内容,并且该部分陈述是购买决策的主要部分,该信息就是欺骗性的。没有表明一些重大信息也将被视为欺骗。联邦交易委员会对于"暗示陈述"也如此看待,"暗示陈述"是指你并没有明确地指出、但是从你所说或没有说的部分可以推测出来的一些内容。
- **你必须用证据来支持陈述**。根据联邦交易委员会的规定,仅仅提供退款保证或者是满意消费者的说明是不够的,你还要能够利用诸如调查和科学研究这样的客观证据来支持你的陈述。如果要说明你销售的食品所含热量较低,你就应该找些科学证据来证明。
- **在美国很多州营销和销售信息被认为是有效契约**。如果暗示或做出一个提议,但在交易结束时没有履行承诺,你就会因为违约而被起诉。
- **在大部分情况下,不可以未经允许利用他人的名字、照片或者其他身份证明**。这样做将被视为侵犯个人隐私。你可以用些公众人物的照片,但是不能暗示他们认可你的产品。

---

[22] Gilsdorf, "Write Me Your Best Case for..."

[23] *Frequently Asked Advertising Questions: A Guide for Small Business*, U.S. Federal Trade Commission website [accessed 9 December 2003], www.ftc.gov.

无论是在美国还是在其他国家，法律的制定者都在酝酿涵盖广告其他主要方面和相关努力的新法律。在开始营销和销售计划之前，确认你已经了解了最新的影响垃圾邮件、客户隐私和数据安全的法律。在未来的几年内还会有新法律出现在这三个领域。

履行道德和法律责任也非常有助于保持良好的沟通礼仪。然而，在法律和道德的界限内仍要作一些关于礼仪的决策。例如，你所制订的营销计划合乎现有的法律，但是仍然会冒犯和侮辱受众。以受众为中心的方法包括对受众及其价值观的尊重，它能够有效地帮助你避免礼仪错误。

9.3.2　营销和销售信息的常见例子

从简单信件到互动式服务亭，如今的商业环境中各种各样的营销和销售信息数量巨大。然而，无论技术进步到什么程度，成功的劝说性沟通都要依据以下原则来建立：了解受众需求，比竞争对手更有效地沟通，为鼓励客户在你的帮助下做出对你有利的决策而提供清晰而有说服力的信息。考虑图 9-6 中的电子邮件通讯。首先是“选择加入”邮件的一部分，Zazú 只给特别申请了这些信息的人发送。接收者也可以选择他们想要接收的信息类别并且他们一般都愿意收到通讯。通讯包含了友好、翔实的内容，可以解释顾客关心的典型问题，还有富有吸引力的图片以及到公司网页的链接。

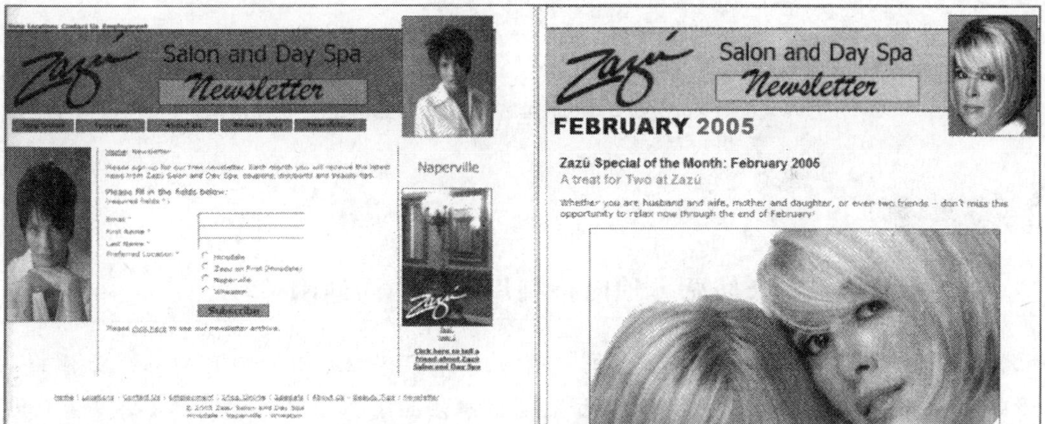

图 9-6　“选择加入”电子邮件通讯

Saturn 网站提供了另一个例子:你提供给客户的信息宽度和广度可以帮助他们做出明智的选择。例如,图 9-7 中的图片告诉购买者 Saturn Vue 的设计是多么地安全。网站另一个优越的特点就是提供产品对比屏幕便于汽车购买者对本公司产品和竞争对手产品进行比较——如果用印刷的宣传册来做这项工作是耗时而困难的。在选择了一两个竞争对手后,购买者就可以对产品的特点进行综合比较了。除了信息本身之外,这种比较的演示还会传达给受众一些隐含的信息。第一,Saturn 采取了换位思考来提供给消费者他们想要的信息,即使这样做意味着同时会提供给消费者关于其竞争对手的信息。第二,通过鼓励与其他汽车进行比较,Saturn 证明其对自己的产品更加有信心。这些信息会帮助公司建立可信度并激发潜在购买者对其产品的信心。

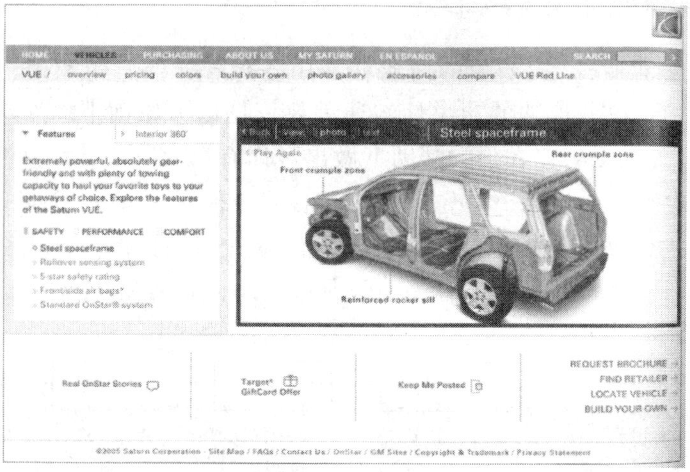

图 9-7 在 Saturn 网站上提供购买信息

工作进行时

解决马克·伯内特制片集团的沟通困境

马克·伯内特一直在寻找像《生存者》和《学徒》那样富有活力的新项目制作。你作为一名公共关系专家已经为伯内特工作多年,你的工作就是把想法的灵感传输给他。在《沟通者》中,八个竞争者负责在同一市镇上八个生存艰苦的小企业的沟通责任,他们要处理包括见面会、员工通讯和广告等每一件事情。

主要从四个方面来判断成功还是失败。前三个方面涉及改进员工、客户和当地社区对各自公司的意见。季初时评价者来评估这些意见,到季末再看哪个沟通者能够取得最大的进展。第四个测量指标是最重要的:哪一个竞争者能够以最大涨幅增加销售额和利润?这风险很高,因为这个节目独一无二的特点是要求竞争者用自己的钱对其指定公司投资 25 000 美元。潜在的回报是更高的——胜利者会成为所服务公司的新的所有者。

1. 沟通挑战:说服任务——说服马克·伯内特来制作《沟通者》。在了解伯内特之后,你知道他的日程非常紧,你也知晓有许多人在向他推荐创意。你可以写一个简短的备忘录来说服他给你一小时的见面时间来详细说明你的计划。复习一下 AIDA 模型并充分利用你的文字处理器。以下哪个开场白可以最有效地吸引他的注意？

a. 如果我们不马上制作一些更有冲击力的节目，那么在我们还没有从《娱乐场》和《餐馆》的失败中恢复过来的时候我们只能上演自己版本的《幸存者》了。

b. 2 500 万的美国人梦想着拥有自己的事业，我们可以在真人秀节目中抓住这种情绪。

c. 这将是个伟大的节目——它将会使得《幸存者》和《学徒》看起来显得老套。

d. 正如冒昧打扰你的人一样，我有了一个新的创意，但是首先我想让你知道在你的公司过去三年的工作对我来说是一种荣幸。

2. 用开场白吸引了他的注意后，你知道只有两三秒钟的时间来引起他的兴趣，否则他会将注意力转移到手头的其他信息中。这些信息哪个听起来最有吸引力呢？

a. 如果你给我一个小时的时间，我已经准备好了 PowerPoint 演示稿，其中包括了目标受众的人口统计学分析、竞争规则、竞争者资格和广告商描述。如果在晚上或者是周末你有时间我可以随时去见你。

b. 马克，你知道，我每周要在这里工作 40 到 50 小时，但是尽管有如此的工作量，在过去的两个月我还是抽出来 200 多个小时来为这个新节目计划细节。

c.《沟通者》可以使得观众亲眼看到恢复小企业竞争活力的戏剧性。他们可以分享那些从事于日常商务挑战的竞争者的希望与辛酸——我们也将为 IBM、Staples 和其他一些定位于小企业的广告客户建立一个理想的营销平台。

d. 我已经对潜在的广告商作了一些非正式的调查，包括 IBM、Staples 和其他一些将市场定位于小企业的公司，这些公司似乎对定位于小企业的节目兴趣很浓。当然，为了保证该节目理念的隐私，我没有透露我是谁，在哪工作。

3. 你确定备忘录第二部分会挑起伯内特的兴趣，现在是时候去激发他对你的创意的期望了。以下的几个策略你会选择哪一个？

a. 考虑到伯内特既有高期待（毕竟是他创造了《幸存者》，这个全时段真人秀节目的冠军）也有高标准（他拒绝庸俗的节目，虽然庸俗的节目可以赚钱）。所以在阐述新节目的时候你要侧重于节目的高质量，展示其炫目的图片和整个公司的超级大奖。

b. 伯内特可能拥有卓越的创造力，但是作为企业所有者来讲他也非常成功。你也听过他讲述他所推崇的一些商业人士的成功经历。想要激发他对《沟通者》的兴趣，可以让他想象一下自己从一个小企业主起步、每天面对着节目所展示的沟通挑战的经历。

c. 每一个成功的节目都建立在观众和竞争者的情感联系上，所以一定要重视这个要素。解释仔细挑选竞争者队伍怎样能够使观众为他们的英雄加油喝彩，对坏人攻击反对。

d. 通过解释如何竞争来扩展你对节目理念的原始描述。同时，继续将工作重点放在逻辑因素（例如关于小企业所有者的数据和花费在针对小企业所有者广告上的开销）和情感因素（情感的"诱饵"会使得观众每周都想看这个节目）上。

4. 你已经和伯内特的私人助理 Pat Farmer 谈过与这位上司见面的最好方式了。考虑到伯内特的紧张日程，最平常的过程就是 Farmer 替伯内特传递他对见面请求的回复。在以下的选项中，哪一项对 AIDA 模型中最后一步的应用比较好？

a. 我让 Pat Farmer 核对了你下周的日程，你有几个一小时的空当，你愿意选择一个时间来讨论一下《沟通者》的细节吗？如果可以，请在本周末之前告知 Pat Farmer，我们在下周将按你的时间安排见面。

b. 如果你愿意和我见面讨论《沟通者》的细节，你可以在这个周末之前让 Pat Farmer 通知我吗？

c. 我研究了马克·伯内特制片集团创作的每一档节目，我相信《沟通者》可以吸收所有的成功元素，而且能建立它独特媒体表现。

d. 你想和我探讨一下新节目的理念吗？最好你能给我两周的时间及一组制作人员，我可以粗略地拍摄下我想象的节目给你看。

学习目标检查

通过阅读每个学习目标和完成相关练习来评估你对本章要点的掌握情况。填空题，写出空白处缺少的文字；单项选择题，在正确答案的字母上打钩。

目标 9.1：应用劝说性信息的三步写作法。

1. 下列关于劝说性信息的陈述，正确的是
   a. 在印刷或在网站上公布之前，应取得政府的同意
   b. 它们经常受到受众的欢迎
   c. 它们通常包含了逻辑和情感因素
   d. 它们较其他种类信息不需要太多计划
2. 劝说性信息中为什么经常使用直接法？
   a. 比较有礼貌
   b. 节省时间
   c. 是传统的方法
   d. 使作者在要求受众行动或承诺之前激发受众的兴趣和期望

目标 9.2：认识在劝说性信息中建立可信度的七种方法。

3. 以下哪种方法不是正确建立可信度的方法？
   a. 用大量的事实支持你的观点
   b. 说出你的资料来源
   c. 严谨并有激情
   d. 只陈述观点中有利于你的方面从而避免提醒受众还有其他的选择
4. 如果你对受众缺乏可信度，下列哪一个对于劝说性信息是一个比较好的技巧？
   a. 详细地展示你的信息让受众了解内容
   b. 引用公认的专家的信息和认可
   c. 用幽默来使受众站在你这边
   d. 利用多媒体来多途径传播你的观点

目标 9.3：描述劝说性信息的 AIDA 模型。

5. AIDA 计划中的第一步是
   a. 研究
   b. 吸引受众注意
   c. 分析受众
   d. 要求行动
6. 利用 AIDA 模型信息的主要部分
   a. 吸引受众注意
   b. 包含缓冲
   c. 激发兴趣并突出期望
   d. 号召采取行动
7. 利用 AIDA 模型，以下哪种方法是激发期望的有效途径？
   a. 解释这种改变会如何给受众带来利益
   b. 通过针对受众可能持有的异议来减少抵触情绪
   c. 详细解释复杂的创意和产品
   d. 以上都是
8. AIDA 模型的最后一步
   a. 提供深层的信息来激发兴趣
   b. 激发受众期望来减少抵触情绪

c. 号召采取行动
d. 吸引受众的注意力

目标9.4:区分情感诉求和逻辑诉求并讨论如何平衡。

9. 基于人们感觉的陈述是________诉求。
10. 基于事实和理由的陈述是________诉求。
11. 使用情感诉求最好的方法是
 a. 单独使用情感诉求
 b. 将其与逻辑诉求结合使用
 c. 只在受众有敌意的时候使用
 d. 在所有商务信息中避免使用
12. 以下哪个是逻辑诉求?
 a. 推理
 b. 演绎
 c. 类比
 d. 以上都是

目标9.5:识别劝说性信息写作常见的四种错误。

13. 所谓的硬销售
 a. 和直接法有相同的意义
 b. 存在风险,因为会使受众防范你
 c. 存在风险,因为在包括美国的大多数国家是不合法的
 d. 在你着急的时候是获得受众支持的最好方法
14. 在劝说性信息中仅仅依靠有力的、理性的陈述
 a. 是一个好主意,因为大部分的人都想做出理性的决定
 b. 向你的上司展示你懂得如何理性思考
 c. 涉及复杂创意是沟通的唯一方法
 d. 限制了你的劝说能力,因为这样会使你和受众缺少情感联系

目标9.6:讨论鉴别卖点和受众利益的有效方法。

15. 区分特点和利益的优先顺序
 a. 浪费时间,因为人们不按顺序读
 b. 很重要,因为这样做使你从次要问题入手,逐步扩展到主要问题
 c. 很重要,因为这样做使你的信息集中在受众最关心的问题上
 d. 很重要,因为这样做会使你记得谈论每一个特点和利益,不管其多么不重要
16. 特点和利益之间是怎样的关系?
 a. 它们之间是独立的
 b. 特点指产品或创意方面;利益指受众可以从特点中意识到的优势
 c. 特点告诉人们如何使用产品;利益告诉人们产品如何不同于竞争产品
 d. 特点是产品的主要优点;利益是产品的次要优点

目标9.7:识别营销和销售信息中避免道德缺失的步骤。

17. 在劝说性信息中采取什么方式来保证其是合乎道德规范的?
 a. 将你的利益与受众兴趣相联系。
 b. 选择不会产生误解的词汇。
 c. 给受众做出明智的决定所需要的信息。
 d. 以上都要采取。
18. 如果遵守了现有联邦法律,营销和销售信息
 a. 一定既合乎法律又合乎伦理
 b. 会违反一些州的法律
 c. 仍然可能不合乎伦理
 d. b和c都正确

知识应用

1. 在为有敌意的受众写作劝说性信息的时候，为什么展示评论的两个方面很重要？

2. 劝说性信息如何区别于日常信息？

3. 什么时候可以在劝说性信息中恰当地使用直接法？

4. 劝说性信息以号召行动开始极有可能发生什么情况？为什么？

5. **伦理选择**。情感诉求符合伦理要求吗？为什么？

知识实践

文档分析

阅读下列材料，然后：(1) 分析每句话的优点和缺点；(2) 修改材料，使其遵循本章指南。

文档 9. A：写作对行动的劝说性请求

我们 Tolson 汽车修理公司已经屹立商界 25 年了。屹立不倒的原因就是我们经常考虑客户的需求。这也是我们写信的原因。我们希望您能对我们的工作提出改进意见。

占用您的宝贵时间填写一下我们的问卷。我们知道每个人都很忙，但是这是我们确认员工有效工作的唯一途径。请将填完的问卷寄给我们。

对于您选择了 Tolson 汽车修理公司我们再次表示感谢。我们希望能够满足您所有关于汽车修理的需求。

文档 9. B：写作对劝说性要求和调整请求

尊敬的 TechStar 计算机公司：

我写信来表述一下我对新买的多媒体电脑播放器的不满。该播放器播放工作正常，但是音量设置太高，而且音量旋钮不能调低声音。这都使我们发疯了。音量旋钮似乎没有跟任何东西相连接，只是一个光秃秃的旋钮。真不敢相信你们在出售产品之前竟没有先测试一下。

我依靠电脑来运营我的小公司，并且我想知道你们会作怎样的处理。这让我想起了每一次我从公司购买电子设备的经历。总会有些不好的事情发生。我一直认为质量应被看得很重要，但是现在我不这么认为了。

无论如何我都想马上修好我的设备，请告知我你们希望我做些什么。

文档 9. C：写作销售信

我们知道食堂的饭菜是多么地难吃，所以我们建立了 Mealaweek Club。我们每周会向寝室或公寓送餐一次。我们的食物十分美味。我们有比萨饼、布法罗烤翅、汉堡、炸薯卷、蔬菜卷饼等。

你签了六个月的合同后，我们就会和你协定送餐日。我们会要求你填好饭菜选择。接下来就交给我们吧。在送餐日，我们就会给您送餐！付款也很容易。我们接受 Master 卡、Visa 卡和个人支票。这和在外面用餐相比要省很多钱。

填写随信附上的卡片并且确认你的付款方式。一旦我们有收款通知，我们就会送餐。请把 Mealaweek 推荐给你的朋友们。我们是有切片面包以来最好的创意！

练习

本章讨论到的所有网站都能在本书的网站 www. prenhall. com/thill 上找到链接。找到书名并点击"辅助网站"链接,然后选择第 9 章,并点击"特色网站",选定与文中内容有关的页面名称或 URL。请注意本书出版后失效的链接将从"特色网站"中删除。

9.1　**团队合作**。与其他同学通过回答以下问题来分析图 9-3 给万豪的 Eleanor Tran 的劝说性备忘录:

a. 它运用什么方法吸引受众的注意?

b. 作者运用了直接法还是间接法?为什么这样运用?

c. 主题行是否有效?为什么?

d. 作者是否使用了情感或逻辑因素?为什么?

e. 其中包含了什么受众利益?

f. 作者如何建立可信度?

g. 作者利用什么方法强化了其论点?

9.2　**写作主题行**。为以下劝说性信息写作有效的主题行:

a. 有一个电子邮件请求你的上司购买一台高速激光打印机。你已经将公司的一部分打印业务外包给 AlphaGraphics,并且你确信打印机在半年内会收回资金。

b. 一封让当地消费者接受你的新事业"Meals à la Car"的信件。它是一项可以为当地居民送当地餐馆食品的送餐服务。所有的菜单都在网上可以见到。孩子们可以吃辣肠比萨饼,而父母可以享用蛋卷和炒面。

c. 一份写给公司总裁允许经理们延期休假的备忘录。最近很多经理由于新电脑系统的安装取消了自己四分之一的假期。按照目前的协议,12 月 31 日前未使用的假期不可以在第二年使用。

9.3　**伦理选择**。你的老板让你在公司的博客上发布信息,让大家为本公司的慈善组织捐款,这个组织专门为残障儿童举办夏令营。你飞快地贴出了信息,信息中包含了很多关于夏令营和孩子们经历的事实资料和暖人心田的趣闻。在你努力说服受众为慈善机构捐款的时候,你是否因操纵性而变得不道德?做出解释。

9.4　**注重利益**。判断下列句子侧重于特点还是利益,改写它们使其均侧重于利益。

a. All-Cook 长柄锅有一层耐用的专利不粘涂层。

b. 在我们的 FamilyTalk 无线计划中你可以在周末随便打电话给任何人尽情聊天。

c. 我们需要募集 2 500 美元,为有需要的孩子们提供书包和上学的必需品。

9.5　**互联网**。访问美国联邦交易委员会的网站并且在 www. fic. gov/bcp/conline/pubs/tmarkg/bandit. htm 阅读"抓住你邮箱中的强盗"对消费者的警示。选择你最近收到的一两封营销和销售信件看看其中是否包含了联邦交易委员会的警告提到的内容。联邦交易委员会建议如何处理不合法的材料?

知识拓展

从网络中学习更多

影响官员并推广你的事业,http://htomas. loc. gov

在美国国会图书馆创办的 Thomas 网站上,你可以发现各种各样的信息,包括联邦法律、国会议员和委员会报告。你也可以进入到委员会主页和很多政府部门、时事和历史档案的链接。你会发现各种各样的法规信息，包括法律和可能在商业界影响你的一些相关法令。访问这些网站并继续收集信息。或许你需要说服政府官员支持与你利益相关的一些问题。

活动

探索 Thomas 网站的数据，寻找一个可以用来练习写作劝说性技巧的问题。

1. 在劝说国会代表支持对你很重要的议题时，你应该涵盖什么样的信息？

2. 在给国会议员或成员的信件中，你应该涵盖怎样的信息来劝说读者为小企业的相关议题投票？

3. 在给一个每天收到上百封书面请求信的人写信时，应该利用哪种吸引注意力的技巧？作为一名商务人士你将如何让他人支持你的事业？

自己探究网络

自行访问以下与本章内容相关的网站，学习更多关于劝说性信息写作的内容。

1. 访问美国联邦交易委员会的网站 www. ftc. gov，看看消费者如何减少他们不愿接收的电子邮件、电话和信件的数量。

2. 探讨"国家档案馆的说服力"的在线展览（www. archives. gov）中一些劝说性信息的经典案例。点击"在线展览"，然后翻到"说服力"展览。

3. 看看专业的广告人士如何在其工作中利用劝说；在以下网址阅读免费文章：www. wahmcopywriter. com/copywriting-articles。

互动学习

互动学习向导

访问 www. prehall. com/thill，找到书名并点击"辅助网站"链接。选择第 9 章，使用互动的"每章测验"来测试你对本章概念的掌握情况。你会得到即时的反馈，知道你是否需要进一步的学习。同样，访问"学习大厅"，你将发现大量能帮助你完成此课程的资源。

最佳语法和结构

如果教师要求你使用在线课程或者 CD 上的"最佳语法和结构"，你可以通过使用这一模块来提高你的分号和冒号使用技巧。首先点击"分号和冒号"，选择进行"预先测试"来确定你是否有薄弱方面。然后在"复习课程"中复习这些方面。选择进行"跟进测试"来检查你对分号和冒号的掌握情况。如果想要更高的挑战或者进一步的练习，选择进行"高级测试"。最后，在接下来的"提高语法、结构和表达"部分中，完成练习以进一步巩固和加强。

提高语法、结构和表达

以下练习帮助你提高对英语语法、结构和表达的掌握和运用。在下面每组句子中，找到最佳选项，在其字母上打钩。

1. a. This letter looks good; that one doesn't.
   b. This letter looks good: that one doesn't.

2. a. I want to make one thing clear: none of you will be promoted without teamwork.
   b. I want to make on thing clear; none of you will be promoted without teamwork.
   c. I want to make one thing clear: none of you will be promoted; without teamwork.

3. a. The Zurich airport has been snowed in, therefore I can't attend the meeting.
   b. The Zurich airport has been snowed in, therefore, I can't attend the meeting.
   c. The Zurich airport has been snowed in; therefore, I can't attend the meeting.
4. a. His motivation was obvious: to get Meg fired.
   b. His motivation was obvious; to get Meg fired.
5. a. Only two firms have responded to our survey; J. J. Perkins and Tucker & Tucker.
   b. Only two firms have responded to our survey: J. J. Perkins and Tucker & Tucker.
6. a. Send a copy to Nan Kent, CEO; Bob Bache, President, and Dan Brown, CFO.
   b. Send a copy to: Nan Kent, CEO, Bob Bache, President; and Dan Brown, CFO.
   c. Send a copy to Nan Kent CEO; Bob Bache, President; and Dan Brown, CFO.
7. a. You shipped three items on June 7; however, we received only one of them.
   b. You shipped three items on June 7, however, we received only one of them.
   c. You shipped three items on June 7; however we received only one of them.
8. a. Workers wanted an immediate wage increase: they hadn't had a raise in 10 years.
   b. Workers wanted an immediate wage increase; because they hadn't had a raise in 10 years.
   c. Workers wanted an immediate wage increase; they hadn't had a raise in 10 years.
9. a. His writing skills are excellent however; he needs to polish his management style.
   b. His writing skills are excellent; however, he needs to polish his management style.
   c. His writing skills are excellent: however he needs to polish his management style.
10. a. We want to address three issues; efficiency; profitability; and market penetration.
    b. We want to address three issues; efficiency; profitability, and market penetration.
    c. We want to address three issues: efficiency; profitability, and market penetration.

如果想找到更多的关于分号和冒号的练习,请登录 www. prehall. com/thill,找到书名并点击"辅助网站"链接,选择第 9 章,点击"提高语法、结构和表达的附加练习",然后点击"16. 标点符号 A."。

案例

三步写作法在案例中的应用

按教师要求在案例中运用以下步骤

计划	写作	完成
分析情况 识别一般目的和具体目的。准确地阐明你希望受众在接收到信息时想到什么、感觉到什么或者相信什么。描绘主要受众,包括其背景、差异点、相似点以及对信息的可能反应。 **收集信息** 识别受众需要的信息,以及你所需要的能写作有效信息的必备信息。 **选择正确的媒介** 确定媒介能被受众接受并且与信息相匹配。 **组织信息** 以受众和信息为基础选择直接法或间接法;大多数劝说性信息使用间接法(通常采用 AIDA 模型)。识别主题,限定范围,然后略述必要的支持观点及其他证据。	**适应受众** 对受众需求要敏感,可采用换位思考、礼貌、正面强调、非歧视性语言。必须了解你已有多大程度的可信度——以及你还需建立多大的可信度。通过维持合适的风格和语气来树立企业形象。 **编写信息** 使用恰当的词汇、有效的句子以及连贯的段落来写作信息。使用客观论据支持你的论述;平衡情感和逻辑论证。	**修订信息** 评价内容和可读性,编辑、重写,使之更为简洁、清晰。 **制作信息** 使用有效的设计因素和适当的排版,使之看起来更清楚、更专业。 **校对信息** 修改排版、拼写、印刷上的错误。 **发布信息** 使用选择的媒介发布信息;确保所有相关的文件都能成功发布。

对行动的劝说性要求

1. 那正是问题的关键:鼓励老板使用博客的电子邮件。你已经为劝说老板 Will Florence 去使用博客而努力几个月了。你告诉他很多公司的高级主管都利用博客来联系客户和其他股东,而且无需经过正式公司沟通的过滤,没有阻碍。他几乎就要被说服了——直到他读了通用汽车副主席兼首席设计师 Bob Lutz 的博客。

他在办公室说:"看看,Bob Lutz 是世界上最受尊敬的管理者之一,但是很多人在他的博客上批评他。当然也有正面的回复,但也有一些人满怀敌意,反对通用汽车的策略,抨击产品和博客的主题。如果博客公开让那些拿着键盘的旁观者来指责,就别想让我使用博客。"

你的任务:给 Folrence 写一封邮件(w_florence@ sprenco. com),让他相信人们能够在博客中畅所欲言正是博客的优点,而不是缺点。虽然人们不会全部认同你所讲述的,但是汽车爱好者和购买者却因为 Lutz 自己的沟通方式和给予他们回复的机会而尊敬他。关于背景信息请在 http://fastlane. gmblogs. com 网站上阅读关于 Lutz 和其他通用汽车主管的帖子。[24]

[24] Adapted from GM Fastlane Blog [accessed 23 August 2005] http://fastlane. gmblogs. com.

2. 给予一点并得到很多:建议星巴克提供免费的无线上网。 正如许多威斯康星大学麦迪逊分校的大学生一样,你也喜欢走出拥挤的公寓到当地的咖啡馆学习。利用笔记本电脑无线上网设备,寻找那些能提供无线上网的地方,这样你就可以进入课程网站、做研究,偶尔看看 Badger 运动队做得怎样。但是有一个问题:在附近的星巴克,你不得不通过收费的 T-Mobile 来上网。当地有几家提供免费无线上网的咖啡馆,但是最近的离你学校也有一公里。在威斯康星州的冬天这可不是一段好走的路。

你的任务: 给星巴克写一封劝说信,建议公司放弃与 T-Mobile 的协议,提供免费无线上网服务。并且告知公司免费无线上网会吸引更多的咖啡消费者并足以抵消上网的收入损失——并帮助星巴克摆脱"大公司"的形象,这种形象使得消费者青睐当地的小咖啡馆。虽然你不能证明提供无线上网的费用至少会被因此而带来的咖啡销售的增长抵消,但至少说服星巴克考虑一下改变的可能。将你的信件发送到星巴克网站,www. starbucks. com,并将信息的字数限制在 2 600 字以内。[25]

3. 考虑一下:要求改变你工作量的电子邮件。 你作为新百伦的全球市场部经理需要有创造性思考的能力,不仅要预测市场和销售趋势,还要考虑建立全球商务运营的季节优先表。你喜欢这些挑战,这是你在这个著名的运动鞋和服饰制造公司选择这份工作的主要原因。遗憾的是,忙于部门会议、数据报告、预算和很多其他必需的差事,你根本无暇思考,更不用说考虑一些没有特定结构的、非实际的想法了,但这种想法对创新策略十分重要。在工作中你实际上没有时间思考,并且由于一周五六十个小时的时间都耗费在办公室和路上,你在业余时间也没有精力思考了。

你的任务: 给你的老板、全球营销执行副总裁 Paul Heffernan 写一封邮件,劝说他调整任务并给你更多的考虑时间。这是一个棘手的要求,因为你的老板 Heffernan 也有同样的困境。然而,你可以说明有些你的工作别人也可以做(或者可能根本就不需要做),而且在市场策略的制定方面你有专长——甚至可以为其他的公司主管提供借鉴。你有一系列关于改变你工作量的初步计划,但是你知道在最终敲定之前,要先和 Heffernan 商讨一下你工作的整体范围。你的目的是邀请他共进午餐讨论改变对你的任务分配。[26]

4. 刻不容缓:请求主办红十字献血活动的备忘录。 你作为加利福尼亚特曼库拉的 Pechaga 赌博娱乐中心的餐饮服务经理,在早上开车去上班的过程中听到广播中说,由于国家血库的存量降低到了危险水平,本地红十字分会正在号召献血。在关注度较高的灾难中,人们非常感性并且愿意通过献血去帮助别人。但在大部分情况下,只有 5% 的合格献血者考虑献血。你是其中之一。

很多人没有意识到捐献的血液只能维持 72 个小时。结果,大部分急需血液必须不断地加以补充。没有人在处理血液方面比美国红十字会更有技巧、专注和有效率了,因为它负责半个美国的血液供应和收集。

捐献的血液可以帮助事故和疾病的受害者,也可以帮助需要手术的病人。就在昨天,一个叫做 Melissa 的女孩在出生一周的时候因患有多种先天性心脏病而做了开胸手术。现在她出生五周了,用了 50 单位的捐献血液才逃脱了死亡的厄运。在一封感谢信中,她的母亲向献血的陌生人致谢,因为他们"献出自己的一部分"她的宝贝女儿——当然还有无数其他的人——才得以存活。你

[25] Adapted from Starbucks website [accessed 23 August 2005] www. starbucks. com.

[26] Adapted from job description for Global Marketing Manager-Apparel, New Balance website [accessed 24 August 2005] www. new-balance. com.

还知道一个捐献者一品脱的血液可以救助四个人。

今天你所要做的不仅仅是卷起自己的袖子。当地的红十字分会会带着其移动血站到包括公司、宾馆、美容沙龙的任何能进行公开献血的地方。如何劝说董事会支持在赌场公开献血？赌桌和赌博机器前面都坐满了人，数以百计的员工在忙碌，而那些从未来过赌场的人们会来献血。当然这种积极的公开并不会损害 Pechanga 公司的社区形象。从红十字会的材料来看，你对由本公司主办献血活动并进行此次活动的推广十分有信心（去年你也成功开展过给小孩玩具的活动）。

要想献血必须身体健康，年龄在 17 岁以上（没有年龄上限），体重在 110 磅以上。献血者每 56 天可以捐献一次。所以你要让 Pechanga 的献血者们到血站之前休息好，并调节好饮食。

当地红十字会的任务陈述说红十字机构是"由志愿者组织的人道主义机构，并由国际红十字会的基本原则指导"，其中一项原则就是"努力防止并减轻人们在各种情况下产生的痛苦，不论这种痛苦发生在什么地方"。所有的帮助都是不索取任何回报的，并且需要"奉献出时间、金钱和技能"。就你和你的同事而言，是奉献你们的一部分。

你的任务：给 Pechanga 公司董事会写备忘录劝说其主办一场公众红十字献血活动。你可以从 www. givelife. org 网站（点击"主办活动"）上获得关于主办献血活动的内容。并且劝说董事会为献血者提供水、橙汁和点心。你将组织食品服务员工进行发放，但是你需要董事会批准志愿者团队在工作时间参加志愿活动。注意综合运用逻辑和情感因素。[27]

5. 给我自由：劝说消费者忠于 Colbar Art 的信函。对于美国人来说自由女神像没有什么新鲜的，只不过是纽约市招揽游客的一块招牌。但是对于大多数移民来说，在他们进入纽约第一眼看到自由女神像的时候就满含热泪地期望着新的生活。Ovidiu Colea 知道这种感觉，在罗马尼亚度过了 5 年劳动改造的艰难岁月后，20 世纪 80 年代初他移民到了美国。

Colea 在出租车公司工作了两年，攒足了开创 Colbar Art 的资金。Colbar Art 是一家位于纽约长岛的公司，它每年生产 8 万个手工制作自由女神像仿制品。通过雇用移民设计和生产自由女神像模型，他帮助了很多移民在这个新国家开始新生活。为了使用自由女神像的形象，他向爱丽丝岛"自由女神"基金会缴纳了使用费。事实上，在运营的第一年，使用费就高达 25 万美元。

艰难地生产出亚克力和粘合在一起的大理石雕像，并用手画上铜绿，大部分的这些工作都是因自由女神像的吸引来纽约的移民妇女完成的。Colea 坚持在美国生产。虽然其他地方的劳动力成本较低，但他拒绝在没有真正自由女神像的地方进行生产。在美国生产，他就还有美国梦。

但是细致的工作还是花费了昂贵的生产时间。由于最近仿制品需求的增加，公司已经供不应求。为了达到年产 12 万个模型的目标，公司正在租用新地点和培训新雇员。同时，供不应求的情况要维持数月。

你的任务：作为公司的助理经理，Colea 要求你给所有的客户写一封劝说性套用信函，解释公司的供不应求情况并请求耐心等候。确认说明了公司最近采取的措施，并描述仿制自由女神像的质量和创意。你可以引用 Bradford Hill（自由岛礼物商店老板）的话：Colbar Art 的产品占其销售额的 65%。为客户保持对 Colbar Art 的忠诚度进行有说服力的论证。

6. 不再开车：给 Bachman、Trinity 和 Smith 关于远程工作的备忘录。坐在 Bachman、Trinity

[27] Adapted from Give Life website [accessed 23 August 2005] www. givelife. org; American Red Cross website [accessed 3 October 2001] www. redcross. org; American Red Cross San Diego Chapter website [accessed 3 October 2001] www. sdarc. org/blood. htm.

和 Smith 会计公司的达拉斯办公室中点击电脑,这个工作在家也可以完成。你已经两个多小时没有和同事说话了。只要你按时完成工作,工作地点有关系吗?

作为一个初级会计,你在大公司做实地审计工作快一年了。如果你的上司信任你在宾馆工作,为什么不让你在家工作?家里不是也有电脑、电话、传真机这些办公设备吗?你想要找回每天上下班丢失的两个小时通勤时间。

你的任务:为支持这个创意,访问国际远程工作联合会和理事会的网站 www.telecommute.org(点击“资源”页面)。从中可以找到用于说服你的上司、高级合伙人 Marjrie Bachman 的资料和数据,让他同意你进行6个月远程工作的试验。[28]

7. 提供帮助:给全食超市公司经理的备忘录。美国全食超市公司通过迎合消费者对健康饮食和环境敏感家用产品的需求而一跃成为全国性的连锁机构。例如,他们销售没有吃过人工饲料的动物的肉和小农场人道养殖的奶牛所产的奶酪。

在销售这些产品的同时,公司也承诺为邻里以及所服务和生活的大型社区提供帮助。全食超市公司不仅捐助5%的税后利润给非营利组织,而且通过财务支持其员工到社区中做志愿者。很多家全食超市都为当地社区救济贫民灾民的流动厨房捐助货物和必需品。公司管理者想要鼓励这种反映了公司“全食物、全人类、全星球”理念的活动。

作为亚特兰大 Poncede Leon 大街的全食超市经理,你成功地开展了捐余粮给当地救济食品发放中心的活动。你的上司要求你对其他的店面给予指导,从而形成扩展到所有连锁店的食物捐助计划,该计划命名为“全食生活”。通过在所有连锁店中形成流程,公司能够通过该计划增加帮助对象的数量并使更多的员工参与进来。

你并没有很多的资源来做这个项目,所以必须调动店内现有的资源。其中的一个想法就是利用郊区商店的运输车来使得这个计划运转起来。另一个想法是让零售商加入进来为人们捐衣捐物。关键是要争取其他店面的意见,这样在大型食品捐献计划成形的时候,他们才能感到他们的加入影响着最终结果。

你的任务:给全食超市公司的所有经理写劝说性备忘录,解释整个计划并邀请他们通过自身的捐助经验来为你的计划提供主意。即使他们现在没有捐助计划,你也想听听他们和他们的员工就此慈善计划的见解。在他们的帮助下,你将选择出发展“全食生活”计划的最佳创意。[29]

劝说性要求和调整请求

8. 好得令人难以置信:给 Paging South 发要求调整的电子邮件。Paging South 以每个月5美元的价格提供寻呼机服务,你购买了一台便宜的寻呼机并和该公司签订了两年的协议。在你用了两周后你的同事和客户告诉你在拨你寻呼机号码的时候总是听到忙音。你给该公司打电话,但他们拖了一周才解决了这个问题。你不想为没得到服务的那段时间付费。在与当地的经理讨论了

---

[28] Adapted from Courtland L. Bovée and John V. Thill, *Business In Action*, 3d ed. (Upper Saddle River, New Jersey: Pearson Prentice Hall, 2005), International Telework Association & Council website [accessed 24 August 2005] www.telecommute.org; 236—237; Jason Roberson, “Rushhour Rebellion,” *Dallas Business Journal*, 22 June 2001, 31; Carole Hawkins, “Ready, Set, Go Home,” *Black Enterprise*, August 2001, 118—124; Wayne Tompkins, “Telecommuting in Transition,” *Courier-Journal*, Louisville, KY, 9 July 2001, 01C.

[29] Adapted from Andrew Ferguson, “Supermarket of the Vanities,” *Fortune*, 10 June 1996, 30, 32; Whole Foods Market website [accessed 9 January 2004] www.wholefoodsmarket.com.

这一事件后,她让你与公司地区事务办公室的 Judy Hinkley 沟通。

你的任务:给 Hinkley 发一封邮件,邮箱是 Judy@ pagingsouth. com,并要求对你的账户做出调整。请求他们退还或部分退还一个月的服务费。记住按时间顺序写出事件的概况,并提供准确的日期以获取最大的有效性。

9. 锁的传奇:要求 Brookstone 退款并赔偿损失的信函。作为职业的摄影师,你因为工作周游世界,离开了位于马萨诸塞州 Williamstown 的家。上个月你去了澳大利亚,对于"不得在托运行李上加锁"这个法规,你最终找到了办法。

在 2001 年 9 月 11 日世界贸易中心大楼遭受恐怖袭击后,美国运输安全局(TSA)禁止航空乘客托运带锁的行李。出于安全目的,TSA 的检查人员可以方便地打开并检查行李。但是因为你带了许多贵重的设备,还包括很多胶卷,对于你的设备和胶卷你非常紧张,更不要说照片隐私。

恰巧旅行前你读了《纽约时报》上 Joe Sharkey 的"在路上"专栏。专栏转载了 TSA 新公布的规定,如果乘客使用 TSA 的指定用锁就允许乘客加锁行李,这种锁是由'旅行安全'(Travel Sentry)认证的。你很快到奥尔尼巴的 Brookstone 商店,以一套两个 20 美元的价格购买了 8 个锁。Brookstone 在网上的广告称,"这种箱包锁非常安全。我们的 Easycheck 锁是由'旅行安全'认证的并具有 TSA 可接受和识别的安全系统。机场安检人员现在可以方便而快速地检查并重新锁好你的行李。"

当你离开奥尔巴尼机场时,正如专栏中描述的,TSA 检查人员向你确认他们有能打开这些锁的万能钥匙。但是当你在芝加哥和洛杉矶转机后到达墨尔本的时候,你被你行李的情况惊呆了。一个行李包上的锁不见踪影,另一个行李包上没有锁而且在接缝处被划开了(可能是恼火的检查员所为)。在第三只行李包中你发现了损坏的 Easycheck 锁和 TSA 留下的提醒便条:不准给行李上锁。在返回的旅途中你用剩下的锁又试着锁上了你的相机包。领取行李的时候锁和便条都不见了。

为此你给芝加哥和克利夫兰的机场打电话,他们却告知你从没听说过这种新规定。Brookstone 商店可以退换损坏的锁,但是接电话的女士不确定能否退换丢失的锁,因为你除了收据外没有其他的东西能够退回到店里。

你的任务:在与 TSA 的通话中听了十分钟音乐之后,最终你放弃了打电话向这一政府机构投诉的想法。你给 Brookstone(120 Washington Ave. , Albany, NY 12203)写信要求他们为你损坏的行李(24 英寸的 Expandable Ballistic Suitor, 320 美元)进行赔偿并且为你购买的八只锁(80 美元)退款。其中六只或损坏或丢失,剩下的两只变得毫无用处。[30]

10. 混乱的网络:给 Purely Software 的关于在线订单重复的电子邮件。你在一家叫 ArtAlive 的小型艺术咨询公司工作,上周你为老板 Martin Soderburgh 订购了一套设计软件。按他的要求你使用他的信用卡付账,从网上商店 PurelySoftware. com 上订购了 Adobe InDesign 和 Adobe Photoshop 软件。

但是你并没有收到订货的确认信息,于是拨打了该公司的免费电话。接线员说公司的网站出问题了,于是用电话重下订单:Adobe InDesign 649 美元,Adobe Photoshop 564 美元,其中包含了税

---

[30] Adapted from Joe Sharkey; "Luggage Lock Plan Revisited, Again, " *New York Times*, 6 January 2004 [accessed 6 January 2004] www. nytimes. com; Brookstone website [accessed 13 January 2004] www. brookstone. com.

费和邮费。四天后，你收到了寄来的两套软件，你老板的信用卡被划了两次 1 213 美元，共 2 426 美元。

你的任务：从技术层面上来看你订购了两份。但是你在打电话确认的时候认为第一份订单被取消了，只是没有书面证明而已。给该公司的客户服务部门发一封劝说性邮件，邮箱是 customerservice@purelysoftware.com，要求（1）退还多扣除的款项；（2）承担重发货物的回寄费用。[31]

营销和销售信息

11. 不卖而卖：关于 GPS 拯救故事的博客发布。通过消费者的成功故事而宣传产品是很好的营销手段，只要你让客户成为故事的"明星"而且对产品的描述没有太夸张。最近你加入了 Garmin 公司，这家公司能生产先进的电子导航设备，包括手持式全球定位系统（GPS）设备，这种设备经常被远足、划艇爱好者和一些喜欢冒险的人使用。

你的任务：作为沟通专家你的责任包括在博客上贴出一些戏剧性的故事，故事中人们用 Garmin 的 GPS 设备从危险中挽救了自己或他人。访问 Garmin 公司网站 www.garmin.com，点击"新闻"，然后选择"GPS 冒险"（或者直接点击页面 www.garmin.com/whatsNew/adventures.html）。选择关于野外营救的消费者故事，营救中 Garmin 的产品起到了很重要的作用。采用消费者提供的信息，改以第三人称（把"我"或"我们"的指代方式改为"他"、"她"或"他们"）的方式来叙述，为不熟悉产品的人讲故事。其中要提到产品的特点及其在故事中带来的利益，但是要把焦点集中在消费者身上。字数限制在 400 字。

12. 听好了：通过播客促销播客站点。播客是一种记录声音文件的技术，它允许人们从网络上下载这些文件在自己的电脑或播放器上收听，这种技术重新定义了无线电广播的概念。越来越多的音乐人、评论人、记者和其他拥有吸引力的内容的人群开始运用播客这种技术来寻找那些通过无线电广播不能到达的受众。播客的优点是每个有麦克风和电脑的人都可以录制播客，缺点是作为一个新播客主从你的角度可以看出，网络上有太多的播客了，以至于潜在听众有成千上万音频文件可以选择。

你的新播客 School2Biz 为创业的学生从大学到职场的转折提供了建议。你的信息提供包含了很多内容：从准备简历、面试到在商场中立足和建立成功的职业生活。随着受众的增加，你最终将 School2Biz 做成了一种营利活动（可能通过在你的播客中对广告时间收费）。到目前为止，你还只提供免费的建议。

你的任务：你选择了 Podcast Bunker（www.podcastbunker.com）作为宣传 School2Biz 的第一个网站。这个网站也让播客主用简短的文字为其节目做广告，例如 Pet Talk 广播中的描述：为那些长久喜欢宠物的人们准备的每周生活方式节目。由 Brian Pickering 与 Kaye Browne 共同主持，并会有澳大利亚最受欢迎的兽医 HerryCooper 博士与驯兽师 Steve Austin 参加。

为你的新播客写 50 字左右的描述，编造任何你需要用来描述 School2Biz 的信息。确保提及你自己和提供信息的价值。[32]

13. 你的新肯塔基故乡：宣传蓝草州的信件。像所有的州一样，肯塔基州也正努力吸引企业将

---

[31] Adapted from CNET Shopper.com [accessed 1 October 2001] http://shopper.cnet.com.

[32] Adapted from The Podcast Bunker website [accessed 25 August 2005] www.podcastbunker.com.

业务扩展进来或者完全从其他州搬迁过来。肯塔基州经济发展署负责联系这些企业并监督提供给新老企业的激励计划。

你的任务:作为肯塔基州经济发展署的沟通主任,你在联系想要扩展业务或搬迁到肯塔基州的企业这方面起到很大的作用。访问 www. thinkkentucky. com/kyedc/topetn/asp 来阅读肯塔基州是做生意的好地方的十大理由(如果不能链接上,到 www. thinkkentucky. com 并点击"Top 10"的链接)。总结这十个理由,并写成套用信函,发送给全国的企业主管。在信中要介绍你和你的目的,并且以吸引人采取行动的号召来结尾(让他们通过拨打电话号码 800-626-2930 或者发送邮件到 econdev@ ky. gov 来联系你)。准备写信的时候,将自己想象成某个公司的 CEO,并且要考虑到将公司转移到另一个州是多么麻烦。

14. 别忘了印刷:利用网络促销时代公司的杂志广告。蹒跚起步后,随着技术的迅速发展和广告主逐渐尝试使用这种新的媒介,网络广告最终成为消费者和商务市场的重要力量。各行各业的公司都在将他们的广告预算由电视和杂志这样的传统媒介向网络广告转移——不少公司现在只做网络广告。这对销售网络广告时间和空间的公司来讲是一件好事,但是你的工作是为那些印刷杂志销售广告,这些杂志很担心自己的市场份额被网络出版商夺走。

网络广告有你无法与之竞争的两个优点:交互性和准确定位目标受众个体的能力。另一方面,你也有几个优势,包括制作高彩照的能力,印刷品的有形存在(例如一本杂志放在候诊室的桌子上)、便携性、保证流通数和在很多情况下与读者保持几年或几十年的紧密关系。

你的任务:作为时代华纳旗下时代公司(在全球拥有 150 多种杂志)的广告销售专家,你需要写一封简短的劝说性信息来说明杂志广告的好处。你的信息将被贴在时代公司很多杂志各自的网站上,所以你不能局限于某个出版物。而且,时代公司已经为其印刷出版物结合了在线形式(包括数以千计的付费在线广告),所以你也不能诋毁在线广告。[33]

15. 嗨,我叫:在商务联系网站上介绍你自己。例如 www. linkedin. com、www. ryze. com、www. spoke. com 等商务网站已经成为职业人士建立联系的流行方式,如果没有网络的话这种联系就会很难或者根本不可能建成。你或许对 Orkut. com 和 Friendster. com 比较熟悉,这些网站帮助人们通过网络联系他们已经认识和信任的人。这些商务导向的网站也运用了这个原则,但是,不是通过网站来寻找朋友或约会,而是寻求新的顾客、新的供应商或者其他重要的商务联系者。例如,你会发现你想与其进行业务往来的公司的最佳联系人竟然是你老板网球伙伴的婶婶。

商务网站的一个重要方面就是提供你个人职业背景和兴趣的清晰描述。例如,一个制造业顾问能够列举出她接触过的各种行业,她参与过的各种项目和她未来想要从事的工作性质(例如全职的岗位或者额外的独立项目)。

你的任务:写一个简短的陈述来介绍你自己,包括你的教育背景、工作经验和想要建立的联系类型。可以随便"快速提升"你的教育经历和学历、你想要从事的行业和相关的经验。如果你已经拥有了商务经验,你就可以随便应用这些信息了。确保陈述清晰、精炼(不超过 2 句话)、有吸引力,让人看到你的介绍后就能判断是否需要和你联系。

---

[33] Adapted from Time Inc. website [accessed 25 August 2005] www. timewarner. com.

16. Insure. com：宣传购买保险的好办法的电子邮件。Insure. com 网站的最大特点是不会强迫顾客去购买商品，这使你在营销部门的工作变得很容易。消费者可以免费登录你们的网站，比较数十种保险报价然后离开并在其他任何地方购买。他们可以即时查看 200 多家保险公司的对比价格，其中包括了各个种类的保险，如定期人寿保险、医药保险、个人乘客汽车保险等。所有的费率都保证当天更新和精确，否则赔付 500 美元。到目前为止，这种服务得到了《美国商务》、《吉卜林个人理财》、《好管家》、《洛杉矶时报》、《财经》、《美国新闻与世界报道》、《福布斯》等媒体的好评。

Insure. com 的利润主要来源于保险公司根据产生的业务量支付的费用和佣金。消费者可以通过 Insure. com 网站购买他们所选择的公司的保险，或者也可以拨打免费电话从公司代表处购买。代表的收入主要来自工资和佣金，并不通过推荐某个保险公司的产品直接获利。

所有的服务都是免费的，但是很遗憾很多人都不了解你们的服务。

你的任务：你的任务就是吸引更多的保险购买者来到 Insure. com 这个网站。你已经决定了使用直接的电子邮件推销方式（发给那些过去要求了解费率但从没购买过产品的顾客）。写电子邮件销售信息来宣传 Insure. com 服务的好处，确保你的信息适合电子邮件格式，并且有恰当的主题。[34]

17. 外包：Kelly 服务公司提供解决方案的信件。在 1946 年，怀着对未来的憧憬和创业精神，William Russell Kelly 创建了满足底特律地区办公室及其人员需求的公司。Kelly 的临时雇员拥有计算、清查、打字和复印等技术，当时对这类人才的需求迅速增长。在 20 世纪 60 年代，Kelly Girl 成为一种全国性的标志，代表了高素质的临时雇员。1966 年公司正式改名为 Kelly 服务有限公司，反映了其服务、客户和雇员增长的多样性。

今天，Kelly 服务公司是全球 500 强企业之一，提供各种各样的临时服务：劳务出租、外包、实地销售和全职工人等。Kelly 提供拥有多种技能的员工，包括办公室服务、会计、工程、信息技术、法律、科学、营销、轻工业、教育、医疗和家政等。

从数量和技术方面来看，对雇员的需求变化很快。同时，有适应能力的雇员流动性也很强。所以，雇主和雇员都需要相对灵活的人事安排，雇用临时员工就成了最好的解决方式。

公司利用 Kelly 服务来调节其需求高峰和低谷时期的工作量和工作队伍，处理一些特别的项目，并且在做出全职雇佣决定之前首先对员工做出评估。如此巨大的商务变化刺激了权宜雇佣业的发展。

另一方面，很多个人也选择了灵活的个人事业管理，这样能够增加对在何时、何地、如何工作的选择。现在的情况是工作方式依据生活方式而调整，而不是生活方式依据工作方式而调整。因此越来越多的人乐于接受成为合同、临时或咨询雇员。

灵活性给雇员和雇主都带来了方便，双方都有机会在做出长期雇佣协议之前评估对方。Kelly 服务公司在其雇员得到永久雇用时会抽取一笔费用，但是雇主会觉得和如此有价值的预审期比起来这是很小的一笔费用，因为它免除了做出错误雇佣决定的成本和痛苦。

---

[34] Adapted from Insure. com website [accessed 24 August 2005] www. insure. com.

Kelly 还因其提供的出色的和具有成本效益的人员供给服务而获得了很多供应商奖励，包括戴姆勒-克莱斯勒公司金奖、福特汽车公司 Q1 品质奖、英特尔公司的供应商持续品质改进奖，以及杜邦公司挑战奖。

Kelly 的市场营销管理工作具有挑战性和前途。通过在 26 个国家的 2 500 个办事处，Kelly 每年提供给顾客近 70 万雇员，在 2003 年创收 43 亿美元。Kelly 公司为 500 强企业中的 90% 以上提供服务。

由于公司面临提供优质低价服务的压力，很多公司正在转向外包供应商来提供特定职能或支持部门的完整业务管理，这样公司就将其主要的时间和精力放在核心能力上。这种问题的一个解决方案就是选择一个类似 Kelly 管理服务公司的供应商提供“完全服务”外包。

Kelly 管理服务公司汇集了管理经验、人员流程改进、技术进步和行业专家来优化客户业务及降低成本。Kelly 管理服务公司明白在商业世界不断发展的今天其客户所面临的挑战，并能为客户提供包括呼叫中心、仓储、配送、轻工装配、后台管理和行政职能、电子邮件和复印服务在内的多职能服务。这样做的结果就是一个部门的员工配置可以根据公司需要的变化而调整。

当 Kelly 管理服务公司的客户在起用了一项服务后发现这些员工高水平的表现、节约的成本和高运营效率时，还会增加其他的服务。通过和诸如 Kelly 管理服务公司这类的外包商合作，公司会获得巨大的价值并且比内部运营的情况下更节省成本。

你的任务：给与戴姆勒-克莱斯勒、福特、英特尔和杜邦类似的公司写信推荐 Kelly 公司并解释公司的业务。你可以访问 Kelly 的网站(www.kellyservices.com)来获取当前的信息。[35]

18. 绿色洗衣店：宣传环保型 Hangers 特许经营权的信件。当你告诉大家你想为具有环保意识的公司工作时，你想都没有想过你最后会从事干洗行业。但是现在你就是 Hangers 洗衣店特许经营开发部门的主管，每晚都“干干净净地”回家。

Micell 技术公司最先发明了使用在 Hangers 洗衣店的变革型清洗技术，并在 2001 年出售了所有的专利和知识产权给 Cool Clean 技术公司，后者生产的“CO2OL Clean”干洗机是你们的特许经营店正在使用的。这是五十年来干洗技术的重大进步，是由 Micell 的共同创始人 Joseph DeSimon、James McClain 和 Timothy Romack 共同创造的。他们的新流程利用了液态二氧化碳和特别发明的去污剂用以清洗衣物。这种流程不需要热量，更不需要有毒的全氯乙烯和传统流程使用的石油。

Hangers 特许经营店店主不用处理各种规章文件、区域限制和因危险废弃物的排放而产生的昂贵的保险以及税金。不像石油溶剂，在“CO2OL Clean”干洗机中的二氧化碳是不燃烧的。这种技术的主要原料与碳酸饮料是同种物质，是工业废气产生的副产品。而且 Hangers 使用的二氧化碳 98% 是可以循环利用的，所以在价格上很有竞争力。“CO2OL Clean”干洗机还受到环保部门嘉奖，最近还被一个主要的消费的检测群体评为最佳的干洗机选择。

你已经将特许经营权出售到 60 个地区，从北卡罗来纳州的威尔明顿到加利福尼亚州的圣地亚哥。消费者喜欢他们的衣服上不再有毒气的味道，并且雇员都很高兴在安全和凉爽的环境下工

---

[35] Adapted from Kelly Services webstie [accessed 9 January 2004], www.kellyservices.com.

作。整个流程对衣服来说很温和，没有强溶剂和高温，也会保护衣物减少褪色和缩水。你们已经不是干洗店，而是“衣物保护专家”。

除了环保优点外，你也喜欢Hangers洗衣店的设计。在Micell开始建立连锁店的时候，就请了洗衣专家和建筑师构建其圆滑、时尚、高档的零售形象，使其内部凉爽、清洁、明亮并且外部有特别标志。相比于顾客经常联想到的那些过热的、气味难闻的店面来说，它更像星巴克。这种高档形象也使得Hangers容易成为全国品牌，并在“绿色洗衣店”的概念传开后迅速地吸引投资者和加盟商。

你的任务：写一封销售信件回复有意加盟的潜在店主的初步请求。你会附上关于特许经营协议和“CO2OL Clean”干洗机特点的小册子，所以只要集中介绍和推荐它所能带来的利益就可以了。你的联系信息是Hangers Cleaners，3505 County Road 42 West, Burnsville, MN 55306-3803；电话952-882-5000，免费热线866-262-9274，或者网址www.hangersdrycleaners.com。[36]

19. 即时促销：希尔顿酒店给常客的短信。希尔顿酒店现在利用短信把即时的文字促销信息发给其“HHonors”会员。但是你在市场部工作，这就意味着你必须努力把精心制作的旅游套餐信息压缩到有吸引力的65个字。

例如今天提供的促销信息是：“高尔夫梦想成真了——在金字塔旁边打高尔夫球！”每人每日575美元（双人间），自2005年1月15日起有效，游客可以在位于埃及开罗的希尔顿金字塔高尔夫球场打球，含早餐、服务费和税。在机场会有人将他们接送到该球场，每个人还可以在Preamland高尔夫球场和Soleimaneia金字塔高尔夫乡村俱乐部球场各玩两局。

但是你需要说明Preamland球场像蛇一样包围住希尔顿球场。其郁郁葱葱的树木和湖泊都是由Karl Litten设计建造的，与金色沙漠形成强烈对比，并可以欣赏到世界七大奇迹之一的吉萨金字塔。Soleimaneia球场是埃及最大的泛光灯照明球场。旅游套餐服务可以免费送游客到附近的球场。

速度当然取决于便利性和申请限制。但是感兴趣者打希尔顿全球预订电话时应该首先提到编码G7的金字塔高尔夫特别活动。详情致电开罗酒店202 8402402，或者发送电子邮件到RM_PYRAMIDS_GOLF@hilton.com。请将以上信息按要求压缩在65个字以内。

你的任务：写作劝说性的即时信息。[37]

20. 帮助孩子：IBM的即时通信假期资金。你是IBM一年一度的员工慈善奉献活动的协调者之一。1978年以来，IBM帮助员工为2 000多家健康和人类服务机构作出了贡献。这些组织提供儿童看护、治疗药物滥用、提供健康服务或为消除文盲、无家可归和饥饿而努力。还有一些提供灾难救助或照顾老人。所有这些都是值得支持的。IBM这家国际大公司会认真选择并向美国和世界各地的非营利组织、教育机构提供大量现金、设备和人力。IBM指出该项目“使我们的员工更充

---

[36] Adapted from Hangers Cleaners website [accessed 9 January 2004] www.hangersdrycleancrs.com; Charles Fishman, “The Greener Cleaners,” *Fast Company*, 36, 54 [accessed 11 July 2000] fastcompany.com/online/36/greenclean.html; Micell Technologies website [accessed 1 September 2000] www.micell.com/08142000.htm; Cool Clean Technologies, Inc., website [accessed 9 January 2004] www.co2olclean.com.

[37] Adapted from Sarah Plaskitt, “Case Study: Hilton Uses SMS With Success,” *B&T Marketing & Media*, 27 June 2002 [accessed 22 July 2003] www.bandt.com.au/articles/ce/0c00eace.asp; “Wireless Messaging Briefs,” *Instant Messaging Planet*, 4 October 2002 [accessed 22 July 2003] www.instantmessagingplanet.com/wireless/print.php/10766_1476111: Hilton Hotels Corporation, *Hoover's Company Capsules*, 1 July 2003 [accessed 24 July 2003] www.proquest.com; Matthew G. Nelson, “Hilton Takes Reservations Wireless,” *InformationWeek*, 25 June 2001, 99 [accessed 24 July 2003] www.web22.epnet.com; Hilton Hotels website [accessed 15 January 2004] www.hilton.com.

分地履行企业公民这一重要使命”。

在寒假期间，你针对满足流离失所的家庭、妇女、儿童需要的组织，很容易就激发了大家的热情。帮助一无所有的孩子享受假期活动的设想，经常会唤起哪怕最不专心的员工的爱心。但是有的员工会直到最后也没有行动然后忘记这件事。

最后在 12 月 16 日周五大家提出了捐助现金，为了使假期的礼物及时发放，大家在 12 月 20 日周二之前也可以带来食品、玩具、毛毯等。收集箱很容易找到，它们到处都有，贴着鲜红的横幅。但是会有一些人打电话向你提问或是用信用卡捐款，你的电话是 800-658-3899，分机号 3342。

你的任务：今天是 12 月 14 日，写一则 75—100 字的即时信息鼓励大家参与。[38]

---

[38] Adapted from IBM website [accessed 15 January 2004] www.ibm.com/ibm/ibmgives; IBM website, "DAS faces an assured future with IBM" [accessed 16 January 2004] www-306.ibm.com/software/success/cssdb.nsf/CS/DNSD-5S6KTF; IBM website, "Sametime" [accessed 16 January 2004] www.lotus.com/products/lotussametime.nsf/wdocs/homepage.

第四部分

准备报告和口头演讲

第10章　报告和建议书的计划

学习目标

学完本章后,你将能够:

1. 应用三步写作法写作报告和建议书
2. 区分告知性报告、分析性报告和建议书
3. 描述进行商业调查的有效程序
4. 界定第一手资料调查和第二手资料调查并解释适用时机
5. 列举出评价信息来源可信度的九个标准
6. 提供开展有效的网上调查的五个准则
7. 概述计划并实施信息访谈的有效流程
8. 解释拟摘要、下结论、提建议的区别
9. 讨论组织分析性报告的三种主要方法

工作进行时

丰田赛昂的沟通

为新一代购车人思考

如果你二十刚出头就想买一辆新车,你会买和父母一样的车吗?如你所知,就是那种父母开去杂货店或你妹妹的足球练习场的那种体面的、传统的丰田车!

丰田的布赖恩·博兰恩(Brian Bolain)就料到你们不会这么做,而且他知道这是因为公司已经试过利用传统的广告信息来向你们这一代人销售汽车。在过去的几十年里,丰田曾经通过向你们的父母提供有别于他们的父母的新的车型而占领美国大部分市场。

为了能够在你们这代人身上延续成功,博兰恩和他的同事们面临着挑战,他们需要设计出能够吸引当代年轻人的非传统产品及信息。解决办法的第一步就是调查、调查、再调查。他们采用一些非传统方法,比如雇用50个加利福尼亚年轻人录制和朋友们的日常生活。公司甚至向时尚的小众人群学习,学习他们在向大众推广前是如何发现新的创意和产品的。调查了解到了一些信息,比如日本成为新时尚的中心,年轻人十分反感推销,他们更强调个人主义、自我表现和实用性。

根据调查结果,丰田推出了新系列车型赛昂(Scion),其中最不同寻常的是四四方方的 xB 车

型。调查结果也改变了丰田公司的传统沟通理念:弱化“丰田”名称,减少传统大众市场广告,而改为小规模、以社区为中心的促销方式,引导时尚人群自己“发现”赛昂产品,并与周围朋友分享这一发现。其中的一种促销方式就是在年轻人聚集地张贴海报,写着“禁止标准”(Ban Normality)和“无克隆地带”(No Clone Zone)。作为寻求年轻买家的一部分,丰田甚至成立了唱片公司赛昂A/V,以帮助来自洛杉矶的DaKAH街舞乐队这样的团体与全国各地的DJ合作,而他们由赛昂赞助的音乐会又会为其宣传,进而帮助赛昂成为新一代的尖端品牌。

在丰田公司内部,还进行了另外一种层次的沟通,这种沟通虽然不为顾客所知,但对于赛昂走向成功却很关键。实际上,从新车品牌创意到组装、定价、经销商计划的所有细节事务都是经过报告来沟通的,其中一些文件传递信息,一些提供分析,还有一些提供有说服力的建议来塑造赛昂的未来路线。不管遇到何种沟通挑战,丰田都承诺去了解消费者,并把了解到的信息应用到消费者中去。丰田的成功来自于它的努力,这为所有的商务沟通者提供了参考。①

www. scion. com

10.1 报告和建议书的三步写作法

报告对布赖恩·博兰恩的成功起了极为重要的作用,在所有成功人士的职业生涯中同样作用重大。报告分为三种基本形式:

- **告知性报告(informational reports)** 提供数据、事实、反馈以及其他种类的信息,没有任何分析和建议。
- **分析性报告(analytical reports)** 提供信息和分析,也可以包含一些建议。
- **建议书(proposals)** 提供一些结构化的建议给内外部受众。

这些报告的本质有很大不同,既有遵循标准格式的一页纸报告,也有带详细计划和建议的几百页报告。不论是何种情况,都应该把每个商务报告看做是一种展示你对受众挑战的了解及帮助组织走向成功的能力的机会。

你在第4—6章学习的三步写作法及在第7—9章对短信息应用,能够很容易地应用于长篇文档,如图10-1所示。本章将介绍计划的步骤,主要集中于在长篇文档写作中的两个值得特别注意的方面:收集和组织信息。第11章将介绍具体的写作步骤,包括为报告和建议书提供有效视觉效

① Michael Paoletta, “Toyota's Scion Starts Label,” *Billboard*, 26 March 2005, 8 +; “2005 Scion tC,” *Edmunds. com* [accessed 12 April 2005] www. edmunds. com; “10 Hottest Cars and Trucks in 2004,” *Advertising Age*, 20 December, 28; David Welch, “Not Your Father's... Whatever,” *BusinessWeek*, 15 March 2004, 82—84; Daren Fonda, “Scion Grows Up,” *Time* (*Canada*), 16 August 2004, 61; Katherine Zachcry, “The Makings of a Hit,” *Ward's Auto World*, June 2004, 42; Christopher Palmeri, “Toyota's Youth Models Are Having Growing Pains,” *BusinessWeek*, 31 May 2004,32; Steven Kichen, “Scion's Smart Moves,” *Forbes*. 12 October 2004 [accessed 12 April 2005] www. forbes. com; Norihiko Shirouzu, “Scion Plays Hip-Hop Impresario to Impress Young Drivers,” *Wall Street Journal*, 5 October 2004, B1 +; Phil Patton, “As Authentic as ‘The Matrix’ or Menudo,” *New York Times*, 25 July 2004, sec. 12, 1 +; Dan Lienert, “What's New? With Toyota's Scion, Youth Must Be Served,” *New York Times*, 19 October 2003 [accessed 12 November 2003] www. nytimes. com; Fara Warner, “Learning How to Speak to Gen Y,” *Fast Company*, July 2003, 36; Darren Fonda, “Baby, You Can Drive My Car,” *Time*, 30 June 2003, 46; Christopher Palmeri, Ben Elgin, Kathleen Kerwin, “Toyota's Scion: Dude, Here's Your Car,” *Business Week*, 9 June 2003, 44: Jonathan Fahey, “For the Discriminating Body Piercer,” *Forbes*, 12 May 2003, 136; George Raine, “Courting Generation Y,” *San Francisco Chronicle*, 11 May 2003, 13.

果的建议。第 12 章介绍怎样完成报告、建议书等长篇文档的写作。

计划	写作	完成
分析情况 弄清手头问题或机会，确定目的，描述受众，拟订工作计划。 **收集信息** 确定受众需求，获取满足其需求的信息，在必要时制订调查计划。 **选择正确的媒介** 选择最好的媒介传递信息，考虑多个媒介传播。 **组织信息** 确定主题，限定范围，选择直接法或间接法。选择告知性报告、分析性报告或建议书的合适结构来概括内容。	**适应受众** 对受众需求要敏感，可采用换位思考、礼貌、正面强调和非歧视性语言。通过建立可信度和树立企业形象构筑与受众的良好关系。使用适应当时情况的语气和语态来控制风格。 **编写信息** 在报告的引言、主体和结束部分使用恰当的词汇，帮助你写出有效的句子和连贯的段落。	**修订报告** 评价内容和可读性，编辑、重写以使之更为简洁和清晰。 **制作报告** 使用有效的设计元素和适当的排版，使之看起来更清楚、更专业。图表和文字之间不要有太大的空隙。 **校对报告** 修改排版、拼写和结构错误。 **发布报告** 使用选择的媒介发布报告，确保所有文档和相关的文件都能成功发布。

图 10-1　报告和建议书的三步写作法

10.1.1　分析情况

报告的复杂性和涉及的巨大工作量要求你在写报告之前重视对情况的分析。要特别注意你的**目的陈述（statement of purpose）**，它说明了你为什么写这个报告，以及你要在报告中传递什么信息，如表 10-1 所示。

用不定式短语（加上一个动词）陈述目的是最有效的方法，它能够明确说明你的一般目的（告知、识别、分析等）。比如，在一个告知性报告里，目的陈述可以像下文一样简单：

识别我们新的基于电话的视频游戏的潜在市场
在调查项目进展中更新董事会成员
向美国证券交易委员会提交所需信息

表 10-1　问题描述和目的陈述

问题描述	目的陈述
我们公司的市场份额正在下降。	探索促销和销售产品的新方法并推荐最能稳定市场份额的手段。
我们现在的计算机网络缺乏足够的带宽，无法升级以满足将来的需求。	分析不同的计算机网络，推荐最适合我们公司现在和将来需求的系统。
我们需要 200 万美元启动新产品。	使投资者确信我们的新产品值得投资，能获得预期的经济效益。
我们当前的运作太分散且成本太高。	证明关闭 Newark 工厂并把东海岸运作转移到中西部可以节约企业成本。

对于分析性报告，目的陈述要更全面。Electrovision 是一家坐落在加利福尼亚州洛斯加托斯市

的高科技公司，当成本会计经理 Linda Moreno 被要求寻找降低员工差旅和招待成本的方法时，她相应做出了如下的目的陈述：

……分析差旅和招待预算，评估最近机票和宾馆价格变化的影响，提出加强对差旅和招待费用的管理控制的建议。

因为 Moreno 要写的是分析性报告而不是告知性报告，所以她不仅要收集数据还要下结论和提建议。她的完整报告将在第 12 章描述。

建议书也必须要有清楚的目的陈述做引导，目的陈述能帮助你突出劝说性信息。以下是有关内部和外部建议书目的陈述的例子。

确保下一年仓库新搬运系统的预算资金
获得管理层的批准重新组织北美的销售力量
确保能够吸引到 200 万美元的外部投资来生产新的钛合金山地自行车

记住，目的陈述写得越具体，对报告的指导作用就越强。此外，如果是有人分配任务让你写这个报告，你一定要和这个人重新核对目的陈述，确保自己正确领会了这一任务。

除了要仔细考虑你的目的，你还应该为大多数的报告和建议书准备工作计划以便充分利用时间。对简单的报告，工作计划可以是简单的任务列表和时间表。但是，如果要写一个较长的报告，尤其是在和别人合作时，就需要更详细的工作计划。该计划可能包含以下部分：

a. 对问题或机会的描述（主要针对分析性报告和建议书）
b. 对目的和调查范围的描述
c. 为了完成报告而需要完成的任务的讨论
d. 对计划分配任务、时间表和所需资源的审查
e. 提交报告后接下来的计划

如果作者有机会去思考报告的结构，还可以在报告中加入临时性提纲。图 10-2 即包含了临时性提纲的报告计划，该报告将对是否开办公司的通讯进行了评估。

10.1.2 收集信息

许多报告和建议书所需要的信息量是非常大的，这就要求我们对这些信息进行仔细计划，有时甚至要进行一个专门的研究项目以获取我们所需要的数据和信息。为了保持进度并把成本控制在预算内，就要确保审查你的目的陈述和受众需求来收集你需要的所有信息，并且只收集你需要的信息。在有些情况下，你不能收集到想要的每一条信息，所以要区分需求的优先次序，并把注意力放在那些最重要的问题上。

10.1.3 选择正确的媒介

与传递其他商务信息一样，要基于受众的需求和可用选择的优缺点来选择报告的媒介。对于报告和建议书的媒介选择，除了第 4 章所讨论的一般媒介选择标准外，还要考虑如下几个要点：第一，对许多报告和建议书来说，受众有自己特定的媒介需求，这时你没有别的选择。例如，许多公司的管理人员喜欢用企业内部的局域网去看报告，有时候配合使用管理展示板——一种定制的主

清晰地阐明问题，让任何人在不需作其他额外调查的情形下都能理解

问题描述

我们公司在过去五年的快速发展使大家的集体感没有以前那么强烈了，大家不再觉得自己是那个重视团队合作的亲密组织的一分子了。

工作目的和范围

这项研究的目的是确定一份公司通讯是否会帮助员工重建集体感。这项研究将会对其他公司通讯的影响进行评价，并找出适用于我公司的一些特点，像篇幅、发布频率、文章种类和图表设计等指标都会考虑在内。还将对包括电子版和印刷版在内的多种发布方式进行成本评估。除此之外，该项研究还会分析完成通讯所需要的人力和程序。

正确解释调查将覆盖哪些方面，以及最终报告将包括哪些内容

使用清晰、简洁的措辞来明确要完成的任务

数据收集的来源和方法

我们将从10—20个与我们在规模、增长率和员工种类上差别不大的公司中收集样本通讯，并要求编辑评价他们的出版物对员工士气的影响。我们也会调查自己的员工，了解他们对通讯的兴趣以及对各种特色的通讯的偏好，并通过与通讯编辑、印刷人员以及网站开发团队的谈话来分析生产过程和成本。

利用初步提纲来帮助读者理解报告中将要突出的主题

初步提纲

研究的初步提纲包括以下内容：

Ⅰ. 通讯会影响士气吗？
  A. 人们会读吗？
  B. 员工怎样才能从中获益？
  C. 公司怎样才能从中获益？
Ⅱ. 好的通讯的特点是什么？
  A. 它们的篇幅有多长？
  B. 它们的内容包含什么？
  C. 它们的印刷频率是怎样的？
  D. 它们是怎样设计的？
Ⅲ. 怎样制作通讯？
  A. 它是在内部还是外部进行撰稿和编辑的？
  B. 它是印刷的还是电子的？
  C. 如果制作电子版，它是以电子邮件、博客还是以常规网页的形式出现？
Ⅳ. 简报的成本是多少？
  A. 人员成本是多少？
  B. 材料成本是多少？
  C. 外部服务成本是多少？
Ⅴ. 我们是否应该出版公司的简报？
Ⅵ. 如果是，我们应该用什么方法？

确定每项任务的负责人，以及任务完成的时间

任务分配和时间表

研究的每一阶段都应该在下列时间内完成：

收集和分析通讯	Hank Waters	2006年9月15日
电话采访编辑	Hank Waters	2006年9月22日
调查员工	Julienne Cho	2006年9月29日
做样本	Hank Waters	2006年10月6日
做成本预算	Julienne Cho	2006年10月13日
准备报告	Hank Waters	2006年10月20日
提交最终报告	Hank Waters	2006年10月24日

图 10-2　正式研究的有效工作计划

要运营指标的在线演示，比如收入、利润、质量、客户满意度和计划进展等。第二，思考一下受众希望通过什么方式对你的报告和建议书做出反馈。他们是喜欢在打印的文件上写评论，还是喜欢使用文字处理器中的批注和标记功能？第三，别人将来需要经常在你的文件中查找或更新它吗？以文字处理器文件的形式发布报告会使以上两项任务更加容易。第四，记住媒介选择的本身也会传递一个信息。例如，给日常的销售报告配以昂贵的多媒体，就是对公司宝贵资源的一种浪费。

10.1.4　组织信息

直接法是目前最流行的、最方便的商务报告写作方法。它可以节省时间，让下面的报告更容易写下去，也更具有说服力。但是直接性报告中所包含的自信有时也会被曲解成傲慢，尤其是当你在一个比较重视地位的组织中担任不重要的角色时。另一方面，间接法可以给你一个证明观点

的机会，并且能够逐渐克服受众的保留情绪。信息越长，间接法的有效性就越差。因此，在决定使用直接法还是间接法前，要仔细考虑报告的长短。

两种方法都很有用，所以商务人员经常把它们结合在一起来在文中揭示结论并提出建议，而不是把结论和建议放在开头或最后。图 10-3 给出了有着相同提纲的两个报告。在直接性报告中，每一个主题下都有一段概括性的总结文字。在间接性报告中，按照同样的顺序介绍主题但是没有下结论。相反，结论出现在报告的主体中。

当你对报告的内容进行概括时，最好使用告知性（“讨论式”）标题而不是简单的描述性（“主题式”）标题，如表 10-2 所示。当以问题或摘要形式出现时，告知性标题可以迫使你真正思考内容，而不是简单地确认大概的主题范围。使用告知性标题不仅可以帮助你更有效地进行计划而且可以方便合作写作。一个像“产业特征”这样的标题对写作团队的五个人来说，可能会有五种不同的含义，所以要使用没有歧义的标题，比如“面粉加工是成熟的产业”。

表 10-2　提纲标题的类型

描述性（主题式）提纲	告知性（讨论式）提纲	
	问题形式	摘要形式
1. 产业特征	1. 产业特征有哪些？	1. 面粉加工是一个成熟产业
A. 年销售额	A. 年销售额是多少？	A. 市场广阔
B. 盈利能力	B. 产业盈利吗？	B. 利润空间小
C. 增长率	C. 增长模式是什么？	C. 增长适度
（1）销售额	（1）销售额增长？	（1）年平均销售增长率低于 3%
（2）利润	（2）利润增长？	（2）利润增长平缓

直接法

从公司在25年前成立开始，我们就对自己的电子设备提供常规的维修服务。这些服务是公司雇员引以为豪的重要卖点。但是，持续高升的劳动力成本使得我们难以继续提供这种有竞争力的服务。去年，在维修业务上我们损失了50万美元。

因为您对公司损失的关心，所以您希望我仔细研究终止维修服务的得与失。在John Hudson和Susan Lefkowitz的帮助下，我花了两周时间研究了这一问题，并得出结论：我们公司一直在实行一个昂贵而不切实际的传统。

通过撤销电子设备维修业务，我们可以在不损失客户口碑的前提下提高财务表现。本结论是基于以下三点而得出的：

- 要想在维修业务上盈利是不太可能的。
- 我们可以在不降低客户满意度的前提下把客户推荐给专业的维修公司。
- 终止这项服务基本不会造成任何内部问题。

间接法

从公司在25年前就成立开始，我们就对自己的电子设备提供常规的维修服务。这些服务一直是公司雇员引以为豪的重要卖点。但是，持续高升的劳动力成本使得我们难以继续提供这种有竞争力的服务。

因为您对公司损失的关心，所以您希望我仔细研究终止维修服务的得与失。在John Hudson和Susan Lefkowitz的帮助下，我花了两周时间研究了这一事件。下文是我的一些看法，主要针对三个基本问题：

- 我们的损失还会波及什么？我们怎样才能扭转局面？
- 撤销这项业务是否会影响我们的电子设备销售？
- 终止这项服务对企业内部会造成什么影响？

图 10-3　报告引言中的直接法和间接法对比

快速回顾长篇报告的三步写作法，参见“要点检查：告知性报告和分析性报告的三步写作法”。以下各部分将对告知性报告、分析性报告和建议书提出具体的建议。

要点检查

告知性报告和分析性报告的三步写作法

A. 分析情况

✓ 动笔之前先确定目的。

✓ 如果报告需要达到多项目标，事先就要确定好。

✓ 制订工作计划以指引方向。

B. 收集信息

✓ 确定是否需要开展一项独立的研究项目，以收集必要信息。

✓ 必要时重新使用或改写已有的资料。

C. 选择正确的媒介

✓ 以受众期望（或需求，视情况而定）为基础进行决策。

✓ 考虑评论、修订、分发、保管的需要。

✓ 记住，你选择的媒介同样会传递一些信息。

D. 组织信息

✓ 如果受众容易接受的话，可以选择直接法。

✓ 如果受众持有疑问的话，可以选择间接法。

✓ 如果你不想让自己看起来很傲慢，可以选择间接法。

✓ 如果综合使用两种方法对支持主要信息有帮助，就采用结合方法。

10.2　利用可靠信息支持内容

不管你的报告主题是什么，读者都希望你能利用可靠的调查来支持你的内容。比如你做一个学校项目，你会发现调查绝不仅仅是在搜索引擎中键入几个关键词那样简单。一个好的调查需要清晰的流程：

1. **计划你的调查。**计划是任何调查中最重要的一步。一个好的计划可以使调查事半功倍。

2. **定位所需的数据和信息。**调查计划告诉你需要寻找什么，所以接下来需要明确到哪里寻找这些数据和信息，以及如何得到它。

3. **处理数据和信息。**新收集到的数据和信息未必能立即投入使用，所以可能需要对其加以处理，包括统计分析，以及解决多个专家意见之间的分歧。

4. **应用发现。**可以从以下三个角度应用你的发现：总结对别人有用的信息，在你了解的基础上得出结论，写出建议。

5. **有效管理信息。**目前，很多企业都试图通过各种基于计算机的系统来收集和共享信息，以使调查中投入的时间和金钱的收益最大化,这类系统被称为知识管理系统(knowledge management systems)。至少,一定要把调查成果与其他同样能从中受益的同事共享。

以上步骤如图 10-4 所示,以下章节将从计划调查开始详细进行描述。

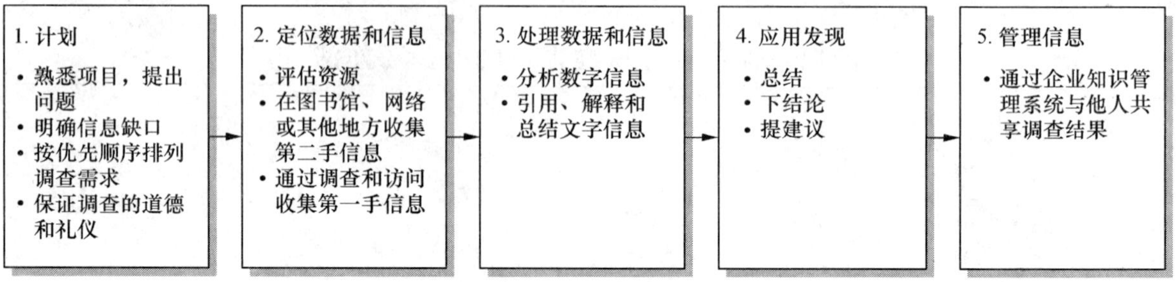

图 10-4 调查流程

10.2.1 计划调查

面对当今大量的网络信息,在搜索引擎中键入几个关键词,然后从搜索结果中挖掘出你想要的结果,这种方法似乎极具诱惑性和前沿性。但是,这种缺乏计划的搜索限制了信息的效果(可能搜索不到正确的信息)和效率(浪费大量的时间和金钱)。

避免浪费和减少困难的有效办法就是利用计划,从熟悉主题开始,这样你可以提出一些有见解的问题。除非事先就对主题比较熟悉,否则你需要进行一些初步调查,以制订有效的调查计划。可以通过阅读行业出版物、浏览竞争者网站、浏览博客和新闻组、访问自己企业的专家等渠道来分析主题领域,界定重要的术语、趋势、冲突、有影响力的群体和潜在的信息资源。在分析过程中,可以通过一些**问题陈述(problem statement)**来明确调查的目的——调查工作末尾需要做出的决策和得出的结论。

接下来,确定最重要的信息缺口。信息缺口就是你已经知道的与你需要知道的信息之间的差别。例如,布赖恩·博兰恩想知道"在过去 30 天中,赛昂占新车购买量的比率是多少",他需要两个方面的信息:(1) 汽车的总购买量;(2) 赛昂的购买量。只要问问丰田的销售部门,他就可以轻而易举地获得第二条信息。然而,他却没有直接渠道来获得汽车的总购买量。为了填补这个信息缺口,他可以委托一家独立调研机构来追踪汽车行业。利用信息缺口法把调查聚焦于调查者需要知道的主题,并且能够节省时间和花费而不必去挖掘那些企业内部已有的信息。

当你开始列举你想要问的问题时,你也许会写出超出你用于回答的时间和花费范围之外的问题。而且,如果要通过访问或调查某些人来收集信息,你需要限制问题的数量,在调查上花费的时间要低于被访者的预期。因此,要对信息需求进行优先排序,并且把重点放在最关键的问题上。

对问题进行优先排序之后,调查工作也该开始了。在开始之前,还要清楚地认识到,调查是需要遵守一些伦理规范的。调查策略将会对数据和信息收集的对象、调查结果的阅读者、调查结果展示方法的相关者产生影响。为了避免伦理问题,记住以下几点:

- **不要通过扭曲调查来强迫得到特定的调查结果**。如果你想证明或反驳一个特定的观点,你更可能收集那些支持你立场的信息,而忽视那些与你的观点对立的信息。如果你保持开放的头脑并且乐于接收所有可以找到的信息,你的调查将会更有价值。

• **尊重被调查者的隐私**。在当代,隐私是一个有争议的问题。在没有得到被调查者同意的情况下,要避免窥探其隐私。不要在调查目的上误导别人,也不要隐瞒你将要把他们提供的信息应用于何处。[②]

• **记录资料来源并适当提及**。如果用了出版文献、个人访问、公司档案等,标明出处不仅是对原作者的尊重,也会增加你作为作者的可信度。

• **尊重资料来源的知识产权和数字版权**。知识产权是指在市场上具有商业价值的独特想法的所有权。[③]知识产权法涵盖了从艺术作品到工业流程的所有领域,因此应该确保合法利用这些信息。

• **不要从资料来源中提取超过它实际能够提供的信息**。比如,一个行业专家说"销售额有可能会增长",就不能引用说"销售额很可能会增长"。

除了道德问题,调查礼仪也是值得注意的问题。比如,尊重被访者的时间和合作意愿,在访谈和调查过程中保持礼貌。

10.2.2　定位数据和信息

一份良好的计划和详细的优先次序告诉你需要什么以及为什么需要。下一步就要明确这些信息存在于何处以及如何找到它。当代商业调查者的资源范围很大,有时甚至过于广泛。如果你的问题是关于某个行业、某家企业、某个市场、某项新技术或某个金融主题,可能某些人已经调查过同样的主题,那你就会轻松很多。前期为不同目的而制作的调查材料被认为是**第二手资料调查(secondary research)**,包括来自于杂志、报纸、公共网站、书籍、报告等的资料。不要被字面所迷惑。对于许多项目来说,进行第二手资料调查可以节省大量时间和金钱。与此相比,**第一手资料调查(primary research)**是为了你的特定项目而展开的新的调查,包括问卷、访谈、观察和实验。在你使用第二手资料之前,需要考虑其可信度。

评估资料来源　在任何研究计划中,你都有责任去检验你所使用的资源的质量。互联网一方面给这项工作带来了便利,因为可以从不同资源获得信息来进行交叉验证,但是,另一方面在线调查却变得困难,因为互联网中存在很多糟糕的信息,包括造假照片、未经证实的"事实"以及存在偏见的材料。为了不玷污你的成果和破坏你的名声,面对每一条资料你都应该询问自己以下几个问题:

• **来源是否具有诚实可靠的口碑?** 例如,了解出版物是如何接受文章的,是否有编委会、同行评议和资料核实程序。依据惯例,非在线出版物一般具有适当的质量控制程序,而许多在线资源却没有。

• **来源是否存在偏见?** 要解释一个组织的信息,你需要知道这个组织的观点。

• **资料的目的是什么?** 例如,资料是否是为了告诉别人它的新研究成果,提出一个政治立场,或者是促销新产品?

• **作者可信吗?** 作者是职业新闻记者,还是见多识广的业余爱好者,或者只是持有一己之见的某个人?

• **来源是从何处得到这些信息的?** 尽量去查找是谁收集了这些数据,他们是用什么方法收集的,这些人是否具备资格,以及他们的职业声誉如何。

• **你能独立检验这些资料吗?** 检验可以发现资料中的偏见和错误——当信息不仅仅是简单

---

② Courtland L. Bovée, Michael J. Houston, and John V. Thill, *Marketing*, 2d ed. (New York: McGraw-Hill, 1995), 194—196.

③ Legal-Definitions. com [accessed 17 December 2003] www. legaldefinitions. com.

的事实，还包括预测、解释、估计时，检验尤其重要。

- **资料是最新的吗？** 通过检验资料来源的出版时间，最大可能地确保所用信息的时效性。
- **资料是完整的吗？** 得到的资料是完整的还是其中的一部分？如果只有部分资料，那么哪些部分被剔除在外了？需要更详细的资料吗？

你可能没有时间去彻底检验所有来源的背景信息，因此，应该集中精力于其中最重要或最可疑的部分。

进行第二手资料调查 大多数项目都从第二手资料调查开始，即使最终打算进行第一手资料调查。在企业内部，可以从报告、备忘录或其他文件中寻求帮助。在企业外部，可以从广泛的纸质资源和在线资源中进行挑选。表 10-3 提供了一小部分可供使用的第二手资源。④

表 10-3 主要商业资源

企业、行业和产品资源（纸质）

- ***Brands and Their Companies/Companies and Their Brands*** 包括超过 281 000 种消费品和 51 000 个制造商、进口商、营销商、批发商的数据。
- ***Corporate and Industry Research Reports*（*CIRR*）** 收集行业分析者为投资目的而收集的行业报告。唯一覆盖行业盈利性、企业销售额比较、市场份额、利润和预测等方面的信息。
- ***Directory of Companies Required to File Annual Reports with the Securities and Exchange Commission*** 列举了美国上市企业。
- ***Dun's Directory of Service Companies*** 提供了 205 000 家美国服务业公司的信息。
- ***Forbes*** 每年 1 月第一期出版的美国行业年度报告。
- ***Hoover's Handbook of American Business*** 500 家公众公司和私人公司的概述。
- ***Manufacturing USA*** 将近 25 000 家公司的数据列表，包括超过 450 多个制造行业的详细信息。
- ***Market Share Report*** 覆盖了产品和服务领域的数据，主要来源于贸易期刊、通讯和杂志。
- ***Moody's Industry Review*** 包括 150 个行业中的 4 000 家企业的数据，利用五项金融指标（税收、净收入、总资产、现金和有价证券、长期负债）把这些企业进行排序，还包含了关键绩效率。
- ***Moody's Manuals*** 六个行业领域的周金融数据手册，包括工业、运输、公用事业、银行、金融、场外交易市场。
- ***Service Industries USA*** 150 个行业的 2 100 个服务团体的全面数据。
- ***Standard & Poor's Industry Surveys*** 很多行业的投资概况。覆盖面较广，并集中于当前的情况和展望。包含了每个行业中主要公司的概要数据。
- ***Standard & Poor's Register of Corporations, Directors, and Executives*** 大的美国公司和国际公司的索引。列举了高级职员、产品、销售量和雇员数量等信息。
- ***Thomas's Register of American Manufacturers*** 包含了美国数千家制造企业的信息，以企业和产品名称为索引。
- ***U. S. Industrial Outlook*** 美国关键行业数百家企业的年度概况，每份行业报告都包含几页文字，其中还有表格、图形和图表，直观地展示了一个行业如何与相似行业相区别，还包含重要经济增长因素及其他经济指标。

企业、行业和产品资源（在线）

- **AnnualReports. com** www. reportgallery. com 免费获得数千家上市公司的年度报告。
- **CNN/Money** http://money. cnn. com 覆盖企业、行业和世界市场的新闻、分析和财务资源。
- **Hoover's Online** www. hoovers. com 全球 1 200 万企业的数据库，包括 35 000 家世界顶级企业的深度信息。基本信息免费，深度信息需要订阅。

---

④ Information for this section was obtained from "Finding Industry Information" [accessed 3 November 1998] www. pitt. edu/ ~ buslibry/industries. htm; Thomas P. Bergman, Stephen M. Garrison, and Gregory M. Scott, *The Business Student Writer's Manual and Guide to the Internet* (Upper Saddle River, N. J.: Prentice Hall, 1998), 67—80; Ernest L. Maier, Anthony J. Faria, Peter Kaatrude, and Elizabeth Wood, *The Business Library and How to Use It* (Detroit: Omnigraphics, 1996), 53—76; Sherwyn P Morreale and Courtland L. Bovée, *Excellence in Public Speaking* (Fort Worth: Harcourt Brace College Publishers, 1998), 166—171.

（续表）

- **NAICS Codes** www. census. gov/naics 北美行业分类系统。
- **SEC filing** www. sec. gov/edgar. shtml 美国证券交易委员会提供的文件包含了 35 000 家美国上市公司的 10K 年报、10Q 季报和招股说明书等。

目录和索引(纸质)

- ***Books in Print*** 从美国出版商那里获得的 62 000 个主题类别的 425 000 本书的索引。以作者和书名为索引。
- ***Directories in Print*** 超过 16 000 个商业和工业名录的信息。
- ***Encyclopedia of Associations*** 数千家协会的索引，以主题类别、具体主题、协会和地点形式列出。
- ***Reader's Guide to Periodical Literature*** 以主题和作者进行分类的周期出版索引。
- ***Ulrich's International Periodicals Directory*** 以题目、出版商、编辑、电话和地址分类列举了超过 140 000 种出版物，包括通俗杂志、行业期刊、政府文件、新闻报纸。特别适用于搜索一些难以查找的行业出版物。

人物（纸质）

- ***Dun & Bradstreet's Reference Book of Corporate Management*** 超过 12 000 家美国企业主要长官及主管的职业生涯记录。
- ***Who's Who in America*** 在其领域具有突出贡献的在世美国公民传记。相关书籍 *Who's Who in the World* 则覆盖了全球的成功者。

商标（纸质/在线）

- ***Official Gazette of the United Patent and Trademark Office*** 周刊（一本关于商标，另一本关于专利），提供新批准的商标和专利、产品描述、产品名称的官方记录。
- **United States Patent and Trademark Ofiice www. uspto. gov** 商标和专利信息记录。

统计和事实（纸质）

- ***Industry Norms and Key Business Ratios*（*Dun & Bradstreet*）** 工业、财务和绩效比率。
- ***Information Please Almanac*** 各种统计数据的整理，主要集中于劳动力方面。
- ***Robert Morris Associates' Annual Statement Studies*** 工业、财务和绩效得分。
- ***Statistical Abstract of the United States*** 关于美国经济、社会、政治、工业的统计。
- ***The World Almanac and Book of Facts*** 关于主要国家经济、社会、教育和政治事件的事实。

统计和事实(在线)

- **Bureau of Economic Analysis www. bea. doc. gov** 广泛收集了经济和政府数据。
- **Europa—The European Union Online www. europa. eu. int** 一个提供最新时事、立法、政策和欧盟统计数据的门户网站。
- **FedStats www. fedstats. gov** 超过 70 个美国政府机构的全部统计数据和信息。
- **STAT-USA www. stat-usa. gov** 广泛收集了经济和政府数据。
- **U. S. Census Bureau www. census. gov** 以人口普查数据为基础，包含消费者和企业的人口统计数据。
- **U. S. Bureau of Labor Statistics www. bls. gov** 关于劳工和企业的国家性和区域性信息，包括就业、工业增长、生产力、消费者价格指数（CPI）和美国总体经济情况。

商业数据库（订阅）

- **Dialog** 数百个数据库，包含商业和金融、新闻和媒体、医疗、制药、参考书目、社会科学、政府和制度、科学和技术等领域。
- **Ebsco Online Reference System** 各种数据库，来源于各主要信息提供商，覆盖多个学科。
- **Highbeam** 数千种全文报纸、杂志、新闻专线资源，还包括地图和照片。
- **Gale Business & Company Resource Center** 为大学本科生和研究生、求职者、投资者设计的全面调查工具，并提供大量的公司和行业信息。
- **LexisNexis** 覆盖法律、公司、政府和学术主题的数千个数据库。
- **ProQuest** 数千份期刊和报纸，这些档案随着将超过 50 亿页缩微胶片通过程序进行数字化还在继续扩张。
- **SRDS Media Solutions** 杂志信息和广告价格的综合数据库，编录了超过 100 000 种美国和国际媒体资源。

从图书馆查找信息　公共和高校图书馆提供了大量的商业书籍、电子数据库、报纸、期刊、目录、年鉴、政府出版物。其中很多是在网站上无法获得的,或者需要订阅才能获得。在图书馆你还可以找到一个对你来说极其重要的资源——图书管理员。图书管理员是受过调查技术训练的,他们可以帮助你搜索一些你搜索不到的模糊信息。他们还可以指引你去典型图书馆找到丰富的商务信息。

- **报纸和期刊**。图书馆提供了大量的通俗杂志、一般商业杂志、行业期刊(能够提供特定职业和行业的信息)、学术期刊(能够提供研究者和教育者的研究文章)。与图书管理员商讨哪些期刊可以以打印或电子格式获取。

- **商业书籍**。商业书籍虽然没有报纸和期刊那么具有时效性,但是商业书籍可以提供关于多个商业主题的有深度的信息。现在许多图书馆都提供卡片目录的联机访问,可以从中查到具体的书名。

- **目录**。美国有数千个以纸质和电子格式出版的目录资源,很多还包括各种职业、行业及特别兴趣团体的会员信息。

- **年鉴和统计资源**。年鉴是关于国家、政治、劳工等方面事实和统计信息的指南。美国商务部每年出版的《美国统计摘要》包含了职业、政府、人口、健康、商业、犯罪、环境等方面的统计数据(可在 www. census. gov 上查到)。

- **政府出版物**。关于法律、法庭判决、税收问题、规章制度问题和其他政府相关信息可以从政府文件中收集。图书管理员可以指导你获得你想要的资源。

- **电子数据库**。电子数据库提供了海量的可以利用计算机搜索的信息,这些信息通常是关于商业、法律、科学、技术和教育等特定领域的。有些图书馆提供部分或全部数据库的联机访问,其他的可能需要你亲自去查。下文将详细介绍数据库的使用。

在线查找信息　如果你知道如何使用,并且知道到哪里去找,网络将是一个巨大的商务信息来源。**搜索引擎(search engines)**可以识别出一些包含你给定的关键词和短语的网页。搜索引擎的优点是能够搜索成千上万个网页,好的搜索引擎能够通过排名算法把与你的搜索请求最相关的网页找出来。搜索引擎还有三个缺点:(1) 没有真人编辑去评价找到的网页内容的质量;(2) 不同的搜索引擎使用不同的搜索技术,所以你可能在一个引擎找不到能在其他引擎搜到的网址;(3) 搜索引擎找不到一些受限制的网页(例如一些过期刊物)。这些找不到的网页有时被称为“隐蔽网络”,因为普通的搜索技术找不到它们。

好消息是当你作调查时你可以克服这三个缺点,尽管这么做有时候会比较昂贵。**网络目录(web directories)**通过使用真人编辑把网址进行分类和评价来克服第一个缺点。例如 Yahoo!、About 提供的目录,以及 Open Directory(www. dmoz. org)上由编辑列出的网址。例如,有二十多万按类别列出的相关商业网站,从单个企业到行业协会,所有这些都由一些志愿编辑来评价和筛选。[⑤]

集成搜索引擎或元搜索引擎可以通过使你的搜索请求符合多个搜索引擎的特定格式要求来克服搜索引擎的第二个缺点。这些通用的工具可以向你展示每个搜索引擎能够搜索到多少匹配记录。表 10-4 列出了一些常用的搜索引擎、集成搜索引擎和目录。

---

⑤ Open Directory [accessed 27 August 2005] www. dmoz. com.

表 10-4　主要的网络搜索

主要搜索引擎		Library of Congress	www. loc. gov/rr/business
A9	www. a9. com	Library Spot	www. libraryspot. com/
AllTheWeb	www. alltheweb. com	Open Directory	www. dmoz. com
Alta Vista	www. altavista. com	Questia	www. questia. com
Ask Jeeves	www. askjeeves. com	**新闻搜索引擎**	
Google	www. google. com	AllTheWeb News	http://www. alltheweb. com/?cat = news
Lycos	www. lycos. com		
MSN	http://search. msn. com	AltaVista News	http://news. altavista. com
Teoma	www. teoma. com	Daypop	www. daypop. com
集成搜索引擎和其他网站		Google News	http://news. google. com
Clusty	www. clusty. com	Newstrawler	www. newstrawler. com
DogPile	www. dogpile. com	NewsTrove. com	www. newstrove. com
IXQuick	www. ixquick. com	World News Network	www. wn. com
Kartoo	www. kartoo. com	Yahoo! News	http://news. yahoo. com
LookSmart	www. looksmart. com	**博客搜索引擎,RSS News Feeds,播客搜索引擎**	
Mamma	www. mamma. com	2RSS. com	www. 2rss. com
MetaCrawler	www. metacrawler. com	Blinkx	www. blinkx. com
Fazzle	www. fazzle. com	Bloglines	www. bloglines. com
Infonetware	www. infonetware. com	Blogsearchengine	www. blogsearchengine. com
RealTerm Search			
ProFusion	www. profusion. com	Bloogz	www. bloogz. com
Query Server	www. queryserver. com	Blogdex	http://blogdex. media. mit. edu
Search. com	www. search. com		
Surfwax	www. surfwax. com	Blogdigger	www. blogdigger. com
Vivismo	www. vivisimo. com	BlogStreet	www. blogstreet. com
Wakweb	www. wakweb. com	CompleteRSS	www. completerss. com
Web Brain	www. webbrain. com	Feedster	www. feedster. com
WebCrawler	www. webcrawler. com	KB Cafe	www. kbsearch. com
Yahoo!	www. yahoo. com	Kinja	http://kinja. com
Zapmeta	www. zapmeta. com	Technorati	www. technorati. com
Zworks	www. zworks. com	Memigo	www. memigo. com
网站名录和在线图书馆		Podcast Alley	www. podcastalley. com
About	www. about. com	Pluck	www. pluck. com
Answers. com	www. answers. com	Podcast Bunker	www. podcastbunker. com
Beaucoup	www. beaucoup. com	Waypath	www. waypath. com
Digital Librarian	www. digital-librarian. com/business. html	**杂志和期刊搜索引擎**	
		FindArticles. com	www. findarticles. com
Internet Public Library	www. ipl. org	Full Free Text (scholarly articles)	www. freefulltext. com
Librarians' Index to the Internet	http://lii. org		

在线数据库　通过提供研究项目所需要的报纸、杂志和期刊等资源,从而帮助克服搜索引擎的第三个缺点。出版商的网站通常要求订阅才能获得除当期之外的出版物(有时你还需要付费才能获得存档文章)。商业数据库需要订阅才能浏览全文。除了这些以报纸和期刊为内容的数据库外,其他像 Hoover's(www. hoovers. com) 和 OneSource's CorpTech(www. corptech. com)这样的专门

数据库也会提供成千上万家企业的详细信息。你可以从美通社(www. prnewswire. com)和美国商业资讯(www. businesswire. com)中免费获得企业发布的新闻。

随着搜索引擎、集成搜索引擎和数据库的数量不断增多以及搜索方法不断更新,如何使用它们就成为一种挑战,没有两个搜索工具的运作方式是完全一样的。在输入问题之前,确保知道搜索工具需要你提供什么。如果使用关键词搜索,那么这个引擎或数据库就会找出包含你输入的全部文字的页面。逻辑搜索允许你进行更精确的搜索,比如使用"AND"(搜索结果必须包括由"AND"连接的两个关键词)、"OR"(包括其中一个或同时包括两个关键词)或"NOT"(忽略掉包含"NOT"后面的词的结果)等运算符。逻辑搜索的其他功能还包括搜索和关键词相近的词或是用通配符拼写相近的词。与关键词和逻辑搜索不同,自然语言搜索让你使用日常语言来搜索。近来,像Yahoo!、Google和AllTheWeb这样的搜索引擎使用了基于表格的搜索,它可以帮助你通过在线填写指定的变量如日期范围、语言、互联网域名甚至文件和媒体类型到表格中来进行更有力的查询。⑥

为了更好地使用搜索引擎或数据库,记住以下几点:

- **阅读说明**。没有一个统一的说明能适应所有的搜索工具,所以要利用"帮助"页面去了解如何最有效率地使用特定的搜索工具。

- **注意细节**。细节不同结果也不同。例如,大多数搜索引擎都把大写字母的AND作为逻辑搜索的运算符去搜索包含由AND连接的关键词的网页和条目。相反,许多搜索引擎不会把小写的and和其他基本词汇(被称为分割词)作为关键词,因为它们太平常了,在每个网页和数据库条目中都会出现。同样,不同的搜索引擎和数据库解释问号和星号的方法也不同。这也要求你仔细阅读帮助页面的说明。

- **仔细复查搜索和显示选项**。确保在提交搜索前已经复查了所有选项设置。例如,一些文献数据库仅仅对文章标题进行搜索,除非你特别要求它也对文章内容进行搜索,这种差别会对结果产生很大的影响。当搜索结果显示出来时,注意顺序:可以按照日期、相关性和其他标准进行排列。

- **使用不同的关键词**。如果找不到你要找的东西,尝试使用缩略词(CEO、CPA),同义词(男人、男性),相关词(孩子、年轻人、青年),不同的拼写方式(dialog、dialogue),单复数形式(woman、women),名词和形容词(管理、管理的),以及分开和合并形式(online、on line、on-line)。

- **如果有必要,调整搜索范围**。如果没有什么搜索结果,你可以通过减少关键词来扩大搜索范围。反之,如果找到的网页太多,也可以通过输入更多关键词来缩小范围。

同样,我们可以利用搜索工具所提供的自动搜索功能,例如有新文章时可以通过电子邮件来提醒,有新网页内容可以通过RSS来进行阅读。像NewsGator (www. newsgator. com)和NewzCrawler(www. newzcrawler. com)这样的新闻聚合器可以使你在成千上万的网站、博客和新闻组中订阅特定的信息频道。⑦

记录资料来源 记录在写作中用到的第二手资源可以起到三个作用:以一种得体的和有道德的方式来感谢原始资料创造者,使受众感觉到你充分地支持了你的信息,给希望进一步探究你的

---

⑥ AllTheWeb. com advanced search page [accessed 27 August 2005] www. alltheweb. com; Google advanced search page [accessed 27 August 2005] www. google. com; Yahoo! advanced search page [accessed 27 August 2005] www. yahoo. com.

⑦ NewsGator website [accessed 24 August 2005] www. newsgator, com; NewzCrawler website [accessed 24 August 20051 www. newzcrawler. com.

研究主题的读者带来帮助。如果你在一个大公司工作，详细的记录就显得尤为重要。你的报告可能在写作好几年后还被同事所使用，这些人不会总有机会亲自向你询问更多信息。一定要学会使用文字处理器中的资料来源记录工具。微软 Word 工具可以自动追踪和计算尾注。你可以利用"引文目录"来创建一个所用参考文献的书目。随着计算机科技的发展，你还可以关注其他能帮你成为一名有效搜索者的工具。像微软的 OneNote 可以随时随地帮助你收集和处理获得的一些重要信息（比如从会议、网页或是电子邮件中）。[8]

你可以通过脚注、尾注或一些相似的系统来记录资料来源。不论你使用什么方法，对资料来源的记录都是必要的，这些资料来源包括书籍、文章、图表、表格、歌词、台词、信件和演讲等，即任何从别人那里获得的东西，包括重述或概述的想法和信息。当然对那些读者通常知道的常识和专业知识你可以不必表明来源，例如微软是一个大的软件公司，电脑在商业运作中是普遍使用的东西，等等。

版权法（包括公平使用原则，只要不妨碍版权所有者从作品中获得利润，就可以限制性地使用有版权的资料）可能会是一个复杂的问题，所以当你对要使用的材料存在任何疑问时，最好先去公司的法律部门咨询一下。

进行第一手资料调查 如果第二手资料调查不能提供你所需要的信息与观点，你的下一个选择就是从第一手资料调查中自己收集信息。最常用的两个第一手资料调查方法就是调查和访谈（其他第一手调查技术包括在特殊情况下的观察和实验，比如市场测试，但这在日常的商业调查中并不经常使用）。

进行调查 只有当调查是可靠的（如果重做会有同样的结果）和有效的（测量了应该测量的东西）时，这样的调查才会提供有价值的观点。为了避免在设计和执行中出错，可以考虑请一位调查专家来进行重要的调查。最常见的两个错误分别来自于样本——被选来参与调查的人，以及调查的问题。

当选择要参与调查的人时，最重要的任务是从涉及的全体人群中找出一个有代表性的样本。例如你想知道美国消费者对某些事情的看法，你不能随便在商场里找些人调查，然后就认为这些观点代表了所有人。不同的消费者在一天中的不同时段或一周中的不同时间购物，一些消费者购物的时间没有规律，还有一些消费者不会停下来回答调查者的问题。你现在看到的网上调查都存在着"样本偏差"：它们仅仅获得了那些浏览该网站并且愿意参与活动的人们的想法，不一定是代表全部人群的样本。一本好的调查手册可以帮助你选择正确的调查人群，包括选择足够的人进行统计上有效的调查。[9]

为了制作有效的调查问卷，就要从你在调查开始时确定的信息缺口优先次序开始，然后把它们细分成特定的问题，选择恰当的问题类型（图 10-5 给出了调查问题的不同形式）。以下这些建议可以帮你得出有效且可靠的结果：[10]

- **提供清楚的说明。**回答者需要知道如何填写调查问卷。
- **不要询问人们记不住的信息。**例如"你去年去了多少次食杂店？"这样的问题就会产生不可靠的答案。

---

[8] "Top 10 Benefits of OneNote 2003," Microsoft website [accessed 21 June 2004] www.microsoft.com.

[9] A. B. Blankenship and George Edward Breen, *State of the Art Marketing Research*, (Chicago: NTC Business Books, 1993), 136.

[10] Naresh K. Malhotra, *Basic Marketing Research* (Upper Saddle River, N.J.: Prentice-Hall, 2002), 314—317; "How to Design and Conduct a Study," *Credit Union Magazine*, October 1983, 36—46.

问题类型	例子
开放式	你觉得这种冰淇淋的味道如何？
二选一	你认为这种冰淇淋是不是太腻了？ ____ 是 ____ 不是
多项选择	哪一种描述最符合冰淇淋的味道？（单选） a. 好吃 b. 果味太重 c. 太甜 d. 味太重 e. 没味 f. 不新鲜
量表	请在量表上标出一个X 来表示你所感觉到的冰淇淋的味道 ←————————————————→ 太清淡　　清淡　　有奶油味　　奶油味太重
打勾	你知道哪些冰淇淋品牌？（可多选） ____ Ben & Jerry's ____ Breyers ____ Carvel ____ Dreyers ____ Häagen-Dazs
排列	把你喜欢的口味从1（最喜欢的）到5（最不喜欢的）排列: ____ 香草 ____ 樱桃 ____ 草莓 ____ 巧克力 ____ 花生
简答	在过去两周里，你从食杂店买过多少次冰淇淋？ ________ 在过去两周里，你从冰淇淋专卖店买过多少次冰淇淋？ ________

图 10-5　调查问题的类型

- **尽量使问卷调查简短且便于回答**。不要设计一些较难回答的问题,不要期待别人会花费十到十五分钟的时间去完成问卷。
- **尽可能将问题格式设计得使答案便于分析**。例如,数据和事实比观点更容易归纳。
- **避免提出一些可能使调查带有偏见的问题**。如果你问:"为了方便客户,你希望我们晚上也营业吗?"那么毫无疑问,答案是"是。"你应该问:"你平时在一天中的哪个时间段购物?"
- **不要提出模棱两可的问题**。如果你问:"您经常在商场购物吗?"一些人可能会把"经常"理解为每天,而另一些人会认为是每周一次或每月一次。
- **一次只问一个问题**。例如"你读书和杂志吗?"这样的复合型问题就没有考虑到那些只阅读其中一种的回答者。

互联网现已成为大多数研究者首选的调查方式,许多公司现在也提供网上调查服务。[11] 相对于传统的信件和面对面调查技术,网上调查通常制作更为快速,执行更为简便,分析更为快捷,总体花费更少。网络的交互性可以改进任何种类的调查,从简单的民意调查到复杂的购买模拟。但是网上调查和其他调查一样需要谨慎,包括防止样本偏差。[12]

进行访谈 直接从一名专家那里得到有深度的信息是收集一手信息的较好办法。尽管访谈较为简单,但我们也需要仔细地计划一下,以便更好地利用别人的时间,获得最好的结果。计划一个访谈和计划其他形式的沟通是一样的。首先要分析一下调查的目的,了解对方,组织中心思想,然后决定访谈的长短、风格和组织形式。

你得到的答案受问题的类型、提问的方式和被访者的文化及语言背景的影响。其他潜在的重要影响因素还包括被访者的种族、性别、年龄、受教育水平和社会地位等。所以,在设定问题之前,要先了解被调查对象。[13]

问一些**开放式问题(open-ended questions)**,请专家提供一些想法、观点和信息,像"对这条生产线来说,你为什么认为南美比欧洲拥有更多的机会?"记住,尽管开放式问题能够获得重要的信息,但是在访谈过程中,不太好控制这个过程。有些人可能仅仅用十秒来回答一个问题,而另一些人则要十分钟,所以计划要具有灵活性。

问一些**封闭式问题(closed questions)**,得出具体回答,如"是"或"不是"。然而,在访谈过程中涵盖过多的封闭式问题会使访谈过程变得像是一个简单的调查,不能充分利用访谈的优势。所以,当你提出一个会有直接性答案的问题时,比如"你认为我们应该扩大在南美的分销吗?",要仔细探寻专家答案背后的原因。

仔细思考问题的顺序和被访者可能的回答,以便能安排好问题的顺序来获得不同层面的信息。另外记得在访谈前一两天给被访者一份问题清单,尤其是与你想在写作中引用被访者的话,或者问题需要被访者作调查或仔细思考时。如果想对访谈进行录音,那么需要事先征询被访者的意见,并尊重他或她的决定。

文档修改

改进这份报告

练习实际修改文档的草稿,请登录在线课程或密码保护网站"辅助网站"。点击"文档修改",然后点击第 10 章。你会看到一份告知性报告,包括了与本章所学"商务报告和建议书的计划"相关的问题和错误。使用"最终稿"选项修改这份个人行动报告。检查报告,使其结构合理、标题正确、内容恰当、使用正面和非歧视性语言,并且使用了换位思考。

---

⑪ American Marketing Association [accessed 14 December 2003] www.marketingpower.com.

⑫ Karen J. Bannan, "Companies Save Time, Money with Online Surveys," *B to B*, 9 June 2003, 1+; Allen Hogg, "Online Research Overview," American Marketing Association website [accessed 15 December 2003] www.marketingpower.com.

⑬ Morreale and Bovée, *Excellence in Public Speaking*, 177.

访谈结束后,尽快写下你的想法,看一下你的笔记,组织材料。寻找一些重要主题、有用事实、统计数据和直接的引用。如果作了录音,那么把被访者所说的话逐字记录下来,或听录音做笔记,就像现场听人讲话一样。

面对面的访谈使你有机会看到被访者对问题的反应,以及伴随回答的非语言信号。但是访谈也不一定非得面对面进行。现在电子邮件访谈也很流行。部分原因可能是给被访者一个机会去全面思考他们的回答,而不是匆忙回答以适应面对面访谈的时间限制。[14] 对于某些专家来说,电子邮件访谈可能也是接近他们的唯一方法。

访谈中的一些提示问题参见“要点检查:进行有效的信息访谈”。

要点检查

进行有效的信息访谈

- ✓ 了解你要访谈的人。
- ✓ 组织中心思想,确保有效突出重点。
- ✓ 选择访谈的时间长短、风格和组织形式。
- ✓ 选择问题类型以便获得你想要的具体信息。
- ✓ 仔细设计每个问题来收集有用的回答。
- ✓ 限制提问的问题数量。
- ✓ 如果被访者同意,可以对访谈录音。
- ✓ 访谈结束后,马上浏览笔记。

10.2.3 使用调查结果

一旦已经收集了第二手和原始的信息,下一步任务就是把它改编成你需要的内容。对于简单的项目,你可以直接在报告、演说或其他应用中使用。但是,如果收集了大量的信息或是原始数据,那么你就需要在使用前仔细加工一下。加工过程包括:数据分析,引用、重写或概述材料,下结论和提建议。

分析数据 商业调查经常会产生一些数字型数据——从销售额、人口统计到问卷调查答案。这些数字本身可能不会给你和受众提供所需要的建议。销售额是上升了还是下降了?有多少百分比的被调查雇员不满意现在的工作,想要跳槽?这些是决策制定者制定好的商业决策所需要的观点。

即使没有先进的统计技术,也可以用简单的数学方法从调查数据中提取有力的观点。表10-5展示了一些有效的数学方法。比如,**均值(mean)**被大多数人称为“平均数”(average)是一组中所有项之和除以项数。**中值(median)**即“中途”,或一系列项的中点,上下都有相同数量的项。**众数**

[14] Morreale and Bovée, *Excellence in Public Speaking*, 182.

(**mode**)是在样本中出现次数最多的那个值,它是像“通常数值是多少?”这类问题的最好答案。这三个指标能告诉你一系列数据中的不同方面。

表 10-5　三种数据指标:均值、中值和众数

销售人员	销售额(美元)	
Wilson	3 000	
Green	5 000	
Carrick	6 000	
Wimper	7 000	均值
Keeble	7 500	中值
Kemble	8 500	众数
O'Toole	8 500	众数
Mannix	8 500	众数
Caruso	9 000	
合计	63 000	

寻找**趋势**(**trends**)也是很有帮助的,也就是在过去一段时间内经常出现的模式,包括增长、下降和在它们之间出现的循环趋势。趋势分析在商业调查中是很常见的一种方法。通过观察一段时间内的数据,可以发现一些模式和关系,有助于回答重要的问题。此外,调查者还经常利用**交叉表格**(**cross-tabulation**)来探求数据子集之间的关系。例如,要想找出销售额上升或下降的原因,需要分别看一下不同年龄、性别、地点和产品种类的销售数据。

当处理数据时,要清楚地认识到数据的处理过程很容易出错,尤其是使用电子制表软件和其他计算机工具时。在与同事一起分享这些结果之前,一定要对电子制表软件计算出来的结果反复检查以确保其准确性,同时还要回过头去对全部数据浏览一遍。就你对被访者的了解来看,这些数据合理吗?你是否做了无意义的数据比较?你仔细研究过这些数据吗?商务受众喜欢清晰的数字;你的责任就是向其提供可靠的数据。

引用、重写和概述信息　你可以采用三种方式来使用第二手资料中的信息。引用(quoting)就是原封不动地使用找到的资料,同时用引号标注出来(对较短的篇幅)或者是直接抽出一段(对较长的篇幅)。当原始语言更能加强你的论证或转述篇章会降低影响时,就可以直接引用。但是,不要长篇引用,否则会给人把各种风格拼凑起来的感觉,让人觉得你所做的就是把别人的作品拼到一起。

你在应用第二手资料的时候可能要最大化其影响,用你自己的语言和行文结构对其进行重写(paraphrasing)。[15] 重写时使用受众熟悉的词汇能够帮助你保持语气语调的一致。当然,在重写时仍旧要说明信息来源,但是不需要使用引号或缩进段落。

---

[15] Lynn Quitman Troyka, *Simon & Schuster Handbook for Writers*, 6th ed., (Upper Saddle River, NJ: Simon & Schuster, 2002), 481.

可以通过掌握以下技巧来进行有效的重写:[16]

- 重复阅读原始材料直到完全理解其含义为止。
- 用笔记卡片或电子格式来记录你的重写内容。
- 应用受众熟悉的语言。
- 比较你的重写内容与原文,确定你没有改变原文的含义。
- 用引号来标注任何从原文中照搬的词和短语。
- 表明资料来源(包括页码),以保证在报告中引用这些资料的时候适当地表达谢意。

概述(summarizing)与重写类似,但是概述要用比原文简短的语言来表述原文的要点。有效的概述要保持原文的中心思想和关键点,但是略去其大部分细节、例子及其他对受众来说不重要的信息。与引用和重写一样,概述也要和原文保持一致性。概述不是件很容易的事情,而且受众会通过概述来判断你从非重点细节中提炼重点的能力。识别中心思想及关键点,并把它们从细节、例子和其他支持性论据中提炼出来,如表 10-6 所示。一切以受众为中心,突出那些对分配项目或将会阅读报告的人来说重要的信息。

表 10-6　有效地总结

原始材料	长概述	短概述
去年我们的设备成本失控。以 23% 的上涨水平远远高出企业的其他成本类别,比波特兰主要城市区域商业固定资产平均增值的 4% 高出好几倍。这可能由多种原因造成,其中最主要的因素包括维修(主要是市区工作场所的电气和结构问题)、能耗(大多数工作场所都靠电气驱动,其价格远比石油、天然气等价格增长快得多)以及两类出租损失(过去五年中,这些租金可以减少成本的总体影响)。 **中心思想** 主要支持观点 细节	**去年我们的设备成本暴涨 23%**,远远高于企业的其他成本类别,比波特兰主要城市区域商业固定资产平均增值的 4% 高出好几倍。主要因素包括维修、能耗以及两类出租损失。	**去年我们的设备成本暴涨 23%**,主要归因于持续增高的维修和能耗成本,以及租金损失。

当然,上述三种方法都要注意道德规范问题。当直接引用时,注意不要因为选择性地引用和脱离上下文引用而改变材料的原始内涵。千万不要**剽窃(plagiarism)**——把别人的观点据为己有。

下结论　结论是你在报告中对事实和其他信息所作的逻辑性总结。一个成熟的结论不仅应具有逻辑性还应该是从报告信息中获得的,也就是说它应该是基于报告中的信息,而不是基于非报告中的信息。此外,如果你或你所代表的组织有某些偏见影响了你的结论,从遵守道德规范来说,你有义务让受众得知缘由。

基于现有的材料来下结论,是你在商业活动中需要掌握的一个重要技巧。事实上,能看出

⑯ "How to Paraphrase Effectively: 6 Steps to Follow," Researchpaper. com [accessed 26 October 1998] www. researchpaper. com/writing_center/ 30. html.

别人看不出的模式和可能性是创新性商业领导的一个特点。因此，请认真对待这个部分。你可以扮演“魔鬼代言人”的角色，从一个受众的角度来给你的结论找毛病，这样你的结论就可以经受严格的审查。

提建议　一个结论可以对信息进行解释，一个建议则可以告诉你怎样处理信息。结论和建议的区别可以从下面的例子中看出来：

结论	建议
基于它的记录和现在的价格，我认为这个公司是一个有吸引力的收购对象。	我建议我们可以给董事会写一封信发出收购要约，以10%的股票溢价来购买这个公司。

如果最后需要把结论转化成建议，记住要把它们之间的关系弄清楚。要具有可信度，建议必须基于逻辑分析和成熟的结论之上。对于那些需要将你的建议付诸行动的人来说，这些建议必须是实用并且可以接受的。最后，当提出建议时，确定你已充分描述了接下来的步骤。不要让你的读者接受建议之后要揣摩该怎么做。

10.3　告知性报告的计划

告知性报告可以提供给雇员、管理者和其他人作决定、采取措施及对组织内外的动态情况做出回应所需要的反馈。尽管这些报告会以各种格式出现，它们可以分为以下四种类型：

- **监测和控制执行的报告**。管理者需要大量的报告来了解公司的运行状况。计划能够为将来的行为建立一些期望和指导方针。最重要的是商务计划，它能够概述一个被提议的商业风险投资，沟通企业目标，强调管理层如何达到这些目标，解释怎样说服客户去购买公司的产品或服务（参见“职业技能提升：制作有效的商务计划”）。许多商务计划实际上是告知性报告（描述市场情况），分析性报告（分析威胁和机会并提出具体措施）和建议书（说服投资者把钱投到公司里来获得公司的股份）的结合体。执行报告对组织的功能，包括销售情况、存货、开支和运输等进行反馈。个人行为报告就个人在销售电话、行业会议、市场调研出差等方面的个人经验提供信息。

职业技能提升

制作有效的商务计划

你有机会写的最重要的报告就是给一个新公司写商务计划。一份完整的商务计划会迫使你去思考人事、营销、设施、供应商、分销以及其他对你的成功有帮助的一系列事情。如果公司一开始是小规模的，并且使用自己的资金经营，你的商务计划可能是非正式的。但是至少应该描述公司的基本理念，具体目的、目标以及资源要求。一份正式的适合银行或投资者使用的商务计划应该包括以下这些方面：

- **概要**。用一两页概述公司的理念，描述产品或服务以及它们的市场潜能，突出公司以及所有者的一些能使其在竞争中脱颖而出的特色之处。概述融资计划以及投资者可以通过投资获得的回报。确定需要多少资金投资于哪些方面。

- **任务和目的**。在采取下一步措施前，解释公司的目的和所要完成的任务。确认这是一项让你充满热情、不畏困难、一定要实现的任务。
- **公司和行业**。介绍风险投资的来源和结构的全部背景信息以及行业特征。
- **产品或服务**。对产品或服务进行一个完整而简明的描述，重点描述产品或服务的独特性。说明顾客从你的产品或服务中能够获得哪些他们在你的竞争对手那里得不到的利益。
- **市场和竞争**。提供数据来说服投资者，让他们知道你了解目标市场，且能够实现销售目标。要了解竞争者的优缺点。
- **管理层**。概述公司主要管理人员的背景和资历。在附录中加上他们的简历。
- **营销策略**。做出销售和市场份额预测，列举识别和接触消费者、定价、向消费者提供服务、做广告等一系列策略。如果可能，把消费者认可的证据也包括在内，如产品预购订单。
- **设计和发展计划**。如果产品需要设计或完善，你要描述都需要做哪些事情，以及它们的本质和程度，还包括花费和可能出现的问题。
- **执行计划**。提供所需设施、设备和人力信息。
- **整体进度**。按照公司主体业务的完成情况，对公司发展进行预测。
- **主要风险和问题**。找出所有负面因素，并如实进行讨论。
- **财务预测和需求**。包括启动和运作成本的预算，还包括收入、支出和前三年现金流的预测。识别公司的财务需求和潜在资源。
- **退出策略**。向投资者解释如果投资失败，将如何收回资金或卖掉投资。比如通过公开股票发行、公司转让，或是投资者利润回购。

一份完整的商务计划需要大量的工作。但是按照这些方面的思路来思考，你会在将来的工作中更容易起步和获得更大的成功机会。

职业应用

1. 为什么在商务计划中识别关键风险和问题很重要？
2. 许多专家建议你应该亲自写商务计划，而不是找个顾问帮你写。为什么说这是个好注意？

- **执行政策和程序的报告**。报告是最常见的传递政策方针、批准的程序和其他组织决定的工具。政策报告可以是对商业程序的简单描述，也可以是几十页或上百页的手册。意见书概述了组织对影响公司成功的重要事务的官方意见。
- **证明合规性的报告**。公司需要提交不同的合规报告，从纳税申报到处理危险原材料的报告。
- **记录进展的报告**。主管、投资者和客户都希望能经常得知项目和其他活动的进程。进展报告可以是简单的像备忘录那样的更新材料，也可以是综合性的现状报告。

图 10-6 中展示了三个主要报告类别下的子报告类别，并附有例子。在你的职业生涯中将有可能写这些报告。

在很多情况下，直接法是写作告知性报告的最好选择，因为你只是简单地传递信息。但是，如果信息是令人失望的，那么最好选择间接法来传达坏消息，如工程延期、预算超支等。总之，让报

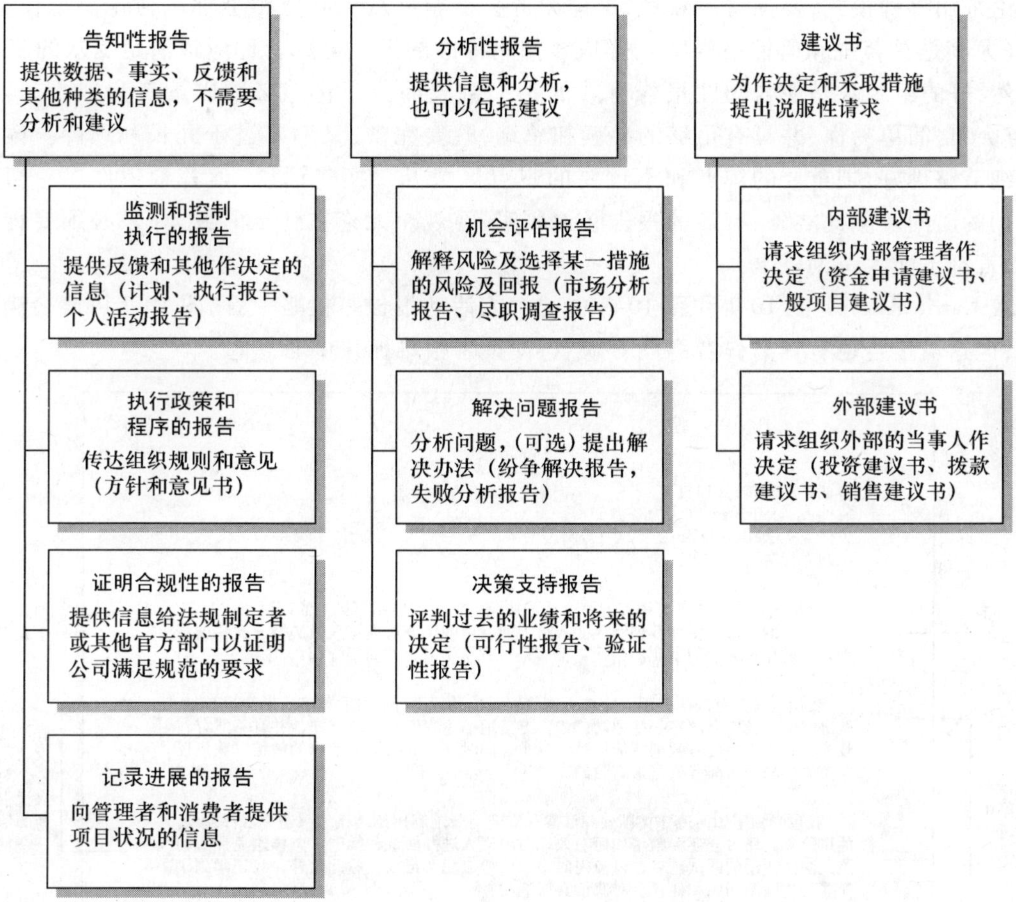

图 10-6　报告和建议书的不同性质

告内容决定写作的结构。许多告知性报告采用**主题结构(topical organization)**,用以下方式安排内容:

- **比较**。如果需要对比两个或更多的事物的相同点和不同点(或者优点和缺点),那么就需要以一种能让读者清楚地看出相同点和不同点的方法来组织报告。
- **重要性**。如果期望读者能够把整篇报告都读完,就应该从最不重要的部分讲起,如果期望读者仅仅是对所提到的重要部分感兴趣,那么就应该从最重要的部分讲起。
- **顺序**。任何按照一定顺序或先后步骤排列的信息都是顺序结构报告的好素材,可以按照它们发生的步骤和阶段来组织。
- **时间顺序**。当调查一系列的事件时,最好按照 1 月、2 月的发生顺序来组织研究。
- **空间方向**。如果要解释一个物体的工作原理或物理形状,应该按照从左到右(或在某些文化中是从右到左)、从上到下或从外到里的顺序描述,以大家最熟悉的顺序描述。
- **地理位置**。如果位置很重要,那么要按照地理位置,比如世界区域或城市区域来组织研究。
- **分类**。如果你被要求回顾一个主题的几个方面,要分门别类去做,如销售、利润、成本或投资。

无论采用哪种模式，要保持一致性，这样读者会很容易从头到尾跟上你的讨论。记住，在很多情况下(尤其是在合规和监控报告中)，你应该使用标准的组织方式。你应该清楚受众的需求。

当然，好的组织只是使告知性报告有效的一个组成部分。它们必须以读者为中心，具有逻辑性，重点突出，简单易懂，并具有足够的导读和总结，既要完整，又不要过于冗长和琐碎。读者希望你能把细节整理好，把重要的观点和不重要的观点区分开。换句话说，读者希望你尽一切可能来节省他们的时间。除此之外，有效的报告必须属实、客观。无论在什么时候，如果必须要传递负面信息，语言都不能太苛刻。

比较 Carrie Andrew 图 10-7 和图 10-8 中的个人活动报告。粗略一看，图 10-7 可能会满足读者的需求，但这篇报告也有背离作者意图等缺点，使读者很难抓住中心思想。

备忘录

日期：2006年3月14日
收件人：Jeff Black和人力资源职员
发件人：Carrie Andrews　Ca
主题：招聘和雇佣研讨会

上星期，我参加了美国管理协会关于招聘、筛选和雇用新员工的研讨会。我有足够有用的信息去更新我们网上的人事手册，可能还要对面试人员进行一次快速培训，以避免过去我们所犯的错误。下面是对我所学内容的简要介绍。

我们应该避免法律错误，应该更有效地对应聘者进行面试和筛选，并更准确地做出评价。我们应该写一些招聘广告，准确地描述我们的职位空缺，并且不能存在歧视。我们需要更有效地将简历进行分类，同时注意寻找虚假信息的破绽。我们还应该关注哪种岗前考试是最有效的。

我也学到了如何遵守美国残障法案和安全有效地利用招聘代理（避免法律纠纷的风险）。研讨会还涵盖了如何有效地对申请人进行面试和筛选，怎样避免让我们陷入法律纠纷的面试题目，以及何时、如何检查犯罪记录。除此之外，我还学到了哪些药物检测问题和建议会对我们有影响。

正如你们看到的，这次研讨会提到了很多重要的信息。我一共参加了六个会议，收集到了我们所需要的有用信息。基本原则我们已经掌握了，但是，一些具体的建议和法律概念还是应该加强一下。在四天的会议中，我参加了三次研讨会的聚餐活动，在那里我得知在常规会议中学到的知识的一些具体应用。除了那里游轮式的美味食物，我对得到的信息也感到很惊奇。那里的食物太棒了。

更新人事手册需要几周的时间，但是我们最近没有雇佣计划。如果你需要任何信息，请和我联系。每个人都需要好好回顾一下来提高自己。此外，我们有很多新信息，这些信息可能会影响我们对面试团队成员的培训。

请用电子邮件与我联系或顺便来访商讨这件事。

- 没有说明Andrews为什么参加研讨会
- 加入了不适宜的个人主张和评价
- 没有帮助读者把注意力集中到重点上
- 应用连续段落，没有用项目符号，对于读者来说很难识别新的信息
- 没有把相关材料展示出来，这些材料对读者来说是有意义和有用的
- 在一些非重点行为上浪费时间，比如在研究会期间将会举行多少场会议，午餐是什么

图 10-7　无效的告知性报告

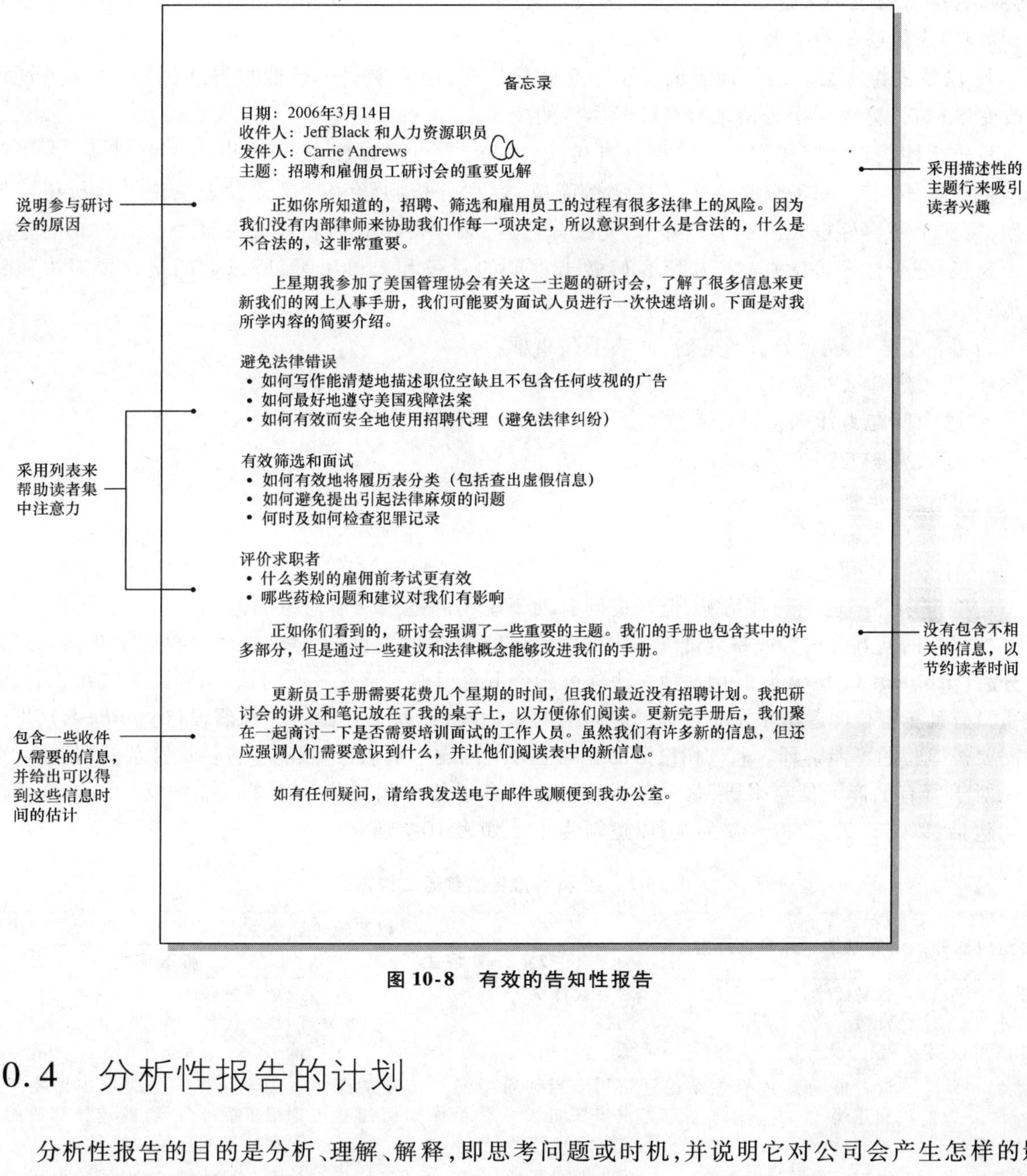
备忘录

日期：2006年3月14日
收件人：Jeff Black 和人力资源职员
发件人：Carrie Andrews Ca
主题：招聘和雇佣员工研讨会的重要见解

正如你所知道的，招聘、筛选和雇用员工的过程有很多法律上的风险。因为我们没有内部律师来协助我们作每一项决定，所以意识到什么是合法的，什么是不合法的，这非常重要。

上星期我参加了美国管理协会有关这一主题的研讨会，了解了很多信息来更新我们的网上人事手册，我们可能要为面试人员进行一次快速培训。下面是对我所学内容的简要介绍。

避免法律错误
- 如何写作能清楚地描述职位空缺且不包含任何歧视的广告
- 如何最好地遵守美国残障法案
- 如何有效而安全地使用招聘代理（避免法律纠纷）

有效筛选和面试
- 如何有效地将履历表分类（包括查出虚假信息）
- 如何避免提出引起法律麻烦的问题
- 何时及如何检查犯罪记录

评价求职者
- 什么类别的雇佣前考试更有效
- 哪些药检问题和建议对我们有影响

正如你们看到的，研讨会强调了一些重要的主题。我们的手册也包含其中的许多部分，但是通过一些建议和法律概念能够改进我们的手册。

更新员工手册需要花费几个星期的时间，但我们最近没有招聘计划。我把研讨会的讲义和笔记放在了我的桌子上，以方便你们阅读。更新完手册后，我们聚在一起商讨一下是否需要培训面试的工作人员。虽然我们有许多新的信息，但还应强调人们需要意识到什么，并让他们阅读表中的新信息。

如有任何疑问，请给我发送电子邮件或顺便到我办公室。

图 10-8　有效的告知性报告

10.4　分析性报告的计划

分析性报告的目的是分析、理解、解释，即思考问题或时机，并说明它对公司会产生怎样的影响及公司应该怎样回应。许多情况下，鉴于你的分析也该提出一些建议。如在图 10-6 中看到的，分析性报告分为三大类：

- **机会评估报告**。每个商业机会都存在一定风险，同时要利用这个机会还需要各种决策和行动。你可以通过分析性报告来评价风险和应做出的决策和行动。例如，市场分析报告用来判断新产品的状况。尽职调查报告考察的是拟议决策的财务状况，例如收购另一家公司。
- **解决问题报告**。当管理人员想要知道经营状况不佳的原因，以及如何改善状况的时候，他们会布置撰写纷争解决报告。作为纷争解决报告的一种变体,失败分析报告研究的是过去发生的事,希望将来能够不犯类似的错误。

- **决策支持报告**。当管理者想要探究意见分歧时,会要求写可行性报告。例如,在加工过程中改变原材料,验证性报告用来解释已经实行的决策。

写分析性报告比写告知性报告更具有挑战性,有三个原因:理由的说服力、写作能力、由说服而产生的责任。第一,不仅是传送信息那么简单,你在分析问题和时机并发表结论。分析得不够透彻,写作水平再好也无济于事。第二,完成分析后,必须使用有力和具有说服力的形式来表达想法。第三,分析性报告常常需要说服人们做出重要的财务和人事决策,所以你的报告要对决策结果负责。

为了在报告中说明分析的问题,回答下列事项:

- 要决定什么?
- 这个问题为什么重要?
- 涉及哪些人?
- 问题出在哪里?
- 问题产生的原因是什么?
- 什么时候开始的?

这些事项并不适合每种情况,但是提问有助于说明问题及缩小讨论的范围。

把感知的问题分解为一系列试着找出前因后果的逻辑相关的子问题,这个过程通常叫做**问题因子分解(problem factoring)**。用这种方法你可能会下意识地了解大多数问题,识别因果关系,而因果关系又有助于定位问题的根源。当你推测问题的原因时,你就是在做出一种**假设(hypothesis)**,即一种需要被检验的可能解释。通过在论据的基础上分解问题形成假设,就能够应付最复杂的情况。

对于所有的商务信息来讲,每个分析性报告最合适的结构要依据读者可能的反应。三个基本结构包括:以结论为主,以建议为主,以逻辑为主。如表 10-7 所示。

表 10-7　分析性报告的普通结构方式

组成部分	以结论或建议为主	以逻辑论证为主	
		2+2=4 模式	标准模式
读者	容易接受	敌意或怀疑	敌意或怀疑
方法	直接	间接	间接
作者可信度	高	低	低
优点	读者能快速地抓住结论和建议	适用于当你希望通过清晰的逻辑步骤向读者展示你如何建立这些观点的情况	适用于当在一个决定中需要考虑很多标准,所有的选择都要用同样的标准衡量的情况
缺点	结构使主题过于简单	报告变得冗长	读者必须认同这个标准;由于每个选择都要用各个标准衡量使得报告篇幅过长

以结论为主　当一些读者希望你来分析或者相信你的判断时,他们可能乐于接受你的观点。为这样的读者写报告的时候,考虑使用直接法并以结论为主。这种报告能快速切入主题,但也有一些弊端。即使读者信任你的判断,他们也会对你的资料或方法产生疑问。更重要的是,以结论

为开头,会给人一种简单化的印象。为了让读者有机会去探究结论背后的思考过程,你需要用可靠的论据和推理过程来证明观点。

Cynthia Zolonka 在得克萨斯州休斯敦一家银行的人力资源部工作,她们打算聘请一家公司对其进行员工培训,在做好准备工作一年后,她被派去作评估调查。她说:“将培训项目外包,对整个公司来说的确是个艰难且存有争议的决策。一些人认为它不会有任何好处,也有一些人认为它会节省开支但会影响培训质量。我认真地分析了数据,得出的结论是建立在客观资料的基础上,而不是我个人的想法。”

图 10-9 是 Zolonka 的报告提纲,她的分析表明外包培训非常成功,她采用结论作为开头,并且以清晰的论据来支持结论。接受这个结论的人可以不用再往下读了,想了解更多内容的人也可以继续阅读。

质量改进评估

Ⅰ. 引言

[以项目是成功的为结论开头]

Ⅱ. 结论: 外包培训减少了成本并提高了质量

[以两方面证据来支持结论]

Ⅲ. 成本的减少

A. 第一年减少的成本比预期的还多15%，达到22%

B. 实际减少22%

C. 重新分配了三名过去作全职培训的人员

D. 减少了检查培训所占用的管理时间

E. 出售了用来培训的闲置电脑

Ⅳ. 质量的提高

A. 雇员对10个关键技能领域中的7个都更有信心

B. 可测量的错误减少了12%

[以强调还需要改进的领域作为报告结尾]

Ⅴ. 需提高的领域

A. 三个技能领域需要提高

B. 对两名培训人员的认可度低于80%

C. 外部培训人员意识不到公司内部的问题

D. 在课程的日程安排上缺少灵活性

Ⅵ. 总结

图 10-9　以结论为主的调查报告的初步提纲

以建议为主　当读者想要知道在某种情境下该做些什么时,一种略微有些不同的方法会更有用。在很多情况下,你会被要求解决问题或评估机会,而不只是研究它。你希望读者采取的行动成为了报告的主要内容。

当撰写建议报告时,与结论报告一样使用直接法。接着通过五个步骤展开建议。

1. 在引言中简要介绍问题或时机,建立采取行动的需要。

2. 介绍如果意见被采纳会带来的好处及存在的风险。

3. 列出为获得好处需采取的步骤(建议),使用行为动词以示强调。

4. 充分地介绍每个步骤,详细地介绍过程、成本和收益;如有必要,也可以解释如何使风险最小化。

5. 概述建议。

以逻辑论证为主 当读者对你的结论和建议存有疑问或敌意时，应该使用间接法来逐步地引出结论和建议。如果你沿着一条合理的路径将读者引向答案，当他们看到答案时就会更容易接受。最普通的逻辑方法是 2+2=4 法和标准法。

2+2=4 法 **2+2=4 法（2+2=4 approach）**命名的由来是因为它把所有要说明的东西加在一起来阐述观点。提纲中的主要观点就是结论和建议之后的理由。在分析过程中，用搜集的论据来支持观点。由于它的自然性和多样性，2+2=4 法是在为那些怀有疑问的读者写分析报告时最有效、最有说服力的方法，因此可以先试着用这种结构。你将发现你的论证会很自然地形成这一模式。

作为新罕布什尔州一家体育用品公司的国内销售部经理，Binh Phan 对公司面向其最大客户的销售能力十分担忧。他的老板，营销副总裁也有同样的担忧，于是让 Phan 分析现在的情况并提出解决方案。正如 Phan 说的，“我们把体育用品卖给全国的零售连锁店。像 Sports Authority 这样的全国性大型连锁商店已经使整个行业发生了剧变，但是我们对这样的大客户并没有像对那些严格在本地或区域内经营的小客户那样取得同样的成功。随着整个行业越来越多地控制在大型连锁商店手中，我们知道有必要改善现在的状况了。”

图 10-10 是 Phan 解决问题的报告，主题是公司该为主要客户建立独立的销售团队，而不是通

备忘录

日期：2006年9月12日
收件人：Robert Mendoza，营销副总裁
发件人：Binh Phan，国内销售经理 BP
主题：主要客户销售问题

（明确报告是谁要求写的、何时要求的以及是由谁撰写的）

正如你在8月20日要求的，这篇报告概述了我就最近主要客户销售额下降以及几个大客户对销售和服务不满增加问题的调查结果。

过去的四个季度，主要客户的销售额下降了12%，而总销售额上升了7%。同时，我们都注意到抱怨的增加，不管是正式的还是非正式的。大客户感到同我们交易变得既复杂又令人困扰。

（强调问题的重要性）

（解释如何收集分析所用的信息）

我的调查从与四个区域销售经理的深度讨论开始，先是小组讨论，然后个人访谈。从会议一开始我就觉察到的紧张气氛最终在单独访谈中浮出了水面。每个区域的员工都认为其他区域在把本不属于他们的订单记入账中，只有一个区域辛苦跑腿，却看着别人拿走订单、酬金和定额绩分。

通过与各区的几个销售代表私下谈话和互通电子邮件，我进行了后续调查。几乎每个与主要大客户打过交道的人都有话要说。没有人对这样的情形感到乐观，我认为一些销售员正因为销售过程的困难而避开了主要客户。

主要客户的销售额下降和抱怨增加来源于两个因素：(1) 销售团队组织；(2) 酬金政策。

组织问题

（在Phan的2+2=4法中，组织问题就是第一个“2”）

（描述第一个问题并解释它是怎样发生的，没有责怪任何人）

去年我们把国内销售团队划分为四个地理区域，这种做法的目的在于集中销售力量并明确对当前和潜在客户的责任。区域经理对他们的市场领域有了充分的了解，且销售量的增加也一度超过了我们的最高期望。

然而，一个问题解决了，新问题又出现。在过去的12—18个月内，几个地区客户已发展为全国性的规模，一些零售商也接受了（或表示了对我们产品的兴趣）我们的产品。因此，现在的销售额和未来的机遇的一大部分都与大的全国性客户息息相关。

我发现十几个这样的案例，几个区域的销售代表正为了赢得不同地区的同一个客户展开相互竞争。更重要的是，区域性组织也是造成主要客户抱怨覆盖范围重叠或空缺的直接原因。有的时候是客户不确定如有问题和订单该找哪个销售代表，也有的时候是几个月不能同销售代表取得联系。

图 10-10 使用 2+2=4 法的分析性报告

2

通过用特例补充一般性的描述充分说明第一个问题

例如，在更低一级市场上拥有销售网络的AmeriSport接受我们西部、南部和东部地区销售员的产品。因为区域办公室拥有许多谈判自由，所以这三个地区开出不同的价格。但是，所有AmeriSport的购买决定都是由位于Tampa的总部做出的，所以我们的行为令客户很迷茫。我们正在为国内的大客户提供最薄弱的销售和支持力量，这是对目前组织状况的讽刺。

酬金问题

在Phan的2+2=4法中，酬金问题就是第二个“2”

在讨论第二个问题时，保持一种平行的结构以减轻读者负担：一般性描述加一个特例

区域性组织问题同我们分配酬金和定额绩分的方式交织在一起。销售人员为了赢得一单交易投入大量的时间，但结果却是被另外一个地区拿到订单。所以第二个地区的销售员能够拿到第一个地区销售员的部分甚至全部酬金。因此，有时销售员考虑到另一个地区会得到酬金，就不会在本地区争取领先业绩。

例如，Athletic Express拥有跨越四个地区35个州的零售商店，最终因为对我们感到很困惑，他们的总裁给我们公司总部打了电话。Athletic Express打算下一个网球和高尔夫配件的大订单，但是销售员却没有对这件事加以重视。我同一位公司总部负责Nashvile地区的销售员谈话，问她为什么工作没有积极性，她解释说，在与Athletic Express上次合作中，最后订单却被L.A.地区得到，销售两星期后她没有拿到任何酬金。

建议

Phan对2+2=4法的结论是：组织问题+酬金问题＝对一个新销售结构的需求

我们的销售组织应该能够反映客户基础的特性。为了完成这一目标，我们需要一批能自由争取跨区域客户的销售员，并给他们合理的补偿。最明智的选择就是建立全国性的主要客户团队。任何不只在一个地区下订单的客户都会自动地归到全国性团队。

解释新的组织结构将怎样解决两个问题

承认建议的解决方法会带来赔偿的新问题，但是表达了对解决方法最终肯定会成功的信心

除了解决销售力量相互竞争的问题之外，因为地区销售员不再投入时间到全国性客户团队的工作中，新的结构也将极大地消除酬金分歧问题。然而，我们需要找到公平的方式弥补那些因为全国性团队而失去长期客户的销售员。一些销售员为了发展在未来持续创造销售额的良好客户关系，花费了几年的时间，同我交谈过的每个人都同意给这些销售员一定的补偿。这样的“转变酬金”也能激发各地销售员帮助确保一个销售团队转变为另一个的顺利过渡。准确的补偿方式还需各个销售经理共同制定。

3

小结

巧妙地总结了问题和建议的解决方案

区域性销售组织在区域和地区层面上都十分有效，但在全国性的层面上却无效。我们应建立全国性的销售团队来应对跨区域的销售问题，接着派一部分销售员主管地区和区域的销售，另一部分负责全国性客户。

补偿失去客户的区域销售员，需要设立某种报酬来弥补其用在发展客户上的时间。这些还需要在新结构建立之后由销售经理进一步讨论。

图 10-10(续)

过公司的四个区域分部为其提供服务。然而 Phan 知道他的计划会遭到反对，因为它会使公司组织产生很大变动，销售员薪酬也要发生变动。他的想法必须通俗易懂，因此他使用了 2 + 2 = 4 法。

标准法 当需要使用许多准则来决定从众多可能性中选择哪个时，**标准法（yardstick approach）**可能就很有用。在标准法中，你要先讨论问题或机会，接下来列出用于得出结论标准。报告的主体部分再运用这些标准对众多选择进行评估，图 10-11 是标准法可行性报告的框架，其中应用了五个准则来评估两个可选择项。J. C. Hartley 是 Sacramento 公司的市场分析专家，这家公司生产农牧场灌溉用具，这篇报告就是由他提供的。“因为我们在农业市场上取得了如此大的成功，所以我们已经开始没有那么多的客户可以发展了”，Hartley 说，“为了保持公司蒸蒸日上，我们需要开辟另一个市场。两个明确的选择就是商业建筑和住宅，但我们在作决定之前必须认真评估。”

中心思想：应该开辟商业灌溉设备市场，而不是住宅市场。

Ⅰ. 引言
Ⅱ. 进入新市场的准则
  A. 规模和发展
  B. 利润潜力
  C. 竞争能力
  D. 分销成本和机会
  E. 与当前能力相符
Ⅲ. 灌溉设备发展趋势
  A. 水资源的短缺导致对高效率灌溉设备的需求
  B. 劳动力成本推动自动化的发展
  C. 更多房主尝试DIY项目
Ⅳ. 新市场机会的比较
  A. 商业景观设计者和房主
    1. 规模和发展
    2. 利润潜力
    3. 竞争能力
    4. 分销成本和机会
    5. 与当前能力相符
  B. 住宅景观设计者和房主
    1. 规模和发展
    2. 利润潜力
    3. 竞争能力
    4. 分销成本和机会
    5. 与当前能力相符
Ⅴ. 建议
  A. 进入商业市场
    1. 选择试验市场
    2. 从试验市场中汲取经验并完善方法
    3. 在全国范围内开展产品市场
  B. 此时不要试图进入住宅市场

建立评估过程中将要用到的五项准则（标准和规则）；这些准则是标准法的“准绳”

把当前市场变化趋势相关的重要背景信息呈现给读者

根据五项准则对两个选择分别进行评估

在根据准则进行判断的基础上，推荐其中一个选择

图 10-11 使用标准法的分析性报告的提纲

标准法有两个潜在的缺点。第一，读者需要认同分析中所使用的标准，如果不认同，也就不会同意评估的结果。如果你对他们的认同存在任何怀疑，那么在写报告前应尽可能先达成共识，或注意去解释为什么在这种情况下你使用的这种标准是最好的。第二，当考虑很多选择或标准并加

以比较时,标准法可能会令人有些厌烦。将这种重复最小化的一个方法就是在图表里比较选择,接着在正文中突出每个选择更特别或更重要的方面,这样就两全其美了。这种方法可以让你用同一标准将众多选择进行比较,同时能够让人们注意到它们之间的明显不同。

10.5　建议书的计划

建议书的详细方式数不胜数,但主要分为两大类:内部建议书要求机构内部的管理人员做出决定,例如购买新设备或启动新调查项目;外部建议书要求机构外部的人做出决定,包括:投资建议书,请求外部投资者投入资金;拨款建议书,请求政府和其他赞助机构提供资金;销售建议书,为潜在客户提供个别建议并请求其做出购买决策。

计划建议书最重要的因素是:接受者是否让你提交建议。*请求建议书*(solicited proposals)通常是按照购买产品或服务的人的要求准备,也可能是按照内部人员如经理、董事会的要求准备。一些外部人会准备正式的竞标邀请函,叫做**"需求建议书(request for proposals,RFP)"**,包括准确叙述工作项目类型或运送产品的说明以及预算、期限和其他要求。例如美国国家航空航天局(NASA)要发送卫星,需准备需求建议书详细说明卫星即将完成什么任务,还要把需求建议书发给几家航天公司邀请他们进行投标。各公司要准备能满足 NASA 需求的建议书。大多数情况下,发布需求建议书的机构也应在需求建议书中提供严格的准则,为了能被考虑,你需要严格遵守这些准则。需求建议书可能看起来很挑剔,因为它甚至规定了纸张的规格,但你必须服从每一个细节要求。

非请求建议书(unsolicited proposals)更具有灵活性,但它面临着完全不同的挑战,因为接收者并没有预期到会收到它。事实上,读者可能不会意识到你表明的问题或时机,所以在提出一项解决方案时,首先要让读者意识到它们的存在。因此,间接法通常是非请求建议书明智的选择。

不管格式和结构怎样,一份好的建议书能说明一个项目或行动过程包括的内容、花销,以及接收人及其机构如何从中获益等。在 Shandel Cohen's 关于全自动电子邮件回复系统的内部建议书中,你能看到所有这些元素。这个系统会代替每当有潜在顾客要求了解相关信息时邮寄印刷小册子的劳动密集型过程,如图 10-12 所示。

Cohen 在中西部的一家个人电脑制造商的市场营销部门客户反馈科任经理一职。她的科室负责发送客户和路区销售人员要求的产品信息。Cohen 观察到当新产品问世时对信息的需求会增加,产品成熟后需求会减少,这种需求量的波动引起科室工作量的突然变动。

"有时我们要应付繁重的工作,有时我们无所事事,但我不想进入先雇用再解雇的循环中。"Cohen 如是说。Cohen 对升级或取代产品时弃置的大量印刷材料也感到忧虑。

Cohen 在内部建议书中向管理人员提到,希望能安装全自动电子邮件回复系统。因为公司制造电脑,所以她相信老板不会反对以电脑为基础的方案。另外,利润也是大家所担心的问题,她的报告强调了这个建议的财务价值。报告中描述了问题、解决方案、对公司的利益及估算成本。

备忘录

日期：2006年7月8日
收件人：Jamie Engle
发件人：Shandel Cohen
主题：全自动电子邮件回复系统每年节省145 000美元

在主题行中就给出引人注目的承诺以吸引读者注意力

问题：
回复消费者信息请求的成本高效率低

我们的新产品受到了很好的认可，订单已超出了预计。然而这样的成就也制造了一些问题：印刷小册子数量不足，客户反馈中心花费了太多的时间。当我们介绍升级产品和新的选择时，我们印刷的材料很快就过时了。如果我们想继续依靠印刷材料给客户发送信息，有两个选择：发送现有材料(即使它们不够完整或不够准确)，或弃置现有材料并印刷新材料。

描述当前状况，并解释为什么要修正这一状况

解决方案：
全自动电子邮件回复系统

解释解决建议的细节以使人信服，同时又没有给读者造成额外的负担

对现在的电子邮件系统进行很小的改动，我们就能建立全自动电子邮件回复系统，这个系统能够节省时间和开销，并保持信息的现时性。

全自动电子邮件回复系统经过试验证明效率很高。许多公司已经开始使用这种方法来回复客户的信息请求，所以我们不必担心它的技术问题。使用这个系统很简单。客户只需发送空白的信息到特定的电子邮件地址，系统就会通过发送小册子的电子版来回复信息。

优点#1：最新最快的消息

列出有吸引力的利益，建立读者对解决建议的兴趣

不必弃置和印刷新材料，我们仅仅需要把最新的文件传到服务器上。只要一有产品升级或新的选择我们就会把最新最准确的消息提供给客户和我们的路区销售部门。

优点#2：快捷的发送

几乎在发送请求信息后客户就会马上收到回复信息。电子发送对国际客户特别有利。常规的远距离邮寄需要几个星期才能到达，这样信息可能早已过时了。客户和路区销售人员都会交口称赞全自动电子邮件回复系统。

优点#3：将浪费最小化

大量使用印刷版营销材料的做法，使我们每年要弃置上千页的废目录、数据表和其他材料，用电子技术来储存和发送信息消除了浪费，同时也腾出更多储存印刷材料的地面空间和货架。

图 10-12 Shandel Cohen 的内部建议书

工作进行时

解决丰田赛昂的沟通困境

你过去在一个市场调查公司工作。这个公司曾经为布赖恩·博兰恩及其同事在赛昂品牌方面提了不少点子。你的调查技巧和与不同受众沟通复杂事件的能力给布赖恩留下了深刻的印象。他邀请你加入赛昂团队担任市场分析员，你欣然接受了这一机会。现在你有机会把你的调查和写作技巧应用到这个汽车营销的挑战中。

1. 你认为拥有此车是个不错的想法。经过全力促销，赛昂成为面向年轻人的品牌，购买者的平均年龄大约30岁。此款车的独特造型、低廉价格与良好性能的结合也吸引了60岁以上年龄的

2

当然，一些消费者还是喜欢印刷的材料，或者无法使用电子邮件。对这些消费者我们就可以把材料打印出来。中央服务大楼新安装的Xerox DocuColor是小量打印高质量材料的理想打印机。

利益#4：降低加班费用

承认新方法存在着潜在的缺陷，但同时给出令人信服的解决办法

除了节省纸张和空间，我们还意识到可以节省很多工资。因为越来越多的人对我们的产品感兴趣，我们必须持续加班加点工作，或雇用新员工来满足这种要求。一个全自动邮件回复系统可以解决这一问题。我们不用变动员工队伍就可以应对这种兴趣的变动。

成本分析

这种必要的设施和软件大概要花费15 000美元。每年在维护和更新上大概要花费5 000美元。但是这些花费可以通过每年节省下来的钱相抵消。

印刷	100 000美元
储存	25 000美元
邮资	5 000美元
工资	20 000美元
总计	150 000美元

详细列出节约的成本，以支持主题中提出的每年145 000美元的承诺

根据以上数字，这个系统在第一年可以节省130 000美元，以后每年可以节省145 000美元。

结论

总结所有利益点，并提请进一步的讨论

全自动邮件回复系统既可以让客户满意，又可以在节省成本方面带来好处。如果你同意，我们可以在6周内安装并使用。有任何问题请给我打电话。

图 10-12(续)

消费者。当然，热切的顾客并不是一个大问题，但你认为丰田的确需要决定是把赛昂打造成年轻人的品牌，还是顺应潮流，把它打造成别的什么。基于那些年纪较大的消费者对赛昂品牌的公众知觉产生的影响，你在计划写一份未来几年这个品牌发展方向的分析报告。考虑到年纪较大的赛昂消费者的增长数量，看看下面各项关于调查目的的陈述哪个更好。

a. 找出赛昂不受年轻人欢迎的原因，以及让年纪较大的消费者对它不再感兴趣的方法。

b. 赛昂品牌的真正意义被削弱的原因；如果年轻的消费者看到他们的父辈及祖父辈们开着赛昂，他们会不会放弃这个品牌？

c. 去调查年纪较大的消费者购买赛昂对公众知觉的影响；如果有必要，提出营销策略的改变。

d. 调查年纪较大的购买者购买赛昂对其品牌的影响。

2. 作为一个年轻的品牌并不意味着赛昂只把促销沟通的重点放在年轻人身上。从哈雷—戴维森(Harley-Davidson)摩托车到冒险旅游套餐，吸引年轻人的产品和活动同样也能引起年纪较大的消费者的兴趣。但是，如果赛昂真正能够跨越年龄的界限，那么丰田只是把重点放在年轻人身上(比如为了吸引年轻人的注意力资助他们开演唱会)就会限制品牌的发展。在你决定是否要改

变营销策略前，你要知道美国消费者是怎样看待这一品牌的。下面哪一个是最好的收集数据的方法？

a. 对经过仔细挑选的美国居民样本进行电话调查。

b. 访谈十几位研究消费者心理的专家，看看他们是怎样看待赛昂对年轻人的吸引。他们看上去比消费者自身更了解消费者对这一品牌的反应。

c. 每月都有成千上万的人浏览赛昂网页，为什么不利用这个来收集数据呢？让网页设计者在主页上增加一些调查问题。为了保证回复率，想要浏览汽车说明和其他内容的访客必须要先回答这个问题才能登陆该网页。

d. 赛昂经销商整天都和消费者打交道，可以让销售代表从那些拜访经销商的消费者中收集数据。

3. 你的调查揭示了一些意想不到的问题。

- 消费者对赛昂品牌的认识远远不局限于其核心受众——年轻人，各个年龄阶层的消费者对它都有一定的了解。
- 很多 30 岁及 30 岁以上的消费者并不是从赛昂本身的沟通活动中了解这一品牌，而是从他们的儿辈甚至孙辈的口中听说这一品牌的。
- 大概一半 40 岁及 40 岁以上的消费者不知道赛昂是作为一个年轻品牌被推出的。55% 接受调查的人喜欢它的外形、质量和价格。
- 喜欢赛昂的消费者知道它是丰田的一个品牌，不是新汽车公司的品牌。
- 18—29 岁接受调查的一小部分年轻人不喜欢这个市场上推销的品牌，15% 的人认为“广告就是广告”，赛昂所做的一切对他们没有什么影响。

基于上述发现，你决定向博兰恩建议，赛昂应该扩大它的市场范围，而不仅仅只局限于年轻的消费者，不是躲避，而是应该加强和丰田公司的联系。根据这个调查，你认为只要有新鲜的、有趣的、实用的替代品来替代高价位的 SUV 和其他汽车，随着消费者范围的扩大，赛昂会取得更大的成功。虽然你对你的分析很自信，但是如果采纳你的意见，就需要对赛昂的营销策略进行巨大的改变。在你的报告中，哪一种行文结构是最好的选择？

b. 使用 2 + 2 = 4 法，同时加上调查中所阐述的原因，一起去说明更广泛的营销策略可以增加销售量。

c. 使用标准法。通过不同家庭的收入、对丰田品牌的态度以及近期购买新车的计划几项标准，来评估五个层次的市场（年龄在 20—29 岁、30—39 岁、40—49 岁、50—59 岁、60—69 岁）。

d. 先提出结论，在附录中列出调查结果。博兰恩是一个很忙的人，他没有时间去浏览所有的数据。

e. 通过策划能够体现新市场营销策略的广告来展示你的能力。不去写报告，而仅仅是在你的办公室中张贴广告图片，并邀请博兰恩去评论它们。

4. 你的调查可以包括以下开放性的问题：“如果你能够让赛昂投产，你希望是什么样的车型？”你会很惊奇地发现，一半接受调查的人都会说他们喜欢小型货车，不是托运杂物和建筑砂石的庞然大物，而是小型的、可以用来托运搭帐篷的工具、自行车或其他娱乐工具的小型货车。你越想越觉得这个主意不错。但是你需要怎样撰写报告以说服博兰恩和赛昂品牌的其他管理人员生产这种小型货车呢？因为并没有人让你去提有关新产品的建议，你应该怎样把你的文件和调查报告分开交呢？

a. 没有人会喜欢乏味的报告。因此你可以通过图片的方式，向博兰恩或其他管理人员展示微型货车的基本尺寸和形状。一旦他们看到图片，他们一定会很感兴趣。

b. 使用直接法。事实上你的报告标题就应该是“赛昂应该生产微型货车”。

c. 使用间接法。首先讨论调查报告中提到的关于微型货车的想法；然后解释这种车在赛昂家族中非常适合；最后详细描述这种货车，让这些管理人员去讨论研发这种微型货车的可能性。

d. 使用间接法。首先讨论调查报告中提到的关于微型货车的想法；然后解释这种车在赛昂家族中非常适合。要知道高层管理人员决策时，不喜欢别人指手画脚。你可以故意不把产品描述得非常清楚，不要试图劝说他们采取更进一步的动作。如果你引导他们自己决定产品的创意，那么他们会对该创意有更强烈的拥有感，以后也会为此项决定提供更多的支持。

学习目标检查

通过阅读每个学习目标和完成相关练习来评估你对本章要点的掌握情况。填空题，写出空白处缺少的文字；单项选择题，在正确答案的字母上打钩。

目标10.1：应用三步写作法写作报告和建议书。

1. 为什么在写长篇报告之前要清晰地阐明目的？
   a. 清晰的目的陈述可以帮助避免过多的修改。
   b. 清晰的目的陈述可以提供一个向报告布置者说明计划的机会。
   c. 清晰的目的陈述可以帮助搜索有用信息来完成计划的调查。
   d. 以上都是重要因素。

2. 当准备一项工作计划时，如何界定这一计划的范围？
   a. 所谓范围，就是你的调查研究和接下来的报告所要提到的东西，你会讨论限定范围内的所有重要的主题，同时忽略那些不在此范围之内的主题。
   b. 范围指的是细节的程度，就像显微镜和望远镜所能提供不同的细节程度那样。
   c. 范围指的是你会在这个计划上花费的时间。
   d. 以上都错。

目标10.2：区分告知性报告、分析性报告和建议书。

3. ________报告主要传递事实、数字以及其他类型的信息，不提出建议也不提出新的解决办法。

4. ________报告评估一种状况或问题，提出相应的建议。

5. ________提供有组织的说服性信息，能够鼓励读者自己去采取行动。

目标10.3：描述进行商业调查的有效程序。

6. 下列哪一项是研究计划的第一步？
   a. 评价第二手资料调查，分析是否能够使用早期的调查结果。
   b. 通过电话初步调查来分析调查问题的范围。
   c. 对已有数据进行全面的统计分析。
   d. 通过对主题的了解，找出信息缺口和调查优先次序。

7. 在下列数字中:14、37、44、44、44、74、76、88、93、100、112
   a. 均值是 66
   b. 中值是 74
   c. 众数是 44
   d. 以上都对

目标 10.4:界定第一手资料调查和第二手资料调查并解释适用时机。

8. 第一次进行的调查叫做________调查。
9. 在其他项目中已经开展、而被应用到新的项目中的调查叫做________调查。
10. 第二手资料调查是
   a. 通常在第一手资料调查之前使用
   b. 通常在第一手资料调查之后使用
   c. 通常和第一手资料调查同时使用
   d. 是第一手资料调查的别名

目标 10.5:指出评价信息来源可信度的九个标准。

11. 为什么网上找到的信息应用起来要格外小心?
   a. 大多数网上信息都是错误的。
   b. 如果你使用网上找到的信息可能会被起诉。
   c. 网上的资源通常缺乏事实的考证,高质量资源通常存在于传统的印刷材料中。
   d. 网上的信息通常带有计算机病毒。
12. 为什么了解信息来源的初始目的非常重要?
   a. 了解这些目的可以帮助避免一些潜在的偏见。
   b. 在参考书目中需要列举这些目的。
   c. 这些目的告诉你该资料是否受版权保护。
   d. 这些目的告诉你是否需要支付使用费。
13. 如果你发现了对你公司来说十分重要的信息(可以使公司兴旺或破产),并且来源可信、公正、适时、完整且记录良好,但这是这一信息的唯一来源,你如何在报告中处理这种情况?
   a. 像使用其他信息那样使用它。
   b. 使用,并在报告中清晰地说明来源。
   c. 使用,并在报告中清晰地说明这是信息的唯一来源,你无法引用其他的资料来证明它。
   d. 不使用。

目标 10.6:提供开展有效的网上调查的五个准则。

14. 为什么全面了解独立搜索引擎、网页目录、数据库或其他基于计算机的调查工具的使用说明很重要?
   a. 如果你不能正确使用这些工具,可能会面临罚款。
   b. 如果你不知道如何使用,绝大多数工具就不会呈现搜索结果。
   c. 使用工具却不知道其工作原理,会产生不可预测或误导的结果。
   d. 现在的搜索工具使用起来非常简单,你不需要了解其细节。
15. 如果你使用搜索引擎进行第一次查找,但一无所获,你应该怎么做?
   a. 用更少的关键词再尝试一遍(这样会扩大你的搜索范围)。
   b. 用更少的关键词再尝试一遍(这样会缩小你的搜索范围)。
   c. 用更多的关键词再尝试一遍(这样会扩大你的搜索范围)。
   d. 用更多的关键词再尝试一遍(这样会缩小你的搜索范围)。

目标 10.7:概述计划和进行信息访谈的有效流程。

16. 对访谈进行录音,
   a. 不管被访者同意与否,只要合理就可以。
   b. 未经被访者同意,不能进行。

c. 如果你仔细倾听,这样只会浪费时间。

d. 什么时候都是个好主意,因为这意味着你在访谈中不需要集中注意力。

目标 10.8:解释拟概述、下结论、提建议的区别。

17. ________是一个或几个文件、调查结果或其他信息的简略版,它过滤掉了一些细节,仅仅提出最重要的想法。

18. ________是对找到的信息的分析(对事实的解释)。

19. ________是对应该采取的行动的想法(基于理由和逻辑)。

目标 10.9:讨论组织分析性报告的三种主要方法。

20. 如果你在商界一直很成功,被别人所关注,那么你应该采用哪两种报告组织模式?

a. 以结论或建议为主

b. 以结论和纷争解决为主

c. 以逻辑或分析为主

d. 以原因和逻辑为主

21. 如果需要让读者理解你得出结论和建议的原因,那么你应该以________为主。

知识应用

1. 当你在商务报告中使用来源于网络的信息时为什么必须非常小心?

2. 为什么需要评估在调查中所提出的信息来源?

3. 如果要给不了解你的读者写一份报告,你是使用以建议为主的直接法还是使用以逻辑为主的间接法?为什么?

4. 为什么非请求建议书比请求建议书更具有挑战性?

5. **伦理选择**。公司偶尔也会不小心犯泄漏机密信息的错误,比如雇员丢失的笔记本电脑里有重要的数据文件,或者网络负责人忘了对搜索引擎目录保护一些机密的网页。如果你在网上搜索时碰巧打开了竞争对手原本应该是比较机密的网页,你该怎么办?解释你的回答。

知识实践

文档分析

美国证券交易委员会(SEC)要求所有上市公司都要制作电子版的全面年度报告(10-K表)。许多公司都在自己的网站上把自己的年度报告链接和其他公司的链接放在一起。访问戴尔的网站 www. dell. com,就可以找到这个公司最近的年度报告:10-K 和年度回顾(点击主页上的“关于戴尔”,然后点击“投资者”链接项)。对比两个报告的风格和格式。年度回顾主要是针对哪些读者?除了 SEC,还有谁会对 10-K 年度报告感兴趣?你找到的哪一个报告更容易阅读?更有趣?更详细?

练习

本章讨论到的所有网站都能在本书的网站 www. prenhall. com/thill 上找到链接。找到书名并点击“辅助网站”链接，然后选择第10章，并点击“特色网站”，选定与文中内容有关的页面名称或URL。请注意本书出版后失效的链接将从“特色网站”中删除。

10.1 **了解商务报告和建议书：公司是怎样使用报告的。**访谈一些你想进入的行业的从业人员，问他们一些关于他们收到的或准备的书面报告的问题。这些报告和决策过程有什么联系？谁会读他们准备的报告？把你的发现大略写下来交给老师并准备在课堂上和其他人讨论。

10.2 **了解商务报告和建议书：报告的分类。**使用本章提出的信息，指出下面每个例子中的报告类型，除此之外，还要写一小段概述，解释读者可能会是什么样的人，使用何种数据，结论和建议是否恰当。

a. 有关过去五年里某一大城市暴力犯罪的统计研究。

b. 一份种子公司提交的报告，指出它的玉米种子会给农民带来的利益。

c. 由检测部门提交的关于评价不同种类非处方药品的报告。

d. 由旅游销售人员在周末提交的旅游报告。

e. 一份关于怎样把一块45公顷未开发的土地变成一个工业基地的报告。

f. 一份将要提交给公司股东的年度报告。

g. 一份由美国国家公园野生动物主管提交给华盛顿特区总部的报告，报告中说明了加利福尼亚秃鹫（一种濒临绝迹的物种）的现状。

h. 一份刚刚完成拘捕任务的警察的报告。

10.3 **告知性报告：个人行为报告。**假设你是Nortel（一个加拿大电信公司）的校园招聘经理，每天四名招聘人员每人都要面试十一名大四毕业生，你决定使用怎样的个人行为报告去跟踪这些面试的结果？列出你希望这些招聘人员报告的内容，然后解释这些内容将怎样更有效地帮助你（及招聘人员）管理面试过程。

10.4 **了解主题：子问题。**你的老板想要你去调查关于特许经营的事情。实际上，他想购买一些地铁的特许经营权，他需要这方面的资料。你可以登录www.amazon.com，输入搜索关键词“特许经营权”，找一些这方面的书籍，通过阅读这些书的评论和使用“书内搜索”的方法来获取信息。

a. 使用信息去列出你想知道的问题清单，以便缩小搜索范围。

b. 写下你要买给老板的三本书的名字。

c. 这个网站能给你的调查带来什么帮助？

10.5 **寻找第二手信息。**使用网上数据库和印刷资料来找出下列信息（提示：见图10-3主要商业来源）。（提示：从表10-3“主要商业资源”开始。）

a. 美国管理协会的联系信息。

b. 不同职业的男性和女性周工资的中值。

c. Perrier矿泉水现有的市场份额。

d. 办公室零售供应商的绩效比率。

e. 惠普的年度股票业绩。

f. 美国特许经营商店的数量。

g. 美国不同职业劳动者的构成。

10.6 **寻找信息：公司信息。**选择任何一家上市公司，找出下列信息：

a. 这家公司现任领导的名字。

b. 列出这家公司的产品和服务清单（如果这家公司生产大量的产品，只列出它的产品线）。

c. 公司所在行业现存的问题。

d. 对公司所在行业的展望。

10.7 **寻找信息：第二手信息。**你觉得购买其他网站上的条幅广告来吸引更多的人去登录你们公司的网站是个不错的注意。但是你担心成本问题，以及进行条幅广告有效性测试将会遇到的困难。所以你决定找一些第二手数据。你可以使用图书馆中的数据库，找出能在这个问题上提供帮助的三个数据来源。

10.8 **寻找信息:搜索技巧**。分析最近学校或单位布置给你的搜索任务。你是怎样接触到调查目标的?你主要是依靠第一手资料还是第二手资料?现在已经学习了本章,你能说出两种提高搜索技巧的方法吗?简单解释一下。

10.9 **寻找信息:调查**。你为一个电影制片厂工作,这个制片厂正在制作一位年轻导演的第一部影片,是关于一群不知名的音乐家经过奋斗,最后闯出名堂的励志故事。但是你的一些朋友在离开放映会时说,他们认为 182 分钟的电影实在是太长了,还有一些人认为删掉哪一个镜头都是不可想象的。你的老板想通过一个问卷调查看看普通观众对这个电影的反应如何,来决定导演是否要对情节进行删减以及删减何处。现在你需要设计一个调查问卷,来根据观众的回答写成一份报告交给导演,看看怎样解决观众对电影反映的问题。

10.10 **寻找信息:访谈**。你在对公司另外一个部门的经理进行信息访谈。在访谈的过程中,这位经理明显表现出了不耐烦。你该怎么办?以后怎样防止此类事情再发生?解释你的答案。

10.11 **团队合作:评估资料来源**。分成几个小组,在网上找到一些能够提供商务信息的网站,像公司或行业新闻、动向、分析、事实或绩效数据等。用在"评估资料来源"中讨论过的标准来评估在网上找到的这些信息的可信度。

10.12 **信息加工:阅读和做笔记**。从某一商业杂志(如《商业周刊》、《财富》、《福布斯》、《快速公司》或《商业 2.0》)中选出一篇文章。通过阅读这篇文章找出主要观点,用不到 100 字概括文章大意,并用自己的话重述主要观点。

10.13 **分析数据:计算均值**。你的老板让你分析和报告你的部门近九个月销售额的均值。使用公司发票中的数据计算每个季度的均值和到目前为止的均值,然后讨论季度销售趋势。

1 月	24 600 美元	2 月	25 900 美元
3 月	23 000 美元	4 月	21 200 美元
5 月	24 600 美元	6 月	26 800 美元
7 月	29 900 美元	8 月	30 500 美元
9 月	26 600 美元		

10.14 **团队合作:非请求建议书**。分成几个小组,找出校园中存在的一些问题,比如注册、校内住宿、饮食服务、停车或图书馆服务等。找出一个可行的办法,然后写出你们团队需要搜集的相关信息,以及能使读者信服的、行之有效的解决办法。

10.15 **分析情况:陈述目的**。一家叫做 The Style Shop 的男士服装专营店第三个月的销售额下降了。你的老板不确定是因为经济不景气还是某个其他不明原因。她让你调查情况,并提交一份找出销售下降可能原因的报告。陈述报告的目的。

10.16 **组织报告:组织分析性报告**。三年前,你的公司(一家地毯制造商)给佐治亚州的工厂配备了现代化的生产工具,期待地毯需求会上升。但因为房屋市场的缩小,新地毯的需求上升缓慢,而公司在佐治亚和加利福尼亚的厂房面积过大。在调查基础之上,你建议应该关闭加利福尼亚的工厂。公司总裁 G. P. Lawrence 让你准备一份能够支持这项建议的验证性报告。以下是通过访谈两个工厂的负责人所得到的事实。

运营统计

- 佐治亚工厂:拥有更新的设备、更高的生产力,拥有 100 个非工会生产工人,年装运地毯 1 200 万美元,每小时基本工资 16 美元。
- 加利福尼亚工厂:拥有 80 个工会生产

工人,年装运地毯800万美元,每小时基本工资20美元。

财务启示

• 关掉加利福尼亚工厂可以节约的资金:(1)提高17%的生产力;(2)降低20%的劳动成本(每年的总成本节约将是100万美元,见假设);(3)每年节省12万美元的税收(佐治亚工厂具有更有利的税收环境)。

• 出售加利福尼亚Pomona地产:1952年以20万美元购进该地产,现在市场价值250万美元,纯利润超过100万美元(刨掉资本所得税)。

• 出售加利福尼亚厂房和机器:完全贬值,取得任何收益都是一场意外。

• 关闭加利福尼亚工厂的成本:一次性扣除的费用是25万美元(重置成本是10万美元,遣散费是15万美元)。

假设

• 把五名工人从加利福尼亚调到佐治亚。

• 在佐治亚雇用45名新工人。

• 解雇加利福尼亚的75名工人。

• 如果想和原来的生产量持平,佐治亚工厂共需要150名工人。

a. 你将用哪种方法来组织报告(以结论为主、以建议为主还是以逻辑论证为主)并提交给总裁?为什么?

b. 假设这个报告将被提交给工厂的管理人员和监督人员。你可能会进行怎样的修改?

c. 列出你从上述信息中得到的结论,并将其应用在报告中。

d. 使用在你给总裁提交的报告中所用的结构,起草一份带有一级、二级告知性标题的最终报告提纲。

知识拓展

从网络中学习更多

利用这一全日制图书馆

www.ipl.org

通过浏览网上公共图书馆来开始你的商业调查。登录参考中心获取网上参考资料,包括商业、经济、法律、政府、科学、技术、计算机、教育以及其他领域。你可以向IPL工作人员提交问题。

活动

登录参考中心,找出商业和经济的参考资料部分。点击"商业目录"然后执行下列任务:

1. 选出五个公司,使用提供的链接找到每个公司的联系信息(地址、电话、网址、办公室人员的姓名等)。在公司的网址上你能找到哪些联系信息?

2. 通过使用其中一种网页目录——商业调查者兴趣——来搜集美国的预算情况信息。为什么使用这样一个目录会是获得信息的有效方法?

3. 返回图书馆主参考中心,并点击参考。然后点击一些参考链接。如何利用这些链接来帮助你进行商业调查?

自己探究网络

自行访问以下与本章内容相关的网站,以提高调查技巧。

1. 一个商务计划应该包括哪些内容?BizPlanIt.com(www.bizplanit.com)能够提供一些窍门和建议、免费的E-mail通讯、商务计划的样本(点击"BizPlan资源",然后点击"有效商务计划"),你会发现一些建议,包括商务计划中所包含的细节和信息。

2. 通过以下职业的网站设计者所使用的

方法，学习怎样使你的网站更加可用和有用。登录“Usability First”(www. usabilityfirst. com)。

3. 如果你在搜索某个特定公司时遇到了困难，可以尝试 SuperPages(www. bigbook. com)，在那你可以找到 1 600 万个带有关键词、名称、地址的条目。

互动学习

互动学习向导

访问 www. prehall. com/thill，找到书名并点击“辅助网站”链接。选择第 10 章，使用互动的“每章测验”来测试你对本章概念的掌握情况。你会得到即时的反馈，知道你是否需要进一步的学习。同样，访问“学习大厅”，你将发现大量能帮助你完成此课程的资源。

最佳语法和结构

如果教师要求你使用在线课程或者 CD 上的“最佳语法和结构”，你可以通过使用这一模块来提高你的句号、问号和感叹号使用技巧。首先点击“句号、问号和感叹号”，选择进行“预先测试”来确定你是否有薄弱方面。然后在“复习课程”中复习这些方面。选择进行“跟进测试”来检查你对句号、问号和感叹号的掌握情况。如果想要更高的挑战或者进一步的练习，选择进行“高级测试”。最后，在接下来的“提高语法、结构和表达”部分中，完成练习以进一步巩固和加强。

提高语法、结构和表达

以下练习帮助你提高对英语语法、结构和表达的掌握和运用。在下面每组句子中，找到最佳选项，在其字母上打钩。

1. a. Dr. Eleanor H Hutton has requested information on TaskMasters, Inc. ?
   b. Dr. Eleanor H. Hutton has requested information on TaskMasters, Inc.
2. a. That qualifies us a rapidly growing new company, don't you think?
   b. That qualifies us as a rapidly growing new company, don't you think.
3. a. Our president is a C. P. A. On your behalf, I asked him why he started the firm.
   b. Our president is a CPA. On your behalf, I asked him why he started the firm.
4. a. Contact me at 1358 N. Parsons Ave. , Tulsa, OK 74204.
   b. Contact me at 1358 N. Parsons Ave, Tulsa, OK. 74204.
5. a. Jeb asked, “Why does he want to know! Maybe he plans to become a competitor. ”
   b. Jeb asked, “Why does he want to know? Maybe he plans to become a competior!”
6. a. The debt load fluctuates with the movement of the U. S. prime rate.
   b. The debt load fluctuates with the movement of the US prime rate.
7. a. Is consumer loyalty extinct? Yes and No!
   b. Is consumer loyalty extinct? Yes and No.
8. a. Will you please send us a check today so that we can settle your account.
   b. Will you please send us a check today so

that we can settle your account?

9. a. Will you be able to speak at the conference, or should we find someone else.

   b. Will you be able to speak at the conference, or should we find someone else?

10. a. So I ask you, "When will we admit defeat?" Never!

    b. So I ask you, "When will we admit defeat"? Never!

如果想找到更多的关于句号、问号和感叹号的练习，请登录 www. prehall. com/thill，找到书名并点击"辅助网站"链接，选择第 10 章，点击"提高语法、结构和表达的额外练习"，然后点击"17. 标点符号 B."。

第 11 章　报告和建议书的写作

学习目标

学完本章后，你将能够：

1. 解释写作报告和建议书的时候怎样适应受众
2. 列出一般在告知性报告和分析性报告的引言、正文和结尾中包含的主题
3. 列举有效报告内容的五个特征
4. 列举加强建议书论证的六个策略
5. 列出一般在建议书的引言、正文和结尾中包含的主题
6. 描述视觉效果给文件带来的沟通力量
7. 解释如何选择一些关键点来进行举例
8. 讨论能够提高报告的视觉效果质量的六个图表设计原则
9. 列举在报告或演讲中使用视觉效果之前要确定的三个特征

工作进行时

浩腾媒体的沟通

引导广告客户穿过迷宫般的当代媒体

你或许已经尝试过与家里的长辈或教授谈论那些他们从没有听说过的产品。你确信已经看了无数个关于这些产品的广告，你想知道"他们为什么就不知道呢"。向 Beth Uyenco 提出这个问题，她可以从两方面把谜底解开。首先，媒体在美国已经变得极端细分，跨越了电视（广播、有线和卫星）、收音机（AM、FM 和卫星）、网站、杂志、报纸、活动、时尚等数不清的一系列窗口。所以每年，两个有不同爱好和习惯的人使用同一种媒体的可能性变小了。其次，新技术使得广告代理商开发了有关受众及其媒体偏好的难以想象的特有知识。因此，这些代理商会越来越精确，可以在正确的时间、正确的地点推出正确的广告。

所有这些深刻见解后面的学问是非常复杂的。它依靠多种数据库、市场细分（通过年龄、性别、受教育情况、社会经济地位等），详细分析不同类型的消费者是何时、怎样同各种各样的媒体打交道的。一旦所有这些调查被完成和评估，它就能被清晰、合理地报道，以确保读者可以按信息行

动。Uyenco是媒体调查领域的超级明星，她是浩腾媒体（OMD Worldwide）的调查主管。浩腾媒体是一家为广告代理商和像戴尔电脑、联邦快递和百事可乐这样的客户提供媒体调查、计划和购买服务的一家公司。

Uyenco能够用她特有的清晰、简洁的语言来写作报告和发表演讲，在解释复杂工作的同时不会使她的读者感到困扰和害怕。《品牌周刊》（*Brandweek*）杂志甚至提名她为"2002年调查领域的媒体全明星"。当被问到如何处理报告时，她回答说："你可能是最棒的调查者，但是如果你不能使调查与业界相联系，满足计划者和媒体管理者面对的日常需求，或者解决客户面对的销售压力，你就变得无关紧要了。"①

www.omd.com

11.1 报告和建议书的构思

Beth Uyenco将会是第一个告诉你在一篇成功的报告和建议书的形成当中，写作步骤是如何重要。本章是建立在第5章学习的写作的技巧和想法基础上的，主要集中在写作较长信息格式需要特别关注的问题（见图11-1）。另外，还会介绍怎样制作有效的视觉效果，这对于很多报告和建议书都是非常重要的方面。

计划	写作	完成
	适应受众 了解受众的需求，可采用换位思考、礼貌、正面强调和非歧视性语言。通过建立可信度和树立企业形象构筑与受众的良好关系。使用适合当时情况的语气来控制风格。 **编写信息** 在报告的引言、正文和结尾部分，使用有力的词汇，帮助你写出有效的句子、连贯的段落。	

图11-1 报告和建议书三步写作法的第二步

与写作较短的信息一样，在你开始写作前，花几分钟来确定你是否已经准备好了适应受众的方法。

① Adapted from Mike Drexler, "Media Midlife Crisis: The Changes are Monumental," *Adweek*, 9 February 2004 [accessed 6 May 2004] www.highbeam.com; Kevin J. Delaney and Robert A. Guth, "Beep. Foosh. Buy Me. Pow." *Wall Street Journal*, 8 April 2004, B1, B7; Stuart Elliot, "Advertising," *New York Times*, 14 April 2004, C8; Ronald Grover, "Can Mad Ave. Make Zap-Proof Ads?" *Business Week*, 2 February 2004, 36; Richard Linnett and Wayne Friedman, "OMD Plans Strategy to Challenge Upfront," *Advertising Age*, 23 June 2003, 1; Katy Bachman, "Research: Beth Uyenco," *Brandweek*, 9 December 2003, SR24; Kate Fitzgerald, "Communication Architects," *Advertising Age*, 5 August 2002, S6; Katy Bachman, "Research: Tony Jarvis," *Mediaweek*, 3 December 2001, SR20.

11.2　适应受众

与所有成功的商务信息一样,有效的报告和建议书要尽可能地适应目标受众。为了确保在报告上的成功,要对受众的需求敏感,与受众建立良好的关系,并且控制好风格和语气。

第 5 章介绍了受众敏感性的四个方面,并且这四个方面都适用于报告和建议书:采用换位思考,保持礼貌,正面强调,使用非歧视性语言。那些非常专业、复杂、冗长的报告和建议书对读者的要求会很多,所以换位思考对这些篇幅很长的信息具有较大的作用。就像你在本章将要看到的一样,换位思考包含了帮助读者寻找一条贯穿材料的路径,以使他们理解关键的信息。

不论你的报告是打算提供给公司内部还是外部人员使用,一定要做好如何调整你的风格和语言以反映组织形象的计划。记住,有些报告自身就有生命力,它们影响的读者范围超出你的想象,并且在若干年后仍旧会有人阅读它,所以要谨慎地选择你的内容和语言。很多公司在与公众交流时都有具体的指导原则,所以在开始写作前,确保你已经注意到了这些偏好。

不论你是在写作一份报告还是建议书,你都需要确定合适的风格和语气。如果你非常熟悉你的读者并且知道你的报告能获得他们的赞同,通常可以采用非正式的语气。为了使语气不那么刻板,对读者使用第一人称,称他们为"你们",称你自己为"我"(如果是由多个人撰写的话可以称"我们")。

为了使语气更正式,则可以使用客观的新闻体风格:强调客观性,确保内容没有个人偏见,并且把论证建立在可查的事实上。当使用正式的语气时,去掉所有涉及"你"和"我"的称谓(包括"我们"和"我们的")。很自然的,一个客观的风格不可能自动地保证内容的客观。对事实的选择同表达它们一样重要,甚至更重要。如果遗漏了至关重要的论据,那么尽管风格是客观的,内容也将不再客观。当使用一个客观的风格的时候,你就在你和读者之间强加了一个可控制的距离。语气也应该是商务性的和不带个人感情的。注意避免玩笑、明喻和暗喻,并尽量少用华丽的形容词或副词。

更正式的语气适用于那些较长的报告,尤其当涉及那些有争议的、复杂的信息时。当你的报告将要送到诸如消费者、供应商或社区成员等组织的其他部门和组织外部时,你也需要更正式的语气。Yahoo! 以在它的广告中使用十分有趣的、非正式的语气而闻名,但是当和公众就严肃事情进行交流时,其语气是更正式的,如图 11-2 所示。

与不同文化背景的人沟通时,通常要求更正式,这里有两个原因。首先,通常来说,美国之外的商业环境都非常正式,并且这种正式必须反映在沟通中。其次,你用来使文档非正式化的东西(使用幽默和习语)可能在从一个文化体系翻译到另一个文化体系的过程中失去其原来的表达效果。在跨文化报告和建议书中使用不太正式的语气将会增加风险,包括冒犯他人和错误传达信息。

11.3　报告和建议书的编写

有了怎样适应读者的清晰认识后,接下来就准备好了开始编写第一份草稿。本节提供了起草报告和建议书内容的意见,还提供了几个能够使你的内容更易读的策略。当你写作报告和建议书

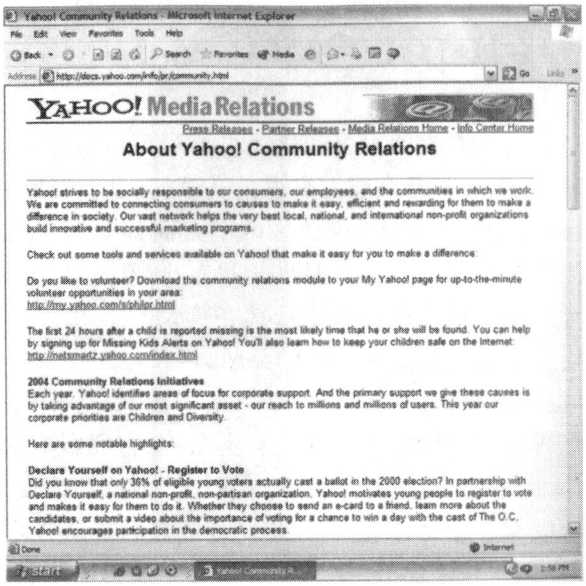

图 11-2　在商务报告中选择正确的语气

时，遵循在第 5 章提供的写作建议：选择恰当的词汇，构造有效的句子，展开连贯的段落。

和其他书面的商务沟通一样，报告和建议书文本有三个主要的部分：引言（或开头）、正文和结尾。文件的内容和各个部分的长度应根据文件的类型和目的、文件的组织结构、材料的长度和深度、文件的正式程度以及你同读者的关系来改变。

引言（或开头）是任何一篇报告和建议书正文的第一个部分。一个有效的引言至少应完成四件事情：

- 将报告或建议书与问题或任务联系起来，把报告或建议书放到一个更广的背景中去
- 陈述这个报告或建议书的主题或目的，并指出为什么这个主题是重要的
- 先看中心思想及其在文件中的先后顺序
- 确立这个文件的语气及作者与读者之间的关系

正文是报告或建议书文本的中间部分，它由多个主要段落或部分组成，这些段落或部分有多级标题。这些部分介绍、分析和解释了你在调查中所收集的信息，并且支持你文件中的建议或结论。正文包含了论据，即支持结论或建议所需要的详细信息。看看 Alycia Jenn 是如何使用她的报告正文来向她公司的董事清晰地说明一个建议的，如图 11-3 所示。就像 Jenn 说的，“我们公司的网站通常被看做是‘小册子软件’，信息静态展示，基本上只是一本打印的小册子的电子版。然而，整个零售业，尤其是我们的几个竞争者，正在超越这种方式以建立一个功能完整的电子商务网站，这将使购物者可以通过在屏幕上与可视产品进行互动，来发出订单、查看订单状态等。我们没有必需的工作人员来创建这样一个网站，但是在研究这一问题几周后，我认为如果我们不尽快行动来开展互动的电子商务模式，我们的销售额同我们现在和将来的竞争者相比将明显减少。然而，我们确实需要谨慎地实施电子商务模式，要以一种不影响我们现在零售工作的方式，所以我要使它在我的建议中表达得尽可能清晰。”她的报告正文提供了足够的信息来支持其论证，而没有通过大量的策略性细节来增加那些高层读者的负担。

结尾是报告或建议书正文的最后部分。有四个重要功能：

- 强调信息的主要观点
- 如果文件提出一项变革或其他行动建议就要为读者总结它的益处
- 回顾所有章节，并提醒读者这些章节是如何整合在一起的
- 把所有的行动项归集到一起，并且列出相关细节：谁应该做什么？什么时候做？在哪做？怎么做？

调查表明，一份报告或建议书的最后部分会给人留下持久的印象。结尾给了你最后一次机会来确认你的报告上说了想说的东西。[②] 事实上，对那些匆忙的读者来说，他们可能不会阅读报告的正文，只读了摘要，所以要确认结尾包含了有力的、清晰的信息。

备忘录

日期：2006年7月6日
收件人：董事会、执行委员会成员
发件人：Alycia Jenn，业务开发部经理
主题：网站扩展

提醒读者报告的来源和目的

为了响应您的要求，我和我的职员调查了把网站从它现在的“小册子软件”状态（我们在这里宣传我们的公司和产品，但是不能提供任何方式进行网上订购）扩展到完全的电子商务功能（包括发出订单和检查订单交货情况）的可能性。在分析了我们的客户和主要竞争者的行为，以及了解了整个电子零售业的发展后，我们给出了以下三条建议：

(1) 我们应该在以后的六个月内，实现将我们的网站从一个“小册子软件”扩展到电子商务功能。

(2) 我们应该雇用一个专业于网上零售的公司来设计和开发新的电子商务功能。

(3) 我们必须谨慎地把网上零售与实体店铺及邮购业务融为一体。

通过用清晰、直接的语言列出必要的行动方案来阐明建议

1. 我们应该扩展网站，实现完全的电子商务功能

展示建议公司扩展网站以包含电子商务的逻辑理由

首先，对于小规模的、销售奢侈家用器具的公司来说，建立电子商务功能是否有意义？即使图书和其他的一些产品目前在网站销售非常普遍，在大多数情况下，这些都是涉及了在购买前不用亲自检查的、简单的、低成本的产品。就像我们在商铺观察到的一样，购买者在购买我们的产品之前一般喜欢先了解一下产品。然而，一个小规模的、正处于成长阶段的网站也销售特殊的产品，一般是通过使用“虚拟产品参观”（在这里，购买者可以交互式地从三维的角度观察产品，而非简单地看一个静态的图片）的策略和慷慨的退货方针（降低了在网上购买商品认识到的风险）。

其次，我们是否需要现在就建立一个网站，以确保在未来保持我们的竞争力？答案是肯定的。我们的竞争者最初采取步骤的结果是，对于那些已经适应了在网上购物的消费者来说，我们已经处在了劣势。并且每一个趋势都显示，现在我们的一个小的弱点，在以后的几年会变成一个大的弱点：

- 我们几个主要的竞争者正在开始实施完全的电子商务，包括虚拟产品参观。我们的调查表明那些公司还尚未从网上投资中收回大量资金，但是他们的网上销售已经在成长。
- 那些伴随着互联网长大的年轻消费者很快就会达到他们的收入高峰期（35—54岁）。因此，从人口统计预期电子商务将应用于几乎所有的产品种类。如果我们不提供电子商务，我们将在竞争中失去消费者。
- 互联网消除了购物的地理限制，这既存在威胁也存在机会。我们的客户现在可以在世界的任何地方进行网上购物（所以我们的竞争者将由十几个变成成千上万个），我们可以定位于世界任何一个地方的客户。

用论据支持推理

图 11-3 以建议为主的有效问题解决报告

② A. S. C. Ehrenberg, “Report Writing—Six Simple Rules for Better Business Documents,” *Admap*, June 1992, 39—42.

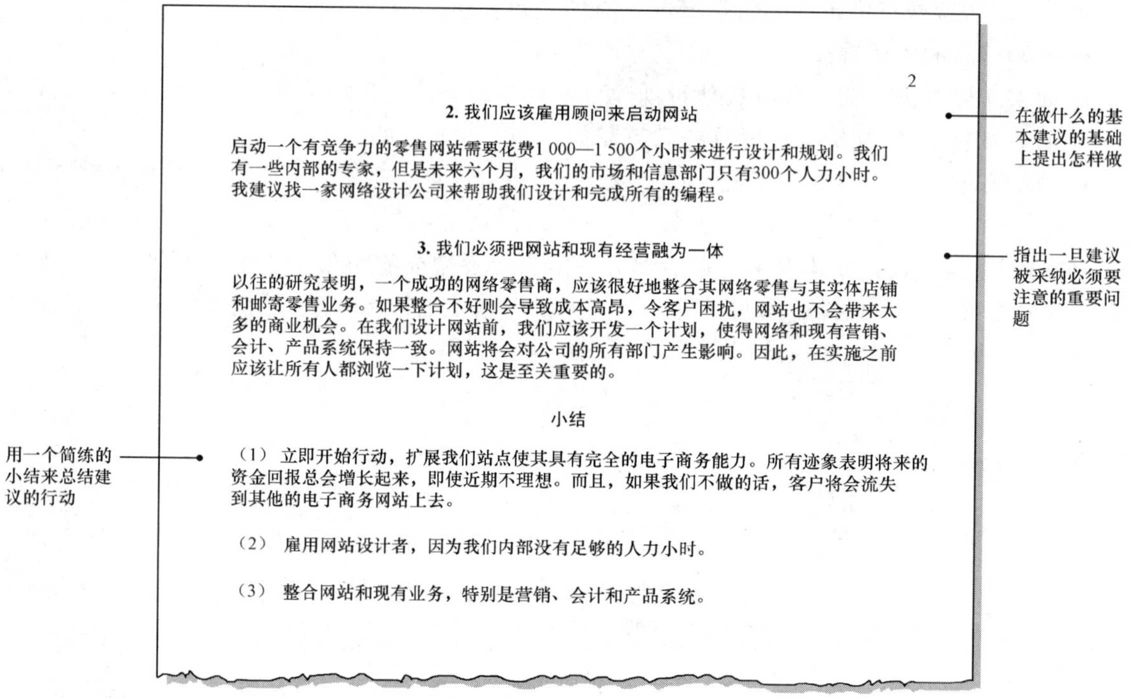
2

2. 我们应该雇用顾问来启动网站

启动一个有竞争力的零售网站需要花费1 000—1 500个小时来进行设计和规划。我们有一些内部的专家，但是未来六个月，我们的市场和信息部门只有300个人力小时。我建议找一家网络设计公司来帮助我们设计和完成所有的编程。

3. 我们必须把网站和现有经营融为一体

以往的研究表明，一个成功的网络零售商，应该很好地整合其网络零售与其实体店铺和邮寄零售业务。如果整合不好则会导致成本高昂，令客户困扰，网站也不会带来太多的商业机会。在我们设计网站前，我们应该开发一个计划，使得网络和现有营销、会计、产品系统保持一致。网站将会对公司的所有部门产生影响。因此，在实施之前应该让所有人都浏览一下计划，这是至关重要的。

小结

（1） 立即开始行动，扩展我们站点使其具有完全的电子商务能力。所有迹象表明将来的资金回报总会增长起来，即使近期不理想。而且，如果我们不做的话，客户将会流失到其他的电子商务网站上去。

（2） 雇用网站设计者，因为我们内部没有足够的人力小时。

（3） 整合网站和现有业务，特别是营销、会计和产品系统。

图 11-3（续）

11.3.1 起草报告内容

你的可信度和事业进步与你所写的每一份商务报告息息相关，所以要确信你的内容具有：

- **准确性**。确信除了检查错字以外，还要复查你的事实和涉及的问题。如果读者感觉到你的信息有一点不可靠，他们就会用怀疑的眼光来审视你做的所有工作。
- **完整性**。为了帮助同事或主管做出一个精明的决策，应包含所有必需的信息，使读者可以理解情况、问题或建议。把例子、解释和事实进行恰当的结合来支持所有关键的论断。③ 但是记住，时间是宝贵的，所以不要告诉读者他们不需要知道的信息。
- **平衡性**。公平、公正地提出问题的所有方面，并包含所有关键信息，尽管有些信息不支持你的推理。省略掉那些会使你的报告产生偏见的相关信息或事实。
- **条理性和逻辑性**。有条理的句子结构和好的过渡是基本的要求。④ 确定句子整齐有序以节省读者时间，仔细挑选单词，以逻辑顺序行文。为了帮助读者从一个观点顺利转到另一个观点，要使你的过渡清晰并合乎逻辑。对于一份成功的报告，要确保所有观点属于一个整体，并用一种便于理解的方式组织它们。⑤

---

③ Michael Netzley and Craig Snow, *Guide to Report Writing* (Upper Saddle River, N. J.: Prentice Hall, 2001), 15.

④ Claudia Mon Pere McIsaac, "Improving Student Summaries Through Sequencing," *Bulletin of the Association for Business Communication* (September 1987): 17—20.

⑤ David A. Hayes, "Helping Students GRASP the Knack of Writing Summaries," *Journal of Reading* (November 1989): 96—101.

- **适当的参考文献记录**。如果你在报告或建议书中使用了原始和第二手信息，要确保记录并注明其来源，就像在第 10 章介绍的。

记住这些要点，会帮助你为报告起草一个最有效的引言、正文和结尾。注意 Carlyce Johnson 是如何向客户提供一个有关景观美化服务的完整、有效的更新内容（图 11-4 给出了报告中的一个摘录）。除了提供日常信息以外，她还要告知她的客户两个问题方面的进展，一个是她的公司已经有能力去解决，另一个是她们刚刚发现的。对于有关土壤的那个问题，你可能不愿去同你的客户分享一些信息，直到你们已经解决了这个问题，但是这样做可能影响客户的预算和其他计划。Johnson 较早地告诉客户问题所在的做法是正确的。

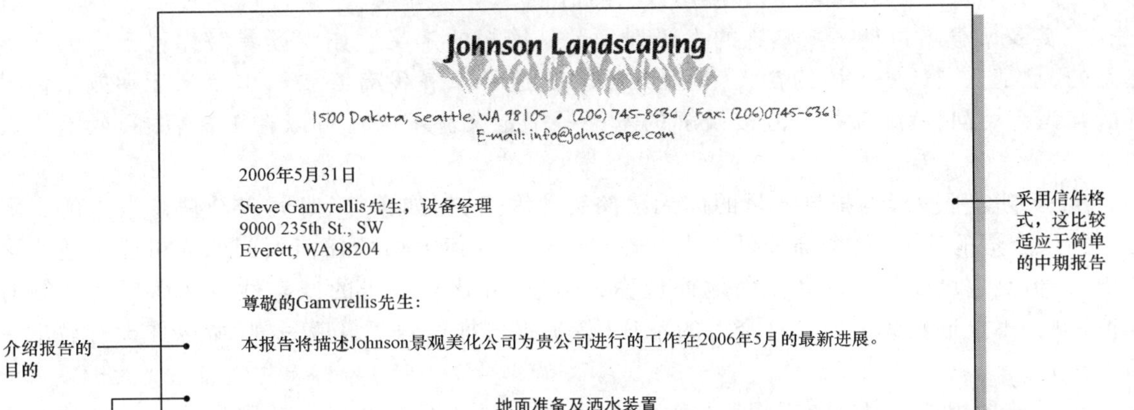
Johnson Landscaping

1500 Dakota, Seattle, WA 98105 • (206) 745-8636 / Fax: (206)0745-6361
E-mail: info@johnscape.com

2006年5月31日

Steve Gamvrellis先生，设备经理
9000 235th St., SW
Everett, WA 98204

尊敬的Gamvrellis先生：

本报告将描述Johnson景观美化公司为贵公司进行的工作在2006年5月的最新进展。

地面准备及洒水装置

初期的地面准备和洒水系统已经安装完毕。我们清扫、栽种、夷平和耙松了25 000平方英尺的草坪和花坛。截至5月19日，已经为15 000平方英尺的草坪和花坛安装完洒水系统。

花坛栽培

从5月22日到5月30日，在7 000平方英尺的花坛里种植了灌木和多年生观赏植物。准备每年开发3 000平方英尺花坛。

特殊问题和解决办法

我们解决了上月发现的在出货和收货码头南端的水灾问题。看来是员工自助餐厅下面的管道系统没有维修好，导致水从建筑物底部流过，并淹没了一部分新草地。

在主楼东部边缘的绿化带，一部分土壤样本显示其酸性过高，远远大于正常情况。这也许是过去某些地方化学物质泄露的结果。下个月我们将尽力进行土壤改善以解决这个问题。如果这项工作影响到预算的话我们再进行协商。

6月计划

1. 分发优质的树种并栽种余下的一年生植物。
2. 解决绿化带中的土壤质量问题，进行土壤改善。
3. 监控和调整自动洒水系统，保证水源充足。

图 11-4　提供完整内容的有效进展报告（摘录）

报告引言　是否应该在引言中涵盖特定的元素，取决于这个报告的类型、长度、写作环境以及你和读者之间的关系等。一个引言可能包括以下所有方面，但你一般会挑选其中最好的几个来应用到你所写的每一篇报告当中。

- **授权**。何时、如何、由谁来授权这篇报告；由谁写作；何时提交。当你不用一封“送文函”

(见第 12 章)来补充你的报告时,授权内容就显得更为重要了。

- **问题/机会/目的**。写作报告的原因,以及你写作完成能够达到什么结果。
- **范围**。这篇报告将涵盖或不涵盖什么内容。这个范围显示了报告的大小和复杂性;它对设定读者期望的关键工作也有帮助。
- **背景**。准备报告的历史条件或因素。这个部分是为了使读者理解问题、情况或机会的发展过程,以及迄今为止所完成的工作。
- **资料和方法**。使用的第一手信息和第二手信息。在适用的情况下,本部分介绍了如何选择样本,如何制作调查问卷(它应被包括在附录部分与封面信一起)、接下来需要做什么,等等。这个部分树立了读者对作品及其资料和应用方法的信心。
- **定义**。读者可能不太熟悉的术语列表及其简短的定义。如果读者对你报告中的术语是熟悉的,且都认同这些术语的含义(情况并不总是这样),就没有必要给出定义了。如果你对读者的知识有疑问,就给那些可能被误解的术语一个定义。术语还可以在正文、注释或术语表中定义。
- **限制**。那些影响报告质量的你无法控制的因素,例如预算、时间表与信息或人的有限接触。如果合适的话,在这个部分可以表达你对报告中任何方面的任何疑问。你可能不适应这样的坦白,但是它可以帮助读者正确地评价你的信息,并建立报告的诚实性。然而表达限制时要谨慎一些,不要道歉或试图撇清个人的不足(像把报告推迟到了最后一刻,所以你没有做出一流的工作)。
- **报告的组织**。报告的组织(涵盖了什么主题,以什么次序),以及遵循这一计划的基本道理。这个部分是一个路线图,它能帮助读者理解报告中每一个转折后的内容和为什么转折。

在一个相对简短的报告中,这些方面可能仅在一个或两个段落中讨论。这里有一个简短的间接开头的例子,是从一篇备忘录中摘录下来的。这个备忘录是关于为什么一个新的皮箱产品失败了。作者的最终目的是建议一个市场转移策略。

> Venturer 类产品的表现可以得到改进。自它被引进的过去两年里,这类产品的销量低于我们的预期,并对公司的总收入有所消耗。这篇报告的目的是重新审视 Venturer 类产品销售区内消费者购买皮箱的习惯,从而确定我们的营销重点在哪里。

这段文字很快地介绍了主题(令人失望的销量),告诉了我们为什么这个问题重要(消耗了收入),并且指出在报告的正文中将要涉及的主要观点(重新审视 Venturer 类产品销售区内消费者购买皮箱的习惯),而没有给出结论和建议。

在一个较长的正式报告中,这些方面的讨论可能会有好几页,并在报告中占有重要的部分。

报告正文　和引言一样,报告的正文部分也有一些难以做出的决定,主要关于报告中应该包含那些内容和提供多少细节。同样,你的决定取决于很多变量,包括读者的需要。有些情况下需要面面俱到,其他情况下则可以处理得简洁一些。在正文部分提供合适的、足够的细节来支持你的结论和建议;可以将更多的细节加入到表格、图表和附录中去。如果 Beth Uyenco 要写一篇报告,这篇报告既要给高层管理人员(他们仅需要摘要和"全景"信息)阅读,也要给部门职员(他们需要具体的细节)阅读,她就可以在正文中陈述主要观点,并提示读者在附录的哪些具体地方有更多的细节。

在报告的正文部分通常要涵盖的方面包括：

- 问题或机会的解释。
- 事实、统计证据和趋势。
- 研究或调查的结果。
- 对可能的行动方案的讨论和分析。
- 一个行动方案中的优点、缺点、成本和利益。
- 一个过程的程序或步骤。
- 方法和方式。
- 评估不同选择和选项的标准。
- 结论和建议。
- 支持结论或建议的理由。

对一篇用直接法组织的分析性报告来说，一般要在引言中陈述你的结论或建议，并用报告的正文部分来提供证据和支持（像在图 11-3 和 11-4 中的举例一样）。如果用了间接法，你可能会用正文部分来讨论你的逻辑过程，并将你的结论或建议一直保留到结尾。

报告结尾　报告结尾的内容和长度取决于在其他变量中所选择的直接或间接的次序。如果你用了直接法，你可以用一个对主要观点的总结来结束（在短的备忘录风格的报告中通常不需要），按它们在报告中的顺序列举出来。如果你用了间接法，而且没有在正文部分的最后说明结论或建议，可以在报告的结尾展现出来。要记住，结论或建议不是介绍新事实；读者在读到报告的这里时，应该已经了解了所有需要的信息。

如果你的报告目的是要使读者采取行动，那就使用结尾来准确地说清楚下面要做什么。读者可能认同了你在报告中所说的一切，但是如果你没说清楚接下来要做什么，那么他们也不会采取任何行动。如果你将亲自采取所有行动，要确保读者能够理解这个事情，以便他们知道对你期望什么，如图 11-5 所示。

在较短的报告中，结尾可能只有一两个段落。然而，一篇长报告的结尾可能有结论、建议和行动几个独立的部分。使用几个独立的部分可以帮助读者定位这个材料并聚焦到每个部分。这样的排列也给你一个最后的机会来强调重要的内容。

如果有若干个结论、建议或行动，就用数字对其进行列表。合适的列表导语可以是“这个研究的发现得出了如下结论”。用于推荐列表的导语可以表述为“基于研究结论，我们有如下建议”。用于行动列表的导语可以表述为“为了及时完成我们的目标，我们必须在今年年底完成以下行动”。

11.3.2　起草建议书内容

对于建议书，有多个变量决定每个部分的内容，其中建议书的来源最重要。如果是非请求建议书，你对于文章内容的范围和组织就会具有一些自由。然而，如果你是在回应别人对建议书的请求，你就需要遵守需求建议书中的每一个细节。大多数需求建议书清楚地说明了应该涵盖什么和以怎样的次序以使所有的投标在形式上相似并容易对比。

备忘录

日期：2006年8月1日
收件人：Joan Chen，新业务开发副总裁
发件人：Roger Watson，房地产主管 RW
主题：7月现场勘察

为读者确定方向，但不要浪费太多时间用于解释

在刚刚过去的7月的两周内，我观察了George Spindle在其业务开发报告中推荐的四个丹佛地址（如果你感兴趣的话，可以登录企业内联网，见“区域报告”）。我将在这里对四个区域进行评估，接着是我对下个月的计划。

应用清晰的副标题，帮助读者找到兴趣点

四个区域比较

下面是对四处地址基本方面的简要分析。四个区域出租价格介于每平方英尺34—38美元之间。

利用容易阅读的表格来组织信息

地址	空间	可用时间	竞争性	街道可见度
Lakewood	260平方英尺	现在	向北四个街区已建设星巴克咖啡厅，方圆16个街区内再无其他商店	无；位于建筑物两个零售楼层的第二层
Glendale	525平方英尺，一年内增加150平方英尺	1月	两家星巴克（一家在向南两个街区处，一家在向西八个街区处）；Chicago Blues（对街，但是可见度低）	非常高；位于两条主要商业街的交叉口
McNichols体育馆	420平方英尺	12月	向东三个街区有Java-Land，向南四个街区有星巴克	高；街区中间，但从街道的两面都很容易看到
丹佛大学	二者选一：340平方英尺，655平方英尺	现在可用小的，3月时可用大的	附近有五家自营店；校园内有星巴克（向西两个街区）	小的较高，有稳定的车辆和行人流量；大的较低（行人稀少）

8月勘察计划

过去六个月计划执行得比较好。现在来看一下我们的8月计划：

让读者知道下一步行动是什么

丹佛：我将与Shure调查公司一起调查四个区域的行人流量（十天内我们将获得此项数据）。我将与George团队研究每个区域的未来建筑计划。下周我还将与Melissa Hines商讨建筑限制问题（她是Smith Allen的经纪人，去年曾经帮助我们完成Grand Junction地址的开发）。

明尼阿波利斯（美国城市）：Jean-Luc Goddard希望我们看一下他曾经考察过的几个地点。我将派Margie去与他们见面，如果计划允许的话我将亲自前往。

图 11-5 结尾表述行动计划的有效报告

任何建议书的总体目的都是为了说服读者去做某些事情，如购买商品或服务、投资一个项目或执行一个计划。因而，写作建议书的方式和在劝说性销售信息（见第 9 章）中使用的方式是相似的。和其他劝说性信息一样，获取注意、建立兴趣、创造期望、鼓励行动的 AIDA 方法是一种有效的结构。可以通过以下这些额外的策略来加强论证。[6]

- **证明你的学问。**向读者展示你有解决建议书中列举出来的问题或应对机会所需要的知识和经验。
- **提供具体的信息和例子。**避免含糊、无支持的归纳，像“我们在这个计划中赔了钱”。而要

⑥ Philip C. Kolin, *Successful Writing at Work*, 6th ed. (Boston: Houghton Mifflin, 2001), 552—555.

提供可量化的细节,例如赔了多少、怎样赔的、赔钱的原因等。说明你建议的解决方案将节省多少钱。讲清楚你的计划,给出将如何完成工作的细节。如此具体的信息可以说服读者;无支持的归纳就不行。

- **研究竞争。**如果你与其他公司为同一个客户业务进行商业竞争,可以使用行业出版物和互联网来了解其他公司的产品、服务。
- **证明你的建议书是可行的。**你的建议书对读者来说必须是适用的和可行的。它应该与读者的能力一致。
- **采用换位思考。**在请求建议书中根据需求建议书的要求,在非请求建议书中根据你自己在调查中的发现,把你的产品、服务或人员与读者的切实需要联系起来。
- **包装你的建议,使其有吸引力。**确信你的建议书文字无误、有吸引力并极具可读性。读者将通过你提交的建议书来预先判断你的产品、服务和能力的好坏。错误、遗漏或不一致将会对你产生不利,并且可能使你失去重要事业和商业机会。

建议书引言　引言提出和简单概括你想要解决的问题(或你想开拓的机会),并辅以你的建议的解决方案。它把读者引向文本的其他部分。如果是请求建议书,那么你就要遵守需求建议书的格式。如果是非请求建议书,引言应该提及使你提交建议书的原因。你可能提及相互之间共同了解的事情,或提到早先你已经和读者谈过的内容。建议书的引言部分一般包含以下内容:

- **问题的背景或声明。**跟读者简要回顾一下情况,确定行动的必要性。读者对问题或机会的理解可能和你不同。在非请求建议书中,你需要使他们确信问题或机会的存在,并接受你的解决方案。以一种对读者有意义的方式来讨论现有的情况,并解释如何使事情变得更好。
- **解决方案。**简要描述你的建议能带来的变化,突出关键卖点和他们的利益,展示你的建议将如何帮助读者实现他们的商业目标。
- **范围。**说明建议书的边界,你将要做或不做什么,也可称为“定界”。
- **组织。**引导读者阅读你的建议书,让他们注意你的主要信息。

在较短的建议书中,你对这些主题的讨论将是简洁的——可能每个主题仅用一两句话。对于较长的、正式的建议书,每个主题应保证分别有副标题,并用几个段落来讨论。

建议书正文　建议书的正文内容和其他报告的正文内容有着一样的目的:它给出了完整的、详细的建议解决方案,指出预期结果是怎样的。因为建议书本身是一个劝说性信息,所以读者期望你以一种自信且专业的方式来提出你的建议。即使当你表达一种充满激情和自信的观点时,也要保持客观的语气,不要冒自吹自擂个人信息的风险。

除了提供事实和证据来支持你的结论,一个有效的正文内容还需要涵盖以下信息:

- **建议的解决方案。**描述你提供了什么:你的观念、产品或服务。这个部分也可被标为“技术建议书”、“研究设计”、“问题分析”或“工作说明书”。强调你的产品、服务或投资机会的好处,这些和读者的需要密切相关,并指出任何已经超越竞争者的优势。
- **工作计划。**描述你如何完成必须做的事情(除非你将提供一个标准的现成项目)。解释将要采取的步骤及其时机,将使用的方法或资源,以及责任人。特别包括工作什么时候开始,它将如何分为几个进程,什么时候完成,以及是否还有后续任务。对于请求建议书,确保你的数据与需求建议书中的特殊要求相匹配。记住,如果你的建议书被接受,工作计划是有合同效力的,所以不要许诺超过你承受能力的东西。

• **资格声明**。描述组织的经验、人员和设备，这些都和读者的需要息息相关。资格部分是一个重要的卖点，应小心把握。可以通过列举客户推荐的方式来说明你的资格，但在此之前要得到客户的允许。

• **成本**。包括价格、可收回的费用、折扣等。范围可以更广泛，从单一的价格总计到按照部件号码、服务项目等统计的详细分类。如果是对一个需求建议书进行回应，你就要遵循它的说明。在其他的情形下，你的公司可能有一套讨论成本的政策。你所提供的成本细节多少取决于你和读者之间的关系。

在非正式的建议书中，对这些元素的讨论可能组合一起，并以信件的格式提出，如图 11-6 的建议书所示。在正式的建议书中，对这些元素的讨论将非常细致和彻底。格式类似于包含大量章节的长篇报告，如第 12 章所述。

JWS Remodeling Solutions

1701 Lake Street • Traverse City, Michigan 49685
(231) 946-8845 • Fax: (231) 946-8846 • E-mail: jws@worldnet.att.net

2006年10月28日

Mr. Daniel Yurgren
Data Dimensions
15 Honeysuckle Lane
Traverse City, Michigan 49686

尊敬的Yurgren先生：

主题：对家庭办公建筑的建议书

根据10月14日的会议所讨论的说明，JWS改造方案公司将非常高兴把您的现有居室改造成家庭办公场所。此项目计划在2006年11月11日的那一周开始。预计三周完成。

我们的建筑方法是独一无二的。我们将全力以赴投入所有专业资格人员，并制订项目计划，以保证一道工序结束时，另一道工序已经准备完毕，可立即启动。正像您所要求的那样，为了加快工程进度，我们将一些可以同时进行的工序重叠一部分进行。

JWS改造方法将提供以下工作：

- 去掉脚板、门框、凹面墙框以及石膏板，为起居室北面的新隔断改造进行准备。
- 利用隔断在起居室北面围出两个分开的储藏室，通过两扇36毫米六格门进出。移掉不需要的石膏板。
- 安装并装修新门，去掉所有不需要的脚板和门框。
- 在临近客厅的起居室西南入口处利用现有的门框安装60毫米双层法国门。适当装修。
- 提供天花板隐藏式照明设备所用的电子设施。提供适当的单极开关和双向插座。
- 把冷气扇从起居室的西边移到东边。
- 根据说明的要求对全屋的表面进行喷涂和抛光。

本项目工作不包括定制办公室家具、地毯、电话和电缆线。我们很高兴在未来争取这些项目。

描述项目的范围

介绍项目的时间计划来吸引读者的注意力，这是一个关键的卖点

详细列出将要开展的工作

利用正文解释公司如何去加快工程进度，说明用到的方法，提供工作计划，列出资格和成本（见下一页）

通过确认建议书范围以外的工作来避免混淆

图 11-6 信件格式的有效请求建议书

Daniel yurgren先生　　2006年10月28日　　第2页

JWS改造方案公司已经在密歇根州地区经营了17年之多。作为资深建筑商我们享有盛誉。我们为自己的工作感到骄傲，我们高度认真地对待所有项目，不管其规模和范围如何。我们的员工都是在各自领域经过认证、保险且经验丰富的。为您附上我公司资格相关的详细手册及客户列表。您可以跟名单上的任何一家联系进行验证。

通过强调资格来提高读者的期望

分类列出成本，有助于让读者接受总成本

本项目的全部成本为6 800美元，详细如下：

材料和供应	3 800
劳务	2 700
处理费	300
总计	6 800美元

首付的3 800美元请在接受本建议书时付款。余下的3 000美元请在项目结束时结清。

如果您要雇用JWS改造方案公司为您完成这项工作，请在其中一封信上签名并连同保证金一起用所附信封寄回给我们。我们预期不会出现建筑推迟，因为我们有工程所需材料的库存，我们专业的工程人员也能够如期就位。如果您对此建议书有任何疑问，请给我打电话。

诚挚的

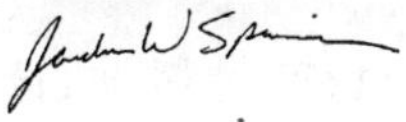

Jordan w. Spurrier
董事长

附件（3）

接收人：

信件一经签名即拥有合同效力

Daniel Yurgren　　　　日期

图 11-6(续)

建议书结尾　建议书的结尾部分一般概述关键观点，强调读者从你的解决方案中实现的利益，总结你所提方式的优点，重申为什么你和你的公司是好的选择，并请你的客户做出决定。结尾是说服读者接受你的建议的最后机会。不论在正式还是非正式建议书中，都要使这一部分简明扼要、坚决果断（但不是仓促和生硬的）并充满自信。

当你起草报告和建议书的引言、主体时，要严格注意两个问题，这两个问题经常给新手带来麻烦，尤其是在长篇文档中：要在整篇报告中保持一致的时态，并帮助读者顺利阅读你的材料。

11.3.3 建立一致的时态

你的报告将在什么时间范围内存在？你是用过去时还是现在时写作？下面这段文字的作者就没有区分时态：

> 在被访者中,25%的人报告说(report)他们不满意(are dissatisfied with)他们现有的品牌。最富有的参与者抱怨得(complaint)最频繁,但是所有的收入群体都有兴趣(are interested in)尝试一个新品牌。仅有5%的被访者说(say)他们对其他产品不感兴趣(had no interest)。

当描述同一研究结果时,时态之间的转换会使读者感到困惑。他们想知道这种转变是否有意义,或者只是你不小心？通过使用一致的时态可以排除这种潜在混淆。

还要仔细观察你报告中事件的年代时间顺序。如果是在描述历史或某事的发展历程,从起点开始并以它们发生的次序来阐述每个事件。如果你要解释一个过程中的每个步骤,要以合适的顺序来进行阐述。

11.3.4 帮助读者顺利阅读

对于短篇报告,读者很少出现困惑的现象;然而,随着报告长度的增加,读者产生困惑和搞混报告观点间关系的可能性也加大了。像 Beth Uyenco 这样的报告专家会给读者一个报告结构的预览或路线图,阐明不同部分是如何联系起来的。提供结构引导对那些来自于其他文化和国家的人来说尤其重要,他们的语言技巧和商业期望可能和你是不一样的。此外,加速的商业节奏和更多的网上信息从另一方面已经提高了读者的期望值。现在的读者通常会缺乏时间或者不愿去逐字逐页地费力阅读长篇报告。他们希望浏览得快一点,发现感兴趣的部分,再仔细研究细节,然后撤出来,再浏览其他部分,等等。

为了帮助读者在浏览你的文件的过程中能够找到他们所要寻找的东西并且跟上进度,学习充分运用标题和链接、流畅的过渡,以及预览和回顾：

- **标题和链接**。读者应该能够跟上你的文件结构,并从你的标题或副标题中挑出信息的关键点(看第6章回顾一下怎样写作有效的标题)。采用能够清楚地区分不同层级的简单而连贯的标题。对于网上报告,屏幕阅读十分困难,清晰的标题就更为重要,可以通过大量使用超链接来帮助读者读懂报告和找到附加信息。
- **过渡**。第5章把过渡定义为把观点联系在一起并且表明一个想法和另一个想法之间联系的单词或短语。在长篇报告中,一个完整的段落也可以被用来突出从一个部分到下一个部分的过渡,如下面的例子：

> ……就如你所看到的,我们的利润在过去的八个月里已经减少了12%。
>
> 为了抵消这个在利润上的减少,我们有三个选择。第一,我们可以提高现有产品的销售价格。第二,我们可以通过增加新产品来增加供给。第三,我们可以减少制造成本。然而,任何一个选择都有其优点和不足。

"就如你所看到的"这个短语提醒读者他们正在阅读刚刚出现的信息的摘要。短语"利润上的减少”使读者知道这段文字将会描述其他的问题。“第一”、“第二”和“第三”这些词帮助读者在阅读这三个选择时理清思路，“然而”这个词告诉读者评估这三个选择还需要一些附加的讨论。像这样的有效过渡可以帮助读者掌握已知的信息，并做好接受新信息的准备。

- **预览和回顾**。预览部分介绍了重要的主题，来帮助读者对新信息有所准备。当信息是复杂、未预期或不熟悉的时候，预览非常有用。与之相反，回顾部分出现在材料正文之后，为读者总结信息。回顾可以帮助读者在掌握全景信息的同时注意有关细节。预览和回顾可以用句子或符号列表（见第 6 章）的格式来表现，或两种结合使用。两种格式都是有效的，但是符号列表可以通过增加空白来提高文件的可读性：

句子格式	符号列表
下一部分讨论网络广告的优势。包括时效性、全球可及性、可承担性和互动性。	下一部分将展示网络广告的四个优势： • 时效性 • 全球可及性 • 可承担性 • 互动性

为了回顾这一部分讨论的任务，参见“要点检查：编写商务报告和建议书”。

要点检查

编写商务报告和建议书

A. 回顾和调整提纲

✓ 使报告中同一级别标题的语气一致。

✓ 理解如何将引言、正文和结尾结合在一起来传达信息。

B. 起草报告内容

✓ 利用引言来建立报告的目的、范围和组织。

✓ 使用正文来展现和解释你收集的信息。

✓ 使用结尾来总结主要的观点，讨论结论或做出建议。

C. 起草建议书内容

✓ 使用引言来讨论背景或问题、你的解决方案、范围和组织。

✓ 利用正文来解释你所建议的方法及其带来的好处，要令人信服。

✓ 使用结尾来强调读者利益并总结方法价值。

D. 建立一致的时态

✓ 避免时态间的跳跃。

✓ 遵守事件的时间顺序。

E. 帮助读者顺利阅读

✓ 提供标题来增加可读性，并明确你的思路框架。

✓ 使用网上超链接，使读者从一个部分顺利转移到另一个部分。

✓ 利用过渡把观点连接起来,并展示一个想法是如何同另一个想法联系的。
✓ 预览重要的主题来帮助读者对新信息做好准备。
✓ 回顾关键信息来帮助读者理解细节,掌握全景。

11.4 使用技术加工报告和建议书

撰写长篇报告和建议书可能是一个艰巨的工作,所以可以利用技术工具的优势帮助你完成通篇写作。在前面的章节中你已经了解了相关的一些技术工具,下面将挑选一些重要的工具来完成报告和建议书:

- **模板**。不同于简单格式的文件,报告模板能够给出每种报告所要求的特定部分。举个例子,一个市场计划可能包括这几个部分:竞争分析、市场分析、启动计划、财务分析、促销宣传和消费者支持计划。这个模板可以自动插入每个部分的标题,提示需要添加的内容。
- **链接和嵌入的文档**。报告和建议书通常包括图表、电子数据表、数据库和其他用各种软件创建的要素。当你用这些方式组织文件时,要确信自己知道软件的工作方法,否则会给你带来意想不到的麻烦。举例说明,在微软 Office 软件中,你可以任意选择链接或插入的文件,比如插入一个电子数据表到 Word 文档中。如果你选择链接这个表格,当你或其他人更新电子表格时,它也会自动更新。相反,如果你选择插入这个表格,插入的表格将与源表格失去联系,电子数据表的改变不能在报告文件中显示出来。
- **电子格式**。对于像销售报告和合规性报告这样需要经常使用的文档,可以考虑制作一个 Word 样板文件把报告间通用的材料集成到一起。为了加入变化的信息(如上周的销售结果),可以使用像文本框(使用者可以在其中输入新文本)和复选框(用来在一系列预定选项中进行选择)这样的格式工具。这些完整的文件可以打印、发电子邮件或发布在网站上。
- **电子文档**。PDF 文档大量代替了打印的报告和建议书。利用 Adobe Acrobat(从免费的 Acrobat 阅读器中分离出来的一个单独的产品),你可以很快地将报告和建议书转成 PDF 格式,这样可以容易和安全地共享电子文件。
- **多媒体文档**。当书面文字不够用时,可以用视频剪辑、动画、幻灯片和其他元素来展示报告。在第 13 章你将看到,像微软 Producer 这样的工具可以使你融合多种文件类型来创建一个引人注目的展示文档,用以补充或代替传统的报告。

现在的计算机技术使得在报告中增加广泛、多样、引人注目的视觉效果变得非常容易。关于这一点将在下一节学习到更多内容。

文档修改

改进这份政策报告

练习实际修改文档的草稿,请登录在线课程或密码保护网站"辅助网站"。点击"文档修改",然后点击第 11 章。 你会看到一篇政策报告摘要,包含了与本章所学商务报告和建议书的写作相关的问题和错误。使用"最终稿"选项修改这份告知性报告。检查信息并确保有效的开头、一致的正式或非正式水平、一致的时态、标题的使用、过渡、预览和回顾等方面能够帮助读者顺利阅读。

11.5　使用有效的视觉效果阐明报告

好的视觉设计可以使你的信息形象生动,并帮助你在知识和情感上更好地与读者联系起来。视觉效果加强了原文信息的交流能力,而且它们可以比文字更有效地传达一些信息点(像空间关系和流程)。图片也是一种与当今商业环境中普遍存在的多样化受众进行交流的有效途径。视觉效果能够吸引和控制人们的注意力,帮助读者理解和记住你的信息。忙碌的读者经常喜欢跳到视觉部分来试图从中得到信息要点,并且有吸引力的视觉效果可以使读者更深地进入到你的报告和陈述中来。

然而,需要仔细地计划和设计视觉效果,以提高其有效性。糟糕地选择或设计视觉效果会降低你的报告的影响力。表 11-1 可以帮助你决定如何利用视觉效果来表达信息。为了帮助你识别信息的哪一部分适合采用视觉效果,需要从读者的观点出发来考虑整篇报告信息的走向。信息的哪一部分可能看似复杂、容易误解,或只是有些单调?你是否有以段落形式呈现出来会很难阅读的大量数字数据或其他零散的事实?

表 11-1　使用视觉效果的时机

目的	例子应用
阐明	支持文本部分对定量或数字信息、趋势、空间关系、物理结构的描述
简化	将复杂的描述分解为可以用概念模型、流程图、组织图或图表来描述的部分
强调	通过用线形、柱形、饼形和其他类型的图表来引起对特别重要的观点的注意
总结	通过提供一个总结关键项目的图形或表格来回顾叙述的主要观点
强化	以视觉和写作两种形式展示信息,来加深读者的记忆
吸引	从视觉和情绪两方面吸引读者,提供视觉效果使读者从长篇文本中放松一下
影响	建立可信度,把想法融于视觉效果中,传达一种真实、精确的印象
统一	描述观点间的关系,比如通过流程图从视觉上整合流程的各个步骤

当你在决定要对哪一些观点进行视觉展示时，考虑以下5C：

- **清晰性（Clear）**。人类的思维习惯于处理视觉信息，不管它是和“禁止”符号一样简单还是像新工厂的平面图一样复杂。如果你对用文字传达想法有困难，看一下使用视觉元素是否会更好些。
- **完整性（Complete）**。尤其是图表这样的视觉元素，可能为你的中心思想或建议提供支持性细节的很好的方法。
- **简洁性（Concise）**。你可能听到过“百闻不如一见”这个说法。如果信息的特殊部分似乎需要进一步的描述或解释，看一下可不可以用视觉效果来传达信息。
- **关联性（Connected）**。许多商务信息的关键目的是展示某种关联性——相似的或不同的，相关的，具有因果关系的，等等。每当你想要读者看到这种关联，就看一下是否存在图形、图表或其他东西能提供帮助。
- **说服性（Compelling）**。人们生活在一个高度视觉化的世界。是否可以利用一个或更多的图解来使你的信息更具有说服力、更有趣、更有吸引力？不要单纯为了装饰目的而插入视觉效果，但是即使某一观点用文本表达和用视觉表达的效果相同，也要考虑增加视觉效果，这样你的报告或演讲会更加吸引人。

强烈的视觉效果可以提高报告的描述力和说服力，但是重要的是不能滥用它们。在报告中填入过多的视觉效果，可能会在两方面分散读者的注意力：第一，如果你经常查阅表格、图画和其他视觉元素，从文字到视觉元素的来回变换会使读者很难始终把注意力保持在信息的思路上。第二，视觉元素占用的空间影响了文本在页面或屏幕之间的连接，这也给读者增加了额外的工作。

像往常一样，考虑读者的特殊需求。如果你将面对的读者有多种语言背景或不同阅读技能，你可以多使用视觉元素来帮助消除语言障碍。读者的专业经验、教育和培训背景也可能影响你的方式。例如，详细的统计图表和数学公式是质量控制工程师每天的阅读材料，但对于大多数销售人员或高级管理者则不然。

11.5.1 选择正确的视觉效果

如果已经知道哪个观点更利于采用视觉效果，下一步就是选择使用何种视觉效果类型来为信息观点服务。如图11-7所示，有很多商业图表可供选择。对某些类型的信息，决定通常是很明显的。如果想要展示一个大的数据集或详细的文本信息，在很多情况下表格是明智的选择。然而，如果想要展示不同地域的数据，一个用不同颜色标记的地图可以更有效地展示整个图景而非单个数据。特定的视觉效果通常更多地应用于特定的方面。举个例子，读者似乎更愿意看到用线状图和柱状图来表示趋势。线状图经常表示与时间轴对应的数据的变化（如每个月的销售额），而柱状图更多地被用来比较不同的数据组（如按人口统计细分的销售额）。同样，虽然柱状图也可以用于展示各个组成部分的百分比，但在实际应用中，人们更倾向于使用饼状图。

以下部分更为详细地探讨了最普遍使用的视觉效果类型，从展示数据的视觉设计开始。

展示数据　对于展示数据，商务人士可以有很多种选择，从一般目的的线状图、柱状图和饼状图到产品组合、财务分析和其他专业功能的特殊图表。最普遍的用来展示数据的视觉元素包括表

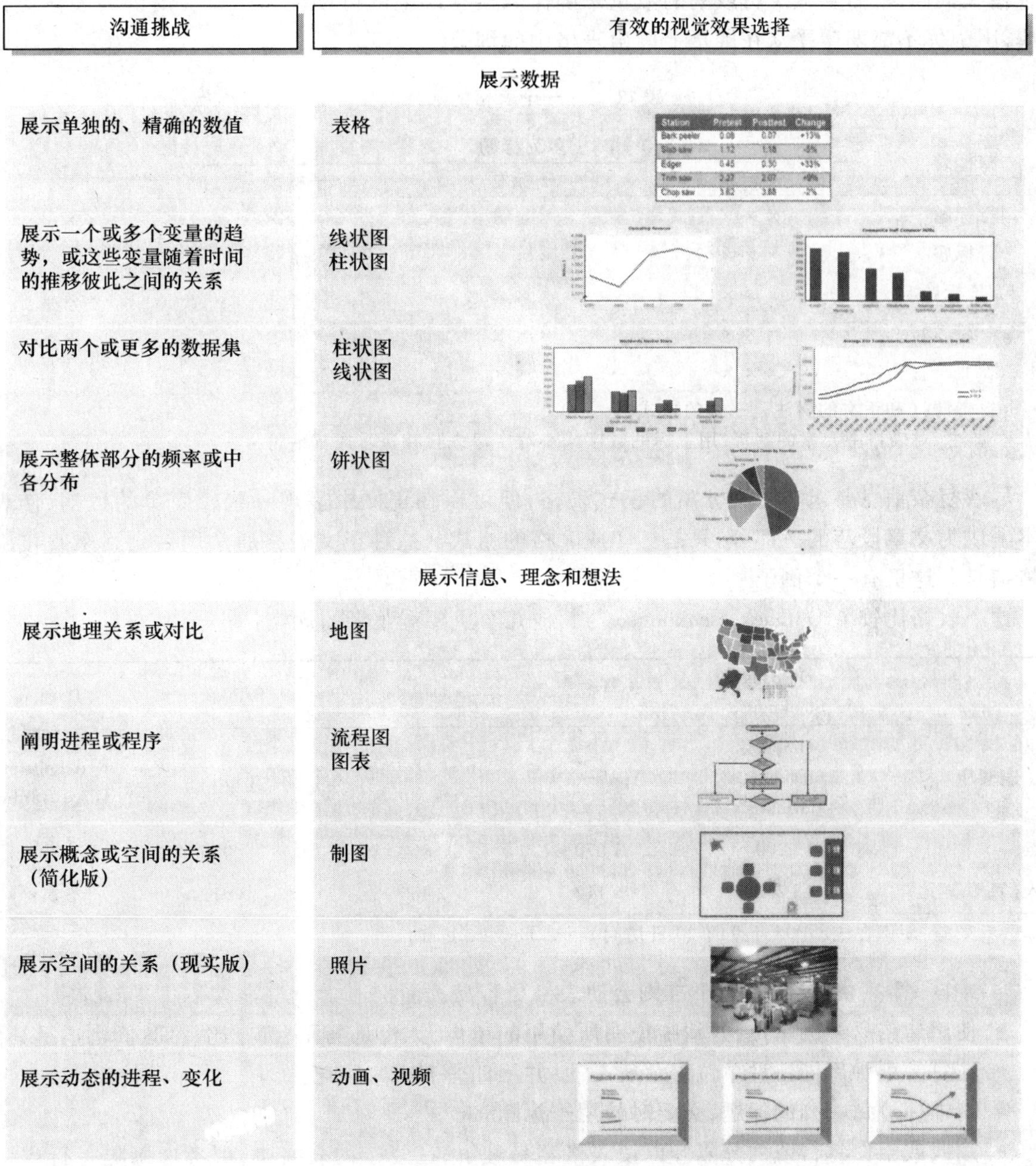

图 11-7　选择最佳视觉效果

格、线状图和面状图、柱状图、象形图、甘特图和饼状图。

表格　当需要呈现一些细节、具体信息时，可以采用**表格(tables)**这种系统的行列数据安排。当读者需要一些晦涩或者枯燥的信息出现在文章中时，表格是理想的选择。

大多数表格具有一些标准格式，如表 11-2 所示，每一个表格包括纵列和横行，并且在顶端和侧面有一些有用的小标题。你在表格中应用的行和列的数量取决于传达信息的媒介。如果是打印文稿的形式，你可以通过调整字号和行列空白来将大量的信息放在页面中，并且依然保持可读性。

对于在线文档,就需要减少行或列的数量来确保表格在网上的可读性。而口头演讲的表格应该最简单,因为你不能期望受众在屏幕上读出表格中的细节。

表 11-2 一个表格的部分内容

根标题	多列标题			单列标题
	子标题	子标题	子标题	
行标题	×××	×××	×××	×××
行标题	×××	×××	×××	×××
子标题	×××	×××	×××	×××
子标题	×××	×××	×××	×××
总计	×××	×××	×××	×××

资料来源:(和正文的脚注是一样的格式)

* 脚注(对表格中元素的解释,用上标的数字或小写字母来代替星号或其他符号)

尽管复杂信息要求与正文分离的正式表格,但可以在正文中呈现一些较简单的数据,使表格基本上成为文章段落的一部分,只是打印成表格的格式。这种正文表格通常用一句话来直接引入表格信息。这里有一个例子[7]:

这个表格比较了 Outback Steakhouse 与其他几个主要竞争者的规模:

	Outback Steakhouse	Applebee's	Carlson	Brinker	Darden
主要连锁店	Outback Steakhouse Carrabba's	Applebee's	TGI Friday's, Pick Up Stix	Chili's	Red Lobster, Olive Garden
地点	1 200	1 670	860	975	1 300
收入(百万美元)	3 202	1 112	2 400	3 913	5 278

资料来源:胡佛在线(2005 年 9 月 20 日访问)www. hoovers. com。

当制作一个表格时,遵循以下准则会使表格更容易读懂:

- 使用通俗易懂的单位,并清晰说明所使用的单位,无论是美元、百分比、每吨价格还是其他。
- 在每一列中用同一种单位表示所有项,并用四舍五入来简化。
- 清晰标注每一列的标题,必要时使用子标题。
- 用线或空白将行或列分隔开以使表格容易理解;在复杂的表格中,可考虑每隔一行或一列用较浅的对比色来进行突出。
- 必要时提供行或列的总计或均值。
- 记录数据来源,用与脚注相同的格式。

尽管数字表格更普遍,表格还可以包含文字、符号或其他的事实和图形。文字表格特别适用于呈现调查结果或者比较具体指标下的各项。

⑦ Hoover's Online [accessed 30 December 2003] www. hoovers. com.

线状图和面状图　**线状图(line chart)**显示的是随时间变化的趋势或两个变量的关系。在线状图中,纵轴或 *Y* 轴表示的是数量,横轴或 *X* 轴表示的是时间或其他与数量相对的指标。而且,在图中,你可以选择用一条线或多条线来比较不同的事物。比如,图 11-8 中的两条线就比较了从上午 8 点到下午 5 点之间两个水泥窑的测量温度。

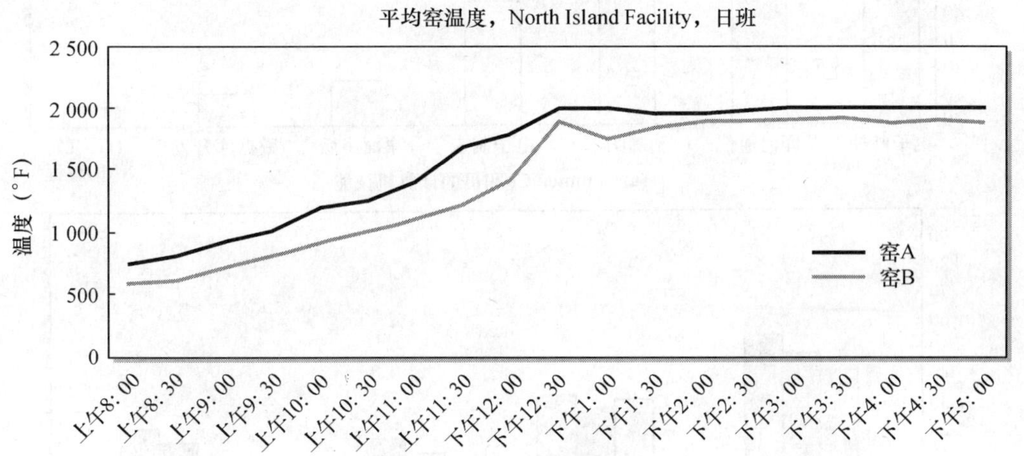

图 11-8　面状图

面状图又称为**区域图(area chart)**,是一种具有累积效应的线状图,所有线条加总至最顶端代表总体的线条。这种图帮助你描绘出随着时间的推移各组成成分的变化。当准备区域图时,把最重要的部分放在底边上,并且把图层的数量限制在 4—5 个。

柱状图和饼状图　**柱状图(bar chart)**利用其长条的高度和长度来表示数量,使得一系列的数字易于阅读和理解。柱状图在以下情形中尤其有价值:

- 一次比较多个变量的大小
- 显示一个变量随着时间推移的变化
- 显示随着时间推移几个变量的组成变化
- 表示整体组成成分的相对大小

图 11-9 表示了众多可用的柱状图中的四种:单柱柱状图(图 11-9a)、多柱柱状图(图 11-9b)、分段柱状图(图 11-9c)、组合柱状图(图 11-9d)。多柱柱状图利用不同的颜色比较了不止一组数据,使用不同的颜色或底纹代表各组数据。分段柱状图也叫堆叠柱状图,展示各个组成部分对总体的贡献大小,对每个组成部分使用不同的颜色和底纹。组合柱状图比较的是要求不同的取值间隔的量。

像分段柱状图和区域图一样,**饼状图(pie chart)**也能够显示各部分在整体中的分布。饼状图拥有众人皆知的优势,大多数人都希望用饼状图来展示整体-部分关系。每一部分代表整体(饼)中的一小部分。正如你在图 11-10 中看到的,饼状图是一种显示百分比或者比较各部分的有效方式。

在制作饼状图时,要限制图中分格的数量。否则,图表看起来会很混乱而且难以标识。如果有必要,把那些很小的部分合并为一个部分,标为“混合”类。理想的情况下,把你想重点强调的最大或最重要的那一部分放在十二点钟的位置,其余部分按照逻辑的顺序排列。

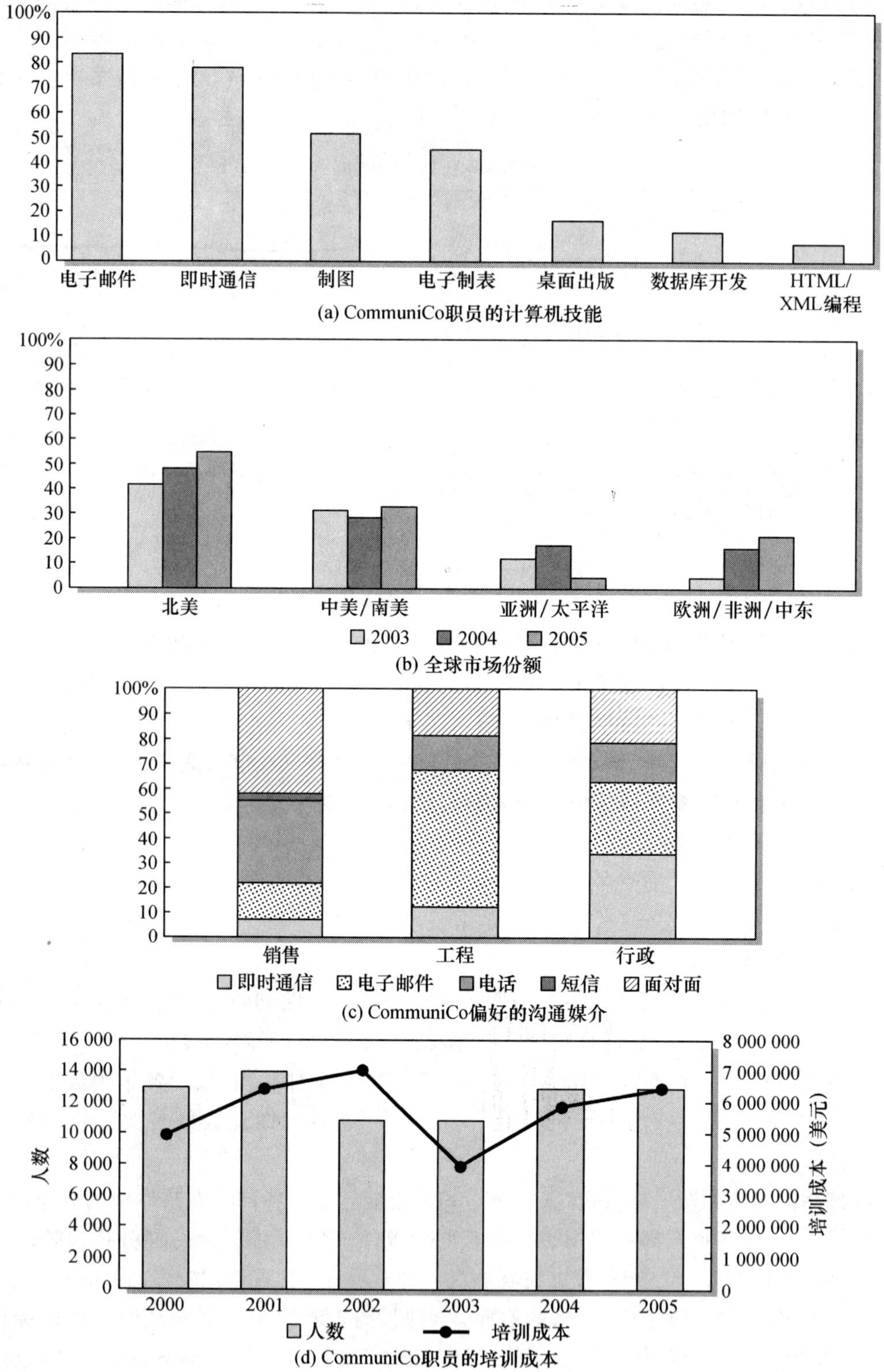
100%
90
80
70
60
50
40
30
20
10
0
电子邮件
即时通信
制图
电子制表
桌面出版
数据库开发
HTML/XML编程
(a) CommuniCo职员的计算机技能
北美
中美/南美
亚洲/太平洋
欧洲/非洲/中东
2003
2004
2005
(b) 全球市场份额
销售
工程
行政
即时通信
电子邮件
电话
短信
面对面
(c) CommuniCo偏好的沟通媒介
16 000
14 000
12 000
10 000
8 000
6 000
4 000
2 000
人数
8 000 000
7 000 000
6 000 000
5 000 000
4 000 000
3 000 000
2 000 000
1 000 000
培训成本（美元）
2000
2001
2002
2003
2004
2005
人数
培训成本
(d) CommuniCo职员的培训成本

图 11-9　各种柱状图

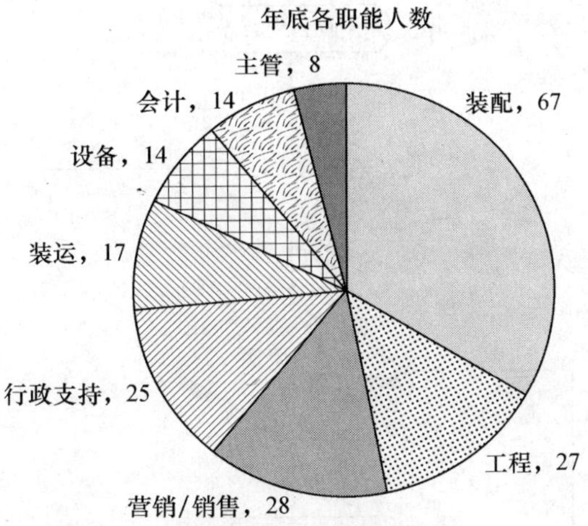

图 11-10 饼状图

使用不同的颜色或底纹来区分不同的部分。如果你想让读者把注意力转移到对他们最感兴趣的那部分，就使用一种比较鲜亮的颜色表示那部分，画个箭头指向它，或者将它从整体中拖出来。任何情况下，都要对每一部分进行标注，用百分比或其他计量单位表明它们的值，这样读者就能够判断各个楔形的值。记住，如果使用百分比表示，则所有部分之和应为 100%；如果使用数字表示，则所有部分之和应为总数。

线状图、面状图、柱状图和饼状图能够满足你大部分数据展示的需要，对于特殊需要，可以探究一下微软 Excel 等软件中的其他图表选择。

展示信息、观点和想法 除了事实和数字，你还需要展示其他类型的信息，从空间关系（如办公大楼的建筑平面图）到抽象概念（如进展或竞争）。对于这些用途最普遍的视觉元素包括流程图、组织结构图、地图、图画、图表、照片、动画和视频。

流程图和组织结构图 **流程图（flowchart）**（见图 11-11）显示了事件从开始到结束的顺序，在展示过程、程序和顺序关系时必不可少。对于一般的商业目的，你不必太在意具体的形状，但要保持它们的一致性。然而，你应该了解正式的流程图“语言”，每一种形状都代表一种特别的意思（菱形是决策点，矩形是过程步骤，等等）。如果你与计算机编程人员和其他熟悉正式流程图的人交流，要确保在每种情况下使用正确的符号以避免误解。绘图软件如微软 Visio 标出了流程图符号的功能，以便于正确使用。

正如其名称所述，**组织结构图（organization chart）**显示了组织中的职位、单位或功能以及它们之间的联系。如果没有如图 11-12 所示的图，是很难描述一个组织正常的沟通渠道的。当然，这些图并不只局限于组织结构，如你在第 4 章中看到的，它们也可以概括信息。

地图、图画、图表和照片 当有一些地理方面的信息时，地图将是理想的视觉工具。例如，图 11-13 显示了美国各个州的人口预测情况。当然，这些信息也可以在表格中表示，但是地图使差异变得十分明显。除了展示事实和数字外，地图还能显示市场区域、分销路线和设施位置。地图有时与航空图片结合起来使用，以表示土地使用之类的元素。

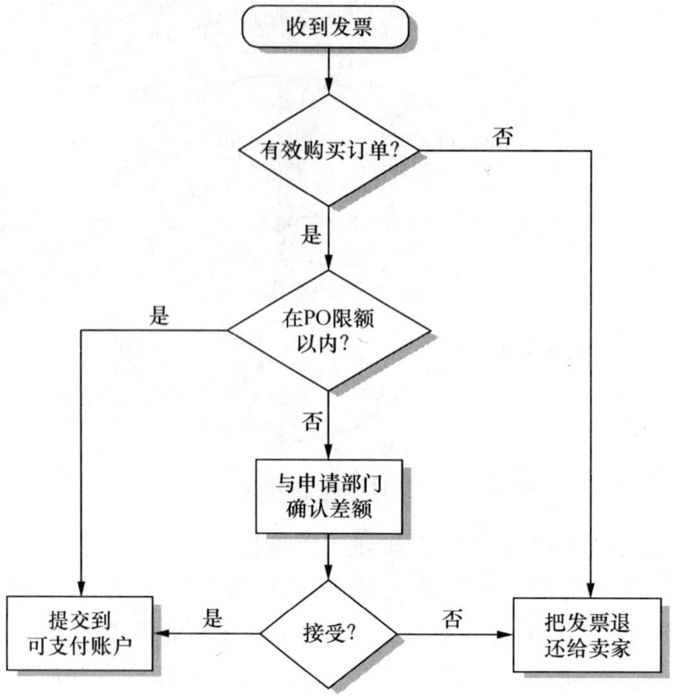

图 11-11　流程图

Atlantic学院的行政和院系设置

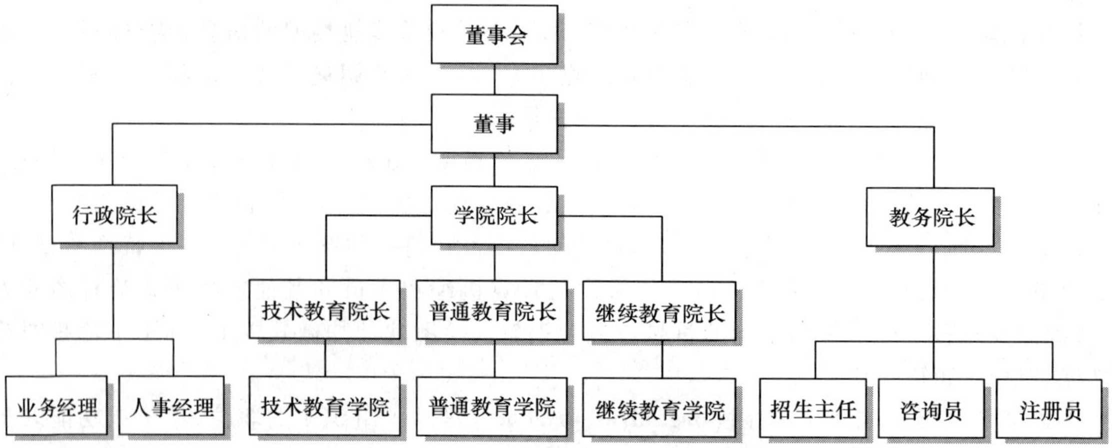

图 11-12　组织结构图

2025年美国人口预测（单位：千人）

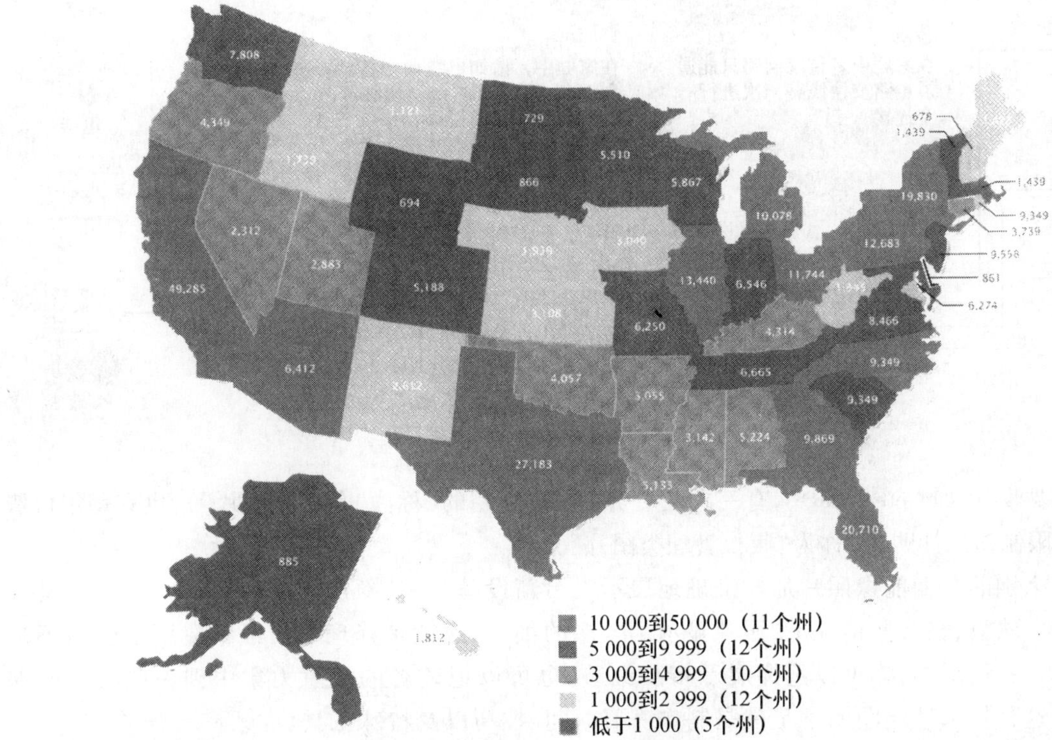

图 11-13　地图

简单的地图可以在文字处理和演示软件的剪贴画功能中找到，但是更有效的运用（例如根据输入的数据自动生成按不同颜色分区的地图）则需要专业化的软件。地图软件领域发展迅速，例如 Google Earth（http://earth.google.com）将搜索引擎、地图和卫星图片技术融合在一起。[8]

除非你的工作需要进行网站设计、广告、技术写作或其他沟通专业，否则就不必创造大量的图画、图表或照片来与商务信息相配合。然而，当你确实有这样的机会时，了解一些基础知识能够帮助你最大限度地使用这些具有潜在说服力的元素。图画和图表是最经常使用于展示事物面貌及运行的工具。图 11-14 是使用微软 Visio 绘制的集成沟通网络和传统沟通网络的设计比较。当要给受众展示一个事物样子或使用方式的时候，图表要比单独使用文字清晰得多。

文字处理和演示软件提供了基本绘图功能，但是为了更精确和更专业地说明问题，你需要专业化的软件包，例如 Visio 或 Adobe Illustrator。如果需要更高水平的绘图软件，计算机辅助设计系统（CAD）如 Autodesk 的 Autocad 能够绘制出极其精确的建筑和机械制图。

照片能提供功能性和修饰性价值。过去，它们的使用只被局限在专业的文件中，例如年报和产品手册；然而，随着现在低成本的数码照相技术的广泛使用，几乎所有的作者都有能力把照片添加到印刷文件、演示文稿和网页上。另外，图片库如 Getty Images（www.gettyimages.com）和图片搜索引擎如 AltaVista（www.altavista.com/image）使得寻找数码照片变得很容易。有一些图片是免费的，但是专业

⑧ Google Earth website [accessed 2 September 2005] http://earth.google.com.

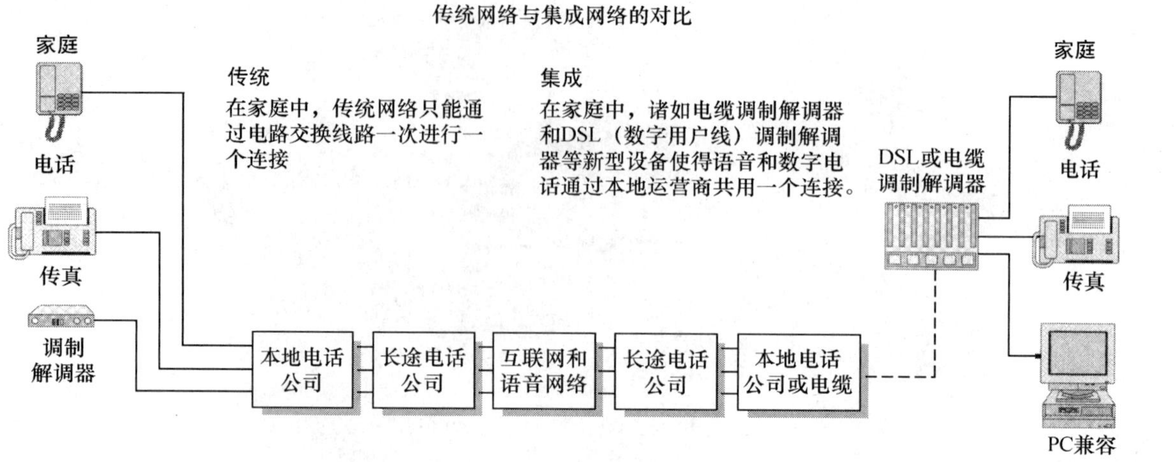

图 11-14 图表

的图片库需要收费，如 Getty Images，有一次性交费无限期使用的（称为“免版税图片”），也有每年付费一次或其他限制使用性购买（称为“版权管理类图片”）。

没有什么别的东西能像照片那样准确地展示一台新设备、一处新房产、一种新产品，甚至是一名退休作家。然而，在某些情况下，照片显示了太多的细节，这就是修理手册经常使用绘图而不是照片的原因。在绘图中，你可以选择展示多少细节，也可以把读者的注意力集中到一些特定的部分或地方。这种技术性绘图的不足就是制作需要时间、技巧以及特殊工具。

科技使我们在报告或演示中能够更容易地使用图片，但这同时也给我们带来了一种道德忧虑。软件工具例如 Photoshop 和 Paint Shop Pro 能够让你很容易地对照片做很大的修改，而不留下修改的痕迹。小范围修改照片很早之前就可以做到（很多人将他们纪念照片上的瑕疵去掉），但是电脑使得巨大的改动变得容易且不易察觉。你可以从照片上把一个人移走，把 A 的头移到 B 的身体上，使产品比其实际看起来更有吸引力。大多数人认为做一些化妆性的改善是可以接受的，例如使曝光不足的照片变得明亮以便看清楚。但是为了避免道德缺失问题，有一些改动是不可以做的，比如误导观众或者改变照片所传达的信息。[9]

动画和视频 电脑动画和视频是商业视觉效果中最专业化的形式。如果使用恰当且良好，它们将提供无与伦比的视觉影响力。在简单的层次上，你可以在幻灯片中为图形和文字添加动画效果，尽管具有局限性。在更高深的层次上，软件程序如 Macromedia Flash 可以创作多媒体文件，包括电脑动画、数码视频和其他视觉元素。关于数码视频产品还有更多的工具。可能你不需要自己使用这些工具，但如果雇用一个专业人员来为网页或演示文稿制作动画或视频，要确保其结果遵循有效商务信息的所有原则。

11.5.2 设计有效的视觉效果

科技将强有力的绘图工具交到几年每一个商务电脑使用者的手上，所以你不再需要像几年前

⑨ Sheri Rosen, “What Is Truth?” *IABC Communication World*, March 1995, 40.

的商务人士那样依靠专业的设计人员，这是好消息。坏消息是电脑不会提供专业人员的培训和动手实践经历。电脑使得创作视觉效果变得简单，但也使得设计无效、混乱甚至极其丑陋的视觉图像变得容易。然而，通过遵循基本的设计规则，可以设计出所有需要的基本视觉效果，既有吸引力又有效的视觉效果。

不管是使用电子数据表格还是专业制图程序提供的绘图功能，都要花几分钟去熟悉这些软件的特点和性能。例如，普通的电子数据表格只要点击几下鼠标就可以生成一个图表，但是颜色、字体或其他的设计元素可能并不符合你的特殊需要。如果可能，请专业设计者按照你和你的同事的需要制作一个模板。这样做不仅能保证设计有效，还可以节省每次制作图表时做出大量设计决定的时间。然而，对那些商业软件程序中包含的一些模板要当心。对于严肃的商务场合来说“过度设计”是不恰当的，因为过多的边框和背景可能会产生混乱，以至于使受众分散对真正信息的注意力。

不管使用哪一种工具，要注意使你的视觉效果的风格、质量与手头上的事项和情况相匹配。视觉效果的风格传递了你与受众之间关系的微妙信息。简单的、手绘的图表对工作会议来说就足够了，但是对正式的演示或报告来说就不适合了。从另一方面看，精致的、全彩的视觉效果对非正式的备忘录来说就有些浪漫。

理解图表设计原则　很少有商务人士能够有机会正式学习线条、块面、空间、尺寸、颜色、图案和纹理等“语言”。但是当看到有吸引力或没有吸引力的视觉效果时，你要停下来问问自己为什么，我能从这里学到什么，以及要怎样改进。记住视觉效果的设计有时候能以微妙的方式影响你所传递的信息。例如，粗线条和方框意味着力量和强度，而细线条和曲线暗示着轻巧和优雅。各种颜色也有着它们各自不同的含义。

为了制作有效的视觉效果，需要学习图形艺术的美学和符号学方面，这样你就不会传达错误的信息或使受众困惑了。记住以下六条原则可以改进视觉效果[10]：

- **一致性**。读者会将一系列视觉效果视为一个整体，假设设计元素从一页到下一页是一致的。例如，你的第一个图用蓝色显示 A 部门的结果，那么读者就会期待 A 部门在整篇报告或整场演示中都用蓝色来显示。如果你随意改变图表的颜色、形状、尺寸、纹理、位置、规模、字体就会引起读者的困扰。
- **对比性**。读者希望视觉上的不同能够与语言上的相配合。要突出不同，可以用对比色表示各项目，例如红和蓝、黑和白。但是要强调相似性，就要使颜色的区别不要太明显。在一个饼状图中，你可以用两种深度的蓝色表示两个相似的项目，再用黄色表示另一个不相似的项目。要记住深色可以用来强调关键元素，但是使用过多就会降低它们的效果。
- **平衡性**。读者不会花太多的时间去思考各页之间看起来是否平衡，但是他们知道“有什么地方感觉不对”。例如，一个所有主要视觉元素都被挤到一侧的版面会显得不对称。
- **重点性**。读者认定内容上的重点会与视觉上的重点一致。所以要通过尺寸、位置、颜色和

⑩ Jacci Howard Bear, “Defining the Principles of Design Through Metaphor or Allegory,” *About. com* [accessed 2 September 2005] www. about. com; William Wells, John Burnett, and Sandra Moriarty, *Advertising Principles & Practice*, 6th ed. (Upper Saddle River, N. J.: Prentice-Hall, 2003), 373—375.

其他各方面用最突出的方式展示图表上的关键项目,同时弱化格线等不重要的背景元素。

- **简洁性**。尽量使用有限的颜色和元素,避免“图表垃圾”——过多装饰性元素使文件混乱不堪(或使读者感到困惑),同时还没有增加什么有用的信息。[11] 计算机使得制作图表垃圾变得相当容易,从各种剪贴画到用来展示二维数据的三维柱状图。图 11-15 中的两个图显示了相同的信息,但是第二个使用了过多无用的装饰,并做出了不佳的设计选择。例如,图 11-15(b)中的三维柱状图不比图 11-15(a)中的二维柱状图多显示任何东西。结果,第二个图不但变得不容易读懂,而且显得作者不专业。

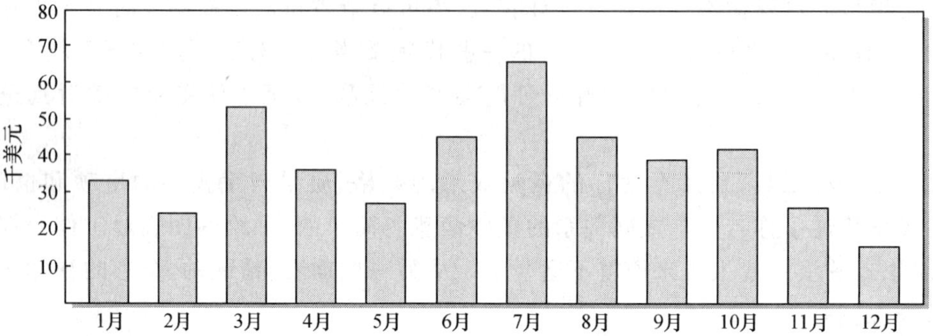

(a) 月销售额:攀岩设备

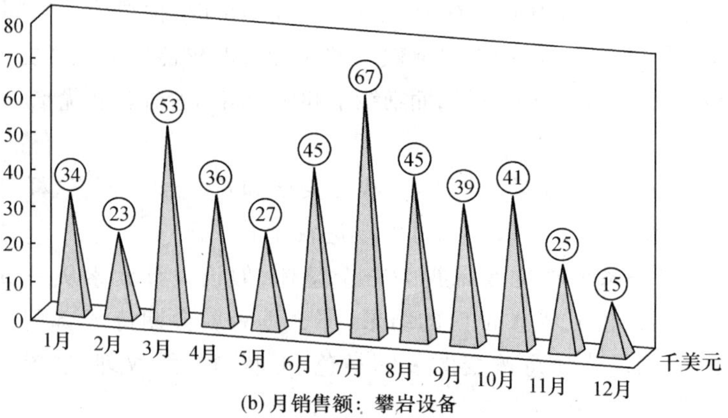

(b) 月销售额:攀岩设备

图 11-15 简单化的作用

- **经历和期望**。文化和教育使人们会期望用某种方式来表现一些事情,包括视觉效果。例如,在美国人们会把绿色与钱联系起来,但是在那些货币不是绿色的国家里就不是这样了。类似的,白色背景上的一个红色十字在很多国家代表紧急医疗救援。但这个十字也是基督教的符号,所以国际红十字会在伊斯兰国家中使用红新月——尽管最初的红十字是建立在瑞士的国旗上,而不是建立在任何宗教图标上的。[12]

将视觉效果整合到正文中 除了创作有效的视觉效果,还要确保视觉效果被流畅地整合到正

---

[11] Edward R. Tufte, *The Visual Display of Quantitative Information* (Cheshire, Conn.: Graphic Press, 1983), 113.

[12] Courtland L. Bovée, Michael J. Houston, and John V. Thill, *Marketing*, 2d ed. (New York: McGraw-Hill, 1995), 250.

文中。这个任务并不容易，尤其是在很小的空间里放入很大的视觉效果或很多视觉效果时。遵循以下三个步骤可以帮助你成功整合文字和视觉效果：

第一，把视觉效果放在不需要读者前后翻看（在印刷的文件上）或者是上下翻页（在屏幕上），从而在视觉效果和正文之间转换位置。理想的情况下，最好是将每个视觉效果放在它所说明的段落中间、旁边或紧随其后，这样读者就可以同时参看解释与图示。

第二，除非视觉元素很清晰地表达了你想要说明的那部分，就像杂志的边栏和教材中带有说明文字的图片那样，否则应该在报告的正文中清晰地用数字标出这些元素。一些报告的作者将所有的视觉元素作为"展示"，并在全文中用数字连续地标示出来；其他许多作者将表格和图形分开用数字表示（任何不是表格的东西都作为图形）。在一份有多个章节的报告中，插图可能用两个数字（用句点或连字符分开），代表这章的序号和这个插图在这章中的序号。无论使用哪一种方案，确保它对于读者是清晰明白的。

在文件或屏幕中出现视觉效果之前，应该事先提及一下，帮助读者明白视觉效果的重要性。下面的例子展示了如何在正文中实现这种联系：

> 图 1 概括了在过去五年中摩托车部门的财务历史，包括按区域划分的销售额。
>
> 这段时间的销售总额稳定，但是按类别分的销售额有显著的变化（见图 2）。
>
> 我们的年轻人高尔夫服饰的销售额显著增长，其潜在原因在表格 4 中显示了出来，它表明全球范围内对青少年高尔夫兴趣的增长。

当描述视觉元素中的数据时，确保强调要揭示的要点。不要犯那种仅仅重复所展示的数据的错误。那样的段落一定会让读者睡过去：

> 在回答这项调查的妇女中，17.4% 的人每小时的工资少于 5 美元；26.4% 的人介于 5 美元到 7 美元之间；25.7% 的人介于 8 美元到 12 美元之间；18% 的人介于 13 美元到 24 美元之间；9.6% 的人介于 25 美元到 49 美元之间；2.9% 的人大于等于 50 美元。

视觉效果将会（或至少应该）提供全部这些细节；不需要在正文中重复。相反，可以使用约整数概括核心信息：

> 超过三分之二接受调查的妇女每小时的工资少于 12 美元。

第三，写下有效的题目、说明和图例来完成正文与视觉效果的整合。**题目（title）**提供简短的描述来指出视觉效果的内容和目的，以及用来指示视觉效果的标记和数字。与标题和副标题相同，一个描述性题目简单地定义了说明的主题，而告知性题目则强调了应该从数据中提取的结论。下面例子表明了二者的区别：

描述性题目	告知性题目
美国石油需求与精炼厂产能的关系	由石油减少导致的精炼厂产能的降低

说明（caption）通常提供了视觉元素内容以外的讨论，合适的话可以有几句话那么长。说明

也可以提醒读者相应的正文中还有对视觉元素的额外讨论。题目出现在视觉元素的上面，说明出现在视觉说明的下面，但是有效的设计也可以将这两部分放到别的位置。有时题目和说明也会被整合到一段中。对于所有的设计决策，在你的报告或网站中要保持一致。**图例（legend）**用于解释各种颜色、符号或其他设计选择所包含的意义，从而帮助读者"解码"视觉效果。图例对于简单的图形没有必要，例如只有序列数据的线状图或柱状图，但是它们对于复杂的图形非常有价值。

不要认为题目、说明和图例是次要的细节。人们在看文件时最先看到的就是这几部分，有时人们也只看这几部分，所以要有效地使用它们来传达你的要点。对制作视觉效果过程中的几项重要因素的回顾，参见"要点检查：制作有效的视觉效果"。

要点检查

制作有效的视觉效果

✓ 根据手中的信息以及信息的目的选择合适类型的图表。
✓ 确定视觉效果有利于对主题的完整理解。
✓ 知道如何使用软件工具以使效率和效果最大化。
✓ 强调视觉连续性以使各部分成为一个整体。
✓ 避免对颜色、纹理、字体、位置或规模作随意的更改。
✓ 通过设计对比强调不同。
✓ 追求简洁和清楚；不要使用没有意义的修饰使视觉效果变得混乱。
✓ 考虑受众的经历和文化期望。
✓ 把你的视觉效果融入正文中，这样读者就能流畅地去感知这一整体。
✓ 使用题目、说明和图例，帮助读者理解视觉效果的意思和重要性。

11.5.3 检验视觉效果的质量和完整性

视觉效果对读者会产生特别大的影响，同时也对读者对你和你的作品的感觉产生影响。一定要检查视觉效果中的错误，如印刷错误、不连贯的颜色处理、令人困惑或者未标明出处的符号，以及未对齐的元素。确保你的电脑没有做一些未预料到的事情，例如把饼状图的各部分按照你不想要的顺序排列，或者使用不寻常的颜色连成线状图。一定要多花几分钟来确保视觉效果绝对正确、说明出处，并且是真实的：

• **视觉效果是正确的吗？**电脑制作的视觉效果很容易出错，所以确保每一部分的信息都是正确的。还要检验视觉效果中的信息与正文是否匹配。对于数据展示，尤其是当使用电子数据表制作图表时，检验用来生成数字的每一个公式，还要确保你为每个图表选择了恰当的数字。对于流程图、组织结构图、图表、照片以及其他的视觉效果，比较你制作出的图像与你计划要做的图像。是否每个图像都正确地传递了你的信息？你是否插入了正确的照片、地图或其他文件？

- **视觉效果注明出处了吗？** 与报告和演示中的正文部分相同，以别人的调查、信息和观点为基础的视觉效果也需要进行全部引用。（即使图表设计完全是自己做的，任何取自别的来源的信息都要标明出处。）还要能够预期受众可能会提出的问题或疑虑，并根据需要向他们提供额外的信息。例如，你在展示一项调查结果的时候，许多读者希望知道都有哪些人参与了这项调查，有多少人做出了回答，以及问题是在什么时候提出的。你可以在说明中用一个“注”来回答这些问题，例如“652 名会计师参与了 1 月 17 日那周的调查”。类似的，如果在第二手资料中找到了一个视觉效果，把资料来源标在图形上或者标在其附近以帮助读者评估信息。为避免弄乱你的图表，你可以在图表中使用一个简短的引用，而在报告其他地方再标注完整的引用。
- **视觉效果是真实的吗？** 就像不恰当的词汇会扭曲你的写作本意一样，看起来很小的设计变更可能会影响读者从你的商业图表中获得的信息。视觉效果会遭受有意或无意的扭曲。例如，你对图表的横轴和纵轴设计的刻度会对受众获取的信息有极其大的影响（见“道德沟通实践：数据歪曲”）。类似的，照片能够影响对物体大小的感觉（还可能是质量、价值、危险性或其他相关的变量），取决于各个部分在图画中的安排方式。为了增加产品被感知的尺寸，广告商可能会让一个手较小的人来拿着产品展示，并使用特写镜头。相反，一只大手会使产品看起来更小。极端的情况是，视觉效果会谎报、隐藏数据或模糊有害信息。

道德沟通实践

数据歪曲

快速看一下这三个线状图，它们都显示了某一特定来源的饮用水含杂质的水平。图(a)显示水源一年中的杂质水平保持在一个稳定的高水平，图(b)显示水源一年中的杂质水平上下波动，图(c)显示水源一年中的杂质水平保持在一个相当稳定的低水平。

这里有一个陷阱：三个图展示的是完全一样的数据。

再看一下图(a)。纵轴的刻度是从 0 到 120，足够涵盖数据中的变化范围。然而，如果你想让受众相信各月之间的变化差别很大那将会怎样？在图(b)中，纵轴的刻度被“放大”为 60 到 110，使变动看起来剧烈得多。结果可以对读者的情绪产生强烈的影响，制造出这些杂质超出了控制范围的印象。

另一方面，如果你想产生事情进展良好、杂质水平很低、各月变动不大的印象，那又将怎样？看一下图(c)的例子，刻度扩展为 0 到 200，看起来将数据中的变化缩小了。这个图表视觉上看起来很平稳，潜在地产生一种印象——没有什么值得担心的。

如果三个图展示的是同样的数据，有没有哪一个比其他的更真实？答案取决于你的意图和受众想要的信息。例如，如果各月测量结果的剧烈变化显示了产品质量问题或者影响公众的安全问题，那么视觉上看起来变动最小的那个就应该被认为是不真实的。

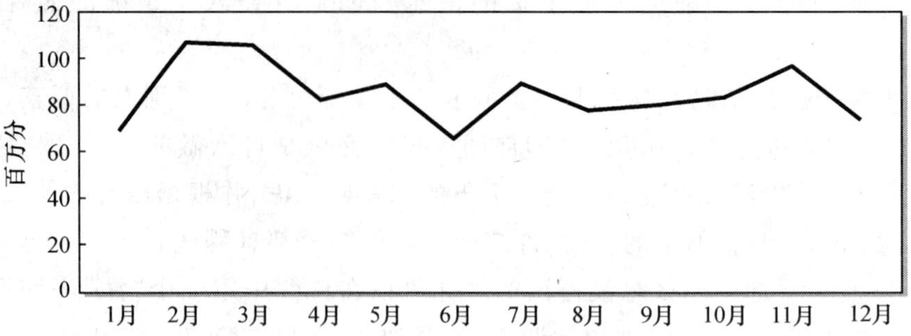

(a) 杂质测量

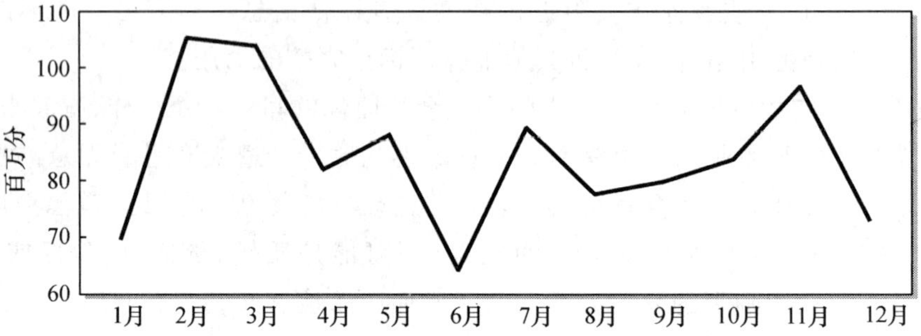

(b) 杂质测量

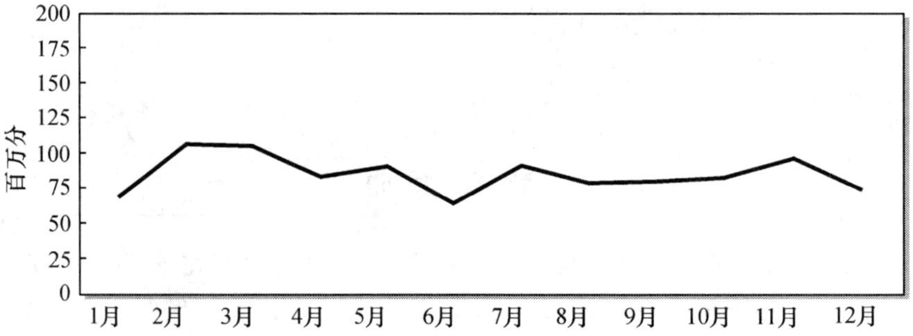

(c) 杂质测量

职业应用

1. 如果纵坐标的刻度是从 0 到 500,那么将产生怎样的直接视觉印象？为什么？

2. 如果案例中可以接受的杂质水平是 60—120 百万分率,这三个图中哪一个展示的数据最合理？为什么？

工作进行时

解决浩腾媒体的沟通困境

过去一年你为 Beth Uyenco 工作,并已经学了很多写作清晰、有效报告的方法。最近她分配给你的项目是关于媒体细分化挑战的告知性报告。仅仅几年前,“大众传播媒体”由三个全国性的电视网络、广播、当地报纸和少量流行杂志组成。当广告商们想要推出一种新的全国性产品时,他们只要购买 ABC、CBS 或 NBC 上的广告时间,就有达到目标市场的很好机会。举个例子,研究表明,1995 年广告商通过三次电视广告,就能到达大约 80% 的美国妇女。广告商不用太费力去寻找观众,因为观众就在身边。

仅仅五年后,想要到达相同的观众几乎需要 100 次的电视广告,原因就是细分化:消费者现在把注意力分散到所有的媒体上,包括博客、网络广播、在线电子杂志以及数字电缆系统,有上百个渠道。用像 Tivo 这样的数字录像机,数百万的电视观众可以正好跳过广告,而在以前他们必须坐在那里等它播完。并且很多人,尤其是年轻的消费者,花很少的时间去看电视,而花很多时间玩电子游戏或观看那些 NetFlix 公司发到他们信箱里的 DVD 影片。

你的报告将帮助像麦当劳和百事可乐那样的传统大众传媒广告主在整个媒体领域中找到方向,认清从搜索引擎广告到电子游戏植入广告等各种新的可能性。在 Uyenco 的领导下团队完成了这项调查,现在由你来写作报告(此报告将作为免费服务提供给浩腾媒体的全球客户)。

1. 公司的客户非常信任从你那接收的建议和信息。所以你在报告的引言部分特别小心,说明调查的范围,解释报告的背景,指出收集数据的来源和方式,并对读者不熟悉的任何术语提供清晰的定义。但是,关于局限性部分的写作你遇到了一些困难,这个报告确实有重要的局限性。你对它包含的信息质量和及时性有信心,但是新媒体世界变化的速度如此之快,你不能保证信息不被很快淘汰。下面对报告局限性的描述哪种最好?

a. 必须指出这篇报告中的信息可能随着市场环境的快速变化而被淘汰。这是市场动态性的功能,并不是我们研究质量的问题。

b. 这里包括的信息到出版时间为止是最新的,我们不能保证它在未来的准确性。

c. 新媒体市场的动态性意味着信息可能会随着时间的推移而改变。请接受我们对这一局限性的道歉。

d. 新媒体市场的动态性意味着信息可能会随着时间的推移而改变。请在报告内容的基础上做出任何重要的战略或财务决策之前同我们核查最新的消息和观点。

2. 在过去的几年中,Uyenco 的读者比较赏识她,因为通过对预览、回顾和过渡的充分使用,她的报告读起来非常容易。你在报告的正文部分描述了很多新广告地点,下面哪个是最好的回顾?

a. 正如本节所述,从博客广告到电子游戏植入广告,现在的新媒体充满了吸引人又具有挑战性的选择。

b. 正如本节所述,现在的新媒体充满了吸引人又具有挑战性的选择,包括传统电影和电视节目中的产品展示、在线电影中的产品展示和赞助广告、网络广播、博客和播客广告、电子游戏植入广告、隐形营销和口碑营销、音乐和时尚赞助。

c. 正如本节所述,现在的新媒体充满了吸引人又具有挑战性的选择:

- 传统电影和电视节目中的产品展示
- 在线电影中的产品展示和赞助广告
- 网络广播
- 博客和播客广告
- 电子游戏植入广告
- 隐形营销和口碑营销

- 音乐和时尚赞助

d. 如本节所述，当与目标客户相连接时，当前的广告主有一系列新颖多样的选择。

3. 你报告的主题是新广告媒体，并且这些媒体大多数都是电子的，其中很多结合视频、音频、动画和互动。一个较好的例子是电子游戏植入广告，带有商标名称的产品以游戏场景或游戏动作本身的形式来显示。自然，这些内容在印刷报告中很难有效地展示。你计划在网站上提供大量的电子样本，但是你将如何在你的报告中把握这种情况？比如，你将如何描述电子游戏植入广告？

a. 从游戏上进行截图并说明在每一点游戏中将如何发展；同时列出网站的 URL 地址，并解释在这里可以找到样本。

b. 从游戏上进行截图并说明网站的 URL 地址。

c. 从像电子游戏一样的动态影像上截下的静态图像可能没有说服力；尝试用文字描述游戏动作。

d. 试图在纸上展现或描述一些像电子游戏一样复杂的东西是无意义的；简单地让读者直接去网站看各种多媒体样本。

4. 为了强调在过去的十年中有线电视收视率的降低和其他媒体参与率的增加，从小众有线电视频道到博客再到播客，哪种视觉效果类型是最有效的？

a. 线状图，用几条线来描绘不同的媒体。

b. 十个饼状图，每个代表一年，表现了在过去的几年中使用不同媒体的消费者百分比是如何变化的。

c. 一张表格。

d. 用数据标记每个州的一张美国地图，展示出趋势数据。

学习目标检查

通过阅读每个学习目标和完成相关练习来评估你对本章要点的掌握情况。填空题，写出空白处缺少的文字；单项选择题，在正确答案的字母上打钩。

目标 11.1：解释写作报告和建议书的时候怎样适应受众。

1. 为什么对较长和较复杂的报告来说，换位思考很重要？

a. 在写作较长的文件时，换位思考可以节省很多时间。

b. 专业人员已经习惯于阅读较长的报告，所以他们不需要过多的帮助。

c. 人们不喜欢阅读缺少商务礼仪的报告。

d. 报告的长度和复杂性对读者提出了较高的要求，同时也使得对读者需求的敏感性变得更加重要。

2. 下面哪句话语气最正式？

a. 我们在这里讨论我们公司和美国医药公司之间协作发展战略的可能性。

b. 这篇报告探索了和美国医药公司进行战略合作的可能性。

c. 我的报告是对和美国医药公司进行战略合作的可能性所作的正式调查的结果。

d. 在这个报告中，我针对的是和美国医药公司进行战略合作的可能性。

目标 11.2：列出一般在告知性报告和分析性报告的引言、正文和结尾中包含的主题。

3. 下面哪一个不属于告知性报告或分析性报告中的正文？
   a. 报告中不足的解释
   b. 事实、统计证据和趋势
   c. 结论和建议
   d. 评价其他选择的标准
4. 你会在报告的哪一个部分列出行动项？
   a. 在开头
   b. 在正文
   c. 在结尾
   d. 报告中不会有行动项

目标 11.3：列举有效报告内容的五个特征。

5. 下面哪一个不是有效报告内容的特点？
   a. 平衡性
   b. 清晰性和逻辑性
   c. 趣味性
   d. 精确性
6. 如果受众在你的报告中发现了几个错误，他们会有怎样的反应？
   a. 他们会对你的整个作品产生怀疑
   b. 他们会原谅你并继续看下去；每个人都会犯错误
   c. 他们不会再读你的报告
   d. 他们会尊重你不多浪费时间校对的事实

目标 11.4：列举加强建议书论证的六个策略。

7. 下面哪一个不是加强你的建议书论证的好策略？
   a. 提供能够证明你的建议书价值的具体例子
   b. 证明你的知识
   c. 说明你在建议书上所花费的时间
   d. 使用换位思考
8. 如果包装和演示都是肤浅的，为什么它们在建议书写作中还是很重要？
   a. 读者倾向于通过建议书的质量来事先判断你的产品和服务的质量
   b. 它们可以证明你不仅注重数据，还可以进行创造性思考
   c. 它们会向受众证明你愿意花时间和经费来使建议书被接受
   d. 吸引人的文件通常有高质量的信息

目标 11.5：列出一般在建议书的引言、正文和结尾中包含的主题。

9. 下面哪一个不是建议书引言中的部分？
   a. 问题背景或陈述
   b. 详细成本分析
   c. 建议书的组织结构
   d. 建议书的范围
10. 建议书正文的首要目的是：
    a. 针对项目列出你们公司的资格
    b. 解释为什么受众需要应对具体问题或机会
    c. 传达你解决问题和寻找机会的热情
    d. 给出建议解决方案的细节及其期望利益
11. 如果一份建议书是用来回复一份需求建议书，那么建议书的正文中该如何提出成本这一项？
    a. 避免提及成本
    b. 应该提供总成本的数字，不应浪费读者的时间
    c. 根据公司有关成本估算的政策
    d. 应该执行需求建议书中的说明

目标 11.6：描述视觉效果给文件带来的沟通力量。

12. 视觉效果可以通过以下哪个方面加强沟通效果？
    a. 比正文更好地传递某些信息
    b. 吸引不同职业和文化背景的受众
    c. 可以把报告中的重点告诉给那些没有时间阅读报告的人

d. 以上所有

目标 11.7:解释如何选择一些关键点来进行举例。

13. 下面哪一个在报告中适合用图来说明?
    a. 十二个月中十二家商店客户满意度的对比
    b. 参加十个培训课的雇员比例
    c. 网站中从无人访问到访问量最多的网页排名
    d. 以上都是

14. 下面哪一个不是在报告中使用视觉效果的较好理由?
    a. 和使用多种语言的受众进行更有效的沟通
    b. 有助于把一个过程、组织和其他事物分开的部分组合到一起,例如使用流程图去描述一个过程的不同步骤
    c. 使数据使用更简单,例如把数据放在一个表中
    d. 展示你创造性的一面

目标 11.8:讨论能够提高报告的视觉效果质量的六个图表设计原则。

15. 为什么在视觉设计中一致性很重要?
    a. 向受众表明你没有浪费时间来作艺术设计
    b. 通过去掉任意的变化可以减少受众的困惑,遇到其他的视觉效果时不需要再重新看一遍你的设计图解
    c. 报告印刷时可以节省墨水和调色剂
    d. 告诉受众你是严肃且有效率的

16. 你会采用下列哪些步骤来强调视觉效果中最重要的部分?
    a. 重要部分使用主要颜色
    b. 重要部分加上说明
    c. 重要部分使用较大的字体
    d. 以上都对

目标 11.9:列举在报告或演讲中使用视觉效果之前确定的三个特征。

17. 你会使用以下哪些步骤去验证在报告中使用视觉效果的正确性?
    a. 确保线状图、柱状图这样的数据展示能够准确描述你想要展示的数据
    b. 确保流程图和其他计算机制图的正确和清晰
    c. 确保在报告中的每个部分正确地插入了视觉元素
    d. 以上都包括

18. 假设有一个线状图,纵坐标刻度是 0 到 100,数据变化从 10 到 90。如果你把刻度 0 到 100 变为 0 到 200,那么会对受众的感觉有什么影响?
    a. 刻度变化对受众的感觉没有影响
    b. 刻度变化将会扩大数据的变化
    c. 刻度变化将会缩小数据的变化
    d. 你不能事先预测刻度变化对受众感觉的影响

知识应用

1. 报告是否应该解释作者收集证据或解决问题的方法?为什么?

2. 除了告诉读者插图很重要,为什么要在报告中提及它?

3. 当看到一个图表时,你如何确定所看到的视觉效果是对事实的正确反映?解释一下。

4. 如果你想要受众赞同一个具体的行动,你会把不想让受众考虑的问题排除在外吗?为什么?

5. **伦理选择**。如果公司收到了列出问题

解决方案的正式请求建议书,不雇用提交这份建议书的公司但采纳建议书中建议的做法符合伦理规范吗？为什么？

知识实践

文档分析

阅读图 11-17 的请求备忘录建议书,然后：(1) 分析它的优点和缺点;(2) 修改材料,使其遵循本章指南。

建议书

日期：2006年4月19日
收件人：Ken Estes, 北伊利诺伊水泥公司
发件人：Kris Beiersdorf, Memco建筑公司 KB
项目：IDOT Letting Item #83, Contract No. 79371, DuPage County

Memco建筑公司提供所有的劳力、材料、设备和二级、四级的工程填充物——价格如下：

二级和四级工程填充物

描述	单位	数量	单位价格	总价
进场费*	一次付款	1	4 500.00美元	4 500.00美元
二级工程填充物	立方码	1 267	33.50美元	42 444.50美元
四级工程填充物	立方码	1 394	38.00美元	52 972.00美元

* 进场费包括一次性进场的人员。额外人员以每人1 100.00美元计价。

下面的条款说明和澄清了我们转包合同的范围：

1. 所有模壳、土方、清除都由其他方提供和维护，不需要Memco建筑公司出资。
2. 建筑公司提供前期准备工作和储存材料、设备的场所，以及施工现场的仓库。
3. 建筑公司将会严格按照施工所用材料的多少来收取费用。
4. 所有准备工作，包括土建织物、土工膜衬护等都由其他方承担。
5. 施工现场的用水不需要Memco建筑公司付费。
6. 脱水工作由其他方承担，不需要Memco建筑公司付费。
7. 交通管制设置、设计、维修和信号旗手由其他方承担，不需要Memco建筑公司付费。
8. 如果在十日内收不到你方纸面通知，来确认我们是最低的报价人，我们就会撤回报价。
9. 我们的F.E.I.N.是36-4478095。
10. 投标保证金不在以上价格中。保证金会多加1%。

如有任何问题，请用以下号码和我联系。

Kris Beiersdorf
Memco 建筑公司
187 W. Euclid Avenue, Glenview, IL 60025
办公室: (847) 352-9742, 分机号: 30
传真: (847) 352-6595
电子邮箱: Kbeiersdorf@memco.com
www.memco.com

图 11-17　请求备忘录建议书

练习

本章讨论到的所有网站都能在本书的网站 www.prenhall.com/thill 上找到链接。找到书名并点击“辅助网站”链接，然后选择第 11 章，并点击“特色网站”，选定与文中内容有关的页面名称或 URL。请注意本书出版后失效的链接将从“特色网站”中删除。

11.1 **适应受众的报告**。回顾图 11-2 和 11-3，给出具体例子说明这些报告是怎样与受众建立良好关系的。可以考虑下列因素：使用换位思考、正面强调、建立可信度、礼貌、使用非歧视性语言、树立良好的企业形象。

11.2 **报告的写作：报告内容**。写一份关于新产品在美国销售额的分析性报告。在下列主题中找出能够包含在报告的开头、正文和结尾的选项，简单解释你的决定。

a. 地区性的销售额下降

b. 产品投入市场的日期

c. 全球销售同类产品的竞争者销售额

d. 预测接下来的六个月美国的低迷经济对销售额的影响

e. 上述预测采用的方法

f. 日本竞争者在美国销售同类产品的影响

g. 建议公司是否应在全球范围内销售公司的产品

h. 如果公司想在全球范围内销售产品，本年内必须完成相关任务

11.3 **商务报告的编写**。你的老板 Len Chow（企业规划副董事长）要你去调查化妆品市场的商机，并写一份关于你的发现和公司营销重点的商务报告。下面是笔记的复印件（数据是为练习编写的）：

主题：需求	
受平均消费量的影响，行业需求量在 20 世纪 70 年代、80 年代及 90 年代早期持续增长	参考：1.1
主题：竞争	
目前化妆品行业有 700 家企业共存	参考：1.2
主题：小众市场	
为了避免与行业领头企业进行正面竞争，应该集中于特殊的小众市场	参考：1.3
主题：竞争	
行业主要由 Revlon、Procter & Gamble、Avon、Gillette 等几家领头企业主导	参考：1.4
主题：需求	
行业不再对衰退免疫：去年销售平平，消费支出下降，中高档品牌受到的冲击最大，消费者降低消费水平	参考：1.5
主题：竞争	
小型企业（Neutrogena、Mary Kay、Soft Soap、Noxell）通过专攻主导、差异化产品线、集中于市场细分而得以生存	参考：1.6
主题：需求	
过去五年化妆品的消费量相对平缓	参考：1.7
主题：竞争	
价格基本保持不变，而推销预算却持续增加	参考：1.8
主题：小众市场	
男士：占成人数量的 50%；占化妆品销售量的 1/5；市场领头企业曾经尝试进入该领域，但失败了	参考：1.9
主题：需求	
化妆品行业已经接近于成熟，但是一些细分市场可能情况各有不同。总体市场目前每年零售/销售额约为 145 亿美元：化妆品/护肤品/香水 56.35 亿美元；个人卫生产品 43.75 亿美元；护发产品 34.35 亿美元；剃须产品 10.55 亿美元	参考：1.10

（续表）

主题：小众市场	
种族群体：一些公司专管非裔美国人产品；很少有公司以西班牙裔、亚洲裔或本土美国人市场为导向，这些人在地理上更趋于集中	参考：1.11
主题：需求	
平均每人每年化妆品支出为 58 美元	参考：1.12
主题：竞争	
竞争渐趋激烈，领头企业持续为小企业施加压力	参考：1.13
主题：需求	
本年的第一季度，需求量开始回升，增长趋势预期会持续到下一年	参考：1.14
主题：小众市场	
老年人：大量增长的群体，占化妆品销售量的 6%，他们对护发和护肤用品的特殊需要还没有被满足，对外表感兴趣	参考：1.15
主题：需求	
人口趋势：(1) 婴儿潮出生的这一代走向成熟，这将会带来剃须膏、染发剂、护肤霜等产品消费量的大量提升；(2) 南部和西南部人口增长，一些品牌已经在那里强势发行	参考：1.16

列出建议书的中心思想（你的建议）、主要观点（你的结论）和支持性论据。接着围绕结论列出一、二级标题，构建报告提纲。因为是 Chow 要求写这份报告，你可使用直接法。然后完成 Chow 所要求的备忘录报告的草稿。

11.4　**报告的写作**。在商业报纸或杂志上找一篇建议问题解决办法的文章。找出作者提出的问题、建议方案和依据，然后对他或她的建议做出判断。作者是否引用正式或非正式的研究作为依据？作者总结了哪些事实和统计数据？为了评估可能的选项作者引用标准了吗？如果引用了，那么这些标准是什么呢？

11.5　**报告的写作：时态**。使用一致的时态重写下面这段文字。

Of those interviewed, 25 percent report that they are dissatisfied with their present brand. The wealthiest participants complained most frequently, but all income categories are interested in trying a new brand. Only 5 percent of the interviewees say they had no interest in alternative products.

11.6　**报告的写作：导航线索**。回顾杂志或报纸上的文章，标出文章使用标题、过渡、预览和回顾帮助读者理解文章的例子。

11.7　**伦理选择**。你的老板让你准备一篇可行性报告，决定是否在附近地区的周报上为手工定制储藏柜做广告。根据你的初步调查，你认为可以。然而，当你正草拟报告时，发现对周报订阅者的问卷调查是有问题的。一些问题写得不清楚且易被误解。你使用这个问题调查结果及其他报告中的发现来支持你的建议。报告预期在三天后完成，在完成报告之前你会采取什么行动呢？

11.8　**准备线状图**。你所在的宠物食品加工厂对最近美国宠物饲养者的民意调查很感兴趣。观察下面的数据为图表选择最合适的刻度，接着画出饲养猫的线状趋势图。从你画的图表中能得出怎样的结论？讨论民意调查的结果和对宠物食品加工业的潜在影响，草拟一个两段落的报告。通过图表支持你的结论。

1990 年，220 万的美国居民饲养猫。1995 年，人数达到 240 万。2000 年和 2005 年的人数分别为 280 万、320 万。

11.9　**选择正确的视觉效果**。你正在为 FretCo 吉他公司准备年报。根据下面的信息，选择正确的图表或视觉效果来说明文字。解释你的选择。

a. 过去20年的年度销售额

b. FretCo公司产品今年和去年的销售额比较(电吉他、低音吉他、扬声器、原音吉他)

c. 解释FretCo吉他公司如何销售吉他

d. FretCo吉他公司在12个国家的销售额

e. 比较过去十年里FretCo吉他公司与三家竞争制造商的销售额

11.10 **选择正确的图表**。下表是去年你所在电器电子大型商店的销售额。以下列数据为依据构建图表,帮助你向总经理解释每个部门的季节销售变化。

2005年商店销售额(1 000美元)

月份	电子	电脑	电器
1月	68	39	36
2月	72	34	34
3月	75	41	30
4月	54	41	28
5月	56	42	44
6月	49	33	48
7月	54	31	43
8月	66	58	39
9月	62	58	36
10月	66	44	33
11月	83	48	29
12月	91	62	24

11.11 **制作地图**。你在经营投币自动洗车服务的C&S Holding公司工作。调查显示客户离洗车场越远,越不愿意去那洗车。你了解到50%的客户住在洗车场方圆4英里内,65%住在6英里内,80%住在8英里内,90%住在10英里内。公司打算在你所在的城市开两家新的洗车场,让你准备一份报告建议应该选在什么位置。使用城市地图(访问www.mappoint.com或www.mapquest.com),选择两个可能的位置,使用视觉元素描述每个地点周围的客户(可以编造任何需要的人口数量)。

11.12 **互联网**。观察数据如何以视觉形式展示的一个最好的地方是政府统计出版物,通常公布在网络上。例如,国际贸易管理局(ITA),美国商务部的一个分支机构,每个月都会公布美国与其他国家的贸易报告。登录www.ita.doc.gov了解每月的最新消息。使用你在这章学到的知识,评估报告中的图表。它们清楚地展示资料了吗?有没有遗漏任何元素?你将怎样改善这些图表?将报告打印出来和你的答案一起上交,并指出你评估的是哪些图表。

知识拓展

从网络中学习更多

提高你的电脑制图技术

http://graphicssoft.about.com

需要使用图形软件的帮助吗?从About.com图形软件网站开始吧。查询指南并学习如何完成字体、图像和相关的图形任务。观看带有插图的示范。阅读说明文章。学习如何使用最普通的图形文件格式。用图形设计的基本原则来扩展知识。提前掌握一些颜色技巧和理论。离开前通过链接找到一些推荐书籍和杂志。

活动

探究About.com的图形软件部分并回答下列问题:

1. 什么是在线视图最标准的文件格式?
2. 电脑视图中的颜色深度是什么意思?

3. 什么是抖动,它怎样影响你的视觉效果?

自己探究网络

自行访问以下与本章内容相关的网站,学习更多关于报告和建议书写作的内容。

1. 调查公司在线, www. learnwebskills. com,有一些在线寻找公司和行业信息的好的建议。查询指南。

2. 根据哈佛商学院的工作知识网站的建议制作更有效的执行概要, http://hbswk. hbs. edu/(看职业效率下的“写作有效的执行摘要”)。

3. 了解 2 500 多个标志和符号的意义,参照 www. symbols. com。

互动学习

互动学习向导

访问 www. prehall. com/thill,找到书名并点击“辅助网站”链接。选择第 11 章,使用互动的“每章测验”来测试你对本章概念的掌握情况。你会得到即时的反馈,知道你是否需要进一步的学习。同样,访问“学习大厅”,你将发现大量能帮助你完成此课程的资源。

最佳语法和结构

如果教师要求你使用在线课程或者 CD 上的“最佳语法和结构”,你可以通过使用这一模块来提高你对破折号和连字符的使用技巧。首先点击“破折号和连字符”,选择进行“预先测试”来确定你是否有薄弱方面。然后在“复习课程”中复习这些方面。选择进行“跟进测试”来检查你对破折号和连字符的掌握情况。如果想要更高的挑战或者进一步的练习,选择进行“高级测试”。最后,在接下来的“提高语法、结构和表达”部分中,完成练习以进一步巩固和加强。

提高语法、结构和表达

以下练习帮助你提高对英语语法、结构和表达的掌握和运用。在下面每组句子中,找到最佳选项,在其字母上打钩。

1. a. Three qualities—speed, accuracy, and reliability are desirable in any applicant.
   b. Three qualities—speed, accuracy, and reliability—are desirable in any applicant.
2. a. A highly placed source explained the top-secret negotiations.
   b. A highly placed source explained the top-secret negotiations.
   c. A highly-placed source explained the top secret negotiations.
3. a. The file on Mary Gaily—yes—we finally found it reveals a history of tardiness.
   b. The file on Mary Gaily, yes—we finally found it—reveals a history of tardiness.
   c. The file on Mary Gaily—yes, we finally found it—reveals a history of tardiness.
4. a. They're selling a well designed machine.
   b. They're selling a well-designed machine.
5. a. Argentina, Brazil, Mexico—these are the countries we hope to concentrate on.

b. Argentina, Brazil, Mexico—these are countries—we hope to concentrate on.

6. a. Only two sites maybe three—offer the things we need.

b. Only two sites—maybe three—offer the things we need.

7. a. How many owner operators are in the industry?

b. How many owner—operators are in the industry?

c. How many owner-operators are in the industry?

8. a. Your ever-faithful assistant deserves—without a doubt—a substantial raise.

b. Your ever faithful assistant deserves—without a doubt—a substantial raise.

9. a. The charts are well placed—on each page—unlike the running heads and footers.

b. The charts are well-placed on each page—unlike the running heads and footers.

c. The charts are well placed on each page—unlike the running heads and footers.

10. a. Your devil-may-care attitude affects everyone in the decision-making process.

b. Your devil may care attitude affects everyone in the decision-making process.

c. Your devil-may-care attitude affects everyone in the decision making process.

如果想找到更多的关于破折号和连字符的练习，请登录 www. prehall. com/thill，找到书名并点击“辅助网站”链接，选择第 11 章，点击“提高语法、结构和表达的额外练习”，然后点击“18. 标点符号 C.”。

案例

三步写作法在案例中的应用

按教师要求在案例中运用以下步骤

计划	写作	完成
分析情况 阐明手头的问题或机会、说明你的目的、分析受众、拟定工作计划。 **收集信息** 确定受众需求，获取满足其需求的信息，在必要时制订调查计划。 **选择正确的媒介** 选择最好的媒介传递信息，考虑用多种媒介传递。 **组织信息** 确立中心思想，限定范围，选择直接法或间接法，选择适合告知性报告、分析性报告或建议书的结构来概括内容。	**适应受众** 对受众需求要敏感，换位思考，注意礼貌，正面强调，使用非歧视性语言。通过建立可信度和树立企业形象构筑与受众的良好关系。使用恰当的语气语调来控制风格。 **编写信息** 在报告的引言、正文和结尾部分，使用恰当的词汇，帮助你写出有效的句子、连贯的段落。	**修订报告** 评价内容和可读性，编辑、重写，使之更为简洁和清晰。 **制作报告** 使用有效的设计元素和适当的排版使之看起来更清楚、更专业。图表和文字之间不要有太大的空隙。 **校对报告** 修改排版、拼写和结构错误。 **发布报告** 使用选择的媒介发布报告，确保所有相关的文件都能成功发布。

告知性报告

1. 我的进展：学业中期进展报告。正如你知道的，对于得到学位或文凭来说，其中涉及的行政手续差不多和你修的任何一门课程一样具有挑战性。

你的任务：准备中期进展报告，详细说明为了完成毕业或认证要求所需的步骤。在浏览了学校的有关规定后，完成一份现实的完成余下学业的时间表。除了完成课程要求，还包括住校的要求、写论文、缴纳一定的费用。在你的报告中使用备忘录格式，并把它交给帮助和鼓励你完成学业的人。

2. 自始至终：会议的个人活动报告。学术世界里有很多大大小小的会议，可能有的你已经参加了。

你的任务：准备一个有关你最近参加的一个会议的活动报告。使用备忘录格式把报告内容展示给身边没有参加会议的同学。

3. 检查价牌：大学费用趋势的告知性报告。你所在学校的行政部门要求你比较你的学校和一所快速崛起的周边学校的所收费用。调查你所在学校最近四年学费的趋势。接着调查周边学校。比较两家学校每一年及第一年和第四年之间的学费变化百分比。

你的任务：为你所在学校的校长准备一份非正式报告（使用信件格式），展示你的调查发现和总结。使用图形来解释和支持你的结论。

4. 抓紧时间：宿舍生活的长久向导。搬进宿舍是让你措手不及的一次经历。除了要在 30 多摄氏度的高温下把你的东西搬到四层楼那么高，还要把所有电线都插在室内墙角的插座上，架起你的床，与室友协商谁来用大一点的衣柜。你不得不在停车场当着同学的面同你的父母拥抱说再见。现在你是专家了，你要为未来的大一新生写一份长久的向导，让他们知道他们在搬进宿舍时应该准备好什么。

你的任务：为未来的新生准备一份告知性报告，概述搬进大学宿舍的规则和程序。列出这些规则，例如开始时间、如何处理垃圾和空箱子、寝室里允许和不允许堆放的物品、基本礼貌、停车等。确保说明了有关移出家具、架床及可使用的最大电量的政策。当然，关于如何解决与室友的分歧的建议也是很有用的。对如何安慰焦虑的父母也要给出适当的建议。然后把报告交给院长。

分析性报告

5. 我的下一步职业变动：围绕着建议的可行性报告。如果你曾经好好地询问过自己，那么你可能对这个计划得心应手。

你的任务：为自己写篇备忘录报告，签上虚构的名字，说明毕业后要从事的工作，根据你的长远目标谈谈该职业的优势，接着概述为了得到这份工作必须采取的行动。

6. 坚持到底：使用 2 + 2 = 4 法的非请求建议书。考虑一门你希望放到学校核心课程中的课程，相反，再考虑一门你希望作为选修而不是必修的课程，相应地写份电子邮件报告。

你的任务：写一份使用 2 + 2 = 4 法的简短电子邮件建议书（必要的话，复习第 10 章的内容）。准备一份用电子邮件发给院长的建议书。确保包括所有支持观点的理由。

7. 计划我的项目：使用标准法的解决问题报告。假设下学期你只有时间上一门课程：

你的任务:列出你感兴趣的四门或五门课程,描述反对和赞同的理由,使用标准法决定对你最有好处的课程,用备忘录格式写份报告,交给你的导师。

8. 饭店评论:有关饭店食物和运营的解决问题报告。调查一家饭店,比如学校食堂。工作人员和其他客人都以为你是一名普通的客人,但是实际上你是店主安排的调查者。

你的任务:调查完后,给店主写封信解释一下(1) 你做了什么,观察到了什么,(2) 饭店是否违反了某些制度,(3) 对改善状况的建议。报告的第一部分最长,包括描述里里外外的环境,说明从订餐到上餐所花费的时间。全面地描述服务和食物。你对装饰、服务和食物的好坏两方面都感兴趣。第二部分使用一些常识。如果除了一个人之外,其他所有服务员都把头发遮了起来,那么你就会猜想规定服务员都要遮住头发;脏玻璃和脏乱的卫生间很明显也是不符合规定的。最后的部分包括专业的评价。采用什么样的管理行动能改善饭店的状况?

9. 关于书籍:改进校园书店的解决问题报告。假设你是被招聘来提高校园书店利润的顾问。

你的任务:探访书店并审视书店的运营状况。接着写一封给书店经理的信,提些能增加书店利润的建议,建议可能包括应该购买的书籍、营业时间和对学生提供额外的服务。确保能支持你的建议。

10. 日日夜夜:关于 24 小时便利店的解决问题报告。当商店每天 24 小时开业时,什么时间最适宜重新进货?对于 24 小时从不关门的商店来说这是个难题。假设你是校园附近一家便利店分店的助理经理。你想制定一个进货的时间表,这个时间表不能与主要营业时间相冲突。考虑到早晨、中午、晚上和午夜可能的客户数量。也要顾及这四个时段员工的人数。

你的任务:用科学的方法,以书信的方式给商店经理(Isabel Chu)和区域经理(Fric Angstrom)写一份解决问题报告,他们一定要就方案达成一致。讨论不同时段进货的利弊,同时也要包含你的建议。

建议书

11. "你会代理它吗?"向零售店建议产品的非请求建议书。选择一个你熟悉的产品,假设你是一个制造商,想要让一家当地的零售商代理它。使用网络或其他资源来搜集有关产品的信息。

你的任务:以书信的形式写份非请求销售建议书给店主或经理,建议陈列该产品,使用你所收集到的信息描述产品的特点和对商店的益处。接着编造合理的数据,突出产品的成本,以怎样的价格出售,以及公司将提供哪些服务(返回未出售产品、免费退还不满意产品、必要的保修等)。

12. 大家在哪里? 销售 GPS 车队追踪系统的建议书。作为 Air-Trak 公司的销售部经理,你有责任撰写一份给公司 Cloudberry 追踪系统潜在客户的建议书。Cloudberry 追踪系统使用 GPS 来追踪车辆的位置。例如,卡车运输公司的调度员只要通过屏幕上的地图就能立刻找到公司所有卡车所在的位置。Air-Trak 公司列出了该系统的以下优点:

- 确保车辆在最短的时间内找到指定的路线
- 车辆一旦偏离路线,调度员马上发出警报
- 通过最优化路线,车队经理能为每辆车找到最省时、最省油的路线到达目的地
- 能够比较预定路线和实际路线
- 提高安全性,保护司机和货物

你的任务:写一份简短的建议书给 Midwest Express 公司的车队经理 Doneta Zachs(338 S. W. 6th, Des Moines, Iowa, 50321)。介绍你的公司,说明 Cloudberry 系统的信息的优点,提议在该公司的五辆卡车上尝试安装该系统。为了实现这项任务的目的,你不必担心有关系统技术上的细节,专注于介绍优点并询问公司对此测试项目的决定。(可登录 www. air-trak. com 了解更多有关 Air-Trak 和 Cloudberry 系统的信息。)[13]

[13] Adapted from Air-Trak website [accessed 12 September 2005] www. airtrak. com.

第 12 章　报告和建议书的完成

学习目标

学完本章后,你将能够:

1. 界定完成商务报告和建议书的四项任务
2. 解释计算机怎样简单化和复杂化报告制作流程
3. 明确在哪些情况下报告中应该包含授权信和接受函
4. 解释概要和执行概要的区别
5. 描述正式报告的三个补充部分
6. 解释请求建议书和非请求建议书的文前部分有何不同

工作进行时

比尔和梅琳达·盖茨基金会的沟通

创建有效合作关系,应对世界难题

同许多商业人士一样,微软公司的创建者比尔·盖茨(Bill Gates)和他的妻子前微软公司主管梅琳达·法兰奇·盖茨(Melida French Gates),在事业成功之后开始发展慈善事业。但与多数人不同的是:盖茨一家手持数十亿财产,他们雄心勃勃地要在全球范围内改善健康、教育和数字化信息。

盖茨基金会不是简单地将钱捐出去,而是同其支持的组织、其他政府和私人部门组织等建立了长期伙伴关系,追求共同目标。正如盖茨夫妇所说,他们的基金会如同催化剂,以一种能"增加变化的动力、规模和持久性"的方式把各种资源聚集到一起。这种策略被应用于解决很多具有挑战性的社会问题,例如,抑制艾滋病、消除疟疾、改善高等教育、确保所有人都了解由互联网带来的数字化革命。

面对如此巨大的复杂性和在全球范围内协调组织资源的挑战,这显然并非易事。而在这一过程中沟通起着重大作用。尤其是报告和建议书将与基金会活动有关的各种组织联系起来,并告知公众基金会正面临的挑战和取得的进展。

盖茨夫妇给基金会配备了很多具有领导才能和沟通技能的职员,其中包括另一位前微软公司

主管帕蒂·斯通塞弗(Patty Stonesifer),她担任基金会的共同主席和会长。斯通塞弗作为作者和读者,广泛地参与到报告和建议书中来。除了合著基金会年度报告以外,她还阅读了大量来自不同组织的建议书,这些建议书都是想从基金会的15亿美元年度基金中申请一部分。盖茨基金会每月收到大约3000个正式的基金申请,而这些申请者都会被严格审查。

"一份写得好的基金申请(建议书)真是太美妙了,"斯通塞弗的一位前同事说,"你听到一个特别聪明的人告诉你'我有这样一个想法',这会是个很棒的故事。"斯通塞弗从不同角度审视这些建议书,听取同事的意见,提出多种多样的问题:这真是最好的方式吗?什么会产生最大的影响?这个建议书能够成为促使其他组织参与进来的催化剂吗?

一份成功的基金申请书仅仅是基金会与基金申请人沟通过程的开始。基金会把每笔基金看做是一次投资,始终参与其中,设定里程碑,并期望得到进展报告。如果基金获取人没能取得实质性进展,那么他们就有失去这笔基金的风险。这种不间断的责任制所产生的影响,会一直持续到预期目标的实现。

斯通塞弗及其同事意识到他们面临着具有不可想象的复杂性的问题。然而通过系统思考、持续的乐观态度和无可比拟的财富资源及有效的沟通技能,他们依然承诺要改善世界人民的生活。①

www. gatesfoundation. org

12.1　报告和建议书的终稿

根据你所从事的工作和行业的不同,在职业生涯中,你可能要准备很多正式的报告和建议书。例如,管理顾问要准备很多日常的正式文件,包括申请新项目的正式建议书以及向客户传达项目结果的正式报告。这一章着重强调了完成较长信息包含的四项主要工作:修订、制作、校对和发布。

尽管本章所讲的四项工作在概念上与第6章相似,然而完成报告和建议书的工作量要比处理短信息的工作量大得多。单独一个复杂报告的制作就需要花费好几天。或许就像你在写学校报告时经历的那样,在你匆忙写完,时间所剩无几的时候,电脑、复印机和其他工具会莫名其妙地在最后关头出现差错。如果有可能,要留出超过你所预期的两到三倍的时间来完成一个项目。考虑到多种干扰、系统故障以及最后修正,你会需要这些时间,甚至更多一些。

本章大部分篇幅的讨论适用于正式报告和建议书——由于受众期望、公司传统和市场需求而需要额外修饰及专业特性的文件。多数报告和建议书不需涵盖本章提到的所有要素,但是你必须仔细地选择每一份文件中所涉及的要素。

① Richard Klausner and Pedro Alonso, "An Attack on All Fronts," *Nature*, 19 August 2004, 930—931; "Richard Klausner Spends To Save Lives," *Fast Company*, November 2002, 128; Gates Foundation website [accessed 15 September 2005] www. gatesfoundation. org; Kent Allen, "The Gatekeeper," *U. S. News & World Report*, 8 December 2003, 64—66.

12.2 报告和建议书的修订

像斯通塞弗这样资深的商务沟通专家,意识到写一篇报告或建议书仅仅依靠初稿是不够的。像第5章中提到的那样,初稿中你只是稍稍组织了一下,把你的想法呈现出来,你通常会把一些使文章更有力、更紧凑、更完美的修订过程留到第二稿和终稿中进行。

报告的修订过程同其他商务信息的修订过程大体一致,尽管由于文件长度的不同,修订所需的时间有所不同。评估一下你的组织、风格和语气语调,确定你已经把你想表达的都以逻辑顺序陈述清楚,并能满足读者的需求。然后通过改变句子长度、截短段落、插入列表和符号列表、加入标题和副标题等方法提高报告的可读性。反复修订内容直到报告清晰、简洁且具有吸引力。

12.3 报告和建议书的制作

一旦你对你的内容满意了,就需要利用第6章所讨论的设计元素来制作报告。标题、插图说明、排字法(如字母大写、斜体、黑体等)、边距、行对齐和空白等,只是可用来有效组织材料的一部分技巧和工具。在这一阶段,你还可以开始加入图表、图形和其他视觉效果,还有其他遗漏的正文元素,比如预览和回顾。有些组织有格式指南来帮助你更容易地做出决定。但是你的主要目标在于使读者关注要点和思路。

在一些组织中,设计和制作方面,你可以依靠专家的帮助,尤其对那些重要、流传较广的报告和建议书而言。你还有可能在机械装订和发布方面获得业务员的帮助。然而,在当今职员缺乏的很多公司中,大多数报告的大部分或全部制作工作都是由一人来完成的。

好消息是电脑工具的操作越来越简单,已能被普通工作人员有效率地使用。一套像微软Office或Word Perfect Office这样的软件,可以使你在创作一篇报告的过程中,把图形、表格、电子数据表、数据库记录集成起来,甚至是制作一些具有高级特色的报告,目前也变得相对简易。以照片为例,随着低成本的数码照相机、彩色台式扫描仪和能输出近于照片质量的彩色打印机的问世,照片的制作变得简便起来。

坏消息是持续改进的电脑设备增加了读者的期望。因为读者会受到包装的影响,所以使用彩色图像、装订漂亮的报告,比普通打印出来的报告更能加深读者的印象,即使两篇报告的内容是一样的。当你的报告必须要与具有多媒体效果和超文本链接的电子报告相比时,竞争会更加激烈。有时,发送定制的包含商务建议书的CD光盘可能是最好的选择。

12.3.1 正式报告的组成部分

报告中要包括的部分取决于所写报告的类型、长度、读者的期望和组织的要求。图12-1中列举了所有的元素,根据它们在报告中的位置,主要分为三类:序言部分、正文部分、补充部分。关于如何把不同部分组合在一起,请参照“报告作者的笔记本:正式报告的分析”中Linda Moreno的Electrovision报告。

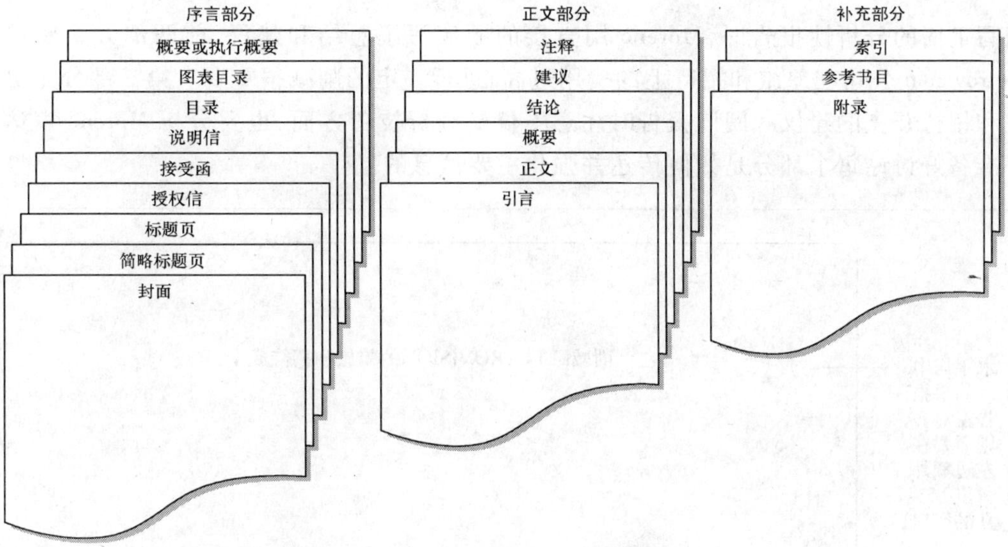

图 12-1　正式报告的组成部分

报告作者的笔记本

正式报告的分析

以下几页的报告是由 Linda Moreno 准备的,她是位于加利福尼亚州 Los Gatos 的 Electrovision 高科技公司的成本会计经理。Electrovision 的主要产品是光学识别装置,被美国邮政服务用来给邮件分类。Moreno 的工作是帮助分析公司的成本。下面是她的报告背景。

过去的三四年里,Electrovision 公司取得了接二连三的成就。我们的 A-12 光学读取器是一个真正的突破,邮局买走了我们生产的所有产品。我们的销售额和利润一直在上升,并保持着良好的士气。每个人都认为这种良好的现状能够持续很长时间。但不幸的是,每个人都错了。直到美国邮政服务宣布由于预算的削减要推迟所有新设备的购买,我们才醒悟到我们是个单一产品、单一客户的公司。此时,管理层开始努力寻找削减成本的方式,直到企业实现多元化。

公司的运营副总裁 Dennis McWilliams 让我帮助他从差旅和招待方面寻找削减成本的机会。通过他个人的观察,他感觉公司在差旅方面的花销过多,通过仔细地控制这些花销可能会节省相当数量的金额。我的调查证实了他的怀疑。

我有理由信心十足地认为我的报告能够被接受。我同 Dennis 工作多年,了解什么是他想要的:大量的事实、清晰的结论和接下来该如何做的具体建议。我也知道我的报告要通过其他高管的考核,所以我想要制造良好的印象。我想把报告做得详细全面、有吸引力、通俗易懂及语气适宜。

当写下面的分析性报告时，Moreno 用直接的顺序写了总结和建议，前两部分主要是两个结论：Electrovision 公司在差旅和招待上的费用过高；进行一定的削减很重要。第三部分是更好地控制差旅和招待开支的建议。阅读报告时注意不仅要分析技巧方面，也要分析 Moreno 表达观点的方式。准备好讨论每个部分是如何传达并强化主要信息的。

水平居中（如果报告左对齐，则需要在左边额外留出0.5英寸的空白）

削减ELECTROVISION的差旅和招待成本

紧跟标题之后是姓名、头衔和所在组织

接收人：
Dennis McWilliams
运营副总裁
Electrovision有限公司

页面中各项之间的空白要平衡

准备人：
Linda Moreno，经理
成本会计服务部
Electrovision有限公司

附上报告的打印日期，以备将来参考

2006年2月15日

Moreno 标题中“如何去做”的语气对于强调建议的行动导向性报告来说是适当的。一种中立的标题，比如“Electrovision 差旅和招待成本分析”，比较适合于告知性报告。

备忘录

日期：2006年2月15日
收件人：Dennis McWilliams，运营副总裁
发件人：Linda Moreno，成本会计服务部经理　LM
主题：减少Electrovision的差旅和招待成本

（利用备忘录格式来传送内部报告；另外，可利用信件格式来传送外部报告）

这是您1月28日要求的关于Electrovision的差旅和招待成本的报告。

您的怀疑是正确的。我们在商务旅行上花费太多。我们不成文的规矩是“随你怎么样都行”，对于差旅和招待成本没有有效控制。当Electrovision效益较好时，这种放任政策还是可以理解的。但我们无法再继续提供头等舱旅行的奢侈行为。

（立即陈述主要结论（因为Moreno希望得到正面回应））

问题的解决办法很清晰。我们需要一个集中负责差旅和招待成本的人员、一个清晰陈述的制度、一个有效的控制系统、一个能够优化旅行安排的以业务为导向的旅行服务。我们还可以考虑其他能够替代旅行的行为，比如视频会议。也许更重要的是，我们应该转变态度。所有出差员工需要把旅行基金看做好像自己在掏钱买单一样，而不是把其视为可以来钱的无底洞。

（采用会话风格）

让人们变得节俭并不容易。在进行此问题研究时我发现，我们的员工十分热衷于这种慷慨的旅行特别待遇。我想大家可能宁愿削减工资也不愿失去旅行待遇。我们需要高级主管参与进来来让大家接受节俭的观念。需要明确的是：如果我们采用一个两级系统，对高级管理者特别优待，而其余人员只能奉献的话，将会招致人们的痛恨。

非常感谢Mary Lehman 和Cannie McIllvain帮助收集和整理了过去五年的开支报告。他们贡献巨大。

（感谢别人的帮助）

谢谢给我一个完成这项任务的机会。这是一次真正的学习。如果您对报告存有任何疑问，请跟我电话联系。

（以致谢结束，并提出进一步的讨论（适当情况下，你还可以提议为未来的项目提供帮助））

在这个报告中，Moreno 决定写一个简短的说明性备忘录，包括一个单独的执行概要。一份简短的报告（不超过 10 页）通常把概要或执行概要与说明备忘录或说明信结合在一起。

不包括出现在目录页之前的任何内容

标题要与正文中的标题准确对应

整篇报告中图的编码要连续

目录页码采用小写罗马数字，并在页底居中

只标注每个部分开始那一页的页码

目录

图表目录

iii

尽管报告中包含三级标题，但 Moreno 在目录中只列举了一、二级标题。她更愿意采用简短的目录以使注意力集中于主要观点。她采用了告知性标题，对乐于接受的受众来说这是合适的。

以陈述报告的目的开头

执行概要要突出要点，顺序要和报告中一致，使用总结报告中主要段落内容的副标题

面对乐于接受的受众，执行概要可以采用强烈一些的语气（对于抱有恶意和怀疑的受众可以采用更中立的方法）

执行概要的字体和段落与报告正文相同

执行概要页码继续使用小写罗马数字

执行概要

本报告分析了Electrovision的差旅和招待成本，并为削减该成本提供建议。

差旅和招待成本太过高昂

对Electrovision来说，差旅和招待成本是一项巨大且持续增长的经费种类，公司每年在商务旅行上花费超过1 600万美元，而且还在以每年12%的幅度增长。公司员工合计一年要出差3 390次，每次平均花费成本4 720美元。机票是其中最大开支，其次是酒店、餐饮和租车。

在Electrovision公司，必要的差旅是业务所需的，只是成本过于高昂：我们的员工在差旅和招待上的花费超过全国平均水平的两倍还多。虽然可以从公司设施地点上来解释这种差异，但主要原因还是公司管理模式没有给员工的节约行为以充分的激励。

削减势在必行

Electrovision的管理层意识到了控制这些成本要素的必要性。公司当前的利润正在下降，这促使管理层去寻找削减支出的一切机会。同时，持续增长的机票和酒店费用也使得公司的差旅和招待花费问题变得异常突出。

Electrovision每年可节省600万美元

幸运的是，Electrovision可以采用多种途径来削减差旅和招待成本。通过借鉴其他公司的经验，实现年节约600万美元是完全可能的。一套有效的差旅管理程序可以使公司每年节约35%（Gilligan 39—40）。我们还可以做得更好，因为我们购买了很多商务舱机票而非普通机票。可通过以下四步来帮助削减成本：

1. 雇用一位差旅和招待主管，全盘担负起差旅和招待花费、制度和技术的责任，包括国内旅行社的雇用和管理等职责。
2. 向员工宣传控制成本的必要性，一方面极力避免不必要的差旅，一方面削减不必要的差旅成本。
3. 与旅行提供者商谈优惠。
4. 旅行差旅的替代技术选择，比如虚拟会议。

变革是必需的，但短期内可能会有损士气。管理层需要竭力去解释削减费用的基本原因。通过在自己的差旅安排中实行节约，Electrovisio的管理人员可以以身作则并帮助其他雇员适应这种变革。另外，使用差旅的替代选择，比如网络会议，可以为许多雇员减少差旅负担，并帮助他们平衡工作和个人生活。

iv

由于报告要面对多类受众，其中一部分愿意更详细地了解报告内容，而另一部分只想知道大概，于是Moreno决定加入执行概要。执行概要主要针对后者，既给他们以充足的信息来进行决策，又不需要花费气力来通读报告全文。

她的写作风格内容的严肃性，但又不显得冷漠或强硬。Moreno选择这种正式格式是因为相当一部分受众是组织高层，她不想显得太过随意。她的公司更倾向于不体现个人风格的正式格式。

报告标题要在正文首页居中，页面顶端空2英寸

削减Electrovision的差旅和招待成本

引言

Electrovision一直鼓励大量的商务差旅。为了补偿频繁旅行给员工带来的压力和麻烦，管理者为差旅和招待提供大量的津贴。这种方法对于鼓舞士气是有利的，但是去年Electrovision在差旅和招待上花费1 600万美元，比花在研发上的经费多出700万美元。

以说明行动的必要性开头

由于机票和酒店费用的增长，今年差旅和招待成本将给公司利润造成更大的影响。而且，由于其他原因的影响，今年公司的预期利润也相对疲软。因此，运营副总裁Dennis McWilliams 要求会计部门探讨削减差旅和招待预算的方法。

本报告的目的是分析差旅和招待开支，评估近期酒店和机票费用增长的影响，并提出加强差旅和招待成本控制的途径。报告概述了几种削减Electrovision开支的措施，但是这些方法给财务带来的确切影响却很难评估。这里所展现的评估只是对Electrovision预期节约的"最佳猜测"。

为了准备本报告，会计部门分析了过去五年的内部开支报告，以确定Electrovision在差旅和招待上的确切花费金额。我们又把这些数据与道·琼斯指数（《华尔街日报》发布）编辑的平均统计数据相比较。我们还分析了各类商业杂志文章刊登的趋势和建议，观察其他企业是如何应对高昂的商务差旅成本的。

提及资源和方法来增加可信度，并向读者展示研究的全景

高昂的差旅和招待成本

尽管许多企业把差旅和招待视为业务的附加成本，花费却持续增加。Electrovision去年在机票、酒店、租车、餐饮和招待等方面的账单合计1 600万美元。在过去五年里，我们差旅和招待预算年增长12个百分点。因为管理者在差旅福利上的慷慨，与美国的商务旅行平均水平相比，Electrovision的支出是高昂的。

首页采用阿拉伯数字1，居中，页面底端空1英寸

1

在简短的引言中，Moreno 依赖于主题句和过渡来指出她讨论的是研究的目的、范围及限制性。

2

利用阿拉伯数字来标注正文第二页和后续页码，页码位于右上角空白处

每年在差旅和招待上花费1 600万美元

Electrovision每年的差旅和招待预算只占销售额的8%。因为与人工费用代理费相比，差旅和招待费用只占很小的比例，所以似乎削减差旅和招待费用无关大局。然而，Electrovision 的差旅和招待费用却是公司可控制的第三大开支，仅次于人力成本和信息系统。

去年，Electrovision雇员大概出差3 390次，平均每次花费成本4 720美元。比较典型的出差包括3 000英里的往返飞行、两到三天的餐饮住宿、租车。其中，大约80%的出差由20%的高级管理者和销售人员构成，平均每人每年出差18次。

图1展示了旅行和招待费用的构成。其中最大部分为机票和住宿，合计占雇员差旅和招待费用的7/10。过去五年基本都是如此，与其他企业的费用分配也较为一致。

将视觉效果与其说明的内容尽可能放在一起

图1
Electrovision机票和住宿费用超过了差旅和招待预算的2/3

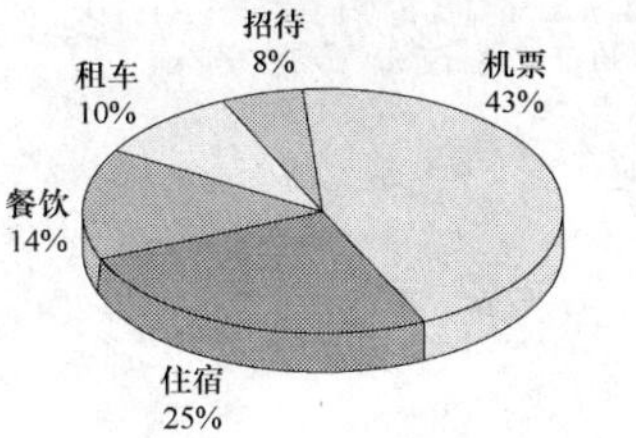

虽然差旅和招待预算的结构基本相似，金额可大不相同。如前文所述，在过去五年中公司的差旅和招待支出以每年12%的速度增长，约为公司销售额增长率的2倍（如图2所示）。这个增长率使差旅和招待费用成为Electrovision增长最快的成本项目。

为每一个图都清晰地确定一个题目，并放在图的左边

图2
差旅和招待开支占销售额的比率不断增加

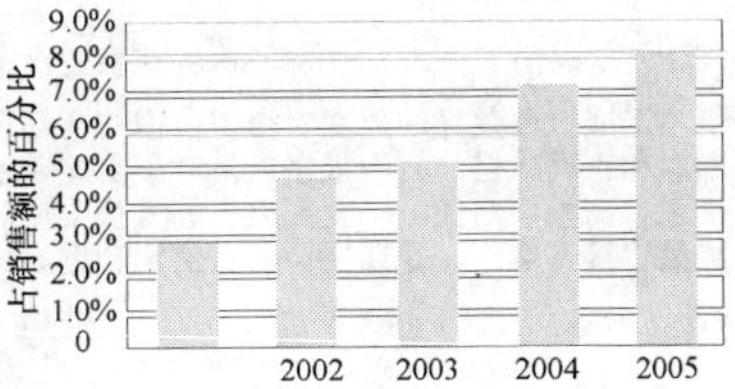

在正文的第一个主要部分，Moreno 一上来就使用了一个主题句来介绍与该部分所述项目相关的重要事实。然后再把读者引导到该部分的三个关键点上。

3

Electrovision的旅行开支超过全国平均水平

我们大多数差旅预算都是正当的。差旅和招待的高昂预算可能由两方面原因造成:

- 我们总部设在西海岸，而我们大多数客户却在东海岸，因此我们要花很多费用在横跨国家的飞行上。
- 相当一部分差旅发生在西海岸的总部和底特律、波士顿及达拉斯等地的制造部门之间。公司管理者和分部人员不得不频繁出差来协调不同部门。

尽管一部分Electrovision的差旅费用是正当的，公司在差旅和招待方面的花费还是高于商务旅行平均水平（如图3所示）。

在给出图表之前，先对图进行介绍，并指出读者应该注意的数字

给图编号，并在正文中注明

图3
Electrovision雇员花费的旅行支出超过了商务旅行平均水平的两倍还多

来源：《华尔街日报》和公司记录

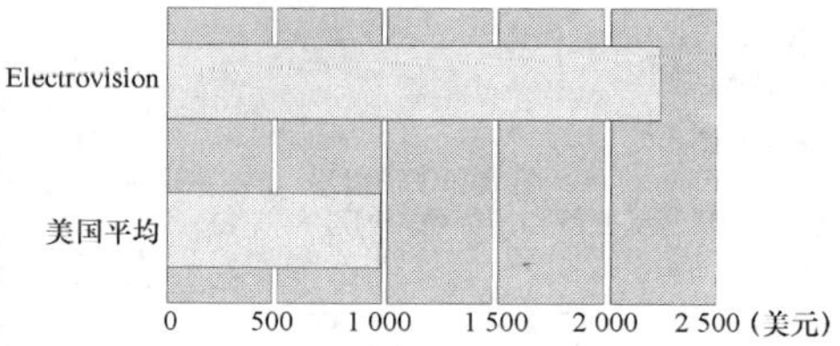

根据平均机票、酒店价格、租车价格，道·琼斯旅行指数估计了美国商务旅行平均每天花费的成本。随着每周旅行社价格的变动，平均成本也随之变动。但是去年每天花费基本保持在1 000美元左右。相比之下，Electrovision去年平均每天花费2 250美元，比均值多出125%。这个数字是在平均每次出差成本4 720美元以及每次出差时间2.1天的基础上得出的。

这种花费曾经被鼓励

虽然造成这种差异的原因有很多，但与高昂差旅招待费用相关的最重要因素是企业理念和管理风格。因为很多雇员对于出差并不感兴趣，于是管理者通过购买商务舱机票、高级酒店住宿、全程租车等方法来使旅途变得愉快。销售人员也被鼓励在高级酒店接见客户，并邀请他们去文化和运动场所。

图 3 虽然简单但是有用。Moreno 利用恰当的数据来支持她的观点。注意，她对于报告的表现形式和内容的质量同样重视。

4

使用项目符号以方便读者识别和区别相关要点

这种待遇引发的成本很容易被忽视，使得Electrovision的差旅和招待成本控制乏力：

- 每月的财务记录并没有把差旅和招待费用单列出来；这些成本被商品销售成本以及销售、一般和行政开支隐藏起来了。
- 每个部门领导都有权批准任何开支报告，容易忽视数额的大小。
- 花费低于100美元就可以不用上交收据。
- 允许每个人自行确定差旅安排。
- 没有设定专人来负责控制公司的整体差旅和招待费用。

应用告知性标题使读者把注意力集中在主要观点上（这种标题适用于报告为直接顺序型且读者乐于接受时；而描述性标题更适用于报告为间接顺序型且读者不愿意接受时）

不断冲击底线

在过去三年中，公司的良好利润导致了对各方面严格控制的压力不大。然而，我们都知道情况是在变化的。在接下来的两年中，我们预测利润处于平缓甚至衰退的状态，这迫使我们去寻求削减成本的方法。同时，持续增长的机票和酒店价格加大了差旅和招待开支对于公司财务的冲击。

标题上方留出一行空白以帮助读者把每个标题与相应内容联系起来

低利润要求变革

对Electrovision来说以后两年注定会很艰难。经过近几年的开支增加，美国邮政服务削减了对自动信件处理设备的购买。购买A-12光学读取器的资金也取消了。其结果是市场部门期望的销售额降低了15%。尽管Electrovision正在就几个可能带来转机的研发合同进行协商，但市场部门对接下来的两至三年仍不抱有太大的希望。

与此同时，Electrovision还将面对成本增加的窘境。过去几个月我们已经知道，那个位于盐湖城的厂房不仅推迟交工而且还超出了预算。波士顿和达拉斯的劳工合同在六个月后也将到期。那里的工厂管理者正在期望通过加薪加福利来避免罢工。

此外，当我们希望通过加强营销和广告来缓解竞争压力时，营销和广告成本也在增加。在收入下降而成本增加的背景下，执行委员会预言来年利润下降12个百分点也不无可能。

Moreno 在报告中设置了一些空白，这样即使页面中没有视觉效果，也能够引人注目且易于阅读。

引用事实以增加论证的说服力

给读者一个客观的语气，同时指出行动的益处和风险

5

机票和酒店费用持续增加

近年来，商务旅行者已经习惯于频繁的长途旅行和旅行行业的折扣了。过度的经营能力和激烈的价格竞争，特别是航空业，使得旅行非常便宜。

然而，随着弱势竞争者被淘汰，主要经营者变得更加强大和敏捷，上述情形也将发生变化。航空和酒店在库存管理和保持高占有率上做得很好，也就是说，Electrovision 的差旅成本将会更高。去年已经出现了一些不合理的增长。市场上许多商务舱机票（商务旅行者经常购买的机票）跃升超过40%。而且这种趋势还将持续下去，可能还会增长5%—10%（Phillips 331; "Travel Costs Under Pressure" 30; Dahl B6）。

机票和酒店费用占了我们公司差旅和招待费用的70%，这是一个事实。在这两方面的高额花费及其继续下去的趋势将会带来严重后果。除非管理层能够采取措施控制这些成本。

减少差旅和招待费用的方法

通过进行一系列的改革，预期能够削减Electrovision差旅和招待费用的40%之多。这个估计是基于两方面得出的：一是基于美国运通的一般性估计（Gilligan 39），二是基于通过取消商务舱机票使我们有机会来大量降低航空旅行成本这一事实。然而，这种方法似乎不会受到雇员的欢迎。为了让变革更容易接受，管理层需要向员工推广节约差旅和招待费用的观念。

削减开支的四种途径

通过学习其他企业抑制差旅和招待开支的经验，会计部门开发了四种有效方法，这些方法能够使Electrovision每年在差旅相关成本上节约600万美元。

制定严格的支出控制措施

指定一个主管专门致力于控制差旅和招待费用。现在，美国超过2/3的企业都聘用了旅行经理（"商业用途专门技能经理" 4）。该经理必须熟悉旅行业，并精通会计和信息技术，同时也向运营副总裁报告。他的首要任务是建立一套差旅和招待的书面制度及成本控制系统。

目前，Electrovision尚没有制定差旅和招待相关的书面制度。空中旅行专家早就建议采用这样的制度了（Smith D4）。建立的制度可以明确管理层的职位，还能成为一种沟通节约需求的工具。该制度至少应该包括以下内容：

在三级标题上，Moreno 通过使用行为动词来增加语气的说服力。这种方法对于研究本身以及读者都是适当的。然而，在对地位敏感的企业中，从一个初级人员的口中说出的命令型动词可能会稍显专横。

6

采用项目编号形式，既突出重点，又增加视觉吸引力

- 所有的差旅和招待都要严格与业务密切有关，而且要先得到批准。
- 在具体问题具体分析的基础上，除非经过特批允许，否则员工必须乘坐经济舱出差并且住中等商务酒店。
- 差旅和招待制度对所有层次的员工一视同仁。

为了贯彻新的制度，Electrovision需要建立一个差旅和招待开支控制系统。所有部门每年必须准备差旅和招待预算，并将其作为运作计划的一部分。预算必须详细，以方便管理层评估差旅和招待资金是如何花费的，并为适当地削减提出建议。为了帮助管理者监控这些预算的执行情况，旅行主管必须准备每月的财务综述，来汇报各部门实际发生的差旅和招待花费。

旅行主管有责任提供以业务为导向的旅行服务，为员工的商务旅行安排时间，寻求最好的旅行方案，特别是在机票方面。除了集中Electrovision的酒店预约和订票行为之外，还可请代理公司与酒店和租车公司磋商降低团体价格。所选择的代理公司必须是全国性的，这样所有的Electrovision部门都可以通过同一家代理公司进行预约和订购。在某些城市之间的机票价格多得让人眼花瞭乱的情况下，这种方法显得尤为重要。在旅行热线上发现几十种票价也并非不可能（Rowe 30）。另外，旅行主管也可以帮助协调整个公司的旅行以保证在可能的情况下享受团体折扣（Barker 31; Miller Hfi）。

详细说明执行建议时需要的步骤

减少不必要的差旅和招待

削减成本最简单的方法是减少差旅和招待发生的次数。对去年支出的分析表明，Electrovision有30%的差旅和招待是随意安排的。专业人员花费了280万美元用以参加研讨会和协商会。虽然参与这些会议是有益的，但是企业可以通过派遣更少的代表参加以及取消一些价值较低的参会来节约资金。

同样，Electrovision可以通过减少各部之间的互访频率以及减少每次的访问人数来节约资金。虽然很多情况下面对面会议是无法取代的，但是管理者可以试着通过电话、电子和书面沟通等方法来解决内部问题。

Electrovision还可以通过督促员工节俭来削减开支。员工可以乘坐经济舱或利用打折机票来代替商务舱。不要选择50美元一瓶的葡萄酒，而可以选择价格低一些的酒或不要喝酒。可以住价格适度的酒店，租小一点的车。

Moreno 努力不超过她的分析界限。比如，她并不分析员工每年参加的那些会议的价值，这样她可以避免对削减会议差旅的一些绝对的观点。

7

从旅行商那里获得最低价格

除了督促员工节俭，Electrovision还可以通过寻找价格最便宜的机票、酒店、租车服务等方法来节约资金。目前，很少员工有时间或相应的知识来寻找旅行优惠。当他们需要旅行时，他们就选择最方便、最舒适的安排。从旅行商那里得到的专业旅行服务能够降低价格。

根据其他企业的经验，仅仅通过寻找便宜的机票以及与酒店、租车公司协商团体价格就可以将Electrovision的差旅预算下调30%—40%之多。通过分析旅行方式、确定常去的地点、选择一些愿意降低价格来换取稳定业务的酒店等途径，Electrovision也能够达到上述目标。同时，企业也可以通过谈判获得团体价格，从而节约40%的租车费用。

节约是可行的。但是要想实现最好的旅行安排还需要进行以下的取舍：

指出所有可能的困难，以显示所有的角度都已经考虑到，建立对论证的信心

- 最好的费用并不总是最低的。转机通常会便宜一些，但是它花费时间较长，误工带来的成本可能会更高。
- 最便宜的机票通常要提前14天甚至30天来预定，对我们来说这通常是不可能的。
- 折扣机票通常不可退，当旅行最终决定取消时这也是个重要的缺点。

用技术方法代替差旅

低成本旅行确实可以显著节约资金，但在长期最大的成本削减是通过虚拟会议技术来代替旅行。不管是分析者还是企业经营者都认为曾经妨碍在线会议的问题已经被攻克了，最近的系统运行快、容易学习、容易应用（Solheim 26）。例如，We-bex（电子会议服务的领头企业）可以提供从简单的临时小组会议到有3 000名参与者的大型在线会议的所有服务（“在线会议解决办法”）。

新旅行主管的首要责任是评估这些技术并推荐它们在整个Electrovision公司中运作。

注意 Moreno 是怎样从一个部分过渡到另一个部分的。本页第二个标题下的第一句点出了前文的主题，同时也是思路转变的信号。

8

改革的影响

通过严格控制、减少不必要的开支、协商更有利的价格、开发差旅的替代方法等，Electrovision能够显著降低差旅和招待预算。如表1所示，虽然精确的数字很难推断，但节约的费用合计起来大概有600万美元。

使用完整的句子来帮助读者立即把注意力集中在表格的重点

使用告知性标题，与报告标题保持一致，比较适用于容易接受的读者

表1

通过削减差旅和招待成本，Electrovisian预计每年可节约600万美元

节约来源	节约估计（美元）
旅行从商务舱转为经济舱	2 300 000
协商有利的酒店价格	940 000
协商有利的租车价格	460 000
系统性搜索低价机票	375 000
减少内部旅行	675 000
减少研究会和协商会参与人数	1 250 000
潜在节约合计	6 000 000

包含财务预计，以帮助管理者想象建议的作用，尽管这些数字可能是难以预计的

为了达到表中所示的目标，Electrovision需要花费一定资金雇用旅行主管来控制差旅和招待成本。这大约需要115 000美元：其中新员工薪水是每年105 000美元，成本控制系统一次性花费10 000美元。关于全方位旅行代理的成本基本可忽略不计，即使算上航空和其他服务提供商转移的费用。

节约方法很可能不会受到员工的欢迎。Electrovision的员工已经习惯了高额的差旅和招待津贴，取消这方面特权自然会招致他们的不满。要减少员工的抵触情绪，

- 管理者应该花大力气来解释为什么必须变革。
- 企业沟通主管可以组织一些活动来说明缩减差旅和招待费用的重要性。
- 在严格执行新制度方面，管理者应该以身作则。
- 面对新制度，所有层次的员工应该一律平等。

注意 Moreno 第一段中在没有重复表格信息的情况下是如何把注意力引到表格内容中的。

在报告的最后一段中采用描述性标题（在告知性报告中，这种段落通常叫做“小结”；而在分析性报告中通常叫做“结论”或“结论与建议”）

在头两段中总结结论，这是一种好方法，因为Moreno是围绕着结论和建议来组织报告，读者早已了然于胸

用列表格式来强调建议

9

结论和建议

目前Electrovision每年花费1 600万美元在差旅和招待费上。虽然大部分花费是有理由的，但是与竞争者相比，企业在这方面花费的成本还是太高。其主要原因是Electrovision在旅行福利上太过慷慨。

在收益较好的年度里，Electrovision这种在差旅和招待上的慷慨是可以理解的。但是，在以后几年中，Electrovision却要面临着利润的下降。因此，管理层决定从各方面削减成本。鉴于机票价格的增长对成本底限的冲击，削减差旅和招待成本显得尤其重要。

通过以下四个步骤，Electrovision可以把差旅和招待费用削减40%之多：

1. 制定严格的开支控制措施。雇用旅行主管来负责差旅和招待的全部事宜。在接下来的六个月中，该主管拟定一份书面的旅行制度，制定差旅和招待预算以及成本控制系统，找到一家职业的商务导向旅行代理来优化差旅安排。

2. 减少不必要的差旅和招待。Electrovision应该鼓励员工去节约差旅和招待成本。管理层可以通过少批准一些差旅，以及鼓励员工在花钱时保守一些来达到这一目的。

3. 从旅行商那里获得最低价格。Electrovision还应该致力于从机票、酒店房间和租车公司那里获得最优价格。由职业的旅行代理来安排所有差旅业务，这样企业既可以最优化差旅选择，还可以通过协商获得有利价格。

4. 用技术方法代替差旅。企业配置了相当数量的计算机，因此可以充分利用桌面视频会议和其他远程会议工具。因为这些系统需要双方具有一致的终端设备来进行连接，所以对于客户来说未必完全可行。但是对于Electrovision内部来说建立这种沟通系统却是完全可行的。

因为这些方法可能不会受到员工欢迎，管理层应该一致努力去解释削减差旅成本的重要性。企业沟通主管也有责任去设计与员工沟通的计划。

在本段中，Moreno没有介绍任何新的事实。在更长的报告中，她有可能将这个部分又分为两个部分，分别冠以“结论”和“建议”以示区别。

10

引用书目

Barker, Julie. "How to Rein in Group Travel Costs." *Successful Meetings* Feb. 2004: 31.

以作者姓的首字母排序；当不知道作者姓名时，以文献标题排序

"Businesses Use Savvy Managers to Keep Travel Costs Down." *Christian Science Monitor* 17 July 2004: 4.

Dahl, Jonathan. "2000: The Year Travel Costs Took Off." *Wall Street Journal* 29 Dec. 2004: B6.

Gilligan, Edward P. "Trimming Your T&E Is Easier Than You Think." *Managing Office Technology* Nov. 2004: 39–40.

Miller, Lisa. "Attention, Airline Ticket Shoppers." *Wall Street Journal* 7 July 2004: B6.

"Online Meeting Solutions." *Webex.com.* 2005. WebEx, 14 September 2005, <http://www.webex.com/solutions/online-meetings-solutions.html>.

Phillips, Edward H. "Airlines Post Record Traffic." *Aviation Week & Space Technology* 8 Jan. 2005: 331.

Rowe, Irene Vlitos. "Global Solution for Cutting Travel Costs." *European* 12 Oct. 2004: 30.

Smith, Carol. "Rising, Erratic Airfares Make Company Policy Vital." *Los Angeles Times* 2 Nov. 2004: D4.

Solheim, Shelley. "Web Conferencing Made Easy." *eWeek* 22 Aug. 2005: 26.

"Travel Costs Under Pressure." *Purchasing* 15 Feb. 2004: 30.

Moreno采用“MLA”（美国现代语言协会）法来列举文献，如果用“APA”（美国心理协会）法表示则如下图所示。

10

参考文献

Barker, J. (2004, February). How to rein in group travel costs. *Successful Meetings*, 31.

Businesses use savvy managers to keep travel costs down. (2004, July 17). *Christian Science Monitor*, 4.

Dahl, J. (2004, December 29). 2000: The year travel costs took off. *Wall Street Journal*, B6.

Gilligan, E. (2004, November). Trimming your T&E is easier than you think. *Managing Office Technology*, 39–40.

Miller, L. (2004, July 7). Attention, airline ticket shoppers. *Wall Street Journal*, B6.

Phillips, E. (2005, January 8). Airlines post record traffic. *Aviation Week & Space Technology*, 331.

Rowe, I. (2004, October 12). Global solution for cutting travel costs. *European*, 30.

Smith, C. (2004, November 2). Rising, erratic airfares make company policy vital. *Los Angeles Times*, D4.

Solheim, S. (2005, August 22). Web conferencing made easy. *eWeek*, 26.

Travel costs under pressure. (2004, February 15). *Purchasing*, 30.

Webex.com. (2005). *Online Meeting Solutions*. Retrieved 14 September 2005, from http://www.webex.com/solutions/online-meetings-solutions.html.

在一份正式报告中，有许多部分会另起一页，但并不是都要这样。换页会占用更多的纸张并且增加了报告的篇幅。另一方面，另起一页能够帮助读者浏览这个报告，并能意识到在主要段落或部分间的过渡。

当想让一个特定段落独立分开时，通常要把它和后面的材料分别另起一页（同样本书的每一章都另起一页）。许多文前部分，例如目录也应该被独立放在一页。然而，在报告中各种不同部分经常混在一起，极少独立分开。如果引言仅仅是一个段落，那么就不要在进入报告正文前另起一页了。如果引言长度多于一页，分开的新页就能够暗示读者接下来报告要转入其他主要部分了。

文前部分 文前部分是那些提供了关键的初步信息的前期材料，读者通过这些信息决定是否阅读或如何阅读这一报告。[②] 虽然这些部分一般放在报告正文之前，但是可能要到正文写完后才开始撰写。这些部分，例如目录、图表目录和执行概要，在正文完成之后更容易准备，因为它们直接反映了内容。正文完成后，你可以使用文字处理器自动编辑目录和图表目录，其他部分在任何时间都能准备。

封面 许多公司对报告有标准封面，由较重的纸张制成并印有公司名称和标志。报告标题或者印在封面上或者用标签粘上。如果公司没有标准封面，你通常可以在一家很好的文具店中找到一些吸引人的、方便使用并且适合主题的封面。同时，确保标明报告标题、作者名（可有可无）、提交日期（可有可无）。

仔细考虑你封面上的标题。商务报告不是悬疑小说，所以要展示读者所需的全部信息：主题相关的人物、事件、时间、地点、起因、方法。同时尽量简洁。不要用太长或笨拙的标题，可以通过去掉类似"的报告"、"的研究"或"的调查"的词组来缩短长度。

简明标题页和标题页 **简明标题页（title fly）**是一个空白的版面，上面仅有报告标题。它并不是必需的，但是它能增加正式性。

正如 Moreno 的 Electrovision 报告所示，**标题页（title page）**包括四部分：(1) 报告标题；(2) 授权报告的个人、团体或组织的姓名、头衔、地址；(3) 准备报告的个人、团体或组织的姓名、头衔、地址；(4) 报告提交的日期。在标题页上，第二部分信息包括"准备或提交给谁"等字样，第三部分信息包括"由谁准备或提交"。有时标题页也作为报告封面，尤其是当报告相对较短，并只在内部使用时。

授权信和接受函 如果收到书面授权来准备报告，你可能需要把信或备忘录放在报告中。**授权信（letter of authorization）**（或授权备忘录）是你接收的文件，要求或指导你准备报告。如果你写**接受函（letter of acceptance）**（或接受备忘录）作为回应来接受任务并说明条件及限制因素，你还要把这封信放在报告文前部分。有可能读者的期望与你的报告中的实际工作不一致，接受函可以向读者展示你同意了做什么以及为什么。

一般来说，仅在最正式的报告中才有授权信和接受函。然而，在你收到授权信后过了很长时间或者你与读者没有很密切的工作关系的情况下，可以考虑把两封信都放在报告中以确保每个人都清楚报告意图及你制作报告的方法。你也不想因为误解而让你辛苦几周或几个月的工作付之

---

② Michael Netzley and Craig Snow, *Guide to Report Writing* (Upper Saddle River, N. J. : Prentice Hall, 2001), 57.

东流。

说明信　**说明信(letter of transmittal)**(或说明备忘录)是特殊形式的封面信,给读者介绍你的报告(在一本书中这部分叫做序言)。说明信是直接交给授权人的,所以其风格可以不像报告的其他部分那样正式。例如,可以采用人称代词(你、我、我们)和对话式语言。Moreno 的 Electrovision 报告就包括一页给其老板(要求写报告的人)的说明备忘录。

说明信经常出现在目录前。如果你的报告被广泛发布,你可能决定有选择地只在一些副本里加入说明信,这样你可以为特定的读者作一些评论。如果报告讨论裁员或其他影响雇员的一些问题,你可能想通过说明信私下与高层管理者讨论你的建议。如果读者对报告中的一些事情存在怀疑甚至敌对情绪,说明信是解开他们忧虑的好方法,可以解释如何解决他们所关心的问题。

说明信是采用适用于日常或正面信息的直接法(第 7 章),还是采用适用于负面信息的间接法(第 8 章),这取决于报告的性质。以向读者传达你的报告并总结目的开篇。比较典型的开始陈述是这样的,"这是你让我准备的关于……的报告。"其他部分的介绍包括报告范围、完成研究使用的方法、局限性、你想表达的任何特殊信息等。例如,在 Patty Stonesifer 给盖茨基金会的 2004 年度报告中,她在开头解释说尽管年度报告经常包含一个机构在上一年的成就,但是她想将问题集中在基金会的合作伙伴所做出的出色工作上。[③]

在说明信正文部分,也可以强调报告最重要的观点或部分,对枝节问题作评,给接下来的研究提出建议,提供任何会帮助读者理解和使用报告的细节。如果你的报告是多方面的,很可能得到过许多人的帮助,你还要感谢从其他人那里获得的帮助,而说明信是感谢他们的一个高度引人注目的方法。在说明信的结尾感谢被分配撰写报告,表达讨论报告的意愿,对未来计划提供帮助。

如果一个报告没有概要,说明信可以总结主要发现、结论和建议。这些部分一般放在说明信开头之后。

目录　目录表(简称目录)以大纲形式表明报告中信息的范围、顺序和相对重要性。报告正文中使用的标题是目录的基础。根据报告的长度和复杂度,你可以决定在目录中显示几个层次的标题,需要在简洁性和完整性之间进行权衡。仅显示第一层次标题的目录有利于浏览,但不利于读者寻找更详细的信息。相反的,显示每一层次标题的目录,比如有的报告详细到第四、五层次,有利于分辨所有部分,但是有可能吓到读者,并容易使读者忽略重要信息从而模糊焦点。极端情况下,详细的目录可能有几十甚至上百个条目,这时可以考虑包含两个目录:高层次的目录仅显示主要的标题,紧随其后的是包括所有条目的详细目录(就像本书和许多其他教材一样),不管包含多少层次,确保读者能够区分它们。

同样,要格外小心确保目录的准确性、一致性和完整性。即使是极小的错误也能影响你的可信度,比如读者翻到你给的页码希望找到一些内容,结果却没有,或者他们发现标题与目录中的相似但是措辞不同。在完成报告之后再建立目录,确保准确、全面地编辑和检查过。这样,标题和副标题就不会随着页面的改动而发生变化。

---

③ Patty Stonesifer, "Partners and Progress: A Message from Patty Stonesifer," Gates Foundation website [accessed 15 September 2005] www.gatesfoundation.org.

如果可能,可以利用文字处理器来自动生成目录。这样通过减少打字中的错误,不仅能提高准确性,还可以使你在需要将标题换页或修改标题的时候保持目录在这一过程中的同步。例如在微软 Word 文档中,以你在样式表中确定的标题层次为基础,可以自动生成目录。只要你在报告通篇使用一致的样式,这个过程既快捷又省事。

图表目录 如果在报告中有多个图表,或者想引起读者对图表的注意,可以在目录后附上图表目录。简化起见,有的报告使用图表或展示指代所有的视觉效果。在其他报告中,像 Moreno 的 Electrovision 报告,"表"与被称做"图"的其他视觉效果被分开标记。不管使用什么表格系统,一定要包括标题和页码。

如果一个页面上有足够的空间,就直接在目录下方列出图表目录。或者把图表目录单独列在目录后一页。单独标记的表格和图形也应该被单独列出。如果放得下,两个列表可以出现在同一页上;否则,每个列表都另起一页。

概要或执行概要 **概要(synopsis)**就是报告重要观点的简要概述(不多于一页),是为了让读者快速预览内容而设计的,经常在较长地涉及技术、专业或学术主题的告知性报告中出现,也可以叫做**摘要(abstract)**。因为它是对整篇报告的简要概括,它可能会被单独地分发给许多读者,这样对报告感兴趣的人可能会索要一份完整的报告。

仔细思考概要或摘要的措辞。它不仅能提高读者对整篇报告的预期,也可能被做成内外部数据库的索引而单独列出。专业领域读者通过在结果列表里浏览你的摘要,来决定是否阅读你的报告。

概要的措辞可以是说明性的,也可以是描述性的,这取决于报告的直接或间接顺序。在说明性概要中,要按照在正文中出现的顺序来呈现报告中的主要观点。而一个描述性概要仅仅是告诉读者报告是关于什么的,与目录相比只是适当地采用更多的细节;报告的实际发现反而被省略了。下面是两种概要陈述的例子:

说明性概要	描述性概要
超级优质冰激凌的销售额占整个冰激凌市场的11%	这个报告包括超级优质冰激凌的相关信息和市场份额

处理概要的方法反映了你在正文中使用的方法。如果在报告中使用间接法,你最好采用描述性概要。如果读者抱有怀疑,注重结论和主要观点的说明性概要可能过于具有对抗性。你肯定不希望因为提供了有争议的开头而偏离正常的沟通进程。不论使用什么样的概要,一定要展示最准确的报告内容全景。④

许多商务报告作者喜欢用**执行概要(executive summary)**而不是概要或摘要。概要是概述主要观点的文章形式的目录;而执行概要是整个报告本身的"袖珍"版本。执行概要比概要更全面,经常包含标题、组织很好的过渡语言,甚至视觉成分。一个好的执行概要会向读者敞开通往正文的窗户,让读者很快了解你出色的信息管理能力。它的组织方法通常和报告一样,视读者的接受性采用直接法或间接法。然而,执行概要也有可能与报告中接下来的材料顺序发生偏离。

执行概要是为那些缺少时间和动机去研究整个正文的人设计的。按照一般规律,应保持执行

---

④ Oswald M. T. Ratteray, "Hit the Mark with Better Summaries," *Supervisory Management*, September 1989, 43—45.

概要和正文的长度成比例。一个简明的商务报告可能仅有一页或更短的执行概要。较长的商务报告有两到三页的概要。再长的话,就不能称之为概要。⑤

Moreno 的 Elevtrovision 报告中提供了一个执行概要的例子。在读完概要后,读者知道了报告的重要性并已经可以做出决定。之后,如果时间允许,他们可能阅读报告中特定的部分来获得额外的细节。然而,从日常报纸到网站,人们因为越来越多的数据和信息而陷入困境。他们寻找方法去摆脱混乱,读执行概要是很流行的捷径。因为一般可以假设许多读者不会阅读报告的正文,所以要确保执行概要中包含了所有的要点(和有意义的辅助信息)。

许多报告既不要求概要,又不要求执行概要,这通常是由报告的长度决定的。少于 10 页的报告或者省略这样的预览,或者把它和说明信集成在一起。然而,如果你的报告多于 20—30 页,就需要包含概要或执行概要以给读者提供方便。当然,你选择哪种方式也取决于你组织报告的习惯。

报告正文　尽管报告包含各种成分,报告的核心通常由三部分组成:引言、正文和结尾(可包含总结、结论或建议,或三种的混合体)。像第 11 章指出的那样,每部分的长度和内容要随着报告的长度和类型、组成结构以及读者对主题的熟悉程度而改变。接下来是报告正文三个主要部分的简单描述。

引言　一个好的引言,会使读者准备好阅读和理解下面的信息。它通过告知读者报告是关于什么的、为什么会引起读者的关心以及报告是如何组织的来鼓励读者继续阅读。如果你的报告有概要或执行概要,要通过平衡引言和总结中的材料来减少冗余,就如 Moreno 在 Electrovision 报告中所做的。例如,Moreno 的执行概要是非常详细的,所以她使引言部分更简洁。如果你需要引言重复已经在文前部分出现过的信息,尽量改变措辞将重复的感觉降到最小。

正文　这部分包含支持结论、建议和你的分析、逻辑与解释的信息。以 Moreno 的 Electrovision 报告正文为例,可以看出这一部分一般应包含哪些支持性细节信息。特别注意她是如何有效使用视觉效果的。大多数无经验的作者会在他们的报告中包含太多数据,或者在段落里放入许多数据而不是用表格或图表的格式。这种处理使报告显得枯燥,容易失去读者。如果发现自己的报告中需要很多信息,仅在正文中包含必需的支撑数据,使用视觉效果,并将其他的额外信息放在附录中。

结尾　报告的结尾应该总结你的主要观点,突出你的结论或建议(如果有的话),列出你期望读者或你自己可能采取的行动。在长篇报告中,这部分可以被标记为"总结"或"结论与建议"。如果以直接法组织报告,像 Moreno 一样,你的结尾一定要相对简洁。在间接法报告中,你可以在这部分首次展现你的结论和建议。在这种情况下,篇幅可以相对延长。

补充部分　补充部分紧随报告正文之后,并给寻求更多详细讨论的读者提供细节。对于在线报告,你可以把补充部分放在独立的网页上,并允许读者从报告主页链接到它们。补充部分在长篇报告中比在短篇报告中更普遍,一般包括附录、参考书目和索引。

附录　**附录(appendixes)**包含那些与报告相关但又因为篇幅太长、太占空间或缺少直接关系而没有出现在正文中的材料。然而,也不要在附录中包括太多补充材料。保持你的报告直接、简明。设计良好的附录,给读者提供足够但不是太多的额外信息。如果你的公司有内联网或其他存储和使用在线信息的方法,可以考虑把详细的辅助证据材料放在那里,并把读者指引到这些有更

---

⑤ Netzley and Snow, *Guide to Report Writing*, 43.

多细节的资源中。

报告附录的内容广泛多样,包括任何样本问卷和封面信、样本表格、电脑打印输出、数据公式、财政报表或电子数据表、重要文件的复印件和复杂的图表。你也可以把术语表作为附录或作为独立的补充部分。当然,放置视觉元素最好的地方是正文中讨论点的附近,但如果视觉元素太大不能放在一页里,或和你的报告不直接相关,也可以把它们放在附录中。

如果你的支持性材料种类复杂,就把附录按类型分开。附录通常以一个字母和一个简明的描述性标题注明——比如"附录 A:问卷","附录 B:电脑打印输出的初始数据",等等。所有的索引都应在正文中提到并且在目录中列出。

参考书目 为了履行你的道德和法律义务,尊重别人的工作,帮助感兴趣的读者去进一步了解相关问题,可以使用**参考书目(bibliography)**,它包括你准备报告时参考的第二手资料。在 Moreno 的 Electrovision 报告中,她将参考书目标注为"引用书目",因为她仅列出了在报告中提到的作品。如果有参考的作品在报告中没有提到,你也可以叫这部分为"资料来源"或"参考文献"。Moreno 的 Electrovision 报告使用作者-日期的格式,也可以使用编号脚注(在每页下方)或尾注(在报告结尾)。

另外,一些作者喜欢在正文中标明所引用的参考书目。在报告正文中注明参考资料可以证明你全面地研究了你的课题。此外,提到相关领域著名或重要的权威的名字,可以帮助建立信息的可信度。如果需要说服读者,多次提到可信的来源名称通常是一个不错的主意。另一方面,不需要使你的报告读起来像学术论文,从一个引用转到另一个引用。参考资料的处理应尽可能方便、不引人注目。下面是在正文中简单地提到参考资料的一种方法,尤其对于内部报告:

> 根据西南医院 Lewis Morgan 博士的统计,臀部复位手术在 65 岁及以上妇女中占所有手术的 7%。

然而,如果你的报告发行给外部读者,就要包含你是在何处获得数据的额外信息。大多数大学生都熟悉由美国现代语言协会(MLA)和美国心理协会(APA)推荐的引用方法。《芝加哥格式手册》是一本经常被排版者和出版者参考的书。所有的这些参考资料都鼓励在正文中引用(插入作者的姓和出版年份或引用正文的页码)。

索引 **索引(index)**是将报告中提到的名字、地点和主题按字母顺序排列并标出它们出现页码的列表。如果你认为读者需要在长篇报告中找到特定点的信息,可以考虑用索引来列出关键主题、产品名、市场、重要人物等与主题相关的所有内容。像目录一样,准确性很关键。好在你也可以使用文字处理器编辑索引。在你印刷报告或把它转换成 PDF 或其他电子格式前,一定确保更新索引(和任何自动生成的要素)。让另外一个人来逐条核对索引,确保每条都是准确的并易于查找。

12.3.2 正式建议书的组成

建议书的目的是用你的职业精神给读者留下印象,并突出你的建议和你的公司的形象。向包括潜在客户和投资者在内的外部读者提供的建议书通常都很正式。对于小一些的项目或者在你已经和读者建立了工作关系的情况下,建议书可以不那么正式,并可以略去一些在本部分描述的组成部分。

正式建议书像其他正式报告一样包含同样的组成(见图 12-2)。主要的不同之处存在于正文中,尽管有些文前部分也不相同,偶尔出现的附录是一种例外,大多数建议书很少有补充部分。

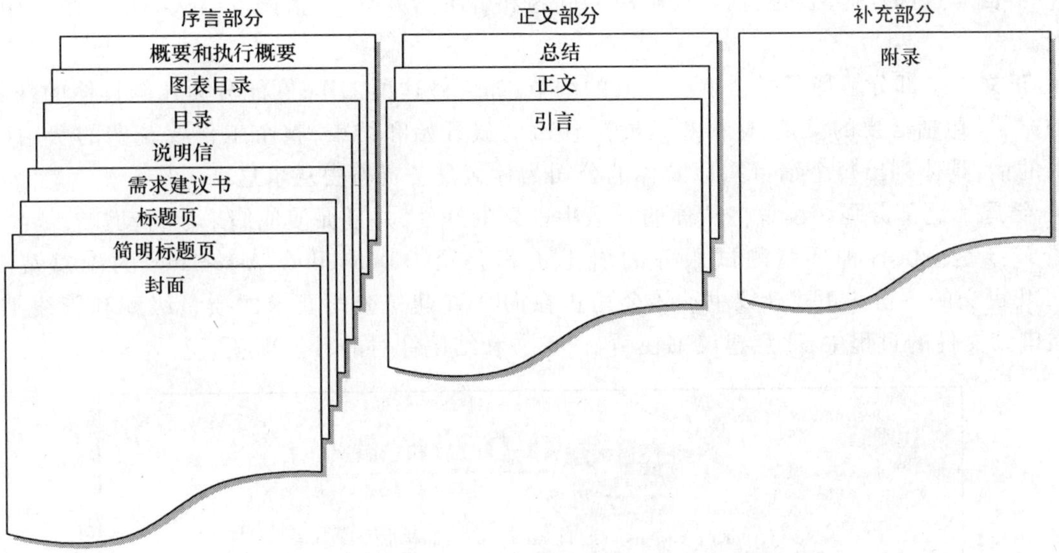

图 12-2 正式建议书的组成部分

文前部分 封面、简明标题页、标题页、目录、图表目录与其他正式报告的处理方法基本一样。然而,其他一些部分却有些不同,像需求建议书复印件、概要或执行概要、说明信。

需求建议书复印件 正式的建议书可能包含需求建议书复印件,而没有授权信,需求建议书可能是寻求建议或为某一项目招标的信件或备忘录。如果需求建议书包括太多详细规范,放在建议书里就可能显得太长。这样的话,你可以只放入需求建议书的引言部分。另一种选择是不放需求建议书,而在你的说明信中简单地提到它。然而,像正式报告的授权信一样,如果对你回复的是哪一份需求建议书可能有所疑问或混淆的话,一定要确保读者能够随时找到需求建议书中的详细规范要求。

概要或执行概要 当你的建议书很长时,尽管你可能为了读者的方便提供了概要或执行概要,但这些要素通常没有在正式报告中那样有用。如果你的建议书是非请求式的,你的说明信可能已经获得了读者的关注,那么概要或执行概要就无意义了。即使你的建议书是请求式的,它们也可能不那么重要,因为读者已经决定去研究你的建议书来了解你将如何满足合约的条款。请求建议书的引言部分应提供足够的内容预览。

说明信 处理说明信的方式要看建议书是请求式的还是非请求式的。如果建议书是请求式的,那么说明信就要用正面信息的模式,强调建议书中赋予你竞争优势的方面。如果建议书是非请求式的,说明信就要遵循劝说性信息(见第 9 章)的模式。说明信一定要使读者认为你提供了某些有价值的东西,他们值得花费时间去阅读你的整篇建议书。因为客户可能只会阅读你的说明信,所以它一定要具有说服力。但是,记住非请求建议书不应该让接收者感到意外,它们应该是与对方需求相关的一个持续对话的最终结果。

建议书的正文 同报告一样,建议书的正文由三个部分组成:引言、正文、结尾。每部分的内容和深度取决于是请求建议书还是非请求建议书,是正式的还是非正式的。下面进行简单的描述[⑥]:

---

⑥ Alice Reid, “A Practical Guide For Writing Proposals” [accessed 31 May 2001] http://members.dca.net/areid/proposal.htm.

- **引言** 这部分提出和概括了要解决的问题和解决的方案，包括读者能从问题的解决中得到的好处。
- **正文** 这部分解释了每个解决方案的细节：如何做这项工作，它能分为几个具体的任务，要使用的方法（包括必要的设备、材料和人员），什么时候开始和结束，整个工作要花费的费用（如果有要求的话，具体列出每个细目），以及你的公司为什么具备资格去从事这个工作。
- **结尾** 这部分强调读者将从你的方案中得到的好处，并且促使他们采取行动。

图 12-3 是提供各种环境测试服务的岩土工程公司 O'Donnell & Associates 的副总裁 Dixon O'Donnell 提交的一份非正式建议书。该公司正在向 AGI 建筑公司要求的质量级配和管线工作投标。在审读文件的过程中，注意建议书在引言、正文和结尾针对的具体事项。

O'Donnell & Associates, Inc.

1793 East Westerfield Road, Arlington Heights, Illinois 60005
(847) 398-1148 Fax: (847) 398-1149 E-mail: dod@ix.netcom.com

2006年7月28日

Ms. Hoyce Colton, P.E.
AGI Builders, Inc.
1280 Spring Lake Drive
Belvidere, Illinois, 61008

主题：致AGI建筑公司第F-0087号建议书，Elgin制造园

尊敬的Colton女士：

O'Donnell & Associates很荣幸提交如下建议书，以为Elgin制造园（126th St., Elgin, Illinois）的质量级配和管线工作提供建筑检验服务。我们公司自1972年起就在芝加哥地区提供建筑检验服务，并在伊利诺伊州承担了多项大规模的岩土工程勘察业务，包括O'Hare国际机场、Midway机场、Meig's Field机构，以及其他机场等100多个项目。

（应用开头段落作为引言）

（强调公司的资格以吸引读者注意）

背景

（应用标题把建议书分成有逻辑的部分以方便阅读）

如我们所知，这项工作包括了两项工程：（1）质量级配工作大约需要6个月；（2）管线工作大约需要3个月。时间安排如下：

（指出两个项目及其耗费时间）

质量级配	2006.9—2007.2
管线工作	2007.3—2007.5

建议方法和工作计划

在质量级配工作及地下管线挖掘和回填过程中，O'Donnell & Associates将执行观察和测试服务。具体来说，我们将对压实材料进行现场密度检验（根据工作要求使用核子水分/密度计）。我们还可能进行一些实验室试验，比如ASTM D-1557修正击实试验。我们将把现场测试和实验室试验结果综合起来形成详细报告。现场的装填材料可能包括自然粒状材料（沙子）、加工材料（碎石、碎混凝土、岩土渣）、黏土。O'Donnell & Associates将派遣具有一定资格的人员去执行这些检验。

（描述项目的范围并概述公司将要执行的具体测试）

图 12-3 Dixon O'Donnell 的非正式请求建议书

O'Donnell & Associates公司　　2006年7月28日　　第2页

解释谁会对各项任务负责

Kevin Patel将会是这个项目的现场技术主管。他的个人简历附在建议书中以供参考。Kevinl将会和你们的工作现场主要负责人合作，确保分派恰当的人员到工作现场。Joseph Proesel将负责整个项目管理工作。Dixon O'Donnell专业工程师负责整个项目的指导工作。所有现场工作人员派遣都将熟悉遵从Carlson 环境公司在2006年4月提出的工程现场健康和安全计划。

加入个人简历而不是在文档中列出资历

资历

O'Donnell & Associates公司从1972年起就在以下领域提供高质量、专业的服务：

通过提出吸引人的资历来抓住别人的注意力

- 岩土工程
- 材料测试与检验
- 路面评估
- 环境服务
- 工程和技术支持（CADD）服务

公司提供第一和第二阶段的环境现场评估、对LUST现场结案报告的准备、对地下水监控井的安装、对土壤和地下水抽样污染物的检测。岩土工程服务涉及所有阶段的土壤力学和基础工程，包括基础和横向负荷分析、斜坡稳定分析、现场准备建议、渗流分析、路面设计和沉降分析。

O'Donnell & Associates公司的材料检测实验室是由AASHTO认证计划对土壤、骨料、热拌沥青和硅酸盐水泥混凝土进行检验。我们实验室的证书复印件也在建议书中。除了公司内部培训，现场和实验室的技术人员也参加了各种资格认证项目，包括由美国混凝土学会（ACI）和伊利诺伊州交通部资助的培训。

通过描述资格（由认证行业协会或政府部门批准的）来获得可信度

成本

基于我们对工作范围的了解，预计两个项目的花费是100 260美元，如下所示：

图 12-3（续）

文档修改

改进这份执行概要

练习实际修改文档的草稿，请登录在线课程或密码保护网站"辅助网站"。点击"文档修改"，然后点击第 12 章。你会看到一份执行概要，包括了与本章所学"完成正式报告和建议书"相关的问题和错误。使用"最终稿"选项修改这份文档。检查执行概要使其有恰当的正式程度、对等的结构、包含或去掉细节的技巧和一致的时态。

O'Donnell & Associates公司　　2006年7月28日　　第3页

成本估计

成本估计：质量级配		单位	价格（美元）	总成本（美元）
现场检验				
人工费	1 320	小时	38.50	50 820.00
核子水分密度计	132	天	35.00	4 620.00
交通支出	132	天	45.00	5 940.00
实验室试验				
修正击实试验 (ASTM D-1557)	4	次	130.00	520.00
工程/项目管理	16	小时	110.00	1 760.00
首席工程师	20	小时	80.00	1 600.00
项目经理				
行政助理	12	小时	50.00	600.00
小计				65 860.00

把项目的成本分条并给出支持性细节

成本估计：管线工作		单位	价格（美元）	总成本（美元）
现场检验				
人工费	660	小时	38.50	25 410.00
核子水分密度计	66	天	5.00	2 310.00
交通支出	66	天	45.00	2 970.00
实验室试验				
修正击实试验 (ASTM D-1557)	2	小时	130.00	260.00
工程/项目管理				
首席工程师	10	小时	110.00	1 100.00
项目经理	20	小时	80.00	1 600.00
行政助理	15	小时	50.00	750.00
小计				34 400.00
全部项目成本				100 260.00美元

本估计是以全职检验服务为前提的。但是，我们的服务也可以在需求的基础上进行，实际发生的费用与项目时间一致。我们已经附上了我们的标准收费表。超时价格表示每天超过8小时的时间、早7点之前、晚5点之后以及假期和周末。

在全职服务成本超出客户预算的情况下提供其他选择

图 12-3(续)

12.4 报告和建议书的校对

一旦你集齐了报告和建议书所有的部分,修正了整篇文档的内容以使之简明扼要,设计好了文档以确保其通俗易懂并给读者以正面的印象,你就基本上完成了文档的最终稿。现在你需要做最后一次全面的审查,看看是否有任何不一致、错误和遗漏的地方。例如,如果你改变了报告正文中的一个标题,确定你在目录和报告中其他提到这个标题的所有地方也相应地作了修改。校对使可能影响可信度的小错误以及那些可能破坏你事业的大错误达到最小化。

校对报告的正文部分基本上与校对任何商务信息相同,你要检查打印错误、拼写错误、标点符

O'Donnell & Associates公司　　2006年7月28日　　第4页

授权

拥有30多名工作人员，包括注册专业工程师、驻段工程师、地质学者、建筑检察员、实验室技术人员和钻探人员，我们确信O'Donnell & Associates公司有能力为这个项目提供服务。

使用简洁语言来强调资格并要求客户做出决定

如果你需要我们公司提供在建议书中列出的服务，请在这封信上签名，并且随附一张10 000美元的保付支票（我们的定金），并于2006年8月15日之前寄回。如果关于建议书中的条款或方法有任何疑问，请给我打电话。

提出期限并使回复简单

诚挚地，

Dixon O'Donnell
副总裁

附件

AGI建筑公司接受

签字 ____________________ 日期 ____________________

如果签了字，这封信就成为有效合同

图 12-3（续）

号错误等。然而，报告还包含了一些其他信息中没有的要素，因此不要忘记像第 11 章指出的那样仔细检查你的视觉元素，并保证它们所在的位置是正确的。如果在校对文件时需要一些特殊的技巧，可以参阅第 6 章中关于在校对时都要注意些什么以及如何像专业人士那样去校对的一些提示。

在可能的情况下，可以安排一些具有"新鲜眼光"的人来帮助校对，这些人没有参与过报告的写作。在这一阶段，你对报告的内容过于熟悉，你的头脑会自动地补齐缺漏的词语，改正拼写错误的单词，无意识地纠正其他错误。而具有"新鲜眼光"的那些人可能会看到你辗转千遍却视而不见的一些错误。一个理想的办法就是找两个人来进行审读，一个是相关方面的专家，而另一个不是。第一个人可以保证它的技术准确性，第二个人可以保证大部分读者都能理解。[7]

---

⑦ Toby B. Gooley, "Ocean Shipping: RFPs that Get Results," *Logistics Management*, July 2003, 47—52.

12.5 报告和建议书的发布

只要特别注意文件的长度和复杂性,你在第6章中所学到的所有发布方法都可以用到报告和建议书中。在实物发布方面,如果有助于你的文件和别人的不同,可以考虑给专业送信人或包裹速递公司额外的报酬。FedEX、UPS和其他快递公司提供的网上追踪服务可以保证你的文件安全送达。另一方面,如果你的文件是给某个人或一小组人,那么最好亲自送过去。这样,你不仅可以直接回答一些问题,也可以使接收者记住你在报告或建议书中提到的好处,从而促成合作。

如果是电子发布,除非是读者要求用文字处理文件,否则最好使用PDF格式。现在大部分人都不愿意打开文字处理文件,尤其对外部人来说,这种文件更易遭受宏病毒攻击和其他侵犯。除此之外,PDF格式能让你控制文件在对方电脑中的显示,确保其看到的文件是你希望他们看到的。如果整个报告是围绕一个图表展开的,但在对方电脑里却不能正常显示,这将是一件很烦心的事。PDF格式可以使文件以在自己电脑中所编辑的格式原原本本地显示出来。此外,为方便起见,把文件设成可下载的PDF格式也是大家目前所普遍期待的。

如果你的公司或客户希望你能以基于网络的内容管理系统在内联网或外联网上发布报告,注意要把正确的文件上传到正确的网站上。发布之后,也要校对一下网上的报告的显示,确保图形、图表、链接和其他元素都是正确可用的。

一旦完成了正式报告并且已经发给了读者,你就会期待得到积极的回应,你也很可能会得到,但不总是。你还可能得到一些关于结论和建议的敷衍赞赏,或根本没有回应。甚至更坏的是,你会得到严厉的批评。试着从这些经历中学到东西。有时你根本得不到任何回应。如果在一两周内没收到读者回信,你可以有礼貌地询问对方是否收到报告。(有的需求建议书说明了回复时间范围。如果是这种情况,不要提前催促接收者,你很可能会因此而丧失机会。)为了能刺激读者做出回应,可以在报告中提出问题,例如"你认为会计部对增加预算的提议会有怎样的反应?"你也可以回答问题或提供额外的信息。复习本章的内容,参考"要点检查:正式报告和建议书的完成"。

要点检查

正式报告和建议书的完成

A. 文前部分

✓ 如果有的话使用公司标准的报告封面。

✓ 封面上要有简明和描述性的标题。

✓ 想要更正式一些再加上简明标题页。

✓ 在标题页上列出:(1) 报告标题;(2) 授权报告的团体或人的名称、头衔和地址;(3) 准备报告的团体或个人的名称、头衔和地址;(4) 提交日期。

✓ 如果有必要的话,加上授权信的复印件。

✓ 如果有必要的话,加上需求建议书复印件(如果太长就只要引言)。

✓ 加上介绍报告的说明信。

✓ 提供大纲格式的目录,保证标题与报告正文中出现的完全相同。
✓ 如果报告包含了很多图表,加上图表目录。
✓ 如果报告较长,加上总结(报告压缩后的"袖珍"版本)和概述(报告的简单概括)。

B. 报告正文

✓ 起草引言以使读者对接下来的内容做好准备。
✓ 提供支持正文中结论、建议和提议的信息。
✓ 不要添加不必要的细节使文章过长。
✓ 以陈述主要观点的总结结束。

C. 补充部分

✓ 使用附录以提供补充信息和支持依据。
✓ 在参考书目中列出使用过的第二手资料。
✓ 如果报告包含了许多以后需要查阅的术语和想法,就要提供索引。

工作进行时

解决比尔和梅琳达·盖茨基金会的沟通困境

在职业生涯的十年里,你一直决定通过使用自己的沟通技巧来推动全球健康发展。最近你加入盖茨基金会担任全球健康发展策略的项目长官。

疟疾是基金会最关注的健康问题之一:这种靠蚊虫传播的疾病已经在世界上很多地方消除了,但在某些地区它仍活跃着,并威胁人的生命(特别是非洲的撒哈拉沙漠以南地区)。每年全世界会有一百多万人死于疟疾,他们中大多数是儿童。你正在写一份告知性报告,打算发布在基金会的网站上,既要介绍现在的危机,也要说明在控制和消除疟疾工作中的进展。你将如何应对下列挑战?

1. 许多人包括从对资助感兴趣的研究人员到向大众撰写健康和教育问题的记者都会登录基金会的网站。因此,你很难确定哪些读者会阅读你的报告。除此之外,人们只是从网上下载 PDF 文件,因此你并没有机会去写一份说明信或备忘录。你应该如何向网站访问者介绍你的报告呢?

a. 对报告作以简单描述,解释其目的和内容。把信息发布到网站上,并提供能够下载 PDF 文件的链接,以便人们在决定是否下载该文件前可以读一读。

b. 提供电子邮件的联系方式,如果读者在阅读之前想知道更多关于报告的信息,可以发电子邮件给你。

c. 写一则描述报告的新闻稿,把它发布到网站的"新闻空间"部分。

d. 利用报告的题目来介绍其目的和内容,不要费劲去写介绍。

2. 下面哪个报告题目最能从情感上吸引读者的注意力,平衡危机的紧急性和抱有希望的理由?

a. 儿童不应该夭折:紧急的全球疟疾危机

b. 每年阻止一百万人死于疟疾:紧急的全球性挑战和希望

c. 疟疾:今天它杀死了 2000 多名儿童

d. 疟疾:消除全球疟疾的进展

3. 盖茨基金会在世界上以工作质量著称,其中也包括沟通工作的质量。你应该用下面哪个校对方案以确保你的报告准确无误?

a. 利用技术。反复检查文字处理器的设定以确保当你打字时每种检查工具都正常工作,包括拼写检查、语法检查、格式检查。当你完成初稿时,再用一次这些工具,以确保计算机没有失误。

b. 要明确一点,任何报告都避免不了错误,特别是一篇复杂的含有多种视觉元素和60多种资料来源的48页文档。在标题页需要声明,对文章中可能出现的任何错误道歉。写上你的电子邮件地址,欢迎人们发现错误时发信息给你。

c. 完成初稿后就立刻仔细复查,因为报告内容还清晰地浮现在你的脑海中。一旦这样做了,你就有理由确认文档准确无误。如果再拖一两天,就会忘记你所写的,因此也就不会那么准确地找出错误了。

d. 把文档放在一边至少一天,然后再认真校对,或者请两个同事帮你校对,一人校对材料的科学准确性,另一人校对语言和清晰性。

4. 在文章中用到的一种资源是 Kenneth J. Arrow、Hellen Gelband 和 Dean T. Jamison 合写的"Making Antimalarial Agents Available in Africa"。这篇文章发表在2005年7月28日出版的 *New England Journal of Medicine*(volume 353, issue 4)的第333页到第335页。下面哪个是用 APA 准则引用这种资源的正确形式?

a. Arrow, K. J., Gelband H., & Jamison, D. T. (2005). Making antimalarial agents available in Africa. *New England Journal of Medicine*, 353(4), 333—335.

b. Kenneth J. Arrow, Hellen Gelband, and Dean T. Jamison, "Making Antimalarial Agents Available in Africa," *New England Journal of Medicine*, 28 July 2005, 333(3 pgs).

c. "Making Antimalarial Agents Available in Africa," *New England Journal of Medicine*: Vol. 353, Iss. 4, Pgs. 333—335.

d. Arrow, K. J., Gelband Hellen, and Jamison, Dean T. "Making Antimalarial Agents Available in Africa." *New England Journal of Medicine* 353.4(2005): 333—335.

学习目标检查

通过阅读每个学习目标和完成相关练习来评估你对本章要点的掌握情况。填空题,写出空白处缺少的文字;单项选择题,在正确答案的字母上打钩。

目标12.1:描述完成商务报告和建议的四项任务。

1. 下面哪个不是完成商务报告和建议书的四项主要任务?

a. 修订报告的组织结构、格式、语气和可读性

b. 设定报告格式

c. 决定用哪些视觉效果

d. 校对报告

2. 下面是你分析公司员工健康福利问题的报告初稿中的句子："在员工反映的批评和担忧中，至少在 376 名（共 655 名在职员工）回应了网上调查的员工中，老年人保健、退休后的健康保险、公司在过去两年对健康保险投入的资金减少而员工每月被迫缴纳的金额不断上涨。这三个问题被认为是最重要的问题。"你发现这个句子可以更简单、更直接、更具说服力。下面哪个句子改写得最有效果？
   a. 回应网上调查的员工（655 名在职员工中的 376 名）认为以下三个问题最重要：老年人保健、退休后保险、月缴纳额上涨。
   b. 老年人保健、退休后保险、月缴纳额上涨是最重要的三个问题。这三个问题是通过调查员工对健康保健福利的批评和抱怨得出的。655 名在职员工中的 376 名完成了这项网上调查。他们对一系列问题不满，但这三个最重要。
   c. 员工担忧的前三个问题：老年人保健、退休后保险和不断增长的员工月健康保险金。
   d. 员工对健康福利的前三个担忧是老年人保健、退休后保险和每月不断增长的保险费开销。这些结果是基于参与网上调查的 376 名员工（共 655 名）而得出的。

目标 12.2：解释计算机怎样简单化和复杂化报告制作过程。

3. 近年来电脑和相关技术（例如低成本彩印）是如何帮助商务人员更容易地制作高质量的报告和建议书的？
   a. 曾经需要昂贵设备和专业技术的任务，现在普通的商务人员用大多数台式电脑都可完成，只需很少的训练。
   b. 现在大多数公司成立了专门的桌面出版部门，所以商务人员不必再亲自制作图表、图形和其他报告元素。
   c. 协作人员会做所有的输入工作，并制作所有你需要的视觉效果和其他报告元素；因此你不需要与许多不同的人打交道。
   d. 网络已经提高了每个人的设计灵感。
4. 广泛普及的电脑出版工具，为什么使得报告撰写者的工作变得更加困难？
   a. 互联网比以前更慢了。
   b. 因为价格很低，大多数公司希望员工自己买电脑。
   c. 越来越多的读者厌倦了装饰过头的报告，他们期望看到更简洁朴实的"打字机格式"的报告。
   d. 就制作质量而言，受众期望更高质量的报告，竞争比以往更激烈了。

目标 12.3：识别在报告中包含授权信和接受函的情况。

5. 在正式的报告中，你应该在何时考虑加入授权信或备忘录？
   a. 如果你受雇有偿写报告
   b. 如果你收到书面授权写报告
   c. 如果读者身份地位比你高
   d. 如果你比读者身份地位高
6. 在正式的报告中，附加接受函的目的是什么？
   a. 提示读者你之前都答应在报告中写哪些内容，以及写报告的原因
   b. 使报告感觉上更正式、更权威
   c. 防止别人剽窃你的工作成果
   d. 为过于忙碌的人们总结报告里的重点

目标 12.4：解释概要和执行概要的区别。

7. ________是对报告要点的简洁概括（通常不到一页）。
8. ________是整个报告全面的"袖珍"版本。
9. 下面哪个可能包括标题、视觉效果和充足信息来帮助忙碌的高层人员迅速做出决定？
   a. 执行概要

b. 概要
c. 两个都有
d. 两个都没有

目标 12.5:描述正式报告的三个补充部分。

10. 下面哪个不是正式报告典型的补充部分?
 a. 附录
 b. 参考书目
 c. 授权信
 d. 索引

目标 12.6:解释请求建议书和非请求建议书在文前部分有何不同。

11. 如果提交一份建议书来回应需求建议书,你将采取什么步骤来确保接收者明白你在回复哪个需求建议书?
 a. 在报告的第一个附录中将需求建议书的正式标题(及其参考号)作为脚注。
 b. 如果需求建议书很短,把它加到建议书的其他文前部分,如果很长则只加引言。
 c. 无论需求建议书多长都把它加到建议书的正文部分。
 d. 需求建议书是别人写的,因此可以在报告中忽略。
12. 你如何处理非请求建议书的说明信?
 a. 把说明信当做日常信息;商务人员总跟建议书打交道,所以他们只需要简单的声明来确认你和你的建议书。
 b. 把说明信当做正面信息,突出在建议书中你要提供的好消息。
 c. 把说明信当做劝说性信息,说服读者你的报告提供了有用信息。
 d. 不要用说明信来浪费读者时间,用建议书正文部分直接进入要点。

知识应用

1. 执行概要是劝说性信息吗?解释你的答案。

2. 在何种情况下,在冗长的报告中应该加不止一个索引。

3. 如果你提交一份关于建造一个室内游泳池的请求建议书,在建议书中你会提及近期为其建造了类似设施的其他客户的姓名和地址吗?你会在非请求建议书中提及这些信息吗?在两种建议书中你会在什么地方提及这些信息?为什么?

4. 如果在报告中加入了参考书目,还要在正文中标注引用吗?解释你的答案。

5. **伦理选择**:在匿名调查中你会怎样写报告?调查内容是员工对经理能力的评价,员工和经理都将看到答案。你会给员工和经理同样的报告吗?对于每类受众你会包括或排除哪些部分?解释你的选择。

知识实践

文档分析

访问美国公民及移民服务局(美国国土安全局的一个分支机构)的网站,网址是 http://uscis.gov。寻找题为“关于移民的三年综合报告”(Triennial Comprehensive Report on Immigraion),阅读执行摘要。用本章的信息分析这篇执行概要并提出具体的改写建议。

练习

本章讨论到的所有网站都能在本书的网站 www. prenhall. com/thill 上找到链接。找到书名并点击“辅助网站”链接,然后选择第12章,并点击“特色网站”,选定与文中内容有关的页面名称或URL。请注意本书出版后失效的链接将从“特色网站”中删除。

12.1 **团队合作**。你和一个同学正在帮 Moreno 准备 Electrovision 差旅和招待成本(参见“报告作者的笔记本”)的报告。然而这时报告变为告知性的而非分析性的,所以里面不会包括建议。审读已有的报告,决定作什么改变可以使其变为告知性报告,越具体越好,例如你的团队觉得报告需要一个新题目,你会用什么题目?现在帮 Moreno 起草一份说明备忘录来把此报告传递给 Electrovision 的执行副总裁 Dennis McWilliams。

12.2 **报告的制作:说明信**。你是“图书馆之友”的总负责人,该组织是一个筹集资金并提供志愿者支持当地图书馆的非营利性组织。每年2月你把前一年的活动和成就写成报告交到县艺术委员会,这个委员会每年为你组织的夏季读书节提供1 000美元的资助。现在是2月6日,你已完成了正式报告,下面是报告的重点:

- 新学期图书销售,筹集2 000美元
- 假期工艺品展会,筹集1 100美元
- 夏季读书节的宣传和奖励,花费1 450美元
- 当地作者的儿童发展计划材料,花费125美元
- 图书馆职业中心的新参考数据库,花费850美元
- 宣传图书馆网站的书签,花费200美元

给委员会主任 Eica Maki 写一封说明信,因为她正期待着这篇报告,你可以用直接法。一定要在报告中感谢委员会一直以来提供的经济支持。

12.3 **互联网**。政府报告在目的和结构上都不同。浏览教育部报告“帮助孩子成为读者”(Helping Your Child Become a Reader)(见 www. eg. gov)。这份文件的目的是什么?题目能传达报告的目的吗?这是什么类型的报告,结构又如何?应该添加哪种文前和补充部分?现在分析视觉效果,报告中都有什么类型的视觉效果?它们是必要的吗?题目和图例能提供充足的信息吗?报告是如何利用网上媒介来增加可读性的?

12.4 **伦理选择:小组挑战**。三周前,你向老板提交了自认为是非常专业的报告。报告分析了现如今的部门生产效率,推荐了几个提高员工工作产出而不会增加其劳动量的方法。你认为它很优秀,但你的老板没给你答复,你是否越权了呢?你的建议可能暗示说她没有出色地做好工作,你的想法压倒了她吗?你需要一些反馈信息。在给她的上封邮件中你问她是否读了你的报告,可直到现在你还没有收到回复。昨天你不小心听到公司副总裁谈论部门里的一些生产效率改革,这些改革是你在报告中建议的,现在你担心你的老板把你的报告直接递交给了高层,完全剽窃了你的完美想法。你该怎么办?你应该质问你的老板这件事吗?你应该要求与副总裁直接会面吗?与你的组员讨论这种情况并且给这一棘手的问题找个解决方案,在课堂上说出你们的方案并解释其原因。

知识拓展

从网络中学习更多

预览之后再写报告

www. ixquick. com

获得关于报告最好的结构、格式、风格、思路的好方法就是多看专业的商务报告。你可以利用 Ixquick 等元搜索引擎来寻找各种报告的样本。

活动

选择元搜索引擎(参见表 10.4),输入“商务报告”,然后选择一篇报告进行研究。回答下列问题:

1. 你阅读的报告的目的是什么?它的目标受众是谁?解释报告的结构和风格使人理解大意更容易还是更难?

2. 你读的是什么类型的报告?简单描述它的大意。信息组织得好吗?如果回答是肯定的,解释你如何把所读报告作为指导来写自己的报告。如果答案是否定的,解释为什么你没有从中受益。

3. 运用你所知道的好的商务报告所具备的特点,研究一份报告,描绘出提高报告可读性的特点。

自己探究网络

自行访问以下与本章内容相关的网站,学习更多关于报告和建议书写作的内容。

1. 通过学习有效商务计划的写作来总结对自己有益的方式。参考小企业管理网站(www. sba. gov)的商务计划部分(在“创业”下)。

2. Deborah Kluge 的建议书写作博客提供了帮你起草成功建议书的技巧、技术和清单;在 www. proposalwriter. com/weblog 上可以了解更多。

3. 在校对过程中,遇到任何语法问题,可以参考网上语法向导(www. clearenglish. net)。

互动学习

互动学习向导

访问 www. prehall. com/thill,找到书名并点击“辅助网站”链接。选择第 12 章,使用互动的“每章测验”来测试你对本章概念的掌握情况。你会得到即时的反馈,知道你是否需要进一步的学习。同样,访问“学习大厅”,你将发现大量能帮助你完成此课程的资源。

最佳语法和结构

如果教师要求你使用在线课程或者 CD 上的“最佳语法和结构”,你可以通过使用这一模块来提高你对引号、括号和省略号的使用技巧。首先点击“引号、括号和省略号”,选择进行“预先测试”来确定你是否有薄弱方面。然后在“复习课程”中复习这些方面。选择进行“跟进测试”来检查你对引号、括号和省略号的掌握情况。如果想要更高的挑战或者进一步的练习,选择进行“高级测试”。最后,在接下来的“提高语法、结构和表达”部分中,完成练习以进一步巩固和加强。

提高语法、结构和表达

以下练习帮助你提高对英语语法、结构和表达的掌握和运用。在下面每组句子中,找到最佳选项,在其字母上打钩。

1. a. Be sure to read (How to Sell by Listening) in this month's issue of *Fortune*.
   b. Be sure to read "How to Sell by Listening" in this month's issue of *Fortune*.
   c. Be sure to read "How to Sell by Listening..." in this month's issue of *Fortune*.
2. a. Her response... see the attached memo... is disturbing.
   b. Her response (see the attached memo) is disturbing.
   c. Her response "see the attached memo" is disturbing.
3. a. We operate with a skeleton staff during the holidays (December 21 through January 2).
   b. We operate with a skeleton staff during the holidays "December 21 through January 2".
   c. We operate with a skeleton staff during the holidays (December 21 through January 2.)
4. a. "The SBP's next conference..." the bulletin noted, "... will be held in Minneapolis."
   b. "The SBP's next conference," the bulletin noted, "Will be held in Minneapolis."
   c. "The SBP's next conference," the bulletin noted, "will be held in Minneapolis."
5. a. The term "up in the air" means "undecided."
   b. The term "up in the air" means *undecided*.
   c. The term *up in the air* means "undecided."
6. a. Her assistant (the one who just had the baby) won't be back for four weeks.
   b. Her assistant (the one who just had the baby), won't be back for four weeks.
   c. Her assistant ... the one who just had the baby ... won't be back for four weeks.
7. a. "Ask not what your country can do for you, "begins a famous John Kennedy quotation.
   b. "... Ask not what your country can do for you" begins a famous John Kennedy quotation.
   c. "Ask not what your country can do for you..." begins a famous John Kennedy quotation.
8. a. Do you remember who said "And away we go?"
   b. Do you remember who said "And away we go"?
9. a. Refinements may prove profitable. (More detail about this technology appears in Appendix A).
   b. Refinements may prove profitable. (More detail about this technology appears in Appendix A.)
10. a. The resignation letter begins, "Since I'll never regain your respect...," and goes on to explain why that's true.
    b. The resignation letter begins, "Since I'll never regain your respect..." and goes on to explain why that's true.

如果想找到更多的关于引号、括号和省略号的练习,请登录 www.prehall.com/thill,找到书名并点击“辅助网站”链接,选择第 12 章,点击“提高语法、结构和表达的额外练习”,然后点击“19. 标点符号 D.”。

案例

无需额外调查的短篇正式报告

1. 在网上试一试:以报告的形式分析公司在线学习的优缺点。作为 Paper Products 公司培训部的最新成员,公司要求你调查和分析在线课程对员工的价值。公司总裁认为所谓的网上培训是一种很好的员工福利,同时也是员工学习新技能并应用到工作中的良好形式。你已经进行了调查研究,下面是你的笔记:

网络课程开阔了那些认为很难应付传统课堂与工作和家庭冲突的员工的视野。

25 岁以上的成年人占了高等教育学生的近一半比例;他们中大多数已经参加工作,要通过更多教育使事业更上一层楼。

一些专家认为网上学习不如面对面指导那么有效。

网上学习无须通勤,对经常出差的员工很具有吸引力。

由职业培训机构提供的网络课程的登记人数,预期从 2001 年的 200 万上升到 2006 年的 500 万人。

网上学习是拥有受过良好教育员工的一种低成本高利润的方式。

每年员工培训要花费 500 亿美元,而多于三分之一的钱花在了网上学习上。

在 IBM 公司,去年近 20 万员工接受了网上教育或培训,公司 75% 的基本课程在网上为新经理开设。去年网上培训为 IBM 公司节省了 3.5 亿美元的培训费用,大部分是因为网上课程不需要通勤。

没有全国性的统计数字,但是最近从《高等教育编年史》得出的报告发现,网上学习者的辍学率介于 20%—50% 之间。调查没能充分解释网上学习者辍学率较高的原因。

关于公司网上学习者的最新研究表明,员工想通过网上课程获得以下东西:学校的证明或证书;与有较多虚拟办公时间的网上导师进行积极的互动;每天 24 小时、每周 7 天的技术支持;能够在任意时间开始上课。

公司的网上学习者认为他们放弃课程最主要的原因是没有时间,许多人认为在电脑上完成课程很困难,因为同事间不断有事分心,有人说他们只能通过公司内联网上课,所以他们不能在家里完成作业。

除了缺少时间,公司网上学习者举出了网上学习的以下不利之处:缺乏管理、缺少动机、技术问题、缺少学生支持、个人学习喜好、拙劣的课程设计、低水平/无经验的教师。

GE Capital 最新研究发现,能否完成公司网上课程取决于负责人能否加强对出勤的重视,员工们受到多少重视,员工们的课程进展是否被关注。

Sun Microsystems 发现互动是网络课程成功的重要因素,公司调查表明只有 25% 的员工严格按照自己的节奏完成了课程,但 75% 的人通过电子邮件和电话来得到导师帮助,或通过网上讨论来完成类似作业。

公司经理必须像管理其他任何重要的事情一样监管网上培训。

为了网上培训的成功,公司必须创造一种文化氛围,让网上培训像课堂培训一样严肃。

对于许多网上培训者来说,在家学习是首选,可能的话,公司应通过互联网或提供内联网的家庭接口来提供培训课程,让员工利用自己的时间学习的收益远大于为此支付的成本。

公司网上培训势不可挡,形成了 230 亿美元的市场,成为教育行业中增长最快的部分之一。

不是把培训人员派到 7 000 个销售商处,通用汽车公司利用互动卫星传播来教销售人员强调新别克优势的最好方式。

网上培训快捷而便宜,既降低公司培训花销,又为员工省去了通勤时间。

制药公司如 Merck 正在进行现场的、互动的网上课程,让销售代表们在家学习最近的产品信息,而不是让他们乘飞机去会议中心。

麦当劳的培训者可以登录汉堡包大学网站学习技能,例如如何按订单要求做汉堡包或正确地把饮料摆在托盘上。

公司网络培训的一大阻力是员工真正需求的和雇用者所能提供的没有很好地搭配起来,员工真正需要的是适合公司产品和其独特的公司文化的定制课程。

80% 的公司更愿意自主开发网络培训课程,但是打造一门符合员工要求的网上课程需花几个月时间,包括专家队伍和 2.5 万至 5 万美元不等的花销。于是,大多数公司只能选择课堂培训或购买普通课程,包括如何做绩效评估、理解基本的商业伦理等。雇用者可以在众多的非定制电子课程中选择。

为使网上培训有效,内容要分成许多"小块",包括小测试、网上讨论小组和其他互动功能,这些能够让学生证明他们所学的知识。例如 Circuit City 用数码摄像机播放的辅导课由 3 个 20 分钟的小块组成,每个小块包括音频演示如何处理客户对产品的疑问、术语测试和促使受培者在岗位上练习所学知识"试一试"。

戴尔电脑期望 90% 的学习方案能够完全或部分技术化。

家得宝利用网上培训节约了一整天培训新收银员的时间。

网上培训使 Black & Deckerde 的销售代表平均每年节约 17 天的时间。

你的任务:写一则短篇(3—5 页)备忘录给人力资源部部长 Kerry Simmons,表达出网上培训的利弊,并对公司是否应该投入时间和金钱用这种方式培训员工提出建议。组织你的信息使其足够清晰、简洁、有逻辑性。Simmons 喜欢首先阅读结果,所以要直接一点:把建议放在前面,再用你的发现支持建议。⑧

2. 创办一本新杂志,寻找重新塑造时尚的机会。部分受到《改造房间》、《交换空间》、《挑战设计者》这些节目的刺激,国内的房主正在重新设计、重新装饰、重建房屋。许多人满足于表面的改

⑧ Adapted from "Home Depot Says E-Learning Is Paying for Itself," *Workforce Management*, 25 February 2004 [accessed 28 February 2004] www.workforce.com; Robert Celaschi, "The Insider: Training," *Workforce Management*, August 2004, 67—69; Joe Mullich, "A Second Act for E-Learning," *Workforce Management*, February 2004, 51—55; Gail Johnson, "Brewing the Perfect Blend," *Training*, December 2003, 30+; Tammy Galvin, "2003 Industry Report," *Training*, October 2003, 21+; William C. Symonds, "Giving It the Old Online Try," *Business Week*, 3 December 2001, 76—80; Karen Frankola, "Why Online Learners Drop Out," *Workforce*, October 2001, 52—60; Mary Lord, "They're Online and on the Job; Managers and Hamburger Flippers Are Being E-Trained at Work," *U.S. News & World Report*, 15 October 2001, 72—77.

变,例如重新粉刷或摆放新的装饰物,但是有些人更有野心。这些房主想移墙、增加房间、重新设计厨房、把车库变成家庭影院——全是大工程。

随着许多新的消费趋势,出版商试图创建新的杂志,来吸引潜在读者群和有兴趣的广告商。自己动手(DIY)市场已被数不尽的杂志占领,但在进行大型项目的房主身上你可以找到机会,表12-1 到 12-3 是你要求公司同事进行的前期调查结果。

表 12-1　自己动手改造频率最高的房间

房间	调查中已经进行计划进行一部分改造的房主百分比
厨房	60
浴室	48
书房	44
卧室	38
家庭影院	31
娱乐室	28
客厅	27
饭厅	12
太阳房	8

表 12-2　改造工程的平均花销

估计数额	调查房主的百分比
5 美元以下	5
5—10 美元	21
10—20 美元	39
20—50 美元	22
50 美元以上	13

表 12-3　房主在普通的改造工程中需要完成的工作

工作	调查中亲自完成或计划亲自完成大部分或全部工作的房主百分比
构思	90
技术设计/建筑	34
拆毁	98
基础工作	62
结构	88
管道	91
电器	55
制热/制冷	22
修饰木工	85
瓷砖	90
油漆	100
室内设计	52

你的任务:尽管你需要更深入的调查来证实市场的需求量,以完善杂志的编辑方向,但是你认为这些数据已经为"大工程"自己动手杂志指明了一个机会。准备一份简明的分析性报告,解释现有数据,指出你发现的一个或多个机会(基于表 12-1 到 12-3 建议你的想法),向编辑委员会请求资助来进行额外调查。

需要额外调查的短篇正式报告

3. 海外销售:关于在他国推广新产品的前景。选择一件你现在拥有的不太昂贵的产品和一个你不太熟悉的国家。这件产品可以是价格适中的手表、收音机或其他设备,现在想象一下你在一家公司的国际销售部门工作,你的公司生产和销售此产品,你正在计划把这种产品推广到你选择的国家去。

第一步是尽可能了解你计划推广产品的国家情况。查阅年鉴、百科全书、互联网和图书馆数据库来寻找最新的信息,尤其要注意对居民社会生活、经济状况和文化传统的描述,这些因素能刺激或抑制产品的使用。

你的任务:写一份简短的报告来描述你计划在海外推广的产品,简单描述你所选的国家,指出在这个国家内哪些人会被你的产品所吸引,解释该产品如何运往该国(或者如果有材料和劳动力的话如何在该国生产),建议地区销售中心的位置,说明该产品应如何销售。你的报告应交给公司的首席运营官,他/她的名字可以自定或在公司名录中找到。报告应包括结论(该产品在新环境下会表现如何)和推广建议(公司应立即采取的措施和今后的发展规划)。

4. 现成的生意:寻找合适的特许权。在商界 15 年后,你准备自立门户。然而,你认为购买特许权是个更好的主意,而不是从头建立自己的公司。不幸的是,一些最有可能获利的特许权,例如主要的快餐连锁店,需要大量的前期投资,可能在 50 万美元以上。幸运的是,你已遇上几个潜在投资者,他们愿意帮助你起步,但要以股份作为交换条件。在自己的存款和投资之间,你估计你可以筹集 35 万到 60 万美元,取决于你想让投资者得到多少股份。

你已在几个部门工作过,包括销售和生产,因此你有相当丰富的商务经验。你对任何业务都愿意尝试,只要能提供增长机会就行。你不想被最开始的运作绑住手脚,以至于不能将它托付给雇用的经理并扩大其他市场。

你的任务:为了与投资商开一次正式会议,你需要起草一份报告,概括你想要寻找的特许权类型。写一份简短的报告,明确你想深入探究的五种特许权(根据个人兴趣和上面提到的要求选择五个)。对于每个可能的特许权,你要说明业务本质、财务要求、公司提供的支持水平以及为什么你能成功运作这种业务(可以编造你需要的任何细节)。认真浏览你所找到的关于每一家特许公司的资料,确保你有资格申请。例如,麦当劳不允许投资伙伴购买特许权,所以如果你没有足够的资金独立完成,你就不能开设麦当劳的连锁店。

要尽快找到关于特许权的介绍,参考"员工如何工作"(www. howstuffworks. com/franchising)。在"特许权"网站(www. franchising. com)上你能学到更多关于特许权业务的知识。在"特许公司连接"网站(www. francorpconnect. com)上,可以搜索到特许权的详细信息。此外,许多出售特许权的公司会在它们的网站上提供额外的信息,如赛百味公司。

无需额外调查的长篇正式报告

5. 当今时代你可以从网上得到任何东西：在网上购买汽车。作为消费者保护部门的调查员，你总得调查消费热点，并写报告在部门的网站上公布。成千上万的消费者已在网上购买汽车，更有几百万人在去经销点之前在网上搜集资料。一些人想要节省时间跟金钱，一些人想在跟经销商会谈之前尽可能多地了解信息，还有一些人想完全避免与销售人员进行不愉快的议价。因此，为了满足这些消费者的需求，各式各样的网上服务出现了。有些让你对不同汽车型号的信息进行比较，有些帮你联系当地经销商来完成交易，有些帮你完成几乎全部的交易细节，包括议价。有些人搜索成千上万的经销商清单，还有些人只搜索一个经销点或是相近经销商的网络。换言之，购车者可以利用一系列新工具购车，但弄清具体目标和所期望得到的结果并不容易。这就是你的报告将要起的作用。

通过访问一系列与车有关的网站，以及在报纸杂志上阅读关于购车过程的文章，你可以积累关于这一主题的许多信息：

- **过程纵览：**过程相当直接且与其他网上购物经历类似，但有两个主要区别。总的来说，客户确认他/她想要的车的品牌和型号，然后网上购车服务搜索全国范围内的汽车经销商的详细清单，提供有效的选择，客户从清单上选择一辆车，网上购车服务处理与经销商的交流和购买细节。当文件工作完成后，客户去经销点取车。网上购车有两点最大的不同：(1) 你不能完全在网上完成购买（在大多数情况中，你必须到当地的经销商那取车，签合同，尽管在一些城市中经销商或网上购车服务会把车送到你家里）；(2) 在大多数州，从任何非特许经销商那里购买新车都是非法的（也就是说，你不能直接从生产商手里买车，比如你不能像直接从戴尔公司购买戴尔电脑那样从生产商处购车）。
- **你在网上找到的信息（不是所有的网站都提供全面的信息）：**品牌、车型、颜色、选择、选择组合（通常一部分选择只包含在特定的组合中；在你选择之前，需要知道一些限制）、图片、规格（从引擎大小到车内空间）、英里数评估、表现数据、安全信息、预计转售价值、评价、可比型号、保险费、客户评级、维修和信誉历史、购买奖励和折扣、真正所有花费（包括燃料、保养和维护等）、维修期、贷款和租金、保修条件。
- **网购的优点：**在家购物的舒适和方便，不用和经销商讨价还价（在大多数情况下），能够大范围内搜索汽车（许多网站是全国性的），迅速得到大量信息和数据，获得专业的汽车记者和其他客户的评论。总而言之，网上购买汽车降低了汽车经销商曾具有的一大优势，那就是在购车交易中控制大部分信息。现在客户能发现每个汽车型号的可靠性、贬值的快速性、需要维修的可能性、其他司机的想法、经销商付给生产商的价格等。
- **行业变化特点：**"第三方"网站（例如 CarsDirect. com 和 Vehix. com）之间的关系不断发展。首先，其关系是对立的，因为一些第三方网站和经销商不断为同一客户群竞争。双方都发表讲话宣称要把对方扳倒。然而现在许多情况下，双方关系更趋于合作，因为经销商意识到第三方网站已经有广泛的品牌认知度和全国的拥护者。随着网上购车消费百分比的不断上升，经销商更愿与第三方网站合作。
- **从多种来源中比较信息：**消费者不应局限于依赖一家网站的信息，每一家网站都有其组织信息的方式，许多网站还有其评估车型和连接买家和卖家的方式。

- **了解每家网站所做之事：**例如，有些网站搜索成千上万的经销商，不管所有关系。另外一些网站，例如 AutoNation，只搜索关系经销商。对某一具体车型的搜索，可在一个网站上得到几种车而在另一个网站上得到几十种。如果可能，找出网站所有者及其商业目标，这会帮助你分析得到的信息。
- **顶级网站：**消费者可以找到一些顶级网站，其中有些是全方位服务运营，提供从调查到议价的一切服务，而另一些则提供具体而有限的服务。例如，CarsDirect(www. carsdirect. com)提供全系列服务，而 Carfax(www. carfax . com)专门提供私家车的维修历史。表 12-4 列举了一些重要的与车有关的网站。

表 12-4　顶级汽车网站

网站	URL
AutoAdvice	www. autoadvice. com
Autobytel	www. autobytel. com
AutoDirectory. com	www. autodirectory. com
Autos. com	www. autos. com
AutoVantage	www. autovantage. com
Autoweb	www. autoweb. com
CarBargains	www. carbargains. com
Carfax	www. carfax. com
CarPrices. com	www. carprices. com
Cars. com	www. cars. com
CarsDirect	www. carsdirect. com
CarSmart	www. carsmart. com
Consumer Reports	www. consumerreports. com
eBay Motors	www. ebaymotors. com
Edmunds	www. edmunds. com
iMotors	www. imotors. com
IntelliChoice	www. intellichoice. com
InvoiceDealers	www. invoicedealers. com
J. D. Power	www. jdpower. com
Kelly Blue Book	www. kbb. com
MSN Autos	http://autos. msn. com
PickupTruck. com	www. pickuptruck. com
The Car Connection	www. thecarconnection. com
Vehix. com	www. vehix. com
Yahoo! Autos	www. autos. yahoo. com

你的任务：根据你的调查写一份告知性报告，向消费者介绍互联网与购车活动结合的基本信

息,在重要事项上给他们一些提示。⑨

6. 员工的交通:了解通勤的形式。 你的公司是你所在的大都市中最大的私企,在职的 43 500 名员工对当地交通有重大影响。最近,一组城乡交通运输部门官员找到你们 CEO,问能否开发出降低影响的方式。CEO 分配给你一项任务:分析员工的交通习惯和态度,作为确定解决办法的第一步。他愿意考虑从补贴公交车票到提供公司班车再到远程办公的一切途径,但最终决定需对员工进行全面的了解。表 12-5 到 12-9 总结了你在员工调查中收集的资料。

表 12-5　员工拼车习惯

使用频率:拼车	员工比例
每周每天	10 138(23%)
每周确定的几天	4 361(10%)
偶尔	983(2%)
从不	28 018(64%)

表 12-6　公共交通使用

使用频率:公共交通	员工比例
每周每天	23 556(54%)
每周确定的几天	2 029(5%)
偶尔	5 862(13%)
从不	12 053(28%)

表 12-7　改善公共交通的潜在影响

下面哪项会促使你更常使用公共交通工具(选择所有适合的项)*	员工比例
安全感增强	4 932(28%)
清洁改善	852(5%)
通勤时间缩短	7 285(41%)
更方便:换乘减少	3 278(18%)
更方便:站点增多	1 155(6%)
费用降低(或有补贴)	5 634(31%)
没有什么可以促使我使用公共交通	8 294(46%)

* 注:这些问题是由不常用或不用公共交通的人回答的,这组人代表 17 915 名员工或 41% 的员工队伍。

⑨ Adapted from Ieva M. Augstumes, "Buyers Take the Driver's Seat," *Dallas Morning News*, 20 February 2004 [accessed 30 June 2004] www.highbeam.com; Jill Amadio, "A Click Away: Automotive Web Are Revved Up and Ready to Help You Buy," *Entrepreneur*, 1 August 2003 [accessed 30 June 2004] www.highbeam.com; Dawn C. Chmielewski, "Car Sites Lend Feel-Good Info for Haggling," *San Jose Mercury News*, 1 August 2003 [accessed 30 June 2004] www.highbeam.com; Cromwell Schubarth, "Autoheroes Handle Hassle of Haggling," *Boston Herald*, 24 July 2003 [accessed 30 June 2004] www.highbeam.com; Rick Popely, "Internet Doesn't Change Basic Shopping Rules," *Chicago Tribune*, 28 February 2004 [accessed 30 June 2004] www.highbeam.com; Matt Nauman, "Walnut Creek, Calif., Firm Prospers as Online Car Buying Becomes More Popular," *San Jose Mercury News*, 21 June 2004 [accessed 30 June 2004] www.highbeam.com; Cliff Banks, "e-Dealer 100," *Ward's Dealer Business*, 1 April 2004 [accessed 30 June 2004] www.highbeam.com; Cars.com website [accessed 30 June 2004] www.cars.com; CarsDirect.com website [accessed 30 June 2004] www.carsdirect.com.

表 12-8 上下班的距离

上班距离(单程)	员工比例
少于 1 英里	531(1%)
1—3 英里	6 874(16%)
4—10 英里	22 951(53%)
11—20 英里	10. 605(24%)
多于 20 英里	2 539(6%)

表 12-9 远程办工是一种选择吗

你的工作性质能使运程办公成为一种现实的选择吗?	员工比例
是的,每天	3 460(8%)
是的,一周几天	8 521(20%)
是的,偶尔	12 918(30%)
从不	18 601(43%)

你的任务:用一份告知性报告来展示你的调查结果,利用表 12-5 到 12-9 提供的信息。

需要额外调查的长篇正式报告

7. 面对面:告知性报告对同一行业中两家公司的比较和对比。你的老板 Dana Hansell 正在寻找可靠的公司进行长期个人投资。浏览过几家候选公司的风险分析报告和财务报表后,她的名单缩小到几家主要行业竞争者:

- 波音;空中客车(航天、航空行业)
- HP;戴尔(计算机、软件行业)
- Merrill Lynch;Schwab(金融、银行和保险行业)
- Barnes & Noble;Amazon. com(网上零售行业)
- UPS;FedEx(货运行业)

根据 Hansell 的描述,所有的候选公司都有着相同的财务前景,所以她对更多的财务表现细节没兴趣,而是寻找质量更高的信息,例如:

- 经营方式上的基本理念差异、产品和服务的开发和处理、产品和服务的推广、与竞争对手相区别的电子商务手段
- 每个竞争者所要遇到的挑战
- 双方竞争者所作的重要决定及其对本公司的影响
- 每个公司对此行业未来看法的差别(例如,它们对消费者需求、产品供给等有一致的看法吗?)
- 每个对手所拥有的竞争优势
- 竞争者过去面临的挑战和解决方案
- 能够相互影响的策略行动

- 公司光荣史
- 简单的公司背景资料(Hansell 已从经纪公司报告中了解了一些)
- 简短的对比数据,例如年销售量、市场份额、员工数量、店面数量、设备类型、客户数量、收入来源等

Hansell 已听说你是部门最资深的调查员,写作水平很高。她要求你为她准备一个正式的长篇告知性报告。你无须提出建议或得出结论;她会根据你的报告内容自己做这些。

你的任务:从上面提到的清单(或由你的老师提供的其他清单)中选择两个行业竞争者,写作正式的长篇告知性报告,比较和对比两家公司在 Hansell 所列出的方面表现得如何。当然,这些方面不是对所有公司都适用,哪些方面比较重要取决于你选择的公司。Hansell 只会在你报告中的一家公司投资。(注:因为这些方面需要大量调查工作,你的老师会把它变成小组作业。)

8. 第二手资料:基于图书馆和网上调查的报告。作为大学生和积极的消费者,在过去的几年里你可能或多或少地考虑过下面的一个或几个问题:

a. 在国内区别一流的 MBA 项目的标准是什么?这些标准对行业需求和期望的符合情况怎样?这些标准对学生、员工、商业学校公平吗?

b. 你愿意为之工作的公司中哪三个有最严格的公司道德规范?

c. 将来的音乐行业如何?继网上商店如 Apple iTunes 和电子播放器如 iPod 之后又将出现什么呢?

d. 在未来十年中,哪些行业或职业种类会经历最快的增长,从而有最大的劳动力需求?

e. 星巴克的迅猛增长对小型的独立咖啡店有何影响?对中型的连锁店又有何影响?在美国或其他国家呢?

f. 一些主要的大学运动"行业"有多大?主要足球和篮球项目对一般大学其他方面的直接或间接贡献是什么?

g. 在中小城市中,棒球、曲棍球、室内足球等小联盟运动有怎样的增长?这些城市建设的体育场馆会对当地的经济有怎样的影响?

你的任务:应用第二手调查资料的信息回答其中一个问题。确认利用了正确的形式来记录你的资料来源。适当情况下提供结论或建议。

正式建议书

9. 增加演讲者的亮点:作为演讲培训者提供服务。演讲既能成就一个事业或商业也能毁掉它。一个好的演讲能带来数百万美元的销售收入和新鲜投资资本。一个糟糕的演讲会引起许多麻烦,从把潜在的客户赶跑到惹怒你的同事甚至办砸重要项目。为了帮助商务人员计划、创作和发布有影响力的演讲,你准备了一个三天的研讨班,包括好的演讲应具备的所有要点:

- 理解受众需求和期望
- 明确演讲目的
- 选择组织方式
- 写一个吸引人的开头
- 制作有效的图形和幻灯片

- 练习做演讲
- 给受众留下好印象
- 在使用演示文稿时避免犯常见的错误
- 利用网络广播工具做演讲
- 处理受众的问题和争论
- 克服公共演讲的十大担心(包括如何克服临场紧张? 不懂表现的人怎样才能做一个有效的演讲?)

研讨班的好处:学生将学会如何在更短的时间准备更有效的演讲。

出席者:高管人员、项目经理、招聘人员、销售人员和任何在国内外做演讲的人。

你的资格:18 年的专业经验,包括 14 年的销售和 12 年的公共演讲。有过在 5 000 人面前演讲的经历。在专业杂志上发表过许多关于演讲的文章。成功为近 1 000 家公司办过研讨班。

研讨细节:三天的研讨班(上午 9:00 到下午 3:00)包括授课、练习演讲和个人与小组反馈。人数最少 6 人,最多 12 人。

价格:收费 3 500 美元,每人额外交 100 美元。额外的研讨班有 10% 的折扣优惠。

其他信息:每人有三次练习演讲的机会,每次 3—5 分钟。鼓励每人都用实际商务演示的 PowerPoint 文件。每位参与者都会得到一本工作手册和他/她最后的课堂演讲制成的 DVD 视频。在培训班后的六月内还可以通过电话或邮件向老师询问。

你的任务:确定你所在当地的一家可能成为候选的公司。访问网站了解更多信息以便使你的建议书更有针对性。用上面提到的信息准备一份销售建议书,解释培训的益处和学生在培训中的预期收获。

10. 健康选择:在一所当地高中卖小吃和饮料的建议书。当地学校用自动售货机出售垃圾食品和饮料已成为多年来的争议。学校可以从收入分成中获利,但是家长和营养专家担心这些小吃和饮料的负面作用。你和你的哥哥在商场和街角经营了近十年的咖啡和饮品站,现在你想把业务扩展到学校里。经过一番会面讨论,你们两个起草了一份计划,这个计划能够既满足学校的经济利益又能迎合家长和营养师的营养考虑。下面是从讨论中摘录的笔记:

- 在校园里设立可移动的果汁吧,提供健康的水果和蔬菜饮品并配有简单、健康的小吃
- 对学校提供的位置和长期合同给予 30% 的利润回报
- 给学生提供就业培训机会(在运动会等场合)
- 对所卖的产品提供详细的营养分析
- 成立一个由家长、学生和至少一名营养专家组成的营养咨询小组
- 向学校和家长保证所有的产品都是安全的(没有刺激性饮料,也没有添加剂,等等)
- 通过本地购买给当地农民和食品加工者利用你们的食品站检验新产品市场的机会来支持当地食品供应者

你的任务:基于上述想法,给当地学校董事会写一份正式的建议书,说明你想要提供更健康的食品来代替软饮料和包装食品。可以编造任何能完成你的建议书的细节。

第13章　口头演讲的计划、写作和完成

学习目标

学完本章后，你将能够：

1. 解释口头演讲在获得职业成功中的重要性
2. 解释如何在口头演讲中应用三步写作法
3. 讨论有效开场白的三个作用
4. 明确在演讲中保持受众注意力的四种方法
5. 解释视觉效果如何改进口头演讲并列出几种常用的视觉效果类型
6. 解释电子幻灯片及其他视觉效果在设计上保持一致的重要性
7. 突出准备在线演讲时考虑的七个主要问题
8. 明确有效演讲者回答问题的六种方法

工作进行时

惠普的沟通

价值30亿美元的具有说服力的演讲

演讲让每个人感到紧张，但是如果你正处在千钧一发的时刻，作一个关系数百万美元甚至数十亿美元的演讲，设想一下你可能会有多么紧张。这种状况对惠普管理服务部门的丹·塔尔博特(Dan Talbott)而言，是商务中常有的事，他的部门为其他公司管理计算机操作。继惠普公司争议性地收购康柏之后，惠普公司迫切希望能有一份较大的合同来提高合并后组织的能力。

在这一背景下，塔尔博特被要求从宝洁公司争取一项巨大的业务。宝洁公司是消费者产品的巨头，在市场上拥有近300个品牌，包括Charmin、佳洁士和汰渍。宝洁公司正通过雇用第三方组织接管它的全球信息系统运营来降低成本，它的全球信息系统是一个有着超过8万台电脑的网络。惠普公司面临着两个强硬的合同竞争者：美国电子数据系统公司(EDS)和IBM。而且惠普在这些竞争者中被认为排名第三，因为它从来没有接过像宝洁公司这么大的业务合同。而且，宝洁公司发布了一个10000页的需求建议书，并且把回复时间限制在56天之内(这种规模的项目通常需要9—12个月)，情况变得愈发艰难。

塔尔博特是一个经验丰富的行业老手,但他只是惠普的一个新成员,他希望展示他的才能,给他的新雇主赢得这笔巨大的业务。他把他的团队转移到了宝洁辛辛那提总部附近的惠普办事处,选择了 80 个来自世界各地的成员组成智囊团,开始制作需求建议书中要求的演讲。塔尔博特知道与宝洁公司的每次互动都能促使他们更接近目标,所以他告诉团队:"我们的工作要确保每次对话都是一次成功。"然而,惠普的初次演讲并不理想。随后,塔尔博特让演讲者把总共超过 200 张的幻灯片都打印出来,并且把它们粘贴到会议室的墙上。他对每张幻灯片进行指导批评,对缺乏清晰信息的幻灯片提出质疑。团队对幻灯片修正再修正,直到演讲从头到尾都以受众为中心并且透彻清楚为止。

这次严格的修改产生了一系列成功的演讲,最终帮助塔尔博特和他的团队赢得了价值 30 亿美元长达 10 年的合同,这次巨大的成功也宣布惠普在电脑服务业中成为一流竞争者。你可能不会处于丧失 30 亿美元的危险中,但是你能使用丹·塔尔博特的严格方法来提高演讲质量,并且使你的每次演讲都很成功。①

www. hp. com

13.1　用口头演讲建立你的事业

丹·塔尔博特的经历强有力地证明演讲技能在当今的商业环境中很重要。不仅在研究、计划、写作和视觉效果设计中,而且在人与人之间和非语言沟通中,口头演讲也提供了重要的机会来展示你所有的沟通技能。演讲还能让你证明以下能力:独立思考,把握复杂问题,处理挑战性的局面。这些都是主管人员在提拔有才华的雇员时所要求的特质。

如果进行演讲或者演示的想法让你感到紧张,那就尽力记住三点:第一,每个人在一群人面前说话时都会感到紧张,即使是有多年经验的专业演讲人和演艺人员也是如此。第二,紧张其实是一件好事;这意味着你很在意主题、你的受众和你的事业成功。通过练习,你可以把那些紧张的感觉转化成积极的能量。第三,你不必担心在口头演讲方面成为自己情绪的受害者。你可以通过使用在本章学到的计划和开发技能来控制局势,下面从如何把三步写作法应用到口头演讲的特定挑战中开始。

13.2　口头演讲的三步法应用

虽然你不经常逐字逐句地写出你的口头演讲内容,但是几乎三步写作法的每项任务经过一定

---

① "Culture and Philosophy" and "Procter & Gamble Case Study," HP website [accessed 20 September 2005] www. hp. com; Paul McDougall, "Procter & Gamble's Deal with HP Grows," *InformationWeek*, 16 August 2004 [accessed 20 September 2005] www. outsourcingpipeline. com; Bill Breen, "The Big Score," September 2003, *Fast Company*, 64; "HP Finalizes $3 Billion Outsourcing Agreement to Manage Procter & Gamble's IT Infrastructure," press release, HP website, 6 May 2003 [accessed 10 October 2003] www. hp. com; "HP Selected by P&G for $3 Billion, 10-Year Services Contract," press release, HP website, 11 April 2003 [accessed 10 October 2003] www. hp. com.

的修改都适用于口头演讲，如图 13-1 所示。而且，一些额外的步骤将帮助你准备材料并调整自己以进行实际的演讲。和书面报告一样，人们经常通过演讲的质量来判断内容的质量，所以你的表达方式和任何视觉辅助材料的包装都和你的信息同等重要。

计划	写作	完成
分析情况 确定目的，分析受众，包括他们的情绪状态和语言偏好。 **收集信息** 明确受众的需求并获得必要的信息以满足其需求。 **选择正确的媒介** 选择最好的媒介或者媒介组合来发表你的演讲。 **组织信息** 确定中心思想，限定范围，选择直接法或间接法，制作内容提纲。	**适应受众** 对受众需求和期望要敏感，可采用换位思考、礼貌、正面效应和非歧视性语言。通过建立可信度和树立企业形象构筑与受众的良好关系。调整你的表达以适应随意的或者正式的场合。 **编写信息** 概括有效的开场白、主体和结束语。准备一些必要的图像来支持你的论点或澄清概念的必要视觉效果。	**修订演讲** 评价内容并修改讲稿；最终确定分发材料。 **准备说话** 选择表达方式并练习演讲；检查设施和器材；必要时可以聘请一个翻译。 **进行演讲** 逐步感到更加自信并且在台上表现得更加自信；快速回答问题。

图 13-1 口头演讲的三步法

13.3 第一步：演讲的计划

口头演讲的计划与其他商务信息的计划相似，你需要：(1) 分析情况；(2) 收集信息；(3) 选择正确的媒介；(4) 组织信息。收集口头演讲的信息与收集书面沟通项目的信息（参见第 10 章）基本相同。作口头演讲时，其他的三个计划任务也有一些具体的应用，下面将对此进行讲述。

13.3.1 分析情况

与书面沟通相似，分析情况包括定义你的目的并对受众进行分析。大多数演讲的目的都是告知或者劝说，虽然你可能偶尔也需要进行一次协作式演讲，比如你正主持一个问题解决或者头脑风暴会议。第 4 章的指导方针将帮助你确定并完善你的目的。在很少的情况下，一个商务演讲的目的是娱乐受众，但是大多数公司会请职业演讲者来进行这样的演讲。

当你分析受众时，先从第 4 章提到的建议开始，然后考虑两个对于口头演讲尤其重要的问题。

第一，试着预测受众可能处于怎样的情绪状态中。他们会自动接受信息，还是会在每一部分都反驳你？虽然这样的考虑也同样适用于书面信息，但是它们在现场的受众环境中变得更加重要，因为个人情绪能够影响彼此。设想一种最糟糕的情况，从众心理会占上风，那些在一对一的情景下可能会平静地接受信息的个人，在群体情绪的影响下会最终拒绝接受信息。

第二，在分析受众时，要明确受众是否习惯听你所说的语言。听一种不熟悉的语言要比读那种语言更加困难，所以一个能阅读一篇书面报告的人不一定能理解一个包含同样内容的口头演讲（参见“跨文化沟通实现：在世界各地进行演讲的五个技巧”）。

跨文化沟通实现

在世界各地进行演讲的五个技巧

当你给国际受众进行演讲时，语言熟练程度可能普遍不同。因此尤其要注意保证清楚的沟通：

1. 讲话要慢而清楚。国际受众最普遍的埋怨是英语演讲者说话太快。仔细讲清楚每个词，重读辅音以表达清楚，并且要不时地停顿。

2. 重复关键词和短语。当受众不熟悉你的语言时，他们需要不止一次地听到重要信息。而且，他们可能并不熟悉许多同义词，所以要在你的演讲过程中用同样方法讲出关键点。

3. 力求清晰。保证你的信息是简单的。去掉复杂的句子结构、缩写和首字母缩拼词。用一个词语取代两个词语的动词词组（比如回顾，用"review"取代"look over"）。这样的词组让人感觉混乱，因为每个单独的词的定义不同于两个词结合在一起的含义。避免文化成语，比如"once in a blue moon"（千载难逢），这对于国际受众来说可能并不熟悉。

4. 用身体语言进行沟通。用姿势和面部表情强调并讲清楚口头信息。比如，用微笑强调正面效应，用动作去描述词语的意思，比如"向上"、"向下"或者"在……之下"。

5. 用视觉效果支持你的口头信息。对于大多数受众，视觉效果信息能支持并清楚表达语言。要消除过快的演讲、不清楚的发音或者特殊口音所产生的问题，要同时准备你和受众的本国语言两种字幕。

职业应用

1. 当演讲者向其他文化的受众演讲时，演讲者要做的最重要的改变之一就是避免在演讲中使用口语。用更容易让非本国语言演讲者或者受众理解的语言替换下列短语："hit one out of the park"（做得很好），"go for broke"（全力以赴），"get your ducks lined up"（控制局面）。

2. 制作一份由两个单词组成的 10 个动词的清单。每一个单独的单词的意思和组合后的单词的意思有什么不同？用一个单独的、特定的能让国际受众听得更加清楚的单词取代每一个包含两个单词的动词。

当分析情况时，也要考虑即将进行演讲的具体环境。你要在一个你能控制从光线、声音到温度的一切事情的会议室给五个人演讲吗？或者你将在一个基本上无法控制环境的交易展览上向 5—500 个人演示一件产品吗？所有人会在一个相同的房间，还是受众将通过网络在遥远的地方参加会议？你将使用怎样的设备——一套完备的多媒体演示系统还是一个简陋的投影仪（或者什么设备都没有）？所有的这些变量不仅会影响演讲的风格甚至会影响演讲的内容。例如，在一个充满干扰和不确定性因素的公共环境中，你最好能保证演讲的内容简单而短小，因为可能无法保证每个人在你的演讲中都保持长久的注意力。

表 13-1 总结了分析口头演讲受众的关键步骤。如果想更深入地了解受众评估（包括情绪和文化问题），可以参考一本好的公共演讲教材。

表 13-1 口头演讲受众的分析

任务	行动
确定受众规模和组成	1. 估计有多少人会参加。 2. 明确它们的共同点和不同点。 3. 分析男女、年龄范围、社会经济和种族群体、职业、地理区域的组合。
预测受众的可能反应	1. 分析受众参加演讲的原因。 2. 明确受众对于主题的大概态度:感兴趣、稍微感兴趣、不关心、无偏见或者敌对的态度。 3. 分析你讲话时受众的态度。 4. 寻找哪种类型的支持信息最让受众印象深刻:技术数据、历史信息、财务数据、实证、样本等。 5. 考虑受众是否有任何对你不利的偏见。 6. 预测可能的目标或问题。
衡量受众的经验水平	1. 分析是否每个人都有相同的背景和理解水平。 2. 明确受众已经知道了哪些与主题相关的内容。 3. 决定受众需要什么背景知识以更好地理解主题。 4. 考虑受众是否熟悉你将使用的词汇。 5. 分析受众对你的期望。 6. 思考你需要讲解的概念和具体细节的组合。

13.3.2 选择正确的媒介

选择正确媒介的这个任务显而易见——毕竟,你在演讲,这是一个口头媒介。然而,技术在当今提供了一系列的选择,从现场的亲自演讲到人们根据自己的时间安排随时到你的网站上观看的网络视频广播。尽早开发这些选择,以使你能充分地利用它们。比如,为了接触到国际受众,你可以为本地办公室内的受众做一个带有问答部分的现场演讲,然后把这个会议的视频文件放到你的网站上,以供其他时区的受众们观看。再次重复一下,事先计划是媒介选择的关键。

13.3.3 组织演讲

组织演讲包括的任务和组织写作信息包括的任务是相同的:确定中心思想,限制范围,选择直接法或间接法,并写出演讲内容的提纲。当执行这些任务时,记住口头演讲的受众基本上被限制在你的时间框架和顺序中。当阅读写作报告时,受众可以反复浏览,如果他们遗漏了某个点或者感到疑惑可以倒退回去查阅,如果他们对某部分不感兴趣或者已经很熟悉可以跳过不看。然而,除非打断你的讲话,受众只能完全按照你演讲的顺序听你的演讲内容。

例如,假设你的演讲是关于一项提议的,并且你认为受众对你和你的计划都怀有敌意,因此你需要采用间接法来安排提议的结构。这种情况很简单,相反,也许受众已经通过其他渠道听说过这个提议,并喜欢你的观点。现在他们不得不坐下来听你陈述原因来说服他们去接受一个他们已经接受的观点。对于打印报告,受众可以简单地略过这部分不看,但是在口头演讲中却不能。因此,组织你的演讲反而显得愈加重要了。

确定中心思想 如果你曾经听到过一个演讲者艰难地让受众了解他/她的观点("我真正的意思是……"),你知道对于受众来说,这是一次多么让人失望的经历。为了避免这种艰难,你可以指出想让受众记住的那条信息，然后写成一句话提纲，把你的主题和目的与受众的关心范围连接到一起，就像一个广告语指出一个产品如何能让消费者得益一样。下面是一些例子：

- 使管理层相信重组技术支持部门将改进客户服务并减少人员流动率。
- 使董事会相信我们应该在得克萨斯州建一个新工厂以消除制造瓶颈并改进生产质量。
- 针对员工对新保健计划的担心，展示该计划如何减少成本并改进保健质量。

这些陈述都特别强调了与受众利益直接相关的主题。通过关注受众需要并且使用换位思考，可以保持受众的注意力并使他们确信你的观点是重要的。比如，如果你关注工厂安全流程如何能挽救生命并阻止伤亡，而不是关注公司制度、节省公司资金或者服从职业安全和健康管理局（OSHA）的规定，新员工团队会更积极地响应你对流程的讨论。

限定范围 有效的演讲不仅关注受众需求，而且使材料严格符合规定的时间要求。并且，在很多情况下，多个演讲者往往按照时间表一个接一个进行演讲，所以时间安排很严格，弹性很小或者根本没有弹性。如果过高估计了你能在规定时间内演讲的材料数量，留给你的将只会是不愉快的选择：快速做完你的演讲，略过你精心准备的信息，或者尽力从下一个演讲者那里占用一些时间。或者如果你没按规定的时间准备充分的材料，你可能会站在受众面前随便说些你未曾准备过的信息。

限定范围还包括把你的信息与受众的需求和期望相匹配。研究表明受众的注意力水平和记忆率会在 20 分钟后急剧下降，而且风险资本家（给很多新公司提供资金的投资者）往往希望企业家们在 15 分钟内讲到要点。[②] 并且，如果你想在一个演讲中涉及很多细节，你将会使受众感到疑惑和失望。一个比较好的方法是，在你的口头演讲中解释重要概念，并且让受众参阅打印资料或者网站了解支持性细节。

一旦你决定了要包含的适当信息，尽最大努力去估计演讲材料所需要的时间，或者估计在一定的时间内你所能演讲的材料。唯一可靠的方法是练习。作为一次完整演练的替代，你可以尝试用几种技术来评估时间需求。第一，如果在少数情况下你要逐字背诵你的材料或者阅读一个准备好的草稿（本章后面部分将对此进行更详细的讲述），你可以将你的单词数除以 125（如果你说话比平均水平慢）或者 150（如果你说话比平均水平快）来大概估计自己需要多少分钟。大多数演讲者都能顺利地在每分钟内表达 125—150 个单词。第二，你能衡量你演讲的一部分需要多长时间，然后推算整个演讲需要的时间。这个方法并不是十分准确，但是它能帮助你判断主要的时间问题。第三，当你用投影胶片或者电子幻灯片进行演讲并积累一些经验后，你能感觉到你一般演讲每个幻灯片所需要的时间。作为一般的准则，把演讲一张幻灯片的时间估计为 3 到 4 分钟。[③] 例如，你有 20 分钟，就大概准备 6—7 张幻灯片。如果你演讲幻灯片的速度比这快，很可能是你的幻灯片太简单或者你不能吸引受众充分地讨论每张幻灯片。

当然，一定要把开场白、茶歇、示范、问答部分以及任何可能占用你演讲时间的事情所用的时间计算在内。

---

② Carmine Gallo, "Loaded for Bore," *BusinessWeek Online*, 5 August 2005 [accessed 19 September 2005] www.businessweek.com.

③ Sarah Lary and Karen Pruente, "Powerless Point: Common PowerPoint Mistakes to Avoid," *Public Relations Tactics*, February 2004, 28.

选择方法 由定义明确的中心思想来引导,有一个关于你演讲范围的清晰想法之后,你就可以开始安排你的信息了。如果你有10分钟或者更少的时间来表达你的信息,那就像你组织一封信或者一个简要的备忘录那样来组织你的信息:如果主题涉及日常信息或者好消息,使用直接法;如果主题涉及坏消息或者劝说,使用间接法。计划你的开场白,激发受众的兴趣,并预演可能发生的情况。对于演讲的主体部分,准备好解释你的主题关于何人、何事、何时、何地、为什么以及怎么样等方面。在最后一部分,回顾你已经提出的观点,并以帮助受众记住演讲主题的陈述做结束语。图13-2列出了一个短篇演讲稿的提纲,这个演讲是要更新一个关键项目的进展情况;演讲者要传达坏消息,因此她选择用间接法,在宣布时间表改动之前列举推迟的原因。

进度报告:2006年8月

目的:更新执行委员会给我们的产品开发时间表

Ⅰ. 回顾目标和进度
- A. 机械设计:
  1. 目标:100%
  2. 实际:80%
  3. 推迟原因:未预期到机壳耐久性的问题
- B. 软件开发
  1. 目标:50%
  2. 实际:60%
- C. 材料资源:
  1. 目标:100%
  2. 实际:45%(材料成本是预期的140%)
  3. 推迟原因:采购人员不足并且没能充分地研究材料来源

Ⅱ. 讨论时间表选择
- A. 选择1:重新设定产品的投放市场时间
- B. 选择2:按时投放市场但要用更加昂贵的材料

Ⅲ. 下月的建议目标

Ⅳ. 问答

图13-2 10分钟进度报告的有效提纲

较长的演讲组织起来像是报告。如果目的是激励或者通知,使用主题引导的直接顺序和结构:重要性、顺序、年代顺序、空间导向、地理或者类别(如第11章所述)。如果你的目的是分析、劝说或者联合,那么围绕结论和建议或者逻辑论证来组织你的材料。如果受众愿意接受,那就使用直接顺序,如果你预计会遇到反对,那就使用间接顺序。

无论你的演讲有多长,谨记在口头演讲中,结构的简明性非常宝贵。如果受众没抓住演讲的线索,他们很难在演讲的其余部分跟上并明白你的信息。在开始就解释你如何组织材料,试着在演讲很长的情况下,尽量把要点的数目缩减到3—4个。

准备提纲 演讲提纲的功能等同于书面报告的提纲所起到的作用:用一种让受众印象最深刻

的方式帮助你组织信息。为了保证有效的组织，要通过以下几个步骤来准备提纲[④]：

- **陈述目的和中心思想**。当制定提纲的时候，反复检查以确保要点、结构、衔接和题目与目的和中心思想相关。
- **组织主要观点和次要观点**。以单独的、完整的句子来表述每一个主要观点，可以帮助你明晰在该要点上想要传达的具体意见。然后注意一下观点的顺序来确保这样的安排是符合逻辑和有效的。
- **确定开场白、主体和结束语**。从主体开始，根据主要观点和次要观点在提纲中的顺序，将它们进行编号。然后，给开场白和结束语列出要点。
- **展示出衔接**。用句子的形式表示出连接一个部分和下一部分的衔接。记住给演讲的主体部分各要点之间设置过渡。
- **展示出资料来源**。准备好参考书目，确保它容易读懂，格式一致，并且包含能展示各种资料来源的细节信息。
- **选择一个标题**。并不是所有的演讲都有标题。但如果你的演讲内容被提前公布或由别人介绍，一个标题会很有用。标题设定了大家的期待，所以要让它有吸引力并以受众为中心。

图 13-3 是一个 30 分钟的分析性演讲的提纲。它主要围绕结论来组织，并且以直接顺序来演示。这个提纲主要基于第 12 章中 Linda Moreno 所写的 Electrovision 形成。

很多演讲者喜欢准备详细的计划提纲和更简单的演讲提纲，这些提纲给他们提供了介绍材料所需要的所有提示。[⑤] 要准备有效的演讲提纲，可以遵循以下步骤：[⑥]

- **遵循计划提纲**。遵循的计划提纲所使用的格式（这样你就能一眼看到你演讲到了什么地方，以及每一部分的要点是如何和前后相互联系的）。但是，要去掉任何不打算向受众说的内容（一般目的、具体目的的陈述，中心思想，参考书目等）。
- **把要点和过渡精简成关键词**。选择那些能提示你记起每个要点内容的词语，这样会使演讲更加流畅。确保写下统计数据、引用和其他细节，这样就不会在那些地方结巴。你还要为那些连接主要观点的过渡部分或者开场白、结束语中的关键点写出完整的句子。要以写出方便使用的最简短的提纲为目的。
- **增加表达暗示**。在排练的时候，在你的提纲中标注出那些你打算停顿强调、放慢语速、使用视觉效果等的地方。你可以使用彩笔来突出显示你的表达暗示。但要避免弄乱提纲，只需包含最重要的暗示即可。
- **整理笔记**。无论是在纸上还是在笔记卡片上手写或者打印演讲提纲，都要确保最后的版本是清晰易读并且可以理解的，这样在演讲时就能参照它。给卡片（或者一叠纸）编号，这样就能按顺序保管好它们。

如果你打算使用 PowerPoint 或者其他的演示软件，你也可以使用每张幻灯片下用来做演讲笔记的“备注”区。

---

④ Sherwyn P. Morreale and Courtland L. Bovée, *Excellence in Public Speaking* (Fort Worth: Harcourt Brace, 1998), 234—237.

⑤ Morreale and Bovée, *Excellence in Public Speaking*, 230.

⑥ Morreale and Bovée, *Excellence in Public Speaking*, 241—243.

我们的差旅和招待成本超出控制

包括目的的陈述

目的：解释为什么Electrovision公司的差旅和招待（T&E）成本如此之高，提出一系列控制成本的改变措施。

开场白

在开场白中强调目的

Ⅰ. 我们的T&E成本远远超过平均水平，这对公司的财务健康造成了威胁；幸运的是，我们能通过四个直接的步骤解决问题，这样可以每年节约600万美元。

解释调查程序

Ⅱ. 怎样进行调查
- A. 分析了内部的花费报告。
- B. 把我们的成本数据和国家平均水平进行了比较。
- C. 分析了公布的趋势和成本控制建议信息。

（过渡：这个演讲回顾了Electrovision的开支情况，分析了对公司利润造成的影响，并且为减少预算提出了四个步骤的建议。）

主体

使用符合逻辑并且简单的结构

解释为什么问题存在

Ⅰ. 分析开支情况
- A. 我们已经花费在T&E上的数额：
  1. 机票、酒店、租车、餐饮和招待去年总共花费1 600万美元。
  2. T&E预算在过去五年里以每年12%的速度增长。
- B. 钱花在了哪些地方：
  1. 我们去年有3 390次出差，每次出差平均成本是4 725美元。
  2. 机票和住宿花费占旅行T&E花费的70%。
- C. 和国家平均水平相比我们的花费状况：
  1. 我们的各项设施和客户分布在各个海岸，这迫使我们在差旅上花费很多。
  2. 然而，我们的每天差旅花费要比国家平均水平高出125%。（资料来源：道·琼斯）
- D. 为什么我们花费了这么多?
  1. 享受一流的旅行服务被认为是对大量差旅出行的补偿。
  2. 销售人员被鼓励去招待客户。
  3. 管理者很难了解并研究T&E成本。
  4. 没有人主要负责控制成本。

（过渡：我们需要控制花费，有两个原因：（1）未来两年的利润预计会没有变化或者下降，（2）酒店价格和机票费用急剧上涨。）

图 13-3　三十分钟演讲的有效提纲

13.4　第二步：演讲的写作

虽然你可能从未真正逐字逐句地写出过你的演讲稿，但你仍然运用了写作过程：开发观点，组织支持要点，对过渡进行措辞，等等。基于形势和你的个人风格，实际的演讲可能会按照这些原先的词句或者用新鲜、自发的语言来表达你的观点。在开始写作之前，考虑一下应该怎样让你的风格适应受众。

Ⅱ. 对利润的影响
A. T&E成本会持续上升，像其他公司成本一样。
B. 预计收入在未来几年将会下降。
C. 底线：我们已遇到麻烦。

（过渡：通过实施一系列的改革，管理可以预期减少Electrovision的T&E预算的40%。我们有四种方法来减少花费。）

Ⅲ. 解决方案
A. 我们应该实施更严格的花费控制：
1. 雇用差旅经理来控制成本并协商团队折扣。
2. 制定正式、书面的政策来控制成本。
3. 给部门经理需要的数据来制定更明智的决策。
B. 我们能减少不必要的T&E成本：
1. 减少不必要的旅行（研讨会等）。
2. 减少公司内出差以及每次出差的员工数。
C. 我们能找到更低的差旅价格：
1. 协商公司折扣。
2. 更仔细地计划出差以利用低价。
D. 我们能用一些技术选择来取代差旅：
1. 电话会议。
2. 视频会议。
3. 其他可能。
E. 所有这些改变的潜在影响：减少600万美元的成本（资料来源：美国运通）。

（过渡：这个演讲回顾了Electrovision的开支情况，分析对公司利润的影响，并且为减少预算提出了四个步骤的建议。）

结束语

Ⅰ. 我们花费了过多的T&E费用。
Ⅱ. 四个步骤将会节约巨大的成本：
A. 建立更严格的控制。
B. 控制不必要的T&E成本。
C. 找到更低的差旅价格。
D. 通过使用技术选择来替代旅行。

解释为什么T&E成本是个问题

保证整个结构符合逻辑

提供开场白中提到的四个步骤解决方案，然后对执行提出建议

重述了推荐的四个步骤

图 13-3（续）

13.4.1 适应受众

受众期望从你的演讲中听到什么？你是在一个优秀的环境中用专业制作的视觉效果进行一次正式演讲，还是在主持一次轻松的工作会议？受众规模、主题、目的、预算以及可用的准备时间等因素都将影响你的演讲风格。

如果你正在对一小组人讲话，尤其是你认识的人，你可以使用一种轻松的风格来鼓励受众参与。选择一个小会议室，让受众围着桌子坐可能是最好的选择。使用简单的视觉效果，并且邀请受众抛出评论。用一种对谈的语气表达你的看法，如果需要的话可以使用笔记来强化记忆。

如果你要面对大量的受众，并且这个场合很重要，你就要营造一种更加正式的氛围。正式的风格适用于宣告兼并或收购、新产品、财务报告和其他重要的商务事件。在正式的演讲中，演讲者

常常位于讲台上，站在演讲桌后面，使用一个麦克风以使他们的讲话能传遍整个房间，或者能被记录下来用于广播或网络广播。这些演讲常常伴随着幻灯片和其他视觉效果来演示主要产品、技术突破和其他演讲者想让受众记住的信息。

无论演讲是正式的还是非正式的，都要仔细选择你的用语。如果试图用模糊或者不熟悉的词汇来让受众印象深刻，你的信息将会被错过。要确保你能定义你所使用的所有词语，并且保证用词简单。如果排练时反复在同一个词那里结巴，那么就换一个词来表达。[⑦]

最后，当你在思考如何适应受众时，把公共演讲礼仪考虑在内。在演讲时，通过合理利用受众的时间、尊重地称呼他们以及保持专业的形象等方式来显示你对受众的关注。

13.4.2 演讲的编写

与书面文件一样，口头演讲也由很多要素组成：开场白、主体和结束语。

开场白 一个好的开场白能够引发受众对话题的兴趣，增强你的可信度，并且让受众准备好听后面的内容。你演讲的最初几分钟将包含很多内容，所以给自己充足的时间来构思措辞和视觉效果，从而让演讲有一个好的开始。

激发受众兴趣 有些主题往往比其他的主题有趣。如果你要讨论一件对受众具有重大意义的事情，很可能不管你是如何开头的他们都会听下去。你要做的就是宣布你的主题，你将获得他们的注意。

其他的主题就需要有更多的想象力。如果你正在对一群新职员解释你的养老金计划，这些新职员在未来五年内也没有一个人完全符合这个计划的条件，你要如何让他们听你讲话？与不感兴趣的受众打交道，最好的方法就是利用人性化的诉求方式，鼓励人们把这个主题同自身联系起来。向受众展示他们作为个体，如何受这个主题的影响。例如，你可以这样给新职员开始演讲：

> 如果有人用2万美元来和你交换5美元/周，你感兴趣吗？如果你选择自愿加入这个养老金计划，在你退休的那些年里，你将收回这么多钱。在未来两年里，你就要决定是否加入这个计划。虽然退休对你们中的大多数人来说还有很长时间，但是这是一个很重要的理财决策。在接下来的20分钟里，我希望能给你们提供必要的信息，来让你们做出对你们自己和你们的家庭来说最优的决策。

激发受众兴趣的另一种方法是：提出想法，并鼓励受众在你的演讲中进行评论。表13-2给出了可以激发受众兴趣并且保持受众参与的技巧。无论你使用哪种技巧，都要保证开场白和演讲的语调的一致性。如果是在可以开玩笑的场合，可以以一些轻松的事情开始你的演讲，但是如果你正在和一组高层管理人员谈论业务，不要用装腔作势的开场白浪费他们的时间。当你正在讨论一个严肃的问题时，避免讲笑话和个人轶事。如果正在进行一个常规的口头报告，不要太戏剧化。最重要的是，要自然。演讲的时候，没有什么能比一个老套的、按部就班的开场白更快地让受众感到厌烦。

---

⑦ "Choose and Use Your Words Deliberately," *Soundview Executive Book Summaries*, 20, no. 6, pt. 2 (June 1998): 3.

表 13-2　获得并保持关注的六种方法

围绕共同的目标把受众联合起来	邀请受众帮助解决问题,利用机会让他们参与到演讲的主题中。
讲故事	贴近生活的故事常常很有趣且具有说服力。确保你的故事能说明一个重要观点。
分发样品	心理学家认为,通过吸引人们的感觉,你能让他们记住你的观点,最好的办法就是分发样品。如果你的公司从事的是纺织品生意,那就让受众接触到你们的纺织品。如果你销售巧克力,那么就让人们品尝一下。
询问问题	询问问题会让受众积极参与到演讲中,同时人们也会告诉你他们的相关信息和他们的需求。
陈述一些让人吃惊的统计结果	人们喜爱细节。如果能够插入一些有趣的统计结果,常常能够激发受众的兴趣。
使用幽默	虽然大多数商务演讲的主题都很严肃,但不时地做出一些轻松的评论也能够使受众活跃起来。只要保证幽默是与演讲相关的,并且不会冒犯受众。总的来说,当你和受众母语不一样时,尽量避免使用幽默。

建立可信度　开场白除了要抓住受众的注意力,还要建立你的可信度。如果在演讲的主题领域内,你是一位著名的专家或者在其他场合已经赢得了受众的信任,那么你就已经提早建立了你的可信度。然而,如果你和受众没有工作关系或者正在谈论一个你专业领域之外的话题,那么你就需要快速建立你的可信度;人们会在几分钟内决定你的演讲是否值得去听。[8]

建立可信度的技巧是不同的,这取决于你是自我介绍还是让别人来介绍你。如果庆典主持人、会议主席或者其他人要介绍你,他/她就可以为你证明,这样你就不会看起来在自吹自擂。如果要进行自我介绍,简单明了即可。同时,不要担心提到你的成就。听众会对你的资历非常感兴趣,所以简要地告诉他们你是谁及你在那里的原因。一般来说,只需要简单地提到一些你的背景信息:你在一个组织中的职位,你的职业,你所在公司的名称。你可以这样说:

> 我是 Karen Whitney,信息资源公司的市场调查分析师。在过去的五年里,我专职研究高技术市场。你们的技术劳动总监 John LaBarre 让我来和你们谈谈最近计算机辅助设计的趋势,这样你们对自己的研究努力方向会有一个更好的想法。

这个演讲者把她的资历和演讲目的联系在一起,建立了她的可信度。通过提到她所在公司的名称、她的专业和职位、受众上司的名字,她让受众立刻了解到她有资格告诉他们一些他们需要知道的事情。她把她的背景和他们的想法联系在了一起。

预览你的信息　除了激发受众的兴趣并建立可信度,好的开场白会让受众预览到将要听到的内容。读者可以通过看目录并浏览标题了解到一份报告的结构和内容。然而,在口头演讲中,你要提供一个框架让大家预览。没有来自演讲者的线索,受众可能无法弄清楚如何把信息的要点结合在一起。

你的预览应该总结演讲的中心思想,明确主要的支持观点,并指出展开要点的顺序。用这样的话来告诉受众:"这是主题,这些是我要提及的观点。"一旦构建了框架,你就有信心在你转入演

---

⑧ Walter Kiechel III, "How to Give a Speech," *Fortune*, 8 June 1987, 180.

讲主体部分时,受众会明白那些个别的事实和数据是如何与中心思想相联系的。

主体 演讲的大部分内容都是专注于讨论提纲中的主要观点。使用和在信件、备忘录、报告中同样的组织方式组织你的演讲,但是要保证简洁。像惠普的丹·塔尔博特告诉你的那样,你要确保的目标是:(1) 清晰的演讲组织结构,(2) 保持受众的注意力。

连接你的观点 在书面文件中,你可以通过使用不同的设计线索,如标题、段落缩进、空白和列表等,来表明你是如何连接这些观点的。然而,在口头演讲中,尤其是当你不能使用视觉效果来支持时,就必须主要依靠语言来连接不同的部分和观点。

对于句子和段落之间的小连接,可以使用一个或两个过渡词,如"因此"、"因为"、"另外"、"相反"、"此外"、"例如"、"从而"、"然而"或者"最后"。要连接演讲的大的部分,就要使用完整的句子或段落,比如"既然我们已经回顾了这些问题,那就让我们看一下它们的解决方法"。每次转移话题时,要确保强调观点之间的联系。总结已经说过的,然后预览将要说的部分。

演讲越长,过渡就越重要。如果你要讲到很多观点,受众就可能很难领会它们并看出它们之间的联系。你的听众需要清晰的过渡来引导他们得到最重要的观点。而且,他们喜欢简要的、中间的总结来补充任何他们可能遗漏的观点。所以,通过在过渡部分重复要点,你可以给受众补上他们注意力不集中时遗漏的部分。当真正演讲时,你还可以使用手势、音调变化或者介绍一个新的视觉效果来强调你的过渡。

保持受众的注意力 帮助受众连接你观点的重要部分就是从头至尾保持受众的注意力。除了要保证受众感兴趣外,还要注意另一个口头演讲中不可避免的事实:受众思考和阅读的速度会比你说话的速度快。如果不能让他们的思路集中到你的话题上,他们就会开始想其他更需要迫切关注的主题,提前读完你分发的材料,在无线手持设备上查收邮件,甚至在注意你的同时做其他很多事情。以下是一些帮助你保持受众注意力的有用的提示:

- **把你的主题和受众的需求联系起来**。人们对影响到他们自己的事情都很感兴趣。尽量在每个观点中考虑到受众的需求和价值观。
- **预测受众的提问**。尽可能多地预测问题,并且在演讲主体部分针对这些问题做出回答。你还要准备并保留额外的材料以防受众在问答环节提问更加细节性的问题。
- **使用清楚、生动的语言**。当人们听不懂时,他们会立刻感到厌倦。如果你的演讲包括抽象的概念,就表明这些抽象概念如何与日常生活相联系。使用熟悉的词语、简短的句子和具体的例子。确保以不同的方式来表达你的观点;如果一次次地重复同样的词语会让人们睡着。
- **解释你的主题和熟悉的观点之间的关系**。表明你的主题如何与受众已经知道的观点相关,并且给人们一种方法去归类并记住你的观点。[9]
- **询问意见或不时暂停以获得问题或评论**。受众的反馈会帮助你了解在转入下一部分之前,受众是否明白了你的主要观点。反馈还让受众有机会从倾听变成参与,这将帮助他们参与到你的信息中,并产生一种信息共享的感觉。
- **用视觉效果表达你的观点**。视觉效果会让你的信息变得生动,帮助你和受众联系起来,并帮助受众更加有效地记住你的信息(参见下文"使用有效的视觉效果改进你的演讲")。

---

⑨ *Communication and Leadership Program* (Santa Ana, Calif.: Toastmasters International, 1980), 44, 45.

结束语　一个演讲或者演示的结尾很关键，主要有两个原因：当受众等待你收尾时，他们会更加关注你的演讲，而且你的最后几句话会始终在他们耳边回响。在结束演讲之前，告诉受众你要结束演讲了，以让他们做最后的努力来专心倾听。不要担心这样听起来太明显，可以考虑这样说："总之"或者"综上所述"。你想让人们明白这是你演讲的结尾部分。

重述你的主要观点　一旦你决定了怎样宣告你的结尾，就要重述你的主要观点。强调你想让受众做的或者思考的内容，并重点指出那些鼓励他们行动的主要激励因素。最终，通过重述你的主要支持观点来强调主题。一般来讲，不用太多句子就足以加深人们的记忆。一个演讲者是这样结束他的公司主管人员补贴计划的演讲的：重复四个具体建议，然后用一段让人印象深刻的陈述来激励受众采取措施，具体内容如下：

> 我们都为公司的成长道路而感到自豪。然而，如果想要持续成长，就需要调整我们的补贴计划以真实反映竞争表现。如果我们不这样做，我们最优秀的员工将会去其他地方寻找机会。
>
> 总之，我们的调查已经显示出我们需要做以下四件事来提高主管人员的补贴：
>
> - 增加补贴的总体水平
> - 启动一项现金奖励计划
> - 提供各种股票激励
> - 改善健康保险和养老金福利
>
> 通过这些改进措施，我们可以帮助公司跨过增长门槛来应对行业内最大的竞争者。

用这样的方式重复主要观点，能极大地促使受众按照你预想的方式听取你的信息。

描述下面的步骤　一些演讲需要受众决定或者同意采取具体的行动，在这种情况下，结束语提供了清晰的结束方式。如果受众对这次演讲中的一个问题看法一致，你就可以用一两句话来回顾一下这个共识。如果他们不同意，你就可以通过一些类似"在这个问题上我们似乎存在一些根本性的分歧"的话来清楚地表明没有达成一致意见，然后准备好就解决这个难题提出建议。如果你开始不确定受众会如何回应，那么就准备好不同的结束语。在公共演讲中，最尴尬的事情莫过于你已经在演讲过程中让受众丧失信心了，却试图做一个鼓舞人心的、积极的结尾。

如果你期望在演讲之后，人们会有所行动，那么就要确保解释清楚由谁来负责什么行动。一个有效的技巧就是列出你的行动项目，预计的完成日期和负责的人员或者团队。你可以用图表展示这个名单并让名单上的每一个人都同意在目标日期前完成他/她的任务。公开的行动承诺可以强有力地保证行动的执行。

如果需要采取的行动看起来很难，就要确保每个人都理解自己工作中涉及的问题。你不应该让人们在离开演讲时认为他们的任务比较容易，结果却发现工作要求非常苛刻。你应该让每个人都有务实的态度并且准备好去处理可能会出现的任何事情。所以在编写你的演讲时，要使用结束语以警示人们可能遇到的潜在困难或陷阱。

用强烈的语气结束　确保你最后的评论是积极并且让人难忘的。在总结完你的演讲要点后，引用一句名言、一个行动口号或者一些鼓舞人心的话来结尾。比如，你可能强调行动的好处或者表达对听众完成未来工作的信心。另一种结束的方法是用一个引发受众思考的问句或者陈述结尾。

在完成演讲后,受众应该感到满意。结束语不是一个介绍新观点或者改变演讲气氛的地方。即使部分演讲内容是悲观的,你也要用一种积极的语气结尾。就像口头演讲的其他部分一样,认真组织结束语。你不会希望在结束时紧张地站在台上,无话可说,要么说句“那么,我想差不多就这样了”。

文档修改

改进这次演讲

练习实际写作文档的草稿,请登录在线课程或密码保护网站“辅助网站”。点击“文档修改”,然后点击第13章。你会看到一份演讲稿,包括了与本章所学“准备有效的口头演讲”相关的问题和错误。使用“最终稿”选项修改这次演讲。检查信息以保证有效选择了范围、格式、开场白、过渡和结束语。

13.4.3 使用有效的视觉效果改进演讲

视觉效果能够通过创造生动有趣而又难以单独用语言解释的观点,增加多样性,以及提高受众理解和记忆信息的能力等方面,来提高口头演讲的质量和增强其影响。行为学研究表明视觉效果可以使人们的学习效率提高到原来的四倍,因为人们处理图像要比处理文本快6万倍。[10]

作为一个演讲者,你将会发现,视觉效果可以帮助你记忆信息的细节(在长篇演讲中没有小技巧)并提升你的专业形象:使用视觉效果的演讲者看起来通常比没有视觉效果的演讲者进行了更加精心的准备并且更加博学。

你可以选择不同的视觉效果来改进你的口头演讲,每种都各有利弊。

- **投影胶片**。投影胶片作为一种商业演示工具已经有数十年了,一些专业人员比起电子演示仍然更偏好用它们。你只要使用图形或者演示软件、文字处理器,或者如果急需的话仅仅用一支笔就可以制作胶片。胶片不需要最新的电脑或者投影设备,你可以在演示的时候在上面写字,它们从来都不会死机——像电脑常做的那样。但不利的方面是,他们仅限于静态的展示并且一旦打印出来,就不可能再进行编辑了。
- **电子演示**。容易使用的软件和并不昂贵的硬件已经让电子演示成为当今大多数公司选择的视觉效果工具。一个**电子演示(electronic presentation)**或者幻灯片演示包含了一系列用流行的计算机软件如微软PowerPoint或者Apple Keynote制作的**电子幻灯片(electronic slides)**。要进行电子演示,你只需简单地连接你的电脑和便携式投影仪(有些投影仪小到足以装在口袋里)或者一个内置部件(会议室的多媒体系统的一部分)即可。电子演示有很多优点:它们很容易编辑和更新

⑩ “Polishing Your Presentation,” 3M Meeting Network [accessed 8 June 2001] www.mmm.com/meetingnetwork/readingroom/meetingguide_pres.html.

(直到你的演示开始之前都可以更新);你可以添加声音、图像、视频和动画;它们可以结合在线会议、网络广播和网络研讨会(基于网络的研讨会的通用术语);你可以为交易展览会、网站和其他用途而录制自动播放的演示。主要缺点是:设备成本、制作多媒体演讲的潜在复杂性、硬件和软件可能在演示时出现问题的风险(如今这个风险降低了)。

- **黑板和白板**。黑板和白板是在小组会议中记录要点的有效工具。因为这些视觉效果是当场产生的,它们很符合研讨会、头脑风暴会议的弹性、同步等特征。新出现的电子白板可以识别写在它上面的信息,你只要简单地按一下按钮就可以制作一份纸质材料或者通过电子邮件发出一个电子文档。
- **活动挂图**。活动挂图非常适用于在演讲中记录评论和问题或者在头脑风暴会议中记录想法和思路。它们可能是你能得到的技术性最低的工具,但是它们价格便宜并且绝对可靠。
- **其他视觉效果**。要富有创造性地选择视觉效果来支持你的演讲。一段客户谈论你的公司的录音要比一系列总结他们谈话内容的幻灯片更具有影响力。在技术或者科学演示中,一个产品的样本或者一种材料的类型都能让受众更直接地体验你的展示品。设计者和建筑师使用仿制品和模型来帮助人们想象一个最终的创意看起来将会是什么样子的。

本章主要关注的是当今商务演示的主流方式——电子演讲,但是这些设计技巧大多数也适用于投影胶片。

一旦决定了你将使用的视觉效果工具,在开始制作前就要认真思考你的演讲计划。视觉效果工具功能强大,这种功能可以给你带来帮助也可能带来损害。综上所述,切记视觉效果应该用来支持你的语言信息,但它们永远也不应该取代或掩盖语言信息。有眼力的受众——那些能影响你职业方向的人——往往不会轻易地被你眼花缭乱的视觉效果所欺骗。如果你的分析很不准确或者你的结论很让人怀疑,再多的视觉效果支持也不能让你的演讲成功。

制作有效的幻灯片　当进行很多设计方面的选择时,从选择字体到决定是否包括照片,都要时刻依据准确性和简单性来选择。这样做有很多优点。第一,使用简单材料可以节省很多时间。第二,简单的视觉效果减少了歧义和误解。第三,在你的演讲中,**"特殊功能"**越多,就越可能出错。

写出易读的内容　有效的幻灯片以易读的内容开头。演示者们最大的错误往往是在幻灯片上写过多的信息,或者因为他们相信每个词或概念都应该用幻灯片进行阐述,或者他们把幻灯片当成演讲者的笔记——关注他们自己的需要,而不是受众的需要。记住:幻灯片不是要演示你整个手稿或者强调你的每一个观点。[11] 拥挤的幻灯片常常会让读者厌烦,因为它们很难阅读。

有效的文本幻灯片会补充你的文字并且帮助受众追随你的观点和思路。它们是简化了的演示提纲,是用来突出主要观点,总结并预习你的信息,标记你的思路变换、描述概念或者帮助你在口头信息中引发受众兴趣的。它们不是演示本身。当为文本幻灯片填写内容时,保持你的信息简短而简单:

- 每张幻灯片只限于一个想法、概念或者观点。
- 内容限于大约 40 字——不到 6 行的文本,每行包含大约 6—7 个词。
- 写出简短的关键短语而不是长句子或者大段文本。

---

⑪]Claudyne Wilder and David Fine, *Point*, *Click & Wow* (San Francisco: Jossey-Bass Pfeiffer, 1996), 50.

- 用短语以平行的语法风格来表达各项,促进快速阅读。
- 通过使用主动语态,让你的幻灯片易于阅读。
- 包括简短的信息标题。

图 13-4 是一个根据这些以更易读为目的的原则修改后的很好的文本幻灯片的例子。

a. 不适当的段落格式

b. 适当的短语列表

图 a 提供的定义是从演讲者的一篇劝说性报告中提取出来的。段落格式并不适用于幻灯片,读起来也很困难。图 b 用一些简短的短语重新描述了定义,突出了定义的要点。演讲者在演示幻灯片时,将解释这些要点。

c. 不适当的冗长的列表

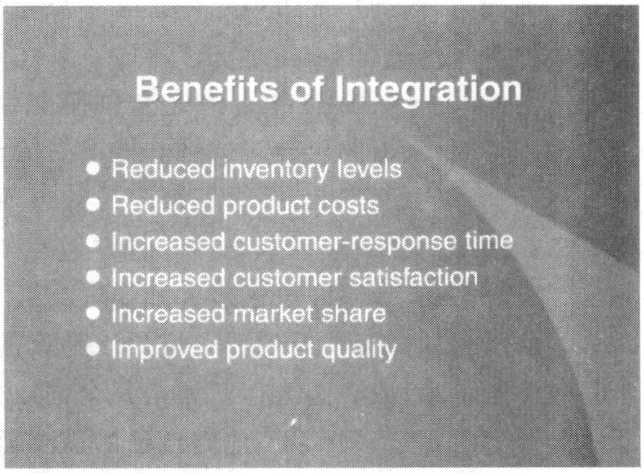

d. 适当的简明的列表

尽管图 c 的文字在指导原则可接受的字数范围之内,但是不必要的词语仍然让幻灯片难以阅读。图 d 是图 c 改进后的版本:句子变成更短的、对等的短语,并且幻灯片的标题也缩短了。

图 13-4 写出易读的内容

调整幻灯片的图像 你在第 11 章中学习在书面文件中制作图形、图表、地图、图画和表格的方法,也同样适用于演讲中的视觉效果,但是有一个重要的提醒:口头演讲的视觉效果需要更加简单。如果你要为演讲修改原本为局面报告制作的视觉效果,那么你就很可能需要简化它们。详细的图表在印刷的页面上视觉效果可能看起来很好,但对于演讲来说会过于紧密和复杂。

从减少细节开始,删去任何对于信息来说不是绝对必要的部分。如果需要的话,把信息分解成多个图像。只要受众能够理解，就寻找更简短的数值表达方式。比如，对于 12 500.72 美元这样的数字，四舍五入成 12 美元或者 12.5 美元，然后在数轴上标注“千美元”的单位。

基本的设计完成之后，再用图形元素来突出关键点。用箭头、粗体字、颜色来引导受众关注你视觉效果的要点。用一个清晰的短语来概括图形表达的内容，比如“收入增加了 15%”。调整图表的大小以适应幻灯片的大小。留出足够的空白区域，采用与幻灯片背景反差较大的字体颜色，并且选择一种清晰易读的字体。

选择设计元素 一旦你已经写好了文本并且制作了幻灯片的图形元素，你就要准备用一种吸引人并且专业的版式把这些元素结合在一起。第 11 章突出了六个有效设计元素的准则：一致性、对比性、平衡性、重点性、简洁性、经历和期望。当你为幻灯片选择颜色、背景和前景设计、插图、字体和打印样式时，要密切关注这些原则：

- **颜色**。颜色是一个关键的设计元素，它能吸引人们的注意力，强调主要的观点，并制造对比。研究表明带颜色的视觉效果可以解释受众接受或者拒绝一个观点的 60%。颜色最多可以提高人们阅读意愿的 80%，而且它能够促进学习并改进 75% 的记忆力。[12] 你的颜色选择还能激发不同的情感，如表 13-3 所示。如果你希望受众兴奋，那就给你的幻灯片增加一些暖色，比如红色、橙色。如果你希望营造一个更加轻松和易于接受的环境，蓝色可能是更好的选择。[13] 当你选择颜色时，把你的选择限制在一些互补的颜色上，并且牢记一些颜色的组合可以比其他组合产生更好的效果。比如，对比色会增加可读性。所以当为背景、标题和文本选择颜色时，避免选择那些色调相近的颜色，比如绿色加棕色或者蓝色加紫色。[14]

表 13-3 颜色和情绪

颜色	情绪联系	最佳使用
蓝色	平静的，抚慰的，安静的，冷酷的，信任的	商务电子演示的背景（通常是深蓝色）；安全和保守
白色	中立的，清白的，纯洁的，聪明的	大多数深色背景的商务电子演示的字体颜色
黄色	温暖的，明亮的，欢乐的，热情的	深色背景下的项目符号和副标题
红色	激情的，危险的，主动的，痛苦的	促进行动或者激励受众；很少用做背景（“红字”可特指财务损失）
绿色	断定的，繁荣的，嫉妒的，放松的	强调和加重的颜色（绿色在美国象征着金钱但在其他国家不是）

当一张一张改变幻灯片的颜色时，不要在暗色和亮色之间反复转换，这样会刺激受众的眼睛。[15] 最后，记住颜色可能在特定的文化中含义不同（参见第 3 章）。所以，如果你正在为国际受众制作演示幻灯片，就要保持对文化差异的敏感性。

---

⑫ Margo Halverson, “Choosing the Right Colors for Your Next Presentation,” 3M Meeting Network [accessed 8 June 2001] www.mmm.com/meetingnetwork/readingroom/meetingguide_right_color.html.

⑬ Carol Klinger and Joel G. Siegel, “Computer Multimedia Presentations,” *CPA Journal*, June 1996, 46.

⑭ Jon Hanke, “Five Tips for Better Visuals,” 3M Meeting Network [accessed 8 June 2001] www.mmm.com/meetingnetwork/presentations/pmag_better_visuals.html.

⑮ Hanke, “Five Tips for Better Visuals.”

• **背景设计和插图**。电子幻灯片有两层图形设计:背景和前景。背景就相当于打印报告的纸,一般来讲,背景内容越少越好。混乱的或者花哨的背景都会分散注意力。作为背景的一部分,你可能想要增加一个公司标志、日期、演示标题和幻灯片页码来帮助你和受众跟上进度。确保所有的这些元素都小而不突出。而且,确保核实你的公司是否有一个标准的设计;很多企业现在有一套定制的幻灯片模板,以保证它们所有演示的一致性。

• **前景设计和插图**。前景设计包括特定的文本和图形元素来修饰每张单独的幻灯片。在前景中,插图可以是功能性的也可以是修饰性的。功能性的插图包括照片、技术绘图、图表和其他包含了你所传递信息的内容的视觉元素。相反,修饰性的插图仅仅是为了美化你的幻灯片。修饰性插图是任何一张幻灯片中最不重要的元素,但是它往往能给没有经验的幻灯片设计者带来最大的麻烦。剪贴画可能是这里最大的麻烦制造者,因为它使用简单但也容易被误用。谨慎地使用剪贴画,它就能增加视觉趣味性,如图 13-5 所示。相反,不适当地选择剪贴画则会使幻灯片让人感觉不专业、太卡通化。

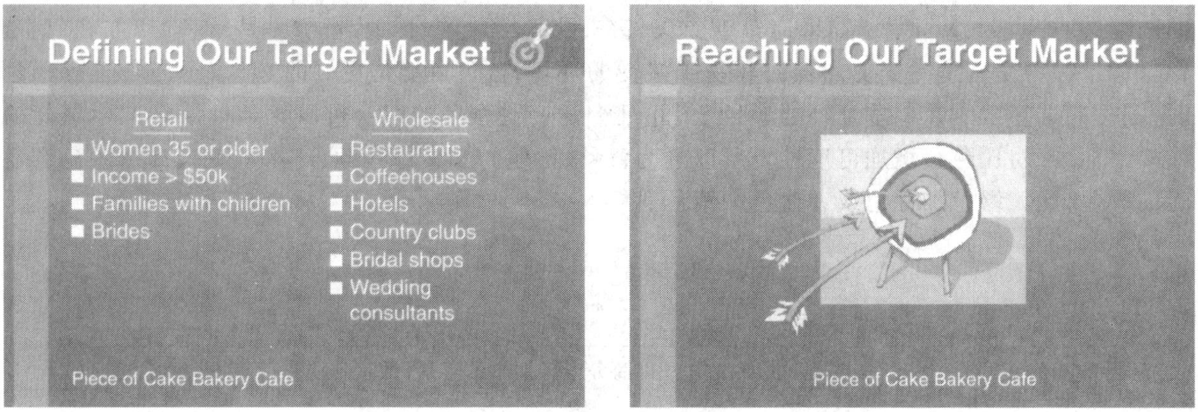

a b

图 13-5 有效地使用剪贴画

两张幻灯片都有效地使用了剪贴画。在图 a 中,把小靶子图标放在了标题中,增强了视觉效果的趣味性,同时也没有分散对幻灯片文本的注意力。图 b 是一张标题幻灯片,使用同一幅剪贴画强调了演讲的主题。这张幻灯片中的剪贴画还可以更大,因为没有其他竞争文本。

• **字体和打印样式**。屏幕上的字体比打印页面上的难以阅读,因为现在一般办公室用的投影仪分辨率(显示精密细节的能力)要比打印机的差一些。因此,你需要认真选择字体和打印样式。无衬线(sans serif)字体常常比衬线(serif)字体更容易阅读,如图 13-6 所示。总体来说,避免手写体或修饰性字体和斜体。使用大写和小写字母,在正文的各行之间留出额外的空白区域,在每页幻灯片上限制字体不超过两种(如果使用了两种字体,一种用于标题,另一种用于列表项目和其他文本)。选择的字号大小要使房间里每个角落的人都容易阅读,通常在 24 号至 36 号之间。同级标题应该使用相同的字体、字号和颜色。一旦选择了你的字体和打印样式,通过远距离观看样本幻灯片来测试它们的可阅读性。

a. Times New Roman 字体

b. Arial 字体

图 13-6　选择易读的字体和打印样式

Times New Roman 字体是一种很多打印文件使用的标准字体；但是，如图 a 所示，每个字母末尾的衬线让人很难从屏幕上阅读，斜体字也是这样。如图 b 所示，无衬线字体比如 Arial 字体对于幻灯片来说是一个更好的选择；人们可以远距离清晰、容易地阅读这种字体。

面对如此多的选择，保持设计的一致性非常关键。受众从第一张幻灯片开始就会给视觉元素赋予含义。比如，第一张幻灯片用明黄色、36 号 Arial 字体展示最重要的信息，那么受众就会期望第二张和第三张幻灯片上最重要的信息也用同样的字体格式来表示，所以你选择的字体和字号一定要前后保持一致，你的版式设计也应该保持一致。确保在每张幻灯片上重复出现的日期、公司标志等元素在每次出现的位置是一样的。否则，你就会使读者分心，因为他们会试图去弄清每一张新幻灯片这样安排的目的。

幸运的是，专门为演示设计的软件很容易让幻灯片风格保持一致。你只需简单地使用颜色、字体和你选择的其他设计元素制作一个幻灯片母版（slide master）即可。然后，在演示时，这些选择就会自动显示在每张幻灯片上，如图 13-7 所示。而且，你也可以从你的软件中选择提前设定好的版式，它们可以帮助你确保项目符号、图表、图形和其他元素在每张幻灯片预定的位置出现，这样就可以保持一致性。读者越容易看明白你的幻灯片设计，他们就越会关注你在幻灯片上传递的信息。

无论何时，当你想用同样的方式改变演示中所有的幻灯片时，你只需使用幻灯片母版就可以做到。在观看幻灯片母版之前，确保应用设计模板，这样就可以看到你将应用到每张幻灯片上的字体和颜色的选择（你也可以不这样做，选择在每张幻灯片上分别修改）。

添加动画和特殊效果　当今的演示软件提供了丰富的选项，让你把你的幻灯片制作得更加生动。这些选项包括声音、动画、视频剪辑、幻灯片切换效果，以及连接到网络和其他资源的超链接。其中的诀窍是确保你使用的任何效果都能支持你传递的信息。同以往一样，你需要考虑所有这些效果会如何影响受众，并且只使用那些能够支持你的信息的特殊效果。[16] 动画和特殊效果主要分成四类：功能性动画、幻灯片切换与自定义动画、超链接、多媒体。

---

⑯ Sarah Lary and Karen Pruente, "Powerless Point: Common PowerPoint Mistakes to Avoid," *Public Relations Tactics*, February 2004, 28.

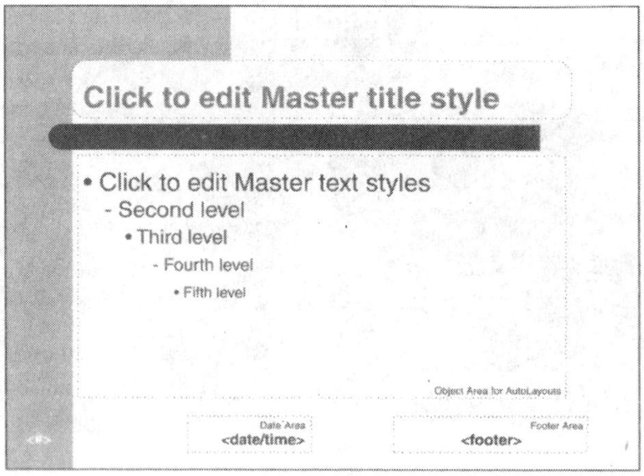

图 13-7 幻灯片母版

和静态图形元素一样,动画元素也可以是功能性或修饰性的。功能性动画包括与你的信息直接相关的动作,比如在屏幕上移动的一个突出箭头,强调技术绘图上的特定要点。这种动画也是表明顺序或者程序的一种有效方法。例如,在机器维修培训课程上,可以展示一个机器的示意图,并且带着受众理解故障修理流程的每一步,当从语言上解释每一步时,你可以用动画突出它们。相反,你需要谨慎使用仅仅用于修饰作用的动画。在 PowerPoint 和其他演示软件中,你可以让一段文本从外面横翻进入屏幕、改变颜色、改变字体和字号、转圈、闪烁、前后波动、在屏幕上爬动,然后逐个字母消失,就像被擦掉一样。这些效果不能给沟通带来任何功能性的价值,而且它们很容易让受众分心。

幻灯片切换与自定义动画与动画相似,但是包含了许多幻灯片和单个幻灯片元素在屏幕上的显示方式。**幻灯片切换(transition)**控制一张幻灯片如何替换另一张,比如在下一张幻灯片淡入前,让当前的幻灯片慢慢淡出。这类微妙的切换可以减少观众对幻灯片转换的注意力。但是,现在还有很多切换效果(比如棋盘式、风车式、旋转“快报”式)会破坏演示的流畅性,还会让你的整个演示看起来非常不专业。**自定义动画(build)**控制着文本、图形和其他单个幻灯片元素的出现。通过自定义动画,能让列表项目一次出现一项而不是一次全部出现在一张幻灯片上,从而使你和受众更容易关注每条新的信息。

当你在演示中需要更加灵活,或者想要和受众分享不同类型的文件时,超链接和动作按钮可以帮助你。**超链接(hyperlink)**可以让你的电脑连接到另外一张演示幻灯片、一个网站或者另外一个程序中。超链接可以是简单的带下划线的文本(如同在大多数网站中见到的链接一样),或者它们也可以编辑成动作按钮,在 PowerPoint 软件中有很多种可用的**动作按钮(action button)**,它们都是预先设计好的图标。动作按钮可以让你执行普通的任务,比如向前或向后跳入一张特定的幻灯片或者打开一个文件或电子数据表。使用超链接和动作按钮也是一个让演示更加灵活的方法。比如,如果你需要让一个演讲适用于很多不同的受众和场合,你就需要创作动作按钮菜单,从而启动适用于每个场景的子集。

多媒体元素极大地增加了演讲的生动性。假如你们企业董事长的话可能支持你的论点,但是她无法在你的演示中发言。不要担心,你可以提前录制她的视频,把视频剪辑放在 PowerPoint 文件夹中,并把这一剪辑文件作为对象插入到你的幻灯片中。然后需要决定的就只是要手动激活这个剪辑还是在放映幻灯片时让它自动播放。如果需要更高级的数码视频,你可以使用专业的产品比如 Adobe Premiere Pro 或者 Macromedia Director(可以分别在其网站上观看样品)。

在线演讲　随着商业组织的全球化发展,你可以设想在你职业生涯的某些时候,需要在线进行演讲。在一些公司,在线演讲已经成为一项常规的事情,它们通过互联网群组软件、虚拟会议系统,或者专门为在线演讲设计的网络广播系统进行。在大多数情况下,你会通过音频、视频和数据演示(比如,你的 PowerPoint 幻灯片)的组合来进行沟通。受众将会在他们自己的电脑屏幕前或者通过会议室的投影仪来观看你的演讲。

在线演讲的好处显而易见,包括仅仅花费旅行成本的一小部分就可以有机会和分散在不同地理位置的受众进行沟通,有能力让一个项目团队或者整个组织在接到通知后立刻会面。在线演讲对于受众来说干扰也很小,受众可以选择在他们的办公桌前观看演讲,可以只听演讲中有关他们的部分。然而,由于你和受众之间存在着技术层面的差别,对演讲者来说在线演讲可能会是巨大的挑战,很多在面对面演讲中指导并鼓励你的那些"人性时刻"都无法穿越数字鸿沟。比如,你很难辨别受众是厌烦还是困惑,因为你通常只限于看到很小的视频图像。而且,技术本身也会造成很多麻烦,比如互联网掉线、不熟练的使用者和其他问题。然而,在线系统在不断改进,掌握这种新沟通技术的演讲者必定会在未来的商业环境中占有优势。

为了确保成功的在线演讲,无论你正在使用什么系统,都要牢记下面的建议:

- **考虑提前分发预习材料**。如果你的演讲包含复杂的或者不熟悉的材料,那就要考虑提前发送一个简短的消息,让受众可以熟悉任何重要的信息背景。

- **尽可能让你的内容和讲解保持简单**。如果需要的话,把复杂的幻灯片分解成多张幻灯片,并且保证你讨论的方向清晰,不会让受众们听不明白。而且,确保任何流式视频演讲是简短的;受众不喜欢被迫坐在那里长时间地听在线演讲。[17]

- **经常寻求反馈**。在线演讲时,你得到的反馈会比面对面演讲得到的反馈少,而这些反馈会警示你受众什么时候感到困惑(比如不知所措的表情或者茫然的注视),而且很多在线受众不愿意打断你并要求解释,因为这样他们会把注意力集中到他们自己身上。所以在演讲时,需要收集反馈信息。

- **从受众的角度来考虑视觉效果**。他们能看到你想让他们看到的东西吗?比如,网络视频广播通常在屏幕上一个相当小的窗口里播放(受众可以将窗口放大,但是这样会降低清晰度)。因此,如果试图使用视频去展示一种设备的操作细节,受众很可能看不清楚那些细节。

- **确保受众可以接收到你想使用的内容**。比如,一些企业的防火墙(企业网络的电子"安全门")不允许流式媒体连接,所以你的网络视频广播可能无法通过防火墙。[18]

- **给每个人留出足够的时间来连接并熟悉他们观看的屏幕**。在你的时间表里要留出额外的时间以确保每个人都能连线,尤其是在旅馆房间里拨号上网、在热点区域无线上网或者其他距离遥远的人。

最后,不要在技术上出现问题。通过虚拟白板、实时投票、协作编辑和其他强大的功能,电子

---

⑰ Jeff Yocom, "TechRepublic Survey Yields Advice on Streaming Video," TechRepublic website [accessed 16 February 2004] www.techrepublic.com.

⑱ "Webcasting Tips & Advice," Spider Eye Solutions [accessed 13 February 2004] www.spidereye.com.

通信系统提供了大量的配件工具,这些配件可以转移你和受众的注意力。不管什么时候,只要这些工具可以给你带来帮助就可以使用它们,但是要牢记任何演讲最重要的事情是让受众接收、理解并同意你的信息。

13.5 第三步:演讲的完成

随着演示文稿的完成,你已经准备好要完成演讲的制作了。与书面沟通一样,第三步最重要的任务就是修订信息,确保内容适合。无论什么样的商务信息,你都要把你的演讲编辑得简洁、清晰。如果你使用的是电子幻灯片,确保其易读、简明,每张幻灯片都保持一致,并且可以操作(包括幻灯片切换、自定义动画和动画)。完成演讲的第一步就是要把幻灯片和支持材料最终确定下来。

幻灯片和支持材料的定稿 电子演示软件可以帮助你完成编辑和修订的全过程。如图13-8所示,幻灯片浏览视图让你在一个屏幕上看清演讲中一些或所有的幻灯片。使用这种浏览来增加或者删除幻灯片,重新配置幻灯片,检查幻灯片设计的一致性,并确定动画和切换效果操作。

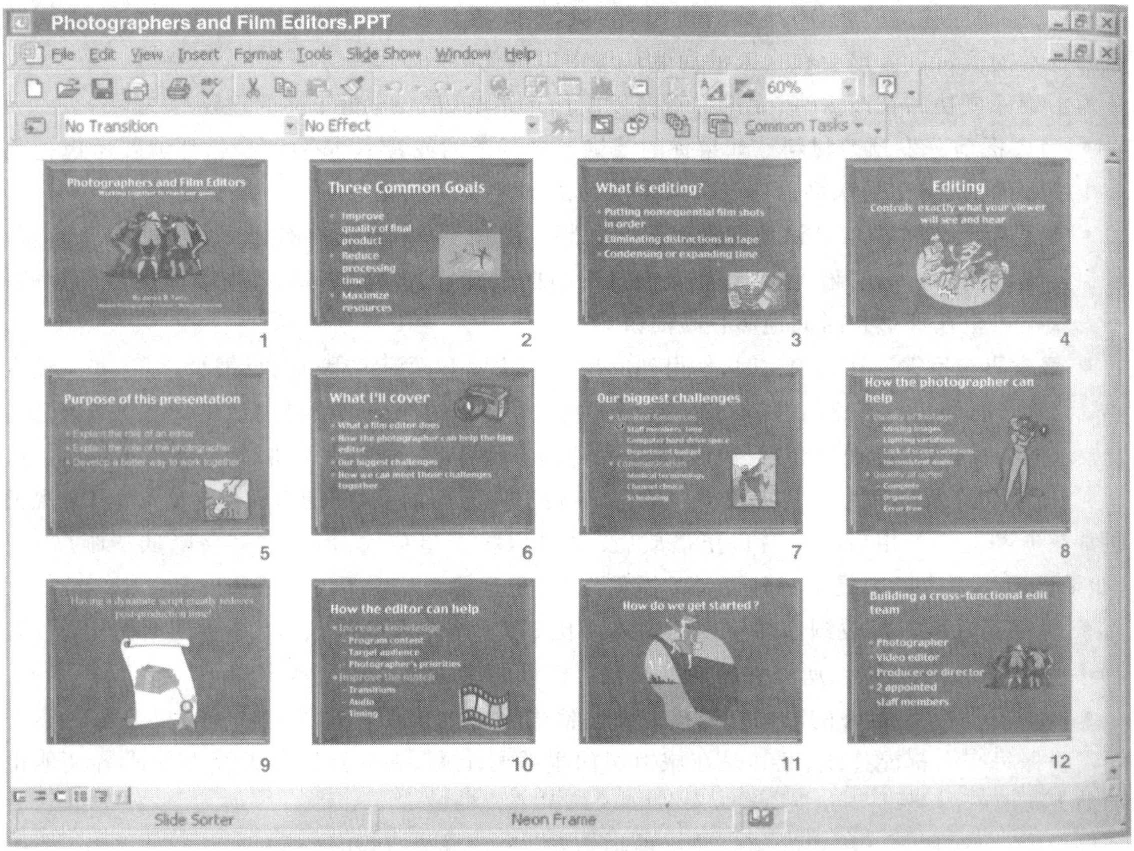

图13-8 幻灯片浏览视图

在一个屏幕上检查幻灯片略图是验证最终产品全面设计的最好方法。幻灯片游览视图也可以使思考演讲的顺序和组织变得容易;你可以通过简单地点击并拖动任何一张幻灯片到一个新的位置上来改变幻灯片的位置。

除了你已经制作的内容幻灯片外,你还能通过制作三种类型的导航幻灯片来帮助受众追随你的思路:

- **封面幻灯片**。一张封面幻灯片可以给受众留下美好的第一印象,就像一个报告的封面一样(比如图 13-8 中的第一张幻灯片)。幻灯片封面可以包含演讲标题、适当的副标题、你的名字、日期、你所属的公司(如果你是对你所在公司以外的人演讲)等。
- **导言幻灯片**。导言幻灯片定义了你演讲的话题,阐明了这个话题,强调了你为什么谈论这个话题,并且建立了你对受众的期望。你是要让他们去做决策还是采取一些行动?或者你只是要简单地解释一个新的企业政策?[19] 图 13-8 的第 6 张幻灯片是一个很好的导言幻灯片的例子。
- **蓝图幻灯片**。如果要进行更长的演讲,你就要考虑使用蓝图幻灯片来告诉受众你现在讲到什么地方了。比如,在图 13-9 中,左面的幻灯片就明确了本次演讲中要讲到的四个话题的顺序。然后,在这四个部分中每部分的开始,这张幻灯片都会重复出现,上面带有一些指示图标,比如右面幻灯片上的对号。用这种方法,蓝图幻灯片提醒受众他们已经听过了哪些内容,还有哪些内容他们将要去听。

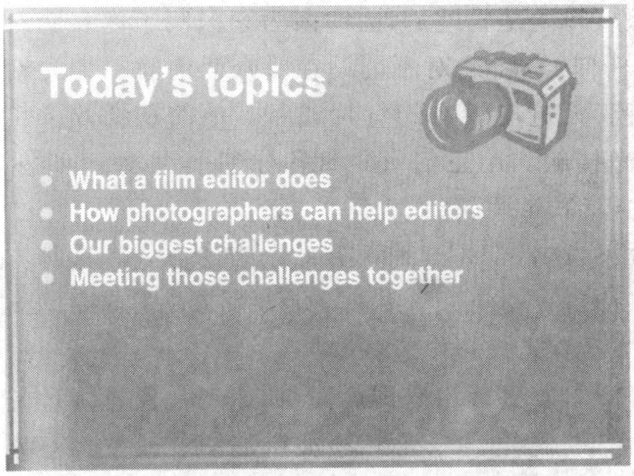

a. 蓝图幻灯片

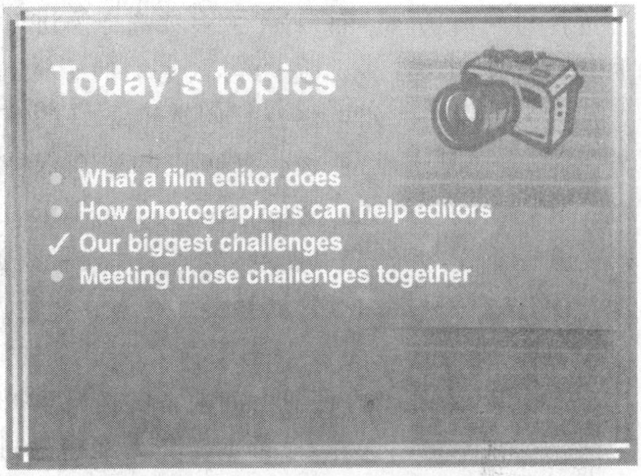

b. 活动的蓝图幻灯片

图 13-9 蓝图幻灯片

演讲开始不久后的蓝图幻灯片,如图 a 所示,定义了演讲的结构,让受众们知道演讲者要讲些什么内容。当演讲者完成每个小部分后,可以再次显示并更新蓝图以指示进度。比如,图 b 中勾号突出了演讲者要讲的下一个话题。

如果想让幻灯片正常工作且清晰、富有逻辑,那就考虑一下在演讲中或者演讲之后是否用一些附加的材料来帮助你的受众理解。分发印刷材料是一种很好的方法,可以给你的受众提供附加材料,同时不让你的幻灯片负载太多信息。一份好的印刷材料可能包括对于屏幕来说太大的复杂图形和图表、文章或者技术性论文、案例研究、网站列表和幻灯片的印刷版。[20]

最后,考虑备用计划。如果你的笔记本无法启动或者投影仪坏掉了,你该怎么办?你能没有

---

⑲ Edward P. Bailey, *Writing and Speaking at Work* (Upper Saddle River, N. J.: Prentice Hall, 1999), 138—145.

⑳ Ted Simons, "Handouts That Won't Get Trashed," *Presentations*, February 1999, 47—50.

幻灯片就进行演讲吗？对于重要的演讲，考虑使用加载了演讲的随时可以使用的备用设备。至少，准备足够的印刷材料分发给受众，这样实在没有办法时，还可以进行“纸上”演讲。

在一个屏幕上检验幻灯片略图是验证最终产品全面设计的最好方法。幻灯片分类也可以使思考演讲的顺序和组织变得容易；你可以通过简单点击并拖动到一个新位置上来改变任意一个幻灯片的位置。

13.5.1 准备演讲

准备好所有的材料之后，下一步就要决定你想使用哪种演讲方法。有三个主要的选择：逐字记住你的材料，阅读材料的打印文本或者按照笔记来演讲。记材料通常不是一个好的选择，除非你是受过训练的演员，习惯于记台词。最好的情况是，你可能演讲得不太自然；最坏的情况是，你可能会忘词。除此以外，在演讲过程中，你常常需要回答受众的提问，所以在演讲的时候必须十分灵活。然而，记住一句引言、一个开头段落或者一些小段的评论可以增加你的自信并且增强你的表达。

有时候，你需要阅读演讲稿，比如你要表达法定信息、政策陈述或者其他必须要用准确的方式进行传达的信息。然而，对于大多数商务演讲者来说，阅读是较差的选择，因为它限制了你和受众的互动并且缺乏自然谈话中鲜活、生动的感觉。在任何时候，绝对不能站在受众面前简单地念幻灯片上的演讲稿。如果你打算阅读准备好的演讲稿，无论有没有幻灯片或者其他的视觉效果工具，你都要反复练习，让你仍然可以和受众保持目光接触。用三倍行距打印你的演讲稿，边距要宽，字体要大。你可能想要加入一些临场提示，比如停顿、举手、降低音调。

阅读笔记，并辅之以提纲、笔记卡片或者视觉效果，这常常是最简单有效的表达方式。这种方法给了你一些可供参考的材料而且允许你和他人保持目光交流、互动、现场反馈等。（当你要阅读笔记时，一定要使用硬卡片；在你摇动一叠纸的时候，最容易表现出紧张。）

有时候，在你没有任何时间准备的情况下，你可能需要进行一个即席演讲，或者是没排练过的演讲。如果你可以选择，尽量不要毫无准备地进行演讲，除非你非常熟悉演讲的话题或者你有丰富的在现场受众前即席演讲的经验。当人们要求你即兴演讲时，花片刻时间想一下你要说些什么，然后集中于你的核心观点。如果你完全不能就眼前的主题进行富有智慧和有效的演讲，那就最好解释说你不能演讲并且请求给你机会准备一下或者以后再演讲。

13.5.2 练习表达

现在，你离进行演讲只有一步之遥了，并且许多演讲新手都会忽略这一步：练习你的表达。在重要的演讲中，很多事情会出错，包括设备故障、时间问题以及不知道接下来要说什么的沮丧情绪。这就是为什么富有经验的演讲者总要演练重要演讲的原因。如果你能安排几个同事来做你的听众，那就一定要这样做。他们可以告诉你幻灯片是否易懂，你的表达是否有效。在准备好要上台进行重要演讲的前一两天，你必须要保证能肯定地回答以下几个问题：

- **你能不去逐字阅读幻灯片而自然地表达你的材料吗？**受众想让你去和他们交谈，而不是给他们阅读。如果需要参看演讲笔记，可以打印出复印件或者利用微软 PowerPoint 中的“演讲者放映”功能。利用“演讲者放映”（需要电脑可以同时在两个显示器上展示），当受众在演示屏幕上看到普通的幻灯片时,你可以单独在你的个人电脑屏幕上看到你的笔记。(可以在“幻灯片放映”菜单下的“设置放映方式”对话框中找到演讲者放映。)

- **你的设备是否运转良好——你知道如何使用吗?** 确保你的电脑和投影仪配置良好;有时需要调整你的电脑屏幕分辨率和投影仪兼容。你不想让自己在躁动的受众面前调整投影仪。一些演示工具,比如你的笔记本电脑的无线遥控器,在运行前需要获得电脑上安装软件的支持。所以在没有调试好之前,不要把那些新的未经试验的配件带到会议室。
- **你分配好时间了吗?** 你的练习将会很有效地让你知道你将需要多少时间,尤其是当你可以在试验受众面前演讲的时候。现在你就应该分配好时间,而不是等到站在现场的演讲台上时再去调整。
- **你能容易地说出你计划使用的所有词语吗?** 每个人都会在某些特定的词上结巴,尤其是当你承受压力并且讲得口干舌燥的时候,你的舌头更容易打结。
- **你是否决定了要如何介绍你的幻灯片?** 有效的演讲者通常在他们演示幻灯片之前进行介绍。这样做可以让你在受众开始阅读幻灯片并得出他们自己的结论之前为你的演讲搭建舞台。
- **你是否预测了一些可能出现的问题和阻碍?** 你需要从受众的角度考虑他们可能问你哪些与内容相关的问题,然后提前考虑答案。不要设想你可以应付临时出现的问题。[21]

有了经验之后,你就可以感觉出在不同的情况下练习多少是足够的。对于一个重要的演讲,练习四五次都不算多。如果你在演讲过程中说话流利顺畅,并能够给每张幻灯片配上有效的演讲词,这会迅速增加你的可信度。练习能帮助你保持状态,帮助你对受众维持一种对话的语气,并增加你的自信和沉着。

如果你正在给和你不同语言的受众讲话,考虑使用口译员。和口译员一起工作确实会从某种程度上限制你的演讲。一方面,你必须演讲得足够慢,以使口译员可以跟上你的进度;然而,不要说得太慢,那样受众容易厌倦。尽量在演讲前给你的口译员发送一份演讲稿和视觉效果的复印件。如果受众中可能有人听力有问题的话,你还要确保配上一个手语翻译人员。

任何时候,向来自不同文化的受众作演讲,你都要使你的演讲内容适应受众,把外表、特殊习惯和其他习俗考虑进去也很重要。你的口译员或主持人能在针对特定受众或特殊场合需要做出的适当改变方面给你一些建议。

13.5.3　克服焦虑

当面对受众时,如果你感觉紧张,这很正常——即使是有多年演讲经验的人站在受众面前也会感到有些担心。优秀的演讲者知道如何把这种紧张的能量转化成他们的优势。初学者应该这样想,这种紧张表明你很在意你的受众、你的主题和你所在的场合。如果你的手心冒汗或者口干舌燥,也不要认为这是由紧张导致的——把它看做是激动的表现。这样的激励可以给你更多你所需要的能量,为演讲增添光彩。下面是一些能控制紧张情绪并帮助你变成更加自信的演讲者的方法:[22]

---

[21] Jennifer Rotondo and Mike Rotondo, Jr., *Presentation Skills for Managers*, (New York: McGraw-Hill, 2002), 151.

[22] Morreale and Bovée, *Excellence in Public Speaking*, 24—25.

- **准备更多的材料**。当结合真正与主题相关的兴趣时,额外的知识会让你减少焦虑。
- **练习**。你越熟悉你的材料,就越不会感到恐慌。
- **积极的态度**。要把自己看成一个优秀而且专业的演讲者,这样受众也会有同样的看法。
- **设想你会成功**。在真正开始演讲之前,用几分钟时间告诉自己你要开始演讲并且已经准备好了。脑海中出现你自己成功面对受众的样子:感觉自信,做好了准备,并且能处理任何可能出现的突发情况。[23]
- **做一些深呼吸**。在开始演讲之前,记住受众也希望你能成功。
- **做好准备**。记住你要讲的第一句话,要能脱口而出。
- **感觉舒适**。穿着得体,但要尽可能舒适。在轮到你演讲前喝些水以确保嗓子充分滋润(在演讲时也可带瓶水在身边)。如果可以,将房间的温度调到自己感觉舒适的状态。体力上分心的事情越少,你将表现得越好。
- **不要惊慌**。如果你感觉语速越来越快——当你感觉紧张时的自然反应——那就停顿一秒钟并调整你的语气或者做些其他小的任务,同时做几次深呼吸。然后再回到原来的速度重新开始。如果你感觉受众正在失去对你的注意力,那就通过让他们参与到演讲中来把他们拉回来,你可以询问他们的观点或者停下来提问。
- **关注你的信息和你的受众而不是你自己**。当你忙于思考你的主题并且观察受众的反应时,你会忘记害怕。
- **和友好的受众保持目光交流**。在你的演讲进行过程中,尤其注意和受众保持目光交流,周期性地在屋内转移视线,直接注视受众会让你看起来真诚、自信并且可信。这也会帮助了解你演讲的效果。
- **持续演讲**。随着你演讲的不断推进,情况通常变得越来越好,每一分钟的成功都会让你感到更加自信。

13.5.4 积极回答问题

问答阶段是一个口头演讲最重要的部分。提问给你机会来获取重要信息,强调你的中心思想和支持观点,并进一步激发人们对观点的兴趣。当你正在对公司内的高层管理人员演讲时,问答阶段常常会花去你最多的时间。[24]

准备很关键。即使你不能预测到每个问题,你也要充分地了解受众的关心事项。仔细考虑你可能被问到的问题的答案,甚至是那些你也没有一个完整答案的问题。

当人们提问时,注意提问者的肢体语言和面部表情,这些可以帮助你理解提问者的真实意图。点头或者用其他方式确认问题,然后大声地重复这一问题来确认你理解了它而且所有受众都听清了它。如果这个问题很模糊或者让人感到困惑,那就再询问明白,然后给出一个简单直接的答案。如果你被要求在两个选项之间进行选择的话,不要觉得你必须这样选。相反,如果你自己的选项

---

[23] Jennifer Rotondo and Mike Rotondo, Jr., *Presentation Skills for Managers*, (New York: McGraw-Hill, 2002), 9.

[24] Rick Gilbert, "Presentation Advice for Boardroom Success," *Financial Executive*, September 2005, 12.

更有意义，你可以提出自己的答案。[25]

这个建议似乎是显而易见的：你要确保回答提问的问题。不要回避、忽视、一笑了之，或者太沉迷于当时的气氛而忘记回答。根据问题的重要性、提问者的地位和你所剩的时间来把握你回答问题的长度。如果给出一个合理的回答可能要花费太长时间的话，你可以简单说："对不起，我们现在没有时间来深入讨论这个问题，但是如果你可以在演讲之后和我会面，我会很乐意和你一起讨论。"如果不知道答案，不要假装知道。换一种方式，你应该这样说："我没有那些数据，但我可以尽快整理出来给你。"

与演讲的陈述阶段不同，你对问答阶段的可控性要弱一些，但可以通过提前设立一些规则来帮助你控制这一阶段。在开始之前，你可以宣布每人提问的时间限制或者问题限制。建立这样的限制可以防止你和单个受众陷入热烈的讨论，或者一两个人独占问答环节。通过选择房间内不同位置的受众提问，给尽可能多的受众参与的机会。

如果受众想要把提问转化成自己的小型演讲，记住你要进行控制。你可能要让人们在提问前介绍一下自己。当在座的每个人都知道提问者的名字时，他们往往更注意自己的表现。[26] 你可以承认你和提问者有不同的观点，而且在让其他人提问之前表示在你进行了进一步的研究之后可以重新回应提问者。或者你可以用简短的回答简单地回复提问者，避免争论或者引发更多的提问。[27]最后，你可以感谢提问者的评论，并且提醒每个人你希望听到具体的问题。

如果一个问题让你陷入困境，要诚实地回答，但是要记住保持冷静。正视那个人，尽可能好地回答那个问题，并且控制自己的情绪。无论处在什么样的环境下，避免陷入激烈的争论。即使你会赢得争论，你也会让受众对这种场面和你处理冲突的能力感觉不舒服。要意识到质疑你的观点、逻辑或者事实的提问者可能只是想让你反应激烈。通过复述这个问题并询问提问者以确认你正确地理解了这个问题来消除敌对情绪，保持商务性的语气和愉快的表情。[28] 不要忙于奚落，否则可能产生事与愿违的后果并让受众更加同情提问者。

吵闹的、对抗的受众对你来说是一个挑战，但是死气沉沉的受众也会让人感觉不舒服。如果受众由于太腼腆或者太具有敌意而不提问，你要考虑提前和愿意合作的受众安排一些问题。如果一个朋友或者会议组织者开始提问了，其他受众也可能会参与进来。

当快到演讲结束的时间时，可以中止问答阶段。通过说这样一些话来让受众准备好结束——"我们的结束时间要到了，让我们再提一个问题。"在你结束回复后，总结演讲的中心思想并且感谢受众的参与。按照开场的方式来结束你的演讲：环顾屋内，并进行目光交流。然后收拾你的笔记离开演讲台，保持你从开始就有的自信和风度。

作为对进行口头演讲应遵循的步骤的提醒，可以参考"要点检查：进行口头演讲"。

---

[25] "Control the Question-and-Answer Session," *Soundview Executive Book Summaries* 20, no. 6, pt. 2 (June 1998): 4.

[26] "Control the Question-and-Answer Session."

[27] Teresa Brady, "Fielding Abrasive Questions During Presentations," *Supervisory Management*, February 1993, 6.

[28] Robert L. Montgomery, "Listening on Your Feet," *The Toastmaster*, July 1987, 14—15.

要点检查

进行口头演讲

A. 口头演讲的计划

✓ 通过确定目的和分析受众来分析情况。

✓ 选择正确的媒体。

✓ 通过确定主题、限定范围、选择方法并准备提纲来组织演讲。

B. 口头演讲的写作

✓ 通过调整风格和语言来适应受众。

✓ 通过准备开场白、主体和结束语来编写你的演讲。

✓ 使用开场白来吸引受众的兴趣，建立可信度并预览要传递的信息。

✓ 使用主体将你的观点联系起来并保持受众的注意力。

✓ 使用结束语来复述主要观点并描述下一步骤。

C. 口头演讲的完成

✓ 通过选择表达方法、熟悉材料并练习表达来掌握表达的技巧。

✓ 提前检查地点和设备。

✓ 决定是否要使用口译员。

✓ 通过全面的准备克服焦虑。

✓ 积极回答问题。

工作进行时

解决惠普的沟通困境

在成功地领导团队签得宝洁公司的电脑服务合同之后，丹·塔尔博特现在成了惠普公司宝洁项目的高级客户关系经理。在项目中，你是他的助理，你的主要责任之一就是协调沟通那些分布广泛的操作宝洁公司电脑网络的团队成员。当惠普签到接管宝洁公司信息系统的项目后，不仅获得了很多宝洁公司的设施，也雇用了一大批宝洁公司的员工，这些员工之前负责这些系统的工作。虽然这两个公司有备受尊重并且广为效仿的企业文化，但是你意识到对于宝洁公司部分员工来说，这种转变很难。这些人中许多都是大学一毕业就加入宝洁公司，并且有些人在宝洁公司已经工作长达 20 年甚至更久。他们可能像从前一样做同样的工作，甚至在同样的设备上工作，但是他们现在有一个新的实施不同的政策、进行不同的领导的雇主。他们也需要适应为一家高科技公司工作而不是在一个快速消费品公司工作。他们会怎样迎接这些挑战？[29]

---

[29] See Note 1.

1. 你一直在准备有关在惠普工作的状况的系列演讲，这些演讲是建立在“敏捷性组织”理念之上的。惠普的网站这样描述了这一理念：

> 通过一起工作，我们形成了一个智能组织，它能富有想象力地进行思考，行动果断并且服务迅速。即时面对市场，即时面对客户，即时获得收入，即时盈利，这是当我们冒适当风险去超过竞争者并预测市场改变时的主要驱动力。

下列哪个对中心思想的陈述能够最好地概括上面这个复杂的想法？

a. 谈论速度对惠普的成功——快速创造新产品、快速获取新客户、快速产生新收入并快速实现利润，有多么重要。

b. 解释团队合作在惠普超过竞争者并预测市场变化方面怎样发挥关键作用。

c. 确保让来自宝洁公司的职员明白：在惠普商业运作很快，而且每个人都有把惠普构建成一个敏捷性组织的责任。

d. 通过一起工作，我们成为一个智能组织，富有想象力地进行思考，行动果断，服务迅速。

2. 最终，一些从宝洁公司刚加入惠普的职员可能被安排到惠普公司的其他职位上，包括惠普公司自己的内部信息系统或者在惠普和其他客户的合作项目工作。然而，大多数人还是集中在宝洁的项目，所以惠普的整体使命和竞争思考可能并不是他们中大多数人当前所考虑的。你应该在你的演讲中用什么方法来鼓励他们关心“敏捷性组织”的理念和他们在其中承担的角色？

a. 在开始时，直接询问他们，到目前为止，关于“敏捷性组织”他们听说了多少？鼓励他们在你演讲前提出任何问题。用这种方法你可以在解释“敏捷性组织”的含义之前，粉碎人们的任何谣传。

b. 在开始时，介绍一些其他高科技企业近来的裁员消息，然后强调，为了避免产生那种情况，为惠普工作的职员必须接受敏捷的理念。这将让他们害怕并关注演讲。

c. 和他们一起分享公司内部的经历——丹·塔尔博特的团队如何赢得和宝洁公司的合同，把重点放在团队是如何快速反应并抓住机会的。这是一个很好的“敏捷”行动的例子，这种环境可以影响他们每个人。（他们中很多人可能在想：当行业中大多数人都认为 IBM 和 EDS 是更明显的选择时，为什么惠普最终能够赢得这么大的合同？）现在作为惠普的员工，他们要关心惠普如何继续赢得大笔的合同并且因此避免裁员，继续提供良好的福利待遇，并且为员工的职业发展提供更好的机会。

d. 用几个简短的视频剪辑开始你的演讲，视频主要传达了速度的理念，比如赛车、火箭、奥林匹克运动会上的竞走比赛，以及几分钟之内用微波炉做好饭，等等。从这些情景中，他们可以知道：速度对当今快速发展的世界来说非常重要。

3. 在演讲的主体部分，你想要用 PowerPoint 幻灯片解释公司所描述的“敏捷性组织”包括哪些方面的含义？你将会演示一张文本幻灯片，在描述过程中和受众进行讨论，然后让受众提问。下列哪个是排列幻灯片文本的最好方式？

a.

敏捷性组织

通过一起工作，我们形成了一个智能组织，它能富有想象力地进行思考、行动果断并且信息传递迅速。即时面对市场，即时面对客户，即时获得收入，即时盈利，这是当我们冒适当的风险超过竞争者并预测市场改变时的主要驱动力。

b.

敏捷意味着什么

通过一起工作，我们形成了一个智能的组织，它能富有想象力地进行思考，行动果断并且服务迅速。即时面对市场，即时面对客户，即时获得收入，即时盈利，这是当我们冒适当的风险超过竞争者并预测市场改变时的主要驱动力。

c.

敏捷意味着什么

团队工作营造了一个智能组织

- 富有想象力地进行思考
- 行动果断
- 服务迅速

时间是我们主要的驱动力

- 即时面对市场
- 即时面对客户
- 即时获得收入
- 即时盈利

冒适当的风险产生主要收益的策略

- 超过竞争者
- 预测市场变化

d.

敏捷意味着什么

- 团队合作营造了一个智能组织
- 时间是我们主要的驱动力
- 冒适当的风险产生主要收益的策略

4. 你已经完成了对于敏捷性组织的幻灯片演示，而且你正期待做你的第一次演讲。演讲进行得非常顺利，直到你发现一个职员正在屋子后面一次又一次地偷笑，并且和旁边的人窃窃私语。你从未见过这个人，而且你也不确定他是什么职位，但是他已经开始分散你的注意力了。在这种恼人的行为持续了几分钟后，这名职员开始对你关于公司敏捷的评述嗤之以鼻，放声大笑。糟糕的是，你的情绪受到了影响，你开始丧失冷静，停下演讲并且想知道那个员工为什么笑。你立刻意识到你已经犯了一个错误，尤其是当这个员工回答道："如果惠普如此敏捷，为什么在过去几年里，已经被迫裁掉了数千名员工？我们失业会有多快？"时。你之前并没有准备回答这样复杂的问题（裁员是惠普和康柏合并造成的结果，而且几年前整个技术行业普遍处于低迷状态），而且你并没有被授权代表公司来谈论这一敏感话题。另一方面，你不想看起来很弱小或者准备不足。你在深呼吸后冷静了下来，你应该怎样回应呢？

a. 使用幽默来缓和气氛。告诉提问者:“惠普裁掉了其他员工,是为了给你们这样更加富有魅力的新员工腾出位置。”

b. 认识到在这种情况下,这并不是一个你应该处理的问题,尤其是因为你不知道还有多少其他人也有同样的顾虑——你可能完全不能控制这个场面。你这样回应:“这不是讨论这种事情的适当时间和场合,我想回到我们今天的主题上,让那些想学到更多知识的员工能得到他们需要的信息。”

c. 对提问者的担心表示认同和理解并解释说,避免在未来被解雇的最好方法就是,每个人都能积极投身于构建敏捷性组织的工作上:“作为一名同事,我和你一样担心工作的稳定性。然而,我也知道我能控制的唯一部分就是积极付出努力,让我们的组织变得更加敏捷。为什么我们不关注每个人能为确保未来利润增长所做的事情,而是在这里偏离话题谈到过去的困难?”

d. 完全忽略问题。默默地数到十,环顾屋内之前你目光接触过的友好面孔,然后继续你的演讲。

学习目标检查

通过阅读每个学习目标和完成相关练习来评估你对本章要点的掌握情况。填空题,写出空白处缺少的文字;单项选择题,在正确答案的字母上打钩。

目标 13.1:解释口头演讲在获得职业成功中的重要性。

1. 下列各项中,哪项是在职业发展中,寻找机会进行演讲的适当原因?
   a. 演讲能让你证明自己独立思考、抓住复杂问题并处理复杂情况的能力。
   b. 演讲让你暂时摆脱日常工作。
   c. 演讲能证明你是一个什么样的社交人物。
   d. 演讲常常会让你在主要工作上分心,尽量避免进行演讲。
2. 如果在演讲前感到紧张,下列各项中,哪项是一种有效的应对方式?
   a. 在开始演讲前,想出一个小笑话;受众的笑声会让你放松。
   b. 告诉受众你感到紧张并且如果你犯错的话,让人们给予你理解和同情。
   c. 开始就告诉受众你很不喜欢在公开场合说话;他们中的大多数也并不喜欢在公开场合讲话,所以他们会给你更多的理解和同情。
   d. 提醒自己每个人都会感到紧张,这表明你很希望自己能成功地演讲;当你开始说话的时候,把这种紧张转化成动力。

目标 13.2:解释如何在口头演讲中应用三步写作法。

3. 下列选项中,哪项是对“写作”演讲稿的正确论述?
   a. 应该逐字写出每个演讲稿,确保万无一失。
   b. 你不应该用写备忘录或者报告的方式来写演讲稿。
   c. 在大多数情况下,你不用逐字写出演讲稿,但是要想好关键语,可能的情况下起草你的开场白和结束语。
   d. 三步写作法不适用于演讲。
4. 一个________提纲和写备忘录或者报告的提纲相同,相反一个________提纲是用来帮助你演讲的简化版本。

5. 报告和演讲的三步写作法的完成阶段有什么不同?
   a. 报告和演讲的完成阶段是完全一样的。
   b. 演讲从来不用提前校对或者检验,这样做会破坏你表达的自发性。
   c. 你不用修改演讲幻灯片,因为一旦你做完幻灯片,它们就被锁定在固定位置上了。
   d. 演讲的完成阶段包括更加广泛的任务,包括检查幻灯片,检查设备运行,练习演讲,并制作要分发的材料。

目标 13.3:讨论一个有效开场白的三个作用。

6. 在演讲中,下列哪项是最能吸引同事对"处理客户抱怨的重要性"问题感兴趣的说话方式?
   a. "如果失去客户,我们也会失去工作。"
   b. "作为这个企业的员工,我们想得到的一切——从稳定的工作到加薪再到获得提升的机会"都取决于一件事:客户满意。
   c. "如果我们不做任何事情却互相推诿责任,客户的问题怎样才能得到解决?"
   d. "企业的利润率主要取决于客户的满意,我们有责任确保客户感到满意。"

7. 如果你怀疑受众没有真正在意你打算要讲的话题,怎样在你的演讲中激发他们的兴趣?
   a. 寻找方法帮助他们把演讲的信息和他们自身联系起来,比如帮助企业确保自己的工作更加安稳。
   b. 尽可能地大声演讲,在演讲中,大量使用声音效果和视觉特效。
   c. 用比平常说话更快的速度来演讲,并用激动的步伐在房间里行走,以显示出演讲的激情。
   d. 表示你很在意他们的感受,你也不是真正关注这个话题,只是被安排要谈论这个话题。

8. 如果正在演讲一个你曾经深入研究过的主题,但是你没有任何实际经验(比如,假设你的话题是要协调一个重要设施的迁移或者雇用一名税务律师),你应该通过下列哪个步骤来建立可信度?
   a. 在演讲过程中,解释你的演讲是你曾经研究过的成果,并且简要解释研究的范围。
   b. 解释你没有任何该演讲主题领域的经验,但是你曾经做过一些相关研究。
   c. 强调你知道很多主题领域的相关知识。
   d. 在开场白部分完全回避可信度问题,在整个演讲主体部分展现你的知识。

目标 13.4:明确在演讲中保持受众注意力的四种方法。

9. 下列哪个选项能在"博客在公司沟通中日益增长的重要性"演讲中,最佳地保持受众的注意力?在这个特殊的案例中,受众都是同一公司的管理者,但是他们来自大约六个国家,而且说四种不同的母语(虽然他们都有基本的英语技能)。
   a. "博客在企业沟通领域是一个重要的功能。"
   b. "在世界各地,成功的管理者都把博客当做他们沟通的主要工具。"
   c. "数以百万计的客户和雇员都在使用博客这种虽然名称不太好听但却非常重要的企业沟通工具。"
   d. "我每天要阅读十多个博客,这足以证明博客已经变得有多么重要了。"

10. 你的公司最近搬到了另一个州,公司所有者希望能够和当地社区建立起良好的关系。要求你就志愿参加各种社区组织给员工发表演讲。下列各项中,哪项陈述能够在吸引员工个人兴趣的同时,最好地传达公司所有者的意愿?
   a. "积极参与社区组织是一种很好的方

式，它能让你和你的家庭结识更多新朋友，并在新城市找到家的感觉。”

b. “积极参与社区组织向我们的新邻居表明我们是一个积极、关爱人的组织，并且这是一种很好的方式，它能让你和你的家庭结识更多新朋友，并在新城市找到家的感觉。”

c. “让我们积极参与社会团体，用志愿服务回馈我们的新社区。”

d. “企业所有者认为我们积极参加社会团体很重要。”

11. 下列哪种技巧是本章提到的在演讲中保持受众注意力的一种方法？

a. 比平常说话声音要大。

b. 告诉人们管理者希望他们集中注意力。

c. 使用清晰生动的语言。

d. 以上都不是。

目标 13.5：解释视觉效果是如何改进口头演讲并列出几种常见的视觉效果类型。

12. 下列各项中，哪项对视觉效果的描述是对的？

a. 它们可以增加演讲的兴趣。

b. 它们能够帮助描述并明确重要的观点。

c. 它们可以帮助受众吸收并理解信息。

d. 以上都对。

13. 下列哪项是用幻灯片进行电子演示的优点？

a. 直到演讲开始前，都可以编辑并更新幻灯片。

b. 电子演示花费不高。

c. 电子演讲需要你少讲话。

d. 以上都不是。

目标 13.6：解释电子幻灯片及其他视觉效果在设计上保持一致性的重要性。

14. 为什么在演讲中保持颜色、字体、大小和其他设计元素的一致性很重要？

a. 一致性并不重要，事实上，这是演讲乏味的标志。

b. 一致性表明：你是一个聪明的商务人员，不会在琐碎的事情上浪费时间。

c. 一致性简化了受众观看和倾听的过程，并让他们能更加关注你的信息，而不是花费时间去看明白那些视觉效果。

d. 一致性表明你是一个会遵循指导的团队成员。

目标 13.7：突出准备在线演讲时考虑的七个主要问题。

15. 下列各项中，哪项是进行在线演讲的缺点？

a. 缺乏声音沟通。

b. 不能让大多数人参与进来，因为很多企业没有互联网接口。

c. 不能在线使用 PowerPoint 幻灯片。

d. 缺乏（甚至没有）姿势等可以在演讲中提供重要反馈的非语言沟通方式。

16. 下列各项中，哪项是在线演讲的优点？

a. 差旅成本低。

b. 受众不容易分心。

c. 可以立即通知。

d. 以上都是。

目标 13.8：明确有效演讲者回答问题的六种方法。

17. 当受众提问时，你应该怎样回应？

a. 观察提问者的肢体语言和面部表情，帮助你理解提问者的问题。

b. 点头或者用其他信号表明你理解了提问者的问题。

c. 重复问题并确认你对问题的理解，确保所有的受众都听到了这个问题。

d. 以上都是。

18. 如果你被问到一个和你谈论的话题很相关而且很重要的问题，但是你缺乏足够的信息来回答，下列各项中，哪项可能是最佳的回复?

a. “对不起,我不知道答案。”

b. “你问了一个很重要的问题,但是我没有足够的信息来适当地回答这个问题。我会在随后研究这个问题,然后给每个人发送电子邮件,告诉大家这个问题的答案。”

c. “让我们一起讨论这个问题的答案。”

d. “我想继续关注为这次演讲准备的材料。”

知识应用

1. 你是愿意(a)给外面的受众进行口头演讲,(b)接受新闻故事采访,还是(c)在一个部门会议上演讲?为什么?在这些不同的情景下,沟通技能有什么不同?请解释。

2. 在演讲过程中或者演讲后,受众的态度会怎样影响受众互动的状况?解释你的答案。

3. 如果你正在进行一个关于公司产品的口头演讲,你可能会使用哪三个广告妙语来让你的演讲变得生动?

4. 怎样使用幻灯片母版来改进幻灯片的效果?

5. **伦理选择** 使用设计元素和特效去说服一个受众符合伦理吗?为什么符合或者为什么不符合?

知识实践

文档分析

文件 13. A

检查图 13-10 中的幻灯片,并指出你发现的任何问题。怎样才能纠正这些问题?

文件 13. B

检查图 13-11 并使用本章讨论的规则,解释怎样修改这张用于电子演讲的幻灯片。

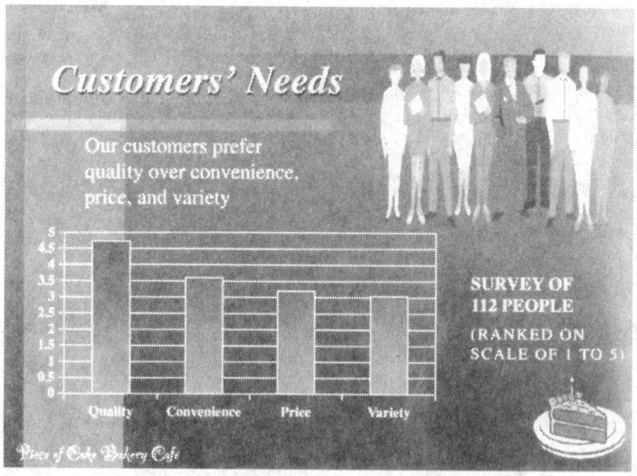

图 13-10 Cake Bakery 电子幻灯片#8

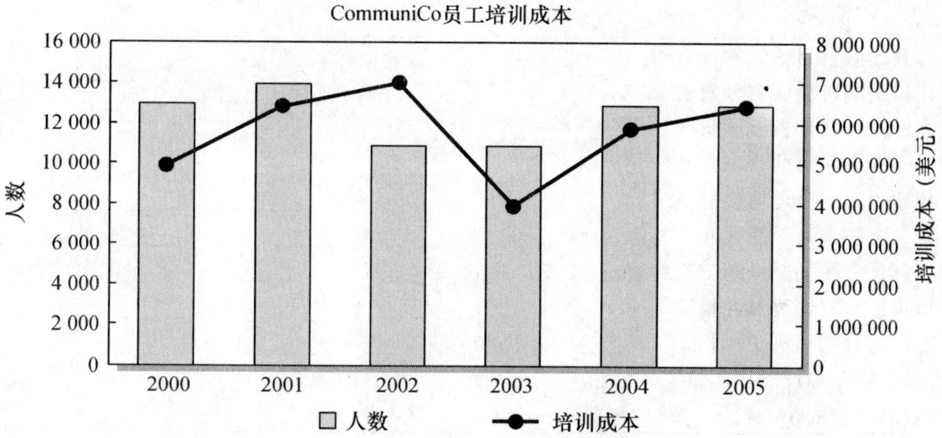

图 13-11　CommuniCo 员工培训成本

练习

本章讨论到的所有网站都能在本书的网站 www.prenhall.com/thill 上找到链接。找到书名并点击“辅助网站”链接，然后选择第 13 章，并点击“特色网站”，选定与文中内容有关的页面名称或 URL。请注意本书出版后失效的链接将从“特色网站”中删除。

13.1　**掌握表达：分析**。参加一次你们学校或者你们小镇的演讲，或者观看电视上的演讲。把它分类：是鼓舞人的还是娱乐性的，是告知性的还是分析性的，是劝说性的还是合作促进性的。然后把本章的“要点检查：进行口头演讲”和演讲者的表达进行比较。分析演讲者的表现并提出改进的建议，写出一份 2 页的报告。

13.2　**掌握表达：非语言信号**。观察并分析一个在学校、工作或者其他情景下的演讲者的表达。演讲者使用的是什么类型的表达？这种表达是否与所在场合相适应？演讲者使用了什么非语言信号来强调主要观点？这些信号有效吗？你会建议用哪种非语言信号来增强这次口头演讲的表达效果，为什么？

13.3　**伦理选择**。再思考你在第 13.2 题中观察并分析到的口头演讲。演讲者怎样运用非语言信号控制了受众的不道德态度或行为？

13.4　**团队合作**。你需要进行一次 10 分钟的关于你家乡度假机会的告知性演讲。起草你的开场白，开场白所用时间要小于 2 分钟。然后和一个同学配合，互相分析彼此的开场白。这两个开场白在激发受众兴趣、建立可信度，并预览演讲方面做得如何？建议怎样改进这些开场白。

13.5　**完成口头演讲：自我评估**。你计划、写作和表达口头演讲的能力怎么样？对自己口头演讲过程中的以下要素进行打分。然后检查你的得分，确认你哪部分最强，哪部分能使用本章的技巧得到改进。

演讲过程要素	一直	经常	偶尔	从不
1. 我以明确我的演讲目的开始。	______	______	______	______
2. 我在写作口头演讲稿前会分析受众。	______	______	______	______
3. 我会根据所给时间调整演讲长度。	______	______	______	______
4. 我会用一个引人注目的开场白开始我的演讲。	______	______	______	______
5. 我会寻找建立演讲者可信度的方法。	______	______	______	______
6. 我在演讲的主体部分只简述几个要点。	______	______	______	______
7. 我使用口译员来帮助受众理解我的观点。	______	______	______	______
8. 我会在结束语中回顾要点并描述下一步。	______	______	______	______
9. 我会提前练习我的演讲。	______	______	______	______
10. 我会提前为问题和反对作准备。	______	______	______	______
11. 我会通过总结我的中心思想结束口头演讲。	______	______	______	______

13.6 **制作有效的幻灯片：内容。**阅读（印刷或在线的）《商业周刊》、《财富》或者其他的商业出版物上最近的热点问题，寻找一篇讨论一个具体公司或者行业正面临的巨大挑战的文章。利用这些文章和本章中讨论的指导原则，制作3—5张幻灯片来总结这些事件。如果你没有电脑演示软件或者文字处理器，也可以在一张纸上写下幻灯片的草稿。

13.7 **制作有效的幻灯片：内容和设计。**你要给一群与会者进行10分钟的告知性演讲，告诉他们在参观你的家乡时，将会看到的壮观景物以及要做的事情。写出3—4张幻灯片的内容（包括一张封面幻灯片）。然后构思幻灯片上的设计元素。描述你可能会做出的设计选择，尤其是颜色、字体、图片和照片等。

13.8 **结束电子演讲：幻灯片浏览视图。**PowerPoint软件自身就带有很多演讲内容的模板。使用软件的自动制作向导来制作一个短小的演讲，选择一个演讲风格并给幻灯片模板添加信息（可以自由编造材料）。然后使用幻灯片浏览视图来修改内容、版式和设计元素。编辑并修订幻灯片来改进整体效果。

13.9 **互联网。**制作连接到网站的超链接可以让一个电子演示更加生动有趣，但是这也意味着要准备好应对未知的情况。当你在制作互联网超链接时，你可能会遇到什么样的阻碍？你怎样提前准备以克服这些阻碍？

知识拓展

从网络中学习更多

让你的演讲更加精彩

www.3m/meetingnetwork/presentations

访问3M的演讲中心，并参考关于制作和表达有效的口头演讲的专业建议。明白为什么一个糟糕的演讲甚至可以扼杀一个绝佳的观点。你是否选对了颜色？你的演讲是否太长、太啰嗦？理解为什么一个好模板是获得好的第一印象的关键？复习那些改进演讲的技巧。下载一些精彩的模板。

活动

登录并学习技巧，然后回答以下这些问题：

1. 要进行一次成功的演讲，你应该回答哪三个问题？

2. 你应该避免哪些常见的PowerPoint

问题？

3. 演讲停顿最常见的两个原因是什么？

自己探究网络

自行访问以下与本章内容相关的网站，提高口头演讲技能和知识。

1. 用 Epson 的演讲在线网站（www. presentersonline. com）的有益建议做出更好的演讲。

2. 访问高级公共演讲研究所（www. public-speaking. org）并学习如何成为最好的公共演讲者。

3. 虚拟演讲助理网站（www. ku. edu/ ~ coms/virtual_assistant/vpa/vpa. htm）提供了丰富的资源，其中有很多其他网站的链接，这些网站上有很多有用的计划演讲的文章、评论或者辅助材料。

互动学习

互动学习向导

访问 www. prehall. com/thill，找到书名并点击其"辅助网站"链接。选择第 13 章，使用互动的"每章测验"来测试你对本章概念的掌握情况。你会得到即时的反馈，知道你是否需要进一步的学习。同样，访问"学习大厅"，你将发现大量能帮助你完成此课程的资源。

最佳语法和结构

如果教师要求你使用在线课程或者 CD 上的"最佳语法和结构"，你可以通过使用这一模块来提高你的语法使用技巧。首先点击"语法"，选择进行"预先测试"来确定你是否有薄弱方面。然后在"复习课程"中复习这些方面。选择进行"跟进测试"来检查你对语法的掌握情况。如果想要更高的挑战或者进一步的练习，选择进行"高级测试"。最后，在接下来的"提高语法、结构和表达"部分中，完成练习以进一步巩固和加强。

提高语法、结构和表达

以下练习帮助你提高对英语语法、结构和表达的掌握和运用。在下面每组句子中，找到最佳选项，在其字母上打钩。

1. a. Send this report to Mister H. K. Danforth, RR 1, Albany, NY 12885.
   b. Send this report to Mister H. K. Danforth, Rural Route 1, Albany, New York 12885.
   c. Send this report to Mr. H. K. Danforth, RR 1, Albany, NY 12885.
2. a. She received her MBA degree from the University of Michigan.
   b. She received her Master of Business Administration degree from the university of Michigan.
3. a. Sara O'Rourke (a reporter from The Wall Street Journal) will be here Thursday.
   b. Sara O'Rourke (a reporter from *The Wall Street Journal*) will be here Thursday.
   c. Sara O'Rourke (a reporter from The Wall Street Journal) will be here Thursday.
4. a. The building is located on the corner of Madison and Center streets.
   b. The building is located on the corner of Madison and Center Streets.

5. a. Call me at 8 a. m. tomorrow morning, PST, and I'll have the information you need.
   b. Call me at 8 tomorrow morning, PST, and I'll have the information you need.
   c. Call me tomorrow at 8 a. m. PST, and I'll have the information you need.
6. a. Whom do you think *Time* magazine will select as its Person of the Year?
   b. Whom do you think *Time magazine will* select as its *Person of the Year*?
   c. Whom do you think *Time magazine* will select as its Person of the Year?
7. a. The art department will begin work on Feb. 2, just one wk. from today.
   b. The art department will begin work on February 2, just one week from today.
   c. The art department will begin work on Feb. 2, just one week from today.
8. a. You are to meet him on friday at the UN building in NYC.
   b. You are to meet him on Friday at the UN building in NYC.
   c. You are to meet him on Friday at the un building in New York city.
9. a. You must help her distinguish between i. e. (which means "that is") and e. g. (which means "for example").
   b. You must help her distinguish between i. e. (which means "that is") and *e. g.* (which means "for example").
   c. You must help her distinguish between *i. e.* (which means that is) and *e. g.* (which means for example).
10. a. We plan to establish a sales office on the West coast.
    b. We plan to establish a sales office on the west coast.
    c. We plan to establish a sales office on the West Coast.

如果想找到更多的关于结构的练习，请登录 www. prehall. com/thill，找到书名并点击其"辅助网站"链接，选择第 13 章，点击"提高语法、结构和表达的额外练习"，然后点击"20. 大写"或者"21. 词语分隔"。

第五部分

撰写雇佣信息和工作面试

第 14 章 职业建立和简历写作

学习目标

学完本章后，你将能够：

1. 讨论雇主如何看待当前就业市场
2. 列出你在毕业前和求职时能做的三件事情，使你在雇主眼中更具价值
3. 描述大多数雇主用来寻找潜在新雇员的方法
4. 讨论如何选择合适的简历格式并列出三种常见格式的优缺点
5. 列出传统简历的主要部分
6. 描述如何将简历改写为可扫描格式

工作进行时

亿创理财的沟通

聪明的电脑帮助招聘人员在竞争的就业市场中找到顶尖人才

如果要得到亿创理财（E*Trade Financial）公司的面试机会，你的简历需要抓住像全球人力资源主管阿姆龙·格什瑞（Armnon Geshuri）这样的人的眼球。如果格什瑞和他的职员见不到你的简历，你就进不去亿创。幸运的是，格什瑞希望看到每个合格求职者的简历，并且他花费相当多的时间、金钱和创造力来保证亿创能以最快的速度见到最好的求职者。

与当今众多公司一样，亿创使用先进的技术筛选简历，发现合格求职者，进行性格和技能测试，甚至进行背景调查。无论时局是好还是坏，无论人才库是空还是满，公司都在用这些方法。“在任何市场上，找到合适的人才都是关键，”格什瑞说，“有效的求职者追踪和筛选使得某些公司与众不同，并为他们创造竞争优势。”

创造性地使用技术是成功的另一关键。早期基于计算机的系统，强调相当简单地在简历和申请中搜索关键字的功能。然而，太过依赖于关键字的组织发现，他们常常将十分合格的求职者忽视。最新的求职者追踪程序能做得更好，让招聘人员分析不同的词语，然后将它们按照使用方式和频率排序。

不过，最后拍板的仍然是像格什瑞这样的人。他们阅读程序选择的简历，选出接到电话、参加

面试的人选，并决定雇用谁。所以无论技术多么先进，敲门砖依然是一份写得好的简历。①

www. etrade. com

14.1 用沟通技能建立一份职业

正如阿姆龙·格什瑞告诉你的，获得一份适合你的工作不仅仅是发送几份简历和求职信就可以做到的。在你准备进入(或者再次进入)职场时，探究一下你能采取的众多行动，以使你被感知到的价值最大化，并找到理想的职业机遇。前面所学的研究、计划、写作的知识将在你成功路上的每一步帮助你。

14.1.1 认识当前职场动态

社会、政治和金融活动年复一年，不断地改变职场环境，所以你所读到的今年的就业市场可能与你一两年后想要进入的那个市场不太一样。但是，可以肯定的是，今后多年中，都会存在以下可能影响职场进入与职业成功的几方面力量。②

- **稳定性**。你的职业生涯很有可能不能像你的父辈们一样地稳定。在今天的商业世界，你的职业将受到全球化、兼并和收购、股东在需求驱使下产生的短期心态、道德变化和无情的降低成本要求的影响。
- **终身雇佣**。终身雇佣，也就是雇员始终为一家公司工作，而这家公司在他们职业生涯全程中都会照顾他们，这样的想法已经在许多国家消失了。波音——这个以芝加哥为基地的航空巨人，提倡终身雇佣能力，而不是终身雇佣，将责任交给雇员们，让他们追踪市场需求并不断提高技能以适应时代——必要时甚至改变职业。事实上，大多数美国的雇员将不仅多次更换雇主，而且甚至在他们的职业生涯中改变三到五次职业。
- **小企业的成长**。在美国，小企业继续担当工作岗位创造的主要动力，所以你很有可能在某个时期就在小企业工作了。一位专家预测不久以后，美国80%的劳动力将在雇员少于200人的小企业工作。
- **独立承包人的增加**。雇佣本身的性质对很多人来说正在改变。在企业试图变得更加灵活的同时，更多的雇员开始独立自主，以独立承包人的身份开设店铺，有时甚至将他们的服务卖给他们离开的那家公司。
- **跳槽观念的改变**。随着时代的变迁，跳槽不再带有曾经那么多的贬义。然而即使这样，每次面对承诺能够带来更多金钱或地位的新机会时，你仍然需要仔细考虑跳槽的决定。招聘和培训

---

① E*Trade website [accessed 23 September 2005] www. etrade. com; Samuel Greengrad, "Smarter Screening Takes Technology and HR Savvy," *Fast Company*, June 2002, 56; Alison Overholt, "Job Search 101," Fast *Company*, April 2002, 122—125; Pierre Mornell, "Zero Defect Hiring," *Inc.*, March 1998, 74.

② Maureen Jenkins, "Yours for the Taking," *Boeing Frontiers Online*, June 2004 [accessed 25 September 2005] www. boeing. com; "Firm Predicts Top 10 Workforce/Workplace Trends for 2004, *Enterprise*, 8—14 December 2003, 1—2; Scott Hudson, "Keeping Employees Happy," *Community Banker*, September 2003, 34 +; Marvin J. Cetron and Owen Davies, "Trends Now Changing the World: Technology, the Workplace, Management, and Institutions," *Futurist* 35, no. 2 (March-April 2001): 27—42.

新员工需要花费时间和金钱，而大多数雇主都不愿意将这些花费在一个有着无数跳槽经验的人身上。

以上这些方面的影响力量对你意味着什么？首先，掌握你的职业——并且始终掌握着。了解你拥有的选择并且不要指望别人来为你的未来负责。其次，正如你从这本书中一路学来的一样，了解受众是成功沟通的关键，从了解雇主如何看待当前就业市场开始了解你的受众。

雇主如何看待当前就业市场　从雇主的角度看，雇佣的过程一直是一个关于平衡的问题。维持一个稳定的员工队伍几乎可以提高商业中的每个方面，可是许多雇主觉得在商业形式的变化中，他们需要能够紧缩或扩张工资账单的灵活性。很明显的，雇主们想要吸引最优秀的人才，但是最优秀的人才更加昂贵而且总是受到竞争者提供的优惠待遇的诱惑，所以总需要考虑财务平衡。

与雇员们一样，雇主们也在经济的震荡中挣扎。当失业率低时，平衡中的力量转移到雇员手中，雇主们必须竞争以吸引和留住顶尖人才。在 20 世纪 90 年代的网络经济浪潮中，企业几乎是往炙手可热的年轻人才身上扔钱，有时甚至给新员工比多年的专业老员工还要多的报酬。不幸的是，许多那种盛极一时的工作几乎在一夜之间就蒸发不见了，狂欢是短暂的。[3] 当失业率高时，力量转回到雇主们手中，他们可以变得更挑剔、更小气。换句话说，无论什么时候找工作，都要关注一下经济时局；有些时候你可以蛮横一些，而另一些时候你就要随遇而安。

正如前面部分所讨论的那样，当前的就业总体上比以前更灵活了。比起为每个工作岗位寻找终身雇员，如今许多雇主通过以项目为单位地雇用临时员工或签约承包人来满足用人需求。许多美国雇主现在也更愿意将工作岗位转移到劳动力价格更加低廉的国外市场上，或通过全球招聘来满足美国的岗位需求。这两种趋势都引起了激烈的争论，尤其是在技术领域，美国公司从其他国家招聘顶尖的工程师和科学家，同时将中低端工作转移到印度、中国、俄罗斯和其他工资水平低的国家。[4]

雇主在求职者身上寻找什么　考虑到当前职场的影响力量，亿创这样的雇主在寻找有能力和有意愿去适应商业世界新动态、能在变化和不确定的条件下生存和奋斗、并在职业生涯中不断学习的人。企业需要的是有良好工作记录的团队合作者、有多方面能力的领导者和有多种技能及丰富工作经验的员工。[5] 另外，大多数雇主希望大学毕业生能对文化差异有一定的敏感性，并且对国际时事有不错的理解。[6] 实际上，在某些情况下，如果你曾经在海外留学、学过一门外语或者能以别的方式证明你对其他文化的理解，你被雇用的机会将更大。

14.1.2　适应当前就业市场

适应职场是一个终身的过程，你需要在你想做的和雇主们愿意付钱让你去做的事情之间寻找

---

③ Steve Crabtree, "Beyond the Dot-Com Bust; How Managers Can Help Younger Workers Regain Their Lost Momentum," *Gallup Management Journal*, 11 December 2003, 1 +.

④ Jim Puzzanghera, "Coalition of High-Tech Firms to Urge Officials to Help Keep U. S. Competitive," *San Jose Mercury News*, 8 January 2004 [accessed 14 February 2004] www. ebscohost. com.

⑤ Amanda Bennett, "GE Redesigns Rungs of Career Ladder," *Wall Street Journal*, 15 March 1993, B1, B3.

⑥ Robin White Goode, "International and Foreign Language Skills Have an Edge," *Black Enterprise*, May 1995, 53.

最好的平衡。例如,对你来说金钱比任何东西都更重要,那你当然可以追求高报酬的工作;只是你要认识到大多数这样的工作都要求有多年工作经验,工作压力很大,需要频繁出差,或者有别的一些你需要考虑的不足之处。相反的,如果工作地点、生活方式、有挑战的工作或者其他的因素对你更加重要,那你可能就要为了这些而牺牲一定水平的报酬。重要的是,明白你想要做什么,你能够做什么和怎样使你在雇主眼中更具吸引力。

你想要做什么 当然,经济需要和市场变化将在很大程度上影响你的职业;但无论如何,从审视自身价值和兴趣开始你的求职是一个明智的选择。首先确定你想要做什么,然后看看是否可以找到一个工作岗位能满足你的性格需求,同时还能满足你的经济需求。

- **你愿意每天做什么** 研究一下那些让你感兴趣的职业。找出人们每天实际上在做什么。问问你的朋友、亲人或者校友。去 Career One Stop(www.careeronestop.com)网站看看上百种不同职业者的实际工作视频。
- **你希望怎样工作** 考虑一下你希望在工作中有多大的自由度和多样性,以及你比较愿意跟什么打交道:产品、机器、人、创意、数据还是这些的组合?你希望自己扮演一个充满变化的还是一切皆可预料的角色?
- **你期望怎样的具体待遇** 你希望在第一年赚多少钱?你的最终收入目标是多少?你愿意为了做自己真正喜欢的事情而牺牲一部分金钱报酬吗?
- **你能设定一些大概的职业目标吗** 考虑一下你想从哪里起步?之后走向哪里?你想达到的最终位置是什么?
- **你比较喜欢什么规模的公司** 你比较倾向于为哪个类型的公司工作,是一个小型的创业型单位,还是一个大型的集团公司?
- **你在什么样的企业文化下最舒适** 你喜欢在一个有着清楚汇报关系的等级结构里工作吗?或者也许你更喜欢松散一点的组织结构?你倾向于团队合作还是单打独干?你喜欢竞争性的环境吗?
- **你喜欢怎样的工作地点** 你愿意在哪种地方工作,城市、郊区、小镇、工业区还是住宅区?你对本国某个特别的地区很感兴趣吗?或者对另一个国家?(参见“跨文化沟通:寻找全球工作机会”)

跨文化沟通

寻找全球工作机会

密歇根大学毕业生 Andrew Jaynes 立志于从事国际法工作,他明白海外工作经验将对他被法律学校录取有帮助,而且能拓展他的跨文化背景。

杰恩斯从密歇根大学国际中心的海外机会办公室着手,这个办公室在网站上为密歇根大学的学生们提供丰富的信息和一些有海外工作经验的导师与学生的联系方式。以那上面的信息作为起点,他与众多为协助学生获得外国工作许可并提供住房和工作指导的公司中的一家签订了协议。最终他通过自己的努力找到了一份工作,在美国图书馆的巴黎分馆工作。“比我预期花费的时间要长,但是每一天我都学到了一些关于巴黎上班族真实生活的东西——这些是作为一个游客无法体会到的。"

为了确保自己在寻求海外工作中取得成功,请牢记以下几点:

- **给自己充分的时间。** 寻找一份在另一个国家的工作是一个复杂的过程,这需要广泛的、费时的调查和研究。
- **充分研究,不管是在线上还是在线下。** 除了学校的资源,还有无数的网站会提供建议、工作清单和其他信息。如果想要好好看一看国际工作机会的范围,请访问 www.InternAbroad.com, www.VolunteerAbroard.com, www.TeachAbroard.com,以及 www.JobsAbroad.com。然而,Jaynes 和其他有海外工作经验的人会告诉你,不要将研究局限于网站上。与找其他的工作一样,人脉网络至关重要,所以要参加一些有国际影响的文化社团,志愿参加一些交换学生的项目,或者找些别的方法与有海外经验的人建立联系。
- **考虑所有的可能。** 研究每个选择的时候,保持头脑开放;你很有可能会遇到最初没有考虑过的情况。比如说,也许你会发现一份没有报酬的实习工作将比一份在别的行业的带薪工作对你今后的职业发展更有利。
- **灵活变通。** 如果你不得不接受一份不理想的工作,想想海外工作的主要意义,对于大多数学生来说,都是一个文化体验的机会。

寻找一份在别的国家的工作需要大量努力,但是回报也是很可观的。"我曾出国留学一年并在全世界很多国家旅行,"Jaynes 说,"但是没有什么能像在那儿工作一样让你真正体会一种文化。"

职业应用

1. 国际工作经验将如何对于你在美国的职业有所帮助,即使今后你不再会去海外工作?
2. 如果你的工作经历涉及宗教和政治活动,不管是有酬的还是志愿的,解释一下你如何将这一信息写在简历中给外国阅读者看。

你需要提供什么? 知道你想做什么是一回事,知道你能做什么是另一回事。也许你已经清楚地知道自己能给雇主们提供什么。如果还没有,头脑风暴能帮助你确定自己的技能、兴趣和个性。从写下 10 项你引以为豪的成就开始,比如,学会滑雪、摄影获奖、辅导学生,或者编辑校刊。仔细想想这些成就都用上了你什么样的特殊技能,比如,领导能力、口头表达能力和艺术天分可能会帮助你成功地在学校管理者面前进行陈述。在分析你的成就时,你将开始意识到自己的一系列技能。这些技能中的哪些对你的潜在雇主来说最有价值?

接下来,看看你的教育背景、工作经验和课外活动。你的知识和经验使你有能力做什么?你从志愿工作或者班级项目中学到了什么对这份工作有利的东西?你参加过工作吗?赢得过任何奖项或奖学金吗?掌握了一门外语吗?

评估你的个性。你有闯劲,是一个天生的领导者?或者你宁愿跟着别人走?你外向,能说会道,善于与人相处?或者你其实比较喜欢一个人呆着?把你认为你最重要的四五个品质列一个清单。也请亲戚或者朋友给你评估一下。

如果你没法弄明白自己的兴趣、个性或能力,咨询你们的大学生就业指导办公室。许多大学会给你做各种各样的测试来帮助你确定自己的兴趣、倾向和性格特征。这些测试不能找出你的“完美”工作,但是它们将帮助你集中注意力于那些适合你性格的工作类型。

你可以如何使自己更有价值? 弄明白了你想从工作中得到什么以及你能为雇主提供什么,现在可以朝着建立你的职业更进一步。

- **创建一份就业档案。**收集所有能证明你有完成任务能力的证据,不管是在学校、在工作中还是在别的地方。你的档案是你撰写简历的重要资源,而且它给雇主们切实的证据证明你的职业水准。许多大学现在给学生提供创建电子档案的机会,电子档案以多媒体的方式展现你的技能和经验。这是一份扩充了的简历,链接到你的电子版学业论文、解决棘手问题的方案、实习和工作项目,以及任何体现你的成就和活动的东西。⑦ 如果要把这份档案给潜在雇主看,你可以烧制一张 CD-ROM 或者将你的档案存储于一个网站——无论是个人网站、学校网站(如果有学生主页),还是像 www. collegegrad. com 这样的网站。(然而,在将属于某公司的或含有敏感信息的条目列入档案之前,你必须取得该公司雇主的同意。)
- **接受暂时的任务。**如果你在寻找一份永久性的工作,考虑一下临时工作、自由职业,或者实习工作。这些暂时的任务不仅能帮你获得宝贵经验和相关联系人,而且能为你提供重要的工作证明和档案中需要的项目。⑧
- **继续提高和更新你的技能。**加入专业的同事和朋友圈,他们能帮助你与你的职业和行业保持步调一致。许多专业协会有学生分会或者给学生折扣会员资格。参加课程学习,争取其他的在全职工作时无法得到的教育或者生活经验。

即使在你被雇用后,继续提高你的技能也是一个好主意,从而使你在你的同僚中与众不同,并使你对目前和潜在雇主更具价值。尽可能多地掌握技术知识,积累广泛的生活经验,并且拓展你的社交技能。学习用积极的、建设性的方法面对改变;一旦你的“完美”职业道路偏离你的掌握,这样做能帮助你应对改变。学习将每一份工作,即使是所谓的入门水平工作,看做一个学到更多和增长知识、经验和社交技能的机会。将你所知道的与他人分享,而不是抱着使自己变得不可替代的想法把知识藏起来;帮助他人,也是一种技能。⑨

14.1.3 在当前就业市场上找到工作

在了解了当今就业市场与你在其中可能的角色以后,就可以开始一个高效、多产的过程来找到理想职位了。图 14-1 显示了在找工作的过程中最重要的 6 项任务。这一章我们将讨论前两项任务,而 15 章将对后四项进行阐述。你对这个过程了解得越多,找工作就会越成功。另外,很重要的一点是脑中要记住雇主和求职候选人进行这一过程的步骤是不同的。

---

⑦ Jeffrey R. Young, "'E-Portfolios' Could Give Students a New Sense of Their Accomplishments," *The Chronicle of Higher Education*, 8 March 2002, A31.

⑧ Nancy M. Somerick, "Managing a Communication Internship Program," *Bulletin of the Association for Business Communication* 56, no.3 (1993): 10—20.

⑨ Joan Lloyd, "Changing Workplace Requires You to Alter Your Career Outlook," *Milwaukee Journal Sentinel*, 4 July 1999, 1; Camille DeBell, "Ninety Years in the World of Work in America," *Career Development Quarterly* 50, no.1 (September 2001): 77—88.

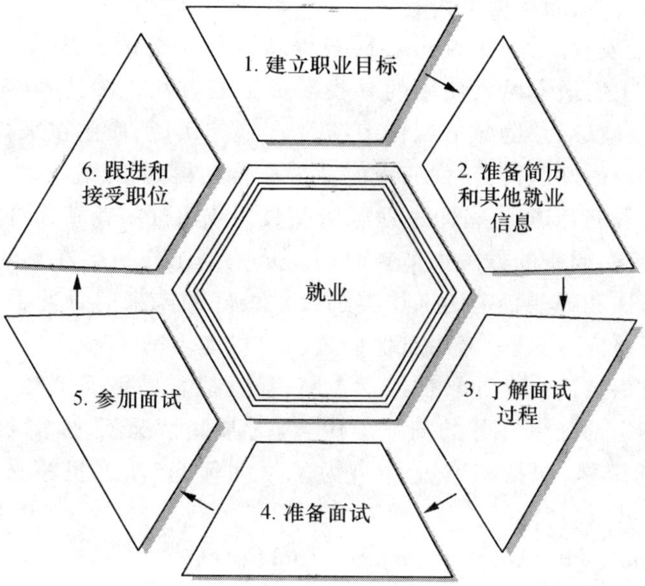

图 14-1　寻求就业

了解雇主在雇用过程中的步骤　了解雇主们如何进行招聘（见图 14-2）将给你省下可观的时间和精力。总体来说，雇主比较喜欢在他们自己组织内部寻找候选人，或者通过他们认识和信任的人推荐。事实上，人际关系成为工作的主要来源，无论一个候选人是刚从大学毕业还是已经离开学校许多年。[10]

图 14-2　组织寻找新员工的偏好

许多雇主派代表到大学校园里去进行学生面试，这一般由大学的就业指导办公室协助完成。另外，许多雇主接受自荐简历，并且大多数都会将自荐简历归档或者存入数据库。雇主也通过就业中介、州政府就业服务、临时人力资源服务和许多贸易协会运作的就业局招聘员工。同时他们也通过在报纸、商业杂志、校园刊物、他们自己的网站和像 Monster. com 这样的求职网站刊登广告来发布工作。事实上，像 Monster. com 和 CareerBuilder. com 这样的主流求职平台已经发展得如此流行以至于一些雇主觉得要被简历淹没了，而一些求职者也担心无法在寻求同一份工作的成百上千的求职者中脱颖而出。结果就是，一些专业化的网站应运而生，专注于就业市场上的某些特定行业或者提供能更好地匹配雇主与求职者的技术。例如，www. mkt10. com 用深度问卷来匹配雇主和求职者。这项服务同时让求职者知道，相对于申请同一工作的其他人，他们被录用的几率有多

---

⑩　Robert J. Gerberg, *Robert Gerberg's Job Changing System*, summarized by Macmillan Book Clubs, Inc., in the "Macmillan Executive Summary Program," April 1987, 4.

大，并给他们提供也许更合适的备选工作。[11]

再看看图 14-2，你会发现，对你来说最容易获得新工作机会的方法——通过雇主对外发布的工作职位广告——是雇主们最不愿意使用的寻找新员工的方法。多达 80% 的工作机会从来都没有对外公布过，这个现象被称为"隐藏的工作市场"。[12] 换句话说，雇主在来找你之前已经在很多其他渠道寻找过了。要找到最好的机会，你应该主动采取行动得到信息。

整理你进入雇佣过程的方法 雇佣过程可能在数周或数月中花费你许多个小时，所以应将你的努力整理成一个逻辑化、周密的方法来节省时间。从找到工作机会在哪儿、哪些行业很强势、国家的哪部分正在蓬勃发展和哪些特定的工作类别提供最好的未来前景着手。从这儿开始，你可以对个别的组织进行调查研究，尽最大努力对他们进行尽可能多的了解。

与商业和金融信息保持同步 如果你经常上网，那就很容易每天接触到最新的商业信息。许多报纸在网上提供他们全部或者部分的商业版内容。（某些情况下，你需要的是他们的订阅用户才能得到的他们全部的资料，包括档案文件。）为了帮助你起步，这里精选一些提供商业信息的网站：

- *Wall Street Journal*：http://online.wsj.com/public/us
- *New York Times*：www.nyt.com
- *USA Today*：www.usatoday.com
- *San Jose Mercury News*（在技术和硅谷信息方面很突出）：www.mercurynews.com
- *Business Week*：www.businessweek.com
- *Business* 2.0：www.business2.com
- *Fast Company*：www.fastcompany.com
- *Fortune*：www.fortune.com
- *Forbes*：www.forbes.com

使用 RSS 新闻阅读器（见第 10 章）来选择你感兴趣的文章类别并将它们自动发送到你的电脑。当然，由于如今有这么多的商业信息资源，你很容易就会迷失其中。试着不要被每天特定的商业信息限制。从查看"大环境"的主题开始——趋势、问题、行业挑战和职业——然后再钻研看上去有吸引力的那些企业。

研究特定的企业 第 10 章探讨了如何在个别行业和企业中找到信息，并提供了一份流行商业来源的清单。纵观那些来源，还有那些令你感兴趣领域的专业和商业杂志。一旦确定了一个有前景的行业和职业范围，在你学校的图书馆、职业中心或者通过网络找到雇主名录，并且将吸引你的那些特定组织列到一起。

正如你可能早就了解的，在网上有多得惊人的企业和雇佣信息。除了得到预期的企业详细信息外，你还可以利用网络寻找和回复职位空缺。大多数企业，甚至小企业，至少都在他们的网站上提供了基本信息。查看网站的"关于我们"或者"公司"部分，找到他们的公司简介、管理者传记、新

---

[11] Mkt10.com website [accessed 25 September 2005] www.mkt10.com; Olga Kharif, "The Job of Challenging Monster," *BusinessWeek Online*, 6 September 2005 [accessed 25 September 2005] www.businessweek.com; "Job Sites: The 'Second Generation'," *BusinessWeek Online*, 7 September 2005 [accessed 25 September 2005] www.businessweek.com.

[12] Caroline A. Drakeley, "Viral Networking: Tactics in Today's Job Market," *Intercom*, September-October 2003, 4—7.

闻稿、财务信息和工作机会信息。你将经常找到一些关于企业使命、产品、年度报告和员工待遇的信息。你也可以给企业发电子邮件,索取年报、说明手册或者公司通讯。同时关注外部消息,包括当地报纸的商业部分以及涉及企业所在行业和市场的行业出版物。

表 14-1 列出了许多你可以更好地了解企业并找到工作空缺的网站。从 The Riley Guide, www.rileyguide.com 开始,它上面有数百个发布特定行业和职业工作机会的专门网站链接。你们大学的就业指导办公室也很可能有一个及时更新的清单。

表 14-1 网上求职

网站	网址	亮点
Riley Guide	www.rileyguide.com	大量的网站链接,包括每个只要你能想到的综合性和专业化工作网站;不要错过了这个网站——它将为你节省一个又一个小时的搜索。
America's CareerOneStop	www.careeronestop.com	综合性的、政府出资的网站,包括 America's Career InfoNet 和 America's Job Bank;更好地了解特定职业的同时了解整个职场;提供工资标准和雇佣趋势信息,为大多数职业确定教育、知识和技能要求。
Monster	www.monster.com	最流行的工作网站之一,有成百上千的工作机会,许多来自于很难找到的小企业;广泛地收集了对求职过程的建议。
MonsterTrak	www.monstertrak.com	专注于应届大学毕业生的求职;你学校就业中心的网站很有可能就能链接到这里。
Yahoo! Hotjobs	hotjobs.yahoo.com	另一个领先的工作网站,由 Hotjobs 和 Yahoo! Careers 新近合并而成。
CareerBuilder	www.careerbuilder.com	与全国各地超过 100 家地方报纸有关联的迅速成长的一个网站。
USA Jobs	www.usajobs.opm.gov	美国政府的官方求职网站,从经济学家到宇航员再到边防巡逻员,应有尽有。
IMDiversity	www.imdiversity.com	关于职场多元化的很好的资源,有来自承诺要提倡员工多元化的公司工做广告。
Dice.com	www.dice.com	最好的高科技工作的网站之一。
Net-Temps	www.nettemps.com	很流行的自由承包人和自由工作者寻找短期项目的网站。
InternshipPrograms.com	www.internships.wetfeet.com	发布寻找各种各样职位专业实习生的公司清单。
SimplyHired.com	www.simplyhired.com	专业化的搜索引擎,搜索全球网站发布的工作职位广告;能找到许多没有列在 Monster.com 这样的工作发布网站上的工作广告。
Indeed.com	www.indeed.com	

* 这个表只列出了数百个工作发布网站和其他网上资源中的小部分;一定要与你们大学的就业中心确认最新的信息。

除了利用网络寻找工作空缺,还有其他找工作的途径,比如通过人际交往和寻求职业咨询。

人际交往 人际交往(networking)是一个与大范围的互惠商业联系人进行非正式联系的过

程。根据一个近期的调查，人际交往是最普遍的找到工作的方法。[13] 人际交往随时随地在人们的交谈中发生：在行业庆典上、在社会聚会上、在体育赛事和娱乐活动场合、在网上新闻组里、在校友聚会上等。要浏览新闻网站、博客和其他网上资源。参加学生商业组织，尤其是那些与诸如美国营销协会或美国管理协会之类的专业组织有联系的商业组织。参观那些与你感兴趣的行业有关的贸易展销会，你不但能学到很多该行业的知识，而且将会与那些在该行业实际工作的人有所接触。[14] 全国每年举行数百个贸易展销会，许多都对公众免费开放或者象征性地收点费用。不要忽视了在社会、公益和宗教组织里的志愿工作。作为一个志愿者，你不但接触到许多人，而且也展现了你解决问题、规划项目等方面的能力。做好事的同时也给自己建立了人际关系网络。

初次找工作的人有时候对人际交往有所误解，不知不觉地做出违反礼仪的事情。人际交往不是让你在社交场合上直接走到一个陌生人面前，递上你的简历，然后让他们给你找一份工作。相反的，它涉及能够在将来某个时候互相提供帮助的人们之间的信息共享。把它想象成一个有机的过程，在这一过程中你培养的是找到那个绝佳机会的可能性。人际交往可能需要时间，而且它可能以无法预料的方式进行。你可能几个月都没有得到任何结果，所以早起步很重要，并且要把它变成职业管理终身计划的一部分。

要成为一个有价值的人际关系网络中的成员，你需要有能力在某些方面帮助别人。你可能还没有什么有影响力的联系人，但是因为你在自己找工作的过程中正在积极地研究许多行业和趋势，你很有可能拥有可以分享的信息。或者你可能仅仅是有能力为某个人和可以帮上忙的另一个人牵线搭桥。人际交往进行得越多，你在人际关系网络里就越有价值——这个人际关系网络对你来说也越有价值。

寻求职业咨询　大学生就业指导办公室提供单独咨询、担保服务、招聘会、校园面试和工作机会清单。他们会给你关于简历写作软件的建议，举行关于求职技巧、简历准备和面试技巧的研讨会，等等。[15] 你也可以在网上寻找工作咨询。比如，你可以用 Keirsey Temperament Sorter，一个 www.adversorteam.com 上提供的个性测试问卷进行自我评价。要找到出色的求职向导和咨询，请访问学院或者大学的网上职业中心。像 Monster.com 这样主要的网上求职平台也提供多种职业规划方法。

14.2　简历的准备

要把你自己与其他所有找工作的人区别开来，需要从一份写得好的简历开始。事实上，求职的成功取决于你有多么仔细地去计划、写作和完成你的简历。一些求职者想到写简历就害怕，但是简历其实就是另一种特定的商务信息。只要遵循三步写作法，撰写简历就会比你想象的简单许多（见图 14-3）。

---

[13] Drakeley, "Viral Networking: Tactics in Today's Job Market," 5.

[14] Anne Fisher, "Greener Pastures in a New Field," *Fortune*, 26 January 2004, 48.

[15] Cheryl L. Noll, "Collaborating with the Career Planning and Placement Center in the Job-Search Project," *Business Communication Quarterly* 58, no.3 (1995): 53—55.

计划	写作	完成
分析情况 认识到简历的目的是得到面试机会而不是工作机会。 **收集信息** 研究目标行业和企业,这样你就知道他们在寻找什么样的新员工;了解不同的工作以及将会面临什么。 **选择正确的媒介** 从传统的纸质简历开始,然后根据需要准备可扫描文本、纯文本或者 HTML 格式。 **组织信息** 选择一个扬长避短的结构模型。	**适应受众** 仔细计划用词,在几秒钟之内抓住招聘人员的眼球;将教育背景和工作经验转化为目标雇主认为有价值的品质。 **编写信息** 行文清楚、简洁;使用适合目标行业和企业的积极、恰当的语言;在所有的交流中使用职业的语气,包括在电子邮件中。	**修订信息** 评价内容和可读性,编辑、重写,使之更为简洁、清晰。 **制作信息** 使用有效的设计因素和适当的排版使之看起来更清楚、更专业。 **校对信息** 修改排版、拼写、结构上的错误;失误的代价是面试机会。 **发布信息** 按照每个雇主或者工作网站的特定要求递送简历。

图 14-3　简历的三步写作法

14.2.1　简历的计划

简历绝对不能只是你曾做过的工作的简单罗列。与其他商务信息一样,计划一份简历意味着分析目的和受众、收集信息、选择正确的媒介和组织内容。并且,要准备好写几份甚至许多份不同版本的简历。通过对用词或者结构的简单调整,你也许可以使自己的价值更符合个别雇主提供的特定机会的要求。

分析目的和受众　简历(**résumé**)是一个人的教育、就业背景和工作资格的格式化的、书面的总结。在撰写简历以前,确保你理解了它的真正作用:它是一份用来激起雇主想见你并进一步了解你的兴趣的广告。(表 14-2 列出了一些关于简历的普遍误解。)一份成功的简历激发潜在的雇主邀请你与企业面试。所以,你写简历的目的是激发兴趣——而不是把每个细节都告诉给读者。[16]

表 14-2　关于简历的谬误与事实

谬误	事实
一份简历的目的是把所有的技能和才干都列出来。	一份简历的目的是带来兴趣和面试机会。
一份好的简历可以使你得到你想要的工作。	一份简历能做的所有事情就是把你带进门。
别人会很认真、彻底地读你的简历。	大多数情况下,你的简历需要在 30 或 45 秒内就带来良好的印象;此外,它可能需要先被计算机扫描一遍关键词——如果里面没有正确的关键词,也许永远不会有任何人见到它。
在简历中展现关于自己的好信息越多越好。	简历中过多的信息也许恰好把读者想知道更多的胃口都扼杀了。
如果想要一份非常好的简历,就找专业简历服务人员做。	你自己有准备一份有效简历的能力,所以自己准备——除非应征职位是特别高级或者专业化的。即使是在那种情况下,你也应该在利用别人的服务前仔细研究过了。

[16] Rockport Institute, "How to Write a Masterpiece of a Résumé" [accessed 25 September 2005] www.rockportinstitute.com.

既然你已经完成了很多关于特定企业的研究，你应该已经对你将申请的企业有了相当的了解。但是现在，请花点儿时间尽可能地了解一下要读到你的简历的那些个人。如果你申请的是一个《财富》500 强的企业，你也许要对人力资源部的人员以及他们的需求作一些有根据的猜测。但是对小一些的企业，你也许可以知道你要写的招聘人员或者经理的名字。如果你是通过人际关系网络得到的机会，那你很有可能不但知道名字而且得到一些更私人化的建议来帮助你确定写作的风格。不管是哪个途径，试着把自己放到受众的位置上，从而使你的简历满足受众的需求。想一想，为什么他们会对进一步了解你感兴趣？

顺便说一下，如果雇主问你要“CV”，他们指的是你的“履历表”，某些行业和许多美国以外的国家使用这个术语，而不是“简历”。简历和 CV 基本上是一样的，虽然 CV 可能更详细一些。如果你需要把一份美式简历改写成 CV 格式，或者反过来，Monster. com 上面有一些关于这个的有用的指导方法。

收集相关信息 如果你在学术生涯或者到目前为止的工作中没有写日志或者记录成就的习惯，你也许需要对自己进行一些研究。收集你能想到的所有相关的个人经历，包括所有特别的日期、职责和任何以前工作中的成就。收集每一条能加入到你的资格和条件中的教育经历——正式的学位、技能证书、学术奖励或者奖学金。同时，收集所有个人努力的相关信息：加入某协会的日期，你在任何俱乐部或者专业组织担任过的职务，你给任何群体做过的展示。你很可能不会把所有想到的信息都派上用场，但是在开始写简历之前，你会想要把它们都准备好放在手边。

选择最好的媒介 选择简历媒介曾经是一件很简单的事情：打印在纸上。可是，如今求职可能要用到多种多样的形式，包括上传 Word 文档，粘贴到在线表格上的纯文本文档，还有在网上或 CD-ROM 上的多媒体简历。你可以选择的媒介涉及什么是你能获得的、你的目标雇主的要求（许多雇主在他们的网站上写了特别的要求，你必须一字不差地遵守），以及你想要突出的技能和品质。比方说，如果你在申请销售的职位，那么 CD-ROM 上你自己的视频剪辑就会很有说服力。

然而，不管个人网站和 CD-ROM 电子档案多么令人印象深刻，准备一份基本的纸质简历并复印几份在手头总是一个好主意。你永远不知道什么时候就会有人问你要一份，而且不是所有雇主在只是想知道你的基本信息时，都愿意不厌其烦地去看电子版。另外，从一份传统纸质简历开始，是组织你的背景资料和确定你的过人之处的好办法。

围绕优势组织简历 最成功的简历可以传达雇主寻找的 7 项品质：它表明你（1）根据结果进行思考；（2）知道如何完成任务；（3）成熟；（4）体现出职业进展和专业发展的迹象；（5）有自己的关于优异的标准；（6）有灵活性并愿意尝试新事物；（7）能有效沟通。组织简历是一个把这 7 项品质尽可能刻画得耀眼的问题。

虽然你可能想把每个方面的信息都包括一点，但是你会很自然地就想强调那些最能把你的求职意向与目标雇主的需求结合起来的信息——并且不歪曲或者错误地传达事实。[17] 在你的经历里

---

[17] Pam Stanley-Weigand, “Organizing the Writing of Your Resume,” *Bulletin of the Association for Business Communication* 54, no. 3 (September 1991): 11—12.

有没有会触发雇主红灯的事情？这里有一些常见的问题和解决它们的快速建议：[18]

• **频繁变动工作**。如果你曾经干过许多本质相似的短期工作，比如独立承包和临时任务，看看你可不可以把它们归到一条标题下面。还有，如果你是由于兼并或者其他你所不能控制的因素而被裁员的受害者，找个巧妙的方式透露出这一信息（如果不能在简历里，就在自荐信里）。讲道理的雇主明白近些年许多本来很稳定的雇员都是这样被迫跳槽的。

• **工作经历中的空白期**。提及你在工作空白期获得的相关经验和教育，比如志愿的或者社区的工作。如果空白期是由于个人原因，比如吸毒、酗酒或者精神疾病，给出诚实但是笼统的解释（"我由于严重的健康问题不得不暂时停止工作来完全康复"）。

• **无经验**。说说相关的志愿工作。列出相关的课程论文和实习经验。还有，给出刺激录用的条件，比如"愿意在晚上和周末工作"。

• **资历过高**。低调一些，专门集中于与该职位有关的经验和技能。

• **长期在同一家公司任职**。把在同一家公司担任的每一个职位单独列项，以显示"内部流动性"和增加的责任。

• **因故被解雇**。诚实面对面试官。表示你是一个勤劳工作的员工并且用证据打消他们的顾虑，比如推荐信和已完成项目的例子。

• **犯罪记录**。考虑发送关于你的技能和经历的"通知信息"，而不是简历和自荐信。准备好应付面试官可能抛出的问题的答案（"您也许会怀疑我是否是一个值得信任的员工。我愿意为您提供我以前的老板和同事的联系方式，他们将愿意为我的正直作证。我在过去那段人生的困难时期中得到了痛苦的教训，现在我已经完全改过自新了"）。

要把注意力集中到你最强的那些亮点上，选择合适的组织方法——按时间顺序、按能力，或者两者结合来安排简历内容。"正确"的选择取决于你的背景和目标。

时序型简历　在**时序型简历**（chornological résumé）中，工作经历部分是最重要的并且被放在最突出的位置上，紧跟着姓名、地址和求职意向。你通过倒序连续地列出从事过的所有工作来展开这部分，先写最近的职位和工作，依次倒退地写到最早的工作。在每一条下，描述你的工作职责和成就，最近的职位要有最多的篇幅。如果你刚从大学毕业，职业经验有限，你可以把这个按时间排序的形式改变成将教育背景放在工作经验之前，这样就把注意力集中到了你的学术成就上。

时序形式是组织简历最常见的形式，而且许多雇主比较青睐它。这种形式有三个优点：(1) 雇主对它比较熟悉，能很快地找到信息；(2) 它突出了成长和职业发展；(3) 它突出了工作的连续性和稳定性。[19] 作为 Korn/Ferry International 的副总裁，Robert Nesbit 代表许多招聘者说："除非你有很具有说服力的理由，否则就不要用除了标准的时序格式以外的任何风格。你的简历不能看起来像张藏宝图，到处都是暗示你的工作和经历所在之处的线索。我想要很快地知道一个候选

---

[18] Susan Vaughn, "Answer the Hard Questions Before Asked," *Los Angeles Times*, 29 July 2001, W1—W2.

[19] Richard H. Beatty and Nicholas C. Burkholder, *The Executive Career Guide for MBAs* (New York: Wiley, 1996), 133.

人曾经在哪里工作过，工作了多长时间，以及在什么职位工作。”[20]

如果你有很强的工作经验，而且正在寻找顺应你目前职业道路的工作，那么时序形式就特别适合你。下面是一个 Roberto Cortez 的案例。对图 14-4 和图 14-5 中 Cortez 简历的无效的及有效的两个版本进行比较。

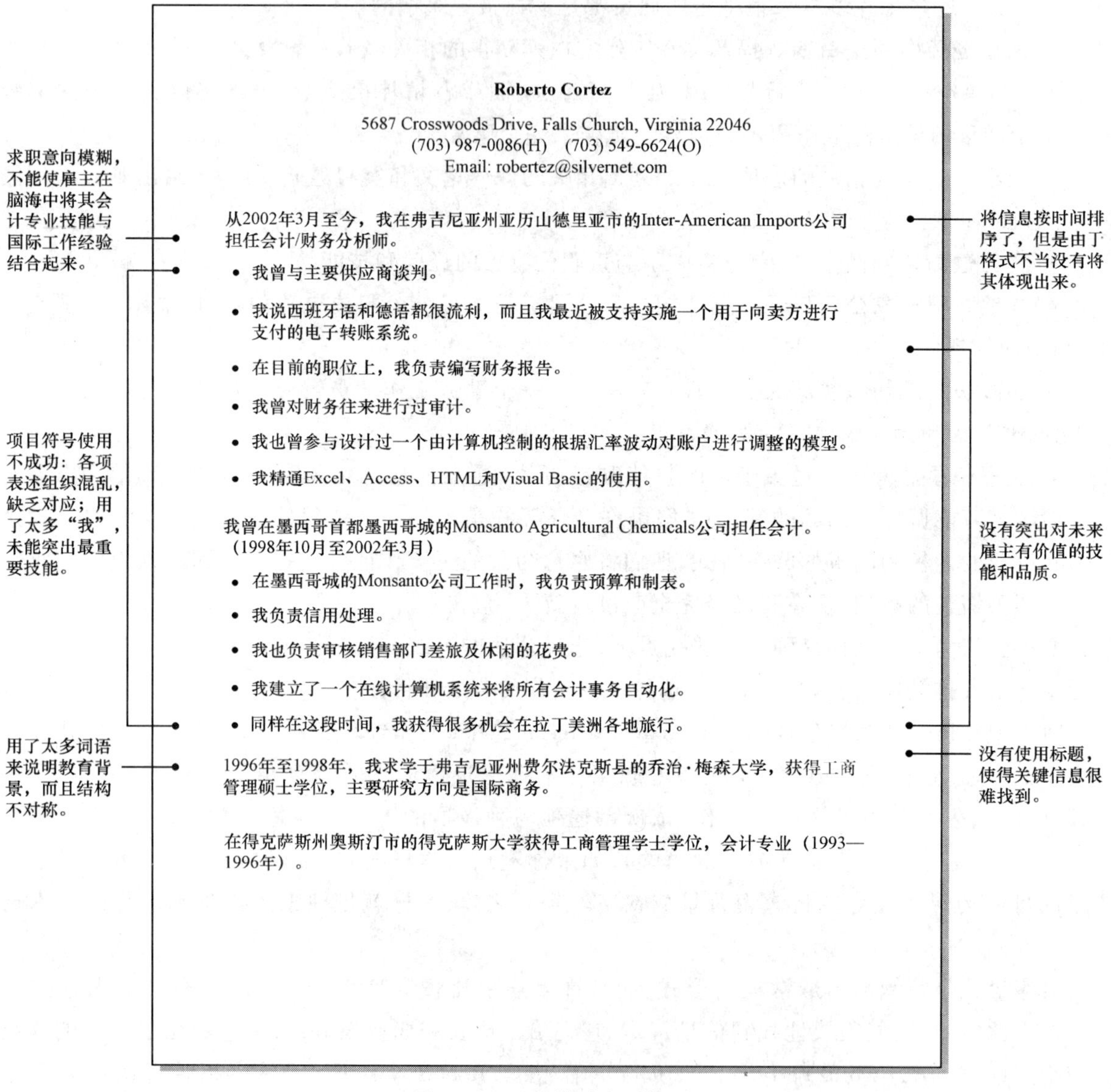

Roberto Cortez

5687 Crosswoods Drive, Falls Church, Virginia 22046
(703) 987-0086(H) (703) 549-6624(O)
Email: robertez@silvernet.com

从2002年3月至今，我在弗吉尼亚州亚历山德里亚市的Inter-American Imports公司担任会计/财务分析师。

- 我曾与主要供应商谈判。
- 我说西班牙语和德语都很流利，而且我最近被支持实施一个用于向卖方进行支付的电子转账系统。
- 在目前的职位上，我负责编写财务报告。
- 我曾对财务往来进行过审计。
- 我也曾参与设计过一个由计算机控制的根据汇率波动对账户进行调整的模型。
- 我精通Excel、Access、HTML和Visual Basic的使用。

我曾在墨西哥首都墨西哥城的Monsanto Agricultural Chemicals公司担任会计。（1998年10月至2002年3月）

- 在墨西哥城的Monsanto公司工作时，我负责预算和制表。
- 我负责信用处理。
- 我也负责审核销售部门差旅及休闲的花费。
- 我建立了一个在线计算机系统来将所有会计事务自动化。
- 同样在这段时间，我获得很多机会在拉丁美洲各地旅行。

1996年至1998年，我求学于弗吉尼亚州费尔法克斯县的乔治·梅森大学，获得工商管理硕士学位，主要研究方向是国际商务。

在得克萨斯州奥斯汀市的得克萨斯大学获得工商管理学士学位，会计专业（1993—1996年）。

图 14-4　无效的时序型简历

[20] Adapted from Burdette E. Bostwick, *How to Find the Job You've Always Wanted* (New York: Wiley, 1982), 69—70.

ROBERTO CORTEZ
5687 Crosswoods Drive
Falls Church, Virginia 22046
(703) 987-0086(H)　(703) 549-6624(O)
Email: robertez@silvernet.com

求职意向

需要国际财务实际工作经验的会计管理职务

（求职意向表述清晰，将会计专业技能与国际工作经验结合起来。）

工作经验

2002年3月至今　会计/财务分析师，Inter-American Imports公司（亚历山德里亚市，弗吉尼亚州）

- 为礼品批发进口商（年销售额1 500万美元）编写财务报告
- 审核与12个拉丁美洲国家供应商之间的财务往来
- 建立了一个计算机化的模型，使账户随汇率波动调整
- 与墨西哥和哥伦比亚的主要供应商就合资协议进行磋商
- 实施电子转账向卖方进行支付，改进了资金流并削减了应付账款专职人员

1998年10月至2002年3月　会计，Monsanto Agricultural Chemicals公司（墨西哥城，墨西哥）

- 为墨西哥城分公司进行预算、制表和信用处理
- 对Monsanto的30位拉丁美洲销售人员的差旅及休闲费用进行审计
- 协助建立在线系统将所有会计事务自动化，使报告精确度提高了65%

（各项描述简明、易读、信息性强；自始至终避免了使用“我”。）

（将工作经验转化为对任何雇用国际会计师的公司都有吸引力的一般成就。）

（用积极的语言描述过去和现今的工作职责与成就。）

教育背景

1996年至1998年　工商管理硕士，国际商务方向
乔治·梅森大学，费尔法克斯县，弗吉尼亚州

1993年至1996年　工商管理学士，会计专业
得克萨斯大学，奥斯汀分校

跨文化与技术技能

- 流利使用西班牙语与德语
- 在拉丁美洲大量旅行
- Excel·Access·HTML·Visual Basic

（易于发现特殊技能（注意最后一行的多个间隔号在可扫描简历格式中会带来麻烦））

（很好地使用标题使主要内容的各个部分容易区分。）

图 14-5　有效的时序型简历

功能型简历　功能型简历(functional résumé)，有时被称为*技能型简历*，它强调你的技能和才干，把工作和学业经历看得次要一些。这种模式着重于能力的各个方面，所以对于刚刚进入就业市场的人、想要改变职业方向的人或者没什么连续的与职业有关的工作经验的人非常有用。功能型简历的形式也有三个优点：(1) 雇主不用把所有工作描述都看完就可以知道你能为他们做什么；(2) 你可以强调早期的工作经验；(3) 你可以将缺乏职业进展或者长期失业的事实弱化。然而，你要意识到由于功能型简历能使工作经历更不明显，许多雇佣专业人员对它表示怀疑——而且有些人认定使用这种形式的候选人企图掩盖些什么东西。事实上，Monster.com 将功能性简历列为雇主“10 大不能忍受的事情”之一。[21] 如果你没有一个强势的、连续的相关工作经历，复合型

---

[21] Norma Mushkat Gaffin, "Recruiters' Top 10 Resume Pet Peeves," Monster.com [accessed 19 February 2004] www.monster.com; Beatty and Burkholder, *The Executive Career Guide for MBAs*, 151.

简历可能会是个更好的选择。

复合型简历 **复合型简历**(combination résumé)包括了按时序型简历和功能型简历的优点。尽管这样,它并没有被普遍地使用,而且它有两个主要的缺点:(1)篇幅较长;(2)如果你要把你的成就和技能同时列进功能部分和按时间排序的工作经历部分,就会显得重复啰嗦。[22] Erica Vorkamp 在写简历时,选择了避免按时间排序的简历,因为那会使人注意到她缺少最近的工作经历。如图 14-6 所示,她使用了复合格式来强调她的才干、技能和成就(简历的功能部分),同时也包括了完整的工作经历(简历按时间排序的部分)。

Erical Vorkamp
993 Church Street, Barrington, Illinois 60010
Phone: (847)884-2153
E-mail: erica.varkamp@mailsystem.net

目标

要想得到活动协调员职位,需要具备有关计划、监督和沟通等的广泛技能。

（清楚确认目标职位的性质）

技能和才干

- 计划并协调大规模公共活动
- 为音乐会、节日以及艺术活动求得社区支持
- 负责主要活动的宣传
- 协调不同社区群体的活动
- 建立并维持公共活动的财务控制
- 创建并更新网站内容、博客和播客
- 与演员、木工、电工以及供应商协商合同

特殊活动经历

- 2006年为巴灵顿公共图书馆安排为期一周的艺术娱乐节，共有近36名包括音乐家、舞蹈家、演员、魔术师以及艺术家在内的表演者参加。
- 2005年主持家庭教师协会万圣狂欢节，一整天的狂欢活动包括摊位游戏、现场乐队表演、各种竞赛以及食品服务，为家庭教师协会筹集到7600美元。
- 2004年组织妇女选民联盟800名成员的中西部会议，会议为期三天，并且需要安排住宿、餐饮、演讲者和特定的旅行。
- 2002—2004年间，主持儿童之家社团时装表演，这是一个为400—500人举办的年度午餐会，为孤儿和受虐待儿童筹集了15 000—16 700美元。

（将所有的能力与经验与特定的工作意向结合起来，给出候选者可供选择的能力）

（用具体的数字和成果来量化成就）

学历

- 应用科学专科，商业专业项目行政助理，汉密尔顿学院林肯分校（林肯市，内布拉斯加州），2002年。

工作经历

- 2002年至今，芝加哥第一国民银行操作员：处理丢失或者被盗的支票，用电话联系客户，检查支票以确定风险属性，处理付款账户，验证所收到的报告，研究支票的真实性，为入门培训生制定入职计划。
- 2001—2002年，汉密尔顿学院林肯分校，兼职入学行政助理（商学院）。

（写上工作经历来说明毕业后的连续就业，但是把它放在页面最后使其重要性弱化了（因为与所寻求的工作相关性甚微））

图 14-6 复合型简历

[22] Rockport Institute, "How to Write a Masterpiece of a Résumé."

当看到这几个样本简历时，你很有可能会注意到这里给出的三种基本格式的变化。根据有效沟通原则对这些选择进行研究，如果你发现其中一个看起来非常适合你的情况，那无论如何都要使用它。

14.2.2　简历的写作

简历是要写到的最重要的文档之一。即使这样，你也不用把自己搞得很慌乱——你所需要的所有关于撰写有效简历的建议都在这一章里。遵循三步写作法，并记住以下四点来帮助你确保成功：第一，给简历应有的足够重视。在有机会亲自见到雇主之前，你自己就体现在你的简历中，而一个简单的错误或忽视会葬送你的面试机会。第二，给自己充分的时间。不要把准备简历拖到最后一秒，然后试图一次就写好。第三，向好的例子学习。你可以在学校网站和像 Monster. com 这样的求职网站上找到数以千计的样本简历。第四，不要因为你将读到的相互矛盾的建议而感到沮丧。它们与其说是科学，不如说是艺术。根据你知道的所有关于成功商务沟通的东西，考虑所有选择，然后选择对你最有用的形式。

如果你觉得写自己不是很舒服，别人也是这样的。许多人，即使是成功的作家，都觉得写自己很困难。所以如果你陷入困境，可以找一个也在写简历的同学或者朋友，暂时互换一下任务。通过给彼此写简历，你们也许能够同时加快步伐。

保证简历的诚实性　在写作过程中的某个阶段，你一定会碰到诚实问题。也许一个说法很明显就是错的（“就算我没有拿到那最后的两个学分又怎么样——我跟毕业了的人接受了一样的教育啊，所以我说我毕业了也没关系”）。或者某些解释很牵强（“虽然这一任务只是组织公司的野餐会，但是我做得很好啊，所以这应该称得上是‘项目管理’了”）。不管是哪种情况，信息都是不诚实的。

不知为何，“每个人都在简历中撒谎”的思想悄悄地蔓延，成为流行的大众意识，而求职过程的不诚实已经达到风行的地步了。如今雇主们收到的简历中有多达一半包含虚假信息。而且不是简单地捏造。不诚实的申请者们变得更有创造力了——而且胆子更大了。没有你想要的大学学位？你可以在那些提供伪造文凭的网站上买一个学位。更有甚者，花钱让电脑黑客把你的名字加到一个著名大学的毕业生名单里，以防谁真的去核实身份。实际上并未在那家知名公司的令人注目的职位上工作，但你随时可以把它列进你的简历然后签署一项提供电话雇佣确认的服务。[23]

诚实的申请者知道他们不必降格去撒谎来在就业市场上竞争。如果你被诱惑去夸大事实，记住专业的招聘人员已经看透了所有的小伎俩，而且受够了弄虚作假的雇主们已经越来越毫不留情地揭露事实。他们中大约有 80% 会与证明人联系和查询犯罪记录，而且如果职位涉及财务责任，大多数人还会进行信用调查。[24] 英国最近的一个调查表明，报告中 25% 的雇主曾经在发现申请者在简历中撒谎后取消了工作。[25] 而且即使你通过了这些筛选，也会因为实际表现与简历不符而在今后的工作中暴露出来。有人简历作假在他们工作很多年后被人们发现，带来了很尴尬的

㉓ “Resume Fraud Gets Slicker and Easier,” CNN. com [accessed 11 March 2004] www. cnn. com.

㉔ “Resume Fraud Gets Slicker and Easier”; Employment Screening Resources website [accessed 18 March 2004] www. erscheck. com.

㉕ “Employers Turn Their Fire on Untruthful CVs,” *Supply Management*, 23 June 2005, 13.

后果。

如果不确定要不要把某件事情写进简历,问问自己:你愿意在面试时亲自对面试官说这些吗?如果你亲口说会觉得不舒服,那就不要在简历里说。保证简历是诚实的,这样它才能代表真实的你,并且带来真正适合你的工作。

使简历适应受众 你的简历需要在几秒钟之内给人留下积极的印象,所以确保采用换位思考,从雇主的角度考虑你的简历。问问自己:这个雇主会寻找什么样的关键条件?这些条件里有哪些是你的优势?在一个潜在雇主的眼里什么品质会将你与其他候选人区别开来?你的三四个最大的成就是什么?这些成就带来了什么结果?不管你选用哪种格式,无论其中包括什么信息,写作时要记住的最重要的一个概念,就是将你过去的成就转化成能被认可的将来潜能。换句话说,雇主们当然对你过去曾经做了什么很感兴趣,但是他们更感兴趣的是你将来能为他们做什么。如果有必要的话,也可以为每个雇主准备一份专门的简历。

请记住你可能需要将你的技能和经验"翻译"成雇佣机构的专业术语。比如,从军经历可以扩展为许多在商业中有价值的技能,但是军事术语对于那些不熟悉它的人来说可能听起来就像外语一样。把重要的大体概念提炼出来,然后用常用的商务语言表达出来。同样的,其他国家的教育体制可能与美国的高中、社区大学、技术和商业学院、大学的定义不大一样。如果有必要的话,简要解释一下你的学位或者证书与美国的标准之间如何转换,或者,如果你要申请外国的工作,你在美国的学位与其他国家的标准如何联系起来。

无论你的背景如何,你可以决定如何将你的经历组合转化成有效的信息,表达你能为你的可能雇主做什么。[26] 用一种形象或者一个主题来想象你希望表达成什么样。你有学术天分吗?你是一个校园领袖吗?你成熟稳重吗?你是具有创造力的天才吗?你是技术怪才吗?通过了解你自己和你的受众,你将成功地将注意力集中到潜在雇主需要的优势上。

编写简历 为了节省读者时间并尽可能有力地阐述信息,就要用简单而直接的风格来撰写简历(也许在别的国家你要改变一下方式)。用简短、干脆的短语,而不要用完整的句子,并且着重于读者需要了解的内容。避免使用"我"这个词,这样在你罗列技能和成就时听起来很以自我为中心并且重复啰嗦。相反的,短语应以有力的行为动词开头,例如:[27]

实现	协调	发起	参与	创建
达到	创造	建立	执行	简化
管理	展示	引进	规划	发动
批准	开发	调查	提出	改进
安排	指导	加入	建议	强化
协助	创立	发行	提高	成功
呈现	探究	维持	推荐	监督
预算	预测	经营	减少	系统化
任职	产生	激发	改造	定位

[26] Sal Divita, "If You're Thinking Résumé, Think Creatively," *Marketing News*, 14 September 1992, 29.

[27] Rockport Institute, "How to Write a Masterpiece of a Résumé."

改变 确定 操作 解决 培训
编辑 贯彻 组织 解救 转化
完成 改进 视察 服务 升级

例如,你可以说,“指导了一支棒球小联盟球队参加地区总决赛”或者“经营了一家有四名员工的快餐馆”。这里有一些其他如何用突出成果的、积极的语言来表达成就的例子:

避免无力的语言	使用能突出成果的、积极的语言
负责开发了一个新的文件归档系统	开发了一个新的文件归档系统,减少了50%的文书工作量
我负责处理客户投诉和所有的订单问题	处理所有的客户投诉并解决了所有的产品订货矛盾
我由于在部门内开立了最多的新客户账户而赢得了欧洲之旅	在我部门产生了新客户账户的最高数目
各校区要解决现有食堂分配学生的问题	帮助实施新的校区食堂项目,平衡了学生自助餐厅的容量

除了有效地呈现你的成就,仔细考虑你提供自己的名字和联络信息、教育程度、工作经历、活动和成就以及相关个人信息的方式。

姓名和联络信息 雇主要知道的第一件事情就是你是谁以及在哪可以找到你。名字和联络信息组成了简历的标题,所以要包括以下内容:

- 姓名
- 实际地址(如果在找工作的过程中你可能要搬家,需要把常驻地址和临时住址都写上)
- 电子邮箱地址
- 电话号码
- 个人主页或者电子档案(如果有的话)的URL连接

确保简历标题中的所有内容都组织得很好,并且在页面中布局清晰。

如果你唯一的电子邮箱地址是来自于你目前的雇主,那就申请一个免费的个人邮箱,比如Hotmail或者Yahoo!。用公司的资源来找工作对于你目前的雇主来说是不公平的;更重要的是,这会向你的可能雇主传达不好的信息。还有,如果你的个人邮箱地址是像precious. princess@ something. com或者PsychoDawg@ something. com这样的,还是申请一个新的邮箱地址来处理找工作的邮件吧。

求职意向或者能力概述 关于在简历中写明求职意向的必要性,专家们有不同的意见。有些认为通过资历就能很明显地看出求职意向,所以很多余。还有一些认为表明求职意向,说明你只对一件事情感兴趣,这样就限制了你被视为备选者的可能性(尤其是当你想应征很多种类的工作空缺时)。而别的专家认为不管怎么样,雇主都会试图把你归到某一类,所以你也许可以确保他们给你贴上了正确的标签。他们坚持直接表明求职意向可以马上让雇主知道你是来干什么的。

记住,你的目标是迅速引起兴趣。考虑雇主正在寻找的情况和品质。如果表明意向能使你看起来就是他们在找的人,那就应该毫无疑问地把它加上去。看看下面的求职意向:

成长中的企业里需要的有国际工作经验的软件销售职位
要求有较强客户沟通技能的印刷媒体方向的广告助理

以上两个求职意向都有一个很重要的特点:尽管他们是在说“你的”意向,但是他们实际上是在说雇主的需求。避免使用像“提供丰富的职业发展机会和满足个人需求的完美工作”这样以自我为中心的表述(但是其实这很普遍)。写出这样句子的人,已经完全忘记了以受众为中心和立足于换位思考。

除了简单地表达求职意向,还有一个好的方法是用简洁的能力概述突出你最有实力的优势。一个好的能力概述不但确定了你感兴趣的工作类型,而且给了雇主很好的理由来考虑雇用你。使用简短、直接的语句来突出你能给新雇主带来什么,就像这样一个例子:

能力概述:10年代售经验,始终如一地通过有创造性的商机寻找、有效的成交技巧和可靠的客户服务,来完成或者超额完成销售任务。

求职意向或者能力概述可能是雇主会完全读完的唯一部分,所以如果你写了其中一个,就一定要把它写得有力、简明,而且又令人信服。

教育背景 如果你还是在校学生,教育背景也许是你最有力的一个卖点。深入地展现你的教育背景,选择支持你的“主题”的事实。根据需要选择这部分的合适标题,比如“教育背景”、“技能培训”或者“学术准备”。然后,从最近的那一个开始,列出你上过的每个学校的名称和位置,以及入学的学期(精确到年和月)、专业和研究方向、在课程学习中培养的重要技能和才干、获得的学位或者证书等。如果你还没有拿到学位,在括号中标明预期结业时间。通过列出与所找工作直接相关的课程来突出你的优势资格,并且写明你获得的任何奖学金、奖项或者学术荣誉。

教育部分还应该包括企业或者政府赞助的校外培训。把你参加过的任何相关研讨会以及获得的任何证书或其他证明都写进去。至于高中或者服役期间的培训,只有当相关的成果与你的职业目标直接相关时才应该包括进去。

是否列出平均绩点(GPA)取决于你想要的工作和你的成绩水平。如果你选择写出平均绩点,一定要把学分制度写上,尤其是当用的是5分制而不是4分制的时候。如果你在简历里不写GPA——而且没有规则要求你写——要准备好在面试过程中可能需要回答相关的问题,因为如果你不在简历里写出来,很多雇主会假设你的GPA不怎么出色。如果你专业课程的GPA比别的课程高,你也可以列出“专业课程GPA”,然后只把本专业内课程算进去(没必要让潜水课或者梵文课得的D影响你的会计职业生涯)。

当你在所选的领域工作过一年以上以后,教育背景通常就不会被太多地强调了。如果工作经验是你最强的优势,就把教育背景放到稍后一点的位置,并且不用写得太详细。

工作经验、技能和成就 就像教育背景部分一样,工作经验部分应该集中于你的整个主题。将你的过去与雇主的未来联系起来。把注意力吸引到你在工作中培养的技能和你承担越来越多责任的能力上去。

把你的工作按时间倒序排列,并且把任何兼职、假期工作或者实习也包括进去,即使与你目前的求职意向并没有多大关系。雇主会看到你有能力获得并且保持一份工作——这本身就是一种重要的资历。如果你在读期间有兼职工作并且承担了学费的很大部分，就这么说。许多雇主把这种成就视为管理时间的特点和能力的表现。

在每一项下都列出雇主的名称和位置。如果读者可能不知道这个机构，就简短地介绍一下它都做些什么。当你想对目前雇主的名称保密时，你可以只用所在行业来说明这家公司（"一家大型电子游戏开发企业"）。或者，你可以使用公司的名字，然后在申请信里要求保密，或者在简历顶部或底部加一条有下划线的提醒"简历呈递保密"。如果机构名称或者位置跟你在那工作时的已经不一样了，写明现在的名称和位置，然后用"原……"写上原来的信息。

在每个工作项之前或之后，写上你的职位头衔，比如"档案管理员"或者"售货员"。如果你是洗碗工，就说你是洗碗工。不要试图通过美化头衔、职能或者成就来让你的角色看起来比实际更重要。写明每个工作的年数，用"至今"来表示目前的工作。如果工作是兼职的，就说是兼职的。

把最多的空间分配给与你的目标职位有关联的工作。如果你曾经单独负责什么有重大意义的事情，一定要提及这一点（"发明了一个新的收账系统，加速了逾期应收账款的回收"）。关于技能和成就的事实是你能给一个可能雇主的最重要信息，所以只要有可能，就尽量让这些量化：

设计了一个使销售额增长 9% 的广告
在 15 天内为癌症研究募集了 2 500 美元

你还可以加上适合你的求职意向的其他背景信息。如果你在申请一个跨国组织的工作，你可以提起你的外语能力或者旅行经验。如果你有一系列的特殊技能，把它们组合到一起，然后把它们放在靠近教育背景或者工作经验部分的位置。你可以把这些额外的信息列为"特殊技能"、"工作相关技能"、"其他经验"、"语言技能"或者"计算机技能"。

如果你的工作成果样本能增加获得这份工作的机会，在简历结尾插入一行，说明如果有要求你可以提供，或者说明在你的电子档案里可以看到。你可以在简历结尾写上"如果有要求，可以提供证明人"，但是这么做不是很必要；通常人们都假定是能找到证明人的。不要把证明人的真实姓名写上去，但是要预备好。

活动和成就　简历中应写出能展现你的能力的任何志愿活动。列出要求领导能力、组织能力、团队配合和合作能力的项目。强调像"学生营销协会成员"这样与职业相关联的活动。列出你在这些活动中学会的技能，并且解释这些技能与你申请的工作有什么关系。包括演讲、写作或辅导经验，参与的体育或者创造性的项目，资金募集或者社区服务活动，在学术或者专业组织中担任的职务。（不过，政治或者宗教组织对于有不同观点的人来说也许是一个红灯，所以用你的判断力去决定写不写。）

注明你获得的任何奖项。还是一样，尽可能地把成就数量化。不要说你给很多学生团体做过演讲，而应该说明具体次数和受众规模。如果你参与的活动非常广泛，你也许要把它们分类，比如"学校活动"、"社区服务"、"职业协会"、"学术会议和研讨会"以及"演讲活动"。另一个选择是将它们分成两类："服务活动"和"成就、奖项和荣誉"。

个人信息　个人信息是简历中另一个经常犯错误的地方。大多数专家建议你跳过个人兴趣，除非加上这些能让雇主更好地理解为什么你是这份工作的最好人选。[28] 你的个人兴趣和特长与雇主的行业、文化或者客户有任何关系吗？比如，你作为一个业余的艺术家的成就也许对一家广告公司很有吸引力，即使你是申请它的技术或者销售职位，因为它表明对创造性过程的一种理解。类似的，对体育和户外活动的兴趣可以说明你在像 REI、Nike 或者 Patagonia 这样的公司会很合适。

有些信息在简历中最好避免提到。民事权利法律禁止雇主歧视性别、婚姻或家庭状况、年龄（虽然只有年龄在 40 到 70 岁的受保护）、种族、宗教信仰、国籍以及身体或者精神缺陷。所以确保排除有可能引起歧视的内容，哪怕是潜意识的也不行。专家们还建议避免工资信息、离职原因、以前上司的名字、你的社会保险号码和其他标识码。把这些信息留到面试中，并且只有当雇主特别要求你提供时再提供给他们。

如果服役经验与职务有关，你可以把它列在这部分里面（或者在"教育背景"或"工作经验"下面也可以）。写明征召日期、服役部门、服役地点、获得的最高军衔、与职业目标相关的任何成就和退伍日期。

14.2.3 简历的完成

三步写作法的最后一步并不比其他两步次要。正如其他的商务信函一样，在把它呈递给你的目标雇主之前，需要修改你的简历，用合适的风格把它展示出来，然后校对错误。

努力将你的简历保持在一页以内。如果你有一大堆的经验并且在申请一个高层的职位，你可能需要准备一份相对长一点的简历。重要的是要有足够的空间来展示有说服力的、准确而简洁的、对你的技能和成就的刻画。

修订简历 如果让专业的招聘人员列出他们在简历中见得最多的错误，你会一遍又一遍地听到相同的内容。如果不想你的简历被放进回收站，就一定要避免以下这些毛病：

- **太长**。简历不简洁、没有针对性、不扼要。
- **太短或太粗略**。简历没有给出足够的能正确评价申请者的信息。
- **阅读困难** 。简历没有足够的空白和像缩进、加粗这样帮助阅读的方法。
- **废话连篇**。描述冗长，简单的概念用了无数的词语。
- **华而不实**。简历看起来像是别人而不是申请者本人写的，让人怀疑其中资历是不是被夸大了。
- **不够专业**。简历包含错误信息或者表达别扭，显示申请者对商业世界或者某个具体行业所知甚少。
- **粗制滥造**。印刷模糊不清，读起来很困难，或者纸张质量差，不合时宜。
- **通篇拼写和语法错误**。文档中有拼写和语法错误，显示申请者缺乏对工作极其重要的语言技能。
- **自吹自擂**。过于自信的语气让读者怀疑申请者的自我认知是否现实。
- **过分花哨**。简历的用词、结构、装饰或者所用材料与通常情况差别太大，以至于没有了简历本身的有效性。

---

[28] Rockport Institute, "How to Write a Masterpiece of a Résumé."

制作简历 好的设计是必需的，而且不是很难达到。正如你可以在图 14-4、图 14-5 和图 14-6 中看到的一样，好的设计有这些特点：简单、有序、空白充足以及使用像 Times Roman 或者 Arial 这样简单的字体（请注意电脑上的许多字体都不适合用于简历中）。副标题要易于寻找和阅读——要么在每个部分上面，要么在左边空白处。使用列表将重要的资质项目化，并且留出足够的空白——即使这样使你不得不使用两页而不是一页。不管什么情况下，颜色都不是必需的，但是如果你要用彩色，就要用得精妙，比如在你的名字和住址底下的一条彩色横线。简历设计中最常惹麻烦的就是走极端。如果设计中的任何部分"跃入眼帘"，赶紧把它改得低调点儿。把图 14-1、图 14-5 和图 14-6 与图 14-7 的"创造性"设计对比一下，看看在一个雇主眼里，一个很差的设计看起来是多么地不和谐以及不专业。

根据你所应征的不同公司，你可能想要以多达 6 种的形式来制作你的简历：

- **传统打印版简历。** 将传统简历简单而优雅地排版，给你的雇主留下最好的印象。
- **打印的可扫描简历。** 准备一份没有格式而能被电子扫描的简历打印稿，这样雇主就可以把你的信息存入他们的数据库。
- **电子版纯文本文档。** 制作一份电子版纯文本文件，以便在网上填写资料的时候上传或插入电子邮件信息中。
- **Microsoft Word 文档。** 保存一份传统简历的 Microsoft Word 文档，在某些网站上可以上传。
- **HTML 格式文档。** 通过创建 HTML 文档，你可以将简历公布在自己的主页、学校的网页或者目前出现的那些求职网站上。
- **PDF 文档。** 这是一个可选的步骤，但是一份传统简历的 PDF 文档是作为电子邮件附件的一种简单、安全的格式。创建 PDF 文档要求有 Adobe Acrobat 软件，但是手头准备一个 PDF 文件可能是一大帮助，以防某个雇主要求你用电子邮件把简历发给他。

以上这些版本中的大多数都是很容易制作的，你将在下面的部分看到详细的介绍。

制作一份传统简历 传统纸质简历在如今这个求职电子化的世界仍然有一定地位，在手头准备好几份，说不定哪天你的人际关系网络里的某个人就问你要一份了。花几分钟在办公用品商店的纸张货架上看看，你会发现纸张分为三种：基本的、低成本的、用于复印和打印的白纸（避免使用这种纸，它让你的简历显得劣质）；预先设计好的、有边线和背景的纸（也不要使用这种，它让你的简历显得过分花哨）；还有更重一些的、质量较高的、专用于简历及其他重要文件的纸。从第三类中选择白色或者稍带浅色的。这些纸价格高一些，但是你并不需要用很多，而且这个投资是值得的。

当你已经准备好打印简历了，就找一个状态良好的、有质量保证的打印机。不要容忍任何条纹、斜线或者打印质量低劣的现象。你不会形象糟糕地进入面试，所以同样要确保你的简历也不要看起来那样糟糕。

制作一份可扫描简历 为了处理大量的主动提供的纸质简历，现在许多公司都将收到的简历电子扫描存入数据库。当人事经理想为职位空缺面试候选人的时候，他们在数据库中搜索最有吸引力的候选者。在简单一些的系统里，基本上就是搜索符合特定职位的关键词。正如你在本章开

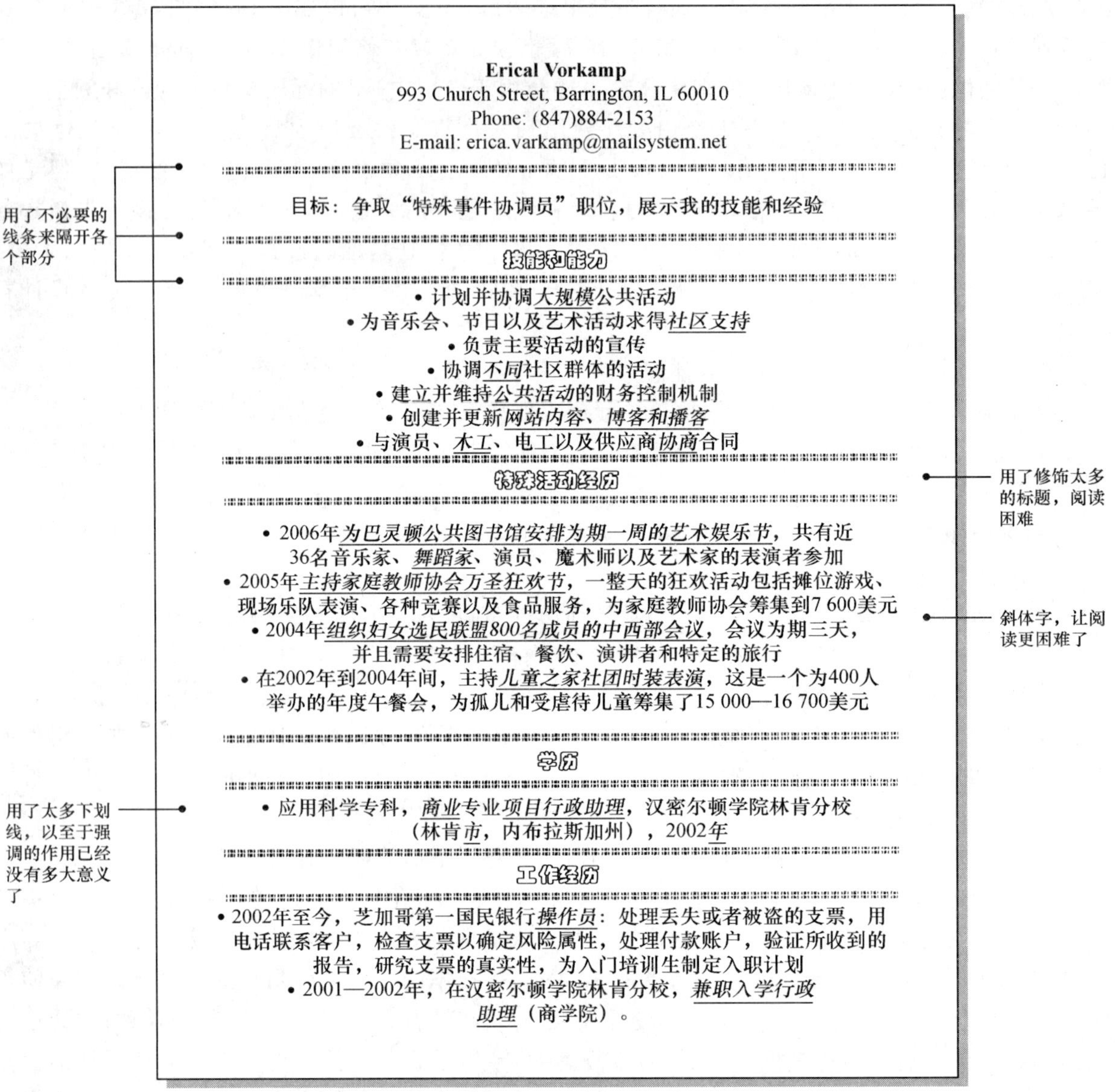

Erical Vorkamp
993 Church Street, Barrington, IL 60010
Phone: (847)884-2153
E-mail: erica.varkamp@mailsystem.net

目标：争取“特殊事件协调员”职位，展示我的技能和经验

技能和能力

- 计划并协调*大规模*公共活动
- 为音乐会、节日以及艺术活动求得*社区支持*
- 负责主要活动的宣传
- 协调*不同*社区群体的活动
- 建立并维持*公共活动*的财务控制机制
- 创建并更新*网站内容*、*博客和播客*
- 与演员、*木工*、电工以及供应商*协商*合同

特殊活动经历

- 2006年*为巴灵顿公共图书馆安排为期一周的艺术娱乐节*，共有近36名音乐家、*舞蹈家*、演员、魔术师以及艺术家的表演者参加
- 2005年*主持家庭教师协会万圣狂欢节*，一整天的狂欢活动包括摊位游戏、现场乐队表演、各种竞赛以及食品服务，为家庭教师协会筹集到7 600美元
- 2004年*组织妇女选民联盟800名成员的中西部会议*，会议为期三天，并且需要安排住宿、餐饮、演讲者和特定的旅行
- 在2002年到2004年间，主持*儿童之家社团时装表演*，这是一个为400人举办的年度午餐会，为孤儿和受虐待儿童筹集了15 000—16 700美元

学历

- 应用科学专科，*商业*专业*项目行政助理*，汉密尔顿学院林肯分校（林肯*市*，内布拉斯加州），2002*年*

工作经历

- 2002年至今，芝加哥第一国民银行*操作员*：处理丢失或者被盗的支票，用电话联系客户，检查支票以确定风险属性，处理付款账户，验证所收到的报告，研究支票的真实性，为入门培训生制定入职计划
- 2001—2002年，在汉密尔顿学院林肯分校，*兼职入学行政助理*（商学院）。

图 14-7 无效的简历设计

头读到的一样，在亿创这样的公司里使用的更先进的系统通过更复杂的语言分析超越了关键词检索。不管是哪种方式，系统都是显示可能候选人的列表，每个人都有一个显示简历内容与雇主要求有多接近的百分数。[29] 如今几乎所有的大公司都在使用这些系统，许多中型企业甚至一些小型企业也在使用。[30]

这种扫描系统的产生对你的简历有着重要的影响。第一，计算机只对与搜索范围相符的信息

---

[29] Ellen Joe Pollock, “Sir: Your Application for a Job Is Rejected; Sincerely, Hal 9000,” *Wall Street Journal*, 30 July 1998, A1, A12.

[30] “Scannable Resume Design,” ResumeEdge. com [accessed 19 February 2004] www. resumeedge. com.

感兴趣，而不是在对简历设计进行艺术鉴赏。你提交完简历后，也许根本就没有哪个人会见到它，所以不要担心简历看起来无比单调，计算机更喜欢单调的简历。第二，光学字符识别（OCR）软件在技术层面上来说并不会“读”任何东西，它只是寻找与存储的轮廓或者字符一致的形状。如果 OCR 软件理解不了你的漂亮字体或者创新页面，那它就会往数据库里输入乱码（例如，你的名字输进去可能就变成了“W < $ . . 3r? 00! #”，而不是“Walter Jones”）。第三，即使是最复杂精密的数据库，也不能以一个经验丰富的招聘人员的直觉来进行搜索。

对于求职者来说，这种情况对一份成功的可扫描简历提出了两点要求：(1) 使用普通字体和简化设计，(2) 仔细编辑关键词。一份可扫描简历包含与传统简历一样的信息，只是使用了更利于 OCR 的格式（见图 14-8）。[31]

- 使用一种干净、普通的字体，比如 Optima 或者 Arial，并且选用 10 到 14 的字号。
- 确保字符没有连到一起（无论是数字、字母还是符号——包括斜线[/]）。
- 不要用并列分栏（OCR 软件在页面里是按一行读到尾的）。不要用“and”的符号（&）、百分号（%）、外文字符（比如 é 和 ö），或者间隔点（使用空格——而不是小写字体的 o——来代替间隔点）。
- 把每个电话号码和电子邮箱地址分行来写。
- 在普通白纸上打印（小污点和其他背景色会困扰 OCR 软件）。

你的可扫描简历很有可能比传统简历长，因为你不可以把文字压缩进分栏中，而且在标题和各部分之间需要足够的空白。如果你的可扫描简历超过了一页，请确保你的名字出现在每一页上（以防各页被拆开打乱）。在送出一份可扫描简历之前，查看公司的网站或者打电话给人力资源部门，确定它是否有除了以上讨论过的其他要求。

在简历里添加关键词概括时，脑中记着受众。雇主一般都搜索名词（因为动词趋向于一般化，而不是专门与某一特定职位或技能相关），所以要把你的关键词设为名词。谨慎使用缩写，只有当它们是众所周知、没有歧义时才能使用，比如 IBM。列出 20 到 30 个定义你的技能、经验、教育、专业等的单词和词组。将这一列表直接放在名字和地址后面。图 14-8 提供了一个会计师关键词概括的例子。

要确定把哪些关键词放在你的简历中，有一个好方法就是把你感兴趣的工作类型中的技能都划出来（通过阅读期刊、上网等保持与时俱进的另一个好处就是你能掌握一个良好的流行术语储备），确定只把与你的技能和经验相符的关键词包括进去。通过把你没有的技能列进去来在竞争中抢先是不道德的；更重要的是，当关键词不符合你的工作经验或者教育背景时，你的用心会很快地暴露出来。

创建简历的纯文本文档　一个越来越常见、使你的信息进入雇主数据库的方法，是将你的简历的纯文本格式（有时称为 ASCII 文本格式）输入在线表格中。这种方法与可扫描简历有同样的目的，但是它更快捷、简单而且扫描过程错误相对更少。如果你可以选择寄送一份可扫描简历，或者在线提交一份纯文本简历，那就选择纯文本吧。

---

[31] Kim Isaacs, “Tips for Creating a Scannable Resume,” Monster.com [accessed 19 February 2004] www.monster.com.

Roberto Cortez
5687 Crosswoods Drive
Falls Church, Virginia 22046
家庭电话：(703)987-0086
办公室电话：(703)549-6624
E-mail：RCortez@sivernet.com

去掉所有的黑体字、项目符号之类的非文字符号以及双栏式排版

关键字

财务主管，计费管理，国际金融，财务分析，会计报表，金融审计，会计电算化，汇率，合资协议，预算，账单，信用卡处理，在线系统，MBA，熟练的西班牙语，熟练的德语，Excel，Acess，Visul Basic，团队协作，喜欢旅游

用上从目标工作描述中仔细提取出来的关键字

目标

需要国际金融实践知识的会计管理职位

经历

2002年3月至今，泛美进口公司（亚力山大市，弗吉尼亚州）会计员、金融分析师

- 为批发礼品进口商准备会计报表（年销售额1 500万美元）
- 审计与拉丁美洲12个国家供应商的金融交易
- 建立电算化模型调节现期汇率的波动
- 与莫斯科和哥伦比亚的主要供应商协商合资协议
- 实施供应商电子资金转账付款，改善现金流并省去了应付账款办事员工作

列项用短划线而不是项目符号

1998年10月至2002年3月，孟山都农药公司（墨西哥城，墨西哥）会计工作人员

- 在墨西哥城分部负责预算、账单、信用卡处理业务
- 审计孟山都30名拉丁美洲销售人员旅游娱乐费用支出
- 协助建立会计自动化在线系统，此系统提高了65%的报表精确度

留出足够的空白帮助确定准确的扫描

学历

1996—1998年，乔治·梅森大学，国际商业方向工商管理硕士

1993—1996年，得克萨斯州大学（奥斯汀市，得克萨斯），会计学工商管理学士

跨文化和技术技能

- 熟练的德语和西班牙语
- 拉丁美洲广泛的游历
- Excel, Acess, HTML, Visul Basic

图 14-8　可扫描型简历

纯文本顾名思义：没有字体的选择，没有间隔号，没有彩色，没有线或者框，等等。用你的文字处理软件很容易创建一个纯文本文档。从用来创建传统打印版简历的文件开始，选择“另存为”选项，然后保存为“纯文本”或者你的软件里标明的任何其他相似的选项，然后确认结果。

确认的步骤很重要，因为你永远都不能百分百地肯定布局最后发生了什么变化。打开文档文件来查看布局，但是不要用文字处理软件，而应该用一个基本的文档编辑器（比如微软的记事本）。如果有必要的话，手动把页面重新格式化，根据需要移动文字和插入空白。为了简单起见，把所有的标题都靠左端对齐，而不是试图手动把它们都居中。你可以把标题都设成大写或者加上下划线，从而把它们与文字段落区分开来。

创建一份传统简历的 Word 文档 在某些情况下,雇主或者发布工作信息的网站会让你直接上传一个 Microsoft Word 文档文件。(虽然市场上还有其他一些文字处理器,尤其是在 Apple 和 Linux 系统下,但是如今在商业往来上,Microsoft Word 是实际操作的标准。)这种传递信息的方法保留了传统简历的设计和布局,也省去了创建纯文本文档的麻烦。然而,请仔细地阅读指示。例如,你可以在 Monster. com 上传一份 Word 简历,但是该网站要求你遵循一些特定的格式化指示,从而保证你的简历不会一团乱。[32]

传递 Word 文件给任何人以前,请确保你的系统里没有病毒。感染一个未来雇主的个人电脑也许不是留下美好第一印象的办法。

创建简历的 HTML 版本 你很有可能发现简历的 HTML 版本有许多用处,包括作为一个完整、格式化的电子邮件信息发送(比起发送 Word 文件来更安全)和把它发布到你的个人主页上。雇主们很有可能不会试图通过一个搜索引擎去找到你,但是如果你给一个潜在雇主发邮件,你可以把个人主页的 URL 链接包括进去。另外,你可以在简历中提供连接到支持性细节和其他材料的链接,也可以在你的电子档案中使用 HTML 文件——如果你打算创建一个的话。即使你没有使用 HTML 的经验,你也可以在 Word 中将你的简历保存为网页格式。

当你在设计你的网页简历时,考虑将重要的关键词作为连超链接——那些吸引雇主眼球和使招聘人员想点击开进一步了解你的词语。你可以连接到你写过的论文、收到的推荐信和直接支持你简历的音频或者视频剪辑。然而,不要通过提供其他组织或者网站的链接来给你的潜在雇主提供证明(除非你设计了一个网站,想要给招聘人员看看)。还有,除了创建简历的 HTML 版本,在你的个人主页上要有一个纯文本版本,这样未来的雇主就可以把它下载到他们公司的数据库里。

校对简历 雇主把你的简历看做你将如何在工作中准备材料的真实例子。它不是需要好或者很好,它需要完美。求职者几乎把能犯的错都犯过了,从忘记在简历上写上自己的名字到把"Education"拼错。[33] 你的简历不仅是你会写到的最重要的文档之一,它还是最简短的,所以没有理由让它不完美。检查所有的标题和列表,确保清晰对称,并且确认你的语法、拼写和标点是正确的。请至少三四个人来读它一遍。作为材料的创作者,你可能盯着一个错误看了好几周都没有发现它。

还需要确认你创建的每个格式的简历都可用,所以把你的可扫描和纯文本简历仔仔细细地检查两三遍。许多个人电脑用户现在都拥有低成本的有 OCR 软件的扫描仪,所以你可以试试你的简历是不是能被扫描。这些 OCR 工具不像商用系统那样准确,但是可以大概知道你的简历在扫描后会是什么模样。而且一定要保证检查纯文本版本,只要把它复制到电子邮件信息里,然后把它发给自己和一些不同邮件系统的朋友就可以了。这样做可以让你知道是不是有一些隐藏的字符突然跳出来了或者你的格式是不是乱套了。

一旦完成了你的简历,要不断地对它进行更新。如今的雇佣越来越灵活,你很有可能在整个职业生涯中想要或者需要改变好几次雇主。你还需要一个当前的简历来申请进入专业机构或者

㉜ Kim Isaacs, "Enhance Your Resume for Monster Upload," Monster. com [accessed 19 February 2004] www. monster. com.

㉝ "The Rogue's Gallery of 25 Awful Résumé Mistakes," CareerExplorer. net [accessed 19 February 2004] www. careerexplorer. net.

申请升职。而且,频繁地更新简历能帮助你看到你的职业在怎样发展。有一些人甚至写“未来简历”列出他们想要有的技能和经验。通过追求那些品质,他们可以成为他们想要成为的那个人、那份简历中的那个人。

发送简历 怎样发送简历取决于你的目标雇主数量和他们偏好的收到简历的方式。雇主们通常把他们的偏好写在网站上,所以确认一下这一信息来确保你的简历使用了正确的格式和正确的发送渠道。除此之外,这里有一些大体的发布技巧:

- **邮寄传统简历和可扫描简历。**在包装上小心一点。多花几美分用 9×12 的平邮信封邮寄这些文档,或者更好一点,用优先邮件,这样只要多花几美元你就可以有坚固的纸板信封和更快捷的递送。考虑一下把两种格式的简历都寄送给每一个雇主。在自荐信里解释你是为了方便雇主所以把标准的和可扫描的简历都送过去了。
- **传真传统简历和可扫描简历。**如果你知道某个雇主更喜欢通过传真接收简历,一定要包括一个标准的传真材料表单及自荐信,然后是你的简历。把传真机设为“高质量”模式以帮助确保接受端的高质量打印效果。
- **用电子邮件发送简历。**除非有人特别要求把 Word 文档作为附件发送,否则不要这样发——很有可能它不会被打开。而应该把纯文本插入到电子邮件信息中或者只是在邮件中包括一个连接到你的网页简历的超链接(或者两种都做)。如果你知道参考号或者广告号,在邮件的主题栏里加上它。
- **在线提交简历。**在线提交简历的具体细节由于网站的不同而不同,所以一定要仔细读完指南。一些网站让你直接从电脑上传文件,另一些要求你把纯文本段落剪切和粘贴到在线表格的特定位置上。无论何时,一定要剪切和粘贴,而不要重新输入信息;你已经校对过这个材料了,而你不希望在重新输入时再发生任何新的错误。
- **在个人网站上发布简历。**如果希望在你个人网站上发布简历,你将需要找个办法把你的 URL 提供给潜在雇主;招聘人员不会浪费时间在搜索引擎上寻找你的网站。[34]
- **通过索引服务或者就业网站发送简历。**确保你把所有的在线选择都探究过了。像 Monster. com、CarreerBuilder. com 和 Yahoo! Hotjobs 这样的网站已经成为招聘的主要力量。不要忘记察看特色网站,比如那些由你感兴趣领域的专业协会维护的网站。然而,在你把简历上传到任何网站上之前,弄明白它的保密措施。一些网站允许你确定保密级别,比如让雇主检索你的资历但是不能看到个人联系方式或者阻止你目前的雇主看到你的简历。在任何情况下,都要小心地把你在线提供的个人信息限制到最小。永远不要把你的社会保险号码、学生证号码或者驾驶证号码放上去。

计划、写作和完成简历步骤的小结,参见“要点检查:写一份有效的简历”。

---

[34] Regina Pontow, “Electronic Résumé Writing Tips,” ProvenRésumés. com [accessed 18 October 1998] www. provenresumes. com/reswkshps/ electronic/scnres. html.

文档修改

改进这份简历

练习实际修改文档的草稿，请登录在线课程或密码保护网站“辅助网站”（Companion Website）。点击“文档修改”（Document Makeovers），然后点击第 14 章。你会看到一份简历，包括了与本章所学“写作有效简历和求职信”相关的问题和错误。使用“最终稿”选项修改这份文档。检查简历的拼写和语法错误、动词和代词的有效使用、是否包含非必要信息或者遗漏了重要事实。

要点检查

写一份有效的简历

A. 计划简历

✓ 仔细分析你的意图和受众，确认信息符合雇主的要求。

✓ 收集目标企业的相关信息。

✓ 通过研究每个雇主的偏好来选择最好的媒介。

✓ 围绕你的优点组织简历，选择时序型、功能型或者复合型结构（选择功能型结构要谨慎）。

B. 写作简历

✓ 保证简历诚实性。

✓ 让你的简历适应受众，突出每个雇主寻求的资历条件。

✓ 用恰当的语言说明你的姓名和联系方式、职业目标或者资历综述、教育背景、工作经验、技能、工作或者学业成果，以及个人活动和成就。

C. 完成简历

✓ 修订简历，直到它清楚、简洁并引人注目。

✓ 完成你可能需要的所有格式的简历：传统打印简历、可扫描型、纯文本文档、Microsoft Word 文档或者 HTML 格式。

✓ 检查简历确认其尽善尽美。

✓ 用雇主偏好的方式发送简历。

工作进行时

解决亿创理财的沟通困境

你以一名招聘专家的身份加入了亿创的人力资源部，你的职责包括根据公司的申请追踪系统确认的简历，选择可以面试的候选人。今天的任务之一是为亿创的银行业务选择一个业务代表候选人，这是一个涉及处理公司各种业务单位之间资金转移的职务。例如，当一个亿创的客户寄来一张支票以增加某个投资账户资金时，业务代表要确保该客户的账户记账正确，现金被存入亿创自己的银行账户，而且相应的账户记录要更新。

这是亿创网站上对该职务的描述（“ACH”代表自动化交易所，一个全国通用的用来处理像工资存款和车款支付这样的自动化交易系统，“后台”指的是通常不涉及直接与客户接触的业务流程）：

职务描述：

为银行和经纪人业务进行现金管理/后台操作，包括存款、新账户、调查、电报和 ACH、客户咨询、协调和支付。

主要职能：

- 准备好收入的存款以供扫描/成像/处理
- 完成来自电报和 ACH 的请求
- 解决每日特殊情况报告
- 管理来自呼叫中心的劳动力需求
- 必要时联系客户
- 通过核心处理系统为账户充值并协调资产负债表
- 熟悉银行和经纪人制度，同时遵守亿创理财的政策和程序
- 根据指派完成其他职责

背景和经验：

- 本科学历，商务或金融专业优先，或者有金融机构的工作经历
- 出色的计算机技能更为有利
- 卓越的书面和口头沟通技能
- 较强的组织能力
- 注重细节
- 以专业水准与客户互动的能力
- 独立工作与团队合作的能力
- 应变能力和在紧急期限内完成工作的能力
- 愿意超过正常工作小时工作

根据这份工作描述，你将如何处理以下情况？[35]

1. 作为一个快速发展多种业务经营的企业，亿创吸引了许许多多、各种各样的求职者。你已经学会了密切注意简历中的求职意向，从而确保你将申请者的兴趣与合适的工作空缺匹配。你已经为这个业务代表的职务选择了四份简历；它们当中，下面哪一个的意向表达与该职位最相符？

a. 一份在大型企业入门水平的金融工作

b. 用我的会计、金融才干和商业头脑将亿创领向爆炸式的发展

---

[35] See Note 1.

c. 一个能让我的工商管理学位和现金管理经验做出有价值的贡献的职位

d. 在一家声望如亿创般杰出的公司以及令人兴奋的环境中，学习所有我能学到的后台操作的知识

2. 在简历的教育背景部分，以下哪个是最有效的？

a. 莫尔浩司学院，亚特兰大市，佐治亚州，2001—2004 年

获得学士学位，主修工商管理，辅修金融。以平均绩点 3.65 毕业。加入大学足球队和篮球队。每周在图书馆工作 15 小时。在美国管理协会协调本地学生分会的工作。Alpha Phi Alpha 社会互助会成员。

b. 我在密歇根州底特律市的韦恩州立大学上了两年学，然后转学到密歇根大学安娜堡分校并完成学业。我的专业是经济学，但是我也参加了多门工商管理的课程，包括员工激励、小企业管理、创业史和组织行为学。我根据教授的声望选择课程，而且大多数课程我都得了 A 或者 B。不像许多大学生，我把知识的获取——而不是为就业作准备——当做我的主要目标。我相信我接受了全面的教育，让我准备好将应对各种管理环境的经历作为解决问题的操练。

c. 康涅狄格大学，斯托斯市，康涅狄格州。2004 年获学士学位毕业。主修体育，辅修工商管理。以平均学分 2.85 毕业。

d. 北得克萨斯州立大学和得克萨斯大学泰勒分校。获得学士学位和工商管理硕士学位。本科主修商务，在读 MBA 期间主要研究金融管理。获得过国际扶轮社为承认商务课程的学术成就而提供的 2 500 美元的奖学金。我还在 2003 年获得了 MEGA 奖。获得“优秀学生”荣誉。

3. 你很自然地想雇用一个有现金处理方面直接相关经验的人，但同时你发现并不是任何时候都能这样。当你无法找到一个有这类经验的候选者时，你想找到能把工作经验转化成与申请工作相关条件的人。以下候选人中的哪一个将工作经验描述得最好，反映了业务代表工作描述中的“背景和经验”部分？

a. **麦当劳，皮奥里亚县，伊利诺伊州，2000—2001 年。兼职厨师**。在读高中期间每周工作 15 个小时。烹饪菜单上所有的菜品。由于杰出的工作习惯获得“每月员工之星”奖。

大学烤肉城，艾姆斯市，爱荷华州，2001—2004 年。兼职厨师。上大学期间每周工作 20 个小时。烹饪冷热三明治。帮助经理采购原料。为厨房工作人员安排工作时间。

b. 虽然我从来没有从事过任何全职工作，但是我在高中和大学期间一直从事兼职和暑期工作。在高一和高二，我每周有三个下午在 A&P 进行杂货装袋，在那里我被大家认为是最努力工作的员工之一。在高三和高四，我在 YMCA 做小学生的课后辅导老师。我认为我在他们的生活中产生了积极的影响，因为我现在还能收到其中几个人的来信。在大学期间的暑假，我在本地一个住宅建造队做建筑工作。工作收入不错，而且我学会了很多木工工作。我还在大学的学生餐厅做过兼职工作。

c. **梅西百货商店，雪曼橡树区，加利福尼亚州，2002—2005 年暑期。导购，家具部**。与多样化的客户群体沟通，努力满足他们的个体需要，使他们的购物经历高效而愉悦。在销售经理的指导下，准备员工工作时间表并完成部门报告。在协助存货管理、进行现金登记以及处理特殊订单和客户需求时，表现了计算机技能和细节观察能力。三次获得 CEO 奖（每月最佳销售业绩）。

d. **雅典市，佐治亚州，公共安全委员会市民成员，2004 年 1 月—12 月。**

- 组织并宣传一系列为雅典市、佐治亚州居民服务的关于假期安全和家庭安全的讲座；招聘

并培训了 7 名委员会成员来帮助策划和进行讲座；说服当地企业为该计划出资；设计、印刷和分发传单；撰写和发布新闻稿；这三场讲座平均每次吸引了 120 名听众。

- 设计了一份问卷确定当地居民家庭安全需求；指导 10 名志愿者进行调查工作；为市议会准备书面报告并在镇民大会上对调查结果进行汇报总结；帮助说服市政府为新的家庭安全计划出资。
- 发起商业安全论坛，这是一个本地企业领导人会面并讨论安全问题的年度会议；为第一届论坛制作宣传单；说服 19 位企业所有者出资赞助一项商业安全调查；为第一届论坛安排新闻报道。

4. 申请追踪系统为该业务代表职务空缺找到了下面这份简历。你会采取哪项措施？

Darius Jaidee

809 N. Perkins Rd, Stillwater, OK 74075

电话：(405) 369-0098

E-mail：dariusj@ okstate. edu

求职意向：在金融管理领域建立一份成功的职业

资历概述：作为俄克拉荷马大学止水分校的一名学生，完成了许多不同的体现了与会计和管理相关技能的任务。例如：

计划技能：作为大学国际事务论坛的主席，9 个月内组织了 6 次讲座和研讨会，涉及来自 16 个国家的 36 个外国演讲者。确定和邀请演讲者，处理他们的旅行安排，并为活动安排时间表。

沟通技能：就诸多学术主题撰写了超过 25 篇的评论和论文，包括至少 10 篇商务和金融方面的。作为一名大四学生，就石油工业的金融趋势撰写了一篇 20 页的分析，采访了 ConocoPhillip 在俄克拉荷马州彭加市的精炼厂，以及得克萨斯州休斯敦市公司总部的 5 位任会计和金融方面职位的高级执行官。

会计和计算机能力：精通所有 Microsoft Office 的软件，包括 Excel 电子制表和 Access 数据库。在父母的小生意上协助进行簿记活动，包括从纸笔记账到电脑记账（Peachtree 软件）的转变。完成的课程有会计、金融计划、数据库设计、网页设计和计算机网络。

更多的信息，请进入 http://dariusjaidee. tripod. com 查看我的电子档案。

a. 绝对建议亿创进一步看看这位杰出的候选者。

b. 拒绝这份申请。他没有提供足够的关于他何时上大学、专业是什么，或者曾经在哪里工作的信息。

c. 察看候选者基于网页的电子档案，在里面他公布了在校的许多项目。如果里面有简历中缺少的信息而且这位候选者看起来很有前途，就推荐他进入面试以进一步观察。如果仍然找不到主要信息，就给候选者发一封邮件要求提供这些额外的信息。一旦得到所有必需的信息马上做出决定。

d. 把这位候选者的资历与其他申请者进行对比，如果无法找到 3 或 4 个更具直接相关技能的申请者，就推荐他。

学习目标检查

通过阅读每个学习目标和完成相关练习来评估你对本章要点的掌握情况。填空题，写出空白处缺少的文字；单项选择题，在正确答案的字母上打钩。

目标 14.1：讨论雇主如何看待当前就业市场。

1. 下面关于当前就业市场上大多数雇主的说法，哪个是正确的？
   a. 面对变动的商业需求，他们试图平衡人才的质量和成本，以及劳动力的规模
   b. 所有的雇主，从小型本土企业到大型跨国集团，都在减小他们的劳动力规模
   c. 雇主对待非传统职业道路的容忍度比从前大大下降
2. 跨文化和跨国经验在当前就业市场上有多重要？
   a. 现在大多数大公司的雇主都要求候选人有跨国工作经验
   b. 大多数雇主认为有广泛跨文化经验的候选人无法将注意力集中在对美国企业最重要的问题上
   c. 许多情况下，跨文化和跨国经验将增加被雇用的几率
   d. 只有规模极大的公司才会在意跨文化和跨国经验

目标 14.2：列出你在毕业前和求职时能做的三件事情，使你在雇主眼中更具价值。

3. 下列哪一项是开始建立就业档案的好理由？
   a. 它将为你写简历提供帮助，因为它能很好地提醒你到目前为止都取得了什么成果
   b. 它证明了你的专业水准
   c. 一份在线档案能让潜在雇主很容易地得到更多关于你的信息
   d. 以上所有都是保持一份档案的好理由
4. 如果你没有广泛的就业经历，而且你现在又学业繁重而无法担任定期的兼职工作，你将采取下列步骤中的哪个来增加你对潜在雇主的价值？
   a. 尽可能多地参加社会和体育活动，从而向雇主显示你是一个多姿多彩的人
   b. 将闲暇时间尽可能地用来寻找工作机会，这样你就能找到那些不要求工作经验的了
   c. 寻找自由职业工作、短期项目、志愿工作和实习机会来增加有价值的经验、相关联络人和重要证明人
   d. 认识到现在要增加自己的机会已经太迟了；只能一直等到毕业，然后在面试中做到最好

目标 14.3：描述大多数雇主用来寻找潜在新雇员的方法。

5. 当雇主们需要为一个工作空缺寻找候选人参加面试时，他们通常最先采取的是哪一步？
   a. 他们在网上搜索含有关于潜在候选人信息的个人网站和电子档案
   b. 他们在公司内部寻找可能人选
   c. 他们在像 Monster.com 和 CareerBuilder.com 这样的求职平台上发布工作广告
   d. 他们在当地的报纸上刊登广告
6. 下面哪一个选项最准确地刻画了雇主寻找新雇员和雇员寻找新机会分别采取的方法？
   a. 雇主和雇员按相同的顺序在相同的地方寻找
   b. 雇主和雇员各自采取的方法正好相反，雇主从公司内部开始，渐渐到招聘广告

这个最后选择,雇员从招聘广告开始再转到其他方向

c. 由于网站是雇主目前公布新工作空缺的唯一地点,网络是雇员应该查看的唯一地点

d. 雇主和雇员采取的方法没有任何相同点

7. 根据本章内容,百分之多少的工作空缺从来没有登出来过(该现象为“隐藏的就业市场”)?

a. 15%

b. 5%

c. 28%

d. 80%

目标 14.4:讨论如何选择合适的简历格式并列出三种常见格式的优缺点。

8. ________简历突出就业经验,将工作从最近到最早倒序排列。

9. ________简历的重点是个人特殊技能,不把工作历史逐项列出。

10. ________简历使用了时序型和功能型两者元素。

11. 以下哪个是时序型简历的优点?

a. 它帮助雇主轻松地找到必要的信息

b. 它突出你的专业成长和职业发展

c. 它强调就业背景的连续性和稳定性

d. 它能完成所有这些沟通功能

12. 为什么许多雇主对功能型简历持怀疑态度?

a. 它允许申请者隐藏或者弱化长期失业或缺乏职业发展的事实

b. 它不如其他简历形式那样容易被扫描进计算机数据库

c. 它不能提供任何关于教育背景的信息

d. 它鼓励申请者将团队合作而非个人成绩包括进来

13. 下面哪项是复合型简历的缺点?

a. 它无法被转化成可扫描格式

b. 它趋向于比其他形式更长而且可能会重复啰嗦

c. 它对于有广泛工作经验的人们无效

d. 复合型简历没有缺点

目标 14.5:列出传统简历的主要部分。

14. 以下哪个选项是不管什么格式的简历都应该包括的部分?

a. 联络信息,教育背景,工作经验

b. 联络信息,教育背景,证明人

c. 个人数据,联络信息,教育背景

d. 教育背景,证明人,求职意向

15. 为什么一些专家反对在简历中包括求职意向?

a. 它能限制你作为一名候选人的可能性,尤其是如果你想在各种职位上被考虑的话

b. 它显示你是自私的并且只想着自己的成功

c. 它显示你不切实际,因为没有人可以计划一个可能持续40或者50年的职业生涯

d. 它有助于你在潜在雇主的脑海中被锁定为候选人

16. 资历概述应该着重于过去还是将来?

a. 应该着重于过去,说明你已经完成的事情

b. 应该着重于未来,明确你能为新雇主提供的有价值的特征

c. 应该将过去和未来的元素结合起来,通过用与未来雇主需求相关的词语来描述,提供你取得成就的可靠证据

d. 应该着重于未来,解释你在将来几年的职业生涯中将会有什么成就

目标 14.6：描述如何将简历改写为可扫描格式。

17. 下面哪项是将一份传统简历改写成可扫描格式的必要步骤？
    a. 将所有的字体格式清除，比如粗体和斜体
    b. 将间隔点号用短线代替
    c. 将所有的多栏改成单栏
    d. 以上所有

18. 在可扫描简历中列出关键词的主要目的是什么？
    a. 它向雇主显示你做了研究
    b. 它增加了计算机数据库，将你的简历选为感兴趣类型的机会
    c. 当你没有足够工作经验时，它能填补空白
    d. 可扫描简历中不能有关键词

知识应用

1. 如果你离毕业还差一两年，你是否应该为找工作操心？解释你的回答。

2. 计算机化简历扫描的缺点之一是一些合格的候选人将被错过，因为技术不是很完美。然而，越来越多的公司正在使用这种方法来处理他们收到的海量简历。你认为扫描是一个好办法吗？请解释。

3. 将求职意向在简历或者申请中阐明可能会因为给自己贴上太有限的标签而限制了你的机会。然而，不表明意向又可能使雇主将你归错类。哪种结果更危险？资历概述能克服这种缺陷吗？如果可能，是怎样克服的？请简要解释。

4. 有些人在进入就业市场的时候没有清晰的职业道路。如果你在这样的情况下，你的不确定性将怎样影响你的简历写作？

5. **伦理选择**。在大二和大三之间，你休学一年去赚钱以完成学业。你在一家金融公司做贷款处理助理，负责核实贷款申请表上的证明人、打字和归档。你的经理很介意自己没有上过大学。他似乎因为你为学业奋斗而厌恶你，但是他从来没有批评过你的工作，所以你认为自己做得不错。在那工作六个月后，他解雇了你，说你在信用审查中没有把工作做到位。你实际上很高兴能离开，而且你马上找到了一份工作，在一家银行做相似的工作。现在你已经大学毕业了，正在写你的简历。你会把在那家金融公司的工作列进你的工作历史中吗？请解释。

知识实践

文档分析

阅读下列材料，然后：(1) 分析信息的优点和缺点；(2) 创建一份简历，使其遵循本章指南。

文档 14. A：简历写作

Sylvia Manchester
765 Belle Fleur Blvd.
New Orleans, LA 70113
(504)312-9504
smanchester@ rcnmail. com

个人信息：	单身，非常健康，5′8″，116 磅；爱好包括烹饪、舞蹈和阅读。
工作意向：	在一家好公司获得一份市场营销或者销售方面的有责任的职位。
教育背景：	生物学学士学位，路易斯安那大学，1998 年。毕业平均学分 3.0。大学拉拉队成员。大学校友会主席。返校节舞会皇后。
工作经验：	Fisher 科学仪器，2004 年至今，市场销售代表。负责访问客户并解释 Fisher 实验仪器产品线的特点。同时负责写推销信，参加展销会和准备每周销售报告。 Fisher 科学仪器，2001—2003 年，客户服务代表。负责处理客户关于发货、质量或者 Fisher 实验仪器产品操作的来电。同时处理各种客户通信往来。 Fisher 电子有限公司，1998—2001 年，营销部副主管助理。除了为副主管处理一般的秘书事务外，我还负责将市场销售人员提供的数据整理成每月销售报表。同时负责许多市场调查活动。 新奥尔良市会议及观光导游局，1995—1998 年，导游。就读大学期间的暑假，我为来新奥尔良市的访客提供导游服务。我的职责包括在酒店迎接与会者及其家属，在一整天的观光游中解说城市历史与特色，以及回答有关新奥尔良市及其名胜古迹的问题。在导游局工作的第四个暑假，我被任命帮助培训新导游。我准备了一本手册，提供各种有关旅游名胜的趣闻轶事，以及游客最常问问题的解答。导游局对手册印象十分深刻，他们把手册印发出来，作为给观光者的礼物。 路易斯安那大学，1995—1998 年，招生办公室兼职职员。在该校上学期间，我每周在招生办工作 15 小时。我的职责包括文件归档、处理申请书和处理高中学生和管理者的来信。

练习

本章讨论到的所有网站都能在本书的网站 www. prenhall. com/thill 上找到链接。找到书名并点击“辅助网站”链接，然后选择第 14 章，并点击“特色网站”，选定与文中内容有关的页面名称或 URL。请注意本书出版后失效的链接将从“特色网站”中删除。

14.1 **工作相关的偏好：自我评估。**你偏好于哪些与工作相关的活动和情况？评估你在以下各方面的偏好。将结果作为指导你找工作的良好开端。

活动或情况	非常同意	同意	不同意	无所谓
1. 我想要独立地工作。	______	______	______	______
2. 我想在工作中有多样性。	______	______	______	______
3. 我想与人打交道。	______	______	______	______
4. 我想与技术打交道。	______	______	______	______
5. 我想要体力工作。	______	______	______	______
6. 我想要脑力工作。	______	______	______	______
7. 我想为大型组织机构工作。	______	______	______	______
8. 我想为非营利组织工作。	______	______	______	______
9. 我想为小型家庭企业工作。	______	______	______	______
10. 我想为服务业企业工作。	______	______	______	______
11. 我想要常规的、固定的工作时间。	______	______	______	______
12. 我想在市区工作。	______	______	______	______
13. 我想在小城镇或者郊区工作。	______	______	______	______
14. 我想在别的国家工作。	______	______	______	______
15. 我想在户外工作。	______	______	______	______
16. 我想在组织结构严谨的环境中工作。	______	______	______	______

14.2　**互联网**。基于你在自我评估(练习 14.1)中确定的偏好,以及你能提供的学术、专业和个人成就,用表 14-1 所列网站中的任意一个,在网上搜索一个适当的职业。起草一份简要的报告,说明你所选择的职业和你所找到的工作职位空缺与你的优势和偏好如何匹配。

14.3　**小组合作**。与另一名学生一起,改写下面的陈述,通过使用主动语态的动词,使它们在简历中更有效。

a. 在数据库设计方面有一些经验。

b. 在一家大型制造企业被指派负责一个分析成本会计方法的项目。

c. 我是一个开发了新存货管理系统的团队成员。

d. 负责准备部门季度预算。

e. 是某部门经理,有 7 个员工为我工作。

f. 负责开发电子制表软件以分析部门每月销售额。

g. 实施新的供货订单程序。

14.4　**简历准备:工作成就**。用小组做出的练习 14.3 的解答,通过数据化将陈述表达得更强有力(编造任何你需要的数据)。

14.5　**伦理选择**。假设你完成了练习 14.3 中所有的任务,但不是作为单独的雇员,而是作为工作团队的一部分。在你的简历中,你是否必须提到别的小组成员呢?解释你的回答。

14.6　**简历准备:电子纯文本版本**。使用你修改过的案例分析文档 14.A,准备一份格式完整的打印简历。如果 Sylvia Manchester 要把她的简历作为纯文本文件上传到一个网站,她要进行哪些格式上的修改?写一个关键词概括,并且进行所有必须的修改,完成这份纯文本简历。

知识拓展

从网络中学习更多

发布在线简历

www. careerbuilder. com

在 CareerBuilder,你可以找到简历模板、准备不同类型简历(包括可扫描版本)的小技巧、参考文章的链接,以及专家关于写作带来积极效果简历的建议。在进一步提高你的简历写作技巧后,你可以使用网站提供的无数国家和国际特定行业网站的链接,在网上搜索工作机会。你可以利用 CareerBuilder 提供的信息来写你的简历,然后把它发给可能的雇主——这一切都是免费的。

活动

利用这个网站提供的所有东西,了解写作或者改进简历的方法。

1. 在写一份新的简历之前,理出描述你的技能和经验的实义动词。

2. 描述时序型和功能型简历格式的优缺点。你是否认为复合型简历适合你简历的格式? 解释为什么是或者不是。

3. 列出一些你所学到的准备电子简历的技巧。

自己探究网络

自行访问以下与本章内容相关的网站,学习更多关于简历和自荐信写作的知识。

1. 要获得最新的就业趋势消息和其他重要的职业信息,到 Quintessential Careers 博客,www. quintcareers. com/career. blog。

2. 要了解简历被扫描时会发生什么,登录 Proven Résumés 网站,www. provenresumes. com/reswkshps/electronic/scnres. html。

3. 你是否计划申请研究生学院? 看一下 www. accepted. com 上的建议,包括非常重要的关于写申请信的信息。

互动学习

互动学习向导

访问 www. prehall. com/thill,找到书名并点击“辅助网站”链接。选择“第 14 章”,使用互动的“每章测验”来测试你对本章概念的掌握情况。你会得到即时的反馈,知道你是否需要进一步的学习。同样,访问“学习大厅”,你将发现大量能帮助你完成此课程的资源。

最佳语法和结构

如果教师要求你使用在线课程或者 CD 上的“最佳语法和结构”,你可以通过使用这一模块来提高你的数字使用技巧。首先点击“数字”,选择进行“预先测试”来确定你是否有薄弱方面。然后在“复习课程”中复习这些方面。选择进行“跟进测试”来检查你对数字的掌握情况。如果想要更高的挑战或者进一步的练习,选择进行“高级测试”。最后,在接下来的“提高语法、结构和表达”部分中,完成练习以进一步巩固和加强。

提高语法、结构和表达

以下练习帮助你提高对英语语法、结构和表达的掌握和运用。看下面 10 个项目,在每个括号中较佳的选项下划线。

1. Everyone (accept/except) Barbara King had registered for the company competition.

2. We need to find a new security(device/devise).

3. The Jennings are (loath/loathe) to admit that they are wrong.

4. That decision lies with the director, (who's/whose) in charge of this department.

5. In this department, we see(a lot, alot) of mistakes like that.

6. In my (judgement, judgment), you'll need to redo the cover.

7. He decided to reveal the information, (irreargless, regardless) of the consequences.

8. Why not go along when it is so easy to (accomodate, accommodate) his demands?

9. When you say that, do you mean to(infer, imply) that I'm being unfair?

10. All we have to do is try(and, to) get along with him for a few more days.

如果想找到更多的关于经常混淆、用错或者拼错单词的练习,请登录 www. prehall. com/thill,找到书名并点击"辅助网站"链接,选择"第14章",点击"提高语法、结构和表达的额外练习",然后点击"21. 经常混淆的单词","22. 经常用错的单词",或者"23. 经常拼错的单词"。

案例

在案例中应用三步写作法

根据教师要求,将每个步骤应用到下面的案例中

构建一个更好的职业

1. 盘点与瞄准:为适合的工作量身定做的简历 想想你自己。什么事情对你来说是轻而易举的?什么事情你做得很开心?你想在国内的哪个地区生活?你喜欢室内工作,还是户外工作,或者两种都要有?你有多喜欢旅行?你愿意花很多时间在路上吗?你喜欢与别人一起紧密地工作还是更独立一些?什么情况会让一份工作变得讨厌?承担代表的责任对你来说简单吗?或者你其实比较喜欢自己做自己的事?你对文字和数字哪个更在行?口头和书面表达更擅长哪个?你喜欢顶着"最后期限"工作吗?工作安全感(保住饭碗)对你有多重要?你希望上司把对你的期望说得清楚明白,还是喜欢自己做很多决定的自由?

你的任务:回答完这些问题后,通过查阅(你的大学图书馆或者就业指导中心提供的)相关材料,以及搜寻网络(使用第10章讨论过的一些搜寻策略),收集关于适合你个人的可能工作。在老师的帮助下,决定是申请一个你现在能胜任的工作,还是一个你经过进一步深造后能胜任的工作。然后,按老师的指导要求,写一份简历。

2. 浏览所有的可能性:为网络准备的简历 在你工作的过程中,你发现了"职业杂志",一个列出了数以百计网上发布的企业用人广告的网站。如果提交电子简历和自荐信,你获得一家领先企业面试机会的几率将得到提高。在网上,探索 www. careermag. com。

你的任务:准备一份可以提交给在 Career Magazine 网站上发布广告的公司之一的可扫描简历。把简历打印出来交给老师。

简历和自荐信写作

3. "招聘启事":申请已划分类别的工作 在今天的《芝加哥论坛报》(435 N. Michgan Avenue, Chicago, IL 60641)上列出的工作中有这些:

- **会计助理** 分时度假行业公认的领头企业在 Northbrook 子公司的会计部门有会计助理的空缺。工作职责包括:银行账目核对,保证金的准备,应付账款,以及现金收入记录。加入我们迅速发展的公司,享受我们丰厚的福利待遇,灵活的工作时间、医疗、牙科保险。传真简历至 Lisa: 847-564-3876。
- **管理助理** 快节奏的 Wood Dale 办公室寻找计算机技术强的专业人才。熟练使用微软 MS Word 和 Excel,会 Powerpoint 更佳。必须注重细节,能同时处理多项任务,并且有很强的沟通能力。丰厚的津贴、工资和良好的工作环境。传真简历至 630-350-8649。
- **客服人员** 全国知名的计算机软件开发商在它快节奏的芝加哥商业区办公室有一个客户服务和内部销售支持的工作空缺。你将在电话中解答客户的问题,提供信息,协助进行账户管理和订单管理。如果你待人亲切,主动性强,精力充沛,并且有两年以上的工作经验,卓越的解决问题的能力,组织、沟通和计算机技能,并能在电话中很好地与人沟通,请将简历寄给 J. Haber, 地址 233 North Lake Shore Drive, Chicago, IL 60641。
- **销售客户经理** MidCity Baking 公司在寻找一名客户经理将我们的项目推销给芝加哥市场上的主要客户。候选者应有很强的分析和销售能力,并且能熟练使用电脑。有主要客户级别销售经验的优先录用。商务专业学历或同等经验者更佳。由于保密关系,请将简历寄到 MidCity Baking 公司的销售主管 Steven Crane 处,地址 133 N Railroad Avenue, Norhtlake IL 60614。

你的任务:针对以上可能的雇主之一写一份简历(可以编造任何你需要的信息或者对你的简历进行任何调整)。

第 15 章　就业申请与面试

学习目标

学完本章后,你将能够:

1. 说明求职信的意图并解释怎样在求职信中运用 AIDA 组织法
2. 描述求职面试的典型步骤
3. 简述在就业面试和就业前测试中雇主寻求什么
4. 列出准备一个成功的求职面试需要完成的六个任务
5. 解释成功求职面试的三个步骤
6. 确定面试后最常见的就业信息并解释适用时机

工作进行时

Google 的沟通

搜索引擎巨人搜索顶尖网络人才

当准备一个面试时,你的研究通常会产生一些包括用人单位及其需要的人才类型等有用的线索。那些线索同样帮助你决定在面试中突出哪些技能、特征和成就。而且它们在有很强的企业个性文化和特定用人及管理风格的企业面试中尤为重要——比如像 Google 这样的企业。

例如,为了维持它在搜索引擎技术中的主导地位,并继续开发从数字图书馆到地理信息系统等各种新的工具,Google 需求的是格外有天赋的软件工程师。他们中的大部分要么是年轻且兴趣广泛的冒险者,要么是顶级实验室或者知名技术公司里经验丰富的明星。员工被人们称为 Google 人,他们来自业界的每一个角落——甚至是来自业界以外。正如公司所说:"Google 人中有奥林匹克运动员和极限运动冠军,也有职业厨师和独立电影制作人。"雇用这样多种多样的人才创造了一种冒险和谨慎之间的制衡,这帮助 Google 快速地尝试、否决或者改进新的想法,而且公司相信即使是最好的技术也总是可以被改进的。

Google 也相信有才能的人可以自己管理自己。"我们相信聪明、有干劲的人有做正确事情的能力,"Google 的总工程师韦恩 · 罗辛(Wayne Rosing)说,"任何阻挠这种信仰的事情都是罪恶的",包括管理等级制度,这种制度倾向于抑制改革和创造力。相反的,罗辛现在将工程师分成小组并且在组内轮换项目主管。

除了完成项目,工程师们还需要花20%的工作时间来面试外来求职者。这些面试帮助他们时刻保持与新的思想接轨,并且能帮助公司解决每天如潮水般涌来的简历。

你可能从来没有申请过 Google 的工作,但是掌握你感兴趣的企业一些类似的知识将给你带来竞争优势。Google 在它的网站上提供了许多关于公司工作生活的信息,但是你不能总是在一个公司的网站上找到这些有用的知识。然而,对杂志、新闻组、就业相关的博客和其他资源作一些额外的研究,就可以挖掘出一些能帮助你准备就业搜索过程中每一步的知识。①

www. google. com

15.1 写作求职信和其他就业信息

简历(见第 14 章)是你求职包中的核心物件,但是它需要几种其他就业信息的支持,包括求职信、工作问询信、申请表和跟进短笺。

15.1.1 求职信

不管在什么时候提交你的简历,都要跟它同时附上封面信或求职信,从而让读者知道你送来的是什么东西,为什么你要送来它,以及读者要是读了它能有什么收获。你的简历和求职信要总是在一起提交,因为每一样都有一个特别的任务要完成。简历的目的是让雇主对你产生足够的兴趣来联系你参加面试。而求职信的目的是让雇主有足够的兴趣来看你的简历。

求职信的计划、写作和完成三步骤与本课程一直以来涉及的沟通任务是一样的。从研究你要申请的组织开始,然后关注你的受众,这样就能展示你已经做了准备工作。在你的研究中,试着找出收信人的姓名、头衔和部门。虽然并不是总能找到一个特定的人去写信,但是不论什么时候,如果能这样做都将占有一定的优势。如果找不到特定的名字,避免使用千篇一律的"敬启者",或者由性别限制的称呼,如"尊敬的先生"。② 相反的,要用像"尊敬的人事经理"这样的称呼。如果你是申请一份国外工作,一定要研究那种社会文化里的雇佣习惯并且根据需要调整你的信件格式。

当你把自己放到读者的位置上去思考的时候,要记住这个人的收件箱很有可能已经被简历和求职信淹没了。所以请尊重读者的宝贵时间。避免花哨,这样几乎从来都不奏效,而且不要浪费时间重复叙述在你的简历中已经出现的信息。确保你的信函是直截了当、以事实为基础、简短、积极和专业的。这里有一些帮助写出有效求职信的小提示:③

① "What's It Like to Work At Google?" Google website [accessed 26 September 2005] www. google. com; Fred Vogelstein, "Can Google Grow Up?" *Fortune*, 8 December 2003, 102; Quentin Hardy, "All Eyes on Google," *Forbes*, 26 May 2003, 100; Keith H. Hammonds, "Growth Search," *Fast Company*, April 2003, 74—81; Stanley Bing, "How Not To Success (*sic*) in Business," *Fortune*, 30 December 2002, 210; Pierre Mornell, "Zero Defect Hiring," *Inc.*, March 1998, 74.

② "The Writer Approach," *Los Angeles Times*, 17 November 2002, W1.

③ Toni Logan, "The Perfect Cover Story," *Kinko's Impress* 2 (2000): 32, 34.

- **具体**。避免泛泛的目标。尽量弄清楚你寻找的是哪种机会和行业。通过回应在招聘广告、公司宣传册或者其他消息来源中挑出的关键词,表现出你了解该公司及其职位。

- **除非雇主要求,否则永远不要主动提到薪水的信息**。而且即使被要求,你也不想在整个过程的初级阶段就定下确定的数字来。更多信息参见后文的"讨论工资"。

- **保持简短——电子邮件的封面信就更要简短了**。在两三段之内传达你的优势和性格会怎样适合这个职位。如果发现你需要更多空间,也许是因为你还没有对这个机会进行充分的考虑。当通过电子邮件传送封面信时,要比传统的求职信更简短。记住,电子邮件的阅读者想要尽快地抓住要领。

- **展示一些个性**。因为你的求职信是你自己的风格(相对于简历一段段的、简化的风格来说),所以不但要尽最大可能展示你的卓越沟通能力,而且要展示一些你的个性。当然,要保持专业水准。

- **以高质量为目的**。第一,小心谨慎地检查你的拼写、结构和语法。招聘者们都在抱怨下滑的书面沟通质量,包括自荐信。既然动动鼠标就能用拼写检查,还有什么用错词的正当理由呢?也不要以为拼写错误不要紧,读者把拼写错误与写作能力同等看待。第二,不要让电子邮件的方便与快捷麻痹你,认为它是一个随意的媒介。抱怨写作质量的招聘者特别提到来自年轻人马虎随便的电子邮件自荐信,他们习惯了与朋友随意地在线交流——但是他们似乎没有意识到商业世界对他们的期望是截然不同的。至少在潜在雇主了解你之前,他们会像对待正式打印的信件一样严肃地对待你的电子邮件信息。[④]

如果要发送一封**应聘求职信(solicited application letter)**回应一个公布的工作空缺,你通常能够知道这个企业寻求的是什么样的条件。你也会面对更多的竞争,因为成百上千的其他求职者也会看到广告并且发出求职信。图 15-1 的信是回应一个用人广告的。请注意 Kenneth Sawyer 怎样突出他的条件并与广告中的要求相呼应。他通过强调"实践技能"这个在广告中出现的短语来吸引注意力。他不仅在信中着力描写自己的技能,而且在结尾一段中又提及这一点。

如果要发送一封**自荐求职信(unsolicited letter)**给一家没有公开招聘的企业,它很有可能会被读到并受到单独的关注。在图 15-2 的自荐求职信中,Glenda Johns 成功地总结了她的资格和技能,而没有重复简历中的话。她通过关注雇主的需求吸引注意力。

应聘求职信和自荐求职信在展示你的技能方面是等同的。它们的主要区别是开头第一段。在应聘求职信中,你不需要额外地吸引注意力,因为你是被邀请来申请的。而在自荐求职信中,你需要通过吸引读者的注意力及兴趣来开篇。

吸引注意力 跟简历一样,你的求职信是一种广告,所以像组织一封推销信一样组织它的结构。用 AIDA 方法,关注受众,并强调读者的利益(如第 9 章所讨论的)。确保你的风格自信而不自

---

④ James Gonyea, "Money Talks: Salary History Versus Salary Requirements," Monster. com [accessed 19 October 2004] www. monster. com; Marguerite Higgins, "Tech-Savvy Job Hunters Not So Suave in Writing; E-Mail Résumés Appall Employers," *Washington Times*, 17 December 2002 [accessed 22 February 2004] www. highbeam. com; "Keep Goal in Mind When Crafting a Résumé," Register-Guard (Eugene, Ore.), 3 August 2003 [accessed 22 February 2004] www. highbeam. com; Anis F. McClin, "Effects of Spelling Errors on the Perception of Writers," *Journal of General Psychology*, January 2002 [accessed 22 February 2004] www. highbeam. com.

这是Sawyer回应的招聘广告

管理助理
Cummings and Welbane

在Cumming and Welbane既有挑战性又有丰厚回报的工作中发挥你的商业能力和电脑技能。这个职位的成功候选者需要具备整个微软办公软件系列的娴熟技能，包括PowerPoint 和Access，并且期望迅速成为这个团队里的能手。本部门生产大量打印件和电子文档、电子演讲稿和数据库。你可以在教堂山分部的各个地方协助各位主管，所以你还可以拥有弹性的工作风格。请把你的简历寄给行政主任Angela Clair（770 Campus Point Dr., Chapel Hill, NC 27514）。

2893 Jack Pine Road
Chapel Hill, NC 27514
February 3, 2006

Ms. Angela Clair
行政主任
Cumming and Welbane, Inc.
770 Campus Point Drive
Chapel Hill, NC 27514

亲爱的Clair女士：

在1月31日的《教堂山邮报》上，您的广告中提到了“娴熟的技能”。我认为我具备您要求的行政助理所需技能。除了操作过各种各样的办公室设施，我对办公室软件也很熟悉。

（说明写信的原因，并将写信人的经验与广告中要求的条件联系起来）

我最近完成了汉密尔顿学院微软办公应用软件三个系列课程的学习，包括Word、Excel、PowerPoint 和Access。并且我已经用上述四种应用软件创建了文件夹。此外我还参加了“用微软排版设计和生成专业文件”的讲习班，亲自实践了设计、编辑和打印各种报告和办公室的销售材料。

（讨论特定技能如何应用于所寻求的工作，显示Sawyer了解工作的职责）

这些技能对于在校园咖啡厅的首席营养师助理来说毫无价值（请参见我的简历）。我对我设计的订单确认系统尤其自豪，因为这个系统能迅速减少晚发货的问题并减少存货。

（描述简历中提到的一项成就，并向读者说明有附件）

因为面谈能最好地解释“娴熟的技能”，所以如果您同意会面，我会非常感激。下午3—5点之间打电话给我都可以，电话号码是(919)220-6139，让我知道您最方便的会面日期和时间。

（在继续“娴熟的技能”这一主题的同时要求进行一次面试；通过提供具体的电话信息方便读者的回复）

真诚地，

Kenneth Sawyer

Kenneth Sawyer

图 15-1　有效的应聘求职信

傲。要向一个潜在雇主推销你的价值，你必须相信自己并且让自己看起来就很自信。

求职信的开篇有两个重要任务要完成：(1) 清楚地阐明写信的原因；(2) 给收信者继续读下去的理由。为什么招聘人员会想继续读你的信而不是他/她桌上堆着的成百上千其他人的呢？因为你展示出了企业需要的潜能，你研究过了该企业及其职位，而且你对这一行业及其目前的挑战有一定的了解。看看这个开篇：

475 Mountain View Rd.
Clear Lake, IA 50428
2006年6月16日

Ms. Patricia Downings，分店经理
沃尔玛
804 South Oak
Iowa Falls, IA 50126

尊敬的Downing女士：

在第一段通过直接说出读者需要来吸引注意力。

您需要准确无误的、积极热情的和经验丰富的零售店员和经理。您需要一个关心客户服务、了解商品推销，并且能与人合作完成工作的人。当你准备要招聘一个管理培训生或者愿意努力工作获得晋升的店员时，请考虑让我得到这份工作。

在一家大型百货商店做一名店员、然后是助理经理的经验教会我怎样预防客户问题，并且提供能让客户再次光顾的服务。而且，我最近获得了零售方面的学士学位，课程包括零售、营销、管理和商业信息系统，这将为您的商店提供一个知识全面的助理。（更多细节请见我随信附上的简历。）您将发现我对零售的每个领域都十分感兴趣，渴望承担责任，并且愿意在整个职业生涯中继续学习。

点出在简历中没有特别提到的个人品质。

通过显示对公司升职政策的了解来增进读者的兴趣。

我知道沃尔玛更愿意从公司内部提拔经理，而且我愿意从最基层的起步职位干起，直到我有足够的经验。您最近有任何相关职位的空缺吗？我们是否可以谈谈我的资历条件？我将在下周三上午给您打电话，如果方便的话我们可以定一个见面的时间。

关注读者并且显示换位思考，虽然最后一段用到了“我”这个字眼。

此致，

Glenda Johns

Glenda Johns

附件

图 15-2　有效的自荐求职信

随着近年来企业采购的下滑，我很清楚地认识到在这种商业环境中进行销售所面临的挑战。但是我奋发向上的抖擞精神和 16 个月的新型汽车销售经验让我相信，我可以达到您在 9 月 23 日《巴尔的摩太阳报》上列出的主要要求。

这个求职者在圆滑地突出了他的个人资历条件并证明了他了解宏观市场情况的同时呼应了企业所表明的需求。虽然 16 个月也许不能称为许多经验，但是这份求职信通过热情及对这一职位的热忱兴趣弥补了这点不足。

用电子邮件或者封面信的标题栏来吸引雇主的注意力：很简单，只要把你想申请的职位写明白就可以了。表 15-1 展示了其他几种可以在开篇激发兴趣和吸引注意力的方法。所有的这些开

篇都显示了为“你”着想的立场，并且暗示了求职者可以怎样为雇主服务。

表 15-1 在求职信中吸引注意力的小提示

提示	例子
自荐求职信	
• 说明你的技能将给企业带来什么好处。	如果你需要一个在与顾客形成牢固关系的同时始终如一地达到销售目标的地区销售专员，请考虑我的条件。
• 描述你对工作要求的理解，然后显示你的条件怎样符合这些要求。	贵公司的年报表明提高生产效率是你们下一年的重点。在我研究生阶段关于系统工程的研究和在本行业数家公司从事的顾问工作中，我开发出了能够很快地确定缩短生产时间并减少用料途径的可靠方法。
• 提到读者认识并且高度认同的人的名字。	上周你们连锁销售部门的 Janice McHugh 来到我们的商务沟通课堂，她说你们在每年的这个时候经常需要有能力的应届营销专业毕业生。
• 提及公开的企业活动、成就、变化或者新程序。	今天的《底特律新闻报》的评论说你们今年春天要实现 Lansing 轮胎厂的自动化，可能需要机器人技术方向的计算机编程专家。
• 用一个问题来显示你对企业需求的了解。	贵公司快速发展的市场分析部门是否需要一个有着两年实地调查经验、拥有公共关系学士学位并渴望成功的调查员？如果需要的话，请考虑我。
• 如果工作要求独创性和想象力，用醒目的话语开篇。	Hant monde——不管是法语、意大利语，还是阿拉伯语，它的意思都是“上层社会”。作为你们 Beverly Hills 陈列室的内部员工，我不但能够为您的高贵的顾客提供服务和销售，而且能用所有这些语言来进行。我能够流利地说、读和写这些语言。
应聘求职信	
• 说明你在哪里看到工作空缺；描述你有什么能够提供的。	您 4 月份在《旅游休闲》杂志上刊登的招聘航线公关主管的广告吸引了我的注意力。我有八年的旅游行业公关主管的工作经验，能够很好地为您新的加勒比巡航分部提供服务。

建立兴趣并增加愿望 求职信的中间部分通过对企业的潜在价值展示你最强的卖点，这样使对方对你建立起兴趣，并且产生要面试你的愿望。不要重复任何你在开篇就提到过的要点；而应该用这一部分构建一个关于你的潜能将为企业带来什么价值的全面图景。就像开篇一样，越具体越好。而且要用一些你表现能力的有说服力的证据来支持你的论证：

欠佳的：我完成了商务沟通的三门大学课程，每门课程都是 A，并且去年在 Imperial Construction 工作过一年。

改进过的：通过在大学三个学期商务沟通课程的学习所获得的技能，在 Imperial Constuction 开发了一个将年度坏账率降低 25% 的收账系统，通过强调公司与客户双赢模式的准时付账激励，这个系统同样提高了客户满意度。

在写回应广告的应聘求职信时，一定要把广告中提到的每个要求都特别涉及。如果你在其中某些要求上不是很合格，就在别的优势上多花点力气来帮助你增强整体印象。

也不要把你的信息只限制在某个主要的工作职责上。同样突出你的个性，只要它们适合于目标职位，比如你的勤奋或者你的努力工作、快速学习、承担责任或者与人相处的能力。

在上大学期间，我每天在大学田径队训练 3 个小时。另外，我为了完全在经济上自立，在校期间每个暑假从事每周 60 小时的兼职工作。我会为贵公司付出同样的努力和毅力。

另一个可能在这一部分涉及的是你的待遇期望——但是只在企业要求你表明的情况下。如果你不知道对于这个职位和像你这样资质的人适合的薪水，你可以在劳动统计局的网站 www.bls.gov 或者包括 Monster.com 在内的许多商业网站上找到数以百计工作类别的薪水范围。如果你说明了目标薪水，要把它和你能为公司带来的利益联系在一起（就好像在推销信上会那样提到价格一样）：

在过去两年间，我一直在一家与贵公司相似的公司帮助进行数据库营销。所以我希望能得到同样的待遇水平（45 岁左右）来帮助贵公司建立一个更有效的客户数据库。

在这部分的最后，通过具体的事实或者概括要点向读者提到你的简历：

正如在随信附上的简历中可以看到的一样，我从大二开始就在本地一个出版社从事兼职工作。在那段时间里，我把与客户打交道当做建立客户服务技能的机会。

促使行动 求职信的最后一段有两个重要功能：请读者采取具体行动和请求回复。在几乎所有情况下，你请求的行动都是面试。然而，不要用命令的语气，试着表达得自然、感激。提议在方便的时间到雇主的办公室去，或者如果公司较远，与该公司距离最近的代表见面或者安排电话面试。通过写上你的电话号码和最方便的时间，让请求容易实现一些——或者，如果你想占主导地位，说明你会在几天内打电话跟进。再次提到你最强的卖点，如果被要求，还要写上你的空闲时间：

您看完我的条件后，我们是否可以讨论一下看我能否将我的营销技能应用于在贵公司的工作中。我从 3 月 8 号开始有一周的春假，希望可以安排那时面谈。我将在 2 月底给您打电话确认合适的时间，希望能讨论一下我在贵公司工作的可能性。

求职信一旦被编辑并检查过，通过对照“要点检查：求职信写作”最后检查一遍质量。然后打印出来立即与你的简历一起发送（或者通过电子邮件发送）出去，尤其在你回应一则用人广告或者网上公布的工作信息时。

要点检查

求职信写作

- ✓ 通过以专业的方式抓住读者的注意力来开篇。
- ✓ 用具体的语言清楚表达你的兴趣和目标。
- ✓ 通过展现你适应该工作的关键条件来建立对你潜在贡献的兴趣和需求。

- ✓ 将教育、经验和个人条件与工作要求联系起来。
- ✓ 只有当企业要求你提供时才能大概说明薪酬要求。
- ✓ 请求读者安排其方便的时间、地点的面试。
- ✓ 通过提供完整的联系信息和方便联系的时间使得对方容易回应你的要求。
- ✓ 如果有要求的话,调整你的风格来适应文化差别。

要意识到在申请或者面试过程的某些时候,一些企业会要求你填写一份文件或者在线申请表——一个标准化的简化求职者资历比较的数据表单。例如,你可能在网上提交简历时或者去参加面试时遇到这些表格之一。即使表格要求一些已经出现在你简历上的信息,也一定要准确地填写,并且如果某个问题不适合你的情况,完整地填上"不适用"或者"无"。如果你不记得某些事情又没有任何有关的记录,就提供尽可能接近的估计值。

15.1.2 求职跟进

如果你的求职信和简历在大概一个月内没能带来任何回应,写一封信跟进使你的资料再次被激活。这封跟进信也给了你一个机会——用任何近期与工作相关的信息来更新你原来的求职信:

> 在5月3日向贵公司提交了一个执行助理的职位申请后,我在 South River 社区大学完成了一门办公室管理的课程,并且成绩全A。我现在能熟练地使用微软 Word,包括宏和其他复杂的功能。
>
> 请关注我的申请,当您需要一名熟练的执行助理时请予以告知。

即使已经收到确认你的申请并表示将被留档的信,也不要犹豫在三个月以后发一封跟进信,表示你仍然很感兴趣。

> 我申请贵公司核保职位已经三个月了,但是我希望贵公司知道我对于加入贵公司仍然很感兴趣。
>
> 我最近在一家本地保险事务所完成了为期四周的临时工作。我学到了一些新的审查技术而且增长了使用在线计算机系统的经验。这份经验将提高我对贵公司保险部门的价值。
>
> 请关注我的申请,当您需要有能力的核保员时请予以告知。

即使没有任何新的可以写的成就,你也可以写这种跟进信件。对该企业和行业作一个快速的研究,找出在信件中你可以提到的事情("我一直在阅读有关贵公司所在行业新的技术挑战的……")。你的主动和知识将给用人单位留下深刻印象。如果没有跟进沟通,人力资源部门很有可能认为你已经找到一份工作并且不再对该公司感兴趣了。更重要的是,一个企业的要求是会改变的。一封跟进信可以显示你对为该公司工作有很真诚的兴趣,对追求你的目标坚持不懈,并且愿意更新自己的技能。而这有可能为你带来一次面试的机会。

15.2　理解面试过程

就像 Google 的韦恩·罗辛一样,所有招聘者都有他们在应聘者中寻求的品质及成就的清单。一个**就业面试(employment interview)**是一次你和潜在雇主互相提问和交换信息的正式会谈。这些会谈有双重目的:(1) 企业的主要意图是通过确定你和公司是否合拍来找到最适合某职位的人选;(2) 你的主要意图是找到最适合你的目标和能力的工作。当像 Google 这样的招聘者试图决定你是否适合他们的时候,你必须决定 Google 或者任何其他公司是否适合你。

每年招聘数以百计新员工的大型企业通常比每年只招少数新员工的小型地方企业有更系统化的招聘和面试方法。你需要根据公司的规模和招聘模式来调整找工作的方法。总的来说,最简单的联系到大型公司的方法是通过大学生就业指导中心;最有效的找到小型企业的方法是直接与公司联系。

不管你选择什么方法,面试都需要时间,所以一定要比你想开始工作的时间提前找好工作。一些学生在毕业前 9 个月就开始找工作了。在经济衰退时期,提前计划就更关键了。许多雇主变得更挑剔而且许多公司减少了他们的校园宣讲和招聘计划,所以落在你身上找工作的压力就更大了。不管经济状况怎样,尽可能多地争取面试机会,既提高得到工作邀请的机会又增加自己一旦得到工作时的选择。

15.2.1　典型的面试步骤

不是所有公司都用同样的方法面试潜在候选者。例如,在西南航空公司,候选者可能经历长达六周的严格面试阶段。[⑤] 然而,大多数雇主在决定是否提供工作机会前一般会对候选者进行两到三次面试。申请者通常面临一系列的面试,每次都有不同的目的。

第一次是初步的筛选阶段,通常在大学校园中进行应届毕业生招聘并且帮助雇主剔除不合格的申请者。那些最符合企业要求的候选者被邀请去公司的办公室接受进一步的评估。筛选阶段的面试很结构化,所以申请者通常被问到相差不大的问题。许多公司使用标准化的评估测试来给申请者"打分",这样所有申请者就可以以相同标准进行比较。某些情况下,现代技术使得最初了解性的面试发生改变,从而使雇主能够通过电话、视频或者计算机面试来筛选候选者。[⑥]

筛选阶段最好的方法是遵循面试官的指示,回答要简短到位。时间是有限的,所以说得太多是一个巨大的错误。然而,要想办法让考官将你与其他人区分开来并且展示你的长处和条件,试着强调你在写简历时使用的"主题"。

面试的下一个阶段帮助企业进一步缩小范围。通常,如果你被邀请去某家公司,你将会与好几个人谈话:一个人力资源部的员工,一两个将来的同事,以及将来的上司。在每个部分你将面对一些面试官问你的问题。通过注意你如何倾听、思考和表达,他们能决定你与同事相处的可能性。

---

⑤ George Donnelly, "Recruiting, Retention & Returns," *cfonet*, March 2000 [accessed 10 April 2000] www.cfonet.com/html/Articles/CFO/2000/00Marecr.html.

⑥ Stephanie Armour, "The New Interview Etiquette," *USA Today*, 23 November 1999, B1, B2.

在这一面试的选择阶段,最好的策略是表现出对工作的兴趣,将你的技能和经验与公司的需求联系起来,集中注意力地听,问有见地的问题,并且显示出热情。

如果面试官认为你是一个好的候选者,你可能得到一份工作邀请,要么在当场要么几天后通过电话或者信件得知。不管是哪种情况,你都有可能再次被邀请回到那里,被更高层的有权决定雇用与待遇的管理者做出最后的评估。最终阶段的潜在目的经常是向你展示加入公司的好处。

15.2.2 常见的面试类型

企业通过各种各样的面试来对你和其他求职者进行尽可能多的了解。在筛选阶段,普遍使用的是**结构化面试(structured interview)**。雇主通过进行一系列既定问题的有序提问来掌控面试。面试官在一定的时间从一个要点列表里问你每个问题。所有的回答都被记录下来。尽管结构化面试对收集事实很有帮助,但是通常认为它是一个不尽如人意的衡量申请者个人品质的方法。可是无论如何,一些公司还是通过结构化面试来使他们的雇佣程序整齐化。[7]

与此相反的,**开放式面试(open-ended interview)**是不那么正式和结构化的,有较轻松的模式。面试官问一些广泛的开放式问题并且鼓励你自己发挥。这种面试有利于引出你的个性和检验专业判断力。然而,有些候选者讲得太多了,喋喋不休地说与他们的就职条件、与同事相处的能力或者可能对工作有帮助的个人兴趣一点关系都没有的个人或者家庭问题。所以要小心:你需要在表现得更友好和记住你是在一个商业环境中之间保持平衡。

一些企业进行**集体面试(group interview)**,同时与一些候选者进行面试看他们怎样互动。这种面试对判断人际技能很有帮助。

最令人紧张的是**压力面试(stress interview)**,你会被问到一些设计好来让你烦恼或不安的问题,或者你将面对很长时间的沉默、对你外表的批评、故意打断你的话,以及面试官突然甚至敌意的反应。这种面试背后的理论是,你将显示出如何处理有压力的情况,尽管一些专家认为这种方法的价值还不确定——尤其是当面试中制造出来的压力与该工作没有任何联系的时候。[8] 如果你发现自己身处压力面试当中,停顿几秒整理你的思路,然后在知晓面试官目的的情况下继续。

由于雇主削减差旅费用的意图,**视频面试(video interview)**越来越流行。许多大型公司使用视频会议系统来筛选中层管理候选者或者面试大学应届毕业生。专家推荐候选者准备视频面试与准备直接面试要稍有不同:[9]

- 要求初步的电话会谈来给面试官好感
- 早一点到以保证有足够的时间来适应设备和环境
- 在面试中,谈吐清楚但不要比平时更慢
- 坐姿端正
- 向上而不是向下看

---

⑦ Samuel Greengard, "Are You Well Armed to Screen Applicants?" *Personnel Journal*, December 1995, 84—95.

⑧ William Poundstone, "Beware the Interview Inquisition," *Harvard Business Review*, May 2003, 18 +.

⑨ Marcia Vickers, "Don't Touch That Dial: Why Should I Hire You?" *New York Times*, 13 April 1997, F11.

- 表情自然,不要显得僵硬或者做作

另一种现代手法是**情景面试(situational interview)**或者行为面试,在面试中,面试官会描述一种情景,并且提问"你将如何处理这种情况?"或者可能让你描述以前你曾如何处理这种情况。许多公司已经知道人们在传统面试中回答问题的好坏与他们在实际工作中的好坏没有必然联系。所以,像 Kraft Foods,Delta Air Lines,AT&T 和宝洁这样的公司比较相信情景面试。这种方法的支持者称这样面试是关于工作,而不是候选者的五年目标、弱点或优势、挑战经验或者最大成就。情景面试是需要别人来完成某个工作的雇主和准备好要完成这个工作的员工之间实际的工作会议。[⑩]

不管你面对的是什么类型的面试,本人参与的面试是很重要的,因为你的简历不能表明你是活泼外向还是温柔低调的,能执行指令还是能掌握领导权。每份工作要求不同的性格组合。面试官的任务是弄明白你是否适合这份工作。

15.2.3 雇主在面试中寻求什么

第 14 章指出了雇主在看简历时注意的是什么。面试给了他们一个超越基本数据来看你到底是哪种人和你是否适合这个企业的机会。例如,西南航空公司的招聘人员认为幽默感最重要,因为他们相信不太严肃的人更能处理好航空工作的压力。西南航空公司同样希望员工是主动、热情、不怕做决定、愿意承担风险、勤奋、善沟通和为他人着想的。[⑪] 不管是哪家公司,每个雇主都试图在面试过程中解决两个重要问题:候选人是否能适合公司,以及他或她是否能承担这个职位的责任?

大多数面试官把发现你个性的基本方面看得很重要,这样他们就可以判断你是否能与企业中其他人和企业的整体文化融合。例如,TechTarget,一家交互式媒体公司,给员工不同寻常的自由度,包括决定工作时间和请多长时间的病假、事假和度假的自由——只要他们能完成工作任务。这样听起来好像是个很棒的安排,但是 CEO Greg Strakosch 发现有些人不能处理好随着这种独立性而带来的责任。结果是,TechTarget 雇佣的过程主要是把需要更结构化环境的人选剔除出去。[⑫]

一些面试官相信个人背景能透露出候选者是否能适应新的环境,所以他们可能问一些关于你的兴趣、爱好、对时事的关注度和其他种种问题。你可以通过广泛阅读,努力认识新朋友和参加讨论组、论坛和研讨会来拓展这些方面的潜能。

除了你的组织适应度,面试官可能还会考虑你的个人风格。你有可能给雇主坦率、热情和感兴趣的印象。一些面试官还寻求谨慎、真诚、有学习意愿和积极自信的风格。所有这些风格都能帮助一个新员工适应新工作环境和新职责。

当你被邀请参加职位的面试时,面试官根据你的简历,应该已经对你是否有合格的条件有了一定的了解。在面试中,你可能会被要求进一步描述你的教育背景和工作经验,这样面试官可以

---

⑩ Terry McKenna, "Behavior-Based Interviewing," *National Petroleum News*, January 2004, 16; Nancy K. Austin, "Goodbye Gimmicks," *Incentive*, May 1996, 241.

⑪ "Southwest Is Picky," *Soundview Executive Book Summaries*, September 1998, 5.

⑫ Patrick J. Sauer, "Open-Door Management," *Inc.*, June 2003, 44.

决定你的技能与他们的要求有多相符。根据面试的类型,你也可能被要求解释你将如何在各种假设的情景下运用你的技能。

15.2.4 就业前测试

为了提高选择过程的可控性并减少对面试中简短互动的过度依赖,许多雇主现在进行各种各样的就业前测试。[13] 这些测试的目的是评价像诚信、个性、工作技能和药品使用这些方面。测试是复杂的,随行业和职位而改变,而且同样涉及很广泛的法律和道德问题,包括歧视和隐私。例如,《美国残疾人法案》禁止任何可以被认为是就业前健康检查的测试。一家全国性的零售商就曾被申请者成功提起诉讼,因为它的就业前测试包括设计来显示申请者性取向的问题。[14] 这里是一些最常见的测试类型的总结:

- **诚信测试**。你可能不会相信一个测试能在求职者中找出更有可能从公司盗窃或者做出其他违背道德规范和法律事情的人,但是雇主使用诚信测试的确获得过一些成功。例如,一家全国性的零售商发现就业前诚信筛选减少了35% 的库存损耗(损耗是一个表示所有在出售前消失的库存的整体术语)。[15]
- **个性测试**。个性测试被用来评估整体性格或者对某一特定职业要求的适合度。大体的测试尝试概括整体的智力水平、工作态度和管理潜能,以及像独立性、忠诚度、诚实和动机这样的特征。特定的测试评估一个候选者是否能适应职务要求的情绪冷静度,例如,航班机组人员、空服人员、警察和消防服务,以及核动力工厂操作员(实际上,联邦法律要求对核工厂应聘人员进行这种测试)。[16]
- **工作能力测试**。最常见的就业前测试是设计来评估完成工作需要的竞争力或者特定能力的。你可能被测试的技能取决于职位,但是最常测试到的包括计算机技能、办公任务、基本企业财务业务和法律与医疗术语。[17]
- **用药测试**。药物和酒精测试是目前最具争议的问题。一些雇主认为这些测试是维持工作场所安全而绝对必要的,而另外一些人认为这是对员工隐私的侵犯和不尊重。即使是在同一个行业里,对这个问题的看法也很不同。计算机制造商戴尔对每个员工进行测试,而竞争对手惠普公司却不会对任何人进行测试。一些公司只对求职者进行测试,而不测试员工。[18] 在全国范围内,几乎一半的公司现在要求求职者进行药物和酒精测试,而且这个比率由于以下两个理由将会继续增长:(1) 为了减少与滥用药物相关的成本(每年大约1 000 亿美元)和劳动效率低下;(2) 为了减少

---

⑬ Dino di Mattia, "Testing Methods and Effectiveness of Tests," *Supervision*, August 2005, 4—5.

⑭ Steven Mitchell Sack, "The Working Woman's Legal Survival Guide: Testing," FindLaw. com [accessed 22 February 2004] www. findlaw. com; David W. Arnold and John W. Jones, "Who the Devil's Applying Now?" *Security Management*, March 2002, 85—88.

⑮ Arnold and Jones, "Who the Devil's Applying Now?" 86.

⑯ Ibid.

⑰ Adam Agard, "Preemployment Skills Testing: An Important Step in the Hiring Process," *Supervision*, June 2003, 7 +.

⑱ Andy Meisler, "Negative Results," *Workforce Management*, October 2003, 35 +.

事故的发生(滥用药物者出事故的次数是一般人的二到四倍,而毒品的使用与 40% 的工伤有关)。[19] 更重要的是,如果某个员工在工作中对无辜的一方造成伤害,公司是要为疏忽的雇佣行为负责的。所以毒品测试很有可能会继续增加,即使这些项目的直接经济回报还未知。[20]

- **背景检查**。虽然不是通常意义上的测试,背景检查也能帮助雇主更多地了解你。背景检查可能被用来对简历进行求证,看你的信用状况如何,或者甚至看你是否有犯罪记录。这些调查可以带来巨大的争议,因为人们把这些当做是对隐私的侵犯。然而,许多雇主认为,考虑到目前面临的风险,他们没有别的选择。雇主可能被要求为因做假而获得工作的员工在工作中的行为负责——而在简历和面试中撒谎的比例已经达到了泛滥的地步。在最近的一个对超过 200 万求职者的调查中,44% 的人在就业经历上撒谎,41% 的人在教育背景上撒谎,而 23% 的人说他们有其实并没有真正获得的职业证书或者执照。[21]

如果你对任何就业前测试感到担忧,可以向雇主要求更多的信息或者向你的大学生就业指导中心咨询。你也可以从平等就业机会委员会的网站 www. eeoc. gov 上得到更多的信息。另外,由于太多的雇主如今都进行背景检查,你也许需要在申请工作前自己审查自己一遍。例如,确保你的大学成绩单和信用记录是正确的和最新的,这样当一个潜在雇主审查你的背景时,就不会有不良记录产生麻烦。[22]

15.3　准备工作面试

提前准备能帮助你在压力下表现得更好;而且准备得越好,在面试过程中你就越不会紧张。在准备面试时,一定要考虑到文化差异,并且把你的方法建立在受众期望的基础上。要准备一个成功的面试,就要了解企业,提前思考问题,建立自信,改进面试风格,策划良好形象,并且在到达时就准备好一切。

15.3.1　了解企业

如今企业期望的是能显示出对公司运营模式、市场以及战略和战术挑战了解的认真员工。[23] 当你在计划求职时,很可能已经研究过你要发去简历的公司了。但是既然你已经被邀请参加面试,为什么不再调整研究并且把收集到的资料整理一下呢?关于在哪里找到信息,请参看第 10 章以及第 17 章。

15.3.2　提前想问题

提前想好面试官的问题将帮助你在面对问题时更自信、更成功。另外,你也需要准备一些有

---

⑲ Tyler D. Hartwell, Paul D. Steele, and Nathaniel F. Rodman, "Workplace Alcohol-Testing Programs: Prevalence and Trends," *Monthly Labor Review*, June 1998, 27—34; "Substance Abuse in the Workplace," *HR Focus*, February 1997, 1, 4 +.

⑳ Meisler, "Negative Results," 35 +.

㉑ Thomas A. Buckhoff, "Preventing Fraud by Conducting Background Checks," *CPA Journal*, November 2003, 52.

㉒ "Check Yourself Before Employer Does," *CA Magazine*, June-July 2005, 12.

㉓ Austin, "Goodbye Gimmicks."

见地的自己的问题。

计划雇主的问题 雇主通常根据特定的企业需求设计提问。你会被问到你的技能、成就和目标,还有你对工作和学业的态度、与别人(工作上司、同事和同学)的关系,有时候还有你的兴趣和爱好。你也需要预测并思考一些特别棘手的问题,比如下面这些:

- **你曾经要做出的最难的决定是什么?** 准备好一个例子,解释为什么这个决定很难,以及最后你怎么做的决定。
- **你最大的缺点是什么?** 一些面试官似乎对这个问题爱不释手,虽然它不一定能带来什么有用的信息。标准的回答方法是把缺点描述得像优点——揭露你自己一点什么毛病但是却显示它将为雇主带来什么好处。例如,你有时候把自己逼得太紧,解释说当你需要赶最后期限时这对你有所帮助。当然,问过这个问题很多次的面试官也已经听过了很多类似的回答。另一个选择是说一个相对较小的缺点,然后解释说会努力改正。
- **你不喜欢自己前一份工作的什么地方?** 说明你不喜欢的地方并且讨论这种经验教会了你什么。避免提到前雇主或者同事的不好。要意识到当雇主问这个问题的时候,他们在试着预计如果雇用了你,你会不会是一个不开心或者难相处的员工,所以要小心准备你的回答。[24]
- **五年以后你要达到什么目标?** 这个问题考察了(1)你是否只是把这份工作当做更好机会来临之前的中途站;(2)你是否已经想过自己的长期目标。说你想当公司总裁是不现实的,然而又很少有雇主喜欢安于现状的员工。不管你计划要说什么,你的回答应该反映你想要为雇主的长期目标作出贡献,而不只是你自己的目标。
- **谈谈你自己。** 回答说你很乐意谈谈你自己,问面试官想要知道什么。如果明确了,回答就行。如果没有明确,解释你的技能将怎样为工作和企业服务。这是一个很好的推销自己的机会。

经常被问到的问题类型参见表 15-2。大概写下每个问题的简要回答。然后重读答案直到你对每个答案都觉得舒服。你也可以给一个亲友一张问题的清单,然后让这个人随机地问上面的问题。这个方法帮助你学会清楚地说出回答并且在回答时看着对方。

准备自己的问题 记住面试是一条双向道:你问的问题与你提供的回答一样重要。通过问有见地的问题,可以显示你对企业的了解,你可以将讨论带到你能最好地展示自己优势的领域,而且你可以确认这对你是不是合适的机会。在面试之前,准备大概 12 个你需要答案来评价这个组织和这份工作的问题。

不要把你的问题限制在那些你认为会给面试官留下深刻印象的问题上面,否则当你真的得到工作邀请时,将没有足够的信息来做出明智的决定。这里列出了一些也许你想知道的东西:

- **这些人是我这种类型的人吗?** 观察面试官,如果可以的话,想办法和其他员工聊聊天。
- **我能做这份工作吗?** 将你的条件与面试官描述的要求进行比较。
- **我能工作得愉快吗?** 了解你自己和你认为重要的东西。这份工作能给你带来挑战吗?它会给你成就感、满足感和真的作出了贡献的感觉吗?

---

[24] Katherine Spencer Lee, "Tackling Tough Interview Questions," *Certification Magazine*, May 2005, 35.

表 15-2 25 种常见的面试问题

关于大学的问题

1. 大学里你最喜欢的课程是什么？最讨厌的呢？为什么？
2. 你是否认为你在大学中参加的课外活动中所花费的时间是值得的？为什么？
3. 你什么时候决定的大学专业？你是否换过专业？如果换过，为什么？
4. 你是否觉得你选择了你有能力选择的最好的学校？
5. 大学中哪一年是最艰难的？为什么？

关于雇主和工作的问题

6. 你从事过哪些工作？你为什么离职？
7. 你大学期间自己赚了百分之多少的花费？怎样赚的？
8. 你为什么选择了这个特定的职业？
9. 你选择的职业的缺点是什么？
10. 你参过军吗？达到了什么军衔？你做什么工作？
11. 你对于这个行业现在的发展有什么看法？
12. 你为什么觉得你会喜欢这个特定的工作类型？

关于个人态度和偏好的问题

13. 你是否更愿意到某个特定的地方工作？如果是的话，为什么？
14. 你希望在 5 年间赚多少钱？10 年呢？
15. 你认为决定一个人在一个好企业发展的是什么？
16. 你认为在你选择的领域中取得成功的必要个人特征是什么？
17. 给我讲一个故事。
18. 你喜欢旅行吗？
19. 你认为雇主是否应该考虑分数？为什么？

关于工作习惯的问题

20. 你更喜欢与人合作还是自己单干？
21. 你更喜欢什么样的老板？
22. 在与同事或者上司相处上你是否有过困难？与老师呢？与别的同学呢？
23. 你更愿意在大型企业还是小型企业工作？为什么？
24. 你对加班有什么看法？
25. 你做过什么能显示你的主动性和工作意愿的事情？

- **这是我想要的工作吗？**你也许永远也找不到一份完全符合你要求的工作，但是你所接受的职务应该至少满足你最基本的几个要求。它能让你发挥出最大潜能吗？它是否能提供一条通向你设定的职业目标的道路？
- **我会为怎样的一个人工作？**如果面试官是你将来的上司，观察其他人是怎样与他互动的，有技巧地询问其他员工，或者在面试中小心地问一两个问题。如果你将来的上司是其他人，询问他的名字、头衔和职责。试着尽可能地了解所有你能了解到的东西。
- **在这家企业我能期待怎样的未来？**这家企业是在健康运行吗？你能期待有升迁吗？这家企业是否提供保险、养老金、假期或者其他福利？

与其一进屋就拿问题对面试官狂轰滥炸，不如在谈话中自然地引向问题，而不要试图主导面试。可能作为起点的好问题，参见表 15-3。

表 15-3　10 个问面试官的问题

1. 这个工作的主要职责是什么?
2. 你们希望承担这份工作的人有什么样的品质?
3. 在这个工作上,你们怎样衡量一个人的成功与否?
4. 你们雇用的人需要注意的第一个问题是什么?
5. 现在或者未来是否有搬家的要求?
6. 为什么这个工作现在有空缺?
7. 是什么让贵公司在同业者中与众不同?
8. 你们怎么样定义你们的企业管理哲学?
9. 你们是否提供另外的培训?
10. 员工是否有机会在企业的帮助下继续学习深造?

将你的问题列表写在记事本上,带去参加面试。如果需要,在会面中速记下要点,并且之后一定要更详细地记录答案。有一张问题清单会让面试官对你的条理性和细心周到印象深刻。这表明你在去那里推销自己的同时,也在评价这家企业和这份工作。

15.3.3　建立自信

通过建立自信,你将制造更好的印象并使整个过程不那么紧张。最好的面对担忧的方法就是解决掉担忧的源头。你可能觉得害羞或者拘谨,因为你觉得你有一些会让别人想拒绝的缺点。然而,要记住,你常常会比别人更注意自己的短处。

如果你的形象或者背景的某个方面让你觉得不安,就把它改正过来或者通过强调像亲和力、智慧、才能或者魅力这样的积极特征来弥补。不要总想着你的弱点,而应该集中在你能怎样帮助企业获得成功上。记住这份工作其他所有的候选者也跟你一样紧张。面试官可能也紧张;毕竟他们也要因为评估候选者的好坏而受到评判,所以要帮助他们清楚地看到你好的品质。

15.3.4　改进面试风格

能力和自信是面试风格的基础,而你可以通过给面试官留下准备充分、礼仪良好和判断准确的印象来加强这两点。一些找工作的人会雇请专业教练和形象顾问,来帮助设计合适的第一印象。这些收费 125 到 500 美元不等的专业人士,花费大部分的时间教客户怎样运用合适的沟通风格,他们使用角色扮演、录像和录音来达到目的。[25] 你也可以使用这些技术。

你可以与朋友模拟面试或者使用面试模拟系统。你可以将这些模拟面试录音或者录像,然后自己评价一下。录音可能会很紧张,但是它帮助你在开始真正的工作面试前解决掉问题。你的就业指导中心可能也有一些基于计算机的面试模拟系统,或者你也可以考虑一些商业收费系统,比

㉕ Leigh Dyer, "Job Hunters Should Think Carefully Before Using Job Counselor," *Charlotte Observer*, 30 July 2001 [accessed 29 September 2005] www.ebsco.com; Anne Field, "Coach, Help Me Out with This Interview," *Business Week*, 22 October 2001, 134E2, 134E4.

如 Perfect Interview(www. perfectinterview. com)提供的那个。要找到其他的系统,在网上搜索“模拟面试”或者“面试模拟系统”。

在每个模拟环节之后,试着确定可以改进的地方。让与你模拟的伙伴评价你的表现,或者如果你能录下来,自己评价一下自己。可以使用表 15-4 所列的警报信号。

表 15-4 警告信号:25 个面试官不喜欢看到的特征

- 糟糕的个人形象
- 太强势,太大胆,自以为是;一种“唯我独尊”或者“无所不知”的态度
- 不能清楚地表达想法;拙劣的声音、措辞、语法
- 知识或者经验的欠缺
- 面试准备不足
- 对该工作没有兴趣
- 没有职业规划;没有目标
- 缺少热情;被动和冷漠的态度
- 没有自信和镇静;表现得紧张和不安
- 不够充分的成就证明
- 没有参加过课外活动
- 过分强调金钱;只对工作的经济方面感兴趣
- 学业成绩差
- 不愿从底层干起;期望得到的太快太多
- 爱找借口的倾向
- 找借口的逃避性回答;掩盖记录中对自己不利的事实
- 不机智
- 不成熟
- 没礼貌;不良的举止
- 抱怨以前的雇主
- 缺少交际技巧
- 明显不喜欢学业
- 缺乏活力
- 不能直视面试官的眼睛
- 颤巍巍的、无力的握手

当你在模拟面试时,要特别注意你的身体语言。在美国,如果你保持目光接触、经常微笑、坐姿端正并经常使用手势,你将更有可能面试成功。这些身体语言信号使面试官相信你思维敏捷、自信、可靠、有责任感和积极向上。[26] 一些设在美国的公司是由来自其他文化的人所拥有并管理的,所以在你的研究中,要找出公司的文化背景和关于身体语言的偏好。

你的声音也会对工作面试的成功产生重要影响。[27] 你可以用一个录音机来解决声音的问题。如果你说得太快,就练习说得慢一点。如果你的声音听起来太响亮或者太柔弱,通过练习调整过来。通过努力克服说“你知道”,“就像”和“嗯……”这样的习惯,因为这些习惯让你听起来口齿

---

[26] Robert Gifford, Cheuk Fan Ng, and Margaret Wilkinson, “Nonverbal Cues in the Employment Interview: Links Between Applicant Qualities and Interviewer Judgments,” *Journal of Applied Psychology* 70, no. 4 (1985): 729.

[27] Dale G. Leathers, *Successful Nonverbal Communication* (New York: Macmillan, 1986), 225.

不清。

15.3.5 设计好的形象

外表形象是很重要的,因为衣着和打扮透露出候选者的个性、专业水平和察觉某个场合潜在"规则"的能力。在衣着上,最好的对策是穿得保守一点。穿你拥有的最高质量的职业装,最好是稳重的深色。然而,穿着得体和整洁远比穿得昂贵更重要。避免华丽的风格、颜色和图案。即使是在面试官穿得很随意的企业,通过衣着、行为、职业风范来显示良好的判断力也很重要。即使是礼仪上小小的细节也会给招聘人员留下长久的印象。

一些候选者会提前问面试官他们应该穿什么。例如,一个人力资源主管告诉找工作的人穿休闲职业装,因为穿套装在他们公司看起来很别扭。[28] 然而,在另外一些公司,面试中的休闲职业装可能就完全不合适。你对各个行业和企业的研究应该也能够给你一些关于职业衣着的看法。如果不确定的话,穿得有点儿太正式总比太随意要好。

打扮得好可以让任何衣着风格看起来更好。确保你的衣服都是干净、没有褶皱的,鞋子没有磨破并且擦亮了,头发造型整洁并且梳理好,指甲干净,以及呼吸清新。如果可能的话,在进入面试房间之前对着镜子检查一下你的外表。最后,记住最好的让自己显得好看的方法是在适当的时候微笑。

当开始第一份工作时,就把职业的外表和习惯变成你日常生活的一部分。一些学生没有意识到当他们过渡到职业生活时需要调整他们的衣着和个人习惯。一些你没有多想的习惯,例如每次开会都迟到5分钟或穿着一件T恤衫去客户的办公室,会限制你的职业发展。再说一次,这些看起来似乎是小问题,可是很多人对职业礼仪的细节非常敏感,并认为它们是互相尊重的标志。

15.3.6 到达时准备好

去参加面试时,带上一个小笔记本、一支笔、一张你要提问的问题清单、两份简历(放在文件夹里)、一份你所掌握的企业情况和任何有关该职位的资料。也许还可以带上一个小日历、一份大学成绩单、一份证明人清单和一份包括你的写作样本、绩效报告和成果证书的文件夹。[29]

确定你知道面试的时间和地点。开始一场面试最糟糕的方式就是迟到入场。确认一下你要进行的事情,即使这意味着要提前打电话去问。弄明白到达那里需要多少时间,然后计划得早到一点,留出一点额外时间以防路上出现状况。

一旦到达,放松下来。你也许需要等一小会儿,所以带一些与业务有关的东西去看看。如果在大厅里有企业杂志之类的读物,就在等待的同时阅读这些。在任何情况下,尊重你遇到的每个人。如果有机会,问一些关于企业的问题或者表达一下你对这份工作的激情。面试前控制住不要吸烟(不吸烟的人可以从面试者的衣服上闻出烟味),并且避免嚼口香糖或者在等候室吃东西。你在等待时的任何言行都很有可能被面试官知道,所以确保你在一进门就展现出最优秀的风貌。那

---

[28] Armour, "The New Interview Etiquette."

[29] William S. Frank, "Job Interview: Pre-Flight Checklist," *The Career Advisor* [accessed 28 September 2005] http://careerplanning.about.com.

样的话，你将在面试实际开始前就已经准备好了。回顾计划成功面试的步骤，参见“要点检查：成功面试的计划”。

要点检查

成功面试的计划

✓ 了解企业，包括它的运营、市场和挑战。

✓ 为雇主的提问做计划，包括你做过的艰难的决定、你的缺点、你对前一份工作不满的地方，以及你的职业规划。

✓ 为自己的提问做计划，从而弄清楚这是否是真的适合你的工作和企业，并且显示你做过调查。

✓ 通过尽可能消除担忧的来源来支持你的自信。

✓ 通过模拟面试对面试风格进行推敲。

✓ 计划以良好的着装和修饰展现好的形象。

✓ 到达时就要准备好，并带上笔、纸、问题清单、两份简历、你对企业的研究大纲以及你有的任何与该工作相关的资料。

✓ 仔细确认面试的地点和时间并提前找出路线。

✓ 放松并灵活应变；时间和面试安排可能在你到达时有所调整。

15.4 成功面试

面试技巧会随着你经历这个过程的不同阶段而有所变化。但是成功的技巧在整个过程都是相似的，尽管对于你和雇主双方来说，面试的重点和目的都是变化的。要增加自己成功的机会，就遵循来自于成功面试者的提示，了解怎样通过避免错误来创造良好的印象（参见“职业技能提升：确保你不把自己的工作机会说跑了”）

职业技能提升

确保你不把自己的工作机会说跑了

即使是条件很优秀的申请者有时候也会因为在工作面试中犯了原本可以避免的错误，而把一个好机会眼睁睁说跑了。在形成面试风格的时候，小心避免这些实在太常见的错误：

- **防御心理**。面试不是审问，而面试官也不是来逮捕你的。把面试当做商务会谈来看待，只是双方都有一些有价值的信息要分享的信息交流。这样的话，你将更好地传达（和获得）信息。

- **不能提出问题**。面试官是期望你问些问题的，包括在面试中和结束时他们问你是否有问题要问。如果你没有任何问题要问,你会被看做是对这个工作和公司没有多大兴趣的人。每次面试前都要准备好一份问题清单。

- **不能回答问题——或者试图在难题上虚张声势**。如果你就是不能回答某个问题,不要绕着弯子或者试图欺骗过关。记住,有时候面试官问一个奇怪的问题其实只是想看看你的反应。你想变成哪种鱼?你会如何将果冻钉进天花板?为什么下水道盖子是圆的?有些问题是设计来测试你在压力下的仪态的,而另一些问题实际上是希望你得出一个符合逻辑的答案(顺便说一句,下水道盖子是圆的是因为圆形是唯一一个不能从哪怕只是小一点点的相同形状中掉下去的形状)。不要表现得好像这个问题很愚蠢一样或者拒绝回答。安静地坐几秒钟,试着想象面试官为什么问这样一个问题,然后设计你的回答将你的优点与企业的要求联系起来。
- **呆住**。人类的大脑似乎会在紧张的状态下停滞。可能一个面试官问了你一个简单的问题,或者也许你伶俐的回答正好进行到一半,然后突然——你的大脑一片空白,没有办法以任何逻辑方式组织语言。试着在脑中快速重复刚才谈话中最后的几秒钟,看你是否能够重新抓住谈话的线索。如果失败的话,向面试官解释你大脑突然空白并请他或她再重复一遍问题也许会对你更有利。这样做很尴尬,但是更尴尬的是喋喋不休地说一堆你自己都不知道是什么的东西,还希望能歪打正着地回到主题上。
- **不明白你的潜能可以为企业做出什么贡献**。比起你的过去来,面试官更关心你将来能为他们的企业提供什么帮助。除非你对自己的技能和他们的需求有了全面的了解,并且找出了这两者之间的联系,否则你是没有办法迅速而明智地回答问题的。

职业应用

1. 如果在面试中,你突然意识到之前说过的话不正确或者不完整,你应该怎么做?解释你的答案。
2. 你将如何回答下面这个问题:“你会怎么对待惹你生气的同事?”解释你的回答。

如果你是参加第一次面试,你的主要目标是把自己与其他许多同样在被筛选的候选者区分开来。在不用花哨技巧的情况下,把注意力吸引到你的个人或者职业背景中的某个关键方面,这样招聘者就会说:“哦,对,我记得 Brenda Joans,她建造了一个计算机化的家庭气象台,可以在下过雪后的早晨提前一点叫醒自己。”只要确定你强调的特征是与所涉及的工作相关的。另外,在筛选面试中,万一面试官想要你展示某个特定技能(很有可能是解决问题),你也要有所准备。

如果你继续进入初选面试,将你的信息范围扩大。不要只说“大标题”,而应该给面试者整个故事。把你的所有优势都简要提一下,但是把最优秀的三或四个条件深入解释。同时,探寻能帮助你客观地评价这个职位的一些信息。

如果你被邀请回来参加最终面试,你得到职位邀请的机会已经大大提高了。在这个时候,你将很有可能与一个有权决定给你工作机会以及定夺条件的人谈话。这个人可能已经得出结论,认为你的背景适合这份工作,可能更想对你的个性了解得具体一些。你和雇主双方都需要确定是否能找到一个好的契合点。坦诚谈论你的动机和价值。如果面试进行得顺利,你的目标应该是以最好可能的条件达成交易。

不管你在面试过程的哪个阶段,每次面试都会经历三个步骤:热身、问答和结尾。

15.4.1 热身

在三个步骤中,热身是最重要的,尽管它也许只占面试时间的很小一部分。研究揭示了许多面试官,尤其是那些没有受过很好面试技巧培训的面试官,在与一个候选者接触的前 20 秒就做出了决定。[30] 当面试官似乎是要闲聊的时候,不要放松警惕;这些交流与严谨的问答一样重要。

身体语言在这个时候非常重要。因为在开始的一两分钟没有时间说太多,你就必须用身体语言来推销自己。如果你确信自己的发音正确,从使用面试官的名字开始。如果面试官伸出手来,回应以坚定但是不太重的握手,并且等你被请就座时再坐下,让面试官开始展开谈话,并且注意听那些能暗示他或她作为一个潜在雇主对了解你的什么方面有兴趣的线索。

15.4.2 问答

问答将会占面试的最大一部分。面试官会问一些你的条件并且讨论你在简历中提到的一些要点。你也会被问到一些关于自己的问题。

应对问题 让面试官主导谈话,而且永远不要在他或她问完之前就开始回答问题——问题的最后几个字也许会改变你的回答。当考官问问题时,组织回答语言来创造有利的印象。不要把回答限制到"是"或"不是"上。如果你被问到一个很难的问题,一定要在回答之前停一下。招聘者可能知道你回答不了某个问题,而只是想要看看你是怎么应变的。

如果你时不时地问一两个准备好的清单上的问题,你不但能够了解到一些东西,而且能够显示出你的兴趣。试探一下公司对新员工有什么期望,这样就可以展现你能如何满足这个公司的需求。同样试着集中于面试官对你可能存在的任何成见的方面,从而将成见消除。

倾听面试官的语言 在面试官说话时集中注意力与给出好的回答或者问出好的问题一样重要。复习一下第 2 章给出的关于倾听的小提示。

面试官的面部表情、眼神、手势和姿势可以告诉你他或她所叙述的语言的真正用意是什么。尤其要注意你的话得到怎样的回应。面试官赞同地点头或者微笑表示赞成了吗?如果是的话,你前进了一步。如果没有的话,你也许需要谈谈别的话题或者改变一下方法了。

回应歧视性提问 雇主在法律上是不能以种族、肤色、性别、年龄(至少是 40 至 79 岁之间的)、婚姻状况、宗教信仰、国籍或者残疾为由歧视候选者的。每个州和城市都有不同的法律与面试问题相关,所以你在联邦标准之外还有别的保护。[31] 表 15-5 比较了能或不能在就业面试中问到的一些特定问题。

---

[30] T. Shawn Taylor, "Most Managers Have No Idea How to Hire the Right Person for the Job," *Chicago Tribune*, 23 July 2002 [accessed 29 September 2005] www.ebsco.com.

[31] Sack, "The Working Woman's Legal Survival Guide."

表 15-5 会问到以及不会问到的面试问题

面试官可能会这样问:	但是不会这样问:
你的名字是什么?	你在结婚前的姓名是什么?
如果工作需要,你是否愿意出差或者加班?	你结婚了吗?你家有小孩吗?你是否计划要小孩?周末工作是否与你的宗教信仰相悖?
你满 18 岁了吗?	你什么时候出生的?
你高中毕业了吗?	你什么时候从高中毕业的?
[不允许问任何有关种族的问题。]	你的种族是什么?
你能[特定的技能]吗?	你有身体或者精神残疾吗?
	你吸毒或者酗酒吗?
	你在使用什么处方药吗?
你是否有在美国的合法劳动权?	你是美国公民吗?你是哪个国家的公民?
你是否被判过刑?	你被逮捕过吗?
这份工作要求能说西班牙语。你能吗?	你从小到大在家里说哪种语言?

如果你的面试官问了这些私人问题,你怎样回答取决于你有多想要这份工作,你对提供所问的信息有什么感受,你认为面试官要这些信息来做什么,以及你是否想在一个问这些问题的公司工作。记住你总是有拒绝回答或者告诉面试官某个特定问题缺乏商业道德的选择——虽然这两个回答很有可能让你留下不利的印象。[32] 如果你的确想要这份工作,你可以(1) 询问这个问题与你的条件有什么关系;(2) 解释一下这是私人信息;(3) 回答你认为是面试官真正关心的东西;(4) 既回答问题也回答面试官真正关心的东西。

如果你回答了一个缺乏商业道德或者不合法的问题,很有可能这个回答会影响你的机会,所以在回答之前考虑清楚。[33] 在任何情况下,不要忘记面试过程的两面性:企业在了解你而你也在了解企业。你是否想要在一家容许非法或歧视性问题存在、或者没有对员工进行足够培训来避免这些问题的企业工作?

如果你认为面试官的问题是不合理的、与工作无关的,或者是有歧视倾向的,你可以向最近的 EEOC 办公室(办公室网站 www. eeoc. gov)或者负责公平就业实践的州级部门报告。如果要报告以年龄或者身体残疾为由的歧视,可以联系雇主的公平机会办公室主管或者美国劳动局。如果你提交了报告,要准备好在上面花很多时间和精力——并且记住你可能赢不了。[34]

㉜ Gerald L. Wilson, "Preparing Students for Responding to Illegal Selection Interview Questions," *Bulletin of the Association for Business Communication* 54, no. 2 (1991): 44—49.

㉝ Jeff Springston and Joann Keyton, "Interview Response Training," *Bulletin of the Association for Business Communication* 54, no. 3 (1991): 28—30; Gerald L. Wilson, "An Analysis of Instructional Strategies for Responding to Illegal Selection Interview Questions," *Bulletin of the Association for Business Communication* 54, no. 3 (1991): 31—35.

㉞ Stephen J. pullum, "Illegal Questions in the Selection Process: Going Beyond Contemporary Business and Professional Communication Textbooks," *Bulletin of the Association for Business Communication* 54, no. 3 (1991): 36—43; Alicia Kitsuse, "Have You Ever Been Arrested?" *Across the Board*, November 1992, 46—49; Christina L. Greathouse, "Ten Common Hiring Mistakes," *Industry Week*, 20 January 1992, 22—23, 26.

15.4.3 结尾

就像热身一样，面试结尾的重要性远远超过它所占用的时间。在最后几分钟里，你需要估计一下你的表现。你也需要纠正面试官可能有的任何错误概念。

优雅地总结 一般情况下你可以看出面试官想要结束这部分了。他或她可能会问你是否还有其他问题，总结一下谈话，改变坐姿，或者通过手势来暗示面试结束了。当你得到这个信号时，马上做出回应，但是不要太匆忙。一定要感谢面试官提供面试机会，并且表达对企业的兴趣。如果你可以做得很自然，试着敲定接下来的进程，但是不要迫切地要求马上讨论。

如果这是你第二次或者第三次拜访这家公司了，面试可能会以提供工作机会来结束。你有两个选择：接受或者要求给一点时间来考虑。最好的做法通常是等一等。如果没有提供工作机会，面试官可能还没有做出决定，但是你可以有技巧地问问你什么时候可以知道结果。

讨论工资 如果你在面试中得到了工作邀请，自然会想讨论一下工资，然而，尽量让面试官提起这个话题。如果在面试或求职申请表中被问到工资要求的问题，你可以说你的工资要求还没决定，或者可以协商，或者你希望能有较好的福利待遇。[35] 如果你有特别的资历条件，要指出来："我有在这个领域 18 个月的经验，我希望能在正常薪水范围的中等水平以上。"你可以在劳工统计局的网站 www.bls.gov 或者几个流行的工作网站上找到行业工资范围。

如果你对条件不满意，可以试着协商一下，前提是你处于有利的讨价还价的位置并且企业提供这样的灵活性。如果你的技能是很紧缺的，而且你还有几个别的工作机会，那么你将处于非常有利的位置。如果你是最好的候选者，而企业正在发展中，也会很有利。然而，许多企业在工资浮动上相对严格，尤其是对新人。在美国和一些欧洲国家，问"是否有协商的余地"是很正常和可以被接受的。

工资也许是收益组合中最重要的部分，但是它当然不是唯一的部分。即使工资是不能协商的，你也可以在奖金、利润分红、养老金和其他退休福利、医疗报销、休假时间、股票和整个待遇组合的其他有价值的部分找到一点灵活性。[36]

回顾成功面试的重要提示，参见"要点检查：在工作面试中留下积极印象"。

要点检查

在工作面试中留下积极印象

A. 热身

✓ 保持警惕；即使是最开始的闲谈也是面试过程的一部分。

✓ 用面试官的名字打招呼，保持微笑和目光接触。

✓ 如果面试官伸出手，有力（但不要太使劲）地握手。

✓ 只有在面试官让你坐下或者他或她自己坐下以后才能坐下。

---

[35] "Negotiating Salary: An Introduction," *InformationWeek online* [accessed 22 February 2004] www.infoweek.com.

[36] "Negotiating Salary: An Introduction."

✓ 仔细听出问题的暗示，其潜在意图是试探你或者你的资历条件的某些方面。

B. 问答

✓ 让面试官主导谈话。

✓ 绝对不要在面试官把问题说完之前就回答问题。

✓ 仔细听面试官说并且观察非语言信号。

✓ 不要把你的回答限制在简单的"是"或者"不是"上；展开回答来显示你对公司的了解（但是不要喋喋不休）。

✓ 如果你遇到一个可能有歧视的问题，在说话之前决定你想怎样回应。

✓ 有机会时，从你准备的清单中选择问题提问；记住面试官是期望你问问题的。

C. 结尾

✓ 观察和倾听面试官准备结束的信号。

✓ 很快地评估你的表现并且消除面试官可能有的任何误解。

✓ 如果你得到工作但是没有准备好做出决定，要求一点时间来考虑是完全适宜的。

✓ 不要提到薪酬，但是要有准备在面试官提出这个话题时进行讨论。

✓ 以热情的微笑和握手结束，并且感谢面试官的会见。

15.4.4 面试笔记

如果是典型的工作招聘，你将会在得到工作之前经历许多次面试。所以，用一个笔记本或活页夹来做面试笔记，这样能够帮助你回忆起每次谈话的内容。一离开面试地点，就写下你见到的人的名字和头衔。然后很快地评价一下你在面试中的表现，写下你认为自己表现得好或者不好的地方。回顾这些笔记可以帮助你提高将来的表现。[37] 除了提高面试中的表现，面试笔记还能帮助你记录需要送出的跟进信息。

15.5 面试后跟进

面试后与潜在雇主联系，通过电话或者信件都可以，来显示你的确很想要这份工作而且很坚决地想要得到它。这同样又给了你展示你的沟通技能和商务礼仪意识的机会。跟进信息可以让面试官再一次想起你的名字，并且提醒他或她你正在积极地观望和等待决定。

最常见的跟进形式是感谢信和询问信。这些信息通常是通过信件来传达的，但是电子邮件或者电话也可以一样有效，尤其是如果雇主看起来倾向于随意的个人风格。别的跟进信息的类型——要求延时的信函、接受函、拒绝工作邀请的信函和辞职信——最好通过信件以便对正式就业相关行为有一个记录。

---

[37] Harold H. Hellwig, "Job Interviewing: Process and Practice," *Bulletin of the Association for Business Communication* 55, no. 2 (1992): 8—14.

15.5.1 感谢信

在面试后两天内表达感谢，即使觉得你得到工作的机会很小，这不仅是礼貌，而且能留下有利的印象。感谢面试官的时间和精力，表达你持续的兴趣，然后有礼貌地询问决定。在图 15-3 中，Michael Espinosa 通过短短三段就做到了所有的这些。

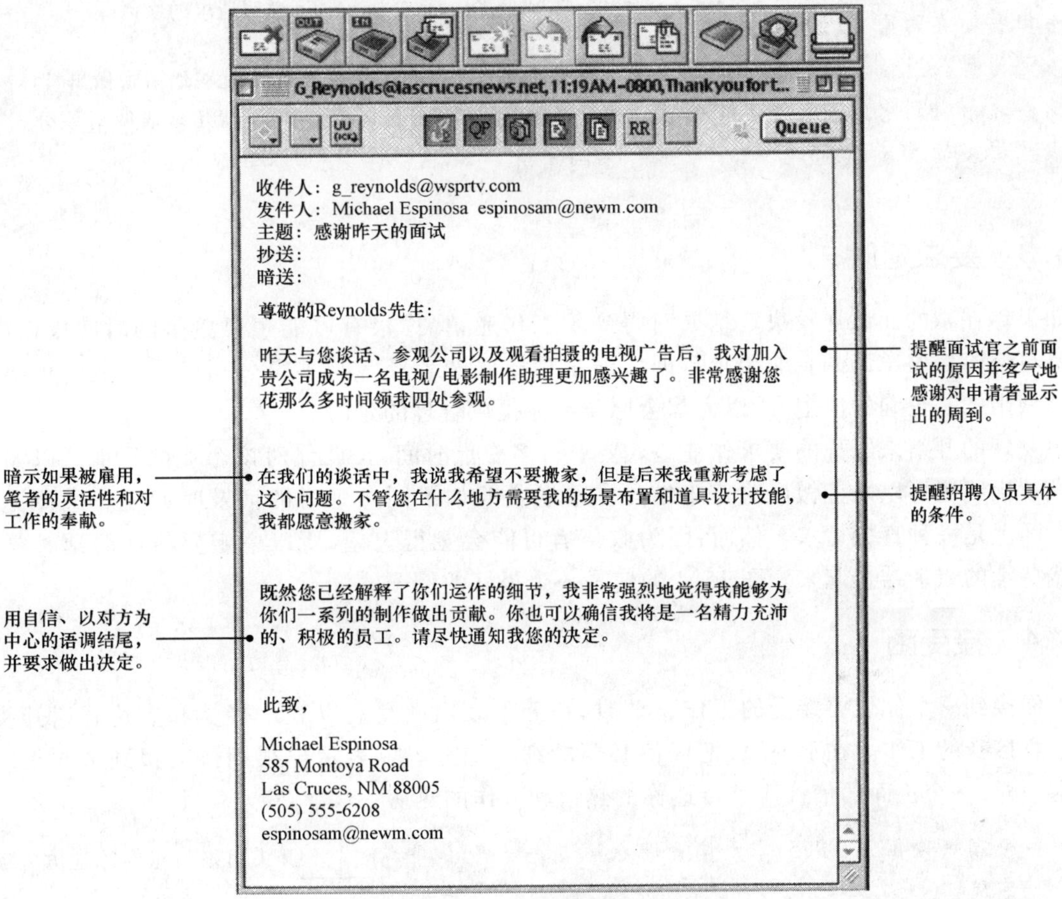

图 15-3 电子邮件感谢信

保持感谢信的简短（五分钟内的电话或者一页的信），并且保持像日常信息一样的结构。展示换位思考，并且显得积极，但不要过于自信。即使面试官已经说了你不适合这份工作，一个感谢信也许能打开将来机会的大门。

15.5.2 询问信

如果你没有在预定日期或者两周以内得到面试官的决定通知，你可以进行询问。如果你已经收到另一家公司的工作邀请，而不想在得到第一家公司答复前做出决定，那询问信就非常合适了。下面这封信展示了一个常见的、要求直接答复的计划，写信者假定是简单的疏忽而不是果断的拒绝导致了拖延：

4月7日我们讨论了贵公司在 Park Avenue 展示厅的时装调配师的职位,您表示在5月1日前将做出决定。我对这个职位仍然很感兴趣并且很迫切地想知道您做出了怎样的决定。

明确职位并说明主要想法。

而且问题是,另一家公司已经向我提供了一个职位并且希望我能在两周内做出答复。

说明请求的缘由。

因为贵公司似乎能提供更多的挑战,如果能在5月12日周四之前得到您的决定,我将不胜感激。如果在那之前您需要更多的信息,烦请告知。

最后礼貌地请求做出具体决定,同时清楚地表明对该公司更感兴趣。

15.5.3 要求延时

如果你在别的面试还没决定结果时得到了工作邀请,你很有可能想要更多的时间来做决定,所以要写信给提供邀请的企业要求延时。雇主理解候选者经常与多家公司面试。他们想要你确定自己做出的是正确的决定,所以大都会愿意给你提供合理的延时。

用友好的开篇来给你的要求作铺垫。要求再多一点时间,强调你对该企业的热情。以如果延时要求被拒绝也可以马上做出决定来结尾。请求企业如果同意延时的话及时回复。这种类型的信件实际上是一种直接请求。然而,因为收信者可能会觉得失望,所以一定要将你的延时要求与你仍然持续的兴趣结合起来。图15-4的信是一个很好的例子。

15.5.4 接受函

当你接到一个你想要接受的工作邀请时,在五天之内回复。以表示接受和表达感谢开头,说明你愿意接受的工作。在下一段,把任何必要的细节加上。以表示你很期待去报到工作来结尾。如平常一样,一个正面的信件应该传达你的热情和合作的热切:

我很高兴以每月2875美元接受贵公司广告部门的平面设计职位。

开头用好消息的陈述方式确认邀请的具体条件。

随信附上的是您要求我填写和签名的健康保险表格。我已经通知了我现在的雇主,并且在1月18日周一就可以开始工作了。

在中间提到各方面细节。

加入贵公司令我十分兴奋。非常感谢您能给我这个机会,我认为它将是一个具有挑战性的未来。

再次提到好消息和对未来的展望来结尾。

注意工作邀请和对邀请的书面接受函可以组成一个合法的劳动合同,对于你和雇主双方来说都是。在写接受函之前,一定要确信你想要这份工作。

1448 SolsburyAvenue
Thunderhaw，SD57655
2006年1月6日

副总裁Frank Lapuzo先生
Lone Star Foods
7499 Hackberry Parkway
San Antonio, TX 78210

尊敬的Lapuzo先生：

> 通过表达对这份工作的高度兴趣开篇。

电子商务主管的职位是一个令人兴奋的挑战和一次难得的机会。我很高兴你将它提供给了我。

> 强调更喜欢第一份工作邀约的特定理由来打消读者的疑虑。

> 强调职业责任才是请求的理由，而不是想要了解另一家公司能提供什么条件的愿望。

由于另外一个承诺，我希望您能允许我到2月15日再做出最终决定。在我们的面试之前，我已经与另一家公司安排了进一步的面试。由于贵公司的质量至上和以团队为基础的管理风格，我对贵公司非常感兴趣，但是我觉得我不应该失信于人。

> 结尾说明愿意妥协或者让步，而同时表达对该职位不变的兴趣。

如果您需要我马上做出决定，我会很乐意马上做出答复。然而，如果您能够给我多一点的时间来完成之前的承诺，我将非常感激。希望您能尽快给我打电话答复，我的电话号码是（605）234-6897。

此致

Chang Li

Chang Li

图 15-4　有效的延时请求

文档修改

改进这封信

练习实际修改文档的草稿，请登录在线课程或密码保护网站“辅助网站”（Companion Website）。点击“文档修改”（Document Makeovers），然后点击第 15 章。你会看到一封信，包括了与本章所学“就业申请与面试”相关的问题和错误。使用“最终稿”选项修改这份延时请求信。检查信件的所有要素，打消潜在雇主的疑虑，要求延时，解释请求的原因，提供折中妥协并且要求尽快的回复。

15.5.5 拒绝工作邀请的信函

在面试以后,你可能发现你需要写封信来拒绝一份工作邀请。使用负面信息的技巧(见第8章):温暖地开篇,说明拒绝邀请的原因,明确地拒绝邀请,然后用愉快地语气结尾,表达感谢。通过花时间来写一封真诚的、有技巧的信,你为将来的接触留下了一扇敞开的大门:

> 上个月与贵公司Durham纺织厂的面试,是我曾经历的最有趣的面试之一。我很高兴您能提供我们讨论过的计算机分析员的职位给我。
>
> 在找工作的过程中,我申请了五家像贵公司一样排名很强的公司,每家都是在它自身领域的佼佼者。贵公司和另外一家公司都给我提供了工作机会。由于我想要去海外工作的愿望在另一家公司能够更容易被满足,我已经接受了那份工作邀请。
>
> 甚为感激您与我谈话的宝贵时间。再次感谢您的周到与和善。

← 在开头段落进行铺垫缓冲。

← 在坏消息之前,有技巧地措词表达拒绝的理由,并留有余地。

← 通过真诚和热情的结尾礼貌地拒绝对方。

15.5.6 辞职信

如果你得到了工作邀请而现在有工作,你可以通过写一封辞职信给你的直接上司来与现任公司保持良好关系。遵循坏消息的计划,并且让信看起来正面一些,不管你的感觉实际上怎样。说一些公司、同事的好话,或者你在工作上学到了什么。然后表达你想要离开的想法和你能工作到的最后日期。一定要提前至少两周通知现任雇主:

> 真诚地感谢您和其他所有Emblem公司的员工在过去两年中给我那么多的帮助,让我学习如何为大众服务。您给了我许多默默的帮助和鼓励。
>
> 您也许还记得第一次面试我的时候,我的目标是成为一个客户关系主管。现在因为另一家公司给我提供了这样一个机会,我在此提出我的辞呈。我将会想念你们所有的人,但是我希望能够很好地把握这次机会。
>
> 我希望能在两周内结束在这里的工作,但是如果您希望我培训接替者,我可以安排再多工作一周。
>
> 诚挚地感谢并向所有人致以最美好的祝福。

← 用感激的开篇作为缓冲。

← 在说出坏消息之前说明原因,用有技巧的措词来帮助保持关系的友好,如果写信的人之后需要推荐信的话。

← 另外用一段讨论必要的细节。

← 在热情的结尾中尽量表达出沮丧。

要明确跟进信息的内容和风格,参见“要点检查:跟进信息的写作”。

要点检查

跟进信息的写作

A. 感谢信

✓ 面试后两天之内写简短的感谢信。

✓ 感谢面试官的时间和好意。

✓ 再次说明你申请的特定工作。

✓ 表达你对该企业和工作的热情。

✓ 加上任何能提高你的机会的新信息。

✓ 礼貌地要求做出决定。

B. 询问信

✓ 如果你在约定时间没有得到面试官的回复,写一封简短的询问信。

✓ 用直接的方式:主要内容、必要细节、特定要求。

C. 延时要求

✓ 如果你有未决的面试并需要时间来决定是否接受邀请,可以请求延时决定。

✓ 用友好的语气开篇。

✓ 解释你为什么需要更多的时间并表达对该企业仍然很感兴趣。

✓ 在结尾,承诺如果你的要求不能得到肯定,你能够很快做出决定,并且要求确认你的要求是否得到同意。

D. 接受函

✓ 在收到邀请五天之内送出这个信息。

✓ 清楚表明你接受邀请,确认你所接受的工作,并且确认像工资和报到日期这样的重要细节。

✓ 确信你的确想要这份工作;接受函可以被视为有法律效力的合同。

E. 拒绝工作邀请的信函

✓ 使用负面信息的模型。

✓ 以热情、感激的语气开篇,然后解释你为什么拒绝邀请。

✓ 以真诚、积极的语气结尾。

F. 辞职信

✓ 尽快发辞职信给你目前的雇主。

✓ 以感激的铺垫缓冲开篇。

✓ 在中间部分,说明你离开的原因并且确实表明你要辞职。

✓ 诚恳地结尾。

工作进行时

解决 Google 的沟通困境

Google 的许多招聘都是集中在创造和提升公司搜索技术的软件工程师和其他技术专家上。然而，随着技术应用的商业范围越来越广，商务专家将对公司的未来起到重要的作用。你现在就处于一个面试小组，要找到一个人满足这样的一个职位需求——Google 的加利福尼亚州山景城办公室的企业发展分析师/助理。这里是 Google 的网站对该职位的描述（“M&A”是兼并和收购（mergers and acquisitions）的缩写）：

> 我们正集中力量，通过 M&A 交易来提高我们的企业使命，这是一个绝好的加入 Google 团队的机会。我们在寻找一个助理来加入我们的企业发展团队，在这里将受到最成功交易者的启迪。在这个角色里，你将从客观调查中审视潜在的收购交易，研究国内和国际细分市场，并且参与到交易活动中与企业发展经理、负责人和主管一起紧密合作。
>
> 我们的理想候选者是一个带来高度热情的最佳表现者，能在大型、多元化的团队中很好地工作，并且有得到证明的创造性思维能力。
>
> **要求：**
>
> - 学士以上学位
> - 1—3 年在战略咨询、投资银行或者相关企业工作经验的优先
> - 数量和质量分析能力强
> - 优秀的口头和书面沟通技能
> - 同时处理多个项目的能力
> - 必须是有幽默感的团队合作者

脑中记着这样的工作要求，你将如何回应这些招聘情况？[38]

1. 由于书面沟通技能对于这份工作如此重要，你对应征者的来信十分注意。根据下列开篇段落，这四个应征者中的哪一个最成功地抓住了你的注意力和兴趣？

a. 我爱 Google！全靠着你们杰出的搜索引擎，我完成了学校里的大量论文，而且在我作为市长办公室（我现在为怀俄明州夏延市市长杰克·R. 斯派克（Jack R. Spiker）服务）立法分析员的工作中也继续使用着它。

b. 猜猜我 Google 我自己，结果发现了什么？五大页我拿到的奖项，我做过的演讲，我写过的文章，以及我负责过的项目。你自己试试，看看你能看到我的什么成果。

c. Google 向来有着只招最好和最聪明者的名声，但是最大的问题是为什么我还没有在里面工作呢？我动力十足，比一般人聪明得多，而且不怕告诉你们我在一个叫做 Google 的地方上班！

d. 在 Ignito 战略咨询公司，当我和我的同事们围着咖啡机讨论那些经典的收购之作时，Google 的名字总是会冒出来，令人称奇。你们的公司不断采用极具想象力、创造性，却又经过仔细调查、

---

[38] See Note 1.

巧妙执行的战略，这正是我整个职业生涯中所受的培训教我要做的。而且虽然我目前的工作只做了一年，第一年的年度评估却称我已经具有了一个五年工作经验的老员工具有的专业水准。

2. 你喜欢让申请者马上放松下来，所以你通常以一个幽默的问题开始，在打破紧张局面的同时，也了解一些候选者的个性和知识。在这一轮面试中，你将选择以下问题的哪一个来开始每个面试？

a. 你听说过的最愚蠢的商业交易是什么？

b. 如果我们想在一次交易中损失 1 000 万美元，你会建议我们做什么？

c. 你以前有过觉得人生就像一场无穷无尽的面试一样的时候吗？

d. 这么看来……每周买的彩票还是没有结果，是吗？

3. Google 非常重视创造性思维，所以你和你的同事花很多时间来探查候选者对挑战进行思考，并提出聪明解决方案的能力。你会用以下哪个问题来判断一个候选者理解问题和开始形成方案的能力？

a. 你是环境保护局的科学家，专业是电子产品的有毒废弃物。你在国会委员会作证，一个议员想知道在未来 10 年会有多少手机电池被丢弃。没有任何其他的信息，你将怎样开始估计这个数字？

b. 猜猜我多少岁了。

c. 为什么电影和电视里的电话号码总是以 555 开头？

d. 你会怎样向一个来自另一行星的外星生物解释人类的家庭？

4. 在每个面试的结尾，你会找一个时间问候选者是否有问题要问你。下列哪个回答会让你印象最深刻？

a. 没有，谢谢。我想我没有问题了。

b. 嘿，如果我有任何问题，我可以回去以后到我电脑上 Google 一下，对吗？

c. 是的，我寻找新工作的优先考虑因素之一就是要寻找更多的思维活跃感和专业自由度，Google 是这样一个最佳表现者真的可以追求他们自己梦想的地方吗？

d. 是的，实际上，有两三个问题。首先，Google 所称的整理世界信息并让它全球共享的使命留下了很大的发展空间。例如，你是否认为公司会进入传统的出版业，像图书或杂志？

学习目标检查

通过阅读每个学习目标和完成相关练习来评估你对本章要点的掌握情况。填空题，写出空白处缺少的文字；单项选择题，在正确答案的字母上打钩。

目标 15.1：说明求职信的意图并解释怎样在求职信中运用 AIDA 组织法。

1. 发送求职信的首要理由是什么？

a. 促使读者看你的简历

b. 寻找一份工作

c. 将你的条件逐项说明

d. 要一份申请表格

2. 下面哪一个是在求职信的开篇段落中吸引注意力的好方法？

a. 解释你的工作技能可以怎样为企业带来

利益

b. 解释你的条件怎样符合这份工作

c. 显示你了解企业的需要

d. 以上所有

目标 15.2：描述求职面试的典型步骤。

3. 以下面试步骤中的哪个是第一个进行的？

a. 选择阶段

b. 筛选阶段

c. 过滤阶段

d. 分类阶段

4. ________面试通常被用在筛选阶段，以一系列准备好的既定顺序的问题为特征。

5. ________面试是一种不那么正式和结构化的模式，面试官问一些广泛的、开放式问题。

6. ________面试试图发现当候选者面临各种工作中的挑战时将如何表现。

目标 15.3：简述在就业面试和就业前测试中雇主寻求什么。

7. 雇主在面试中寻找的两个最重要的因素是什么？

a. 企业适合度以及动机

b. 动机和工作能力

c. 动机和工作经验

d. 适合企业和工作能力

8. 在申请工作过程中，你可能会遇到下面职前测试中的哪一个？

a. 诚信测试

b. 药物测试

c. 个性测试

d. 以上所有

9. 大约多少比例的美国公司要求求职者进行职前药物测试？

a. 3%

b. 12%

c. 50%

d. 98%

目标 15.4：列出准备一个成功的求职面试需要完成的六个任务。

10. 如果一个面试官让你描述你的最大缺点，下列哪个是你回答的最佳策略？

a. 深入解释缺点，这样能向面试官说明你的诚实

b. 把缺点描述得像优点一样，比如你对自己的要求太高，把自己逼太紧

c. 谦恭地向面试官解释这个问题不合法

d. 解释你没有大的缺点

11. 在面试中你自己问问题的最佳策略是什么？

a. 试着在面试开始时都问完，这样就不会超时

b. 等到面试结束后，用电子邮件把问题发给面试官

c. 试着在面试过程中自然地把问题提出来

d. 等到面试官问你是否有任何问题时再问

12. 如果你相信你在外表、面试技巧、工作技能或者工作经验上有特别的劣势，你应该如何在准备面试时处理这些情况？

a. 计划在面试开始阶段对自己的弱点开开玩笑；这将打破紧张气氛并且允许你集中注意力于面试官的问题

b. 在准备和进行面试时，都通过强调你的优点来弥补

c. 如果可能的话，改正缺点；如果不可能，强调你的优秀品质

d. 忽略这种情况；在这种时候你对于弱点已经无能为力了

13. 如果你不确定一个特定的面试该穿哪种风格的衣服，而且你没有办法问那家公司里员工的意见，你应该怎么做？

a. 穿得非常保守；太正式一点总比太随便一些要好

b. 穿自己想在工作时穿的

c. 穿抢眼风格的衣服，那样能给面试官留下深刻的印象

d. 带好几套衣服早点儿到；试着看看那的

人们都穿什么，然后找个地方换上你有的最接近他们风格的那一套

目标 15.5：解释成功求职面试的三个步骤。

14. 研究显示，许多面试官，尤其是那些没经过培训的，________对候选者做出决定。
   a. 在面试的最初 20 秒钟内
   b. 在面试的最后 20 秒钟内
   c. 根据简历
   d. 根据封面信
15. 如果一个工作面试官问你的婚姻状况、你有几个孩子以及他们多大，你应该怎么做？
   a. 回答这些问题——面试官是完全有权利问你这些个人问题的，即使它们跟你申请的工作没有直接的联系
   b. 告诉面试官这样的问题是非法的并且威胁要起诉他侵犯隐私
   c. 通过问面试官是否对你的工作能力、差旅要求或者其他因素有什么担忧，来回避这些问题——在很多州，问这样的问题是非法的
   d. 如果你想要这份工作，拒绝回答这些问题但是保证你不会将非法提问报告给 EEOC
16. 如果面试官告诉你这份工作提供的工资，你应该怎么做？
   a. 总是完全接受公司提供的条件
   b. 回应要求比公司提供的更高的数字
   c. 回应要求比公司提供的更低的数字
   d. 问问工资是否有协商的空间

目标 15.6：确定面试后最常见的就业信息并解释适用时机。

17. 在一个求职面试之后，你应该________发送感谢信函。
   a. 在面试后两天以内
   b. 只有当你认为你得到了这份工作时
   c. 遵循 AIDA 组织计划
   d. 以上全部
18. 拒绝工作邀请的信应该遵循：
   a. 直接的方式
   b. AIDA 计划
   c. 负面信息方式
   d. 有礼貌的计划

知识应用

1. 在筛选面试中，你能怎样将自己和其他候选者区分开来而仍然保持你的回答简短到位？解释一下。

2. 当你发现一个开放式面试变成了一个压力面试时，你可以做些什么来留下良好印象？简要解释你的回答。

3. 如果你因为无法与你的上司相处而想要换工作，你将怎样向潜在雇主解释这一情况？举例说明。

4. 在一次小组面试中，你注意到其中另一个候选者试图垄断对话。他总是第一个回答问题，他的回答是最长的，而且他甚至在别的候选者还在说话时就打断别人。面试官似乎对他的行为没什么意见，但是你有。你想要更多的发言时间，这样面试官就能更了解你。你应该怎么做？

5. **伦理选择**。为什么把不道德或者不合法的面试问题与可接受的问题区分开很重要？请解释。

知识实践

文档分析

阅读下列材料,然后:(1) 分析每句话的优点和缺点;(2) 修改材料,使其遵循本章指南。

文档 15. A:写求职信

我写这封信是为了让您知道我能胜任您广告中的品牌经理工作。正如您从我随信附上的简历中看到的,我的背景对于这个职位来说是完美的。尽管我没有任何实际工作经验,我的成绩却一直很突出,尤其是我上的还是一所顶级的商业学院。

我在上本科期间做了很多事情,为这份工作做好了充分的准备:

- 商务课程平均学分 3.4(满分 4.0,其中有一科还得了 3.8)
- 被选为学生会代表
- 工作赚取一部分学费

我给所有的顶级公司都发送了简历,但是我最喜欢贵公司。你们的声誉在本行业中最好,而我希望能自豪地说自己在一个最好的公司工作。

如果您希望我来参加面试,我在每周五下午或者周末的任何时间都没有课。再次感谢您考虑让我担任你们的品牌经理这个职务。

文档 15. B:写求职跟进信息

你们收到我的简历了吗? 我是在至少两个月以前给你们发的简历,但是现在还是没有任何消息。我知道你们会将简历存档,但是我只是想确认你们还记得我。我听说你们在招聘保健经理,并且很希望你们能考虑让我担任其中一个职务。

自从上次给你们写信以后,我已经在许多岗位上工作过,这些工作帮助我准备好走上管理岗位。具体情况是:我在工作的餐馆成为了午餐经理,并且得到了加薪。我现在管理 12 个女孩组成的服务生团队并且每天将午餐发票送到银行。

当然,我更愿意从事一份真正的工作,而且这就是我再次给你们写信的原因。你们还需要了解我或者我背景的任何别的问题吗? 我真的很希望能够更多地了解你们公司。你们有什么资料能够发给我吗? 如果有的话,我将不胜感激。

我想我还没有被雇用的一个原因是我不想离开亚特兰大。所以我希望当你们考虑我的职位的时候,会是一个比较稳定的职位。再次感谢你们考虑我的申请。

文档 15. C:感谢信

感谢您给了我这次绝好的机会,让我在 Starret Engine 公司见到您和您的同事。参观你们的设施和与那里的人们交谈真的非常愉快。你们的员工多好啊! 我参观过的其他公司都那么严肃紧张,以至于我根本没有办法想象自己能在那里工作。见到一群像你们这样享受工作的人真让人感到愉快。

我知道您肯定见过了很多应聘这份工作的其他候选者,而且我知道他们其中的某些很有可能比我经验丰富。但是我真的很想说我在海军的两年服役中学到了很多工程工作。我想我在面试中没有提到我在船上的职责。

请在下周之内给我电话通知我您的决定。晚饭后我通常都在寝室(电话号码:877-9080)。

文档 15. D:询问信

我最近接到了 Warrington 公司很有吸引力的工作邀请。但是在我告诉他们决定之前,希望能考虑一下贵公司可能给我的邀请。我在最近的面试中对贵公司印象深刻,并且仍然对这份工作非常感兴趣。

我不是想要给您压力，只是 Warrington 希望我在 10 天以内做出决定。您能在周二之前告诉我你们是否计划给我工作邀请吗？那将会给我足够的时间来权衡两份邀请。

文档 15. E：拒绝工作邀请的信

我写信是为了告诉您我不得不拒绝你们的工作邀请。另一个公司给了我更丰厚的待遇，而我已经决定接受了。不过，如果我在那里工作得不顺利，我将会让你们知道。真诚地感谢你们对我的兴趣。

练习

本章讨论到的所有网站都能在本书的网站 www. prenhall. com/thill 上找到链接。找到书名并点击其“辅助网站”链接，然后选择第 15 章，并点击“特色网站”，选定与文中内容有关的页面名称或 URL。请注意本书出版后失效的链接将从特色网站中删除。

15.1　**互联网**。选择你可能喜欢在那里工作的一家大公司（一家你能很容易找到相关信息的）。用互联网资源收集一些对该公司的前期研究；不要把搜索限制在公司自己的网站上。

1. 你掌握了关于这家公司的什么能帮助你面试的信息？

2. 你用到什么互联网资源来获得这些信息？

3. 有了这些信息，你认为你背景的什么方面可能对这家公司的招聘人员有吸引力？

4. 如果你选择申请这家公司的一个职位，你会在简历中用什么关键词，为什么？

15.2　**小组合作**。将全班分成两个组。一半将作为一个全国百货公司大型连锁店的招聘人员，在寻找适合管理培训生职位的人（大约有 15 个空缺）。另一半将是这份工作的候选者。公司特别需要有这三种品质的候选者：主动、可靠，以及承担责任的意愿。

1. 让每个招聘人员选择一个候选者，面试 10 分钟。

2. 让所有招聘人员讨论他们是怎样对申请者的这三种品质进行评估的。他们问了什么问题或者用什么作为决定候选者是否有某一品质的指标？

3. 让所有申请者讨论他们说了什么来说服招聘人员认为他们有每一种品质。

15.3　**面试：理解条件**。写一份简短的电子邮件给你的老师，讨论你认为从雇佣的角度来说，你最大的优点和缺点是什么。接下来，解释评估你条件的面试官将怎样看待你的这些优点和缺点。

15.4　**面试：做好准备**。准备并写下表 15-2“25 个常见的面试问题”中列出的其中 10 个问题的答案。

15.5　**伦理选择**。你已经决定接受公司竞争对手的一个新职务。写一封辞职信给你的上司，通知你的决定。

1. 你是否会告诉你的雇主你要加入一个对手企业？请解释。

2. 你会用直接法还是间接法？请解释。

3. 你会通过电子邮件还是普通信件发送这封信，或者是直接把它放到上司的桌上？

知识拓展

从网络中学习更多

在第一次面试前的准备和操练

www. job-interview. net

你可以怎样练习进行面试？你可能会被问到什么问题，而你又应该怎样回答？你没有必要回答的是哪些问题？Job-interview. net，www. job-interview. net，提供以实际工作空缺为基础的模拟面试。它提供职务描述、特定职业和工作的问答，以及公司简介和年报的链接。你将找到概括主要工作要求、列出面试练习问题和帮助你将模拟面试组合到一起的分步计划。这个网站提供寻找职务描述中关键词的提示，这将帮助你缩小搜索范围并预计在第一次或者下一次工作面试中会被问到的问题。

活动

访问 www. job-interview. net，然后回答这些问题：

1. 在工作面试中你可能被问到的疑难问题是什么？你将怎样处理这些问题？

2. 在清单上选择一个工作头衔，并且多读一些关于它的内容。你掌握了哪些能够在你所选工作的实际面试中有所帮助的内容？

3. 提前设计一个“面试游戏计划”能帮助你在面试中留下深刻、积极的印象。你能练习什么来帮助你使你在面试中所做的所有事情看起来都很自然？

自己探究网络

自行访问以下与本章内容相关的网站，学习更多关于工作面试的内容。

1. 在 Monster. com，www. monster. com，可以获得超过 2 000 页的职业建议，并且与你所选行业或专业专家一起探讨。

2. 希望写出幽默但是有效的封面信，请访问 www. soyouwanna. com，点击“工作”，然后找到关于封面信的文章。

3. 你在“在线写作实验室”(Online Writing Lab)能找到关于写封面信的最有用的几页建议。访问 http://owl. english. purdue. edu/owl/，然后点击“求职写作”。

互动学习

互动学习向导

访问 www. prehall. com/thill，找到书名并点击“辅助网站”链接。选择“第 15 章”，使用互动的“每章测验”来测试你对本章概念的掌握情况。你会得到即时的反馈，知道你是否需要进一步的学习。同样，访问“学习大厅”，你将发现大量能帮助你完成此课程的资源。

最佳语法和结构

如果教师要求你使用在线课程或者 CD 上的“最佳语法和结构”，你可以通过使用这一模块来提高你的词汇使用技巧。首先点击“词汇”，选择进行“预先测试”来确定你是否有薄弱方面。然后在“复习课程”中复习这些方面。选择进行“跟进测试”来检查你对词汇的掌握情况。如果想要更高的挑战或者进一步的练习，选择进行“高级测试”。最后，在接下来的

“提高语法、结构和表达”部分中，完成练习以进一步巩固和加强。

提高语法、结构和表达

以下练习帮助你提高对英语语法、结构和表达的掌握和运用。在下面每组句子中，找到最佳选项，在正确答案的字母上打钩。

1. a. We need to hire one office manager, four bookkeepers, and 12 clerk-typists.
   b. We need to hire one office manager, four bookkeepers, and twelve clerk-typists.
   c. We need to hire 1 office manager, 4 bookkeepers, and 12 clerk-typists.
2. a. The market for this product is nearly 6 million people in our region alone.
   b. The market for this product is nearly six million people in our region alone.
   c. The market for this product is nearly 6 000 000 people in our region alone.
3. a. Make sure that all 1 835 pages are on my desk on later than 9:00 A. M.
   b. Make sure that all 1 835 pages are on my desk on later than nine o'clock in the morning.
   c. Make sure that all 1 835 pages are on my desk on later than nine o'clock A. M.
4. a. Our deadline is 4/7, but we won't be ready before 4/11.
   b. Our deadline is April 7, but we won't be ready before April 11.
   c. Our deadline is 4/7, but we won't be ready before April 11.
5. a. 95 percent of our customers are men.
   b. Ninety-five percent of our customers are men.
   c. Of our customers, ninety-five percent are men.
6. a. More than half the U. S. population is female.
   b. More than 1/2 the U. S. population is female.
   c. More than one-half the U. S. population is female.
7. a. Last year, I wrote 20 15-page reports, and Michelle wrote 24 three-page reports.
   b. Last year, I wrote 20 fifteen-page reports, and Michelle wrote 24 three-page reports.
   c. Last year, I wrote twenty 15-page reports, and Michelle wrote 24 three-page reports.
8. a. Our blinds should measure 38 inches wide by 64 and one-half inches long by 7/16 inches deep.
   b. Our blinds should measure 38 inches wide by 64-1/2 inches long by 7/16 inches deep.
   c. Our blinds should measure 38 inches wide by 64-8/16 inches long by 7/16 inches deep.
9. a. Deliver the couch to 783 Fountain Rd., Suite 3, Procter Valley, CA 92074.
   b. Deliver the couch to 783 Fountain Rd., Suite three, Procter Valley, CA 92074.
   c. Deliver the couch to seven eighty-three Fountain Rd., Suite three, Procter Valley, CA 92074.
10. a. Here are the corrected figures: 42.7% agree, 23.25% disagree, 34% are undecided, and the error is 0.05%.

b. Here are the corrected figures: 42.7% agree, 23.25% disagree, 34.0% are undecided, and the error is .05%.

c. Here are the corrected figures: 42.70% agree, 23.25% disagree, 34.00% are undecided, and the error is 0.05%.

如果想整体回顾你的语法、结构和表达技巧，请登录 www.prehall.com/thill，找到书名并点击“辅助网站”链接，选择“第 15 章”，点击“提高语法、结构和表达的额外练习”，然后点击“25. 语法和表达”。

案例

准备其他类型的就业信息

1. 在线申请：电子封面信介绍简历 在研究数码相机购买时，你误打误撞跑进了 Megapixel 网站（www.megapixel.net），它提供一系列相机款式的产品评论。网站上评论的质量和极好的图片启发你得到一个新兼职的商业想法——你可以给 Megapixel 写定期专栏。这个网络杂志给有经验的相机使用者很好地提供信息，但是你发现了可以给需要更初级水平信息的数码摄影“新手”写点东西的机会。

你的任务：写一封电子邮件信息作为你的封面信，向负责编辑 Megapixel 英文版本（也有法文版）的 Denys Bouton 传达你的信息。试着将你的信息限制在一页以内（通常是 20—25 行）。你将需要有创造性的“引子”和有保障的方法来将你自己确定为在该电子杂志执行这项新功能的正确人选（可以编造完成封面信所需要的任何关于你背景的细节）。

2. 地图上下——给 Google Earth 的求职信 过去四年中你一直充满着激情和决心，现在你就要获得商务学位了。一天晚上上网休闲的时候，你不知怎么进到一个叫做 Google Earth 的地方。你很快就被那个能自如缩放地球、看到那些你去过或者梦想要去的地方的卫星照片的功能吸引住了。甚至可以输入你住的公寓的地址，然后就能看到你所住地区的俯视图。你对美国主要城市的三维透视图感到非常惊奇。另外，照片和地图都连接到 Google 其他的搜索技术上，让你可以找到你周围从 ATM 到咖啡店的任何地方。

你自从孩提时代就十分喜欢地图，而发现 Google Earth 让你忍不住希望自己学的是地理专业。你知道跟着心里感觉走是多么地重要，所以你决定不管怎样都要申请去 Google 工作，虽然你没有很强的地理信息系统方面的背景。你有的是对地图的无限热情和一个不错的商业头脑。

你的任务：访问 http://earth.google.com/ 并且探究这个系统的功能（你可以下载一份免费的软件）。尤其是要注意这项技术在商业和政府中的应用，例如为房地产销售、土地使用及其环境影响分析，以及国土安全部门的紧急规划提供个性化的俯视图和地图。一定也要访问社区页面，你会发现这项技术更多的有趣应用。现在起草一份电子邮件给 Google（发给 jobs@google.com），请求他们考虑让你加入 Google Earth 的团队。仔细想想你能怎样帮助公司开发这条产品线的商业潜能，并且确保全文闪耀着你的激情。

与潜在雇主进行面试

3. 面试官和应试者:面试的教室练习　面试当然是一项涉及至少两个人的互动活动。面试最好的练习方法就是与别人一起合作。

你的任务:你和班级里别的同学都要写求职信,寻求的是需要有好的个性和头脑、却只需要一点点专业教育或者经验的初级职位或者管理培训生。用虚构的名字在信上署名,不要让自己的身份曝露。接下来,修订(或者创建)一份简历准确地确认你的教育和专业成就。

现在,三位志愿做面试官的同学将所有匿名求职信进行分配。然后,每个面试官选择一个在信中看起来最令人欣赏和信服的候选者。这时候,被选上的候选者站出来将其简历递给面试官。

接下来每个面试官在全班面前面试他或她选中的候选者,努力理解简历上的项目怎样使候选者适合这份工作。在面试的最后,可以全班决定谁得到这份工作,并且讨论为什么这个候选者是成功的。之后,拿回你的信,签上真实的名字,然后交给老师评分。

4. 网络面试:面试练习　找到某个你感兴趣行业的一家企业的网页,然后在里面找到一个你感兴趣的职位。研究这个企业,用上第 10 章讨论过的任何在线商业资源,然后准备与该公司面试。

你的任务:与一个同学合作,轮流给彼此进行选定职位的面试。面试官应该在面试中做笔记。一旦面试结束,对彼此的表现进行点评(面试官点评应聘者面试的准备情况和回答问题的好坏;被面试者点评被问问题的质量如何)。写一封跟进信感谢你的面试官并将这封信交给老师。

面试后跟进

5. 时机把握上的小失误:请求就业决定延时的信　由于工作申请时间的混乱,你随便地在追求你真正想要的工作之前申请了一份平庸的工作。你想做的是在达拉斯高端百货商店 Neiman Marcus 的零售营销部门工作;你接到的邀请是 Longhorn 皮草提供的类似的一份工作,与俄克拉荷马州狭长地带南端的科默斯有着 55 公里干燥而沙土飞扬的路程。

你看了看你的记录。你与 Longhorn 的面试是三周前与人事部经理 R. P. Bronson 进行的,恰好是这个人写信向你提供这份工作。商店的地址是 27 Sam Rayburn Drive, Commerce, TX 75428。Broson 先生说他会为你保持这个职位 10 天。你和 Neiman Marcus 在下周有一次面试,但是你不大可能在这 10 天以内得到商店的决定。

你的任务:写信给 R. P. Broson,请求在考虑他提供的工作上给一个合理的延时。

6. 求职:给一家公司的整套就业相关信件　你想在哪里工作?选择你最喜欢的产品,找出哪个公司在美国制造或者销售(如果是外国制造的话)这个产品最好。假设一个月以前你发送了你的简历和求职信。不久以后,你被邀请去参加面试,而且进行得看起来很不错。

你的任务:利用你的想象力写出以下信件:(a) 面试的感谢信;(b) 询问信;(c) 请求延长决定时间的信;(d) 接受函;(e) 拒绝工作邀请的信。

参考答案

学习目标检查答案

第1章

1. e
2. b
3. a,d,f,h
4. b
5. c
6. c
7. c
8. d
9. b
10. c
11. b
12. 改进
13. a
14. 加强或支持
15. a
16. c
17. d
18. 困境,丧失

第2章

1. d
2. d
3. d
4. a
5. 无效的
6. b
7. 建设性的,非建设性的
8. d
9. c
10. a
11. a
12. b
13. 虚拟
14. 解码
15. c
16. d
17. a
18. d

第3章

1. d
2. d
3. c
4. b
5. c
6. d
7. 民族优越感
8. 刻板印象
9. d
10. a
11. c
12. b
13. a
14. 非语言
15. d
16. a
17. b
18. b

第4章

1. b
2. c
3. d
4. a
5. 总体目的
6. e
7. b
8. a
9. c
10. c
11. d
12. d
13. 丰富度
14. d
15. b
16. 直接的
17. 间接的
18. a

第5章

1. a
2. d
3. c
4. c
5. 被动

6. 主动
7. b
8. b
9. c
10. a
11. a
12. c
13. c
14. 例子
15. 相似点,不同点
16. a
17. c
18. c

第6章

1. d
2. a
3. c
4. a
5. b
6. d
7. d
8. b
9. b
10. a
11. c
12. b
13. 空白
14. c
15. a
16. d
17. a
18. b

第7章

1. b
2. a
3. d
4. c
5. b
6. d
7. b
8. 好消息
9. d
10. d
11. b
12. a
13. b
14. d
15. c

第8章

1. d
2. c
3. a
4. a
5. c
6. c
7. d
8. a
9. a
10. 诽谤
11. 文字诽谤
12. 口头诽谤
13. d
14. c
15. b
16. a
17. a

第9章

1. c
2. d
3. d
4. b
5. b
6. c
7. d
8. c
9. 情感
10. 逻辑
11. b
12. d
13. b
14. d
15. c
16. b
17. d
18. d

第10章

1. d
2. a
3. 信息
4. 分析
5. 建议书
6. d
7. d
8. 主要
9. 次要
10. a
11. c
12. a
13. c
14. c
15. a
16. b
17. 概述
18. 下结论
19. 提建议
20. a
21. 逻辑

第11章

1. d
2. a
3. a
4. c
5. c
6. a

7. c
8. a
9. b
10. d
11. d
12. d
13. d
14. d
15. b
16. d
17. d
18. c

第 12 章

1. c
2. d
3. a
4. d
5. b
6. a
7. 大纲
8. 执行概要
9. a
10. c
11. b
12. c

第 13 章

1. a
2. d
3. c
4. 计划,演讲
5. d
6. b
7. a
8. a
9. b
10. b
11. c
12. d
13. a
14. c
15. d
16. d
17. d
18. b

第 14 章

1. a
2. c
3. d
4. c
5. b
6. b
7. d
8. 时序型
9. 功能型
10. 复合型
11. d
12. a
13. b
14. a
15. a
16. c
17. d
18. b

第 15 章

1. a
2. d
3. b
4. 结构化
5. 开放式
6. 情景
7. d
8. d
9. c
10. b
11. c
12. c
13. a
14. a
15. c
16. d
17. a
18. c

提高语法、结构和表达答案

第 1 章

1. boss's (1.1.4)
2. sheep (1.1.3)
3. 1990s (1.1.3)
4. Joneses, stopwatches (1.1.3)
5. attorneys (1.1.3)
6. copies (1.1.3)
7. employees' (1.1.4)
8. sons-in-law, business (1.1.3, 1.1.4)
9. parentheses (1.1.3)
10. Ness's, week's (1.1.4)

第 2 章

1. its (1.2.5)
2. their (1.2.5)
3. its (1.2.5)
4. their (1.2.1)

5. his or her (1.2.3)
6. his or her (1.2.3)
7. a/ them (1.2.3,1.2.4)

第3章

1. b (1.3.1)
2. b (1.3.1)
3. a (1.3.1)
4. b (1.3.5)
5. a (1.3.5)
6. a (1.3.4)
7. b (1.3.4)
8. b (1.3.4)
9. a (1.3.4)
10. b (1.3.4)

第4章

1. greater (1.4.1)
2. perfect (1.4.1)
3. most interesting (1.4.1)
4. hardest (1.4.1)
5. highly placed, last-ditch (1.4.2)
6. top-secret (1.4.2)
7. 30-year-old (1.4.2)
8. all-out, no-holds-barred struggle (1.4)
9. tiny metal (1.4)
10. usual cheerful, prompt service (1.4)

第5章

1. good (1.5)
2. surely (1.5)
3. sick (1.5)
4. well (1.5)
5. good (1.5)
6. faster (1.5.2)
7. better (1.5.2)
8. any (1.5.1)
9. ever (1.5.1)
10. can, any (1.5.1)

第6章

1. leading (1.6.1)
2. off (1.6.1)
3. aware of (1.6.1)
4. to (1.6.1)
5. among (1.6.1)
6. for (1.6.1)
7. to (1.6.1)
8. from (1.6.1)
9. not only in
10. the suitable experience (1.6.2)

第7章

1. b (1.7.3)
2. a (1.7.2)
3. b (1.7.6)
4. a (1.7.4)
5. b (1.7.4)
6. b (1.7.6)
7. a (1.7.6)
8. b (1.7.4)
9. a (1.7.3)
10. b (1.7.2)

第8章

1. c (2.6)
2. a (2.6)
3. b (2.6)
4. a (2.6)
5. b (2.6)
6. c (2.6)
7. b (2.6)
8. a (2.6)
9. c (2.6)
10. b (2.6)

第9章

1. a (2.4)
2. a (2.5)
3. c (2.4)
4. a (2.5)
5. b (2.5)
6. b (2.4)
7. a (2.4)
8. c (2.4)
9. b (2.4)
10. c (2.5)

第10章

1. b (2.1)
2. a (2.2)
3. b (2.1)
4. a (2.1)
5. b (2.2,2.3)
6. b (2.1)
7. b (2.2,2.1)
8. a (2.2)
9. b (2.2)
10. a (2.2,2.3)

第11章

1. b (2.7)
2. a (2.8)
3. c (2.7)
4. b (2.8)
5. a (2.7)
6. b (2.7)
7. c (2.8)
8. a (2.8,2.7)
9. c (2.8,2.7)
10. a (2.8)

第12章

1. b (2.10)
2. b (2.11)

3. a (2.11)
4. b (2.10)
5. c (2.10)
6. a (2.11)
7. c (2.10,2.12)
8. b (2.10)
9. b (2.11)
10. c (2.10,2.12)

第 13 章

1. c (3.1,3.3)
2. a (3.1,3.3)
3. b (3.2)
4. a (3.1)
5. c (3.3)
6. a (3.1,3.2)
7. b (3.1,3.3)
8. b (3.1,3.3)
9. a (3.2)
10. c (3.1)

第 14 章

1. c (3.4)
2. a (3.4)
3. a (3.4)
4. b (3.4)
5. b (3.4)
6. a (3.4)
7. b (3.4)
8. c (3.4)
9. a (3.4)
10. c (3.4)

第 15 章

1. except (4.1)
2. device (4.1)
3. loath (4.1)
4. who's (4.1)
5. a lot (4.2)
6. judgment (4.3)
7. regardless (4.2)
8. accommodate (4.3)
9. imply (4.2)
10. to (4.2)

影印版教材可供书目

经济与金融经典入门教材 · 英文影印版

	书号	英文书名	中文书名	版次	编著者	定价
1	08961	Public Finance: A Contemporary Application of Theory to Policy	财政学：理论在政策中的当代应用	第8版	David N. Hyman/著	59.00元
2	08132	Fundamentals of Investments: Valuation and Management	投资学基础：估值与管理	第3版	Charles J. Corrado 等/著	58.00元
3	08126	Microeconomics for Today	今日微观经济学	第3版	Irvin Tucker/著	45.00元
4	08125	Macroeconomics for Today	今日宏观经济学	第3版	Irvin Tucker/著	48.00元

管理学经典入门教材 · 英文影印版

	书号	英文书名	中文书名	版次	编著者	定价
5	08129	Management: Skills and Application	管理学：技能与应用	第11版	Leslie W. Rue 等/著	45.00元
6	08128	Information Technology and Management	信息技术与管理	第2版	Ronald L. Thompson 等/著	45.00元
7	08665	Marketing: An Introduction	营销学导论	第1版	Rosalind Masterson 等/著	45.00元
8	09061	Communicating at Work: Principles and Practices for Business and the Professions	商务沟通：原则与实践	第8版	Ronald B. Adler 等/著	54.00元

经济学精选教材 · 英文影印版

	书号	英文书名	中文书名	版次	编著者	定价
9	12633	World Trade and Payments: An Introduction	国际贸易与国际收支	第10版	Richard E. Caves, Jeffrey A. Frankel 等/著	68.00元
10	08130	Economics: Principles and Policy	经济学:原理与政策	第9版	William J. Baumol 等/著	79.00元
11	08127	Microeconomic Theory: Basic Principles and Extensions	微观经济理论：基本原理与扩展	第9版	Walter Nicholson/著	59.00元
12	09693	Macroeconomics: Theories and Policies	宏观经济学：理论与政策	第8版	Richard T. Froyen/著	48.00元
13	14529	Econometrics: A Modern Introduction	计量经济学:现代方法(上)	第1版	Michael P. Murray/著	54.00元
14	14530	Econometrics: A Modern Introduction	计量经济学:现代方法(下)	第1版	Michael P. Murray/著	41.00元

管理学精选教材 · 英文影印版

	书号	英文书名	中文书名	版次	编著者	定价
15	12091	Operations Management: Goods, Services and Value Chains	运营管理:产品、服务和价值链	第2版	David A. Collier 等/著	86.00元
16	07409	Management Fundamentals: Concepts, Applications, Skill Development	管理学基础：概念、应用与技能提高	第2版	Robert N. Lussier/著	55.00元
17	06380	E-Commerce Management: Text and Cases	电子商务管理：课文和案例	第1版	Sandeep Krishnamurthy/著	47.00元

金融学精选教材 · 英文影印版

	书号	英文书名	中文书名	版次	编著者	定价
18	12306	Fundamentals of Futures and Options Markets	期货与期权市场导论	第5版	John C. Hull/著	55.00元
19	12040	Financial Theory and Corporate Policy	金融理论与公司决策	第4版	Thomas E. Copeland 等/著	79.00元
20	09657	Bond Markets: Analysis and Strategies	债券市场:分析和策略	第5版	Frank J. Fabozzi/著	62.00元
21	09984	Money, Banking and Financial Markets	货币、银行与金融市场	第1版	Stephen G. Cecchetti/著	65.00元

22	09767	Takeovers, Restructuring and Corporate Governance	接管、重组与公司治理	第 4 版	J. Fred Weston 等/著	69.00 元
23	13206	Management of Banking	银行管理	第 6 版	S. Scott MacDonald 等/著	66.00 元
24	10933	International Corporate Finance	国际财务管理	第 8 版	Jeff Madura/著	69.00 元
25	13204	Financial Markets and Institutions	金融市场和金融机构	第 7 版	Jeff Madura/著	78.00 元
26	05966	International Finance	国际金融	第 2 版	Ephraim Clark/著	66.00 元
27	05965	Principles of Finance	金融学原理(含 CD-ROM)	第 2 版	Scott Besley 等/著	82.00 元
28	10916	Risk Management and Insurance	风险管理和保险	第 12 版	James S. Trieschmann 等/著	65.00 元
29	05963	Fixed Income Markets and Their Derivatives	固定收入证券市场及其衍生产品	第 2 版	Suresh M. Sundaresan/著	72.00 元

会计学精选教材 · 英文影印版

	书号	英文书名	中文书名	版次	编著者	定价
30	14752	Advanced Accounting	高级会计学	第 9 版	Joe Ben Hoyle 等/著	56.00 元
31	13200	Financial Accounting: Concepts & Applications	财务会计:概念与应用	第 10 版	W. Steve Albrecht 等/著	75.00 元
32	13201	Management Accounting: Concepts & Applications	管理会计:概念与应用	第 10 版	W. Steve Albrecht 等/著	55.00 元
33	13202	Financial Accounting: A Reporting and Analysis Perspective	财务会计: 报告与分析	第 7 版	Earl K. Stice 等/著	85.00 元
34	12309	Financial Statement Analysis and Security Valuation	财务报表分析与证券价值评估	第 3 版	Stephen H. Penman/著	69.00 元
35	12310	Accounting for Decision Making and Control	决策与控制会计	第 5 版	Jerold L. Zimmerman/著	69.00 元
36	05416	International Accounting	国际会计学	第 4 版	Frederick D. S. Choi 等/著	50.00 元
37	05952	Intermediate Accounting: Management Decisions and Financial Accounting Reports	中级会计: 管理决策和财务会计报表	第 1 版	Stephen P. Baginski 等/著	64.00 元
38	14536	Managerial Accounting	管理会计	第 8 版	Don R. Hansen 等/著	79.00 元
39	05959	Business Combinations & International Accounting	企业并购与国际会计	第 1 版	Hartwell C. Herring III/著	36.00 元

营销学精选教材 · 英文影印版

	书号	英文书名	中文书名	版次	编著者	定价
40	13205	Services Marketing: Concepts, Strategies, & Cases	服务营销精要: 概念、战略与案例	第 3 版	K. Douglas Hoffman 等/著	63.00 元
41	13203	Basic Marketing Research	营销调研基础	第 6 版	Gilbert A. Churchill, Jr. 等/著	66.00 元
42	12305	Selling Today: Creating Customer Value	销售学:创造顾客价值	第 10 版	Gerald L. Manning, Barry L. Reece/著	52.00 元
43	11213	Analysis for Marketing Planning	营销策划分析	第 6 版	Donald R. Lehmann 等/著	32.00 元
44	09654	Market-based Management: Strategies for Growing Customer Value and Profitability	营销管理: 提升顾客价值和利润增长的战略	第 4 版	Roger J. Best/著	48.00 元
45	09655	Customer Equity Management	顾客资产管理	第 1 版	Roland T. Rust 等/著	55.00 元
46	09662	Business Market Management: Understanding, Creating and Delivering Value	组织市场管理: 理解、创造和传递价值	第 2 版	James C. Anderson 等/著	45.00 元
47	10013	Marketing Strategy: A Decision Focused Approach	营销战略: 以决策为导向的方法	第 5 版	Orville C. Walker, Jr. 等/著	38.00 元
48	05971	Marketing	市场营销学 (含 CD-ROM)	第 6 版	Charles W. Lamb Jr. 等/著	80.00 元
49	10983	Principles of Marketing	市场营销学	第 12 版	Louis E. Boone 等/著	66.00 元

50	11108	Advertising, Promotion, & Supplemental Aspects of Integrated Marketing Communication	整合营销传播：广告、促销与拓展	第 7 版	Terence A. Shimp/著	62.00 元
51	11251	Sales Management: Analysis and Decision Making	销售管理：分析与决策	第 6 版	Thomas N. Ingram 等/著	42.00 元
52	11212	Marketing Research: Methodological Foundations	营销调研：方法论基础	第 9 版	Gilbert A. Churchill, Jr. 等/著	68.00 元

人力资源管理精选教材 · 英文影印版

	书号	英文书名	中文书名	版次	编著者	定价
53	08536	Human Relations in Organizations: Applications and Skill Building	组织中的人际关系：技能与应用	第 6 版	Robert N. Lussier/著	58.00 元
54	08131	Managerial Communication: Strategies and Applications	管理沟通：策略与应用	第 3 版	Geraldine E. Hynes/著	38.00 元
55	07408	Human Resource Management	人力资源管理	第 10 版	Robert L. Mathis 等/著	60.00 元
56	07407	Organizational Behavior	组织行为学	第 10 版	Don Hellriegel 等/著	48.00 元

国际商务精选教材 · 英文影印版

	书号	英文书名	中文书名	版次	编著者	定价
57	14176	International Business	国际商务	第 4 版	John J. Wild 等/著	49.00 元
58	12886	International Marketing	国际营销	第 8 版	Michael R. Czinkota 等/著	65.00 元
59	06522	Fundamentals of International Business	国际商务基础	第 1 版	Michael R. Czinkota 等/著	45.00 元
60	11674	International Economics: A Policy Approach	国际经济学：一种政策方法	第 10 版	Mordechai E. Kreinin/著	38.00 元
61	06521	International Accounting: A User Perspective	国际会计：使用者视角	第 2 版	Shahrokh M. Saudagaran/著	26.00 元

MBA 精选教材 · 英文影印版

	书号	英文书名	中文书名	版次	编著者	定价
62	12838	Quantitative Analysis for Management	面向管理的数量分析	第 9 版	Barry Render 等/著	65.00 元
63	12675	The Economics of Money, Banking, and Financial Markets	货币、银行和金融市场经济学	第 7 版	Frederic S. Mishkin/著	75.00 元
64	11221	Analysis for Financial Management	财务管理分析	第 8 版	Robert C. Higgins/著	42.00 元
65	12302	A Framework for Marketing Management	营销管理架构	第 3 版	Philip Kotler/著	42.00 元
66	14216	Excellence in Business Communication	卓越的商务沟通	第 7 版	John V. Thill 等/著	73.00 元
67	12304	Understanding Financial Statements	财务报表解析	第 8 版	Lyn M. Fraser 等/著	34.00 元
68	10620	Principles of Operations Management	运作管理原理	第 6 版	Jay Heizer 等/著	72.00 元
69	05429	Introduction to Financial Accounting and Cisco Report Package	财务会计	第 8 版	Charles T. Horngren 等/著	75.00 元
70	16407	Introduction to Management Accounting	管理会计	第 14 版	Charles T. Horngren 等/著	79.00 元
71	11451	Management Communication: A Case-Analysis Approach	管理沟通：案例分析法	第 2 版	James S. O'Rourke/著	39.00 元
72	10614	Management Information Systems	管理信息系统	第 9 版	Raymond McLeod 等/著	45.00 元
73	10615	Fundamentals of Management	管理学基础：核心概念与应用	第 4 版	Stephen P. Robbins 等/著	49.00 元
74	10874	Understanding and Managing Organizational Behavior	组织行为学	第 4 版	Jennifer M. George 等/著	65.00 元
75	05430	Modern Investment Theory	现代投资理论	第 5 版	Robert A. Haugen/著	65.00 元
76	05427	The Theory and Practice of International Financial Management	国际金融管理的理论和实践	第 1 版	Reid W. Click 等/著	45.00 元
77	05422	Financial Management and Policy	金融管理与政策	第 12 版	James C. Van Horne/著	75.00 元

78	15177	Essentials of Entrepreneurship and Small Business Management	小企业管理与企业家精神精要	第 5 版	Thomas W. Zimmerer 等/著	68.00 元
79	11224	Business	商务学	第 7 版	Ricky W. Griffin 等/著	68.00 元
80	11452	Strategy and the Business Landscape: Core Concepts	战略管理	第 2 版	Pankaj Ghemawat/著	18.00 元
81	13817	Managing Human Resources	人力资源管理	第 5 版	Luis R. Gomez-Mejia 等/著	60.00 元
82	09663	Financial Statement Analysis	财务报表分析	第 8 版	John J. Wild 等/著	56.00 元

经济学前沿影印丛书

	书号	英文书名	中文书名	版次	编著者	定价
83	09218	Analysis of Panel Data	面板数据分析	第 2 版	Cheng Hsiao/著	48.00 元
84	09236	Economics, Value and Organization	经济学、价值和组织	第 1 版	Avner Ben-Ner 等/著	59.00 元
85	09217	A Companion to Theoretical Econometrics	理论计量经济学精粹	第 1 版	Badi H. Baltagi/著	79.00 元
86	09680	Financial Derivatives: Pricing, Applications, and Mathematics	金融衍生工具:定价、应用与数学	第 1 版	Jamil Baz 等/著	45.00 元

翻译版教材可供书目

重 点 推 荐

	书号	英文书名	中文书名	版次	编著者	定价
1	14749	A Monetary History of The United States, 1867—1960	美国货币史(1867—1960)	第 1 版	米尔顿·弗里德曼(Milton Friedman)等/著	78.00 元
2	06693	The World Economy: A Millennial Perspective	世界经济千年史	第 1 版	安格斯·麦迪森(Angus Maddison)/著	58.00 元
3	14751	The World Economy: Historical Statistics	世界经济千年统计	第 1 版	安格斯·麦迪森(Angus Maddison)/著	45.00 元
3	10004	Fundamental Methods of Mathematical Economics	数理经济学的基本方法	第 4 版	蒋中一(Alpha C. Chiang)等/著	52.00 元
4	15089	Principles of Economics	经济学原理(微观经济学分册)	第 5 版	曼昆(N. Gregory Mankiw)/著	54.00 元
5	15090	Principles of Economics	经济学原理(宏观经济学分册)	第 5 版	曼昆(N. Gregory Mankiw)/著	42.00 元
6	15088	Study Guide for Principles of Economics	曼昆《经济学原理》学习指南	第 5 版	大卫·R. 哈克斯(David R. Hakes)/著	48.00 元

经济与金融经典入门教材译丛

	书号	英文书名	中文书名	版次	编著者	定价
7	11274	Fundamentals of Investments: Valuation and Management	投资学基础:估值与管理	第 3 版	Charles J. Corrado 等/著	76.00 元
8	09320	Public Finance: A Contemporary Application of Theory to Policy	财政学:理论在政策中的当代应用	第 8 版	David N. Hyman/著	78.00 元
9	09847	Microeconomics for Today	今日微观经济学	第 3 版	Irvin Tucker/著	58.00 元
10	09750	Macroeconomics for Today	今日宏观经济学	第 3 版	Irvin Tucker/著	66.00 元

管理学经典入门教材译丛

	书号	英文书名	中文书名	版次	编著者	定价
11	10006	Marketing: An Introduction	营销学导论	第 1 版	Rosalind Masterson 等/著	58.00 元
12	10003	Information Technology and Management	信息技术与管理	第 2 版	Ronald L. Thompson 等/著	68.00 元
13	11152	Management: Skills and Application	管理学:技能与应用	第 11 版	Leslie W. Rue 等/著	55.00 元

经济学精选教材译丛

	书号	英文书名	中文书名	版次	编著者	定价
14	15917	Microeconomics	微观经济学	第 1 版	B. Douglas Bernheim 等/著	89.00 元
15	13812	Macroeconomics: Theories and Policies	宏观经济学:理论与政策	第 8 版	Richard T. Froyen/著	49.00 元

16	13815	World Trade and Payments: An Introduction	国际贸易与国际收支	第 10 版	Richard E. Caves 等/著	69.00 元
17	13814	Macroeconomics	宏观经济学	第 2 版	Roger E. A. Farmer/著	46.00 元
18	12289	Microeconomic Theory: Basic Principles and Extensions	微观经济理论：基本原理与扩展	第 9 版	Walter Nicholson/著	75.00 元
19	11222	Economics: Principles and Policy	经济学:原理与政策(上、下册)	第 9 版	William J. Baumol 等/著	96.00 元
20	10992	The History of Economic Thought	经济思想史	第 7 版	Stanley L. Brue 等/著	59.00 元
21	13800	Urban Economics	城市经济学	第 6 版	Arthur O'Sullivan/著	49.00 元

管理学精选教材译丛

	书号	英文书名	中文书名	版次	编著者	定价
22	14519	Operations Management: Goods, Services and Value Chains	运营管理:产品、服务和价值链	第 2 版	David A. Collier 等/著	79.00 元
23	11210	Strategic Management of E-business	电子商务战略管理	第 2 版	Stephen Chen/著	39.00 元
24	10005	Management Fundamentals: Concepts, Applications, Skill Development	管理学基础:概念、应用与技能提高	第 2 版	Robert N. Lussier/著	75.00 元

会计学精选教材译丛

	书号	英文书名	中文书名	版次	编著者	定价
25	14531	Fundamentals of Financial Accounting	财务会计学原理	第 2 版	Fred Phillips 等/著	82.00 元
26	14532	Managerial Accounting	管理会计	第 8 版	Don R. Hansen 等/著	99.00 元

金融学精选教材译丛

	书号	英文书名	中文书名	版次	编著者	定价
27	13806	Principles of Finance	金融学原理	第 3 版	Scott Besley 等/著	69.00 元
28	12317	Management of Banking	银行管理	第 6 版	S. Scott MacDonald 等/著	78.00 元
29	12316	Multinational Business Finance	跨国金融与财务	第 11 版	David K. Eiteman 等/著	78.00 元
30	10007	Capital Budgeting and Long-Term Financing Decisions	资本预算与长期融资决策	第 3 版	Neil Seitz 等/著	79.00 元
31	10609	Money, Banking, and Financial Markets	货币、银行与金融市场	第 1 版	Stephen G. Cecchetti/著	75.00 元
32	11463	Bond Markets, Analysis and Strategies	债券市场:分析和策略	第 5 版	Frank J. Fabozzi/著	76.00 元
33	10624	Fundamentals of Futures and Options Markets	期货与期权市场导论	第 5 版	John C. Hull/著	62.00 元
34	09768	Takeovers, Restructuring and Corporate Governance	接管、重组与公司治理	第 4 版	J. Fred Weston 等/著	79.00 元

营销学精选教材译丛

	书号	英文书名	中文书名	版次	编著者	定价
35	12301	Principles of Marketing	市场营销学	第 12 版	Dave L. Kurtz 等/著	65.00 元
36	15716	Selling Today: Creating Customer Value	销售学:创造顾客价值	第 10 版	Gerald L. Manning/著	62.00 元
37	13795	Analysis for Marketing Planning	营销策划分析	第 6 版	Donald R. Lehmann/著	35.00 元
38	13811	Services Marketing: Concepts, Strategies, & Cases	服务营销精要:概念、战略与案例	第 2 版	K. Douglas Hoffman 等/著	68.00 元
39	12312	Customer Equity Management	顾客资产管理	第 1 版	Roland T. Rust 等/著	65.00 元
40	16316	Marketing Research: Methodological Foundations	营销调研:方法论基础	第 9 版	Gilbert A. Churchill, Jr. 等/著	62.00 元
41	11229	Market-based Management: Strategies for Growing Customer Value and Profitability	营销管理:提升顾客价值和利润增长的战略	第 4 版	Roger J. Best/著	58.00 元
42	10010	Marketing Strategy: A Decision-Focused Approach	营销战略:以决策为导向的方法	第 5 版	Orville C. Walker, Jr. 等/著	49.00 元

43	11226	Business Market Management: Undertstanding, Creating and Delivering Value	组织市场管理：理解、创造和传递价值	第2版	James C. Anderson 等/著	52.00元

人力资源管理精选教材译丛

	书号	英文书名	中文书名	版次	编著者	定价
44	10276	Human Resource Management	人力资源管理	第10版	Robert L. Mathis/著	68.00元
45	15982	Fundamentals of Organizational Behavior	组织行为学	第11版	Don Hellriegel 等/著	56.00元
46	09274	Managerial Communication: Strategies and Applications	管理沟通:策略与应用	第3版	Geraldine E. Hynes/著	45.00元
47	10275	Supervision: Key Link to Productivity	员工监管:提高生产力的有效途径	第8版	Leslie W. Rue 等/著	59.00元

国际商务精选教材译丛

	书号	英文书名	中文书名	版次	编著者	定价
48	16334	International Economics: A Policy Approach	国际经济学：政策视角	第10版	Mordechai E. Kreinin/著	45.00元
49	14525	International Business	国际商务	第4版	John J. Wild 等/著	62.00元
50	10001	Fundamentals of International Business	国际商务基础	第1版	Michael R. Czinkota 等/著	58.00元

全美最新工商管理权威教材译丛

	书号	英文书名	中文书名	版次	编著者	定价
51	13810	Crafting and Executing Strategy: Concepts and Cases	战略管理:概念与案例	第14版	Arthur A. Thompson 等/著	48.00元
52	14518	Management Communication: A Case-Analysis Approach	管理沟通:案例分析法	第3版	James S. O'Rourke/著	44.00元
53	16549	Quantitative Analysis for Management	面向管理的数量分析	第9版	Barry Render 等/著	85.00元
54	13790	Case Problems in Finance	财务案例	第12版	W. Carl Kester 等/著	88.00元
55	13807	Analysis for Financial Management	财务管理分析	第8版	Robert C. Higgins/著	42.00元
56	14515	Understanding Financial Statements	财务报表解析	第8版	Lyn M. Fraser 等/著	34.00元
57	13809	Strategy and the Business Landscape	战略管理	第2版	Pankaj Ghemawat/著	25.00元
58	16171	Principles of Operations Management	运作管理原理	第6版	Jay Heizer 等/著	86.00元
59	13500	Managerial Economics	管理经济学	第3版	方博亮、武常岐、孟昭莉/著	80.00元
60	16011	Managerial Economics: A Problem Solving Appreach	管理经济学：一种问题解决方式	第1版	Luke M. Froeb 等/著	35.00元
61	11609	Management: The New Competitive Landscape	管理学:新竞争格局	第6版	Thomas S. Bateman 等/著	76.00元
62	09690	Product Management	产品管理	第4版	Donald R. Lehmann 等/著	58.00元
63	12885	Entrepreneurial Small Business	小企业创业管理	第1版	Jerome A. Katz 等/著	86.00元

经济与管理经典教材译丛

	书号	英文书名	中文书名	版次	编著者	定价
64	06415	Business Economics	企业经济学	第2版	Maria Moschandreas/著	47.00元
65	08651	International Finance	国际金融	第2版	Ephraim Clark/著	68.00元
66	07048	Fundamentals of Investment Appraisal	投资评估基础	第1版	Steve Lumby 等/著	28.00元
67	07047	Electronic Commerce and the Revolution in Financial Markets	金融市场中的电子商务与革新	第1版	Ming Fan 等/著	36.00元
68	08862	Business Combinations & International Accounting	企业并购和国际会计	第1版	Hartwell C. Herring III/著	38.00元
69	06455	Management Accounting	管理会计	第3版	Robert S. Kaplan 等/著	52.00元
70	08100	Accounting for the Environment	环境会计与管理	第2版	Rob Gray 等/著	35.00元
71	08621	Advertising, Promotion, & Supplemental Aspects of Integrated Marketing Communications	整合营销传播：广告、促销与拓展	第6版	Terence A. Shimp/著	58.00元
72	07940	International Dimensions of Organizational Behavior	国际组织行为	第4版	Nancy J. Adler/著	30.00元

73	08101	International Accounting: A User Perspective	国际会计：使用者视角	第 2 版	Shahrokh M. Saudagaran/著	32.00 元
74	08323	E-Commerce Management: Text and Cases	电子商务管理：课文和案例	第 1 版	Sandeep Krishnamurthy/著	45.00 元

增长与发展经济学译丛

	书号	英文书名	中文书名	版次	编著者	定价
75	05742	Introduction to Economic Growth	经济增长导论	第 1 版	Charles I. Jones/著	28.00 元
76	05744	Development Microeconomics	发展微观经济学	第 1 版	Pranab Bardhan 等/著	35.00 元
77	05743	Development Economics	发展经济学	第 1 版	Debraj Rag/著	79.00 元
78	06905	Endogenous Growth Theory	内生增长理论	第 1 版	Philippe Aghion 等/著	75.00 元

国际经典教材中国版系列

	书号	英文书名	中文书名	版次	编著者	定价
79	11227	International Financial Management	国际金融管理	第 1 版	Michael B. Connolly,杨胜刚/著	38.00 元

PEARSON

北京培生信息中心
中国北京海淀区中关村大街甲 59 号
人大文化大厦 1006 室
邮政编码:100872
电话:(8610)82504008/9596/9586
传真:(8610)82509915

北京大学出版社
经济与管理图书事业部
北京市海淀区成府路 205 号 100871
联系人：石会敏 张 燕
电话：010-62767312 / 62767348
传真：010-62556201

尊敬的老师:

您好!

为了确保您及时有效地申请教辅资源，请您务必完整填写如下教辅申请表，加盖学院的公章后传真给我们，我们将会为您开通属于您个人的唯一帐号以供您下载与教材配套的教师资源。

请填写所需教辅的开课信息:

采用教材			□中文版 □英文版 □双语版
作　　者		出版社	
版　　次		ISBN	
课程时间	始于　　年　月　日	学生人数	
	止于　　年　月　日	学生年级	□专科　□本科 1/2 年级 □研究生　□本科 3/4 年级

请填写您的个人信息:

学　　校			
院系/专业			
姓　　名		职　　称	□助教 □讲师 □副教授 □教授
通信地址/邮编			
手　　机		电　　话	
传　　真			
official email (eg:XXX@crup.edu.cn)		email (eg:XXX@163.com)	
是否愿意接受我们定期的新书讯息通知:	□是　□否		

系 / 院主任：________________（签字）

（系 / 院办公室章）

____年____月____日

Please send this form to: **em@pup.pku.edu.cn 或 Service.CN@pearson.com**

Website: www.pearsonhighered.com/educator